実務につなぐ

CADWe'll Tfas トレーニングブック

Tfas13/14対応

はじめに

ワット・コンサルティングは、建設企業を顧客とし、人材育成を強みとする「人材サービス事業」「海外人材サービス事業」「教育研修事業」「建設事業」「建設DXサービス事業」といった多岐にわたるコンストラクションサポート事業を展開しています。建設業界が抱える高齢化、若手不足、人手不足といった深刻な問題の解決に貢献するため、「個を活かせる企業」をビジョンに掲げ、「未経験者の育成」「女性の活躍」「海外人材の活用」「シニアの活用」といった「ポテンシャル人材の活用」に早期から取り組んでまいりました。

2011年から弊社が開始した若手技術者育成のための研修制度は、民間の職業訓練機能として、これまでに1700名以上の未経験者を技術者として建設業界に送り出してきた実績があります。特に、建築設備業界への人材輩出は全体の過半数を超えており、設備CAD技術者は年々その数が増えています。

その設備の若手育成研修カリキュラムの基盤として、CADWe'll Tfas研修があります。この研修は多くの人材を輩出する役割を果たしています。経験豊富な専門講師による150時間を超えるCADWe'll Tfas研修では、作図を通じて設備技術を学ぶスタイルを採用しており、とてもわかりやすく効果的です。そのため、文系出身の未経験者も効率的にソフトを習得することができます。

弊社の研修内容が詰まった本書『CADWe'll Tfas トレーニングブック』は、"自分の力で空調・衛生図面が描けるようになる"という研修に準じたテーマで、初心者が設備図面の作図力を身につけ、さらに業務効率を高める操作も学べる書籍を目指して制作しました。

さらに、独学でのスキル習得をサポートするため、解説動画視聴が可能な弊社運営のeラーニングサイト『建設学習サイト Construction Boarding』を併用して学習することが可能です。
（※別途申込が必要です。詳細は7頁をご参照ください）

多くの読者の皆さんが、より効果的に設備技術者の必須ツールであるCADWe'll Tfasのスキルを磨き、これからの実務に役立てていただければ幸いです。

2024年9月

代表取締役社長　水谷　辰雄

ご購入・ご利用前に必ずお読みください

【本書の内容について】

本書は、2024年1月1日現在の最新版であるCADWe'll Tfas13を使用して解説していますが、CADWe'll Tfas14にも対応しております。掲載している操作画面はWindows11でCADWe'll Tfas13を使用した場合のものであり、ご利用時には変更されている場合もあります。また、ソフトウェアはバージョンアップされる場合があり、機能内容や画面などが本書での説明と異なってしまうこともあります。本書をご購入の前に、必ずソフトウェアのバージョンをご確認ください。

本書に記載された内容は、情報の提供のみを目的としております。本書の運用につきましては必ずご自身の責任と判断にて行ってください。これらの情報の運用結果について、当社はいかなる責任も負いかねます。また、本書内容を超えた個別のトレーニングにあたるもの等についても、対応いたしかねます。

●本書について

■本書の特長

本書はCADWe'll Tfasを初めて利用する空調・衛生設備関係者、またはそれを志す方の入門書です。

「第1章 基本操作編」では、画面構成や基本的な作図の操作を学習します。次の「第2章 設備操作編」では、現場で役立つ機能を紹介しながら空調・衛生図面を作図します。機器登録やレイアウトの作成などは「第3章 実践操作編」「第4章 専門操作編」で解説をしています。

また、ダウンロード可能な練習ファイルを設けていますので、段階を踏みながら学んでいただけます。完成図もご用意していますので、必要に応じて活用してください。

巻末には、重要な用語が載っているページを記載した索引と、本書で使用するコマンドを一覧として掲載しています。

各章から順番に取り組んでいただくことで、設備図面作成の能力を伸ばしていただくことが可能です。

■CADWe'll Tfasについて

CADWe'll Tfasは、わかりやすい操作性と設計者の意図が伝わる表現力の高い図面の作成機能を備えています。

最新のグラフィック技術により高速3D表示、高速視点移動、輪郭や文字などの高精細な3D表現を可能としています。

さらに、他CADとの高精度なデータ互換やTfasの新旧バージョンを意識させない図面互換は、業界全体の業務効率を高めます。

優れた性能と快適な作業環境は、業務のパフォーマンスを飛躍的に高め、設備図面作成に関連する業務をしっかりとサポートします。

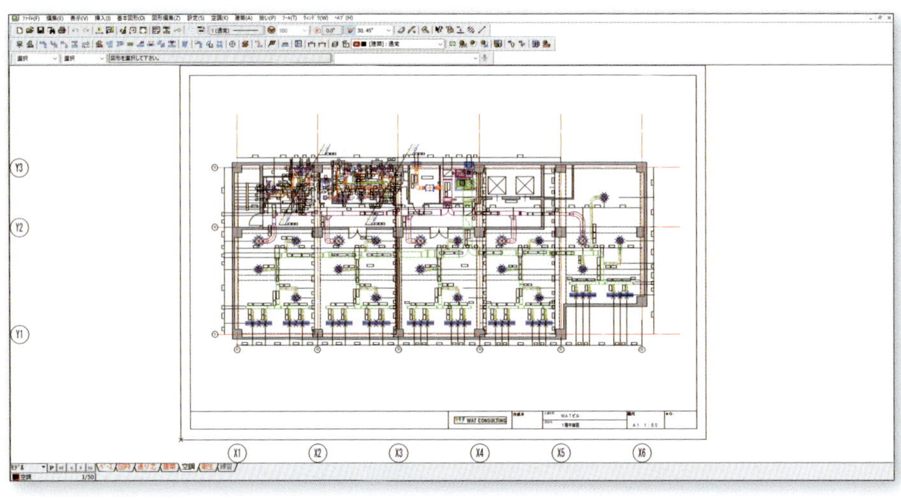

■練習ファイル・完成図について

本書で使用する練習ファイル・完成図は、章の見出しに以下のように表記しております。それらのファイルは、「https://www.jp-wat.com/textbook/tfas2024/」に格納していますので、ダウンロードして操作を行ってください。ダウンロードファイル（.tfs/.dwg）は、CADWe'll Tfas13で作成しておりますが、CADWe'll Tfas14にも対応しています。それ以外のバージョンではご利用できない場合がございますので、あらかじめご了承ください。

なお、ダウンロードしたデータの転載、転用などはご遠慮ください。また、これらのファイルを使用した結果生じるいかなる直接的、間接的損害も弊社、ファイルの制作に関わったすべての個人と企業は、一切その責任を負いかねます。

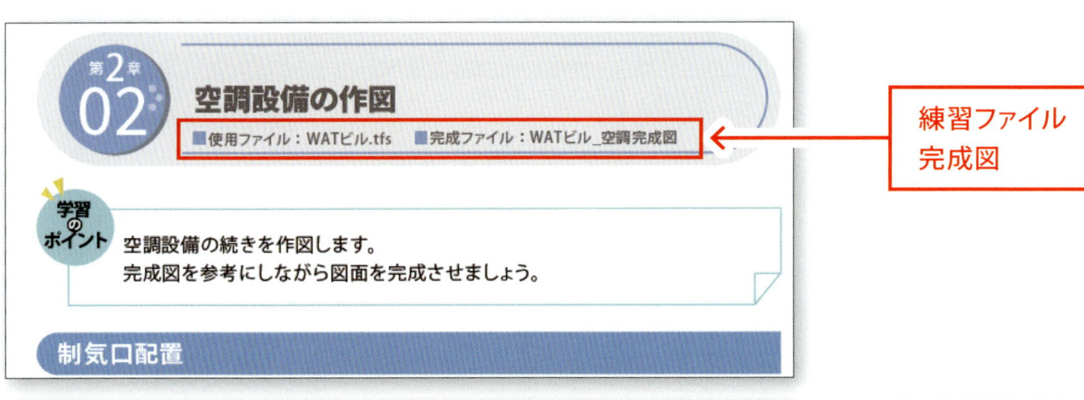

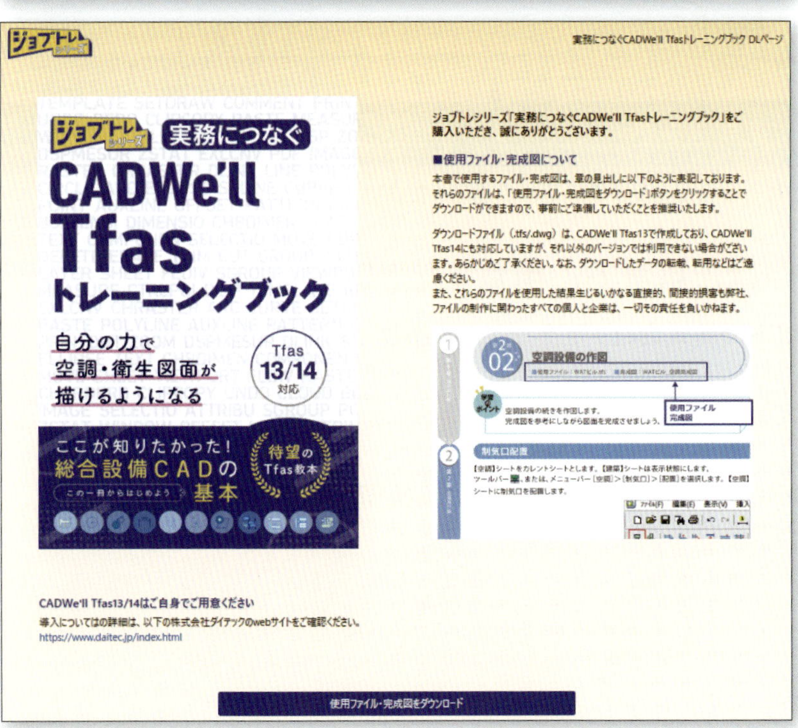

▲素材ダウンロード
専用ページはこちら

■解説動画について

本書は、本編の内容に沿った解説動画をご用意しています。右図の2次元コードを読み取っていただくと、予告編として第1章01をご視聴いただけます。また、第1章01以降をご視聴いただく際は、建設学習サイト「Construction Boarding（以下CB）」で公開をしておりますので、お申込みをご検討ください。（CBの詳細はP7へ）

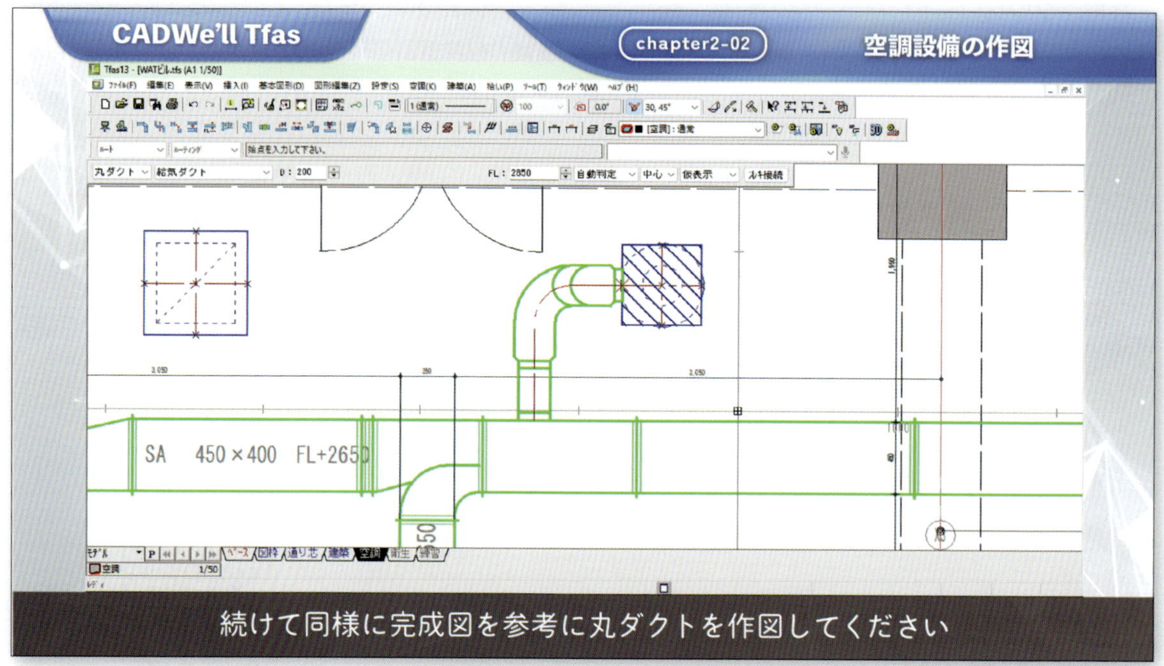

※公開動画は予告なく修正・変更される場合がありますので、ご承知ください。

■CADWe'll Tfas13/14はご自身でご用意ください

導入についてはの詳細は、以下の株式会社ダイテックのwebサイトをご確認ください。（https://www.daitec.jp）

以上の注意事項をご承諾いただいた上で、本書をご利用くださいますよう、お願いいたします。

■ Construction Boardingの紹介

Construction Boarding（コンストラクションボーディング）は建設業に特化した「建設学習サイト」です。CAD・BIMトレーニングの他、ビジネスマナーやPCスキルの研修も充実させています。下図の２次元コードを読み取っていただくと、専用ウェブサイト（**https://jp-wat.com/constructionboarding/individual/**）へ移動しますので、詳細のご確認やお申込みはサイト内からお願いいたします。

※本書籍の解説動画も公開中です。

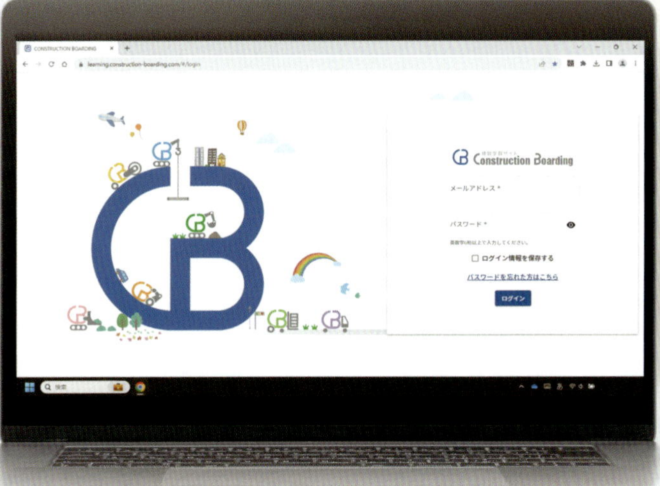

■ 主なコンテンツ紹介

CAD・BIMトレーニング、ビジネス・PC研修など多数のコンテンツが定額※で学び放題！今後も建設業向けコンテンツを追加していきます。

※動画視聴、オンライン研修のみ

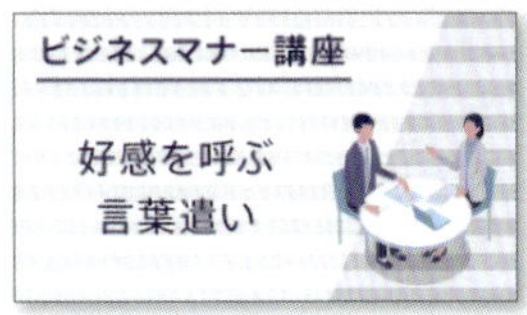

■ アプリ紹介

スマートフォン・タブレットも専用アプリで対応しています。いつでも、どこでも、時間や場所を選ばずに受講が可能です。通勤時やスキマ時間に、是非ご活用ください！

目次

はじめに …… p002
内容について …… p003
本書について …… p004

第1章 基本操作編

1-01 画面構成・画面操作

スタートアップ画面 …… p018
CADWe'll Tfasの画面構成 …… p019
環境設定 …… p022
マウス操作 …… p023
画面の操作 …… p024
基本操作 …… p025

1-02 基本的な作図操作

色種・線種・線幅の設定 …… p032
操作を元に戻す/図形をスナップする …… p033
ホールド(角度補正)機能 …… p034
色々な図形の作図 …… p035
距離を指定した作図 …… p039
指定位置から距離を指定して作図 …… p040
ハッチング(網掛け) …… p042

ペイント（多角形領域内）…… p045

1-03 補助線の作図

補助線の作図（水平／垂直）…… p047
指定した2点を通る補助線の作図/等分割補助線の作図 …… p048
補助線の削除 …… p049

1-04 寸法線の作図

寸法線の作図 …… p050
寸法線の属性設定 …… p051
寸法線の変更 …… p052
寸法線の分割・追加 …… p053
寸法補助線揃え …… p054

1-05 文字記入

文字の記入 …… p056
文字の編集/文字属性の一括変更 …… p058

1-06 引出線作図

引出線の作図 …… p059

1-07 図形の編集

図形の移動 …… p063

図形の複写 …… p064

図形の回転・ミラー反転 …… p065

図形の一部を伸縮 …… p066

図形の一部を削除 …… p067

図形の変形 …… p068

選択条件設定を使用した作図 …… p069

1-08 レイヤ

レイヤ状態/作図レイヤの設定 …… p070

レイヤ状態の設定 …… p071

1-09 シート

シートの新規作成 …… p076

シートの設定の変更 …… p078

シート間での移動・複写 …… p079

1-10 その他機能

図面の復元方法 …… p086

図面の一時保存設定 …… p087

図形編集ハンドルの表示 ………………………………………… p087
ハンドルを操作して図形を編集する…………………………… p088
図面データのコピー ……………………………………………… p089
他アプリケーションデータを図面に挿入する ………………… p090
ExcelデータをCAD データに変換 ……………………………… p091
PDFデータを図面に挿入 ………………………………………… p091
図面上に写真データを読込む …………………………………… p092
ショートカットキーカスタマイズ……………………………… p093
環境情報をファイルの保存 ……………………………………… p094
環境情報ファイルを設定する…………………………………… p095

設備操作編

2-01 建築図の作図

通り芯の作図 …………………………………………………… p098
柱の作図 ………………………………………………………… p101
壁の作図 ………………………………………………………… p103
梁の作図 ………………………………………………………… p105
建具の作図……………………………………………………… p107

2-02 空調設備の作図

制気口配置 …… p108
作図設定 …… p110
ダクトのルーティング …… p113
ルート移動 …… p120
寄寸法変更 …… p122
サイズ変更(区間指示) …… p123
レベル変更(区間指示) …… p125
部材単体配置 …… p126
部材の挿入 …… p132
サイズ・レベル表示 …… p134
傍記設定 …… p136
3D表示 …… p138
マウス・キーボードの操作方法 …… p140
レイヤー一覧の設定 …… p141
文字・2D図形、傍記の表示切替 …… p142
干渉検査 …… p143
部材移動 …… p146
スリーブ …… p149

2-03 衛生設備の作図

機器・器具配置 …… p151

用途・配管材設定 …… p153
作図設定 …… p155
ルーティング …… p157
汚水管の作図 …… p160
通気管の作図 …… p163
勾配一括付加 …… p165
勾配一括戻し …… p168
給水管の作図 …… p169
断面図作成 …… p171
機器・部材挿入 …… p174
機器・部材移動 …… p176
部材入替え …… p178
機器・部材削除 …… p179
用途変更 …… p180
隠線処理 …… p183
単線化・複線化 …… p185
単線図変更 …… p187
立上り・下り線作図 …… p189
立上り・下り線のサイズ記入 …… p192
干渉検査 …… p195

第3章 実践操作編

3-01 CADWe'll Tfas 作図環境の設定

作図に入る前の事前設定 …… p200
作図設定の読込み …… p202

3-02 意匠データの整理

建築意匠図の整理 …… p204
通り芯の作図 …… p209
防火区画の作図 …… p212
意匠図の整理 …… p214
部屋記号の作成 …… p217

3-03 躯体入力

柱・梁の作図 …… p219

3-04 機器・器具・制気口配置

機器登録 …… p226
機器・器具の配置 …… p263
制気口の配置 …… p271
ルーティング …… p273

第4章：専門操作編

4-01 | レイアウト作成

部分詳細図の作成 …… p278

分割図の作成 …… p310

4-02 | シート基準高さ設定 …… p337

4-03 | シートパターン設定 …… p342

4-04 | 外部リンク …… p356

完成図 …… p370

索引 …… p377

コマンド一覧 …… p379

第1章

基本操作編

01 画面構成・画面操作
02 基本的な作図操作
03 補助線の作図
04 寸法線の作図
05 文字記入
06 引出線作図
07 図形の編集
08 レイヤ
09 シート
10 その他機能

画面構成・画面操作

■使用ファイル：なし　■完成図：なし

基本操作について説明します。
CADWe'll Tfasの画面構成、基本的な図面の操作を確認します。

スタートアップ画面

CADWe'll Tfasを起動すると、スタートアップ画面メニューが表示されます。
新規に図面を作成する場合は、[新規作成]ペインから[新規図面]または[標準テンプレート]をクリックして作図画面を開きます❶。

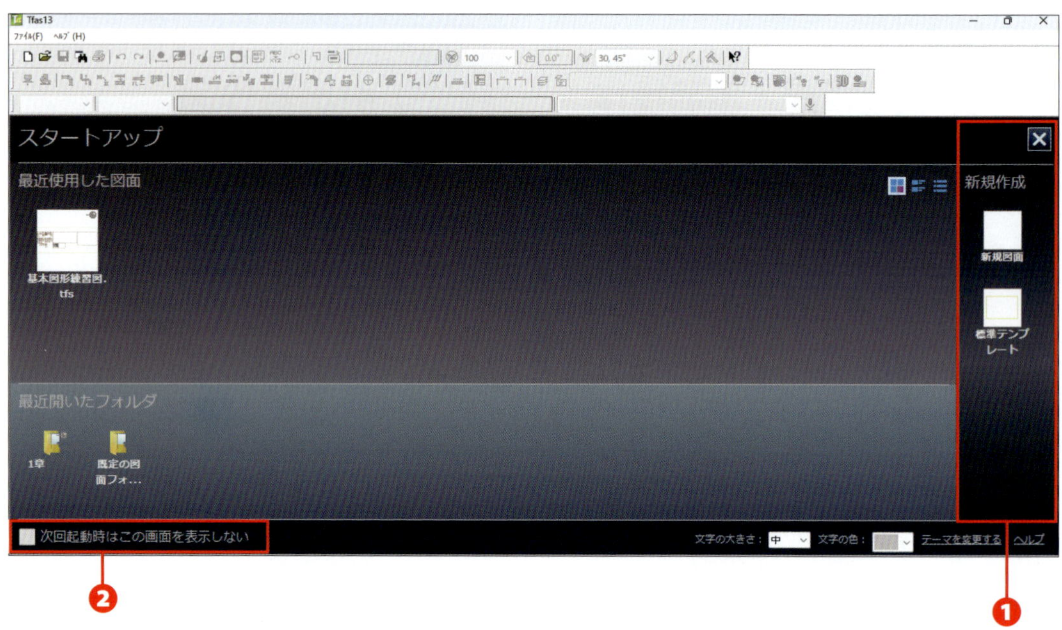

「次回起動時はこの画面を表示しない」に✓を入れると、次回からスタートアップ画面は表示されなくなります❷。

CADWe'll Tfasの画面構成

画面構成は、1タイトルバー、2メニューバー、3ツールバー、4ガイダンスバーの4つになります。ツールバーは空調設備、衛生設備、電気設備に切り替えて作図します。（以下は空調設備画面です）

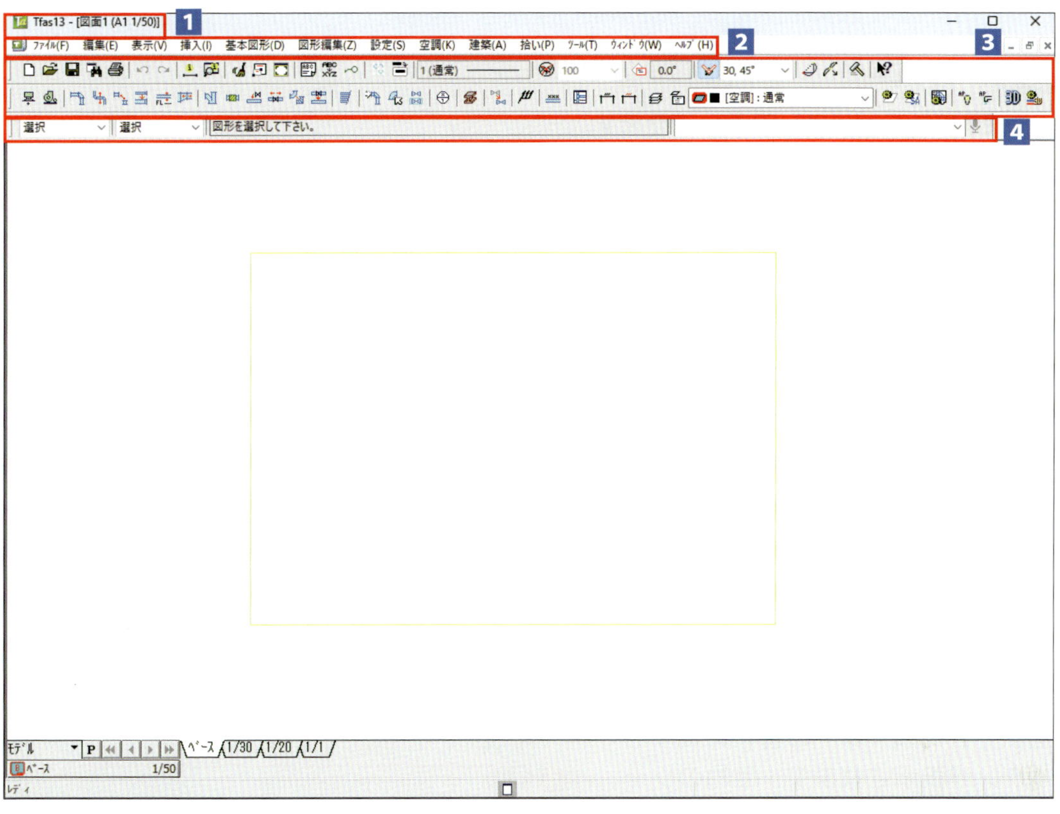

1 タイトルバー

アプリケーション名、現在展開しているファイル名、用紙サイズ、縮尺が表示されています。

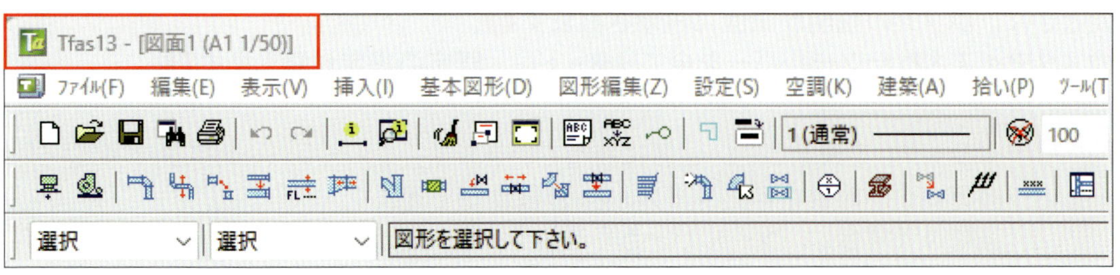

2 メニューバー

基本操作や図形編集等CADWe'll Tfasで利用できる機能です。

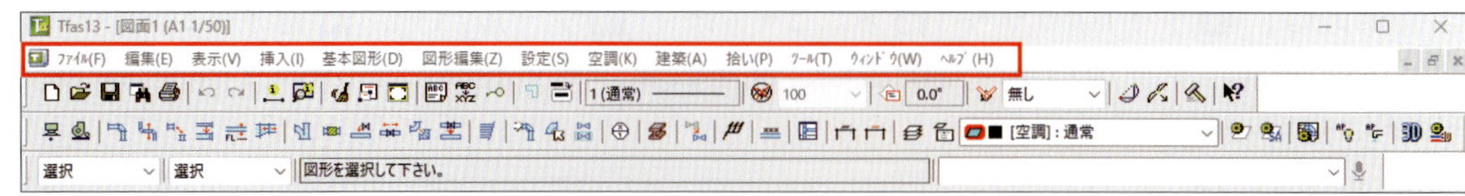

3 ツールバー

よく使う機能をアイコンで表示できます。

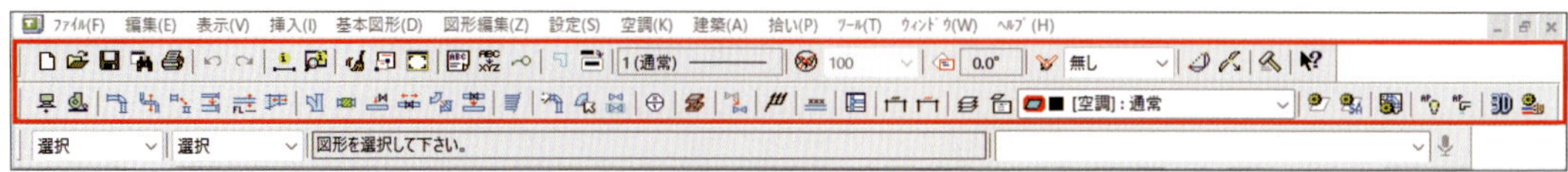

ツールバーのコマンドのは増やしたり、減らしたり、表示位置を移動したりすることができます。メニューバー［表示］>［ツールバーカスタマイズ］を選択します。

検索したいコマンドのキーワードを入力すると、当てはまる検索キーワード一覧が表示されます。目的のコマンドの検索キーワードを選択すると、該当するコマンドのボタンが赤枠で強調表示されます❶。
ツールバー定義を変更するコマンドの種類を選択します❷。
選択されたコマンドの種類に属するボタンが表示されます。目的のツールバーまで、ボタンをドラッグして追加できます❸。
［ボタン］ボックス内のボタンを選択したときに、ボタンの説明が画面に表示されます❹。
カスタマイズされたツールバーを全てリセットし、既定の設定に戻します❺。

ドラッグして表示したい位置に持っていきます。［ツールバーカスタマイズ］ダイアログが起動中は、ツールバーの移動ができます。
削除する場合は、ツールバーからをドラッグして、ツールバー以外の場所で離します。移動する場合は、ツールバーからをドラッグして動かします。

4 ガイダンスバー

現在選択されているコマンド名・サブコマンド名、次の操作のメッセージが表示されます。入力エリアでは数値を入力します。

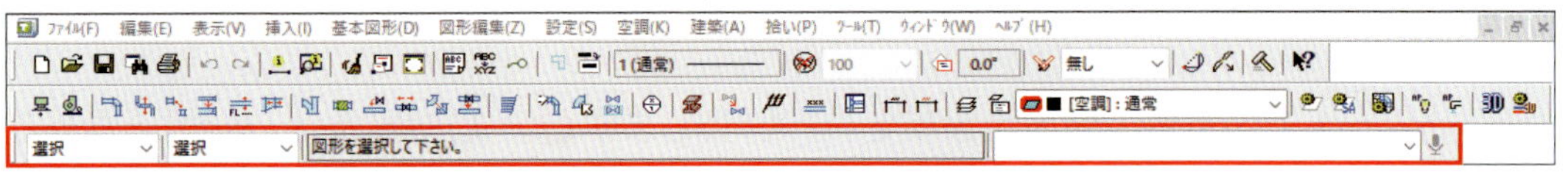

ガイダンスバーのコマンド名・サブコマンド名を選択していない場合は、［選択］［選択］と表示されます。

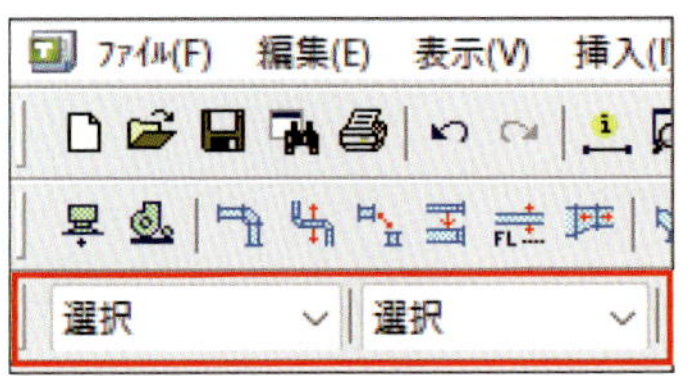

メニューバーで選択したコマンドは、ガイダンスバーのコマンド名とサブコマンド名に表示されます。

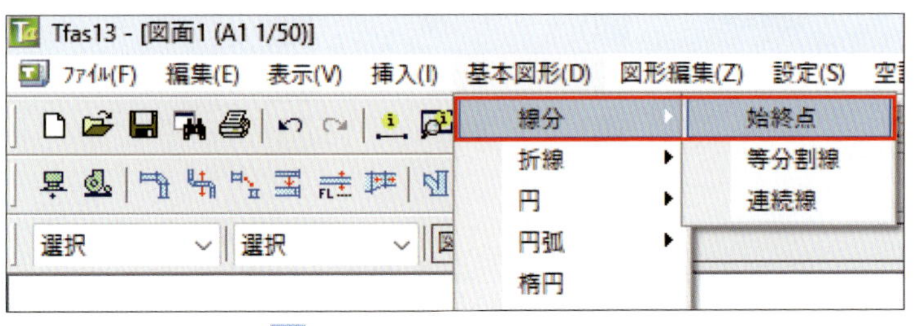

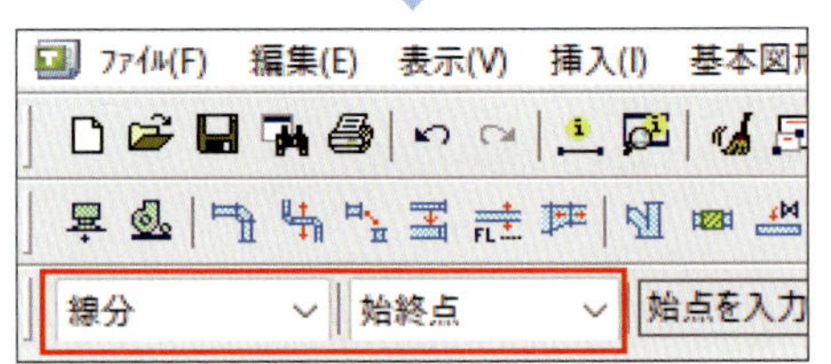

［コマンド名］の横▼をクリックすると、これまでに選択したコマンドが表示されます。［サブコマンド名］の横▼は、選択中のコマンドのサブコマンドが表示され、選択ができます。一度CADWe'll Tfasを終了すると、履歴は初期化されます。

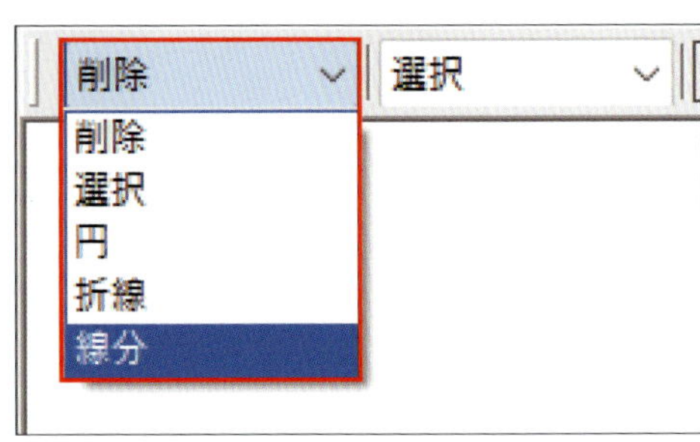

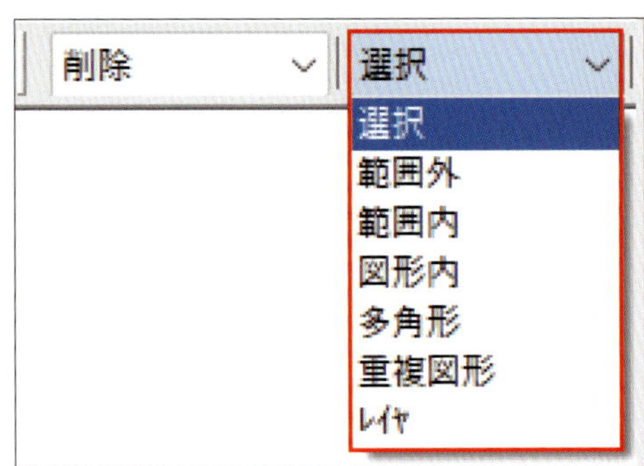

環境設定

カーソル形状やホイールボタン、背景色等を設定できます。
メニューバー［設定］>［環境設定］>［表示・印刷］を選択します。

カレントシートでの単色・弱表示設定を［有効］にします❶。初期設定は［無効］となっています。
カレントシートとは、作図、図形操作、表示が可能な状態です。この状態のシートは常に1枚存在します。
図面の背景色を設定できます❷。初期設定は［標準］（白）です。そのまま［OK］をクリックします❸。

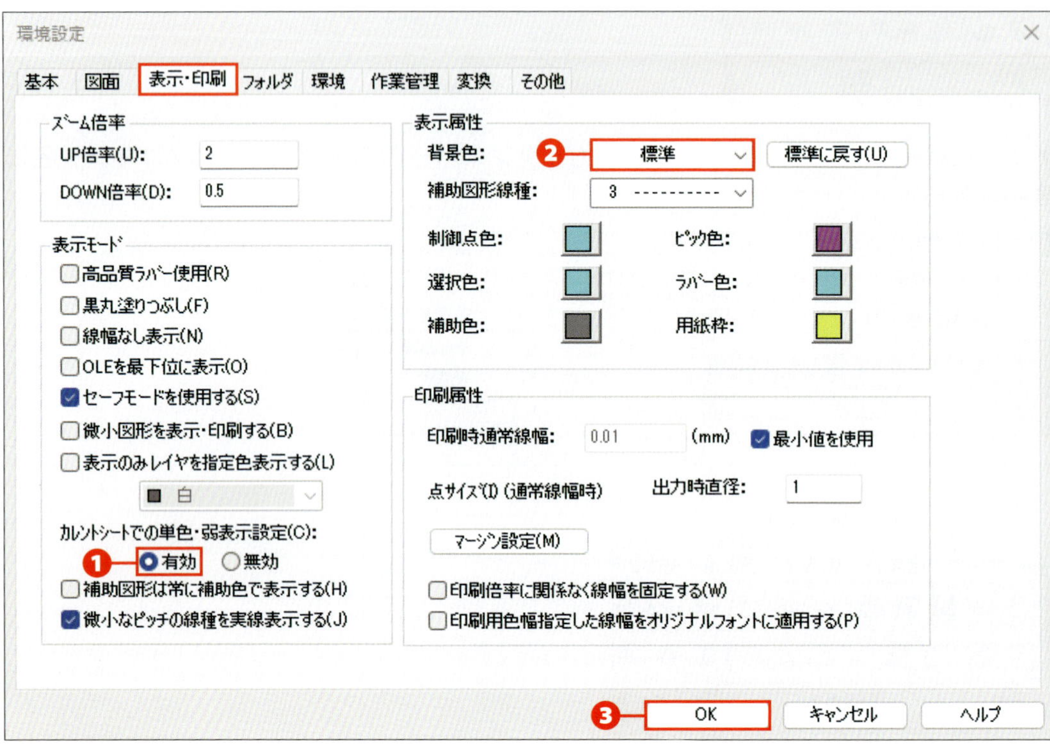

マウス操作

左クリック

画面メニューの選択、座標点の入力、図形選択

右クリック

右クリックメニューの表示

[右クリックメニューカスタマイズ]で右クリックメニューを増やすことができます。
メニューバー[ツール] > [右クリックメニューカスタマイズ]を選択します。

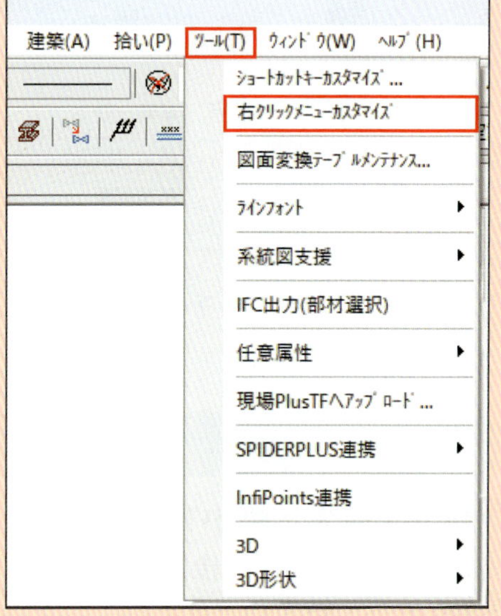

[分類]基本図形❶、[コマンド]線分ー始終点❷を選択します。変更するメニュー[常時ー基本]❸、メニューの位置[(最後)]を設定し❹、[追加]をクリックします❺。[右クリックメニュー]に[線分ー始終点]が追加されます。

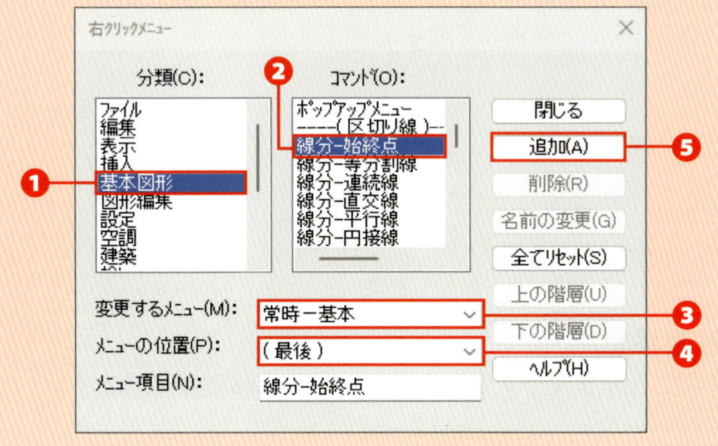

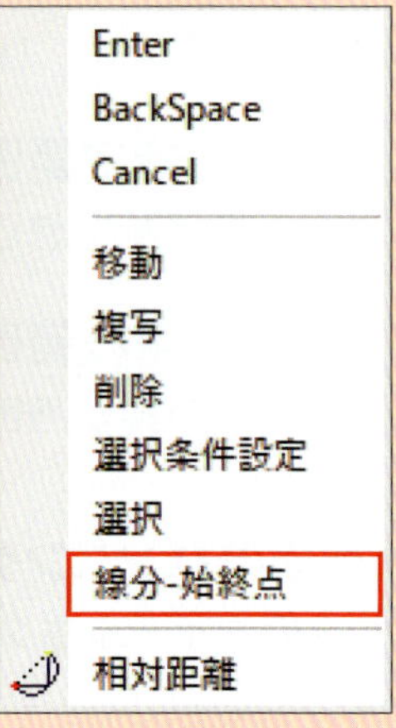

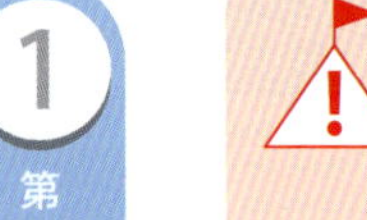

追加した右クリックメニューを削除する場合には、メニューの位置[線分ー始終点]で削除したいコマンドを選択して❻、[削除]をクリックします❼。

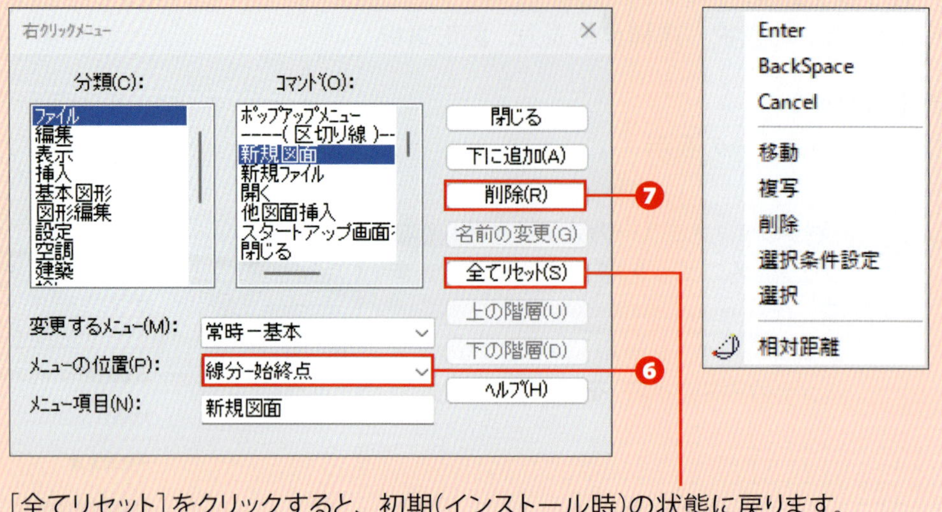

[全てリセット]をクリックすると、初期(インストール時)の状態に戻ります。

画面の操作

▶画面を拡大・縮小する

マウスのホイールを前後に動かすことで
画面の拡大・縮小ができます。

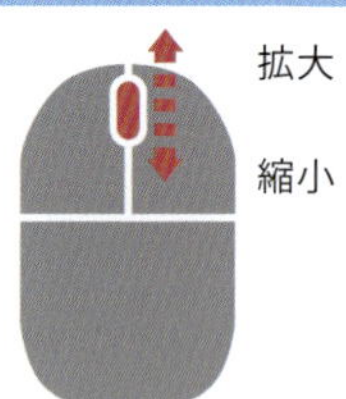

拡大・縮小させたい範囲の中心にマウスポイントを合わせ、[PageUp]キーを押して拡大、[PageDown]キーを押して縮小できます。

指定範囲表示

領域を指定して画面を拡大することができます。

用紙範囲表示

用紙枠が画面全体に表示されます。

▶図面のパンニング(画面移動)

マウスのホイールボタンを押したままマウスを動かすことで画面移動ができます。

基本操作

操作メニューについてご説明します。
メニューバー［ファイル］を選択します。

1 新規作成

新規図面を立ち上げます。［新規作成］をクリックすると、［新規図面］ダイアログが表示されます。用紙サイズ・縮尺等の図面情報を設定することができます。

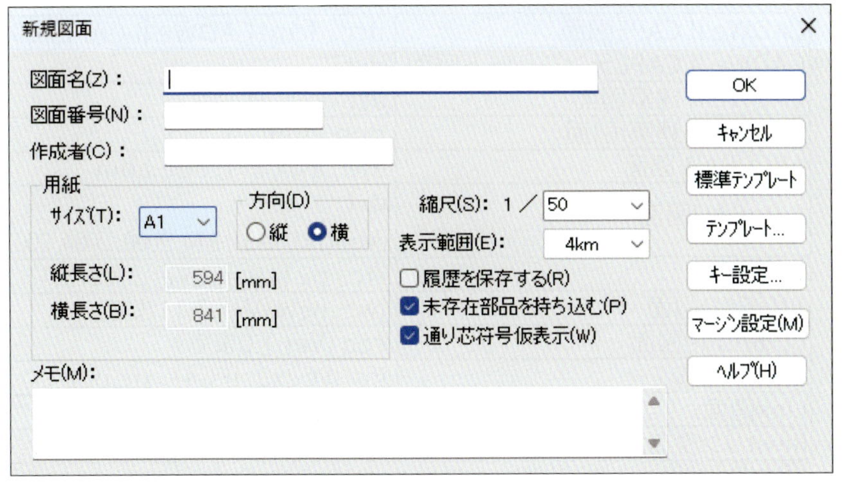

作成された図面の用紙サイズ・縮尺を後から変更する場合は、メニューバー［ファイル］＞［用紙サイズ・縮尺設定］を選択して変更します。

2 図面を開く

ツールバー、または、メニューバー［ファイル］>［開く］を選択します。［ファイルを開く］ダイアログから、ファイルが保存されている場所を指定し❶、図面ファイルリストから展開させたい図面を選択し❷、［開く］をクリックします❸。

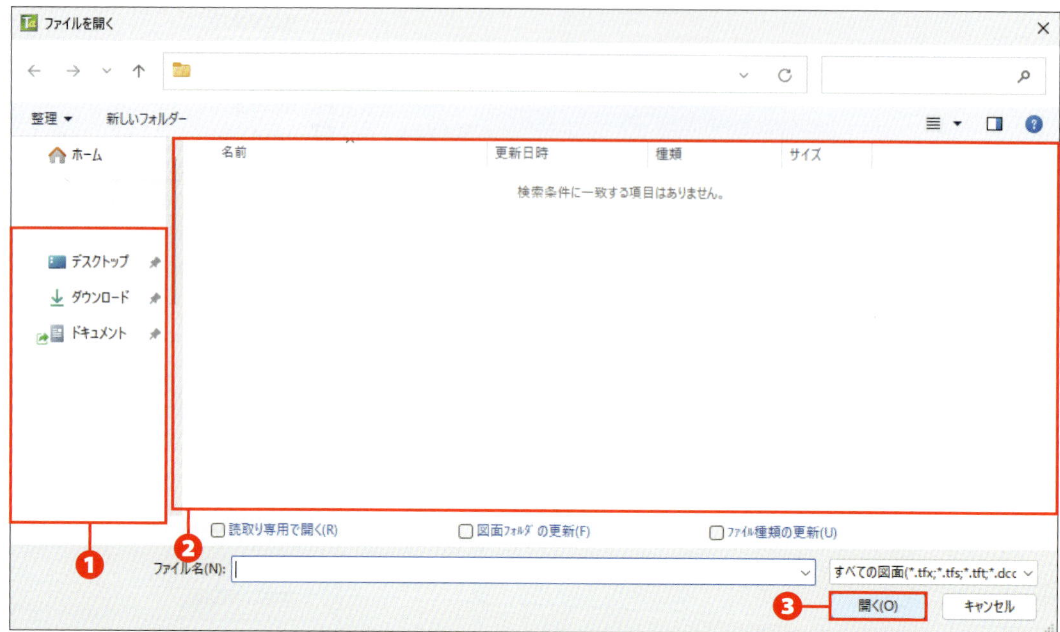

Check Point

CADWe'll Tfasで展開可能なファイルの種類です。

Tfas図面	.tfs,.tfx ※1
テンプレート図面	.tft
CADWe'll CAPE図面	.dcc,.dcm（CADWe'll CAPE2000以降）
CADWe'll CAPEテンプレート図面	.dct
CADWe'll 建築図面	.azf
CADWe'll 建築I図面	.dpp,.dpm
ARCDRAW図面	.awf,.awx ※1,.adf,.adm
AutoCAD図面	.dxf .dwg（R12J, R13J, R14, 2000, 2004, 2007, 2010, 2013, 2018）
SXF図面	.sfc,. p21（Ver.2,Ver.3,Ver3.1）,.sfz,.p2z
JW_CAD図面	.jwc,.jww（Ver.7.11まで）
BE-Bridge図面	.ceq（Ver.7.0まで）
IFCファイル	.ifc（IFC2x3, IFC4）,.sfz,p2z
Linx図面	.Linx2Tfas
Revitリンクファイル	.Revit2Daitec

※１tfxとawxは、大容量図面ファイル形式です。
32bit版Tfasは、展開可能な図面容量の上限を超えた場合は読込みできません。

DXF図面やDWG図面を開くと、以下のようなダイアログが表示されます。

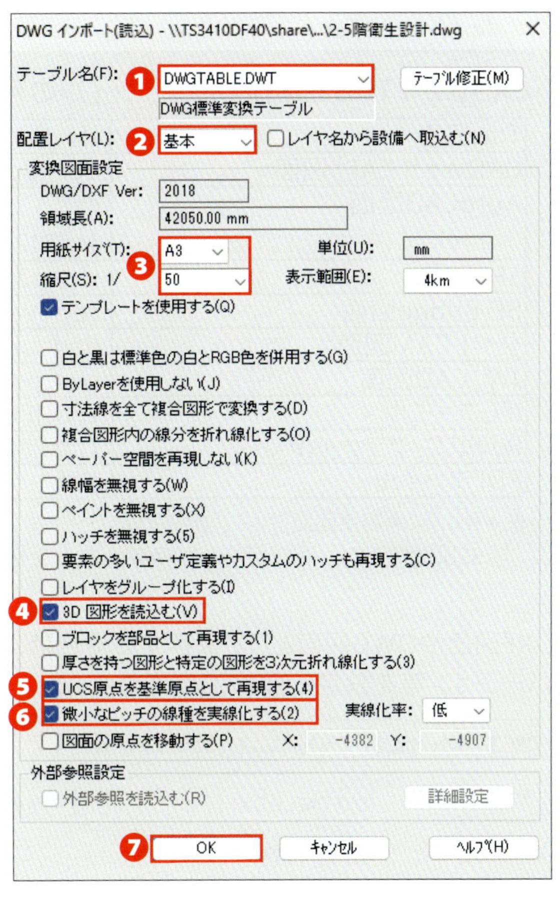

読み込んだ図面の種類に応じて自動的に変換テーブルが設定されます❶。

図面を配置するレイヤグループを設定します❷。

変換後の図面の用紙サイズ・縮尺を表示します。図面展開後に用紙サイズ・縮尺を変更する場合は、メニューバー［ファイル］>［用紙サイズ・縮尺設定］で変更できます❸。

3D図形を読込む場合は、✓を入れると、3D図形を3次元折線として読込みます❹。

UCS原点をTfasの基準原点(0,0)として変換します。

UCS原点とはDWG形式の図面においてユーザが任意の座標に設定した基準点であり、✓を入れないと、通常は絶対原点をTfasの基準原点として変換します❺。

最小なピッチの線種を実線として変換する場合は✓を入れます。✓を外すと実線化しないため、図面展開や再描画に時間がかかる場合があります❻。

設定が完了したら［OK］をクリックします❼。

3 図面の保存

図面に名前をつけて保存します。メニューバー［ファイル］>［名前を付けて保存］を選択すると、［名前を付けて保存］ダイアログが表示されます。保存場所を指定し、保存する図面のファイル名を入力し❶、［ファイルの種類］の▼をクリックしてファイルの種類を指定したら❷、［保存］をクリックします❸。

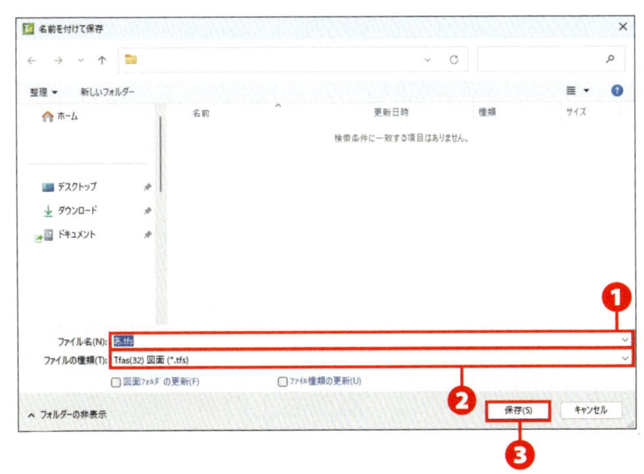

CADWe'll Tfasで保存可能なファイルの種類です。

Tfas図面	.tfs,.tfx ※1
CADWe'll CAPE図面	.dcc,.dcm(CADWe'll CAPE2000以降)
AutoCAD図面	.dxf .dwg(R12J, R13J, R14, 2000, 2004, 2007, 2010, 2013, 2018)
SFX図面	.sfc,.p21(Ver.2,Ver.3,Ver.3.1),.sfz,.p2z
BE-Bridge図面	.cep(Ver.7.0まで)
ダクトCAM図面	.dcd
JW_CAD図面	.jwc,.jww(Ver.7.11まで)
IFCファイル	.ifc(IFC2x3,IFC4)
Revitリンクファイル	.Tfas2Revit
PDFファイル	.pdf

※1 tfxは、大容量図面ファイル形式です。
32bit版Tfasは、保存可能な図面容量の上限を超えた場合は保存できません。

DXF図面やDWG図面として保存する場合は、以下のようなダイアログが表示されます。バージョン等を設定し❶、[OK]をクリックします❷。

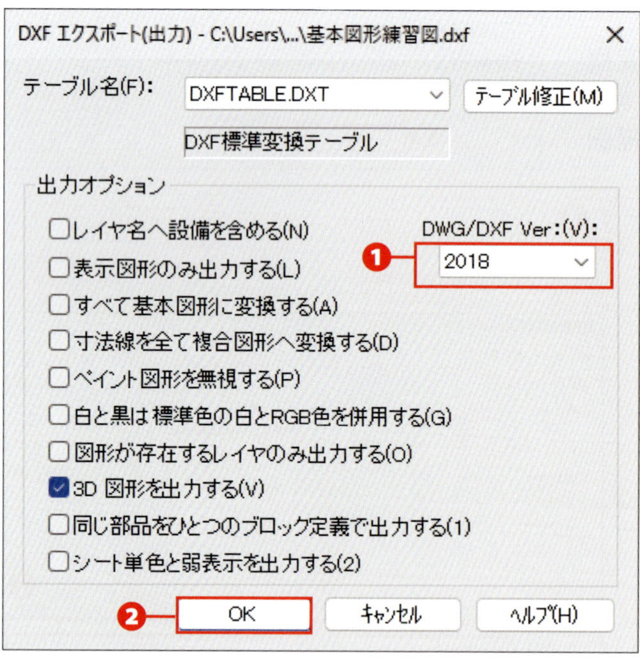

図面を閉じる場合は、画面右上の ☒ [閉じる]、または、メニューバー [ファイル] > [閉じる]をクリックします。

4 図面の印刷

ツールバー、または、メニューバー[ファイル]>[印刷]を選択します。
[印刷]ダイアログが表示されるので、各設定を行います。
使用するプリンタ名を設定します❶。
用紙サイズ、倍率または縮尺を設定します❷。

※「指定なし（対角領域）」にチェックを入れた場合は、出力したい領域を対角２点で指定することで、用紙サイズに合う縮尺に自動調整されます。印刷時の色と線幅を設定します❸。

※画面表示と異なる色・線幅で印刷したい場合は「図面の設定を使用する」を選択します（30P参照）。

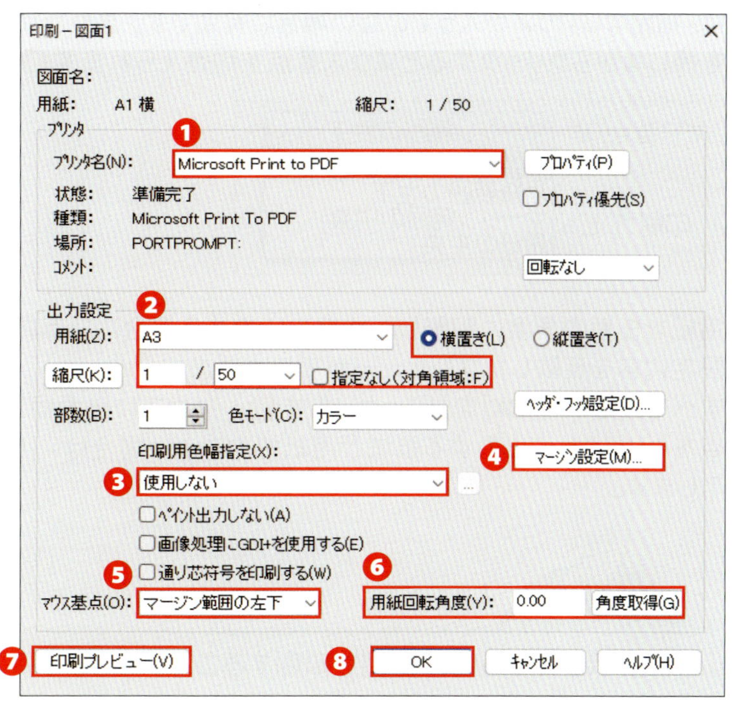

プリンタごとに必要な余白値を取得します❹。
クリックすると[印刷－マージン設定] ダイアログが表示されるので、[最低マージン] をクリックします。さらに[印刷－最低マージン取得]ダイアログが表示されるので、[取得]をクリックします。再度、[印刷－マージン設定]ダイアログが表示されますので[OK]をクリックします。

※プリンタ名でPDFを選択すると最低マージンは「０」となります。

印刷時に出力できる領域がラバー表示されるので、その基点を設定します。この設定は「指定なし」の✓が入っていない場合に有効です。また、[OK]をクリック後、[Shift]キーを押しながらクリックするとマウス基点を切替えられます❺。

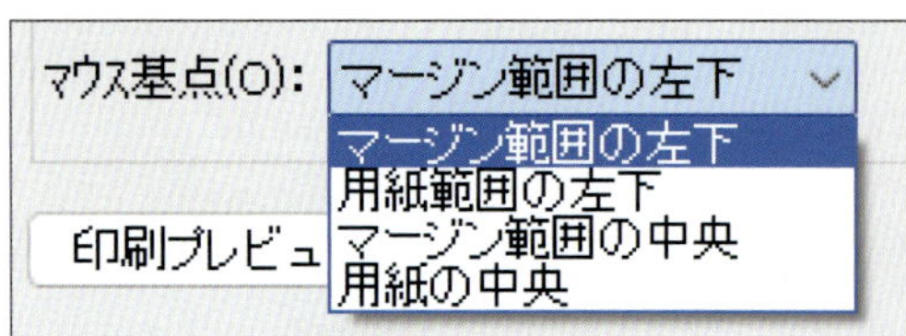

用紙を任意の角度に回転した状態で印刷する場合に、回転角度を指定します❻。
設定内容を反映したプレビューが表示されます❼。
すべて設定し、[OK]をクリックします❽。マウスに出力領域の枠が表示されます。基準点をクリックし、出力する領域が用紙枠内でよい場合は、[Enter]キーを押すと印刷が完了します。

画面表示と異なる色、線幅で印刷することができます。
[図面の設定を使用する]を選択し❶、 ... をクリックします❷。

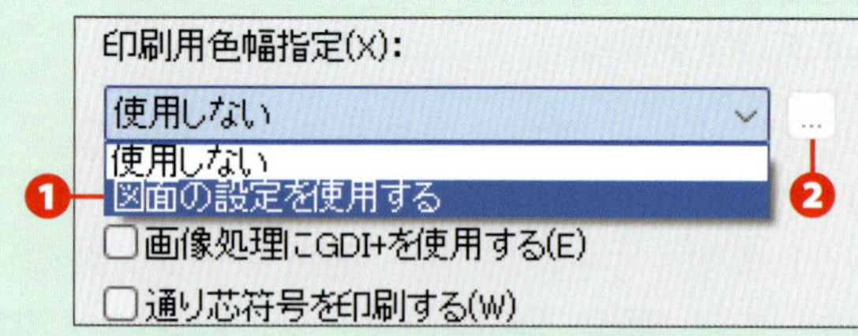

[印刷用色幅指定]ダイアログが表示されますので、[追加]をクリックし❸、[表示色]一覧より画面表示色を選択します❹。[印刷色]、[印刷線幅]もダブルクリックすると一覧が表示されるので設定を行います❺。

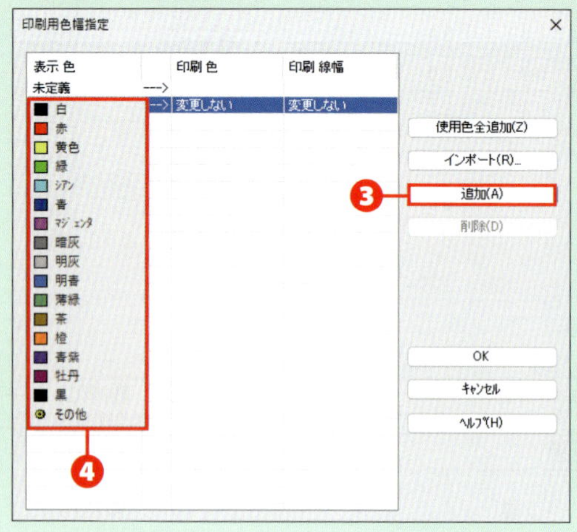

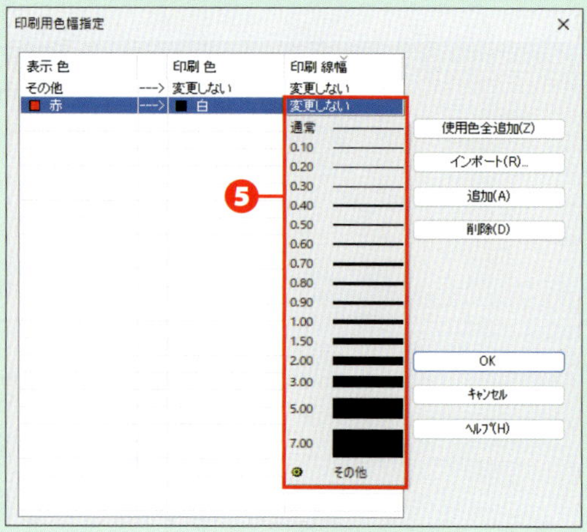

複数の[印刷色]を一度に変更する場合は、[Shift]キーまたは[Ctrl]キーを押しながら選択し、印刷色を右クリックするとメニューが表示されるので、[印刷色設定]から行います❻。[印刷線幅]も同様です。設定が完了したら[OK]をクリックします❼。

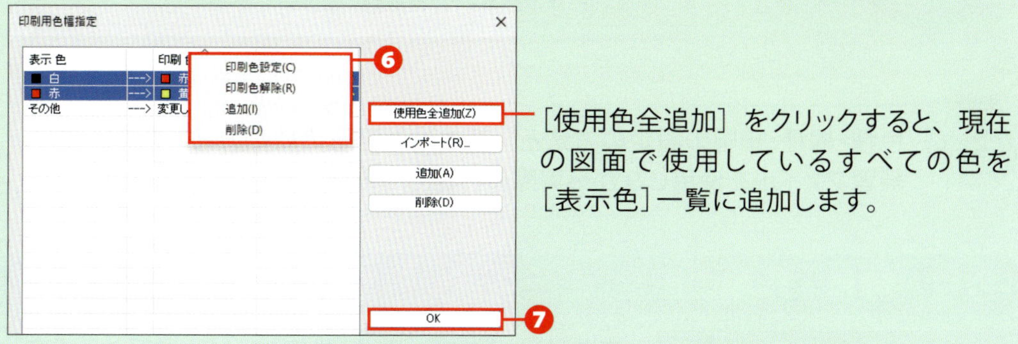

メニューバー[ファイル]>[用紙サイズ・縮尺設定]の[印刷用色幅指定]をクリックしても、[印刷用色幅指定]ダイアログを表示できます。

基本的な作図操作

■練習ファイル：基本図形練習図.tfs　■完成図：なし

色種・線種・線幅の設定の方法と、基本的な図形の作図方法を説明します。練習ファイルを使用しながら実際に作図してみましょう。

色種・線種・線幅の設定

ツールバー［1 (通常) ————］、または、メニューバー［設定］＞［色、線］＞［設定］を選択します。［属性設定］ダイアログが表示されますので、色種・線種・線幅を設定します。

線種を［補助図形線］にして作図すると、プロッタ・プリンタに出力されない図形が描けます❶。

線幅を［通常］にして作図すると、一番細い線幅で表示されます❷。

作図済みの図形の属性を取得したい場合は、［属性取得］をクリック後、その対象図形をクリックします❸。

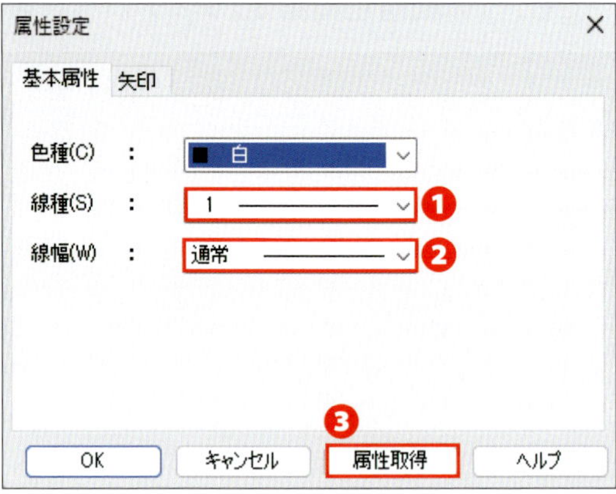

Check Point

作図済みの図形の色や線種等を変更することができます。メニューバー［設定］＞［色、線］＞［変更］で図形を選択し、［Enter］キーを押します。または、先に図形を選択してから右クリックメニュー［色・線種変更］をクリックしてコマンドを実行することもできます。

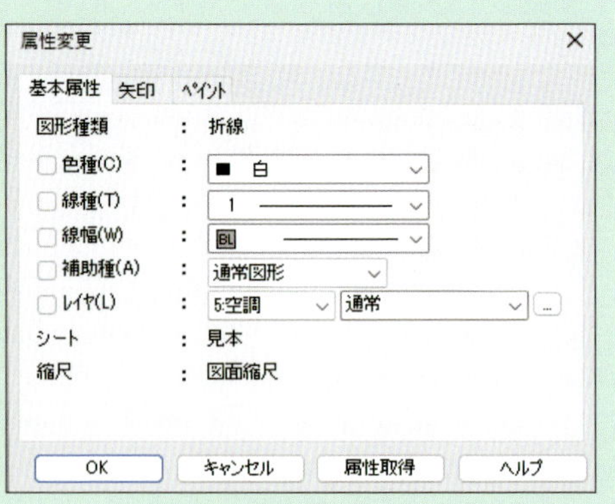

操作を元に戻す

ツールバー［元に戻す］［やり直し］を確認します。
［［元に戻す］をクリックすると、完了した作業を元に戻します。
［［やり直し］をクリックすると、取り消した操作を回復します。

入力途中で操作を元に戻すにはキーボードの［BackSpace］キーを押すか、右クリックメニューの［BackSpace］を選択してください。ひとつずつ操作を戻せます。

図形をスナップする

メニューバー［設定］>［スナップモード］を選択します。
初期設定では、図形の端点や交点などは、クリックするだけで正確に取得できるようになっています。取得すると、記号（×、○、◎）が表示されます。

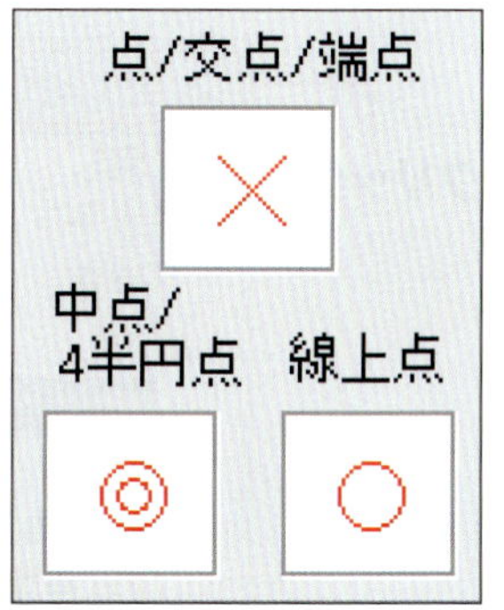

スナップ点の大きさや表示速度は、メニューバー［設定］>［スナップモード］の「詳細設定」より設定できます❶。初期設定では低速となっています。高速に変更すると、記号が表示されるまでの時間が短縮されます❷。

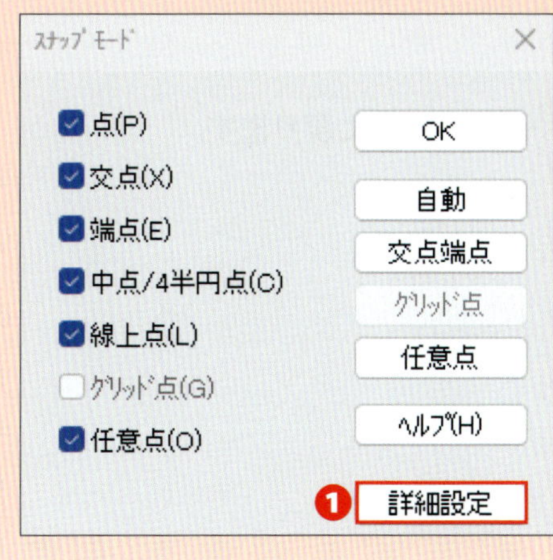

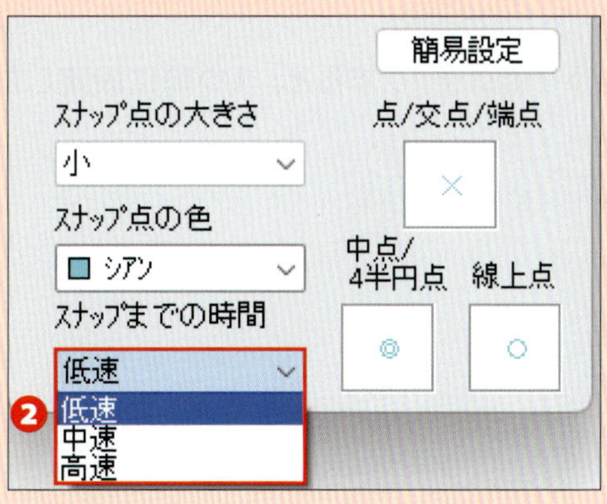

ホールド(角度補正)機能

1つ前に入力した座標点と次に入力しようとする座標点を、決められた角度で補正する機能をホールドといいます。

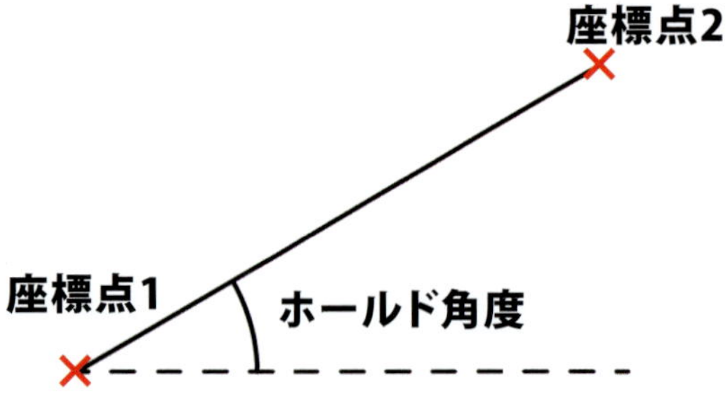

ホールドの有効/無効の切り替えができます。

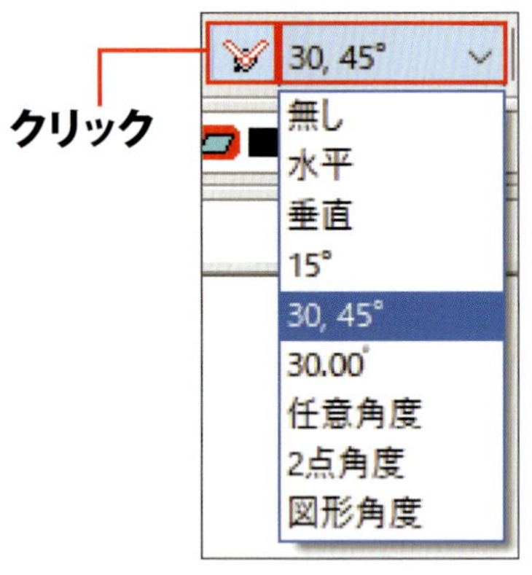

もう一度クリックすると、1つ前に設定したホールド設定に戻ります。

色々な図形の作図

【基本図形練習図.tfs】を開き、図形の作図練習をしましょう。

▶線分の作図

メニューバー［基本図形］>［線分］>［始終点］を選択します。
始点をクリックし❶、終点をクリックします❷。

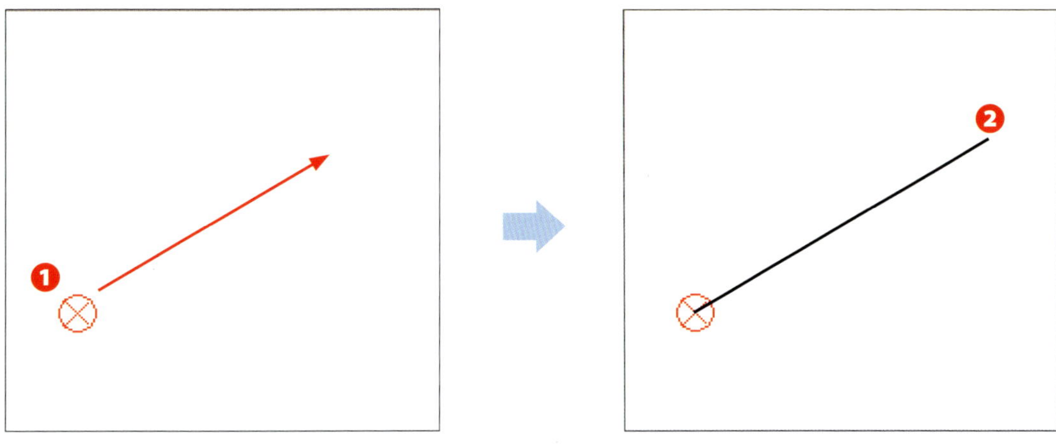

座標点入力後にマウスの動きに合わせて一緒に動くゴムのようなものをラバーバンド機能といい、作図の状態がイメージしやすくなります。

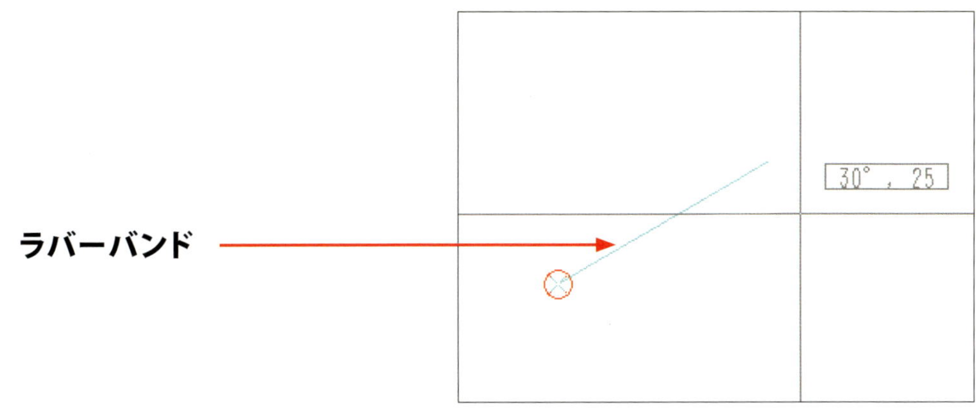

CADWe'll Tfasの作図機能は、一度選択すると他のコマンドを選択するまで、繰り返し利用することができます。別機能を選択するときは、コマンドの取り消しをしなくても別機能の操作ができます。

折れ線の作図

メニューバー［基本図形］>［折線］>［折線］を選択します。
始点をクリックし❶、終点を入力したら［Enter］キーを押します❷。

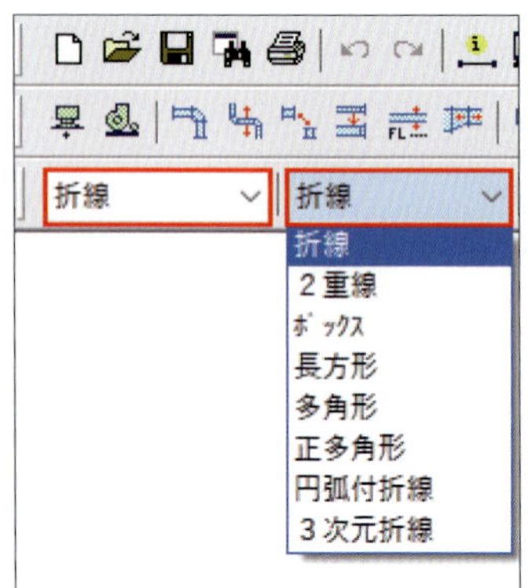

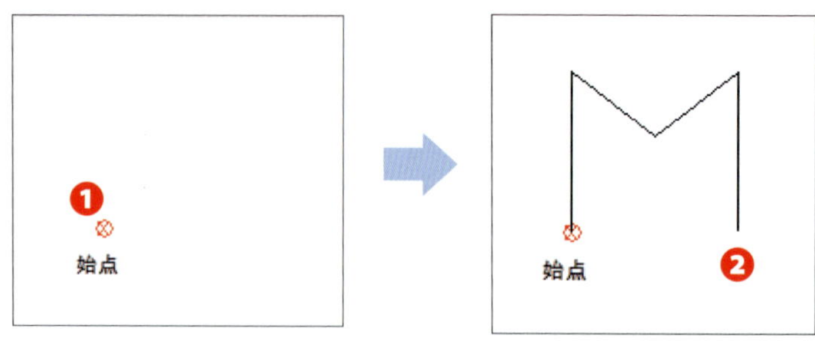

作図途中に指定点を取り直す場合は、［BackSpace］キーを押します。

長方形の作図

メニューバー［基本図形］>［折線］>［長方形］を選択します。
前の操作で［折線］コマンドを使用していた場合は、サブコマンドで［長方形］の選択もできます。
始点をクリックし❶、終点をクリックします❷。

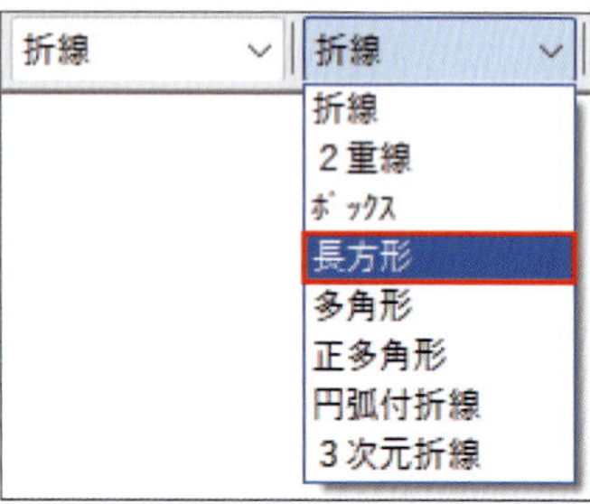

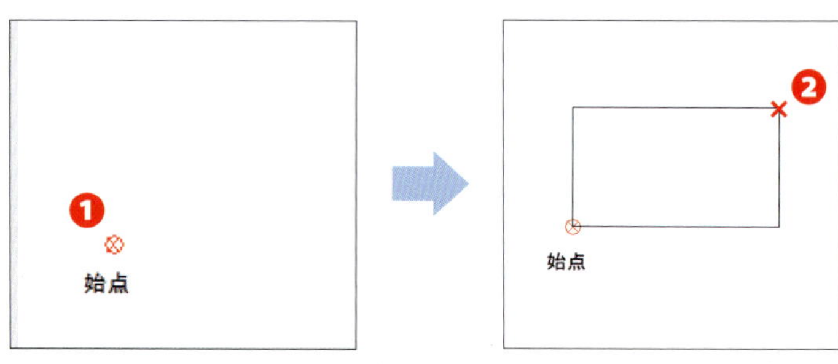

始点をクリックした後にX方向とY方向の距離を（X方向の距離,Y方向の距離）とカンマで区切って入力すると指定の長方形を作図できます。

ボックスの作図

メニューバー［基本図形］＞［折線］＞［ボックス］を選択します。
前の操作で［折線］コマンドを使用していた場合は、サブコマンドで［ボックス］の選択もできます。
長さ（X）「20」、長さ（Y）「20」と入力し、配置基準区分を左下に指定します。

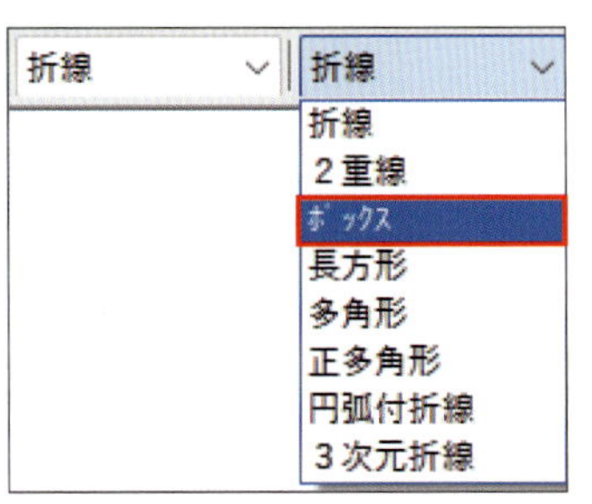

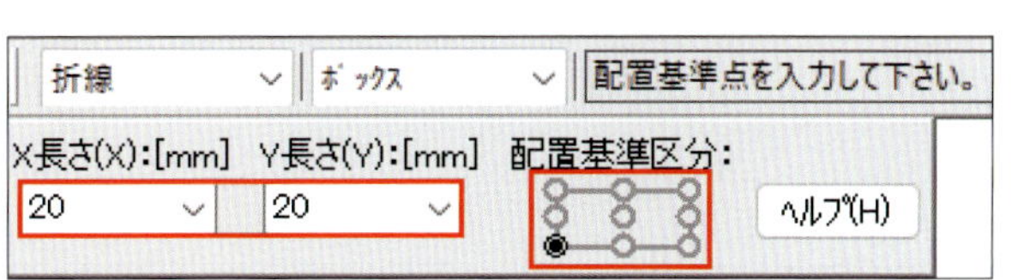

始点をクリックし❶、水平の場合は［Enter］キーを押します❷。

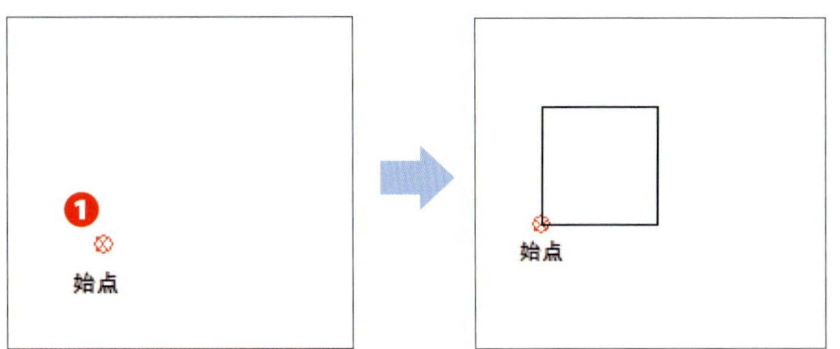

多角形の作図

メニューバー［基本図形］＞［折線］＞［折線］を選択します。
サブコマンドで［多角形］を選択します。
始点から終点までクリックし❶～❻、［Enter］キーを押します❼。

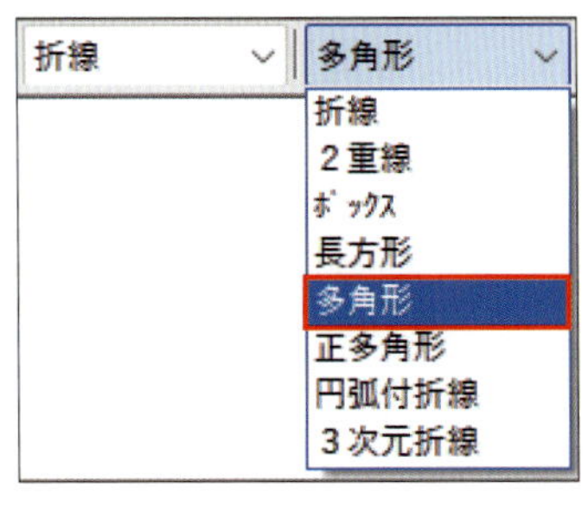

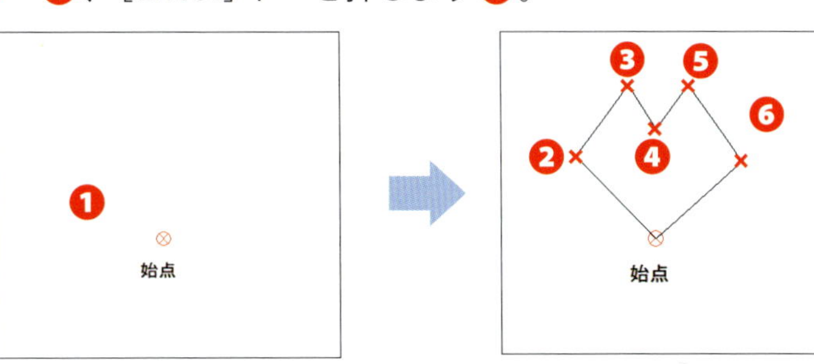

円の作図

メニューバー［基本図形］＞［円］＞［中心と半径］を選択します。

中心点と円周点を指定

中心点をクリックし❶、通過点をクリックします❷。

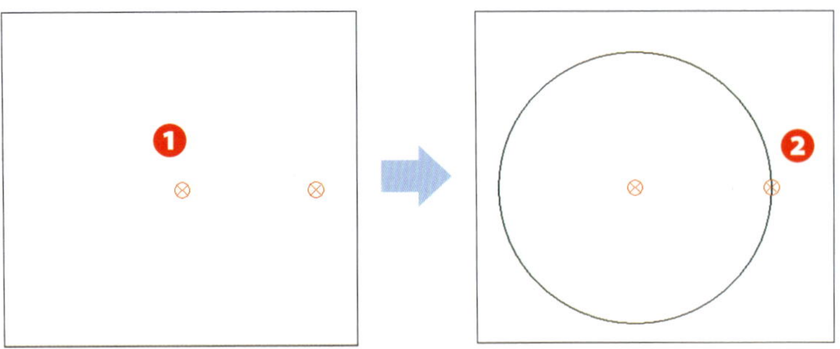

中心点と半径を入力

中心点をクリックします❶。

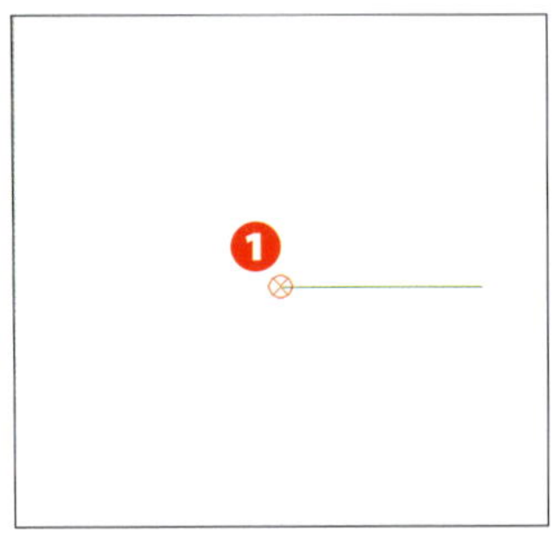

入力エリアに半径を「25」と入力して［Enter］キーを押します❷。

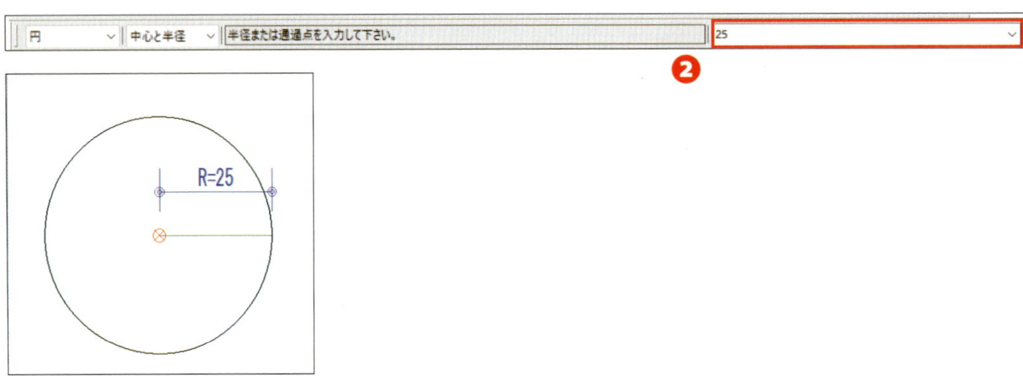

［Ctrlキー＋Dキー］で、制御点（図形の端点や円の中心点、部品の基準点等）が表示されます。［再描画］で表示した制御点を消去できます。

距離を指定した作図

メニューバー［基本図形］＞［線分］＞［始終点］を選択します。
指定した座標点から距離を入力して作図や編集をします。

角度を指定せずに［X,Y］の座標入力で作図

ツールバーの［ホールド］を「無し」に設定します❶

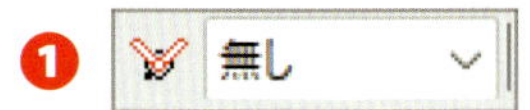

始点をクリックし❷、終点を取得したい方向にカーソルを置いた状態で入力エリアにX距離「40」を入力し、「,（カンマ）」で区切ったあとY距離「20」を入力します❸。
「40,20」と表示されたら、［Enter］キーを押します❹。

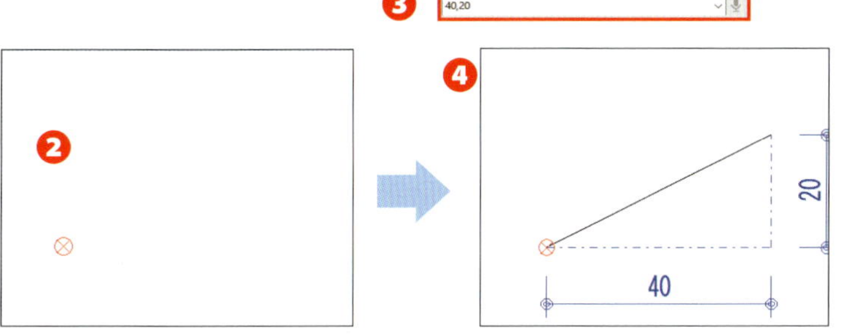

角度と距離を指定する作図

ツールバーの［ホールド］を「30,45°」に設定します❶。

始点をクリックします❷。終点を取得したい角度方向「30°」にカーソルを置いた状態で、入力エリアに距離「40」と入力し、［Enter］キーを押します❸。

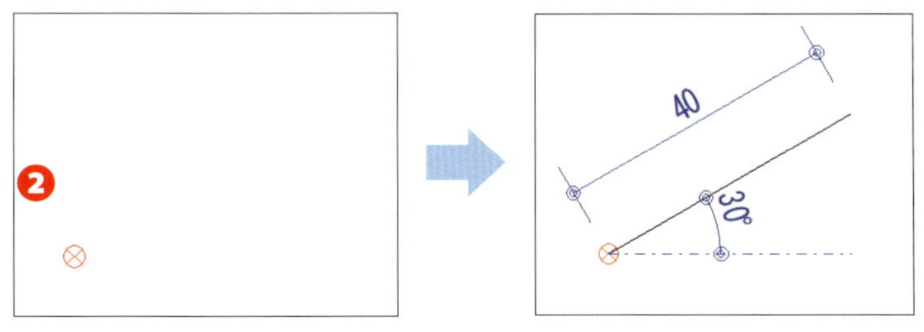

ツールバー［計測－距離］で距離が確認できます。

指定位置から距離を指定した作図

指定した座標点から距離を指定して作図や編集をします。

▶角度を指定せずに[X,Y]の座標入力で作図

ツールバー［ホールド］を［無し］［水平］［垂直］のいずれかに設定します❶。

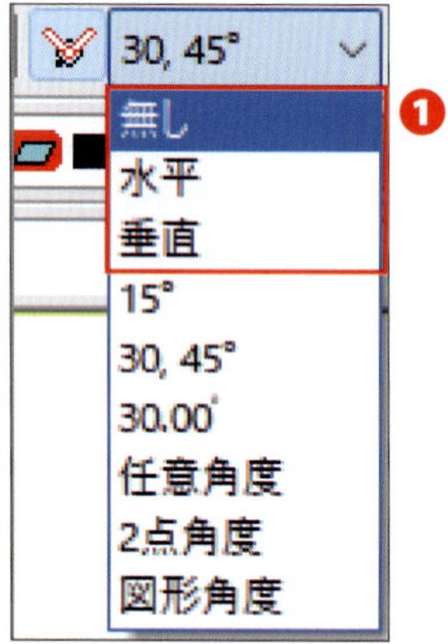

メニューバー［基本図形］>［折線］>［ボックス］を選択します。
表示されたダイアログにボックスのX長さ：「20」・Y長さ：「20」、配置基準区分：［左下］を設定します❷。

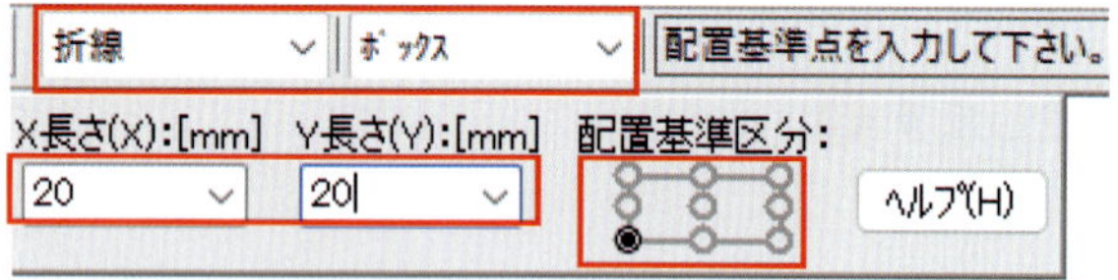

ツールバー 、または、右クリックメニュー［相対距離］を選択し、基準点をクリックします❶。カーソルを矢印の方向に置き、入力エリアにX距離「20」と入力し［Enter］キーを押します。Y距離「15」と入力し、［Enter］キーを押します。傾きは水平にするためそのまま［Enter］キーを押します❷。

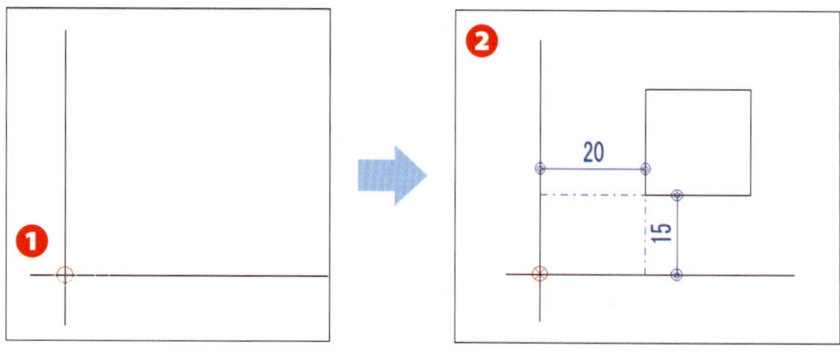

▶角度と距離を指定して作図

ツールバー［ホールド］を配置したい角度に設定します❶。今回は、「15°」にします。

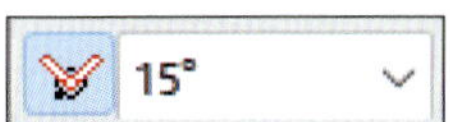

メニューバー［基本図形］＞［折線］＞［ボックス］を選択します。
表示されたダイアログにボックスのX長さ：「20」・Y長さ：「20」、配置基準区分：［左下］を設定します❷。

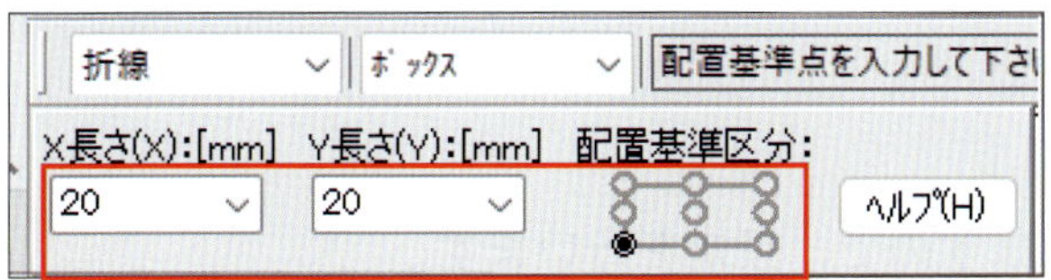

ツールバー［アイコン］、または、右クリックメニュー［相対距離］を選択し、基準点をクリックします❶。配置したい角度方向にカーソルを合わせ、距離「25」を入力して［Enter］キーを押します。配置するボックスの傾きを数値で入力するか、［Enter］キーを押して水平に配置することもできます。

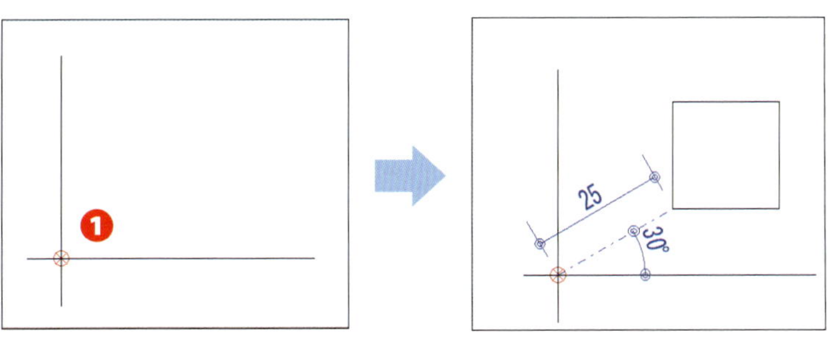

ハッチング（網掛け）

メニューバー［基本図形］＞［ハッチパターン］＞［配置］を選択します。
ハッチングを作図する図形を選択し、［Enter］キーを押します❶。

［ハッチパターン］ダイアログが表示されますので、設定を行います。

- ［標準］❶
- 出力種別：［実寸］❷
- ハッチモード：［最小の閉領域］❸
- 角度：［0］ 幅：［2］❹
- ハッチパターン：［標準1］❺
- ［OK］❻

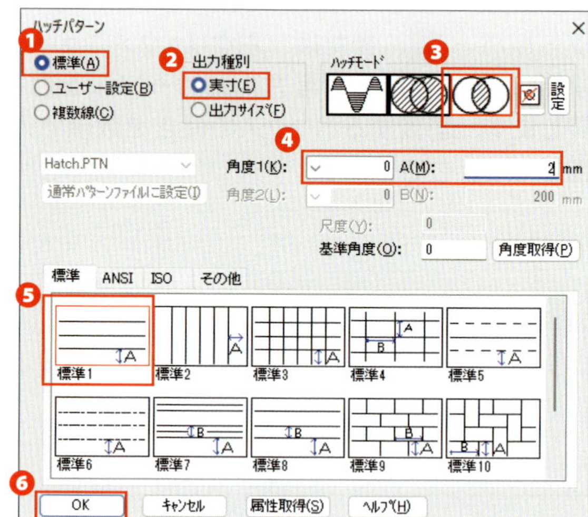

出力種別

［実寸］

図面縮尺を考慮した幅でハッチングします。

［出力サイズ］

図面出力時の幅でハッチングします。

ハッチモード

ハッチパターン領域の指定方法を設定できます。形状をクリックすると選択できます。

ハッチングの基準原点を入力します。（用紙原点を基準原点にする場合は［Enter］キーを押します。）ハッチングを作図する境界内をクリックし❶、他に境界がなければ［Enter］キーを押します❷。

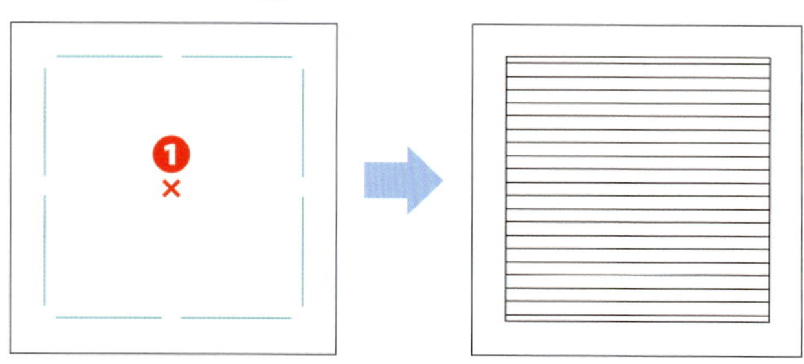

コマンド［ハッチパターン］＞サブコマンド［置換］でハッチの種類を変更できます。

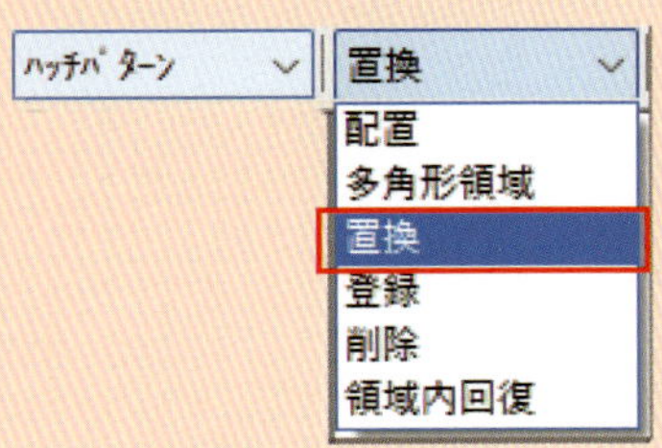

対象図形のハッチをクリックし［Enter］キーを押します❶。

ダイアログが表示されるので、置き換えたいハッチパターンを選択し❷、［OK］をクリックします❸。

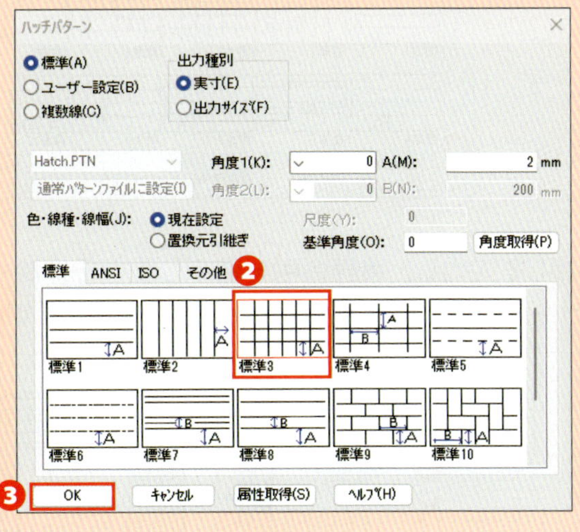

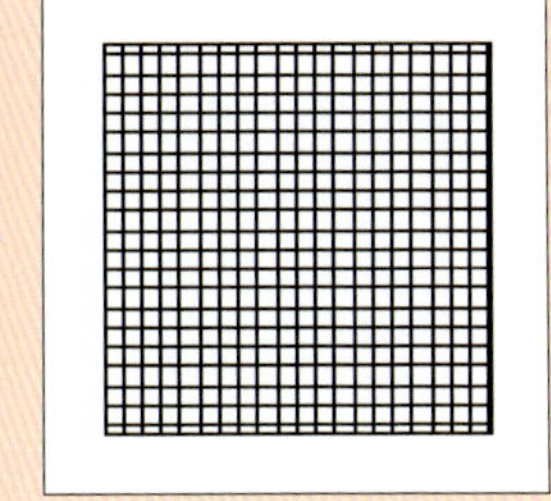

中抜きをしてハッチングすることができます。
コマンド［ハッチパターン］＞サブコマンド［配置］を選択します。中抜きする図形を対角で選択します❶。

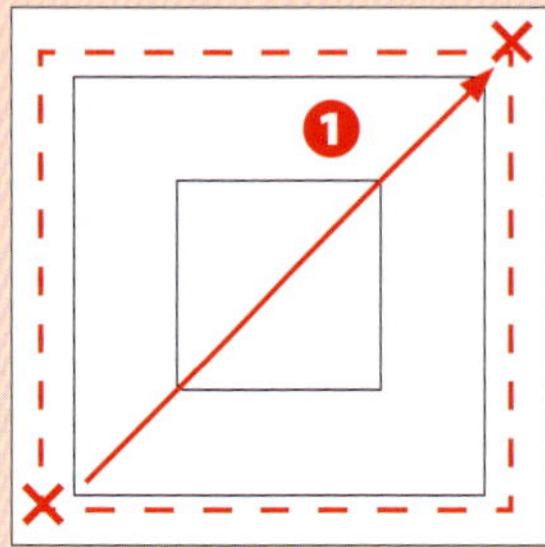

［ハッチパターン］ダイアログが表示されますので、設定を行います。

- ハッチモード：［中抜きの指定（ON）］❷
- ハッチパターン：［標準3］❸
- ［OK］❹

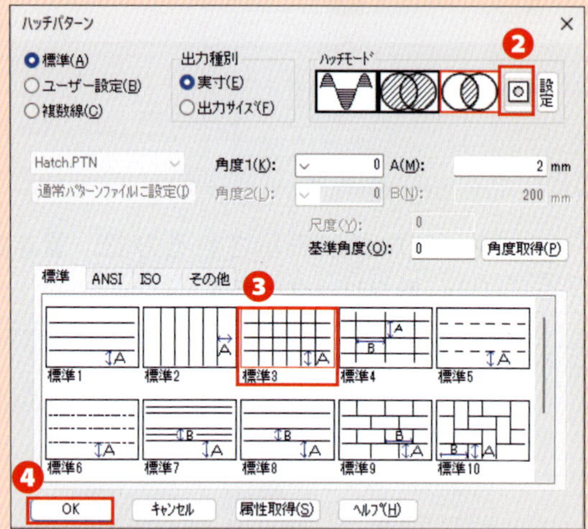

基準原点は［Enter］キーを押して入力し、境界の中を指示します❺。除外する島の中をクリックして［Enter］キーを押し❻、再度［Enter］キーを押します❼。

ペイント(多角形領域内)

メニューバー［基本図形］＞［ペイント］＞［多角形領域］を選択します。
ペイントする領域の始点❶～終点❺を指示し、［Enter］キーを押します❻。

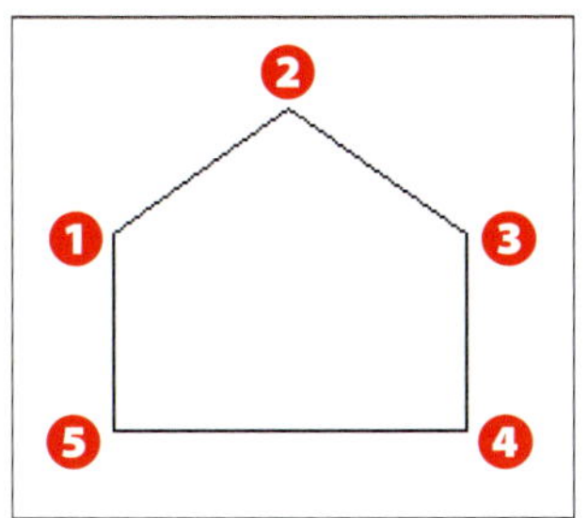

［色選択］ダイアログの色を指定し❼、［OK］をクリックします❽。

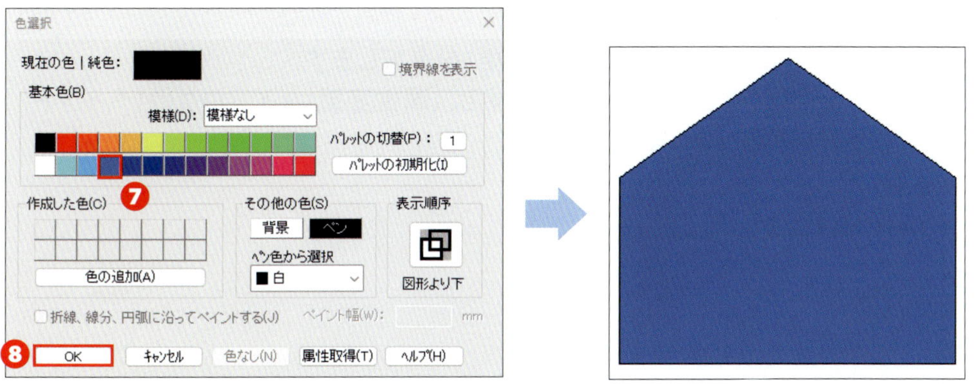

［色選択］ダイアログで、ペイントに模様を設定し❶、［OK］をクリックします❷。模様に設定した色がつきます。黒画面だと白抜きしたように見え、白黒で印刷すると灰色に見えます。線が重なって作図されていた場合にその線も表示されます。

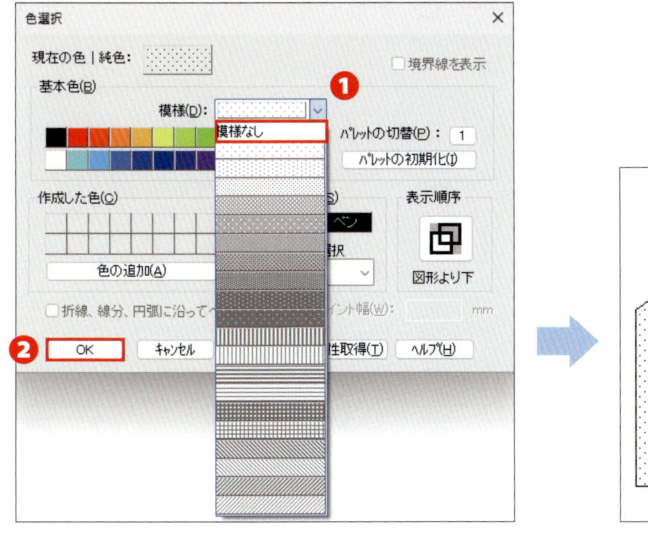

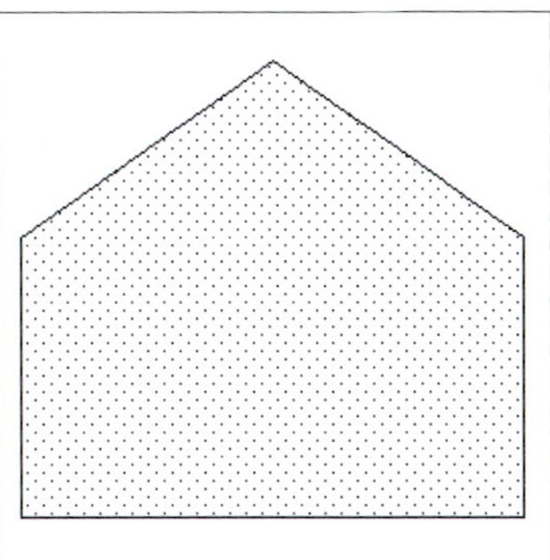

色の変更、ペイントを削除することができます。
メニューバー［基本図形］>［ペイント］>［図形］を選択します。
ペイントを選択して［Enter］キーを押すと、［色選択］ダイアログで色の変更ができ、［色なし］をクリックするとペイントを削除できます。

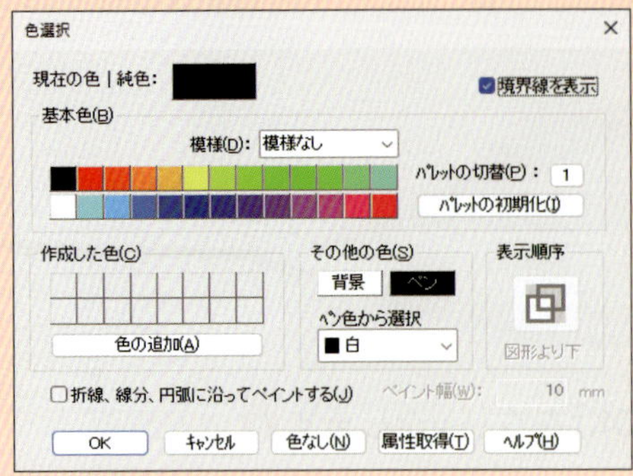

メニューバー［設定］>［色、線］>［変更］を選択します。
ペイントを選択して［Enter］キーを押すと、［属性変更］ダイアログの［ペイント］タブから色の変更、削除ができます。

属性変更
基本属性　矢印　ペイント
ペイント(P):
境界線(B):　表示しない　表示する
表示順序(O):　図形より下　作図順
OK　キャンセル　属性取得　ヘルプ

ペイントを選択し、右クリックメニュー［色、線種変更］から［属性変更］ダイアログの［ペイント］タブからも色の変更、削除ができます。

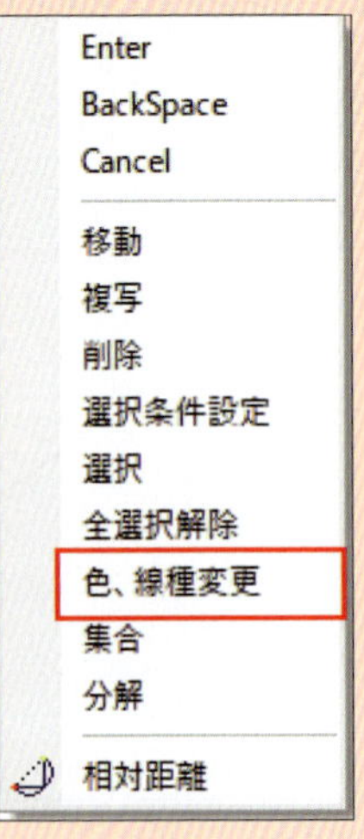

補助線の作図

■練習ファイル：基本図形練習図.tfs　■完成図：なし

補助線は画面上には表示されますが、実際には印刷されない線です。

補助線は［領域設定］をしないと、初期設定では用紙枠が作図領域となっているため用紙範囲全てに作図されます。

補助線の作図（水平/垂直）

メニューバー ［基本図形］>［補助線］>［水平］を選択します。
指定点を入力します❶。通過点をクリックするか、入力エリアに距離「15」と入力し、［Enter］キーを押します❷。続けて［Enter］キーを押すと前回入力した距離で作図されます。補助線の作図を終了する場合は、右クリックメニュー ［BackSpace］または ［Cancel］を選択します。

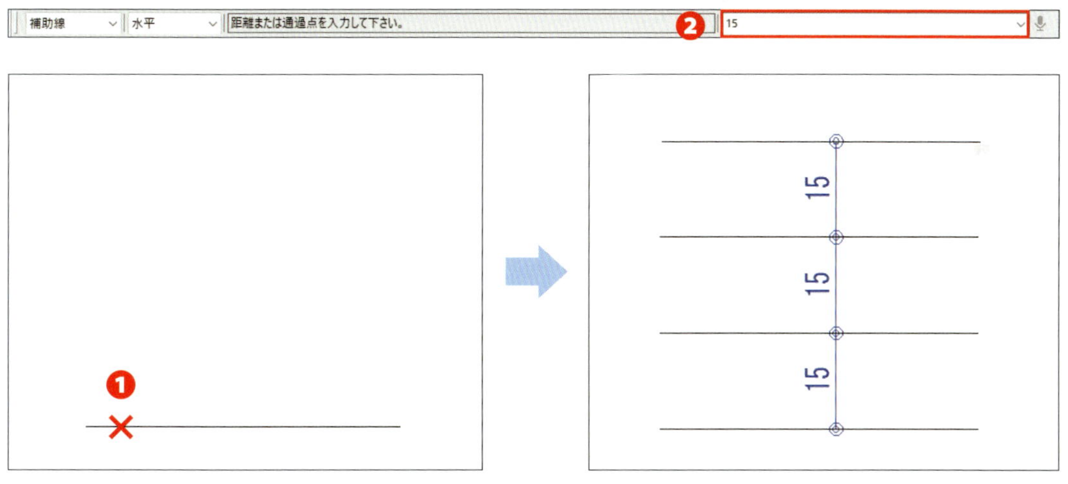

水平の場合、はじめに指定した補助線より上側が「＋」、下側が「－」になります。
垂直の場合、はじめに指定した補助線より右側が「＋」、左側が「－」になります。

指定した2点を通る補助線の作図

メニューバー［基本図形］＞［補助線］＞［2点指定］を選択します。
補助線を作図したい位置で基準点をクリックします❶❷。

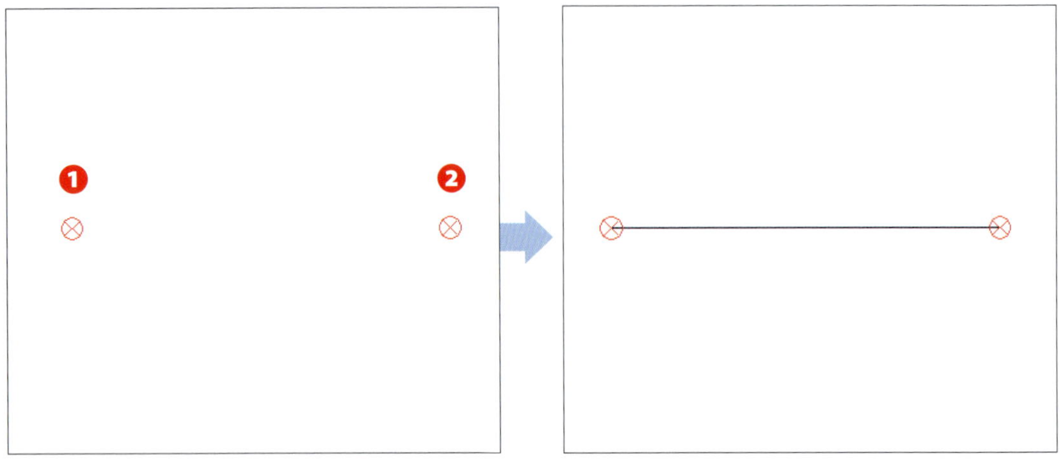

補助線の角度を指定したい場合は、［ホールド］を有効にします。

等分割補助線の作図

メニューバー［基本図形］＞［補助線］＞［等分割］を選択します。
分割する線分・折線を選択します❶❷。入力エリアに分割数「3」を入力し、「Enter」キーを押します❸。

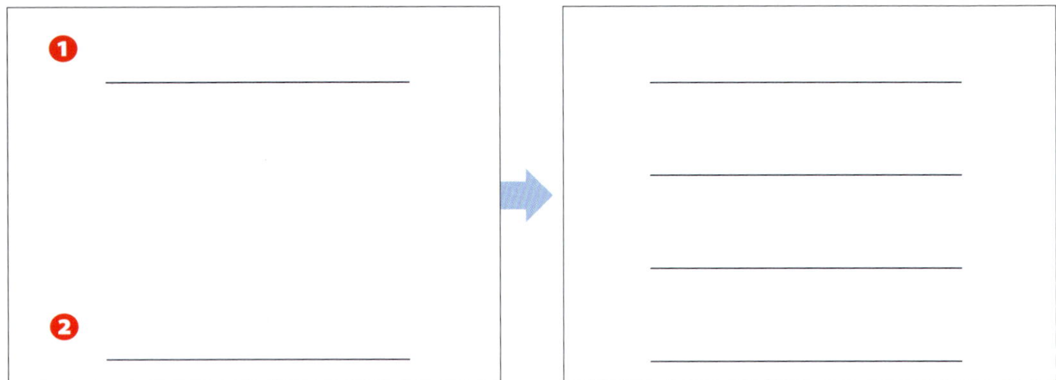

補助線の削除

メニューバー［基本図形］>［補助線］>［削除］を選択します。
削除したい補助線を直接クリックして［Enter］キーを押すか❶、対角をクリックして補助線を選択し❷❸、［Enter］キーを押します❹。

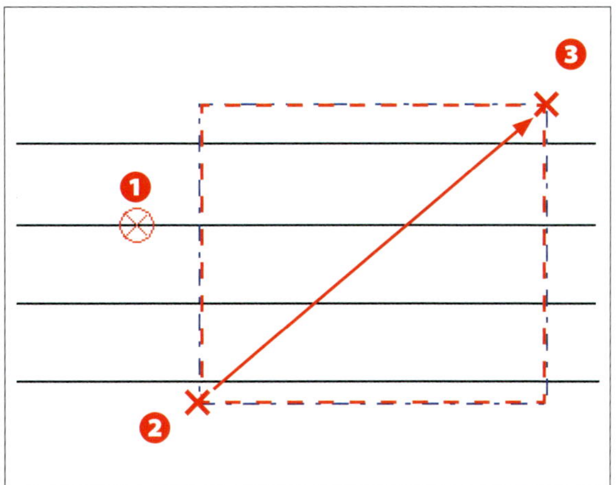

全ての補助線を削除する場合は、補助線を選択せずに［Enter］キーを押します。
補助線の作図領域はメニューバー［基本図形］>［補助線］>［領域設定］で設定できます。
メニューバー［基本図形］>［補助線］>［非表示］で補助線を非表示に設定することができます。非表示状態のときには✓マークがつきます。全ての補助線（断面のレベル等）も非表示になります。

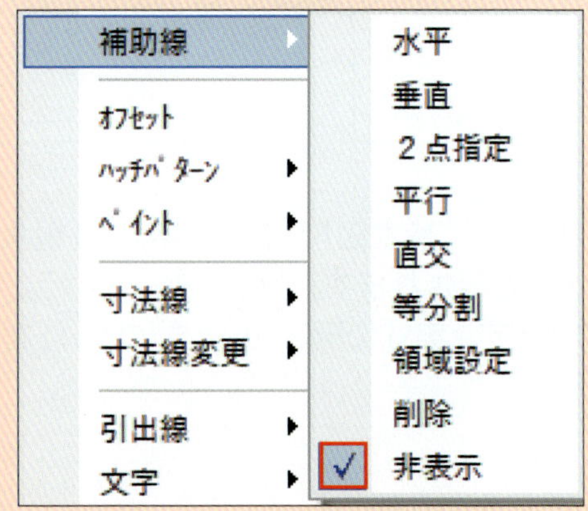

補助線の色は、メニューバー［設定］>［環境設定］>［表示・印刷］の補助色で設定できます。

寸法線の作図

■練習ファイル：基本図形練習図.tfs　■完成図：なし

座標点を指定することで、自動的に寸法値を自動計算・作図する機能です。

寸法線の作図

ツールバー、または、メニューバー［基本図形］＞［寸法線］＞［指定点］を選択します。ダイアログから計測する方向「水平/垂直」を選択します❶。

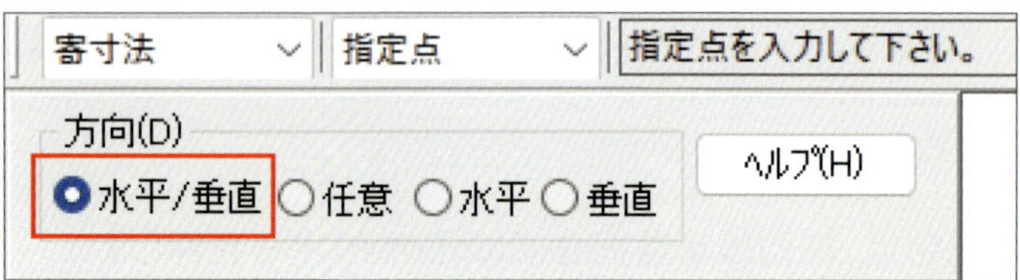

計測する位置をクリックし、［Enter］キーを押します❶❷❸❹。寸法表示位置をクリックします❺。

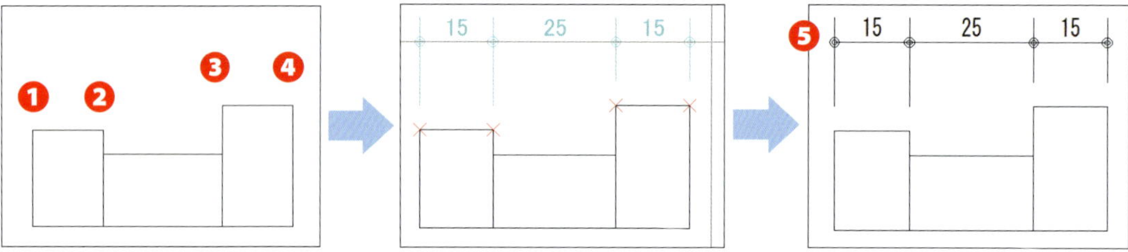

ツールバー、または、メニューバー［基本図形］＞［文字］＞［編集］を選択し、寸法値をクリックすると「!」が表示されます。「!」は実寸ということであり、数値を入れて変更することもできます。実寸に戻したいときには「!」を入力します。

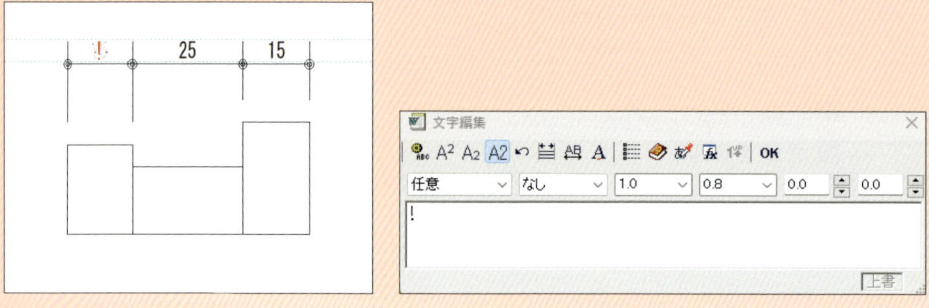

寸法線の属性設定

寸法線の属性は作図図面の縮尺等により異なります。［寸法線設定］で設定することができます。
メニューバー［基本図形］>［寸法線］>［設定］を選択すると、［寸法線設定］ダイアログが表示されます。

［寸法属性設定］タブ
寸法線の色、線幅、レイヤ、矢印形状等を設定します。

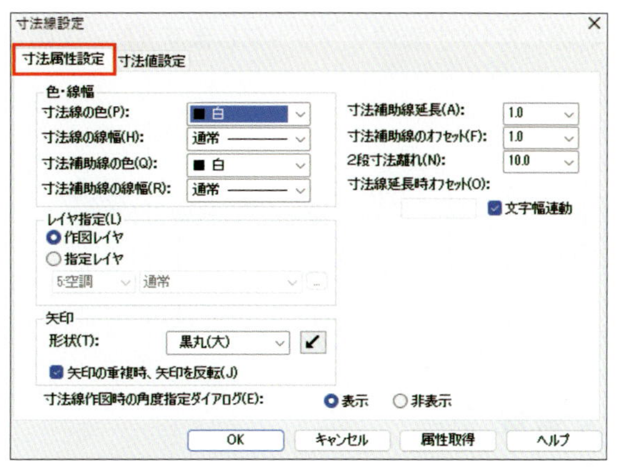

［寸法値設定］タブ
寸法値の色、サイズ、精度、背景の消去等を設定します。

- 文字フォント：［MSゴシック］
- 文字高さ：［1.0］
- 文字幅：［0.8］
- 文字間隔：［0.0］

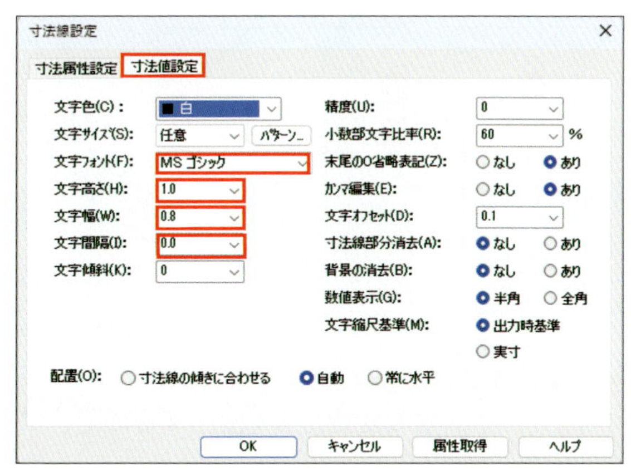

設定された内容は、これから作図する寸法線に反映されます。作図済みの寸法線を変更する場合は、メニューバー［基本図形］>［寸法線変更］>［変更］を選択し、寸法線をクリックして［Enter］キーを押します。［寸法線変更］ダイアログが表示されますので、変更したい項目を変更します。作図済みの寸法線から属性を取得したい場合は、［属性取得］を使用します。

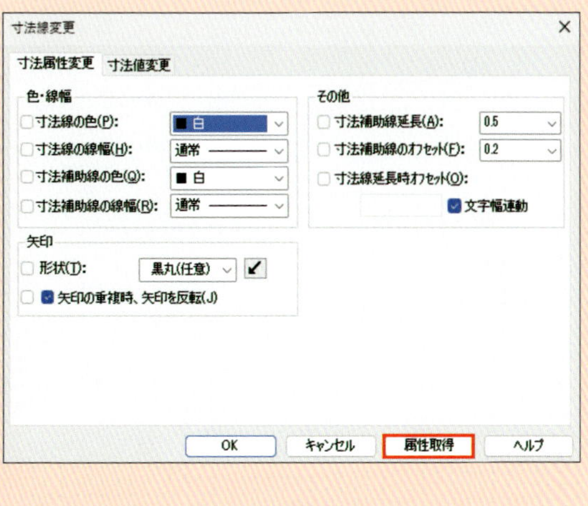

寸法線の変更

寸法線の一部を削除・合算

ツールバー[icon]、または、メニューバー［基本図形］>［寸法線変更］>［寸法線削除］を選択します。

▶削除

削除したい寸法値をクリックします❶。［Enter］キーを押します。

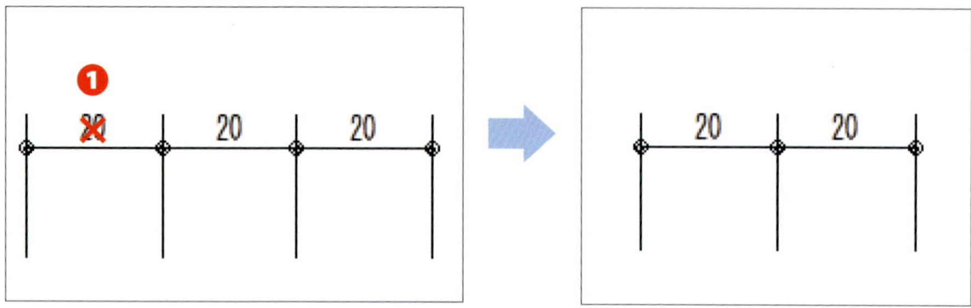

▶合算

合算したい隣り合った寸法値をクリックします❶。

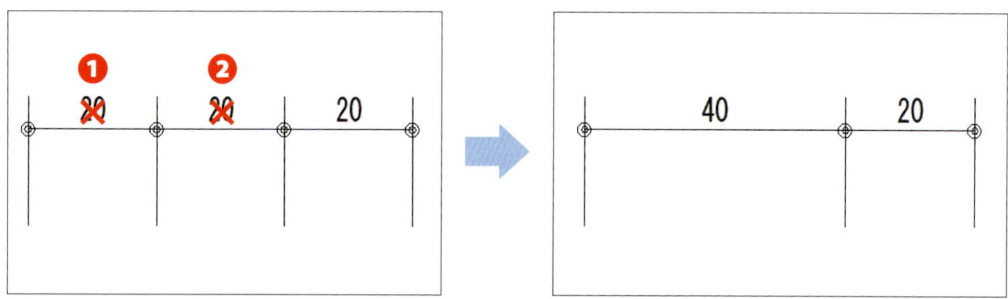

寸法線の変更はよく使用するので、ツールバーを追加しておくと便利です。
※ツールバーの追加の方法は、20Pを参照してください。

寸法線の分割・追加

ツールバー![]、または、メニューバー［基本図形］>［寸法値変更］>［追加］を選択します。

▶分割

分割したい寸法線をクリックします❶。分割したい点をクリックします❷。［Enter］キーを押します。

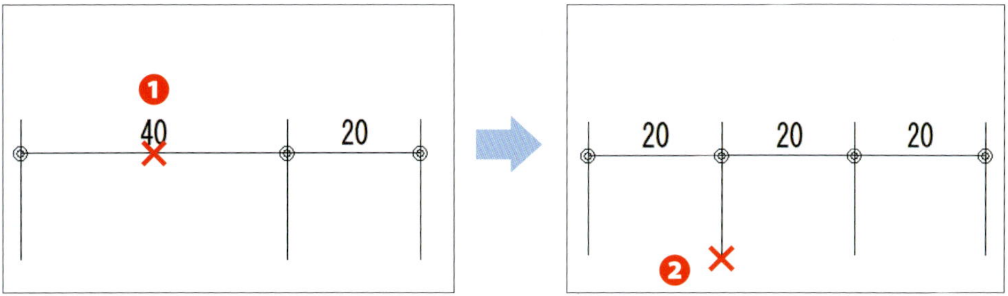

▶追加

追加したい寸法線をクリックします❶。追加したい点をクリックします❷。［Enter］キーを押します。

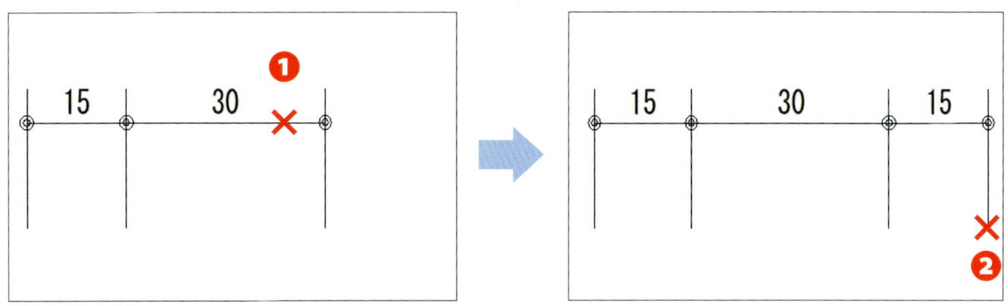

寸法補助線揃え

メニューバー［基本図形］＞［寸法線変更］＞［寸法補助線揃え］を選択します。
寸法補助線を揃えたい寸法線を指示し❶、揃える位置をクリックします❷。

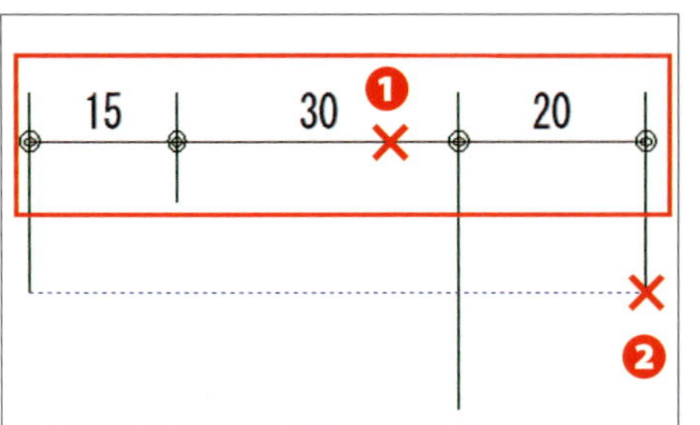

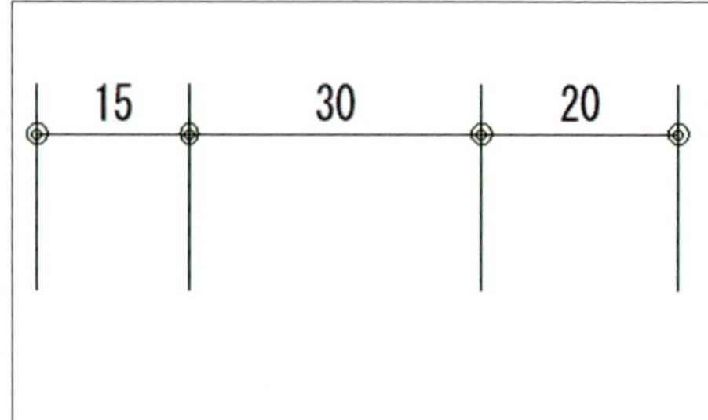

［Ctrlキー＋Dキー］で制御点（図形の端点や円の中心点、部品の基準点等）が表示されます。［再描画］で表示した制御点を消去できます。

Check Point

メニューバー［図形編集］＞［トリム］＞［伸縮］を使用して寸法線を編集します。
［トリム］は様々な編集に使用できますので、ツールバー を追加しておくと便利です。

寸法線を個別に伸縮

伸縮したい線の端部をクリックし❶、伸縮したい位置をクリックします❷。

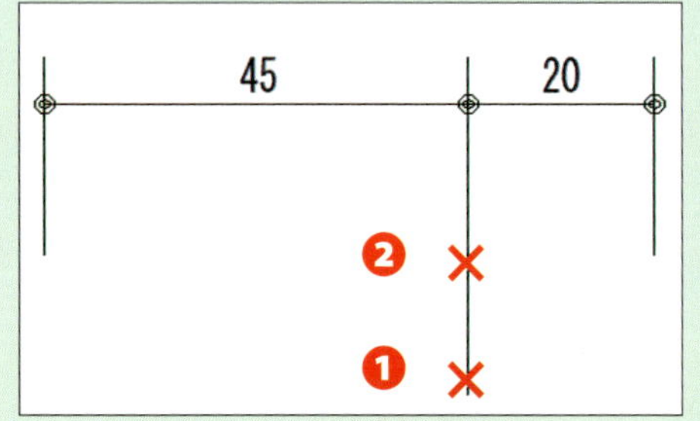

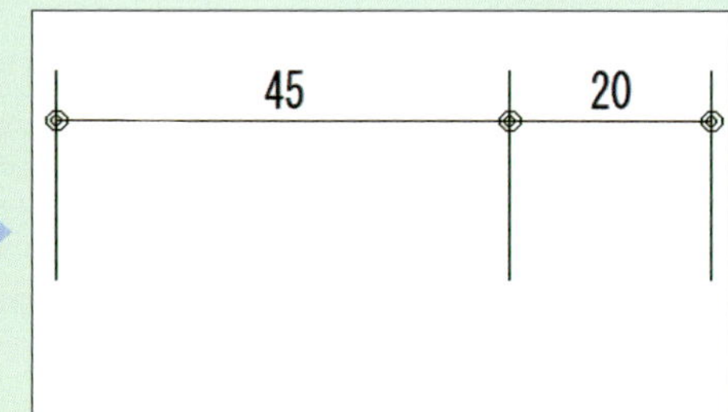

寸法表示位置の変更

寸法線中央付近をクリックし❶、寸法表示変更位置をクリックします❷。

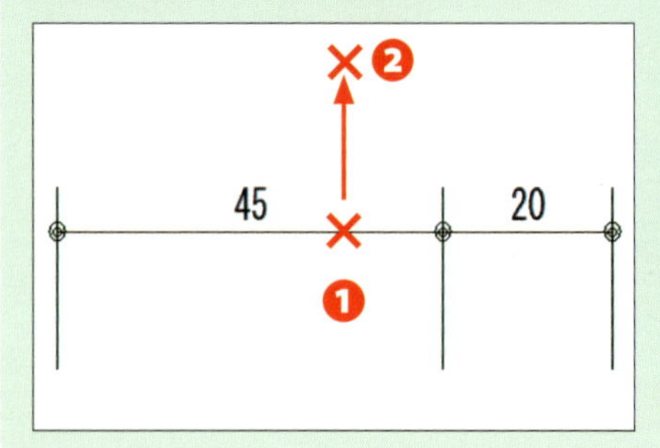

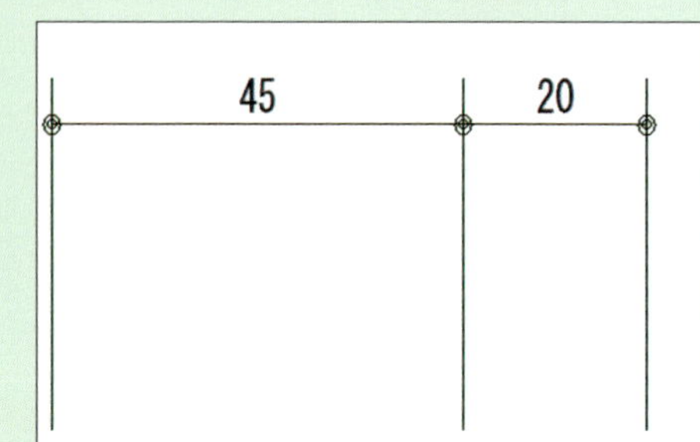

▶計測位置の変更

寸法補助線の上部をクリックし❶、計測変更位置をクリックします❷。

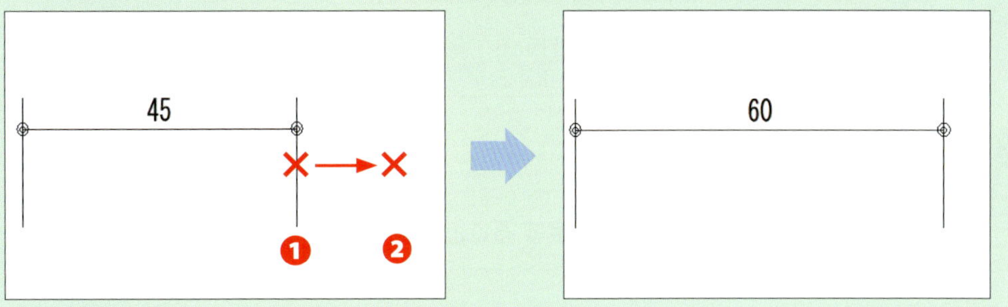

▶寸法の合算

寸法補助線の上部をクリックし❶、合算したい寸法補助線の上をクリックします❷。

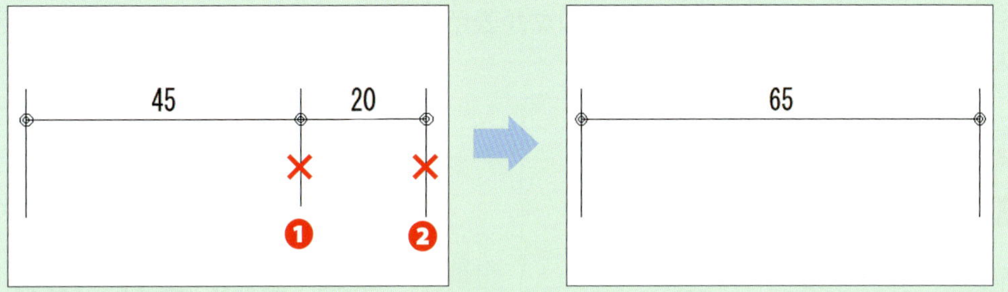

▶寸法線引出

寸法線端点付近をクリックし❶、引出したい寸法補助線の上をクリックします❷。

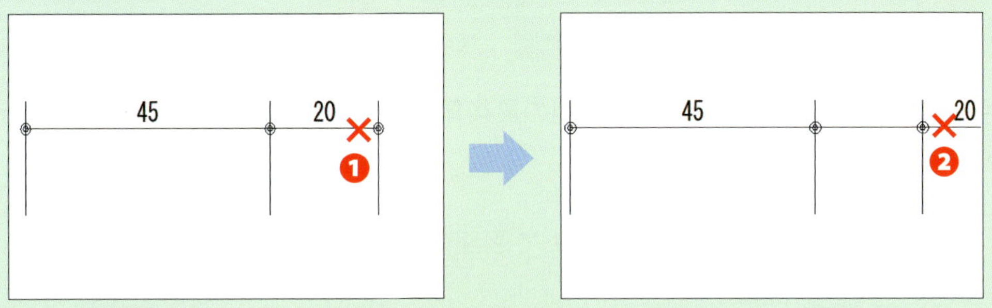

▶寸法値移動

寸法数値をクリックし❶、数値を移動したい位置をクリックします❷。

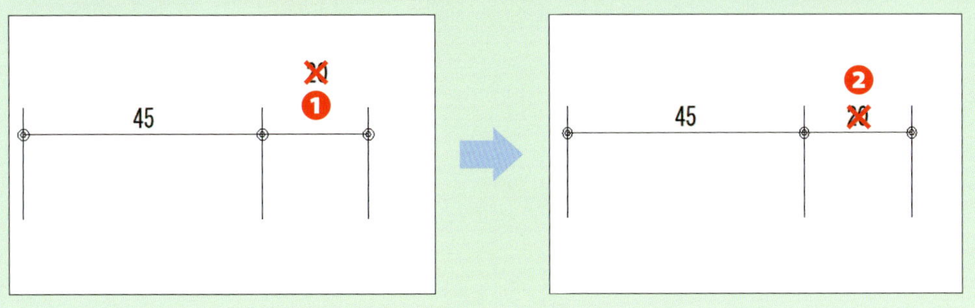

文字記入

■練習ファイル：基本図形練習図.tfs　■完成図：なし

文字記入の方法を解説します。
フォントや大きさ等の属性を設定することが可能です。

文字の記入

ツールバー、または、メニューバー［基本図形］>［文字］>［文字記入］を選択します。基準点を指定すると、［文字記入］ダイアログが表示されるので、キーボードより「空調設備」と入力したら［OK］をクリックします。

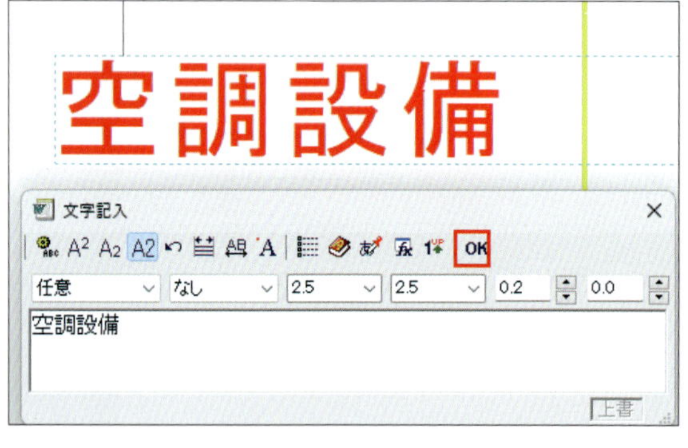

空調設備

［Shiftキー＋Enterキー］、または、文字列の最後尾で［Enter］キーを2回押しても確定できます。

［図面内文字参照］をクリックして図面内の文字を指定すると、指定した文字をダイアログ内に挿入できます。

［連続文字］をクリックすると、英字、数字、カタカナをカウントアップ、カウントダウンしながら文字を連続記入することができます。

［文字記入］ダイアログの［属性情報］、メニューバー［基本図形］>［文字］>［設定］で文字の属性を設定できます。

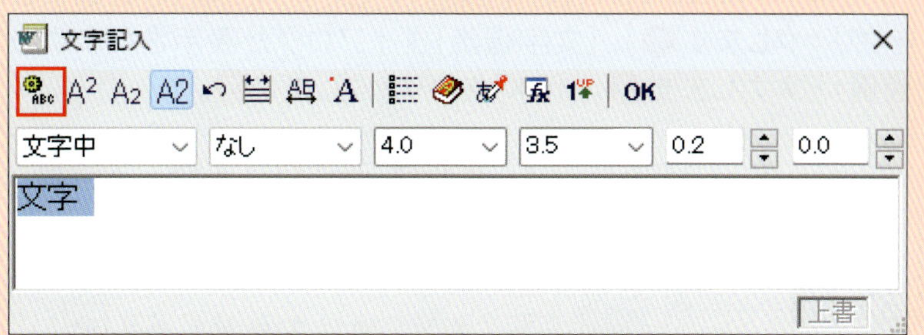

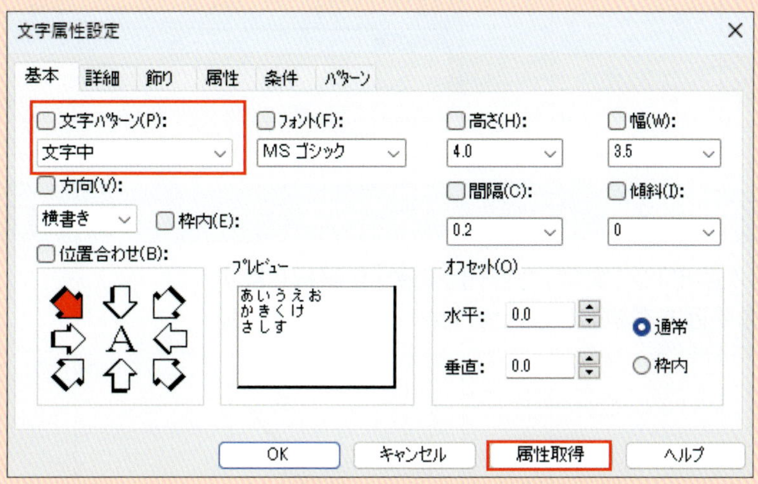

文字パターンは［パターン］タブの内容と連動しています。
作図済みの文字から属性を取得したい場合は、［属性取得］を使用します。

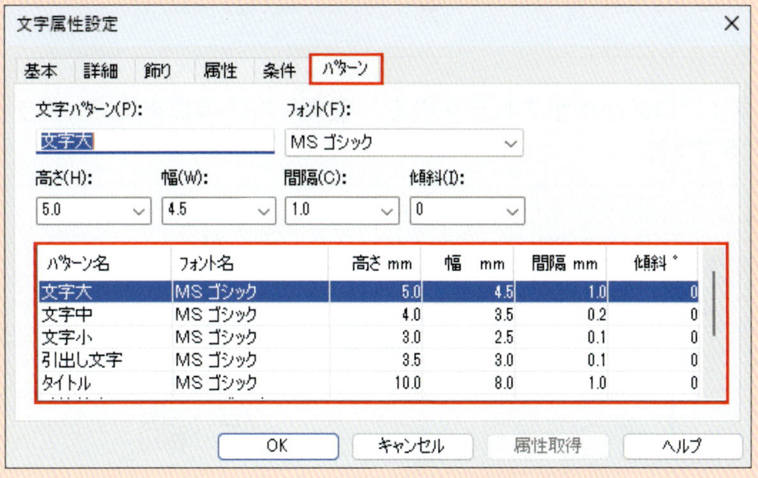

文字の編集

ツールバー ABC/XYZ、または、メニューバー［基本図形］>［文字］>［編集］を選択します。
編集したい文字をクリックします❶。［文字編集］ダイアログが表示されますので、キーボードより「空調設備」と入力します❷。［OK］をクリックします❸。

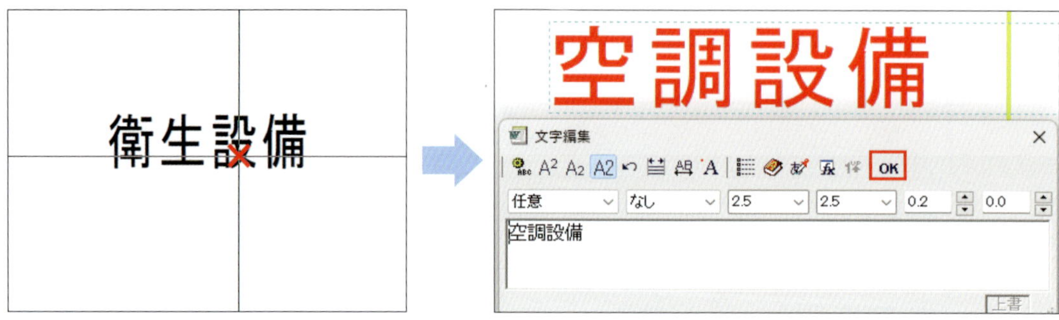

文字属性の一括変更

メニューバー［基本図形］>［文字］>［一括変更］を選択します。
変更したい文字の範囲を選択し、［Enter］キーを押します❶。

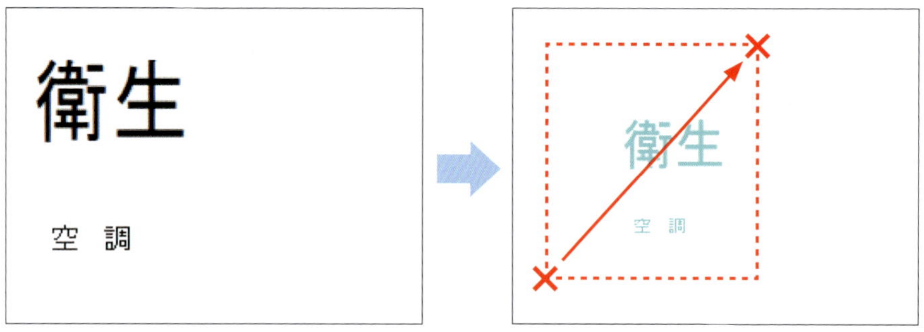

［文字属性変更］ダイアログが表示されますので、変更したい項目を設定します❷。
［OK］をクリックします❸。

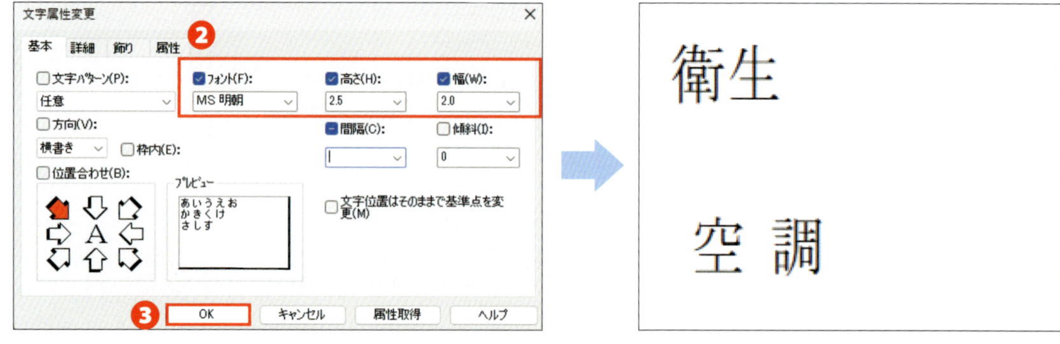

作図済みの文字から属性を取得したい場合は、［属性取得］を使用します。

引出線作図

■練習ファイル：基本図形練習図.tfs　■完成図：なし

引出線作図の方法を解説します。
色や矢印等の設定をすることが可能です。

引出線の作図

ツールバー、または、メニューバー［基本図形］>［引出線］>［引出線記入］を選択します。

［文字記入］ダイアログが表示されるので、「GV10K」と入力して、［OK］をクリックします。

※引出線は、矢印長さ：［1.00］角度：［15:00］文字高さ：［2.5］幅：［2.0］間隔［0.1］で設定しています。

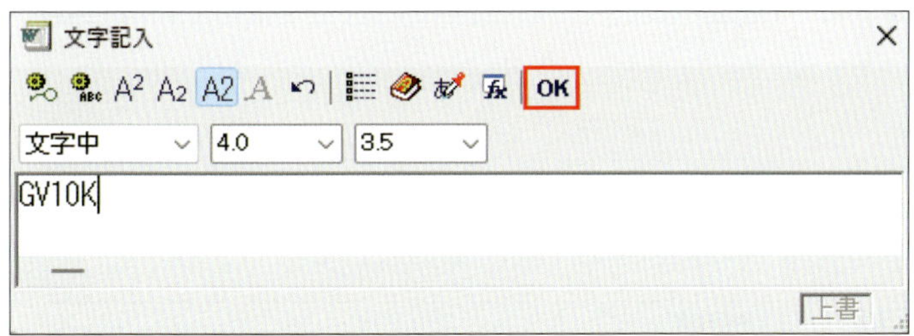

メニューバー［基本図形］>［引出線］>［設定］で、「文字」>「文字入力」が「する」の設定になっていると文字入力ができます。

指定点をクリックし❶❷❸、［Enter］キーを押します❹。

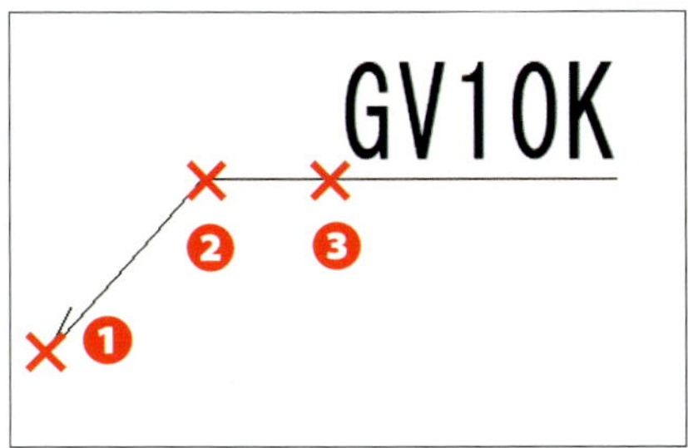

［文字記入］ダイアログの［引出線設定］、またはメニューバー［基本図形］>［引出線］>［設定］で引出線の設定ができます。［引出線設定］をクリックします。

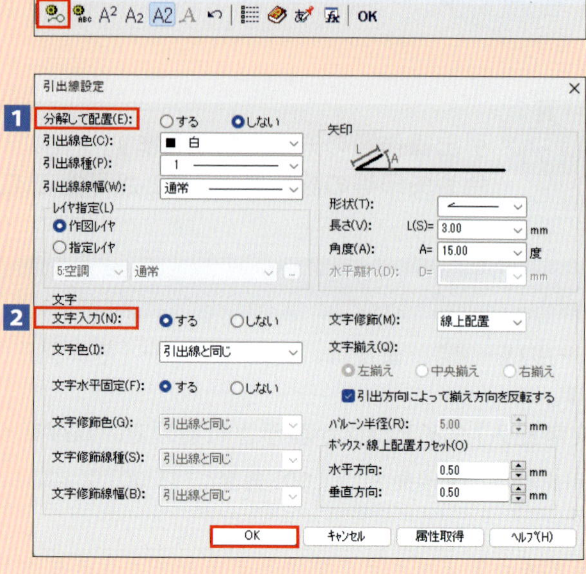

1 分解して配置

［する］

折線と文字の属性で配置します。

［しない］

引出線の属性で配置します。

2 文字入力

［する］

［文字記入］ダイアログが表示されます。

［しない］

矢印のみを作図します。

［OK］をクリックします。

次に、［文字設定］をクリックします。

［文字属性設定］ダイアログの［基本］タブから、作図時の大きさ・フォント等を設定できます。

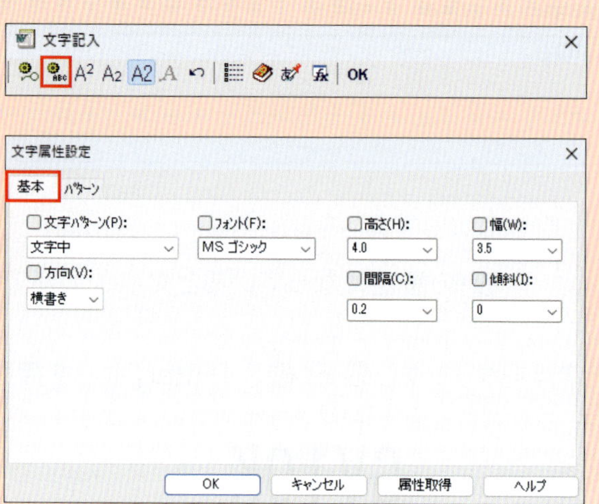

[パターン]タブを確認します。文字パターンは[パターン]タブの内容と連動しています。作図済みの文字から属性を取得したい場合は、[属性取得]を使用します。

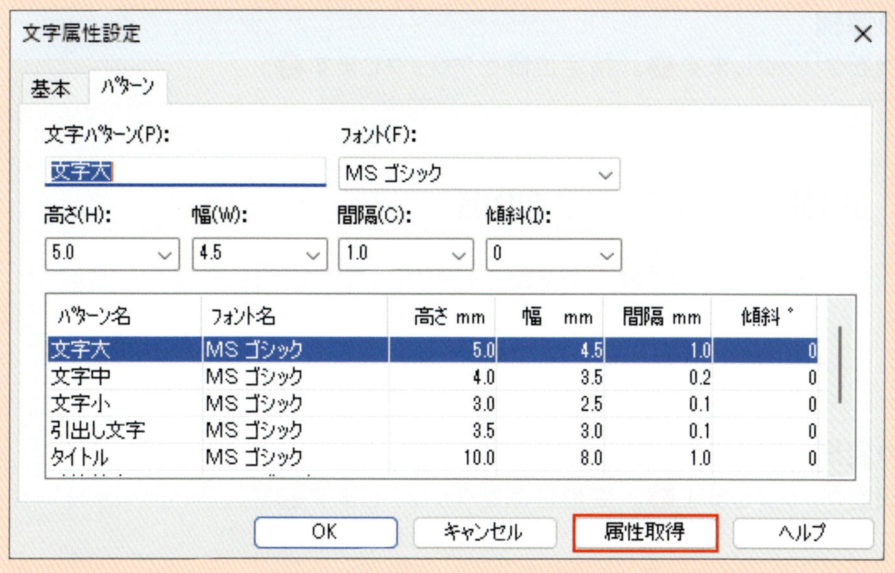

作図済みの引出線の属性を変更するには、メニューバー[基本図形]>[引出線]>[変更]を使用します。図形種が「引出線」の図形のみ有効です。

ツールバー[icon]、または、メニューバー［図形編集］＞［トリム］＞［伸縮］を使用して引出線を編集します。

引出線の伸縮

引出線の先端をクリックします❶。指定位置をクリックします❷。

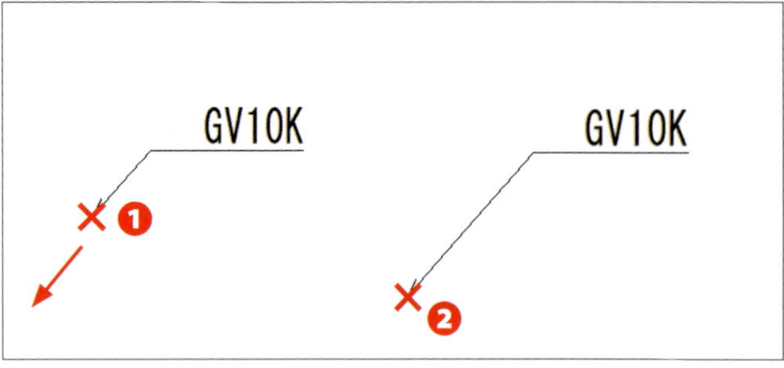

引出線の変形

引出線の中央をクリックします❶。変形位置をクリックします❷。

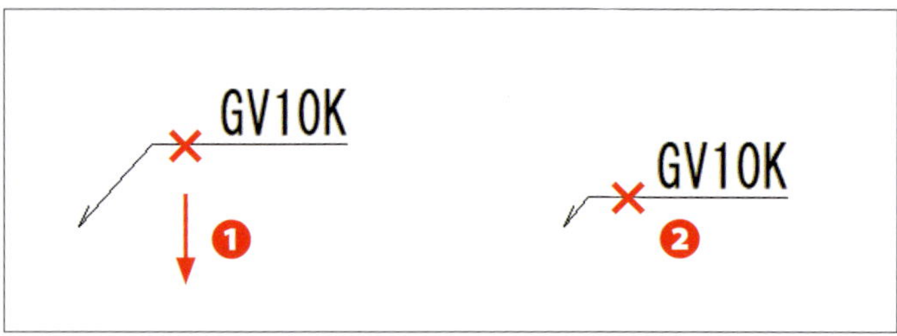

文字列の移動

文字列をクリックします❶。文字列の変更位置をクリックします❷。

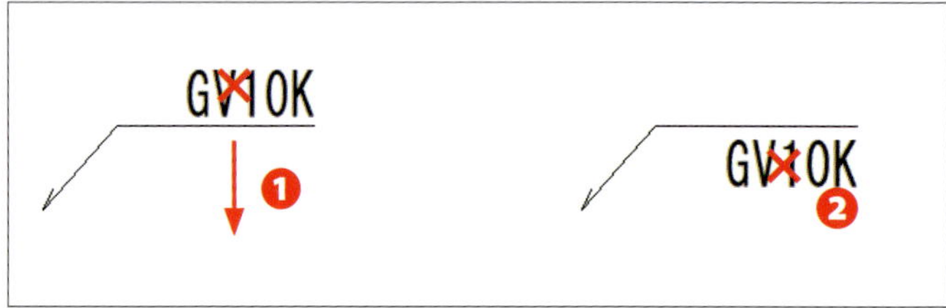

図形の編集

■練習ファイル：基本図形練習図.tfs　■完成図：なし

図形編集の方法を解説します。
移動や複写、回転などをすることが可能です。

図形の移動

右クリックメニュー［移動］、または、メニューバー［図形編集］>［移動］>［通常］を選択します❶。

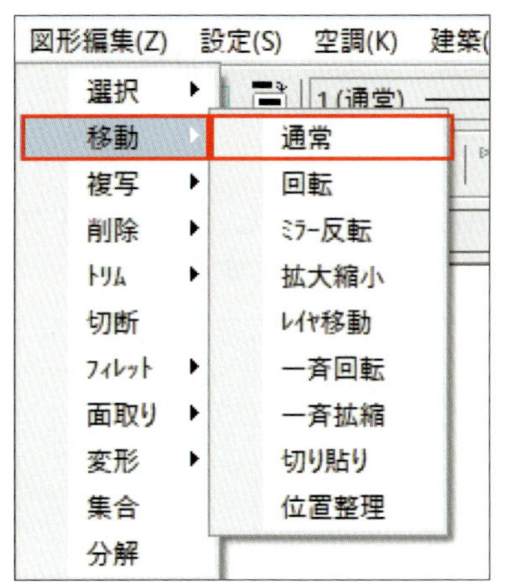

移動したい図形を選択し、［Enter］キーを押します❶。基準点をクリックします❷、移動先の指定点をクリックします❸。

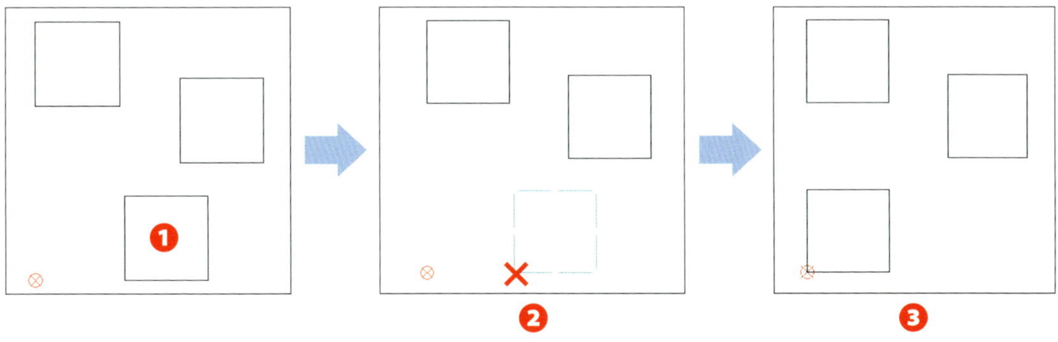

図形の複写

右クリックメニュー［複写］、または、メニューバー［図形編集］＞［複写］＞［通常］を選択します❶。

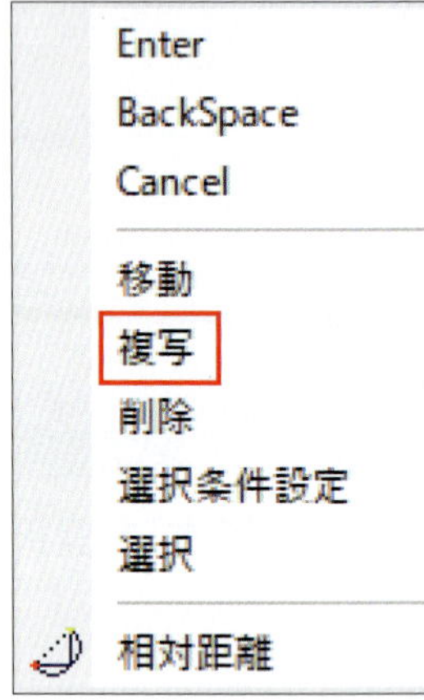

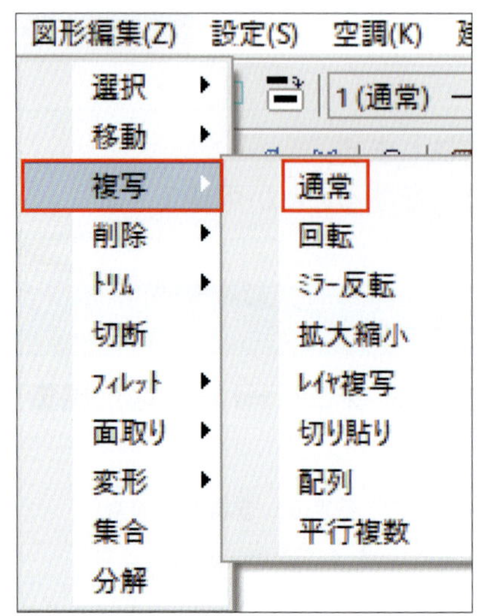

複写したい図形を選択したら［Enter］キーを押し、基準点をクリックします❶。複写先の指定点をクリックしたら、［Enter］キーを押します❷。

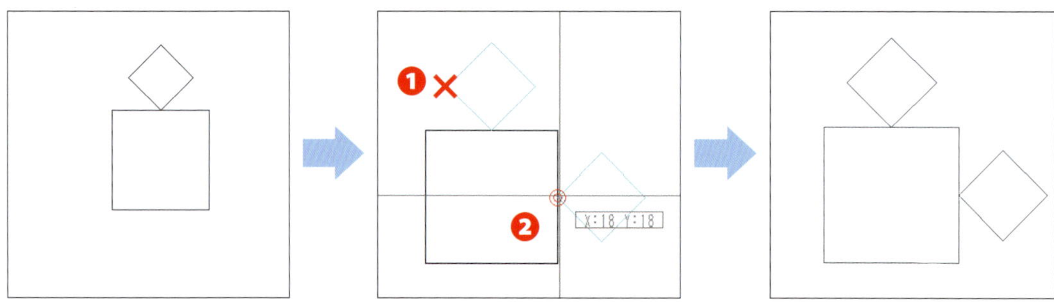

［移動］と［複写］はほぼ同様のサブコマンドがあります。

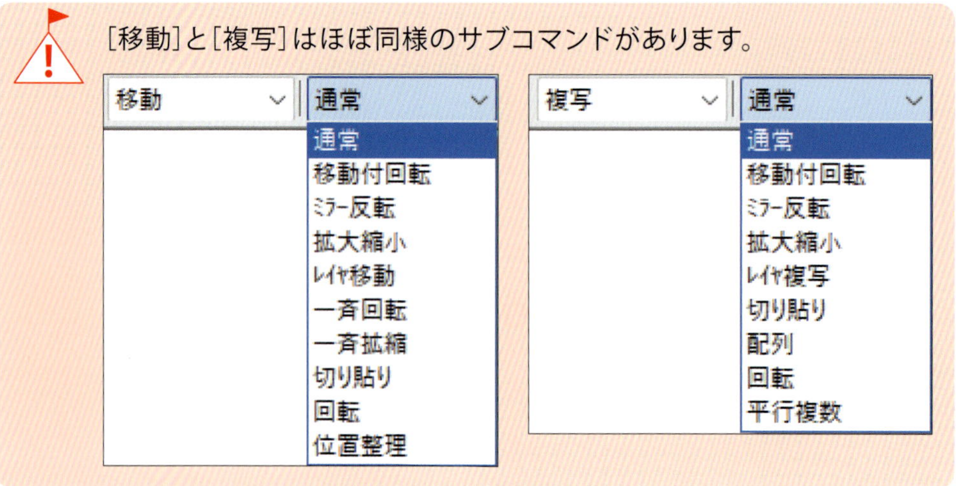

図形の回転・ミラー反転

図形の回転

右クリックメニュー［移動/複写］を選択し、サブコマンドで［回転］を選択、または、メニューバー［図形編集］>［移動/複写］>［回転］を選択します❶。

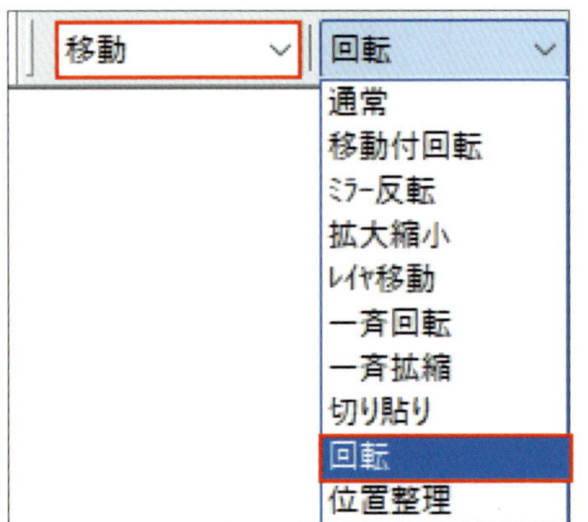

図形を選択して［Enter］キーを押し、回転中心点を指定します❷。角度「45°」を入力し、［Enter］キーを押して回転します❸。

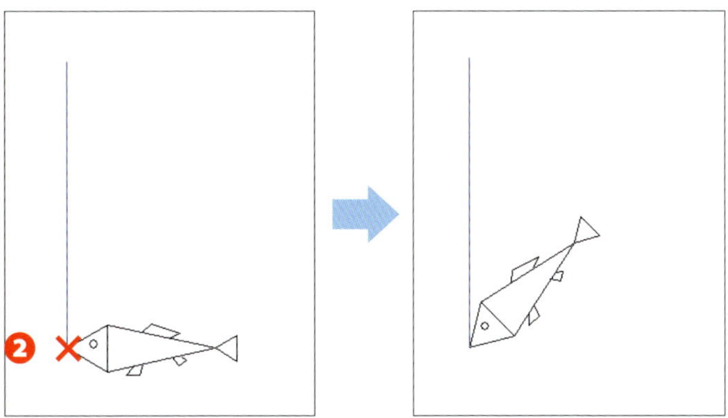

▶ミラー反転

右クリックメニュー［移動/複写］を選択し、サブコマンドで［ミラー反転］を選択、または、メニューバー［図形編集］>［移動/複写］>［ミラー反転］を選択します❶。

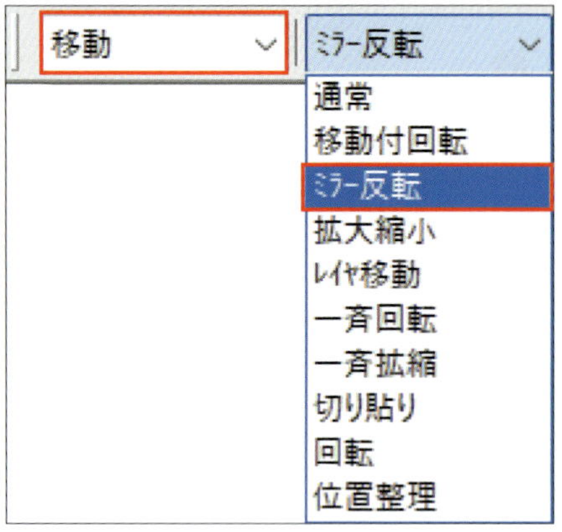

図形を選択して［Enter］キーを押します❷。対象軸点をクリックで指定してミラー反転します❸❹。

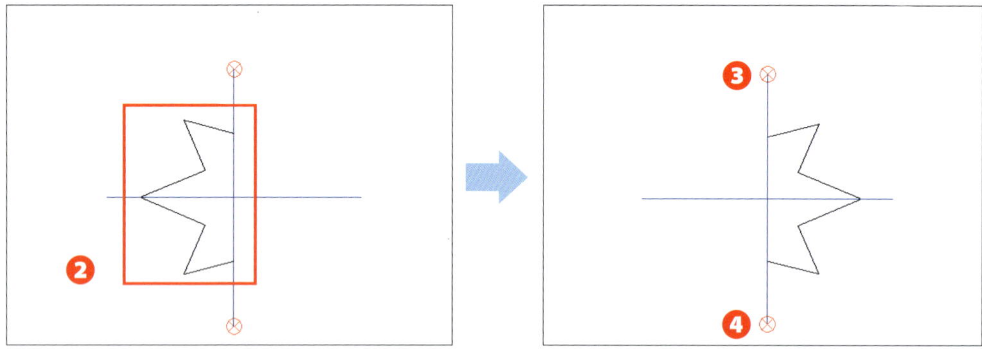

図形の一部を伸縮

ツールバー 、メニューバー［図形編集］>［トリム］>［伸縮］を選択します。
伸縮始点をクリックします❶。伸縮終点をクリックして図形を伸縮します❷。

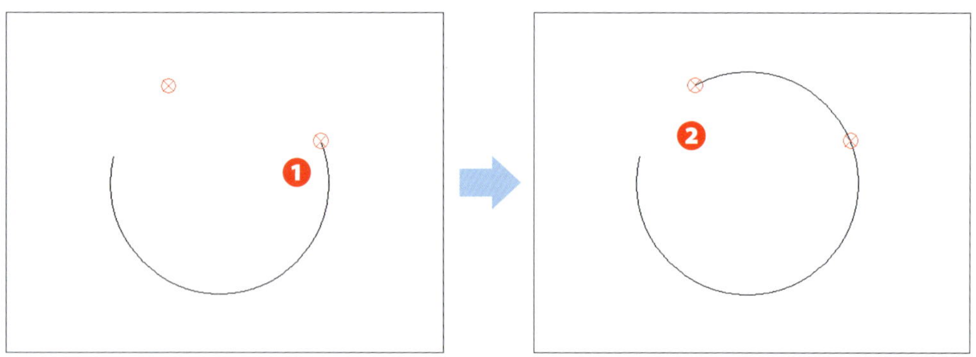

図形の一部を削除

ツールバー ↓ 、サブコマンド［部分削除］を選択、または、メニューバー［図形編集］>［トリム］>［部分削除］を選択します❶。

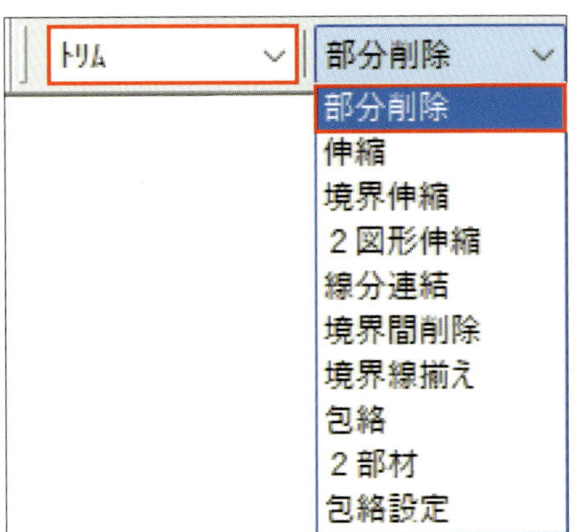

部分削除したい図形をクリックします。削除開始点と削除終点をクリックし❶❷、残す側でクリックします❸。

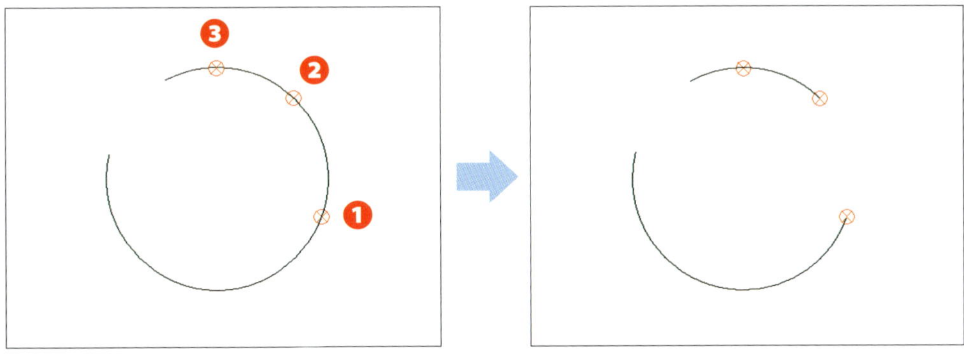

図形の変形

メニューバー［図形編集］＞［変形］＞［指定点］を選択します。
変形したい図形を選択し、［Enter］キーを押します。移動したい領域を対角で指定し❶❷、［Enter］キーを押します。基準点をクリックし❸、指定点をクリックします❹。

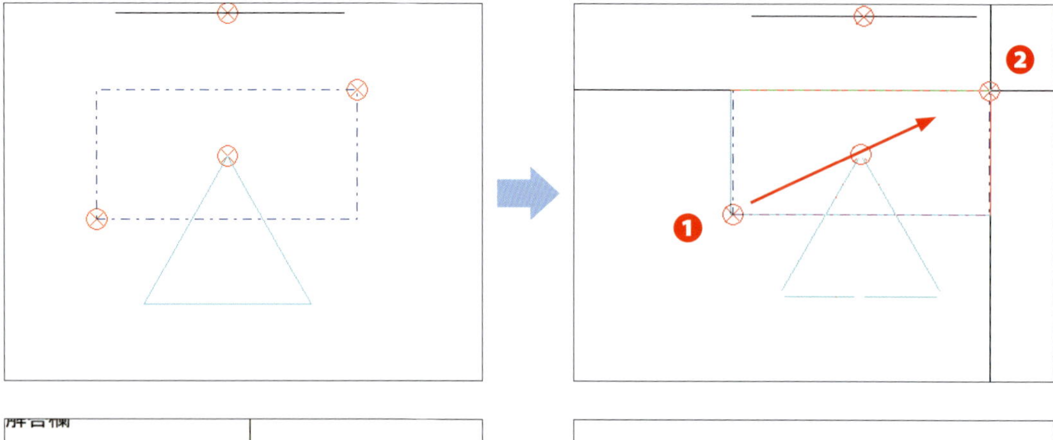

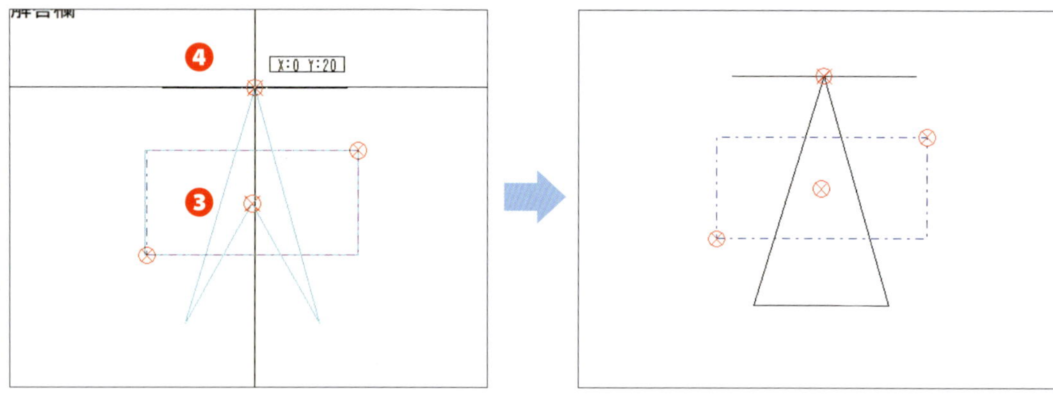

制御点とは、図形の端点や円の中心点・部品の基準点等のことです。キーボードより、［Ctrlキー＋Dキー］キーで制御点を表示できます。印刷はされません。表示した制御点を消去するには、ツールバー［再描画］をクリック、またはホイールを回すことで消えます。

選択条件設定を使用した作図

右クリックメニュー［選択条件設定］、または、メニューバー［図形編集］＞［選択］＞［条件設定］を選択します。
［選択条件設定］ダイアログが表示されますので条件を指定し、対象範囲を対角で囲って［Enter］キーを押します。
作図済みの図形と同じ属性のものを選択したいときは、［属性取得］を使用します。

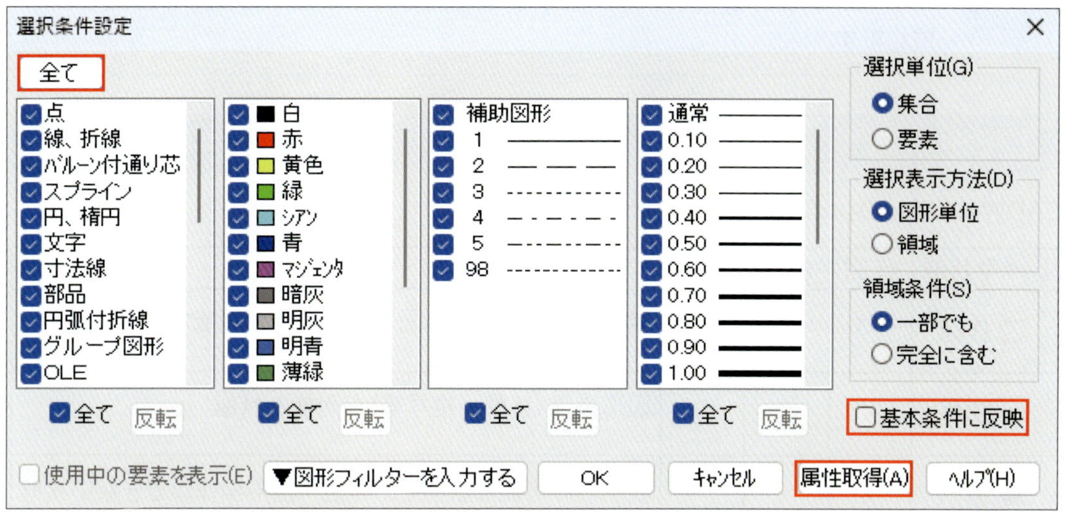

設定した条件設定は、一度コマンドを実行すると解除されます。コマンドを実行せずに［ESC］等で次の操作に移ろうとすると、指定した条件設定が残っています。その場合は、選択条件設定ダイアログの［全て］をクリックすると、条件設定は解除されます。常に同じ条件で選択する場合は、条件を設定後「基本条件に反映」に✓を入れます。通常はチェックを入れないでおきます。

レイヤ

■練習ファイル：なし　■完成図：なし

レイヤとは透明なフィルムの様なもので、それらを重ねることで図面を作成します。

レイヤ状態

CADWe'll Tfasのレイヤには4つの状態があります。

レイヤ状態	作図	編集	表示	備考
作図	○	○	○	常に1枚存在し、作図・図形操作が可能な状態
編集	×	○	○	図形操作（移動・複写等）が可能な状態
表示	×	×	○	表示のみ可能な状態で、作図・図形操作ができない状態
非表示	×	×	×	図面上に表示せず、作図・図形操作ができない状態

作図レイヤの設定

レイヤ一覧から作図状態にしたいレイヤ名称を選択すると、作図レイヤとして設定されます。

ツールバー [基本]：図形 ［作図レイヤ変更］をクリックすると、レイヤ状態の変更ができます（編集→表示→非表示）。

[空調]：通常
[空調]：通常
[空調]：スリーブ
[空調]：給気ダクト
[空調]：還気ダクト
[空調]：外気ダクト
[空調]：換気ダクト
[空調]：排気ダクト
[空調]：排煙ダクト
[空調]：その他ダクト

複数の設備が存在する場合は設備名が表示されます。チェックボックスで表示したい設備の切り替えができます。
「レイヤパターン設定」「レイヤパターンとして登録」より、レイヤ状態や色・線種・線幅の属性を、レイヤパターンとし設定・登録できます。

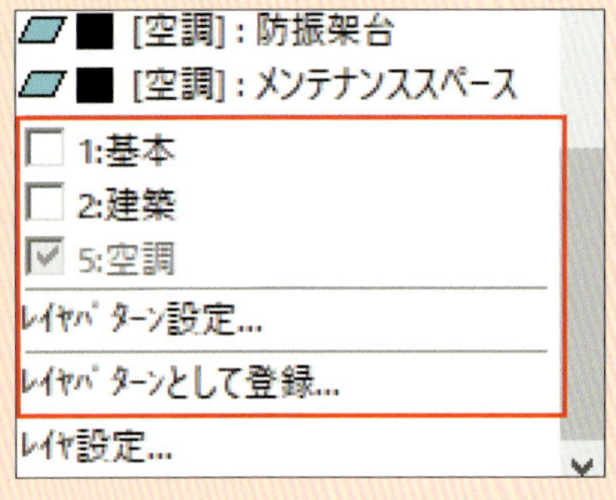

CADWe'll Tfasに最初から設定されている建築部材や設備部材は指定した作図レイヤにかかわらず、それぞれのレイヤに作図されます。例えば、給気ダクトを作図すると、指定した作図レイヤでなく、給気ダクトレイヤに作図されます。丸や四角、文字等は設定したレイヤに作図されます。また、[寸法線][文字][引出線]は、各設定で作図レイヤを指定できます。

レイヤ状態の設定

ツールバー、または、ツールバー［設定］>［レイヤ設定］を選択します。レイヤ状態、レイヤ作成、レイヤ削除等を設定・変更できます。

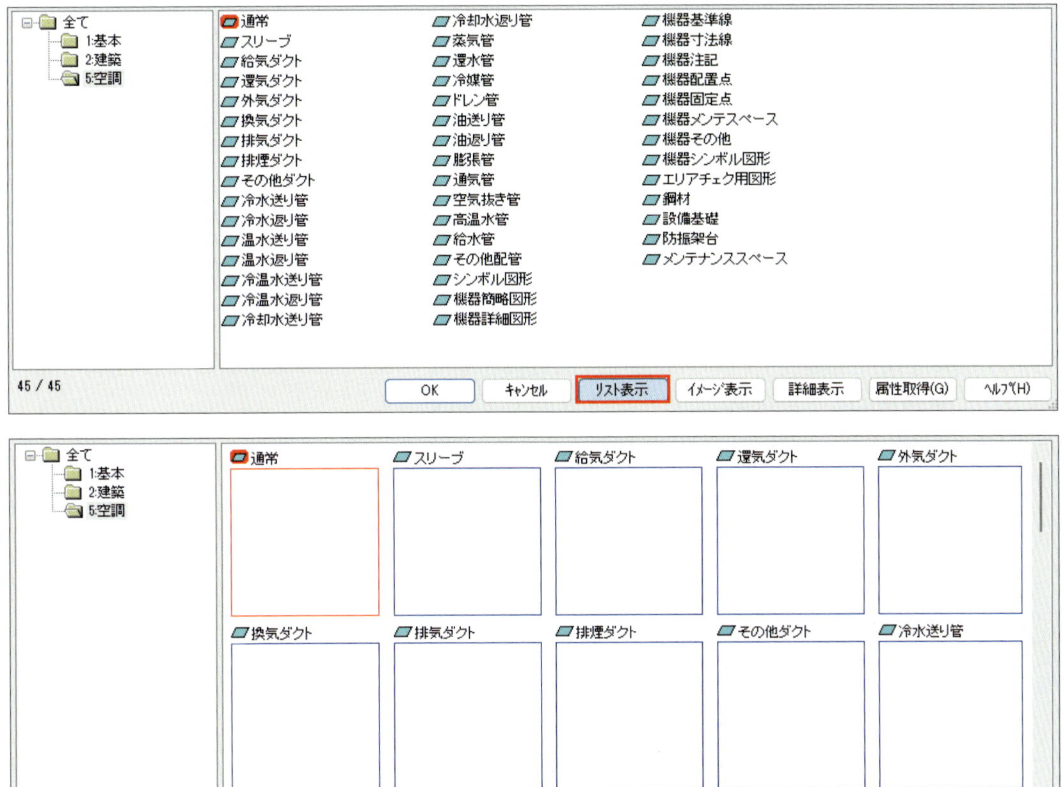

全て
1:基本
2:建築
5:空調

レイヤ名称	図形存在	色	線種	線幅
通常		白	1	通常
スリーブ		白	1	通常
給気ダクト		白	1	通常
還気ダクト		白	1	通常
外気ダクト		白	1	通常
換気ダクト		白	1	通常
排気ダクト		白	1	通常
排煙ダクト		白	1	通常
その他ダクト		白	1	通常
冷水送り管		白	1	通常
冷水返り管		白	1	通常
温水送り管		白	1	通常
温水返り管		白	1	通常
冷温水送り管		白	1	通常
冷温水返り管		白	1	通常

45 / 45

OK キャンセル リスト表示 イメージ表示 詳細表示 属性取得(G) ヘルプ(H)

▶レイヤ状態を設定する

ツールバー、または、メニューバー［設定］>［レイヤ設定］を選択します。レイヤ状態、レイヤ作成、レイヤ削除等、レイヤに関する様々な項目を設定・変更できます。

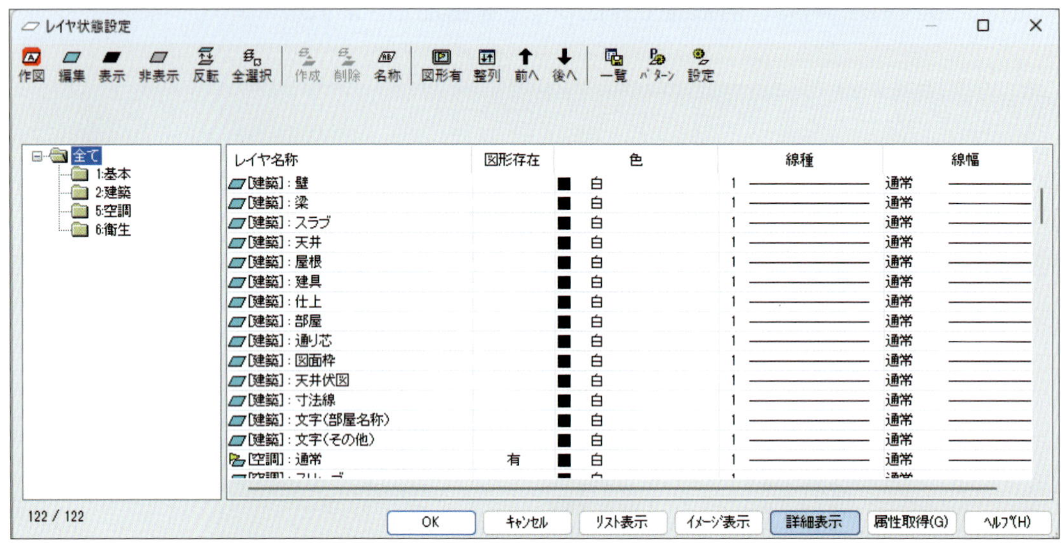

レイヤ一覧が［イメージ表示］の場合は、レイヤ上で右クリックし［拡大表示］を選択すると、詳細なイメージを確認できます。

▶レイヤ状態を変更する

[レイヤ一覧]より、表示状態を変更したいレイヤをクリックします❶。設定したい表示状態をクリックします❷。

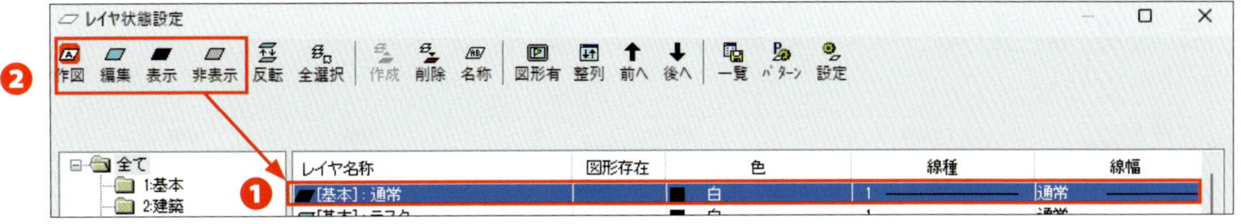

複数のレイヤを選択する場合は、[Shift]キーまたは[Ctrl]キーを押しながらクリックします。

▶レイヤを作成する

[作成]をクリックすると❶、仮の名称「NewLayer」でレイヤが作成されます❷。

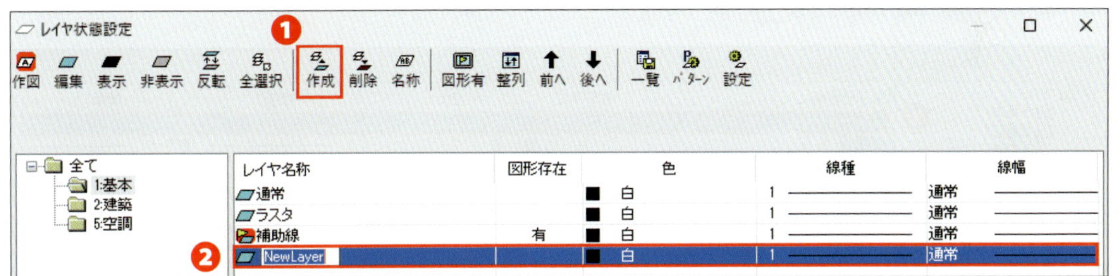

[全て]になっていると作成できません。レイヤ分類を指定してください。新規レイヤは現在選択されているレイヤの下に作成され、レイヤが選択されていない時は最後尾に追加されます。また、レイヤを選択し前へ後へをクリックすると、並び順を変更できます。

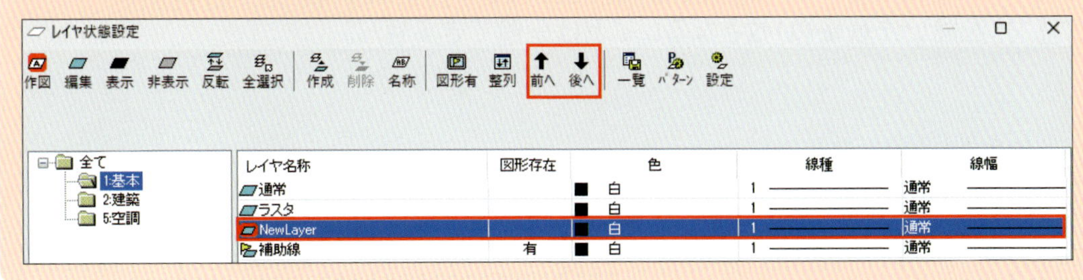

［レイヤ一覧］よりレイヤを選択し、［名称］をクリックすると名称を変更することができます。

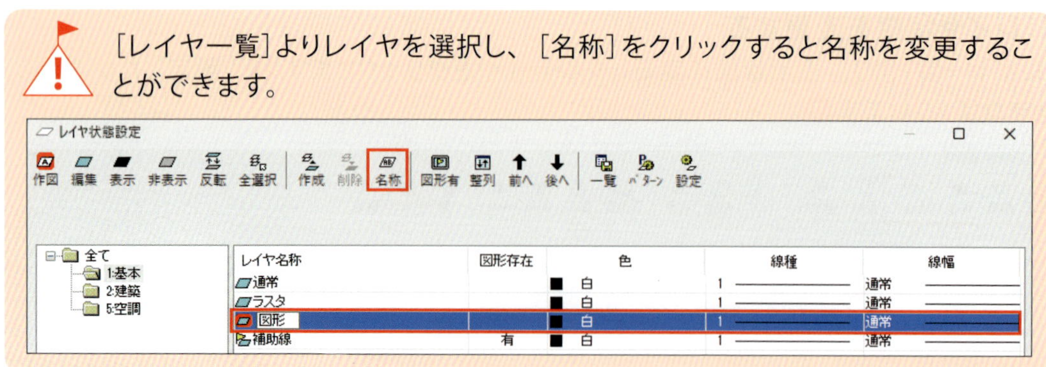

レイヤを削除する

［レイヤ一覧］より削除したいレイヤをクリックします❶。［削除］をクリックします❷。確認画面が表示されますので「はい」をクリックします❸。

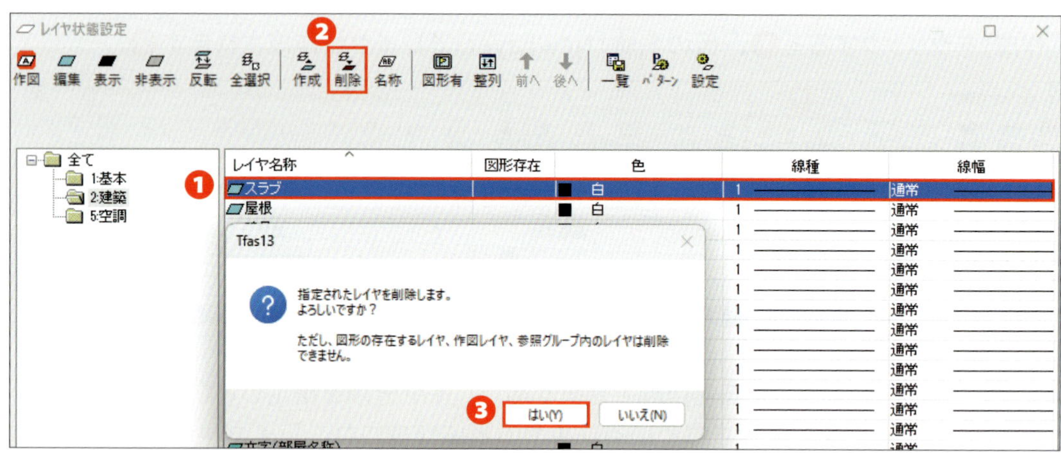

図形が存在するレイヤ、作図レイヤ、特殊レイヤ（ラスタレイヤ・補助線レイヤ）を除いた最後の1枚となるレイヤは削除できません。

▶レイヤごとに図形を移動・複写する

移動・複写したいレイヤの上で右クリックし❶、移動の場合は［切り取り］、複写の場合は［コピー］を選択します❷。移動・複写先のレイヤの上で右クリックし、［貼り付け］を選択します❸。

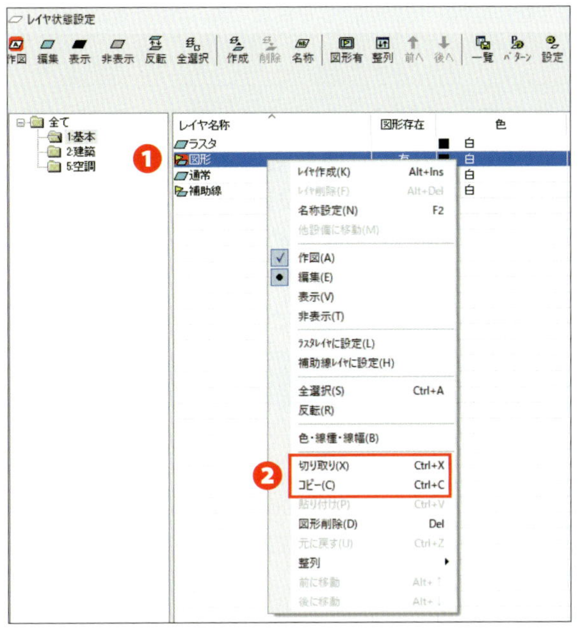

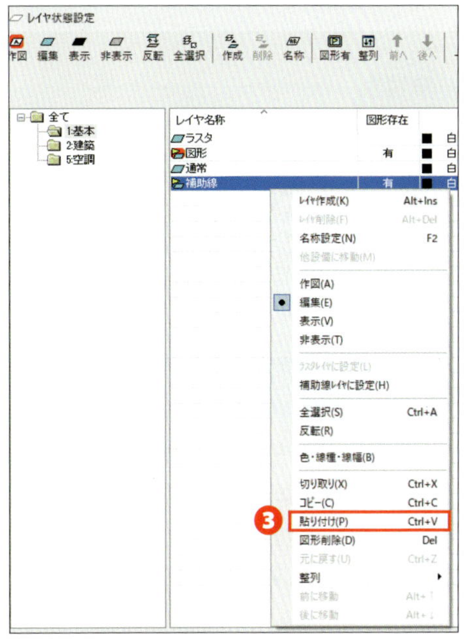

個別に図形のレイヤを変更する場合は、右クリック［移動］＞［レイヤ移動］、ツールバー［図形編集］＞［移動］＞［レイヤ移動］を選択します。図形を選択して［Enter］キーを押すと、［移動先レイヤを指定してください］ダイアログが表示されます。移動先レイヤをクリックし、［OK］をクリックします。
図形のレイヤ情報等は、ツールバー［図形情報］で確認できます。

第1章 09

シート

■練習ファイル：基本図形練習図.tfs　■完成図：なし

CADWe'll Tfasの図面はシートで管理しており、CADWe'll Tfasの図面の特徴と言えます。レイヤとは、透明なフィルムの様なものでレイヤ管理されているCADソフトが多いです。シートは、縮尺を設定することができ、レイヤの概念と似ています。レイヤをグループにまとめているものがシート、シートをグループにまとめているものが分類となります。

シートの新規作成

シートの上（新規作成したい位置の左のシートの上）で右クリックして［新規作成］をクリックするか、メニューバー［設定］＞［シート機能］＞［新規作成］を選択します。

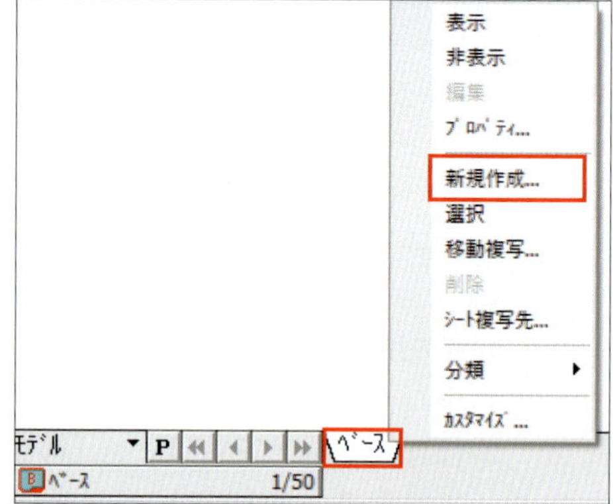

［新規作成］ダイアログが表示されます。シート名称を入力します❶。シートを分類分けする場合、分類名称を入力します❷。縮尺は、1/1〜1/1000000の範囲で入力します。図面縮尺を設定に✔を入れると現在展開されている図面の縮尺となります❸。シートの状態（編集・表示・非表示）を選択します❹。作図図面の色と関係なく、シート内の図形の表示色を設定します。［なし］を選択すると作図図面の色で表示されます❺。シート内の図形の表示レベルを設定します。レベル1は線幅なし実線、レベル2は線幅なし点線で表示します❻。シートタブ下部の色を設定します。［単色指定と同じ］にすると単色指定の色に設定されます❼。

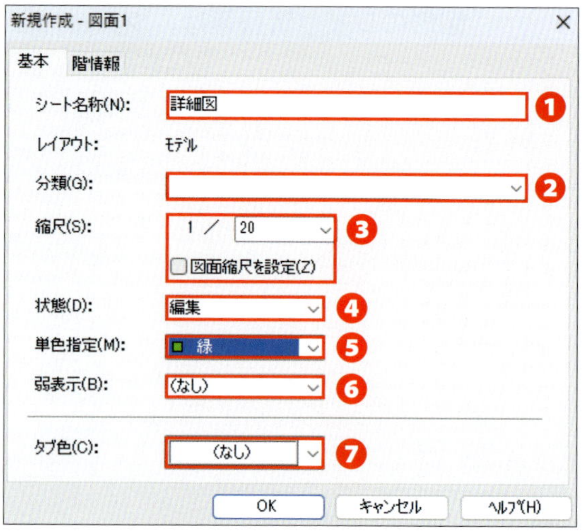

単色指定と弱表示はメニューバー［設定］>［環境設定］>［表示・印刷］の「カレントシートでの単色・弱表示設定」を［有効］にしておかないと、カレントシートで設定が確認できません。

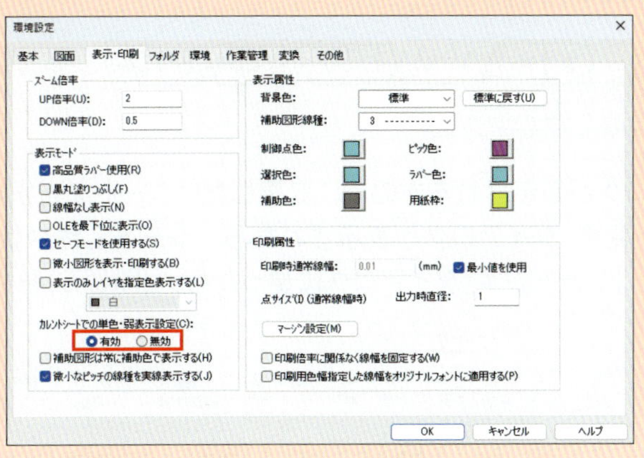

シートには以下の4つの状態があります。

シート状態	作図	編集	表示	備考
カレントシート	○	○	○	作図・図形操作・表示が可能な状態で、この状態のシートは必ず1枚存在します。
編集	×	○	○	図形操作（移動・複写等）が可能な状態
表示	×	×	○	図形の表示のみ可能な状態で、作図・図形操作はできません。
非表示	×	×	×	図面上に表示しない状態で、作図・図形操作はできません。

画面下のシートタブ上で右クリックして、メニューからシート状態やプロパティの変更、「新規作成」で新規シートの作成等が行えます。
また、「カスタマイズ」をクリックすると［シートタブ設定］ダイアログが表示され、シートタブのフォント・文字色・背景色の設定が行えます。

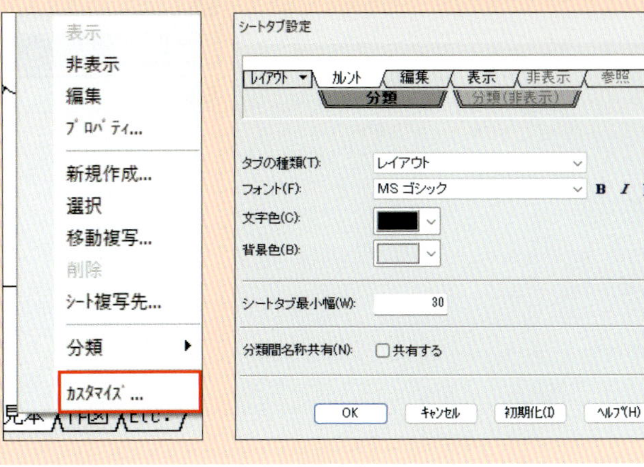

シート設定の変更

シートタブ［P］の上で右クリック、または、メニューバー［設定］>［シート機能］>［設定］を選択します❶。

［シート設定］ダイアログが表示されますので、変更したいシートを選択し❷、［変更］をクリックします❸。［シート変更］ダイアログが表示されたら、シート名称や状態等を変更し、［OK］をクリックします❹。［シート設定］ダイアログに戻ったら、［閉じる］をクリックします❺。

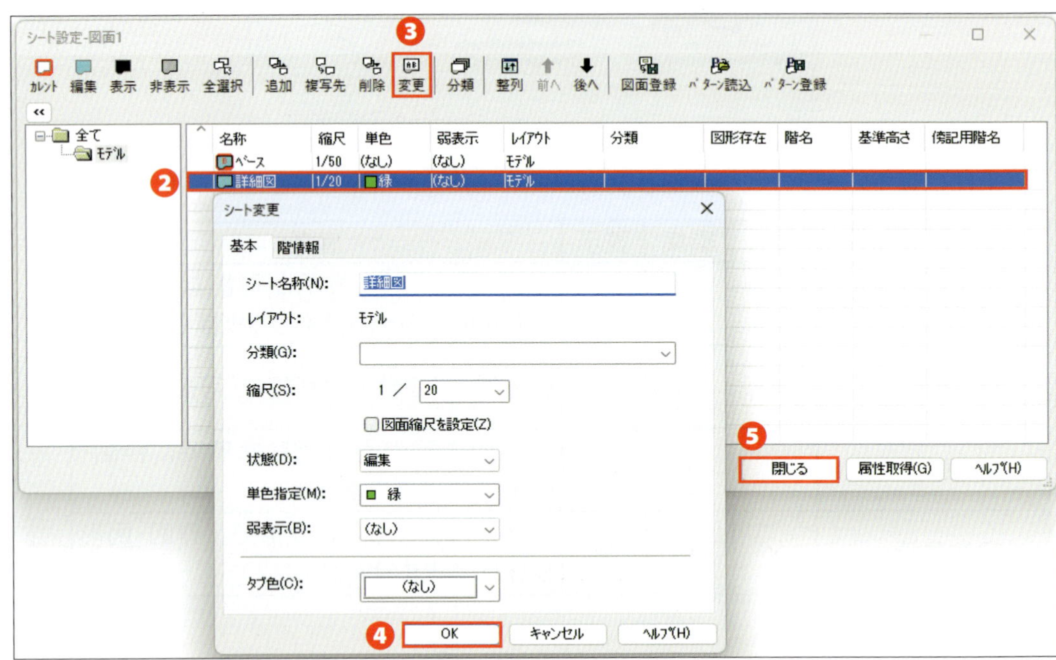

［シート設定］ダイアログは、画面左下のシート表示リストから表示することもできます。

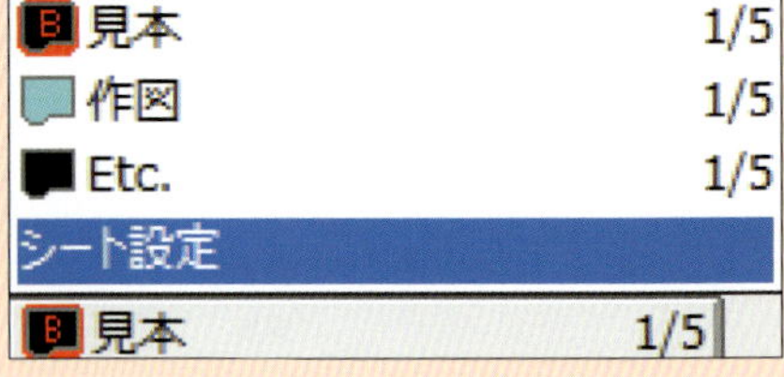

シートタブの上で右クリックして、メニューから［プロパティ］をクリックしても［シート変更］ダイアログが表示されます。

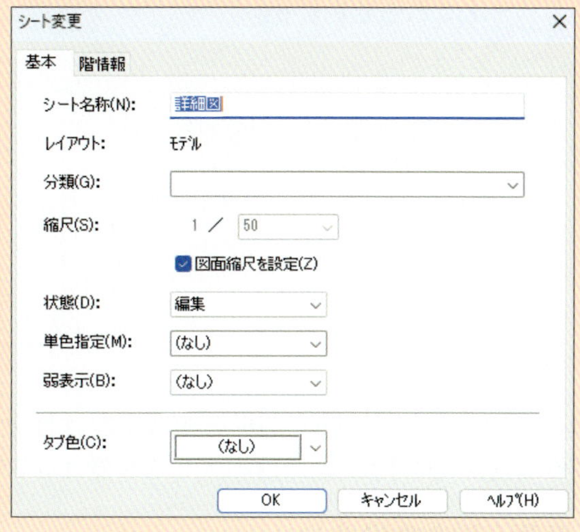

シート間での移動・複写

ツールバー 、または、メニューバー［設定］＞［シート機能］＞［移動複写］を選択します。

シート間での移動・複写等よく使用する機能を、ツールバーに出しておくと便利です。
ツールバー［表示］＞［ツールバーカスタマイズ］＞［設定］＞［選択図形を指定シートに移動及び複写］を選択し、ドラッグして画面上のツールバーに追加します。

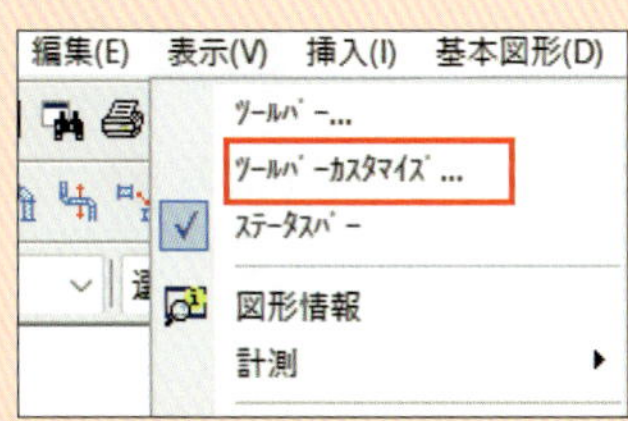

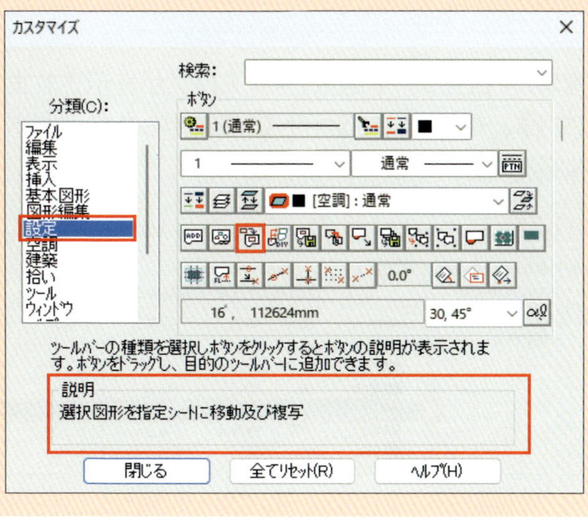

シートタブの上で右クリックメニューから[移動複写]を選択することもできます。

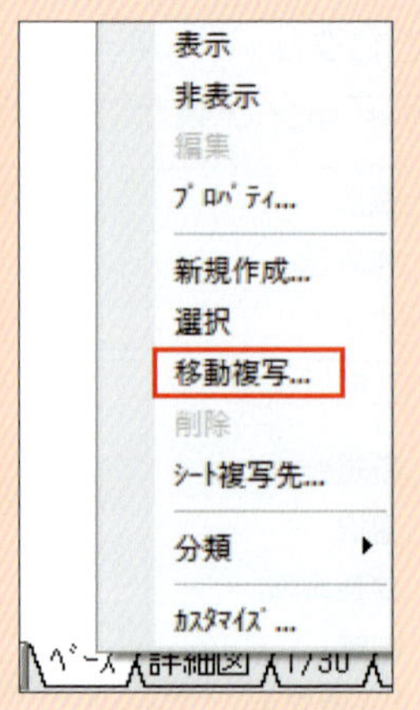

異なる縮尺のシート間で図形を複写または移動する場合、図形の大きを縮尺に応じて変える場合は「実寸」、見た目の大きさを変えない場合は「同じ大きさ」に設定します。

▶複写(実寸の場合)

シート間で複写したい図形を選択し、[Enter]キーを押します❶。

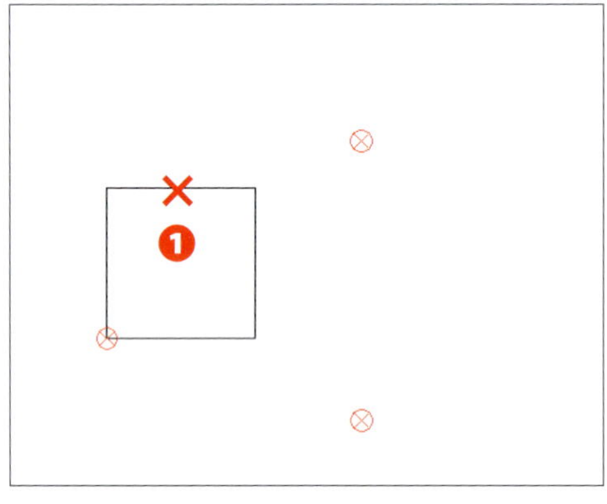

[複写/移動先シート選択]ダイアログが表示されますので、[モード]複写❷、[シート間]実寸❸、複写したいシート❹を選択したら、[OK]をクリックします❺。

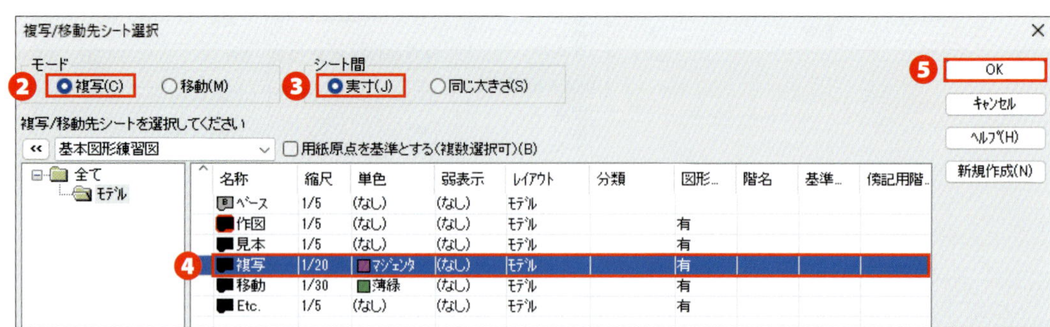

基準点を入力します❻。

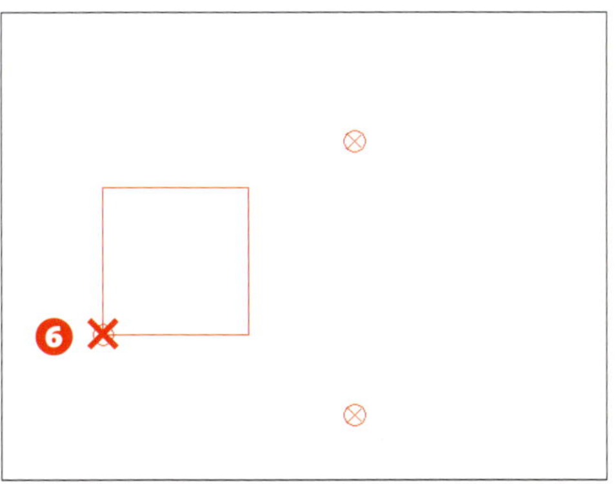

[Enter]キー押すと選択図形領域の中心が基準となります。

指定点を入力します❼。

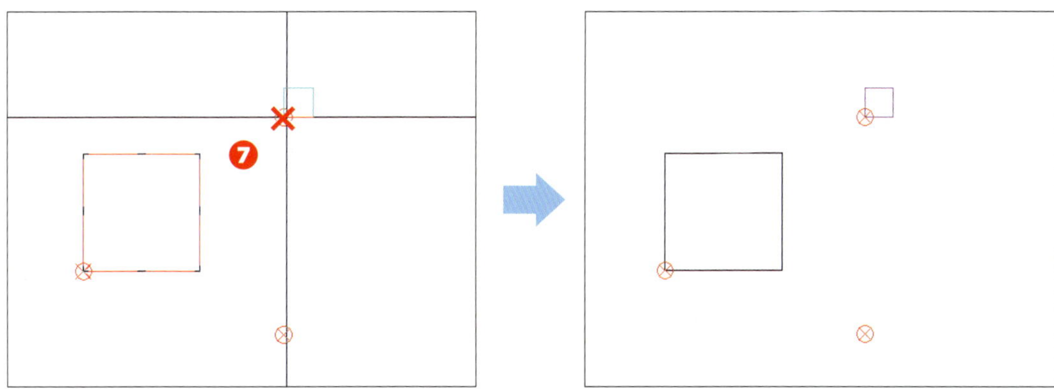

[Enter]キーを押すと同じ位置に配置することができます。

▶複写（同じ大きさの場合）

シート間で複写したい図形を選択し、[Enter]キーを押します❶。

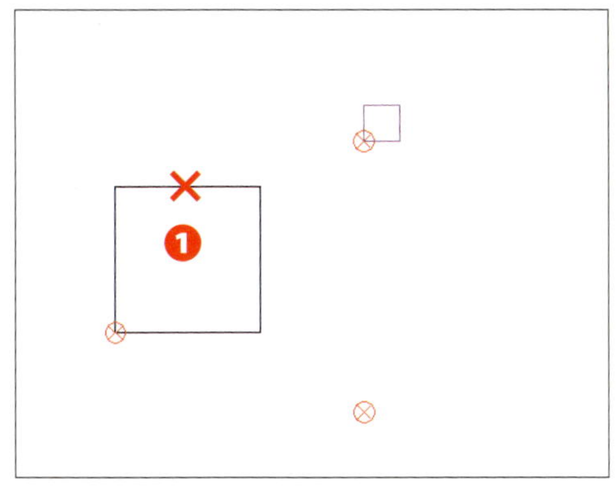

［複写/移動先シート選択］ダイアログが表示されますので、［モード］：複写❷、［シート間］：同じ大きさ❸、複写したいシートを選択したら❹、［OK］をクリックします❺。

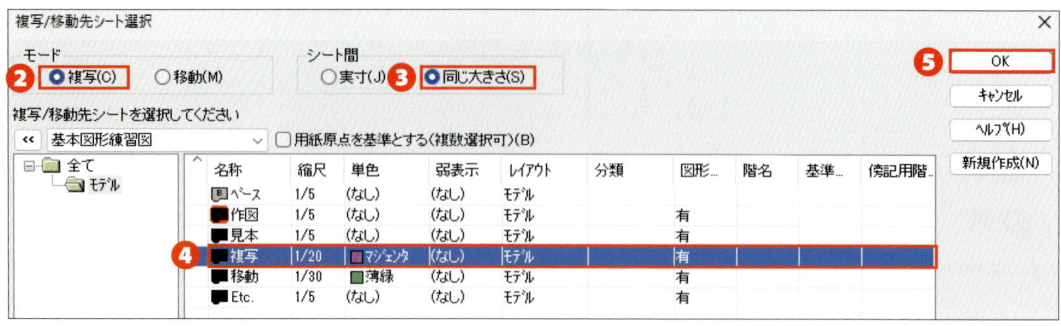

基準点を入力します❻。

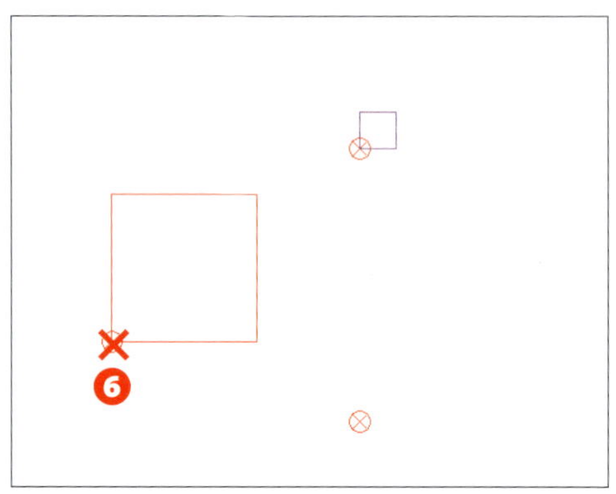

指定点を入力します❼。

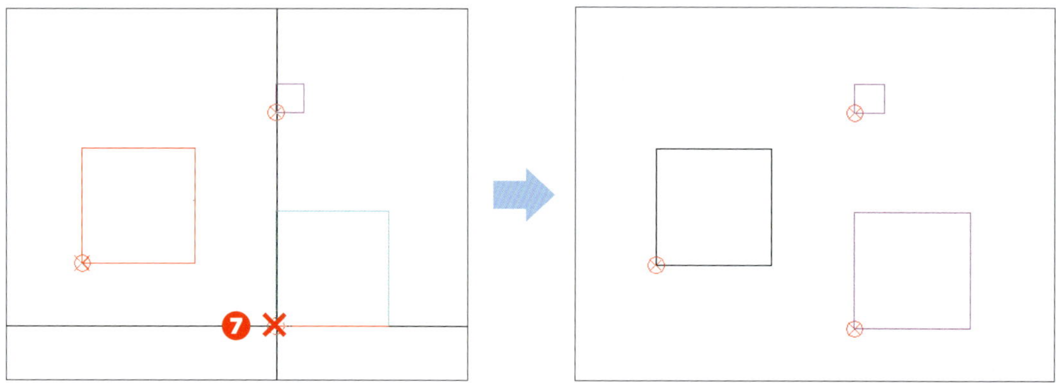

▶移動（実寸の場合）

シート間で移動したい図形を選択し、［Enter］キーを押します❶。

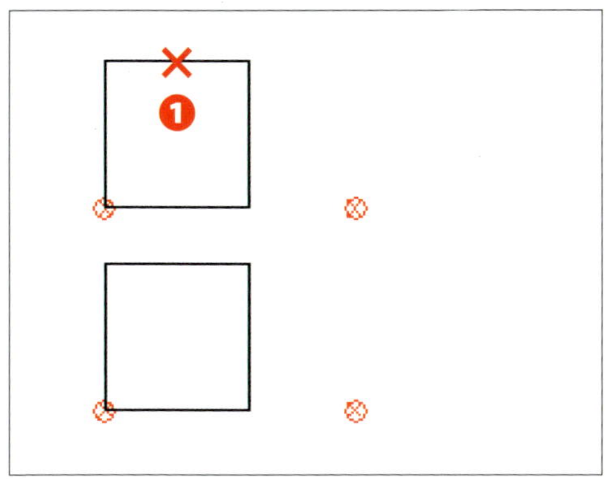

［複写/移動先シート選択］ダイアログが表示されますので、［モード］移動❷、［シート間］実寸❸、移動したいシートを選択したら❹、［OK］をクリックします❺。

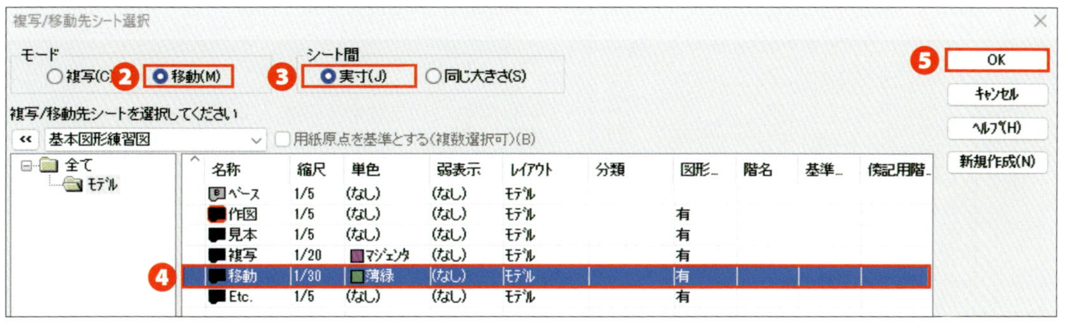

基準点を入力します❻。

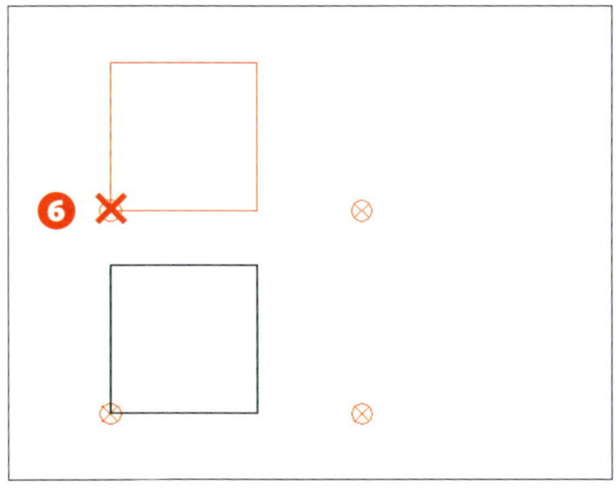

指定点を入力します❼。

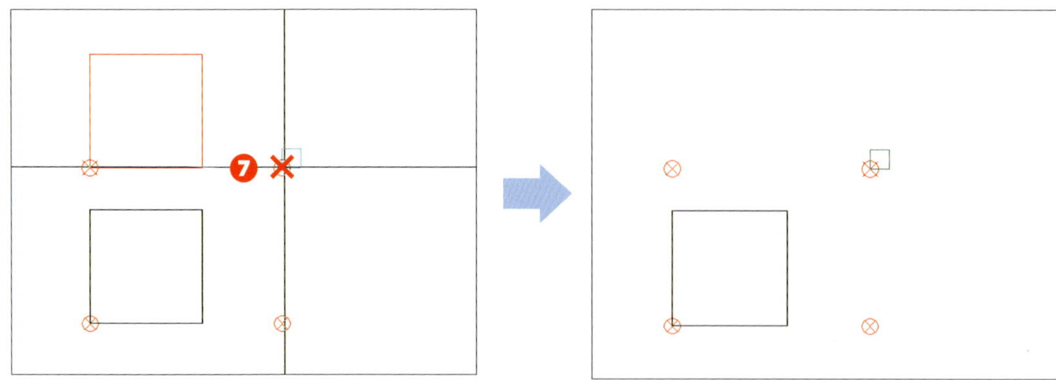

▶移動（同じ大きさの場合）

シート間で移動したい図形を選択し、［Enter］キーを押します❶。

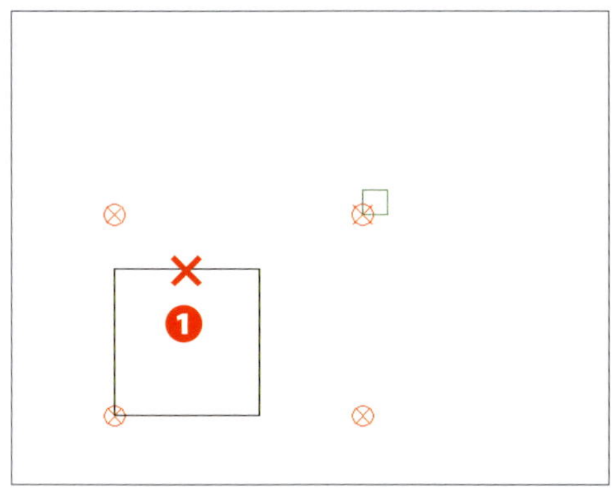

［複写/移動先シート選択］ダイアログが表示されますので、［モード］移動❷、［シート間］同じ大きさ❸、移動したいシートを選択したら❹、［OK］をクリックします❺。

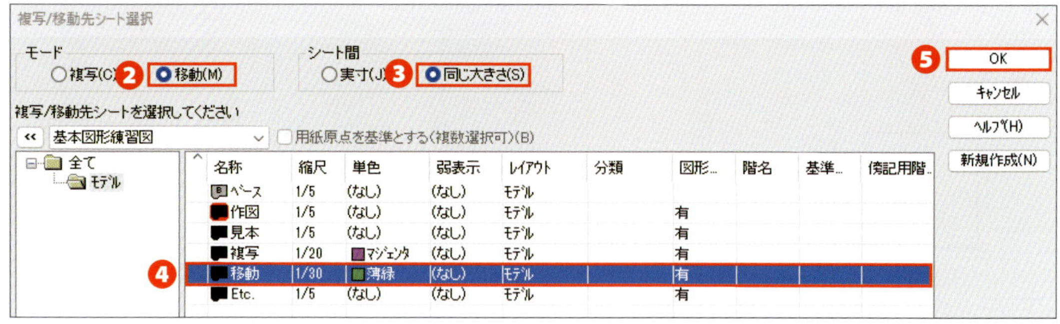

基準点を入力します❻。

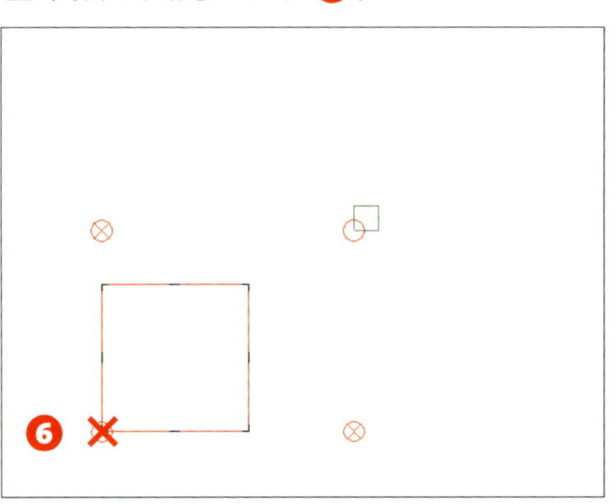

指定点を入力します❼。

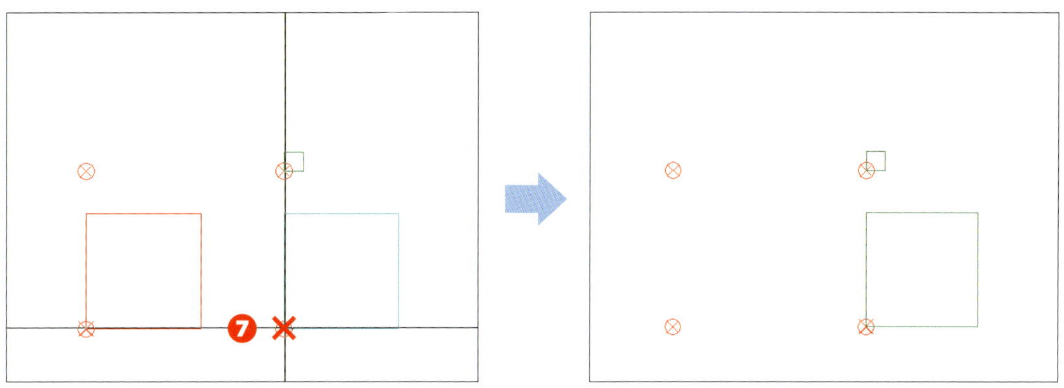

［用紙原を基準とする(複数選択可)］に✓が入っている場合は、基準点と指定点を指定する手順はありません。

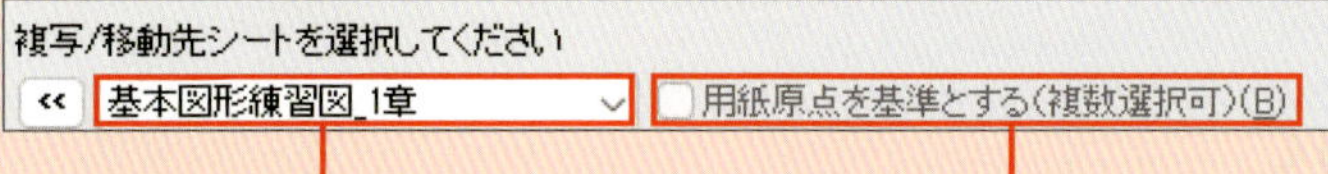

複写/移動先の図面をドロップダウンリストから選択することができます。現在開いている図面が表示されます。複数の図面へ同時に複写することはできません。

［モード］が複写で［用紙原を基準とする(複数選択可)］に✓が入っている場合は、複数シートを選択できます。複数のシートを選択するには、［Shift］キーまたは［Ctrl］キーを押しながらクリックします。

その他の機能

■練習ファイル：基本図形練習図.tfs　■完成図：なし

知っておくと作業効率が上がる便利な機能を解説します。

図面の復元方法

図面の復元方法について説明します。
メニューバー＞[ファイル]を選択します。

1 未保存図面の復元方法

[未保存図面の復元]を選択すると、保存せずに閉じてしまった図面を復元することができます。

復元できるのは、保存しないで閉じた最後の1図面のみです。

2 一時保存図面を開く

何らかの原因で正常終了できなかった場合や、図面を保存していない場合は、一時保存図面から図面の復元処理を行うことができます。ファイル名の一覧には、元図面のファイル名は表示されません。一時保存図面を読込む際は、ファイルの更新日時等を参考に判別しましょう。

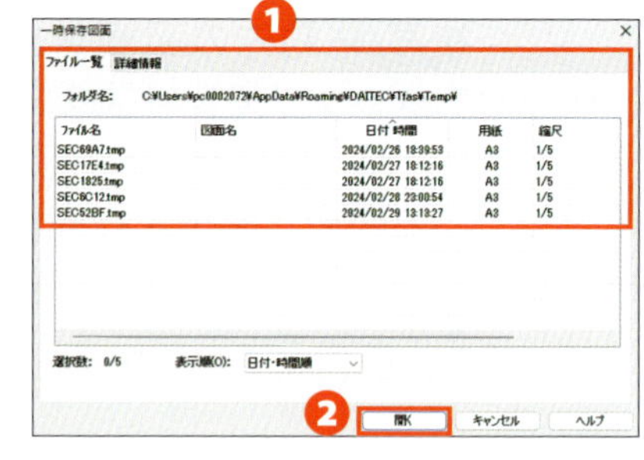

メニューバー[ファイル]＞[一時保存図面を開く]を選択します。[一時保存図面]ダイアログが表示されますので、一覧の中から開きたい図面を選択し❶、[開く]をクリックします❷。複数の図面を選択するには、[Shift]キーまたは[ctrl]キーを押しながらクリックします。

ファイル名の一覧には、元図面のファイル名は表示されません。一時保存図面を読込む際は、ファイルの更新日時等を参考に判別しましょう。

作業中に何らかの原因で正常終了できなかった場合は、Tfasを起動しなおすと、[前回異常終了]ダイアログが表示され、[復元処理を行う]を選択すると、作業中の図面を復元することができます。

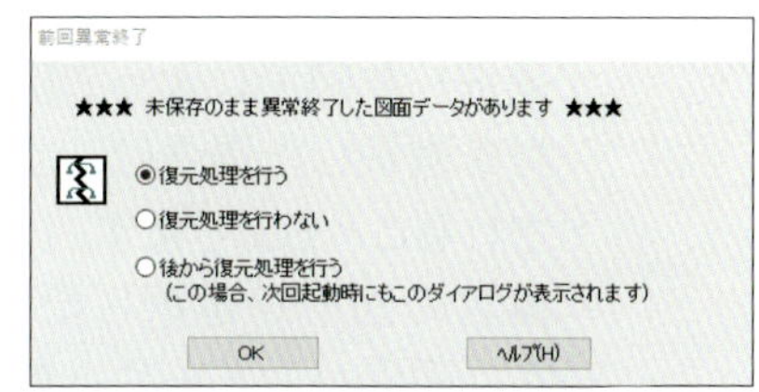

図面の一時保存設定

メニューバー[設定]>[環境設定]を選択します。

[環境設定]ダイアログが表示されますので、[環境]タブをクリックします❶。図面一時保存周期に一時保存する周期(分)を入力し❷、[OK]をクリックします❸。

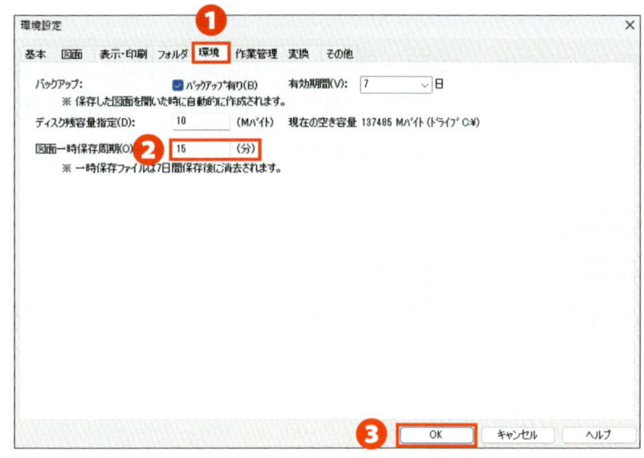

保存周期は0～1440分の間で設定できます。ただし、周期を0分に設定した場合、一時保存ファイルは作成されません。一時保存ファイルの保存期間は、7日間です。

図形編集ハンドル表示

選択状態の図形に、図形編集ハンドルを表示することができます。
(ツールバー をクリックする度に切替わります。)

●移動ハンドル：白色点
図形を移動させるハンドルです。
図形の存在領域中央に表示されます。

●拡縮ハンドル：白色点
図形を拡縮させるハンドルです。図形の存在領域の外周(8点)に表示されます。

●図形ハンドル：黄色点
図形を単体で変形させるハンドルです。図形の制御点に表示され、図形独自の変形を行います。

●回転ハンドル：緑色点
図形を回転させるハンドルです。回転の中心は、図形の存在領域の中央となります。

：図形編集ハンドルを非表示にします。
：図形編集ハンドルを表示します。

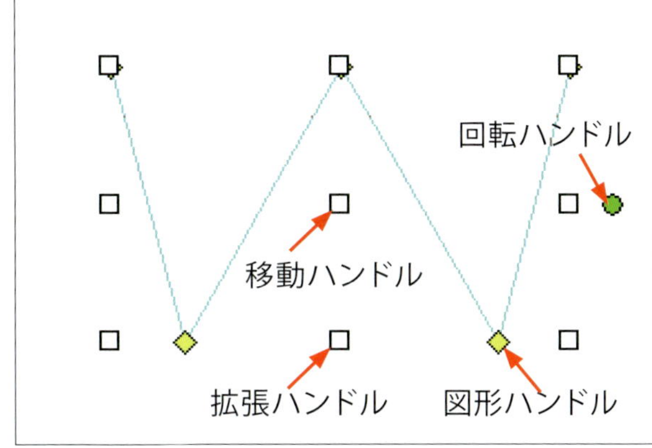

選択した図形によっては、表示されないハンドルがあります。また、設備部材を選択した場合は、上記のハンドル以外に設備専用機能のハンドルが表示されることもあります。
複数の図形を選択した場合は、選択図形の和領域にハンドルが表示されます。図形ハンドルや、設備専用機能のハンドルは表示されません。

ハンドル操作による図形編集

図形の移動・複写・変形等の編集操作を、該当のコマンドを起動せずに、表示されたハンドルをクリックして実行できます。図形編集ハンドル非表示の場合は、この機能は動作しません。図形編集ハンドルを表示します。

▶移動

移動したい図形を選択し、移動ハンドルをクリックします❶。図形がラバー表示されたら移動先でクリックします❷。

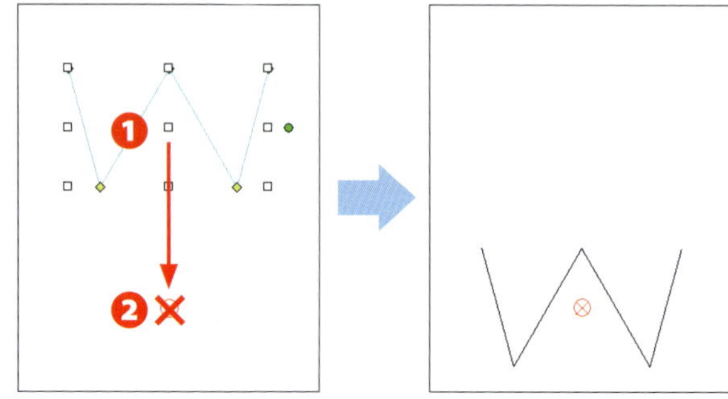

[Ctrl]キーを押しながら操作すると、複写が行えます。

▶拡大縮小

拡縮したい図形を選択し、拡縮ハンドルをクリックします❶。図形がラバー表示されたら拡縮先でクリックします❷。

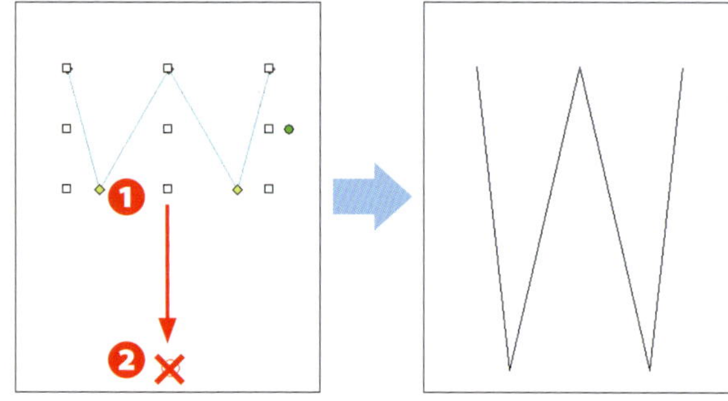

四隅の拡縮ハンドルを[Shift]キーを押しながら操作すると、縦横の比率は変わらず拡大縮小します。また、[Ctrl]キーを押しながら操作すると、中心を基準として拡大縮小します。

ハンドルをダブルクリックすると、文字編集や色・線種の変更等、属性情報の変更が行えます。

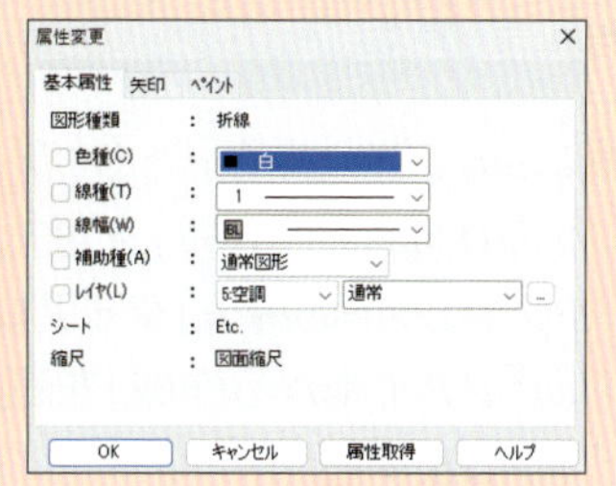

図面データのコピー

メニューバー［編集］>［コピー］を選択します❶。

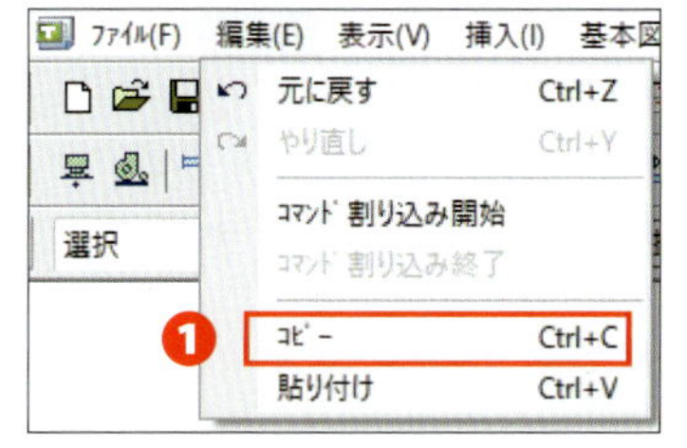

コピーしたい図形を選択し❷、［Enter］キーを押します。コピー先のアプリケーション（ここではExcel）を起動し、配置したいセルをクリックして❸［貼り付け］をします❹。アプリケーション上の描画ツールで編集できます。

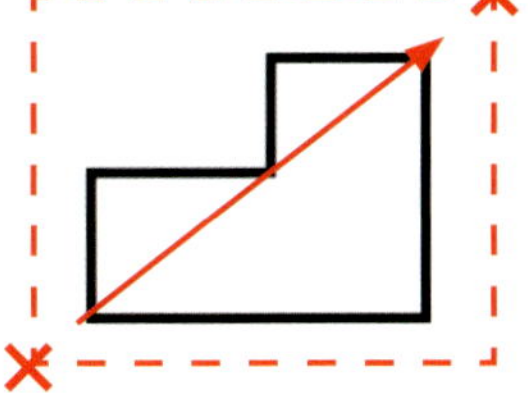

貼り付けた図形の上で、ダブルクリックすると❺、Tfasのツールバーになり、図形自体を編集したり、文字を記入したりすることができます。空いているセルをクリックしてExcelモードに戻ることができます。確認できたら、Excelを保存せずに閉じます。

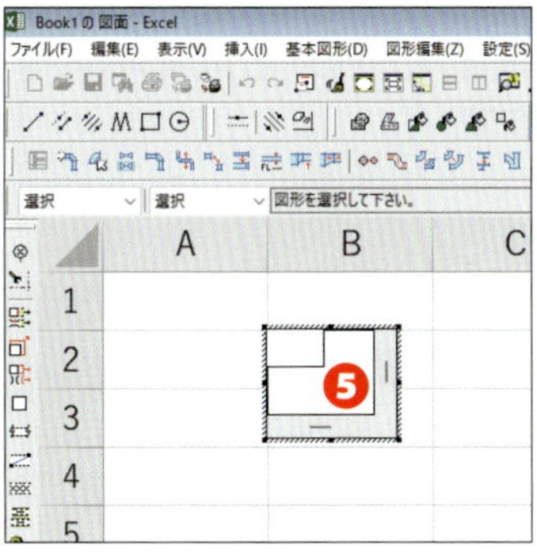

メニューバー［設定］>［環境設定］>「基本」タブにて、［クリップボード出力対象］を［選択図形］または［指定範囲内図形］に設定できます。

［選択図形］の場合

［指定範囲内図形］の場合

第1章 基本操作編
第2章 設備操作編
第3章 実践操作編
第4章 専門操作編

他アプリケーションデータを図面に挿入

メニューバー［挿入］>［オブジェクト］>［オブジェクトの作成と貼り付け］を選択します。
［オブジェクトの挿入］ダイアログが表示されますので、「ファイルから作成」を選択し❶、［参照］をクリックします❷。

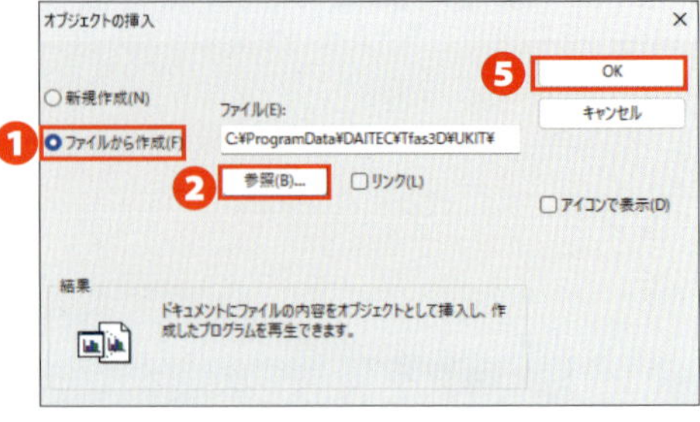

「基本操作編_制気口リスト.xlsx」を選択し❸、［開く］をクリックします❹。
［オブジェクトの挿入］ダイアログに戻りますので、［OK］をクリックします❺。

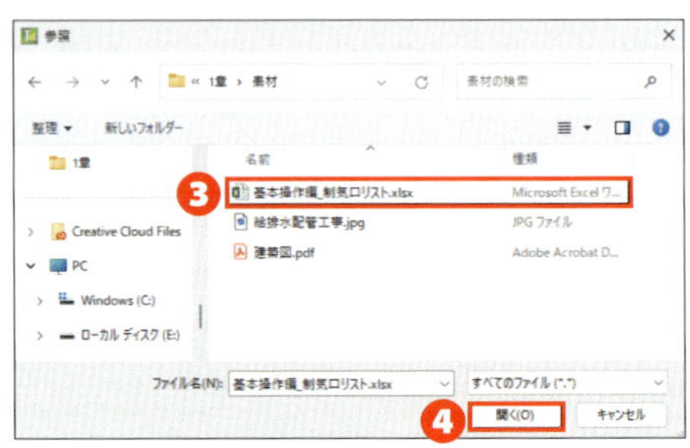

Excelが自動で挿入されます。挿入された表をクリックして選択した状態で、メニューバー［挿入］>［オブジェクト］>［編集］を選択します。

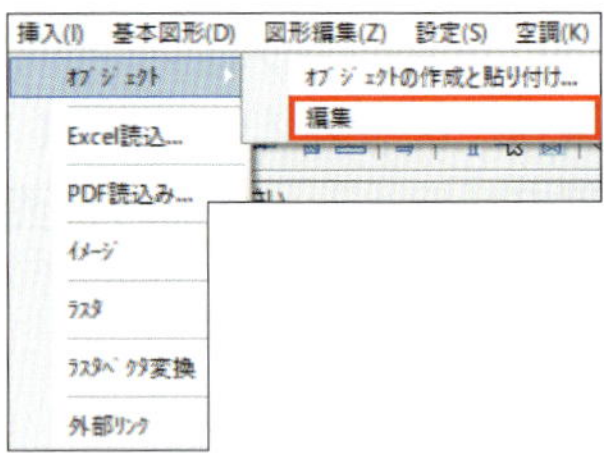

関数が機能している状態で、編集することが可能です。

エントランスホールの個数を「2」から「4」に変更します。

	A	B	C	D	E	F	G
1	■制気口リスト						
2	階	室名	吹出口				備考
3			型番	一個当たり風量(CMH)	個数	合計風量(CMH)	
4	1	エントランスホール	二重ノズルーα7(SA)	240	2	480	GW内貼　結露防止型
5		ELVホール	BL-D-1000(SA)	300	2	600	ボックス　1200x400x400 GW内貼　結露防止型
6		ロビー	BL-D-1000(SA)	270	1	270	ボックス　1200x400x400 GW内貼

個数が変更され、自動で合計風量の数値も変更されます。編集を終了したい場合は、表以外の画面をクリックします。

	A	B	C	D	E	F	G
1	■制気口リスト						
2	階	室名	吹出口				備考
3			型番	一個当たり風量(CMH)	個数	合計風量(CMH)	
4	1	エントランスホール	二重ノズルーα7(SA)	240	4	960	GW内貼　結露防止型
5		ELVホール	BL-D-1000(SA)	300	2	600	ボックス　1200x400x400 GW内貼　結露防止型

データを編集したいときは、ツールバー ［図形編集ハンドル表示］を使用します。

［リンク］に✓を入れると、リンクで貼り付けることができます。ただし、プログラムによってはリンクに対応していないことがあります。

ExcelデータをCADデータに変換

メニューバー［挿入］>［Excel読込］を選択します。
［読込みファイル選択］ダイアログが表示されますので、読込むファイル［第1章_基本操作編］>［素材］>［基本操作編_制気口リスト.xlsx］を選択し❶、［開く］をクリックします❷。

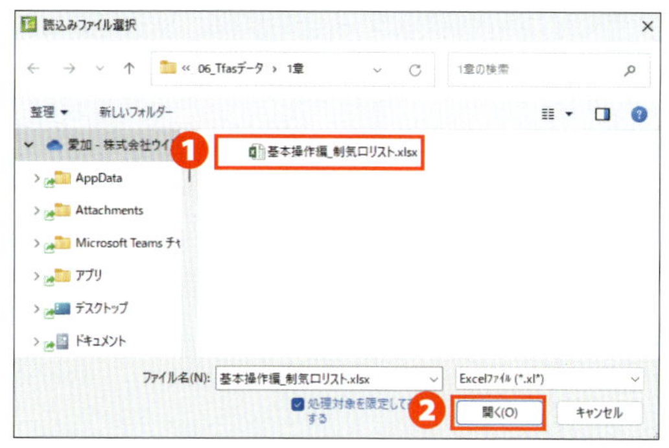

ガイダンスに［Sheet1］の作図位置を指定してください］と表示されましたら、［Enter］キーを2回押して、Sheet1とSheet2をスキップします。［Sheet3の作図位置を指定してください］と表示されましたら、Sheet3の作図位置を指定して配置します。

■制気口リスト

階	室名	吹出口 型番	一個当たり風量 (CMH)	個数	合計風量 (CMH)	備考	吸込口 型番	一個当たり風量 (CMH)	個数	合計風量 (CMH)	備考
1	エントランスホール	二重ノズル-#7(SA)	240	2	480	GW内貼 結露防止型	BL-S-500(RA)	270	4	1,080	ボックス 700x400x400 天井チャンバー方式
	ELVホール	BL-D-1000(SA)	300	2	600	ボックス 1200x400x400 GW内貼 結露防止型					
	銀行(営業室)ロビー	BL-D-1000(SA)	270	1	270	ボックス 1200x400x400 GW内貼	HS-200x200(EA)	275	4	1,100	ボックス 400x400x400
		BL-D-1500(SA)	450	3	1,350	ボックス 1700x400x400 GW内貼	HS-200x200(PA)	200	2	400	ボックス 400x400x400
		BL-D-1500(SA)	630	3	1,890	ボックス 1700x400x400 GW内貼					
	クイックロビー	BL-D-1500(SA)	500	2	1,000	ボックス 1700x400x400 GW内貼	HS-200x200(EA)	200	1	200	ボックス 400x400x400
		BL-D-2000(SA)	620	1	620	ボックス 2200x400x400 GW内貼					
	ATM機械室	VHS-200x200(PA)	200	1	200	ボックス 400x400x400 GW内貼					
	書庫	VHS-200x200(PA)	200	1	200	ボックス 400x400x400 GW内貼	HS-200x200(EA)	200	1	200	ボックス 400x400x400
	多層循環式機械駐車場	VHS-1200x500(OA)	3,600	1	3,600	ボックス 1400x700x400 GW内貼	HS-1200x500(EA)	3,600	1	3,600	ボックス 1400x700x400
		クリンプ金網-400x300(OA)	1,800	2	3,600		クリンプ金網-400x150(EA)	900	4	3,600	
							HS-1200x500(避圧)	-	1	-	ボックス 1400x700x400 避圧用
							クリンプ金網-400x150(避圧)	-	1	-	避圧用
	集計	二重ノズル*		2		集計	BL*		4		
		BL*		12			HS*		10		
		VHS*		3			クリンプ金網*		5		
		クリンプ金網*		2							

・シートごとに作図位置を指定でき、配置したくないシートは、［Enter］キーを押してスキップします。
・貼り付け後は、Tfasの図形（線分、文字、ペイント等）で表現されるため、編集することができます。
・斜めの野線やペイントも含めてCAD図形化する場合は、ファイル選択時に「処理対象を限定して高速化する」のチェックを外します。
・読込みの対象となるのはセルのみとなり、オートシェイプ等は読込まれません。

PDFデータを図面に挿入

メニューバー［挿入］>［PDF読込み］を選択します。
［開く］ダイアログが表示されますので［建築図.pdf］を選択し❶、［開く］をクリックします❷。

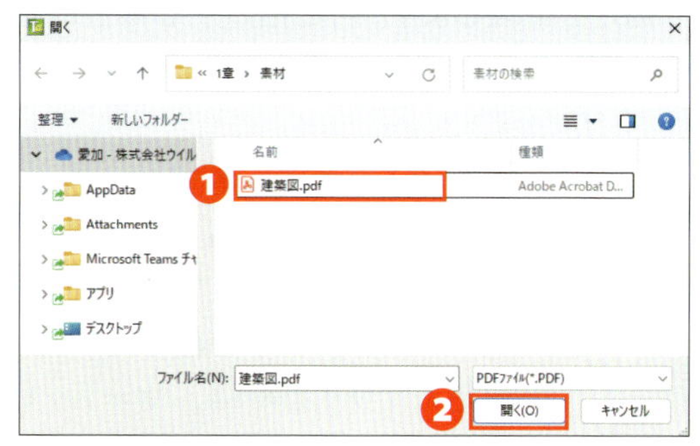

PDFファイルのページのイメージが一覧表示されるので、読み込みたいページを選択し❸、[OK]をクリックします❹。

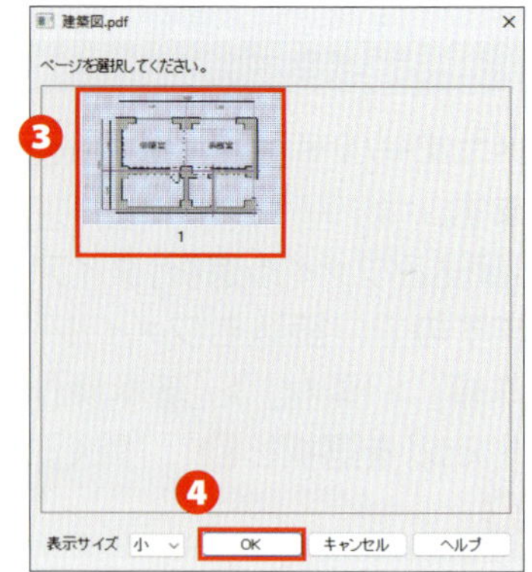

作図位置を指定すると、PDFデータが挿入されます。

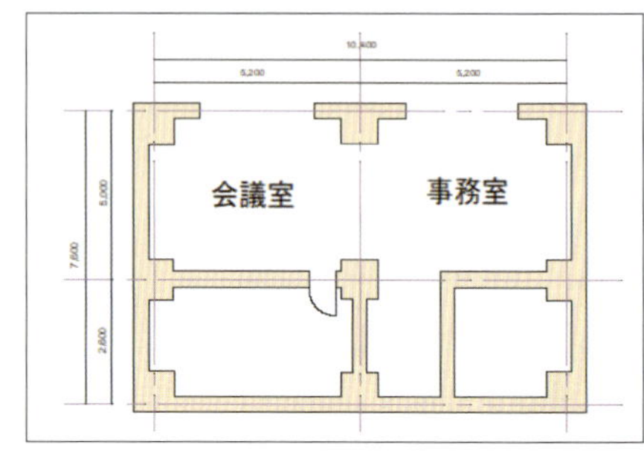

Tfasの図形(線分、文字、ペイント等)で表現されるため、読み込み後に編集することが可能です。縮尺を合わせる必要があります。

図面上に写真データを読込む

メニューバー[挿入]>[イメージ]>[読込み]を選択します。
[画像の選択]ダイアログが表示されますので、読込むファイルを選択し❶、[開く]をクリックします❷。

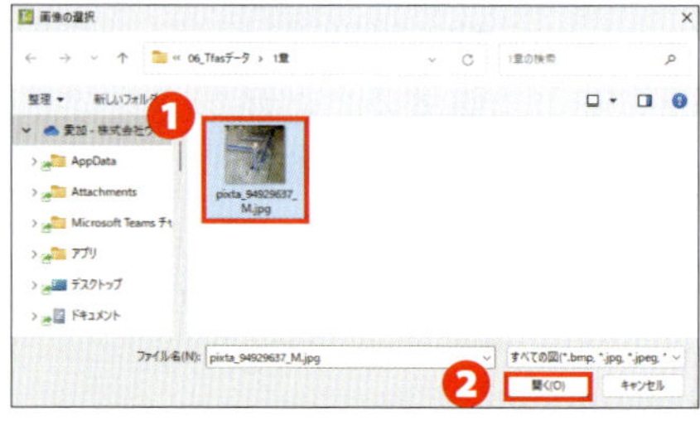

貼り付ける画像の大きさを指定する場合は、対角で指定し配置します。自動指定する場合は、[Enter]キーを押した後に配置位置をクリックします。

- 読込めるファイル形式は、ビットマップ(*.bmp)、JPEG(*.jpg/*.jpeg)、TIFF(*.tif)、PNG(*.png)です。
- イメージデータを移動したり大きさを変更したりする際は、ツールバー[図形編集ハンドル表示]を使用します。

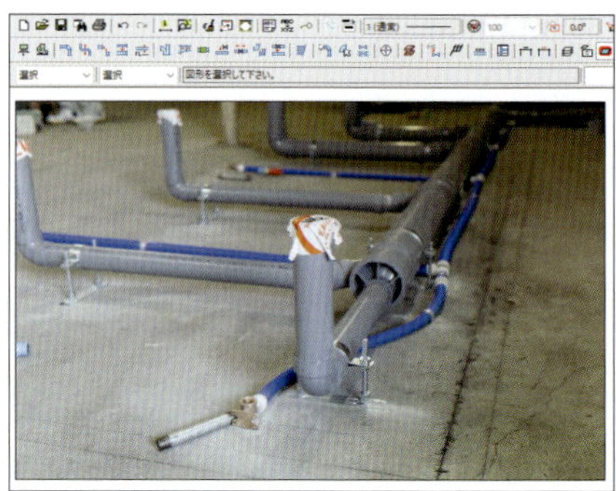

ショートカットキーカスタマイズ

よく使うコマンドをキーボードにショートカットキー定義を割り当てます。
メニューバー［ツール］>［ショートカットキーカスタマイズ］を選択します。
［キーポード］ダイアログが表示されますので、［分類］と［コマンド］を選択します❶。［新しいショートカットキー］にキーを入力し❷、［割り当て］をクリックします❸。割り当てられると、［現在のキー］に表示されます❹。

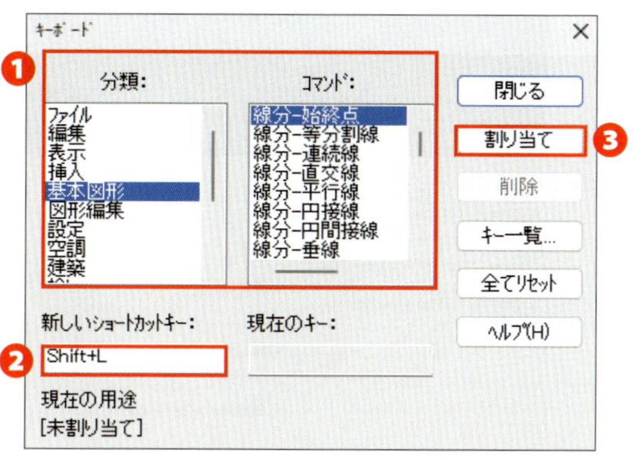

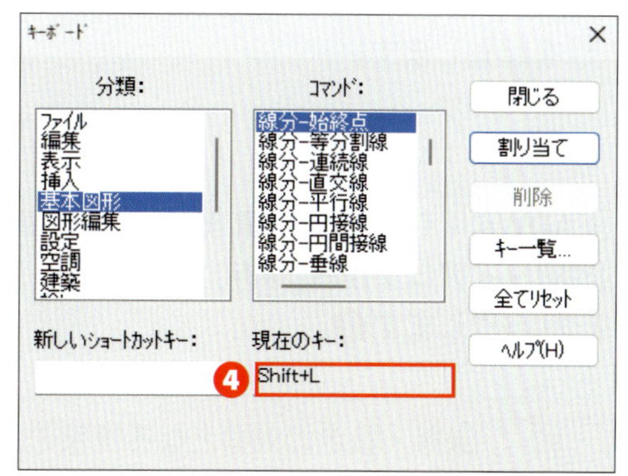

使用できるキーはアルファベットキーとファンクションキー、［PageUp］キー［PageDown］キー、［Delete］キー、また［Ctrl］キー、［Shift］キー、［Alt］キーとそれらのキーの組み合わせです。

割り当てたショートカットキーを削除する場合は、［分類］と［コマンド］を選択し❶、［現在のキー］をクリック後❷、［削除］をクリックします❸。

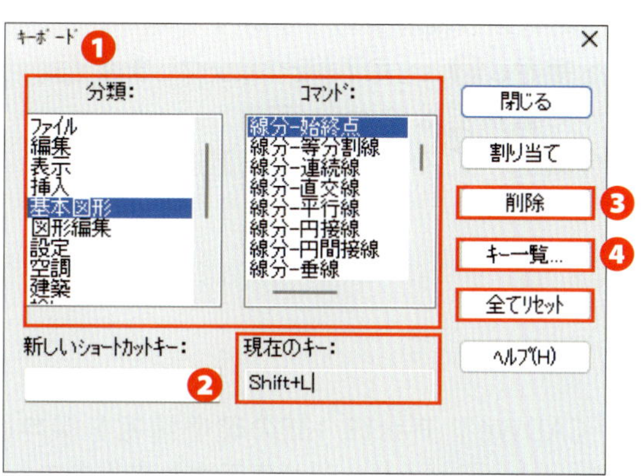

［全てリセット］をクリックすると、初期（インストール時）の状態に戻ります。

［キー一覧］で❹、割り当てられているショートカットキーを確認できます。

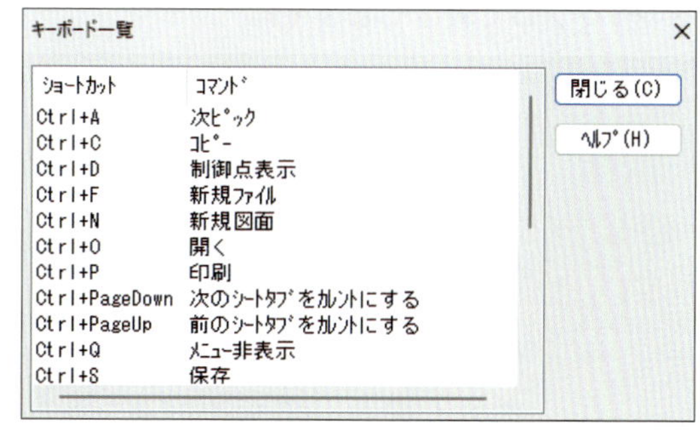

環境情報ファイルの保存

CADWe'll Tfasで設定できる情報をファイルに保存し、そのファイルから設定を読込むツールです。

CADWe'll Tfasが起動している場合は、終了します。Windowsのスタートをクリックし、アプリの一覧から[CADWe'llTfas13]>[Tfas13環境保守]を起動します。

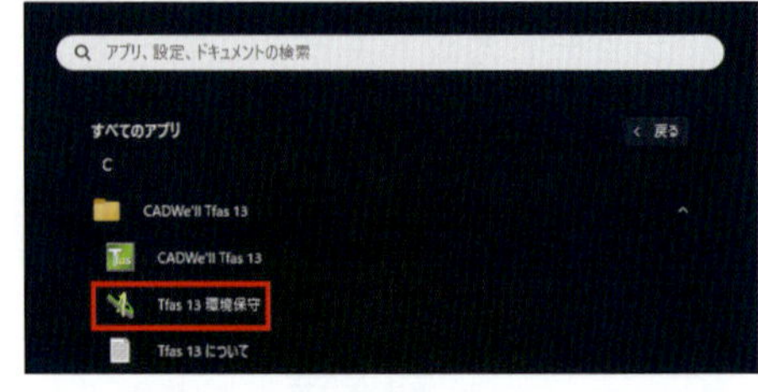

[CADWe'll Tfas13/13E環境保守－作業項目の選択]ダイアログから[保存]を選択し❶、[次へ]をクリックします❷。

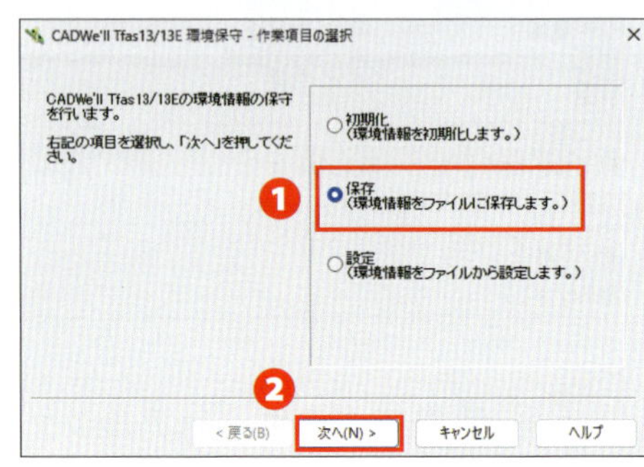

保存・設定の対象となる情報の詳細内容については、[CADWe'll Tfas13/13E環境保守－作業項目の選択]ダイアログ内のヘルプよりをクリックし、参照できます。

[参照]より環境情報を保存する場所とファイル名を指定し❸、[完了]をクリックします❹。ファイルの拡張子は「*.mnt」です。
今回は、デスクトップに配置します。

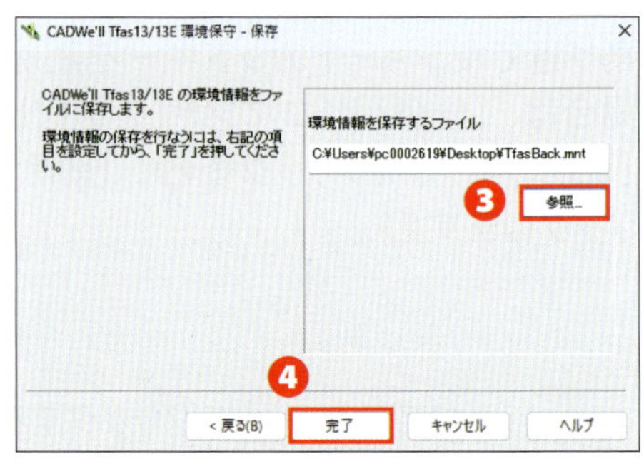

「CADWe'll Tfas13/13Eの環境情報を保存しました。」というメッセージが表示されますので、[OK]をクリックして終了します❺。

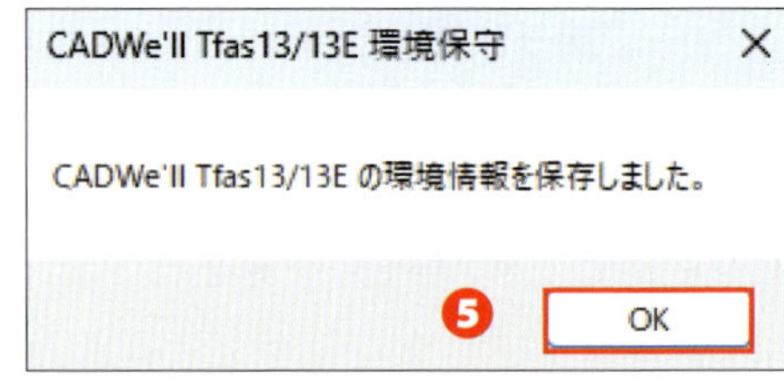

- 環境情報ファイルの初期の保存場所とファイル名は、以下となります。
  C:\Users\Public\Documents\DAITEC\Tfas\(TfasBack.mnt)
- 図面変換テーブルや空調・衛生設備の作図規則ファイル、電気設定の内容等も保存・設定の対象となります。

環境情報ファイルの設定

環境情報をファイルに保存する場合と同じ手順で[環境保守]を起動します。

[CADWe'll Tfas13/13E環境保守－作業項目の選択]ダイアログから[設定]を選択し❶、[次へ]をクリックします❷。

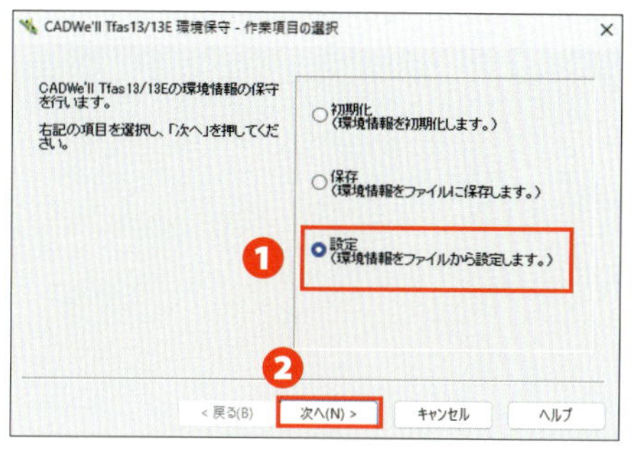

[参照]より設定したい環境情報ファイルを選択し❸、[次へ]をクリックします❹。
先ほど、デスクトップに保存した環境保守ファイルを選択します。

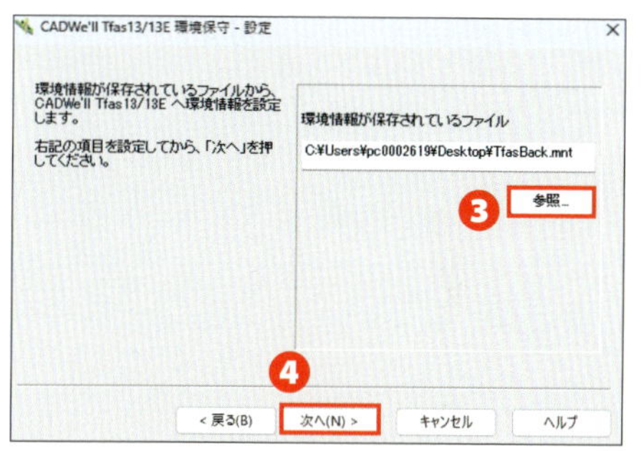

環境情報の一覧が表示されますので、設定したい項目にチェックを入れて❺、[完了]をクリックします❻。

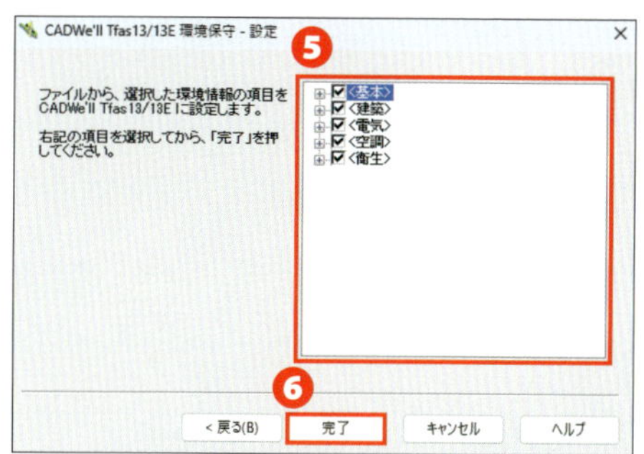

「CADWe'll Tfas 13/13Eの環境情報を設定しました。」というメッセージが表示されますので、[OK]をクリックして終了します❼。

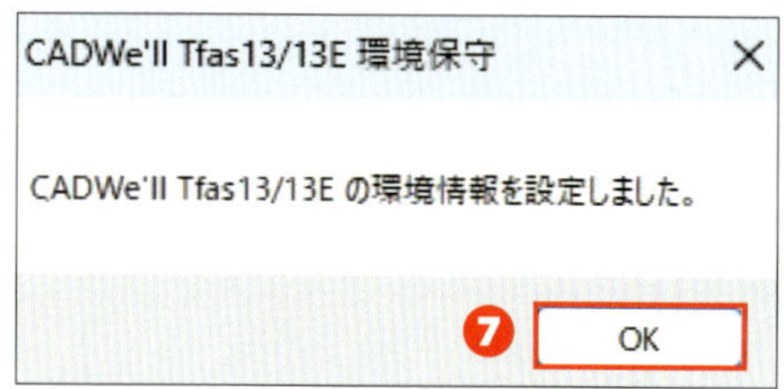

[初期化]を行うと、設定情報が初期の状態に戻ります。ただし、メニューバー[設定]＞[環境設定]＞[フォルダ]で設定されているフォルダの情報や、メニューバー[電気]＞[部品]＞[部品メンテナンス]＞[部品登録情報変更]で設定された内容等については、初期化されません。

第 2 章

設備操作編

01 建築図の作図

02 空調設備の作図

03 衛生設備の作図

建築図の作図

■使用ファイル：WATビル.tfs　■完成図：なし

建築設備図のベースとなる建築図を作図する方法を説明します。

通り芯の作図

通り芯を作図します。

ツールバー 、または、メニューバー［ファイル］＞［開く］を選択します。
「第2章_設備操作編」から【WATビル.tfs】を選択し、［開く］をクリックします。

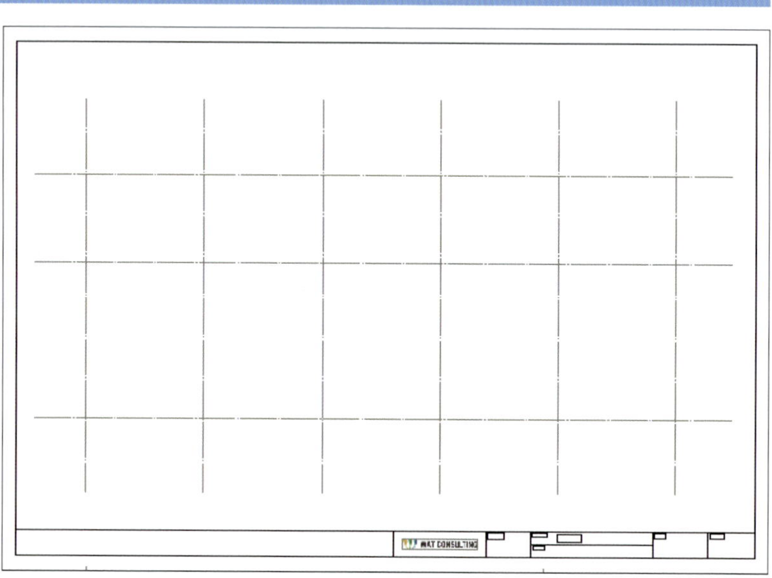

【通り芯】シートに通り芯を作図します。

1 X方向から作図します。メニューバー［建築］＞［通り芯］＞［距離連続］を選択します。
［水平垂直通り芯設定］ダイアログが表示されますので、設定を行います。

- 作図方向：［X方向］❶
- バルーン・寸法線：［バルーン有・寸法線有］に✓❷
- 符号：［X1］❸
- ［OK］❹

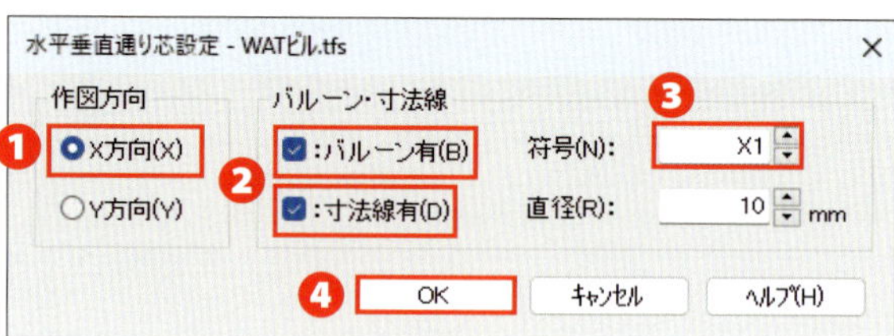

仮線をクリックして、X方向のスパンを「6500」と入力し［Enter］キーを押します。順番にスパンを入力していきます。
「6450」＞［Enter］キー
「6450」＞［Enter］キー
「6450」＞［Enter］キー
「6450」＞［Enter］キー
最後に［Enter］キーを押して終了します❺。

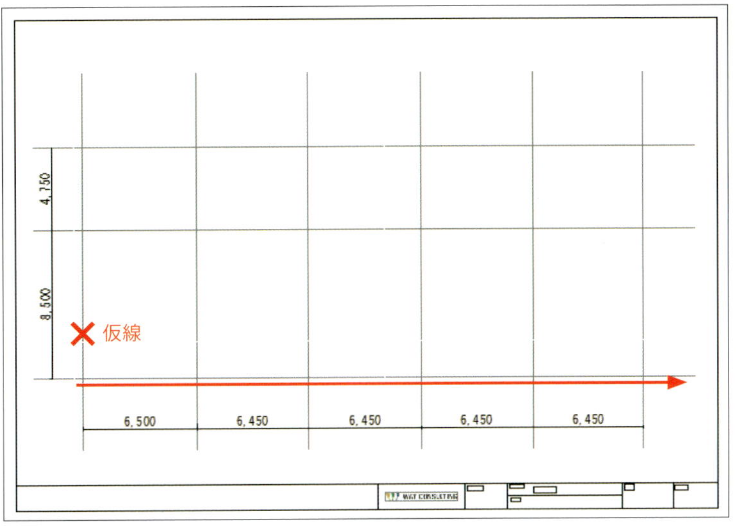

X方向の通り芯をX6通りまで作成します。

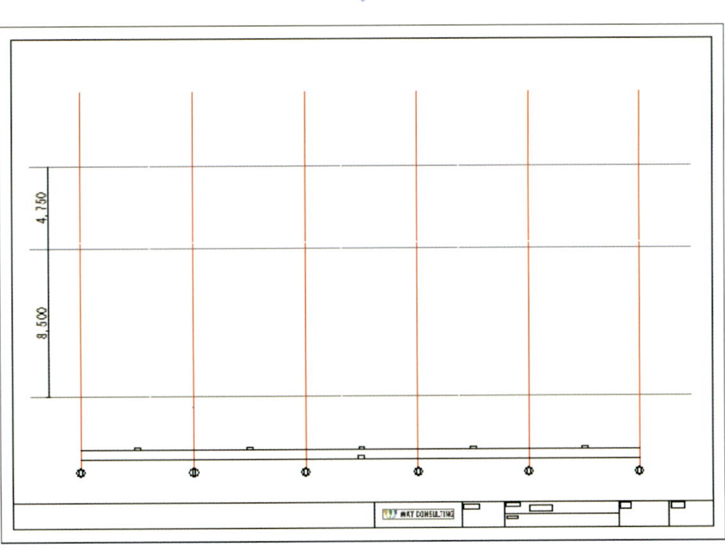

2 X方向作図後に、[BackSpace]キーを押すと、再度[水平垂直通り芯設定]ダイアログが表示されますので、設定を行います。

水平垂直通り芯設定 - WATビル.tfs			×
作図方向	バルーン・寸法線		
○X方向(X)	☑:バルーン有(B)	符号(N):	Y1
❶ ◉Y方向(Y)	❷ ☑:寸法線有(D)	直径(R):	10 mm ❸
❹ OK	キャンセル	ヘルプ(H)	

- 作図方向：[Y方向] ❶
- バルーン・寸法線：[バルーン有・寸法線有] ❷
- 符号：[Y1] ❸　● [OK] ❹

仮線をクリックして、Y方向のスパンを「8500」と入力し[Enter]キーを押します。順番にスパンを入力していきます。
「4750」>[Enter]キー>[Enter]キーを押して終了します。
Y方向の通り芯をY3まで作成します❺。

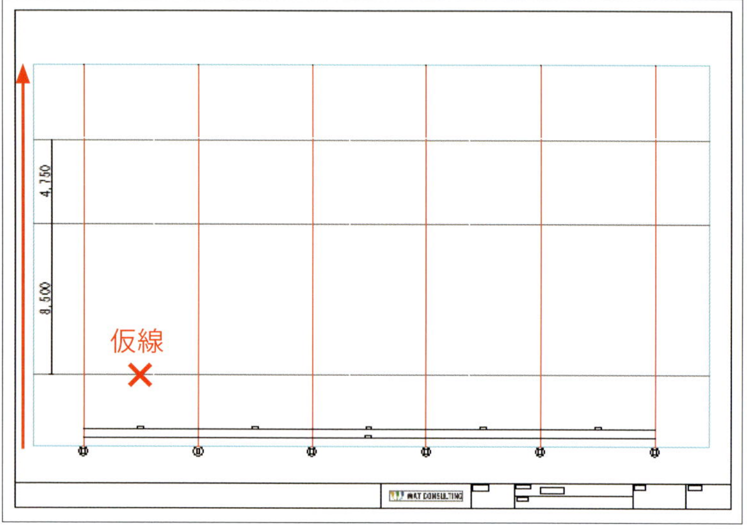

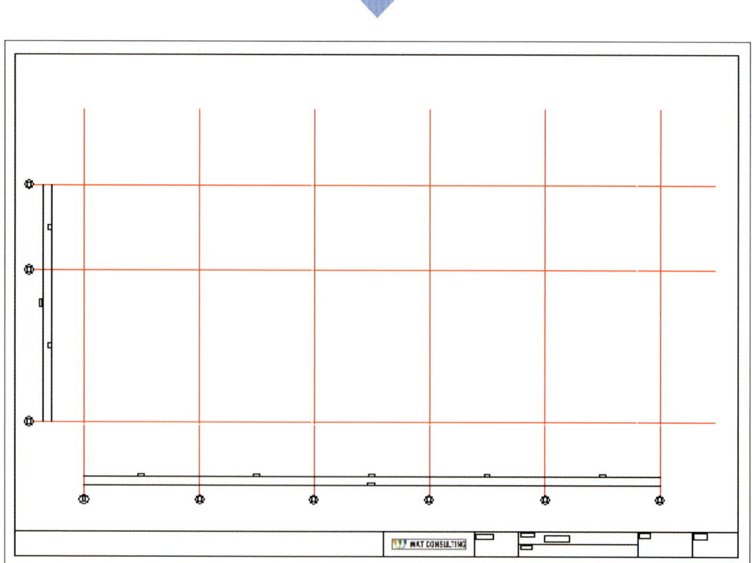

柱の作図

【建築】シートに柱を作図します。
左の事務室に作図されていない柱を作図していきます。
メニューバー［建築］＞［柱］＞［自動配置］を選択します。柱を配置したい通り芯を選択し、［Enter］キーを押します❶。

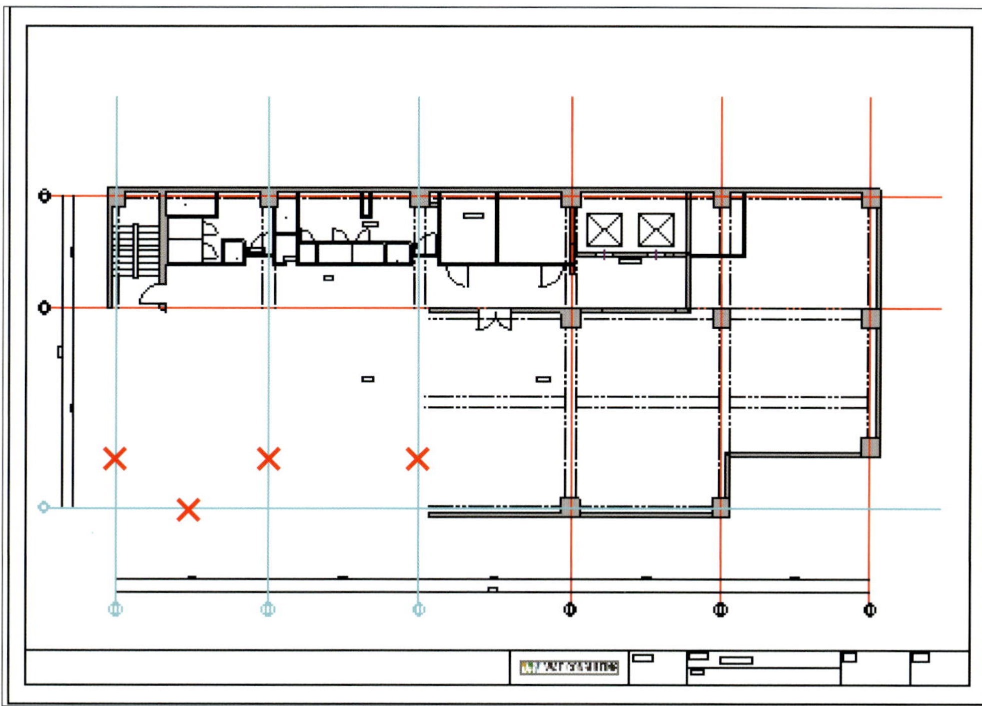

［柱自動配置］ダイアログが表示されますので、設定を行います。

- 形状：［角柱］❷
- X幅［800］・Y幅［800］❸
- 配置：［中心］❹
- 高さ設定方法：［階高、下部高さで設定］❺
- ［OK］❻

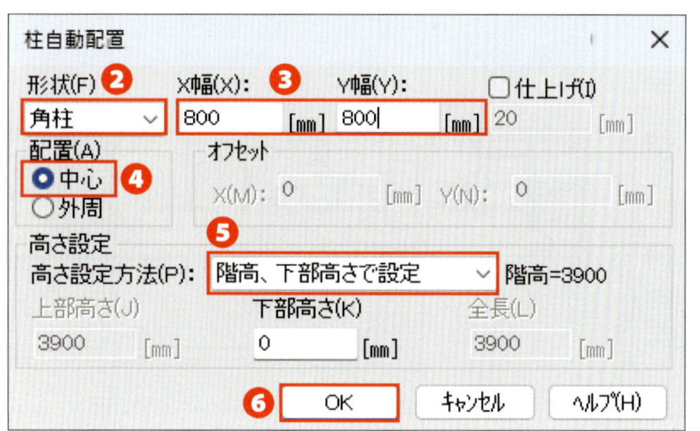

残りのY2通りの3本の柱は、メニューバー［建築］＞［柱］＞［通常配置］で作図します。設定を行います。

- 基準：［上部の真ん中］❼
- X幅：［800］・Y幅：［800］❽

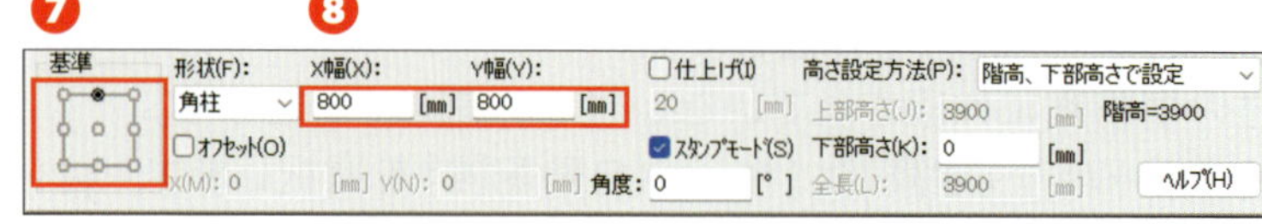

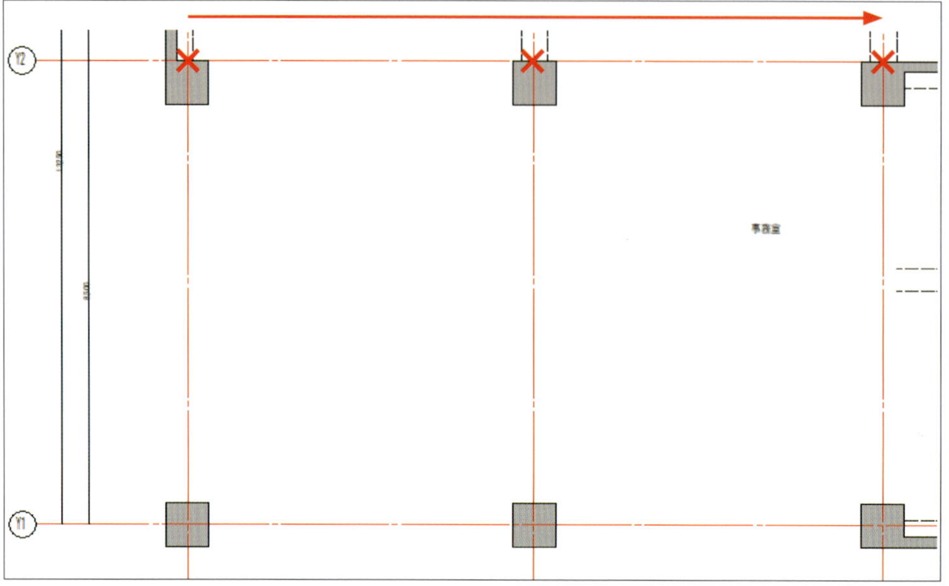

すべての柱が作図できます。

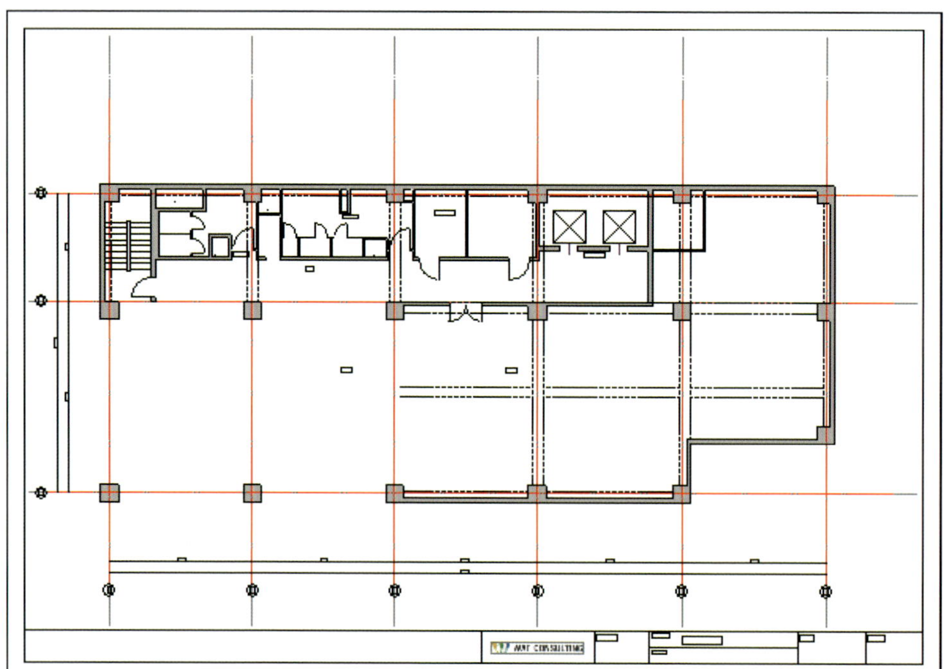

壁の作図

【建築】シートに壁を作図します。

1 メニューバー［建築］＞［壁］＞［通常配置］を選択します。
ダイアログが表示されますので、設定を行います。

- 基準：［外面②］❶ 　●壁厚：［200］❷
- 高さ設定方法：［階高、下部高さで設定］❸

左上の柱の角から順に柱の左下角をクリックし、［Enter］キーを押して外壁を作図します❹。

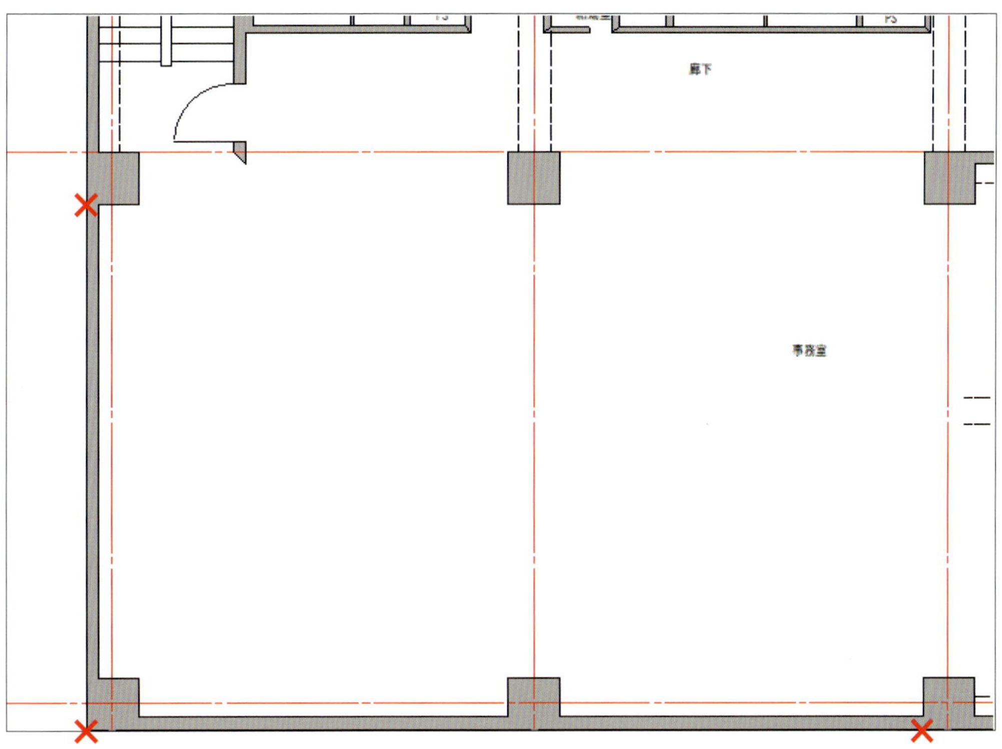

作図途中、［Shiftキー＋左クリック］または、ダイアログの基準で作図基準を切り替えることができます。

2 同様に、Y2通り－X1通り～X3通り間とX3通り－Y1通り～Y2通り間の事務室の間仕切り壁を作図します。ダイアログの設定を行います。

- 基準：[外面①・中央] ❶　● 壁厚：[200] ❷
- 高さ設定方法：[上部、下部高さで設定] ❸　● 上部高さ：[2500] ❹

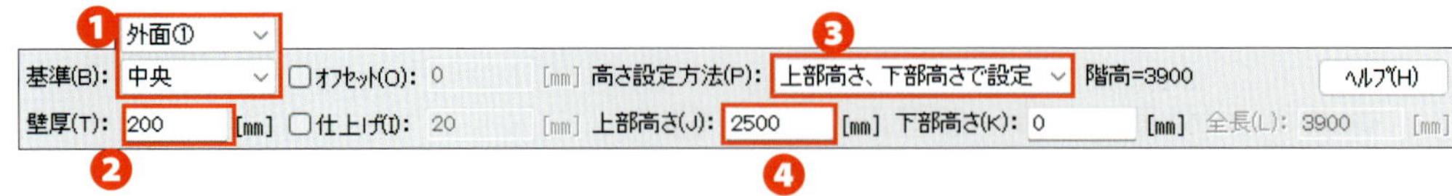

基準：[外面①]でY2通りとX1通りの上の柱の右上角と、Y2通りとX3通りの上の柱の左上角をクリックして[Enter]キーを押します❺。
基準：[中央]に切り替えてX3通りの柱面中心をクリックして[Enter]キーを押します❻。

すべての壁が作図できます。

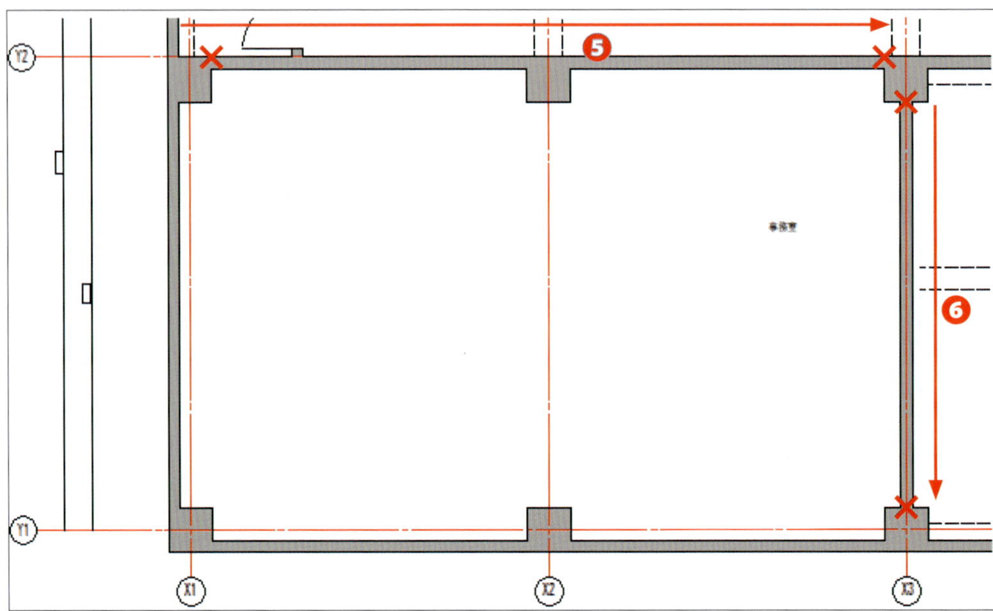

梁の作図

【建築】シートに梁を作図します。
メニューバー［建築］＞［梁］＞［通常配置］を選択します。

1 X1通り、X2通り、X3通り、Y1通りの大梁を作図します。
ダイアログが表示されますので、設定を行います。

●形状：［梁］❶ ●基準：［外面①・中央］❷ ●梁幅：［500］ 梁成：［800］❸
●上端高さ：［3900］❹

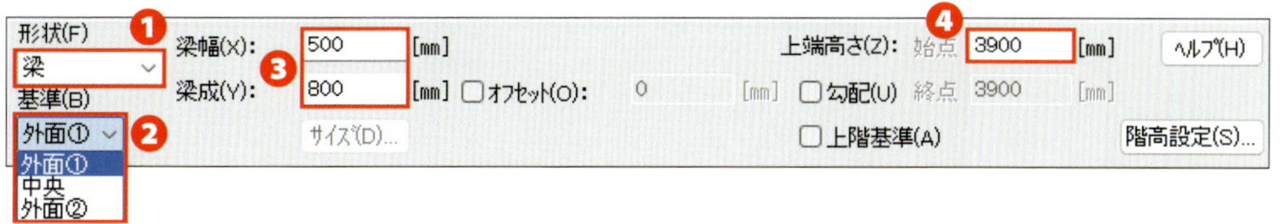

基準：［外面②］で、X1通りの柱の角をクリックします❺。
基準：［中央］で、X2通りの柱面中心をクリックします❻。
基準：［中央］で、X3通りの柱面中心をクリックします❼。

同様に、Y3通りの大梁を作図します。
基準：［外面①］ 梁幅：［500］梁成：［650］でY2通りの柱の角をクリックします❽。

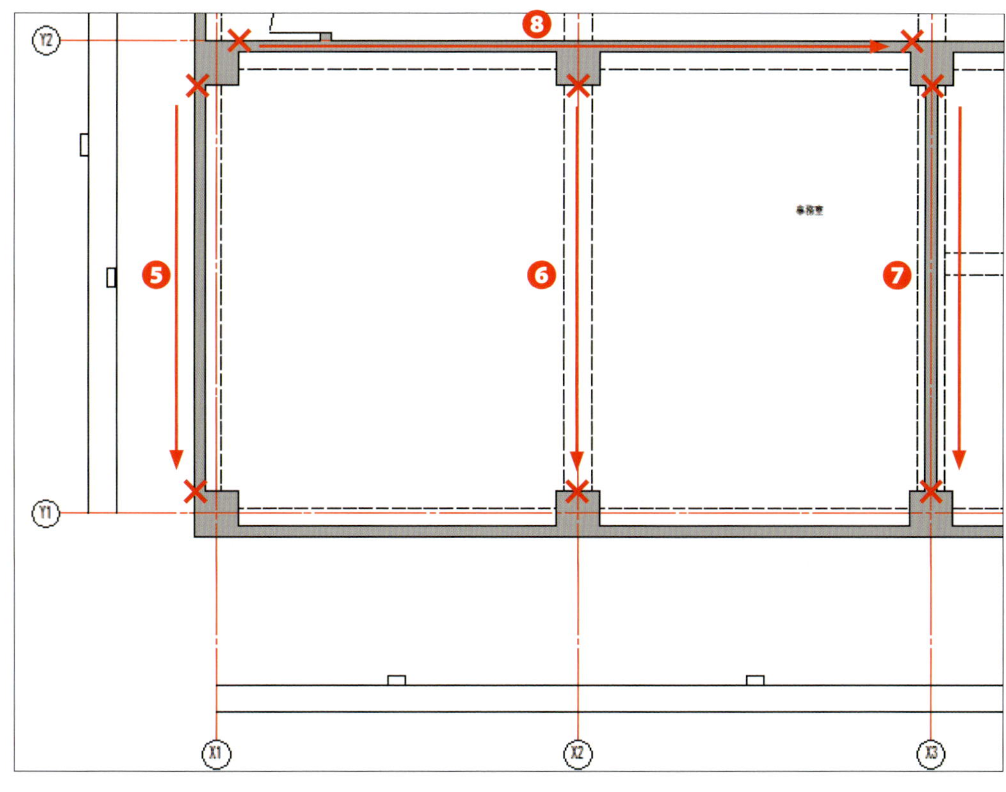

2 Y2通りから「3800」の位置に、小梁（梁幅：[400] 梁成：[800]）を作図します。

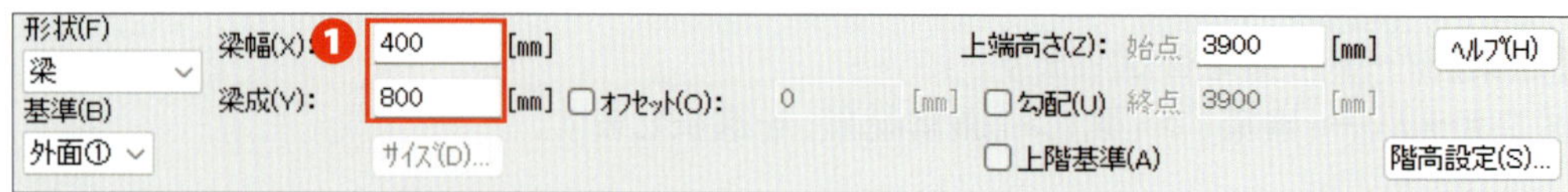

[相対距離]をクリックし、Y2通りとX1通りの交点の上をクリックします❷。Y2通りから垂直にカーソルを動かし「3800」と入力して[Enter]キーを押し、X3通りの大梁まで水平に作図します❸。

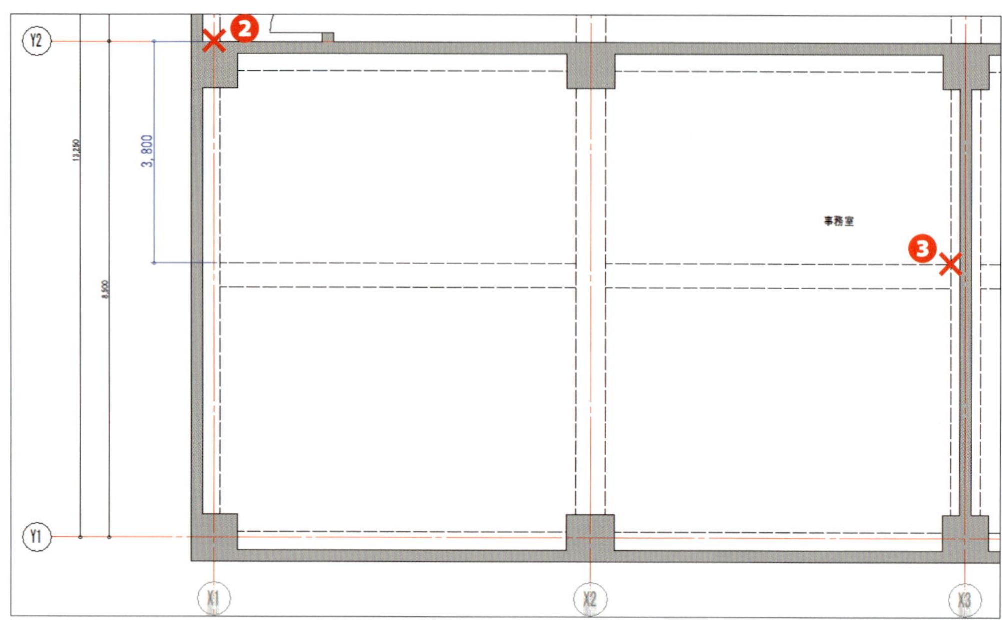

[上端高さ]の入力方法は、[上階基準]の✓で変更できます❹。[上階基準]に✓を入れた場合は、[上端高さ]は上階から梁の上端までの数値となり、マイナス入力となります❺。床梁伏せ図等から作図する場合は、[上階基準]に✓を入れて作図することを推奨します。
[階高設定]ボタンをクリックすると、階高を入力することができます❻。

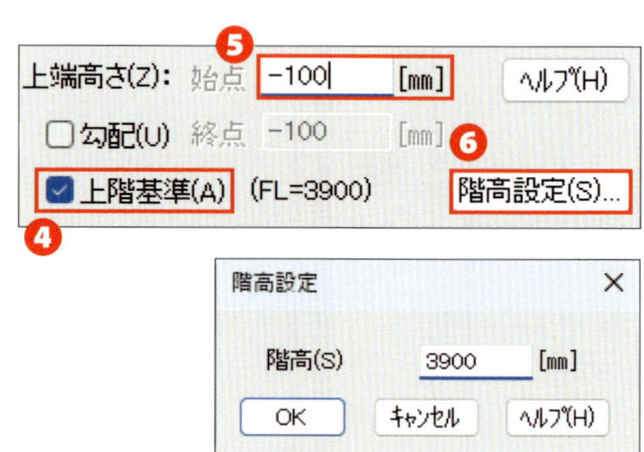

建具の作図

【建築】シートに建具を作図します。
メニューバー［建築］＞［建具］＞［配置］を選択します。
［建具選択］ダイアログが表示されますので、設定を行います。

- ［ドア］❶
- ［両開き扉］❷

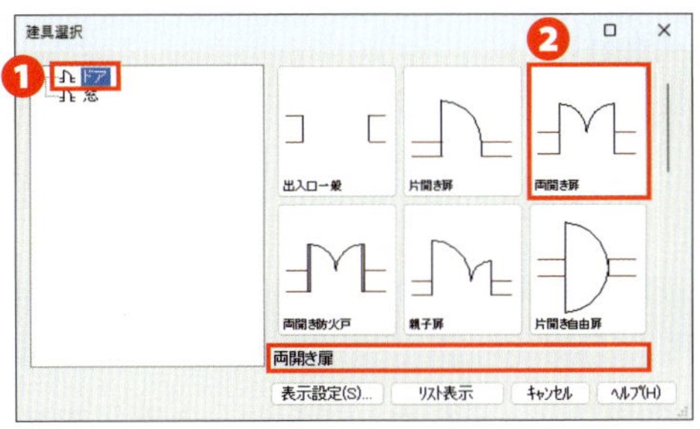

リスト表示にすると見やすくなります。

ダイアログが表示されますので、設定を行います。

- 開口幅：［1400］❸
- 基準点からの距離：［2500・端点］❹
- 開口高さ：［2200］❺

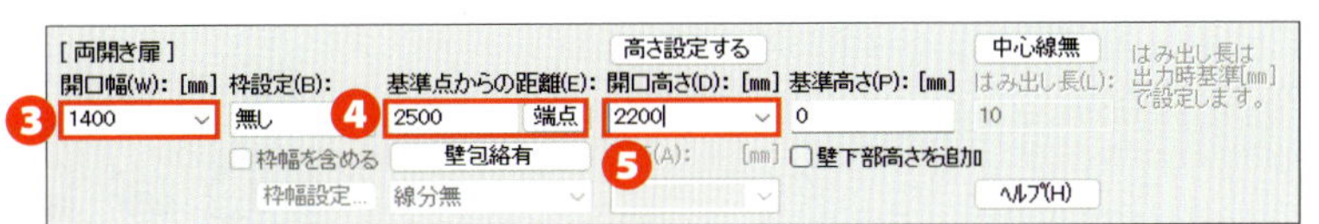

基準点Y2通りとX3通りの交点をクリックし❻、建具を作図する壁をクリックすると❼、建具が仮表示されますので、マウスを動かして開き方向を確認し、事務室の方向をクリックします❽。

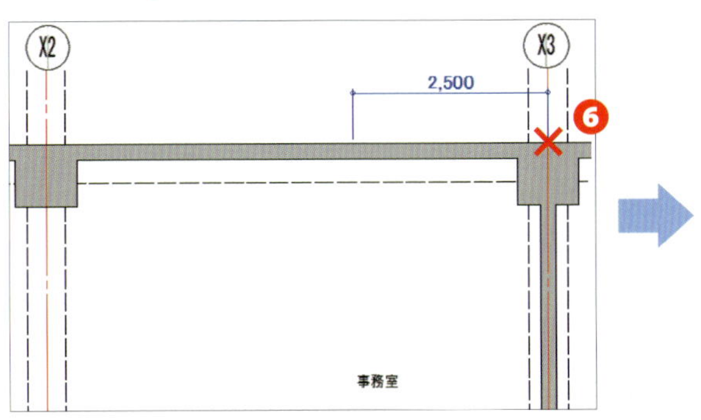

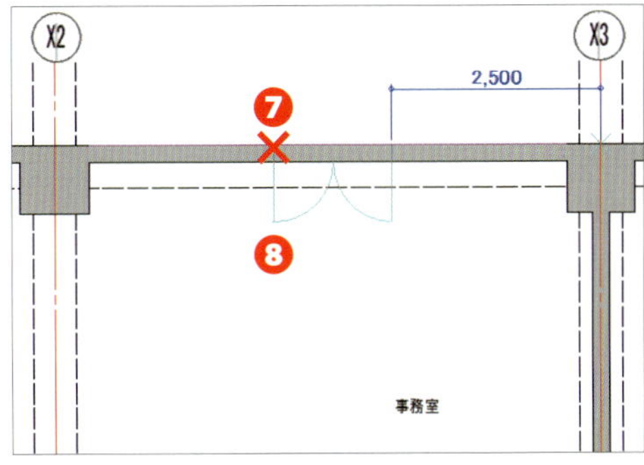

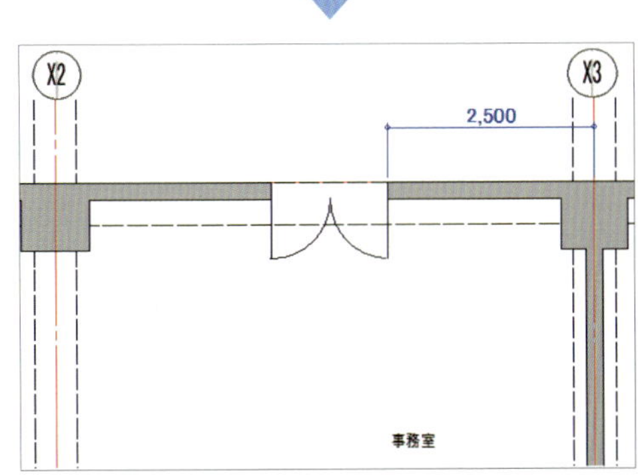

違う種類の建具を配置したい場合は、［BackSpace］キーを押すと、再度［建具選択］ダイアログが表示されます。

空調設備の作図

■使用ファイル：WATビル.tfs　■完成図：WATビル_空調完成図

空調設備の続きを作図します。
完成図を参考にしながら図面を完成させましょう。

制気口配置

【空調】シートをカレントシートとします。【建築】シートは表示状態にします。
ツールバー、または、メニューバー［空調］>［制気口］>［配置］を選択します。【空調】シートに制気口を配置します。

［制気口配置］ダイアログが表示されますので、設定を行います。

- 配置方法：［領域］❶
- 制気口種類：［アネモC2］❷
- サイズ：［#25］❸
- 制気口下端：［2500］❹
- BOX：［消音ボックス付］❺
- L：［500］❻
  W：［L=W：(500)］
- H：［400］❼
- BOX下端：［2750］❽
- ［OK］❾

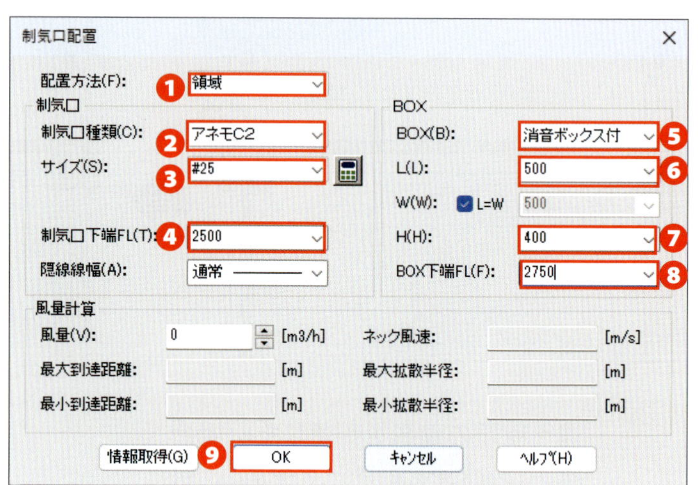

アネモを配置する範囲を指定するため、領域指定点1(X1通りとY2通りの交点)、領域指定点2 (X2通りとY1通りの交点) をクリックします⑩。

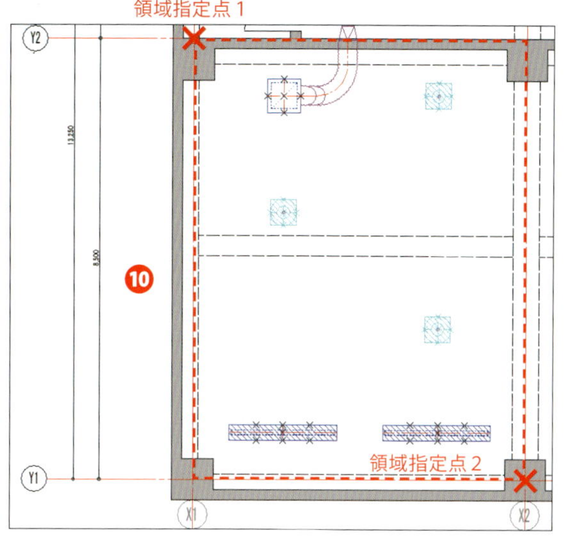

ダイアログが表示されますので、設定を行います。

- [距離] ⑪
- パターン：[千鳥1] ⑫
- 配置個数：横：[2]　縦：[3] ⑬
- 基準からの距離：横：[1750]　縦：[1100] ⑭
- 配置間隔：横[3000]　縦[2250] ⑮

[Enter]キーを押して配置します。

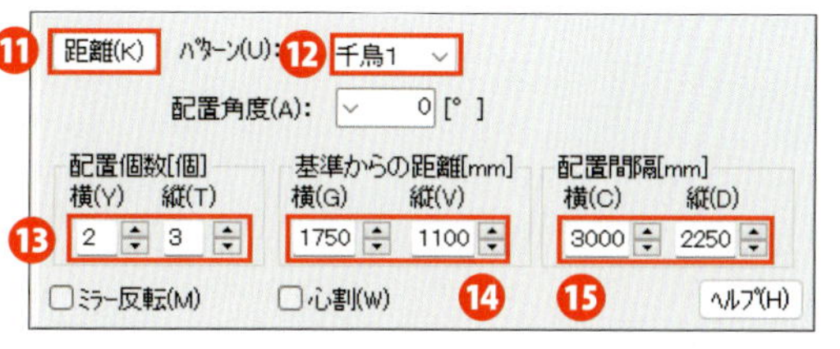

[配置方法]は[比率]と[距離]があり、クリックで切替えができます。
[パターン] は [行列] と [千鳥1]と[千鳥2]があり、選択することができます。
配置済みの器具のサイズや高さを変更するには、メニューバー [空調]>[制気口]>[変更]を使用して変更できます。
同一の機器をまとめて選択するには、ツールバー [同一機器・部材選択]を使用します。
図面内の配置済みの部品・部材から同一の部品・部材を配置するには、ツールバー [図面内部品・部材配置]を使用します。

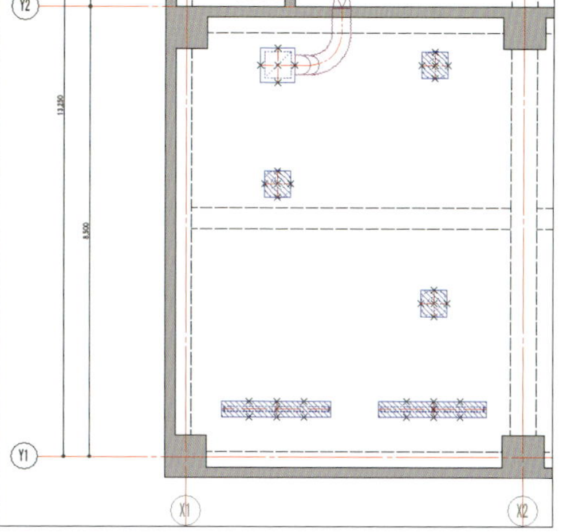

作図設定

作図設定をします。
ツールバー［アイコン］、または、メニューバー［空調］>［作図設定］を選択します。［作図設定］ダイアログが表示されますので、［ルーティング］タブで設定を行います。

作図モードは、サイズ・レベルを指定しながら作図する［施工作図］と、サイズ0でも作図でき、FLを指定せずに作図する［設計作図］があります。
今回は、［施工作図］を選択します❶。

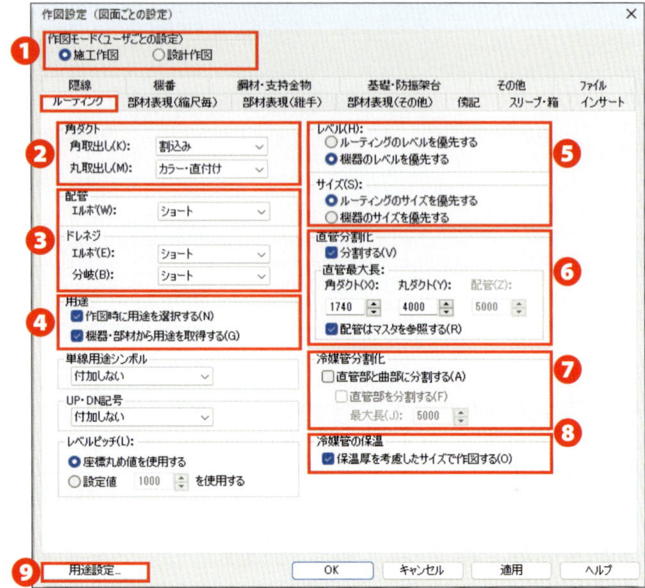

作図モードのアイコンは、［施工作図］が［アイコン］、［設計作図］が［アイコン］で表示されます。
作図設定は作図途中に変更することができます。

角ダクトに対する分岐方法を設定します❷。

角取出し：［割込み］

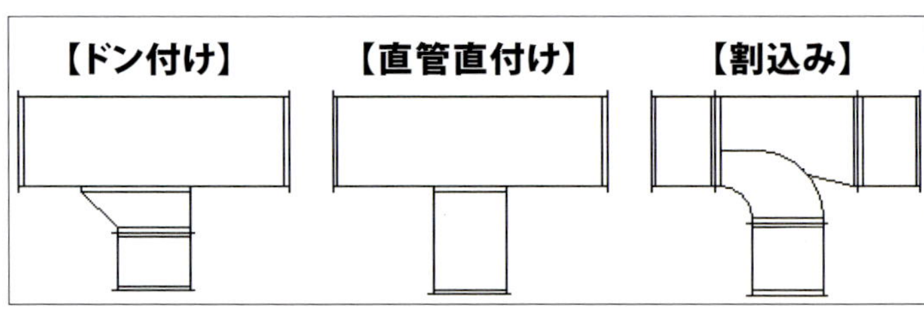

丸取出し：［カラー・直付け］

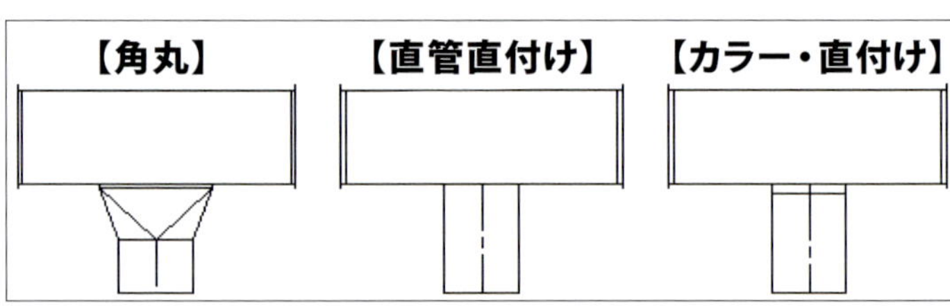

継手形状（ロング/ショート）を設定します❸。

配管
エルボ(W): ショート
ドレネジ
エルボ(E): ショート
分岐(B): ショート

作図時に、ダクト・配管用途を選択して作図するかを設定します❹。また、機器・部材から用途取得したい場合は✓を入れます。

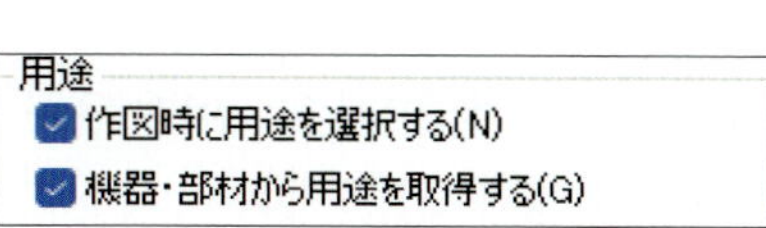

機器とダクトや配管を接続したり、機器を指示してダクトや配管を作図したりする場合に、サイズまたはレベルの優先度を設定します❺。

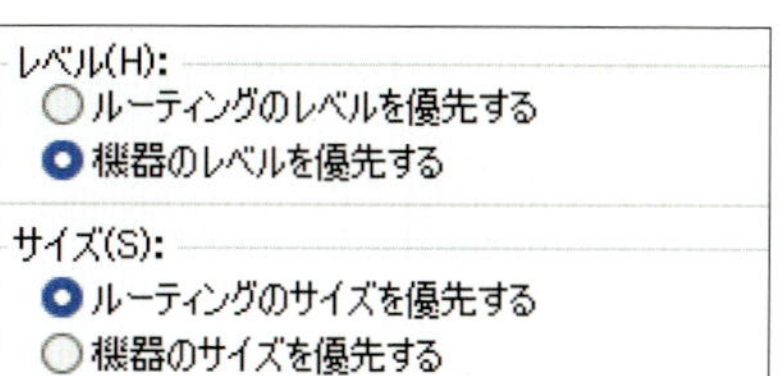

制気口や機器を天井レベルに合わせて配置して作図するので、「機器のレベルを優先する」ことを推奨します。サイズは機器に付加されているサイズよりもルーティングしているサイズを優先したいときは「ルーティングのサイズを優先する」ことを推奨します。

ダクト・配管を作図するときに、直管を分割して表現するかどうかを設定できます❻。

共板ダクトの最大直管長1740mm、フランジダクトの最大直管長1820mm、スパイラルダクトの最大直管長4000mm等と設定できます。作図後に定尺分割することもできます。メニューバー［空調］>［部材編集］>［定尺分割］を使用します。

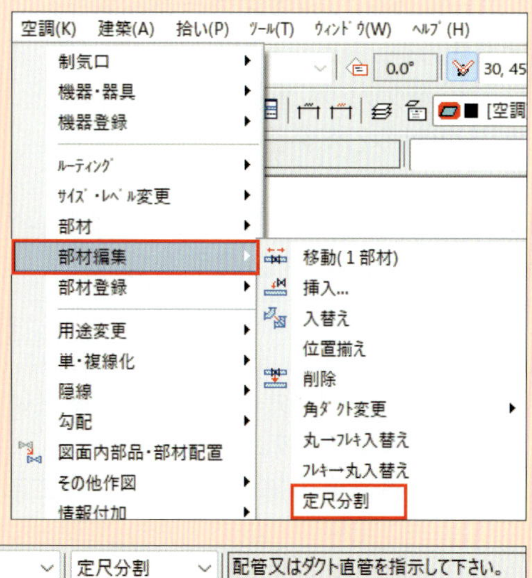

冷媒管を作図するときに分割して表現するかどうかを設定できます❼。

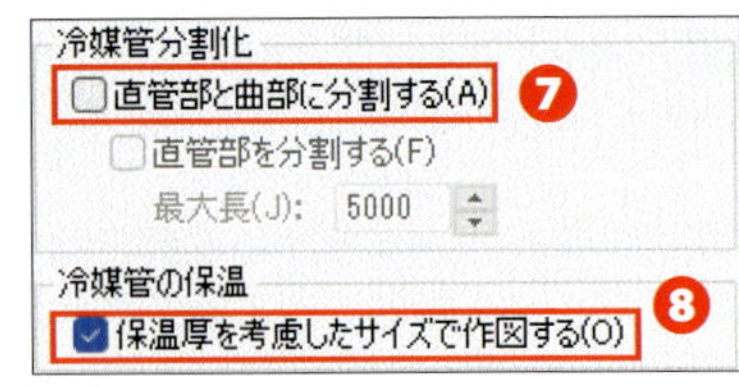

冷媒管を作図するときに、保温厚を考慮したサイズで作図するかどうかを設定できます❽。

ダクト・配管用途ごとに、用途記号等の基本情報や色・線種・線幅を設定できます❾。

ツールバー［用途設定］からも設定できます。

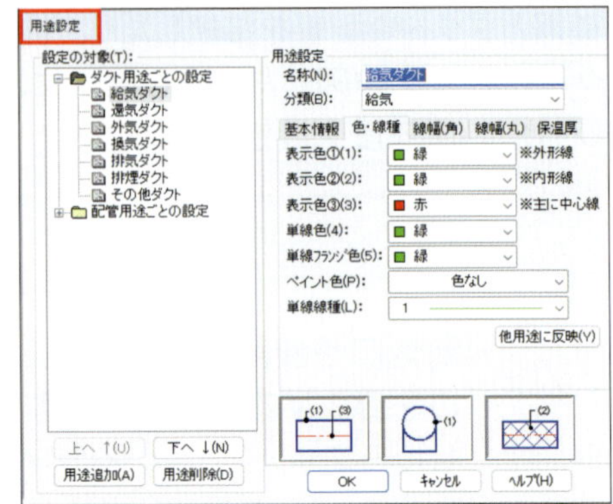

［ファイル］タブで各設定を行います。作図規則ファイルや初期値を選択して、現在の図面に適用することができます。［ファイルの選択］をクリックし、「第2章_設備操作編」から【WATビル.ats】を選択し、開きます❿。［作図規則を現在の図面に適用する］をクリックします⓫。［作図規則ファイル］ダイアログが表示されますので、［はい］をクリックし⓬、さらに［OK］をクリックします⓭。［適用］⓮、［OK］をクリックします⓯。

作図規則ファイルの保存を選択すると、現在の作図図面の作図規則を保存できます。

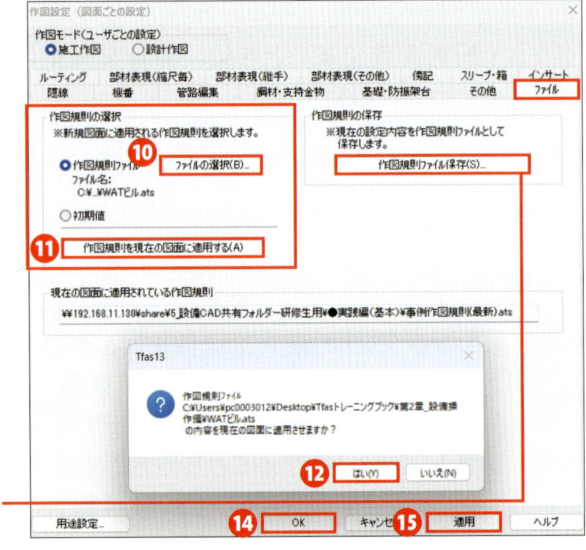

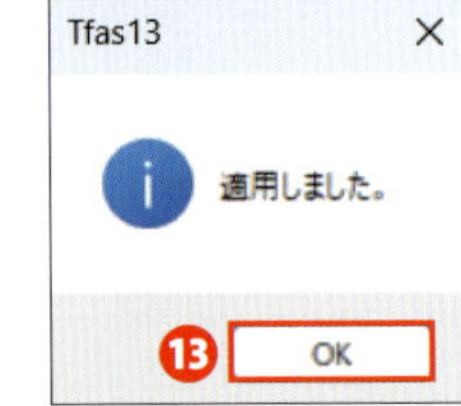

作図規則ファイルは空調と衛生は別になり、拡張子が異なります。
空調設備の拡張子［.ats］　衛生設備の拡張子［.sts］

［作図規則を現在の図面に適用する］で［現在の図面に適用されている作図規則］が表示されていないと、作図規則は適用されていません。

ダクトのルーティング

空調ダクトの作図を行います。

ツールバー 、または、メニューバー［空調］＞［ルーティング］＞［ルーティング］を選択します。ダイアログが表示されますので、部材の種類やサイズ、レベル等を設定します。**1** 部材種類を選択します。部材を選択した後に、その部材に対応する **2** 用途を選択します。**3** サイズ、**4** レベルを設定します。

角ダクトの場合

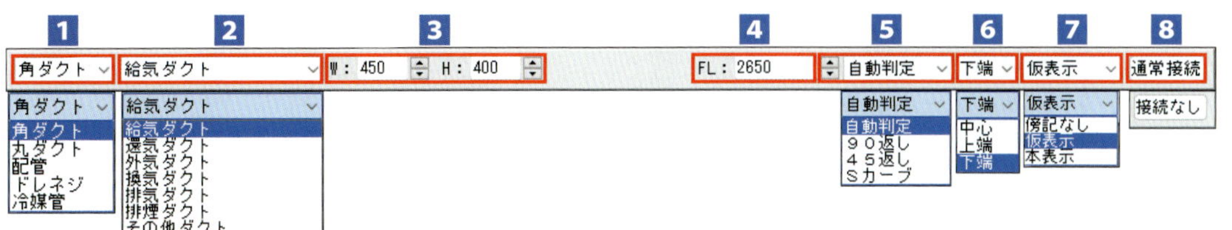

丸ダクトの場合

3 角ダクトのサイズは［W（幅）、H（高さ）］を設定します。丸ダクトは［D（直径）］を設定します。
4 角ダクトのレベルはダクトの［下端］、丸ダクトは［中心］が基準です。
6 作図基準を変更することも可能です。

5 レベルの変更タイプは、角ダクトは［90返し］、［45返し］、［Ｓカーブ］に変更することができ、丸ダクトは［90返し］、［45返し］に変更できます。

7 傍記表示は、［仮表示］［傍記なし］［本表示］を設定することができます。

8 接続状態は、角ダクトは［通常接続］［接続なし］、丸ダクトは［通常接続］［フレキ接続］［接続なし］が選択できます。

1 ［角ダクト］－［給気ダクト］－［W：600、H：400］－［FL：2650］－［下端］を設定します。給気ダクトの続きは、始点をクリックして、左にカーソルを動かして作図します❶。

角ダクト | 給気ダクト | W：600 | H：400 | FL：2650 | 自動判定 | 下端 | 仮表示 | 通常接続

部材種類を設定して、続きを作図したいダクトをクリックしても、ダクトの属性を取得して作図できます。

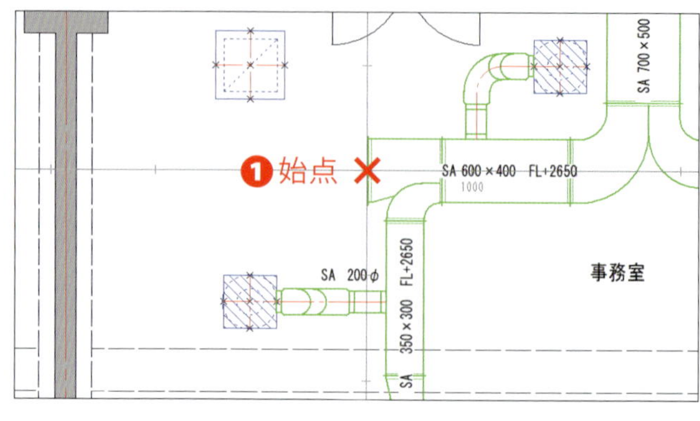

図面の作図は原則ホールド有効 30, 45° で作図します。

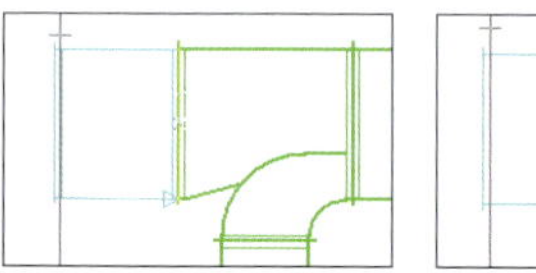
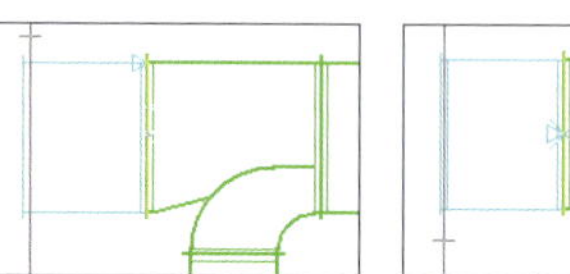
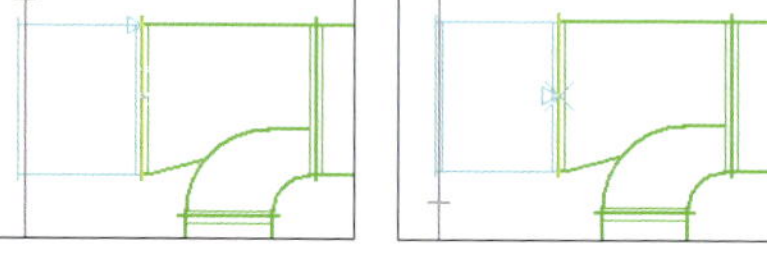

始点をクリックした後に［Shiftキー＋左クリック］で作図基準を変更することができます。

サイズや作図方向を変更するときにはクリックします。作図を終了するときは［Enter］キーを押します。

サイズを変更したい位置でクリックします。［W：450、H：400］－［FL：2650］－［下端］を入力します❷。

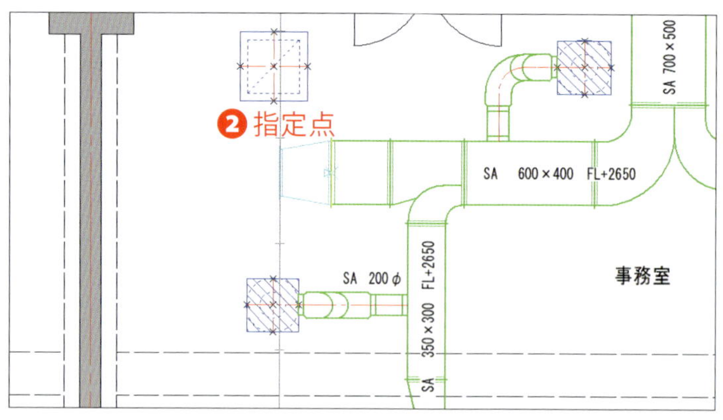

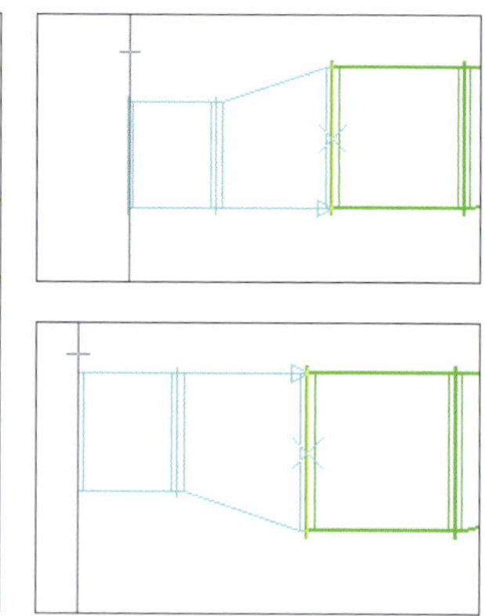

ルーティングを中断することなく、指定点でダイアログよりサイズを変更すると、ホッパが自動発生します。［Shiftキー＋左クリック］で、ホッパの面揃えを変更することができます。

2 続けて、①～⑤を下の図と、完成図（370P「空調完成図」）を参考に作図しましょう。

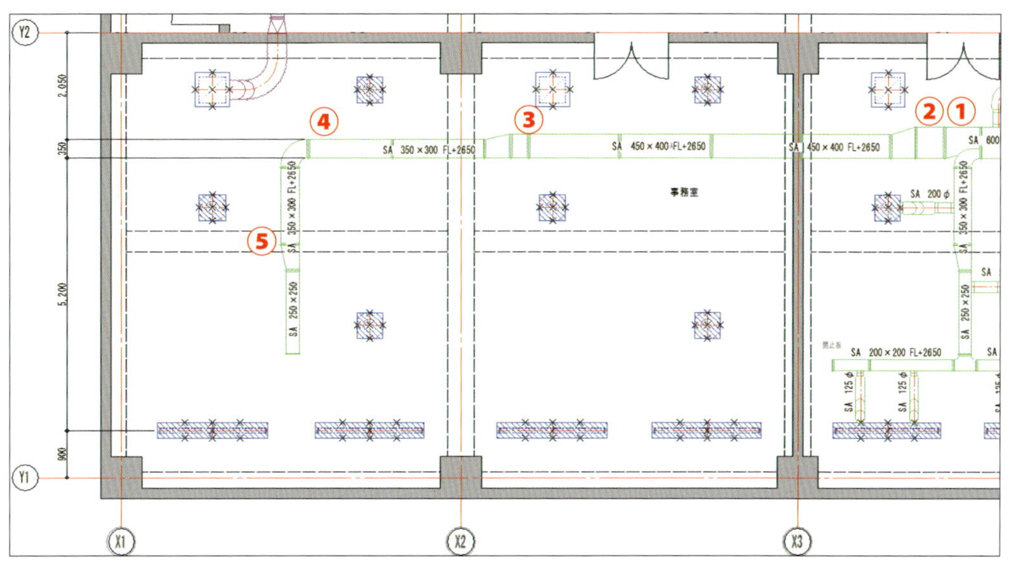

①続きを作図します。
［角ダクト］－［給気ダクト］－［W：600、H：400］－［FL：2650］－［下端］

②サイズを変更します。
［角ダクト］－［給気ダクト］－［W：450、H：400］－［FL：2650］－［下端］

③サイズを変更します。
［角ダクト］－［給気ダクト］－［W：350、H：300］－［FL：2650］－［下端］

④作図方向を変更します。

⑤サイズを変更します。
［角ダクト］－［給気ダクト］－［W：250、H：250］－［FL：2650］－［下端］
［Enter］キーを押して、作図を終了します。

3 続けて⑥～⑦を下の図と、完成図(370p「空調完成図」)を参考に作図しましょう。

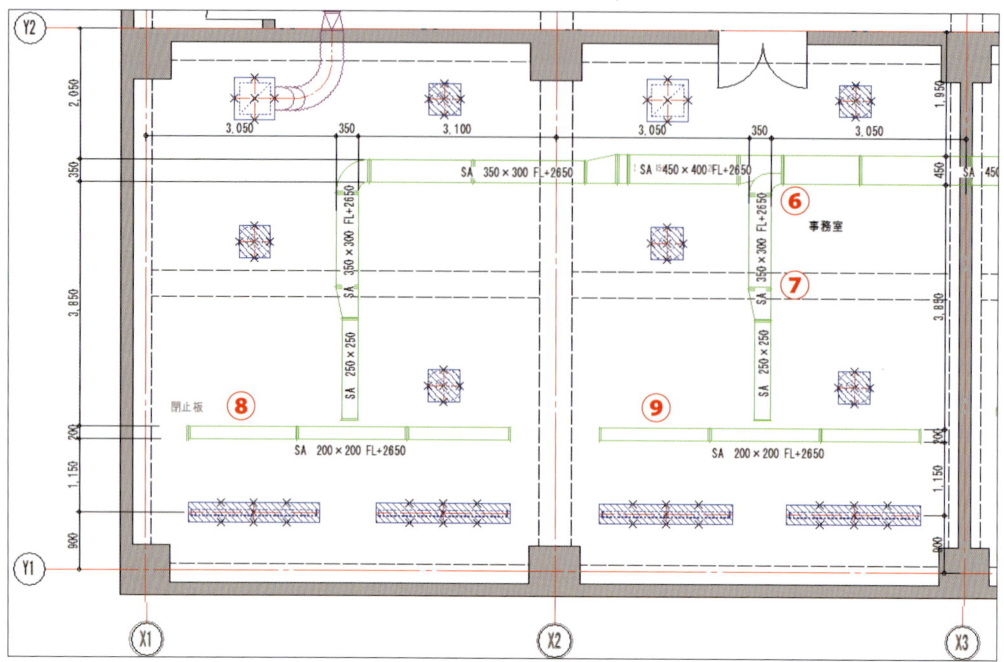

⑥作図済みダクトから取り出します。
[角ダクト]－[給気ダクト]－[W：350、H：300]－[FL：2650]－[下端]

⑦サイズを変更します。
[角ダクト]－[給気ダクト]－[W：250、H：250]－[FL：2650]－[下端]
[Enter]キーを押して、作図を終了します。

⑧角ダクトを作図します。
[角ダクト]－[給気ダクト]－[W：200、H：200]－[FL：2650]－[下端]

⑨角ダクトを作図します。
[角ダクト]－[給気ダクト]－[W：200、H：200]－[FL：2650]－[下端]

完成図の寸法値を参考にダクト位置を調整しておきましょう。

4 ⑧⑨で作図した角ダクトの両端に閉止板を作図します。

ツールバー［アイコン］、または、メニューバー［空調］＞［部材編集］＞［挿入］を選択します。

［挿入部材］ダイアログが表示されますので、設定を行います。

- タブ：［角ダクト］❶
- 挿入部材：［閉止板］❷
- 挿入サイズ：［直管サイズに依存］❸
- ［OK］❹

角ダクトの端をクリックして、［Enter］キーを押します❺。

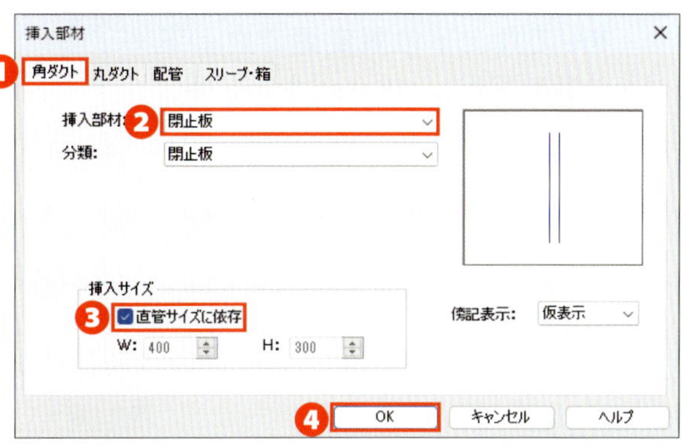

閉止板を挿入後に閉止板の位置を変更したいときには、ツールバー［アイコン］、または、メニューバー［空調］＞［部材編集］＞［移動］を使用します。

5 続けて丸ダクトを作図します。

ツールバー［アイコン］、または、メニューバー ［空調］＞［ルーティング］を選択します。［丸ダクト］－［給気ダクト］－［D：200］－［FL：2850］－［中心］を設定します。ツールバー［アイコン］［相対距離］を割り込ませ、X3と作図済みのSA［450×400］との交点をクリックします❶。配置したい方向にカーソルを持っていき、距離を「2550」を入力し、［Enter］キーを押します❷。直管で取り出し、クリックします❸。

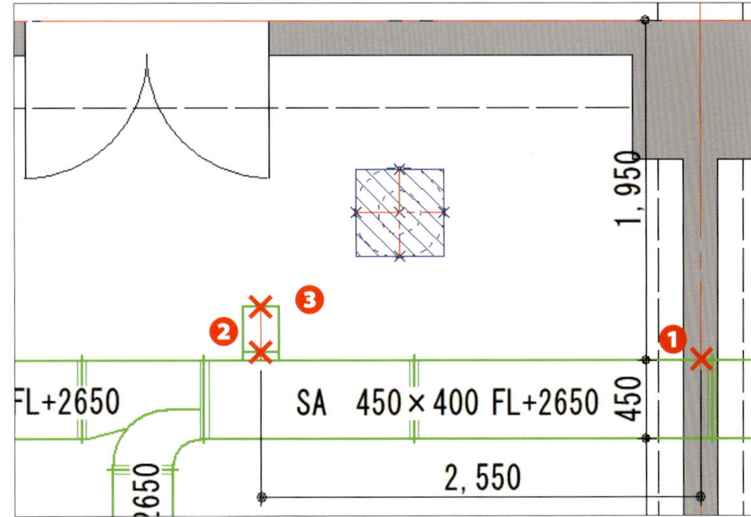

フレキ接続に変更します。

アネモの左側の接続口をクリックします❹。[Ctrlキー＋クリック]をして立上下位置変更で立上下位置を選択し、[Enter]キーを押します。

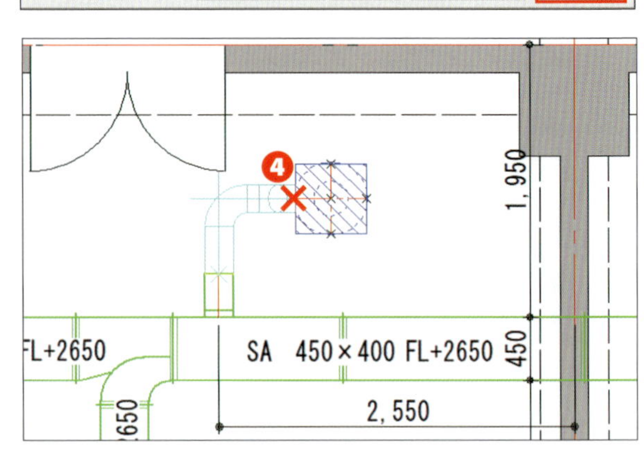

接続を選択して下さい。(Shiftｸﾘｯｸ：形状変更 Ctrlｸﾘｯｸ：立上下位置変更 Enter：決定)

[置換部材の選択]ダイアログが表示されたら、[消音フレキシブルダクト]を選択し、[OK]をクリックします❺。

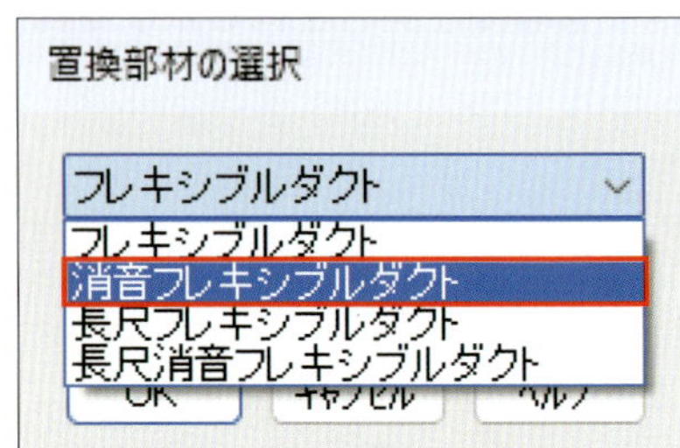

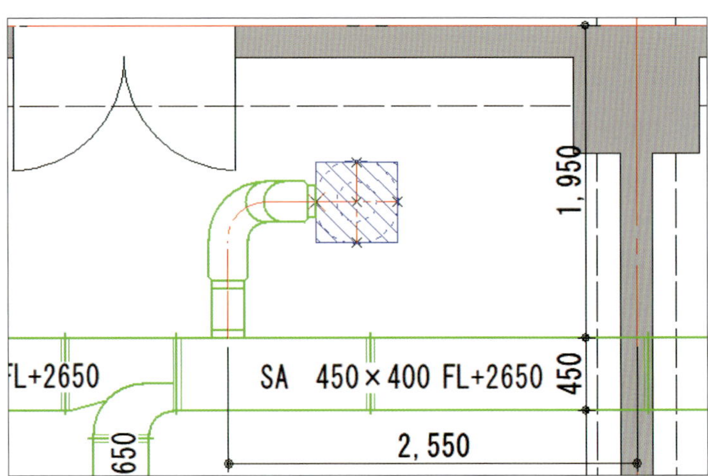

6 続けて①～⑨を下の図と、完成図(370P「空調完成図」)を参考に作図しましょう。大体の位置で作図をし、122Pで解説する[寄寸法変更]を使用して、完成図のようにダクトの位置を調整します。

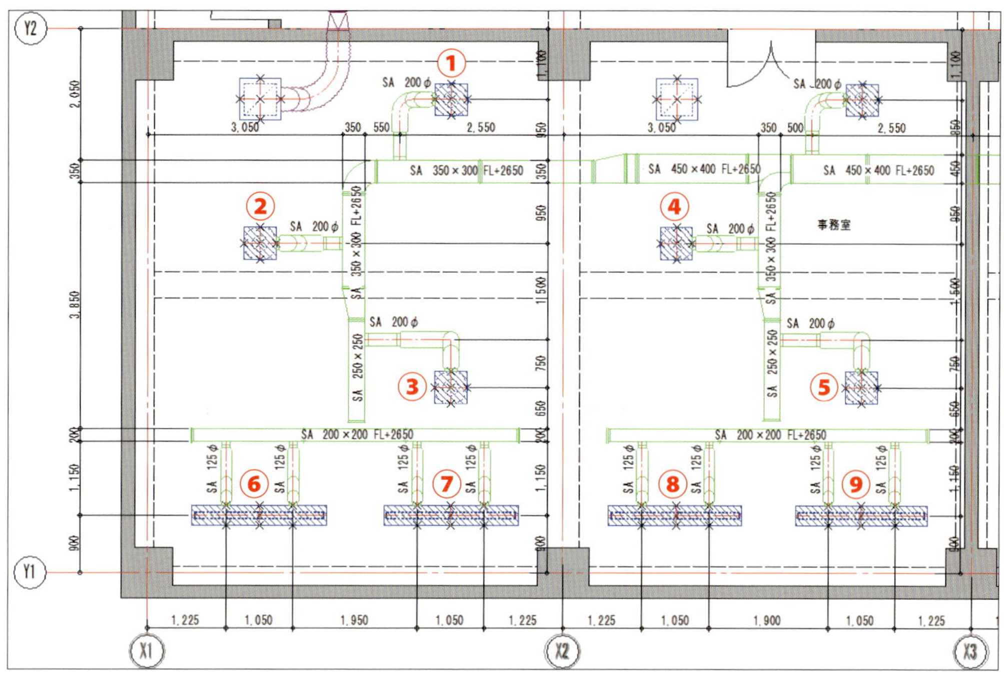

【練習】シートでダクトの編集機能(ルート移動)を確認します。

ルート移動

ツールバー、または、メニューバー[空調]>[ルーティング]>[ルート移動]を選択します。
ダクトのルートを移動します。移動させたいダクトをクリックします❶。クリックした点を基準に、ルート移動が開始されます。仮表示で確認しながら指定点をクリックします❷。

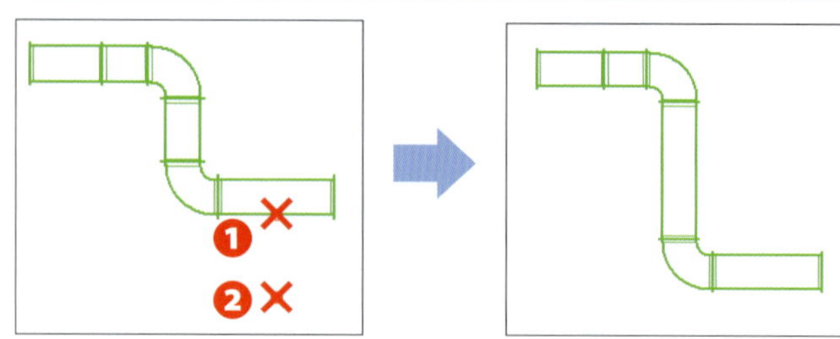

ホールドを[無し][水平][垂直]以外にすると、入力エリアに数値を入力することによって移動距離を指定することができます。

ルート移動で移動するダクトをクリック後、指定点を決定する際、[Shiftキー＋左クリック]で移動パターンの切り替えができます。

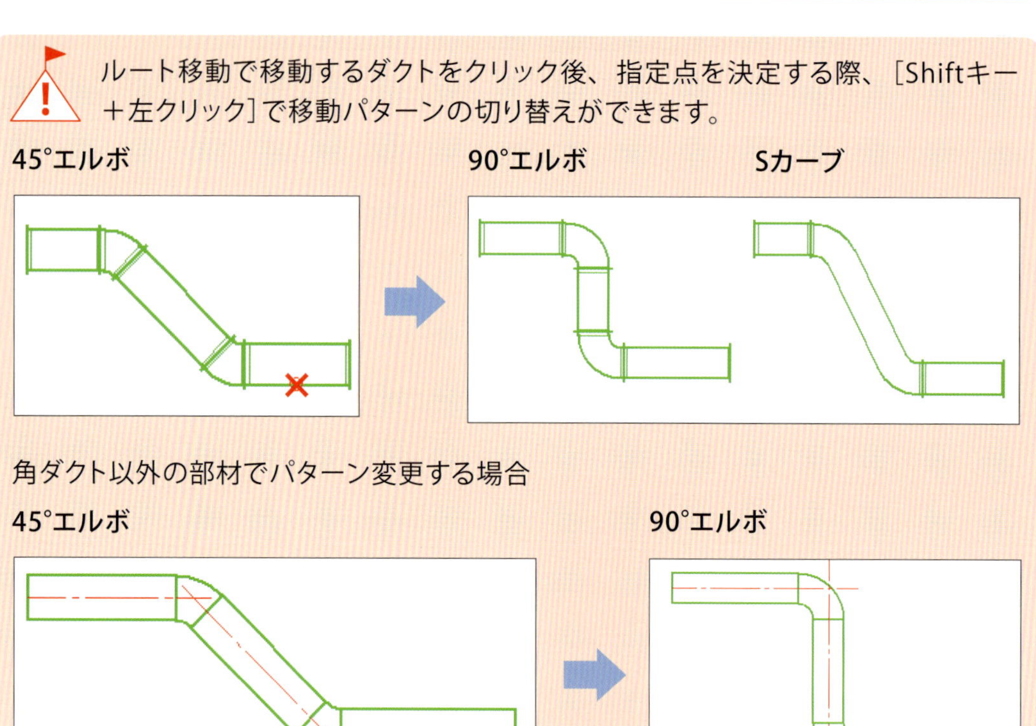

ツールバー 、または、メニューバー［空調］＞［ルーティング］＞［ルート接続］を選択します。
部材の接続口をクリックして、［Enter］キーを押します。

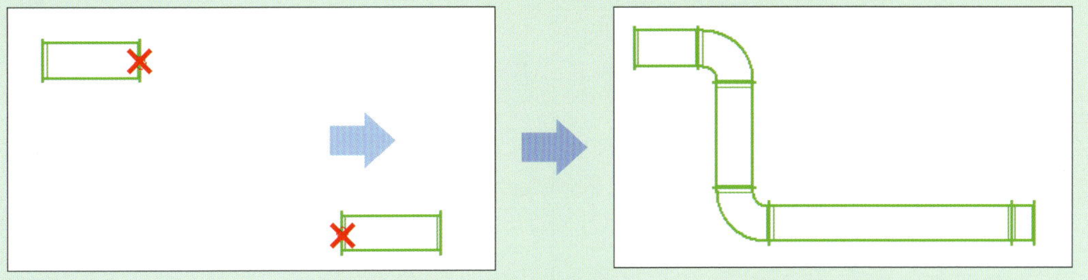

［Shiftキー＋Ctrlキー＋左クリック］で、接続パターンを切り替えることができます。
接続口を基準として、90°エルボ・45°エルボが作成されます。

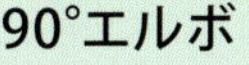

90°エルボ **45°エルボ**

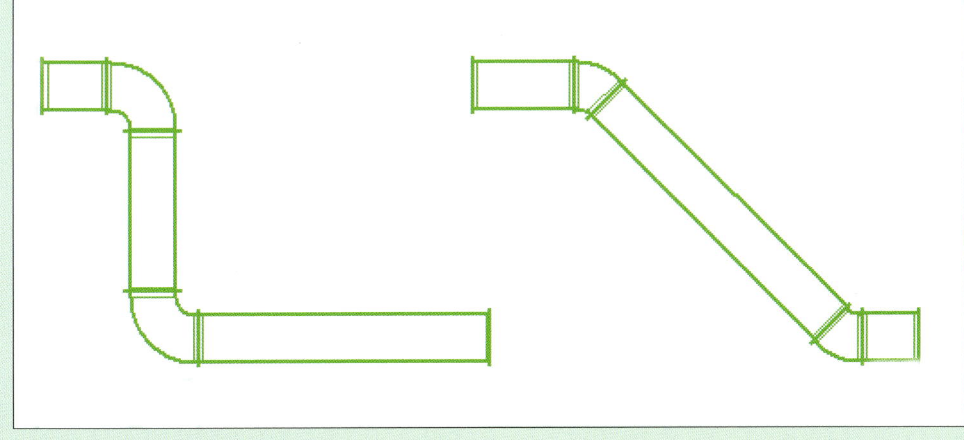

接続状態が「通常接続」の場合、ルーティングでも同様の操作で接続することができます。

寄寸法変更

ツールバー、または、ツールバー[基本図形]>[寸法線変更]>[寸法値変更]を選択します。

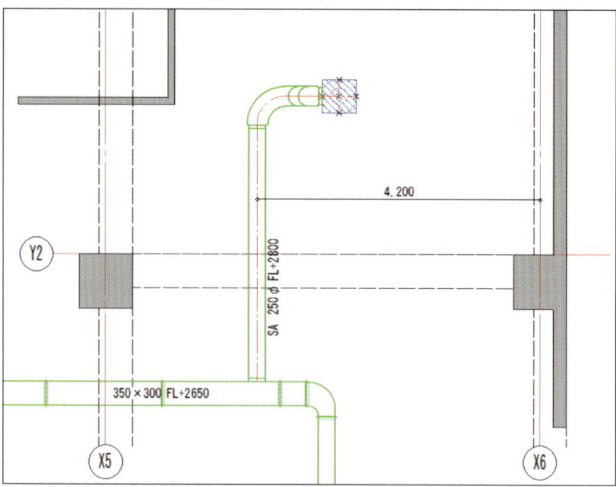

寸法線を作図する際は、角ダクトの場合は外形線から、丸ダクトや配管の場合は中心線から距離を測りましょう。

変更する寸法値をクリックします❶。

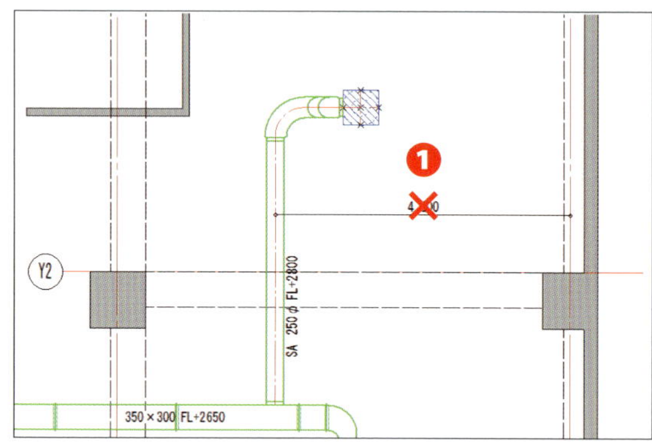

ダイアログが表示されますので、変更後の寸法値を入力します❷。
変更後の寸法「4200」→「4300」

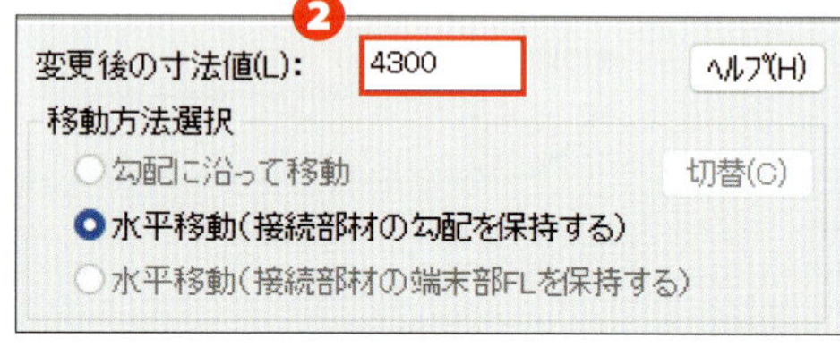

移動したいダクト側でクリックします❸。

固定

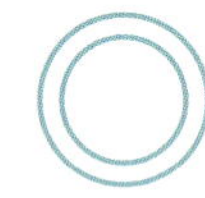

矢印方向に移動

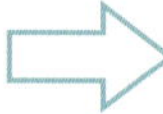

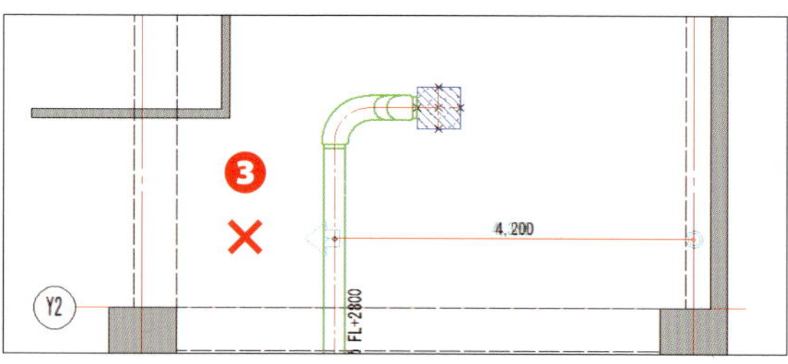

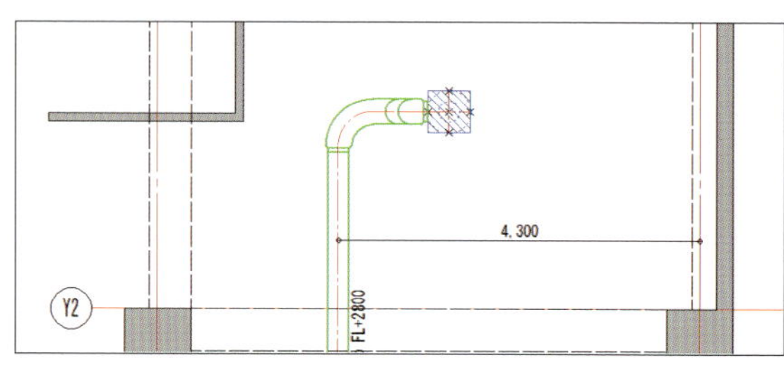

サイズ変更(区間指示)

ツールバー[icon]、または、メニューバー[空調]>[サイズ・レベル変更]>[サイズ変更(区間指示)]を選択します。

サイズを変更したい区間を順番にクリックします❶❷。

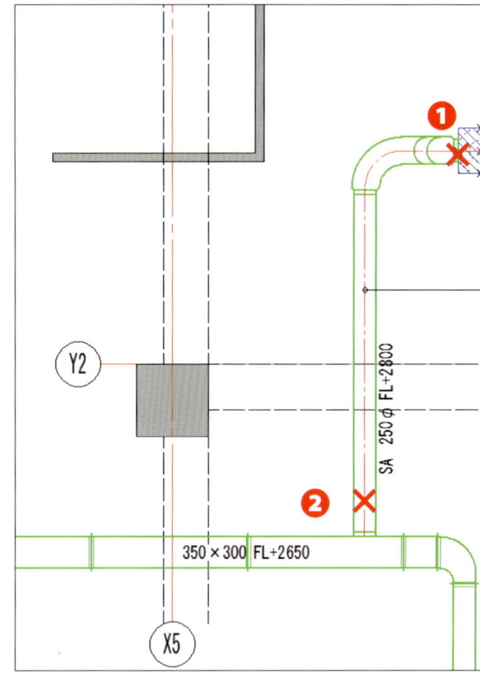

ダイアログが表示されますので、変更後のサイズを入力し、[OK]をクリックします❸。
変更後のサイズ「250」→「200」

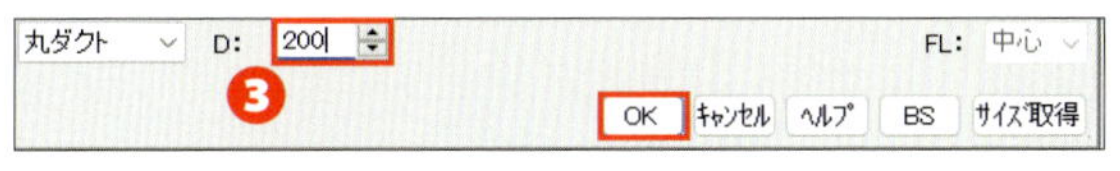

自動的に片落管が挿入され、指定区間内のサイズが変更されます。

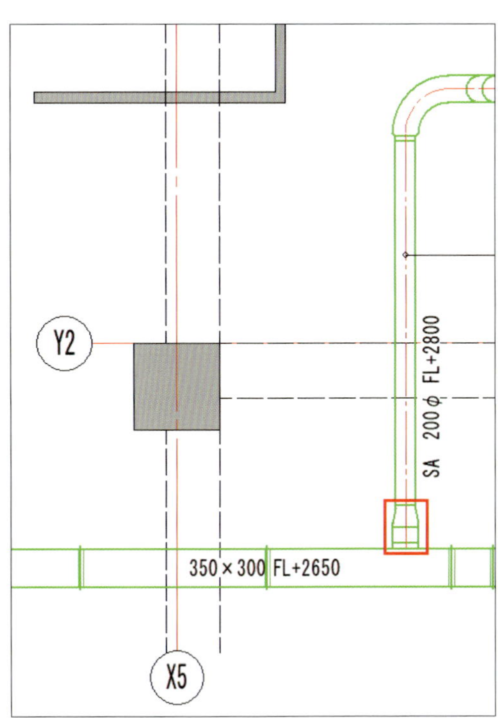

同様に、サイズ変更する区間を変更すると、片落管を挿入せずにサイズ変更されます。

サイズを変更したい区間を順番にクリックします❶❷。

ダイアログが表示されますので、変更後のサイズを入力し、[OK]をクリックします❸。

変更後のサイズ「250」→「200」

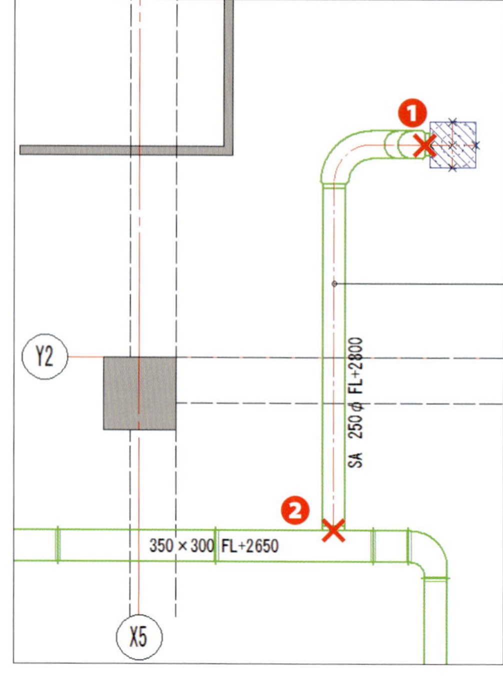

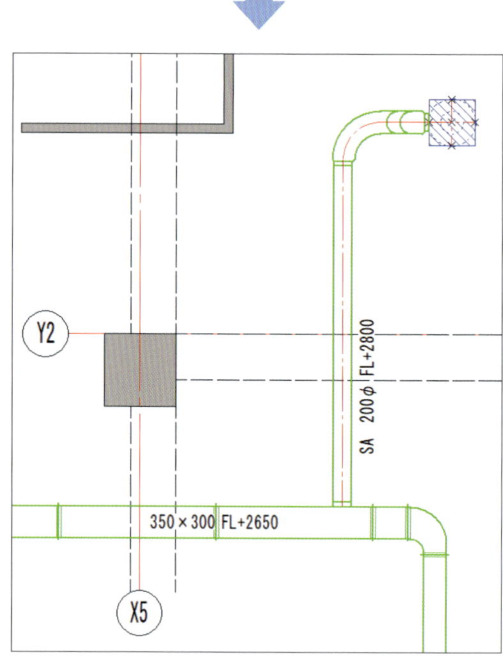

同時に角ダクト、丸ダクトの切替えもできます。

レベル変更(区間指示)

ツールバー、または、ツールバー[空調]>[サイズ・レベル変更]>[レベル変更(区間指示)]を選択します。

レベルを変更したい区間をクリックします❶❷。

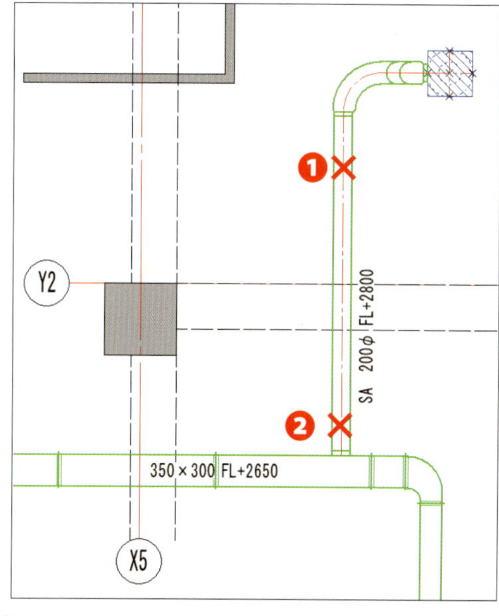

ダイアログが表示されますので、設定を行っていきます。クリックで[FL]と[移動量]を切り替えできます。[FL]は、変更したいレベルを入力し、[移動量]は、現在の高さから変更するレベル差を入力します。今回は、[FL]に設定します❸。

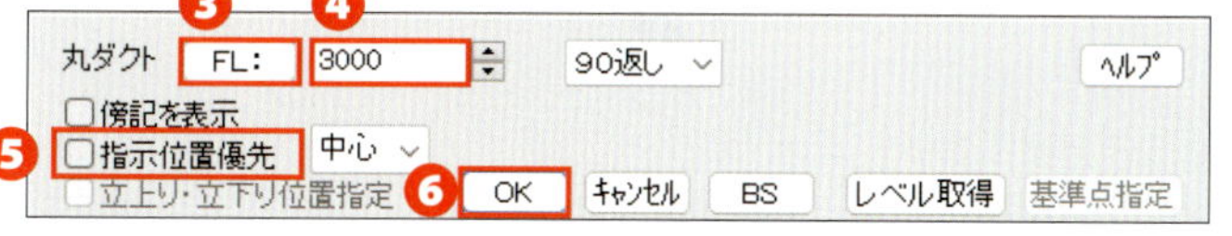

レベルを「2800」から「3000」に変更します❹。

指定した区間によっては、接続が離れる場合があります。接続状態を保持するには、[指示位置優先]の✓を外します❺。

[OK]をクリックすると、指定区間内の高さが変更されます❻。

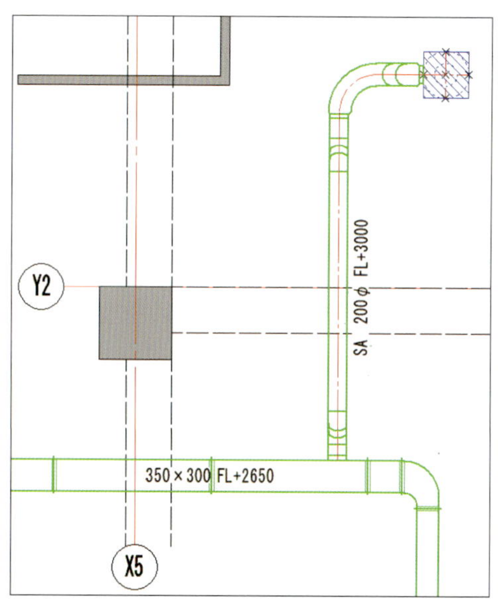

メニューバー[空調]>[サイズ・レベル変更(部材選択)]で変更することもできます。

部材単体配置

ツールバー［アイコン］、または、ツールバー［空調］>［部材］>［配置］を選択すると、［部材配置］ダイアログが表示されます。

ライブラリ：［ダクト］［角ダクト］>［エルボ］>［45°エルボ］を選択します。

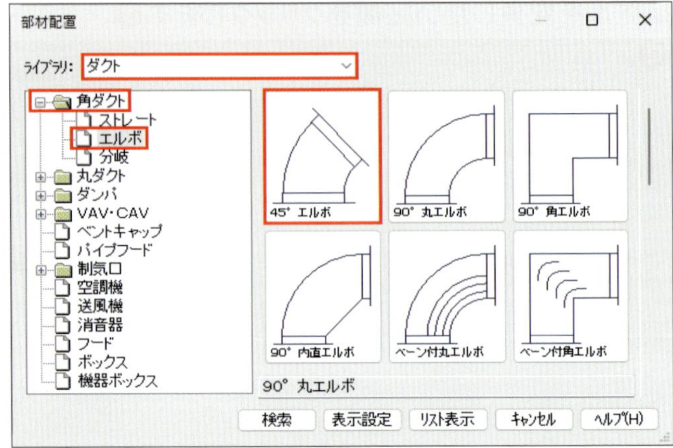

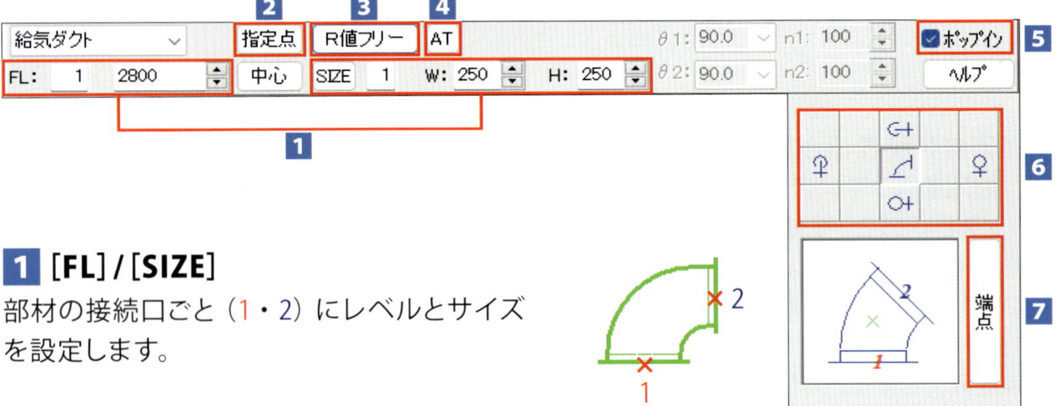

1 [FL] / [SIZE]

部材の接続口ごと（1・2）にレベルとサイズを設定します。

2 [指定点] / [方向点]

ボタンをクリックして、部材のL寸の設定を切り替えることができます。

［指定点］　L寸法がフリーに設定されます。

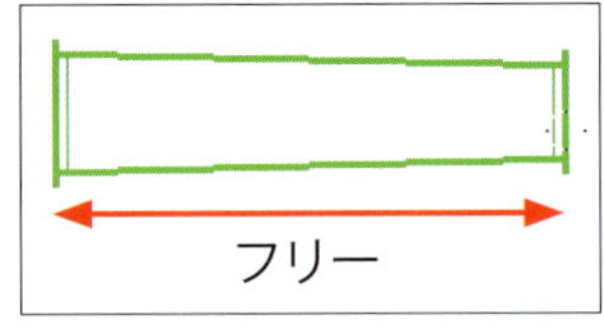

［方向点］　L寸法が固定に設定され、マウスで方向を指示します。

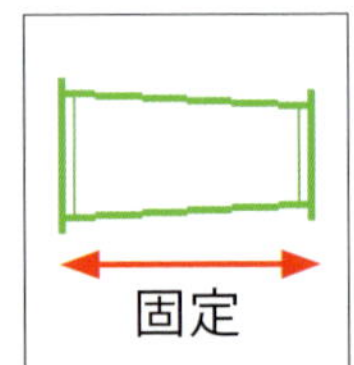

3 [R値フリー]/[R値固定]

L寸の設定が［指定点］の場合のみ、ボタンをクリックして、エルボのRの作図方法を切り替えることができます。

［R値フリー］　Rの値がフリーに設定されます。R値は部材指定点の長さにより決定します。

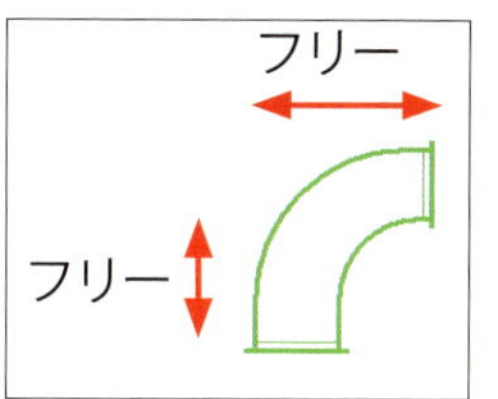

［R値固定］　Rを固定に設定します。

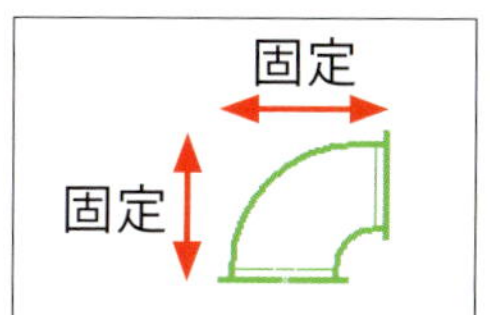

R値は［作図設定］ダイアログ＞［部材表現（その他）］のダクト曲率を参照します。

4 [AT]/[KB]

部材用途

［AT］　接続する部材からサイズ・レベル・用途を自動取得します。

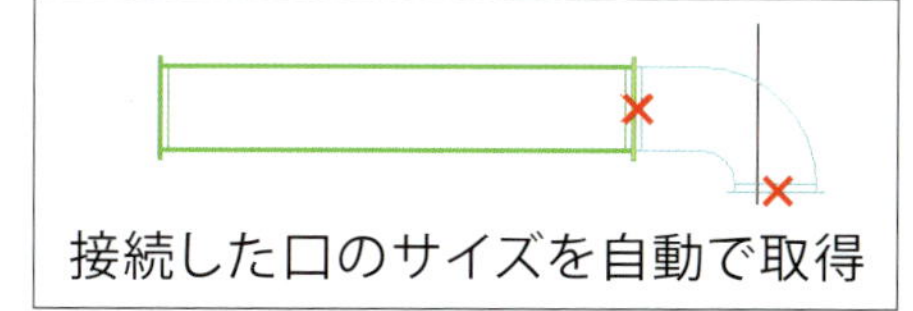

［KB］　手動でサイズ・レベル・用途を設定します。

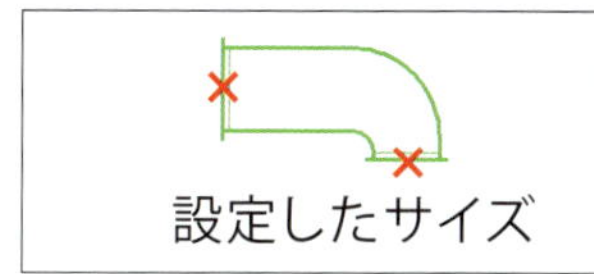

5 ポップイン

作図済みの直管上に部材を挿入する機能です。直管にT管等の分岐部材を挿入させるときに✓を入れると、直管を切断して部材を配置します。

6 部材のひねり方向

配置したい絵柄のボタンをクリックします。

7 部材の配置基準の切替え

クリックすると切り替えることができます。

［端点］　部材の口が基準になり、配置済みの部材に接続できます。

［中心］　部材の中心点から配置を始めます。

【練習】シートに部材配置の作図練習をしましょう。

［部材配置］ダイアログが表示されますので、ライブラリ：［ダクト］❶、角ダクト＞エルボ＞内Ｒエルボを選択します❷。

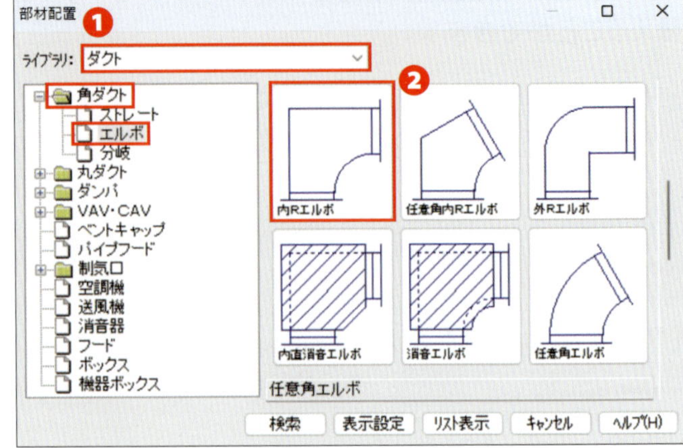

配置手順の番号が赤く表示されますので、順番にクリックしていきます。

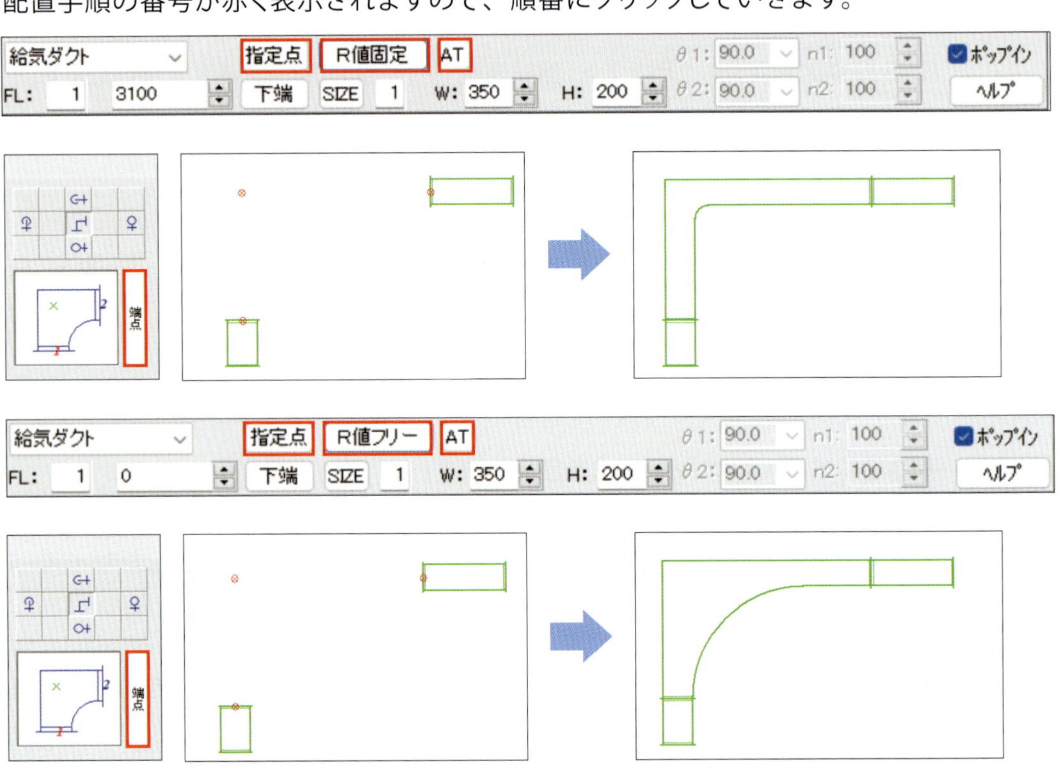

実際にダクト・配管部材を単体配置します。

【空調】シートに切り替えます。ツールバー、または、メニューバー［空調］>［部材］>［配置］を選択します。

［部材配置］ダイアログが表示されますので、［ダクト］❶、［角ダクトー分岐］❷、［T型分岐］を選択します❸。

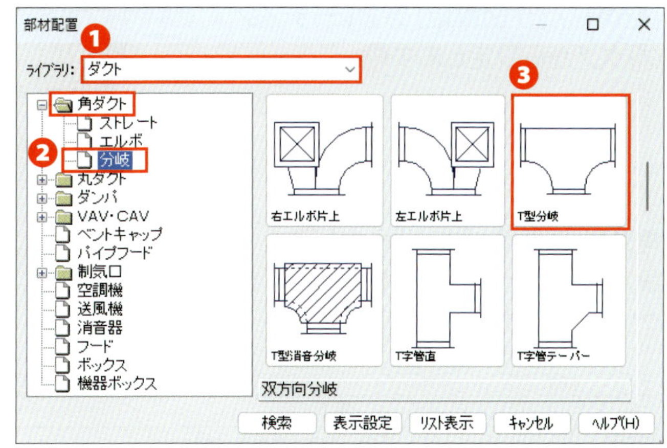

さらに、以下を設定します。
［給気ダクト］❹　［指定点］❺　［R値固定］❻　［AT］❼　［端点］❽

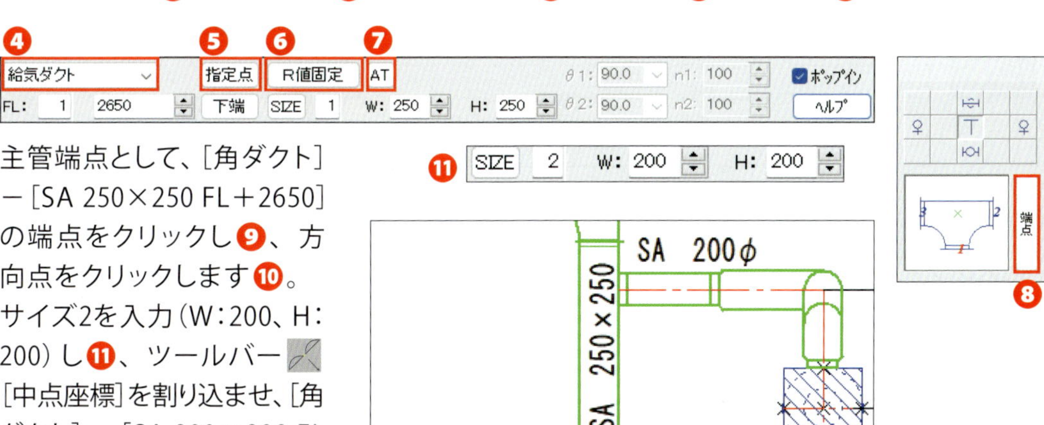

主管端点として、［角ダクト］－［SA 250×250 FL＋2650］の端点をクリックし❾、方向点をクリックします❿。サイズ2を入力（W:200、H:200）し⓫、ツールバー［中点座標］を割り込ませ、［角ダクト］－［SA 200×200 FL＋2650］の端点をクリックすることで⓬、角ダクトの中心をクリックします。

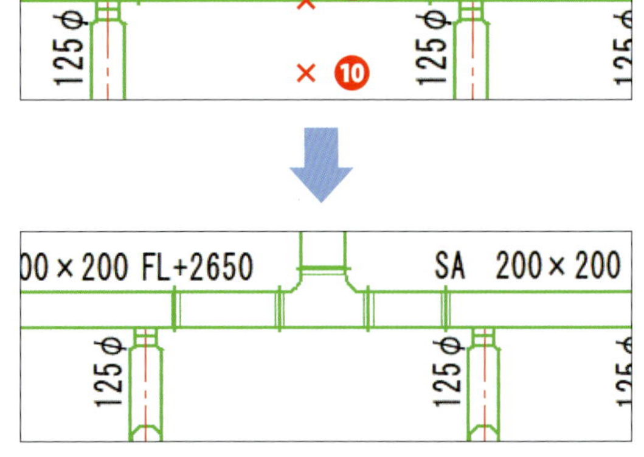

続けて、還気ダクト①～②と、男子便所の排気ダクト③～⑤を、完成図（370p「空調完成図」）を参考に作図しましょう。

ツールバー、または、メニューバー［空調］＞［作図設定］＞［ルーティング］タブから設定します❶。

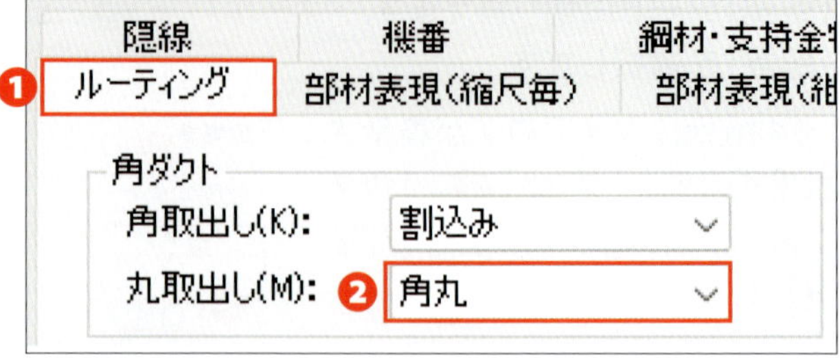

角ダクト＞丸取出し：［角丸］❷
設定を行ったら［適用］❸、［OK］をクリックします❹。

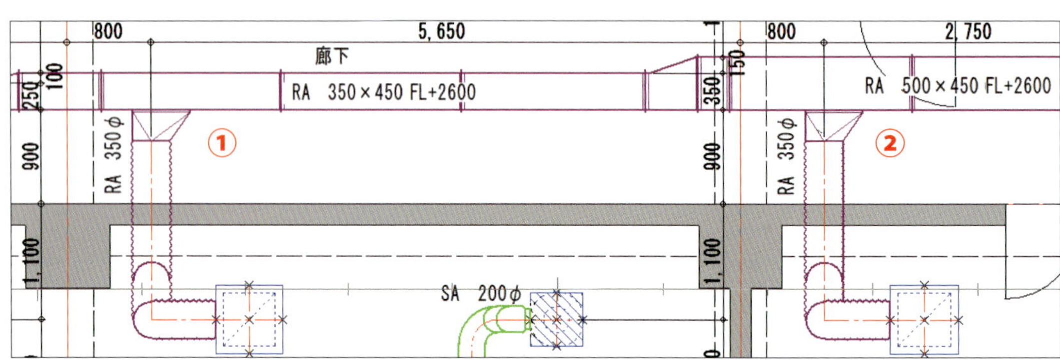

作図済みダクトから取り出します。

①［丸ダクト］－［還気ダクト］－［D：350］－［中心］－［フレキ接続］－［フレキシブルダクト］

②［丸ダクト］－［還気ダクト］－［D：350］－［中心］－［フレキ接続］－［フレキシブルダクト］

［相対距離］を使用して作図し、ツールバー、または、メニューバー［空調］＞［部材編集］＞［角ダクト変更］＞［面揃え］を使用して角丸の向きを変更しましょう。

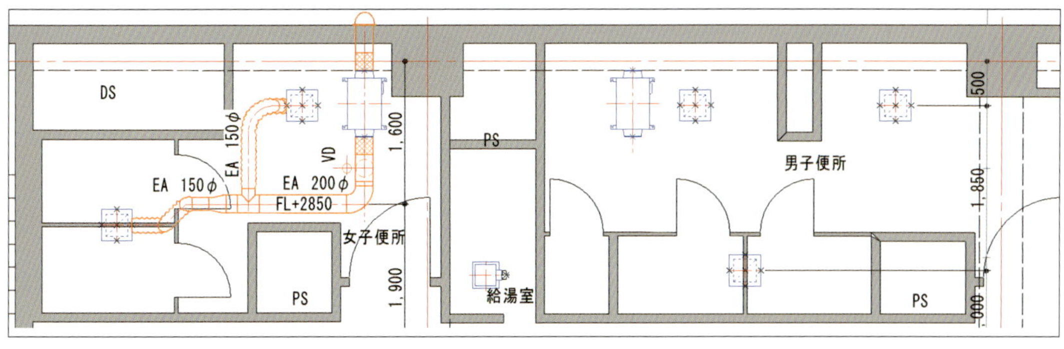

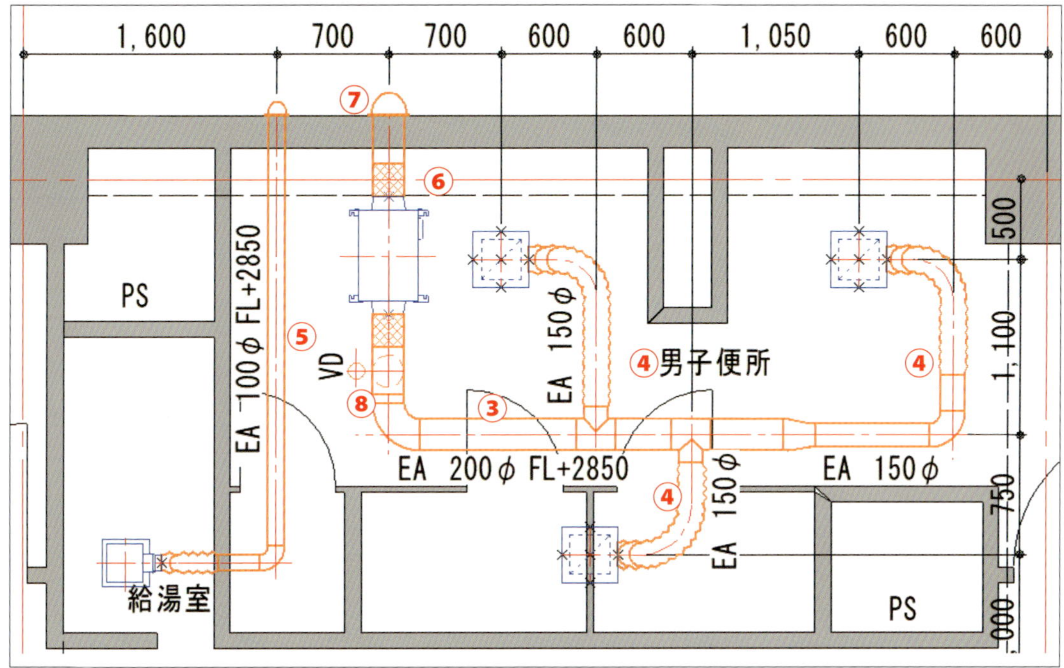

③ [丸ダクト] − [排気ダクト] − [D：200] − [FL：2850] − [中心]
[丸ダクト] − [排気ダクト] − [D：150] − [FL：2850] − [中心] − [フレキ接続] − [フレキシブルダクト]

④ [丸ダクト] − [還気ダクト] − [D：150] − [中心] − [フレキ接続] − [フレキシブルダクト]

⑤ [丸ダクト] − [排気ダクト] − [D：100] − [FL：2850] − [中心] − [フレキ接続] − [フレキシブルダクト]

部材の挿入

ダクト部材の挿入を行います。

⑥ツールバー、または、メニューバー［空調］>［部材編集］>［挿入］を選択します。

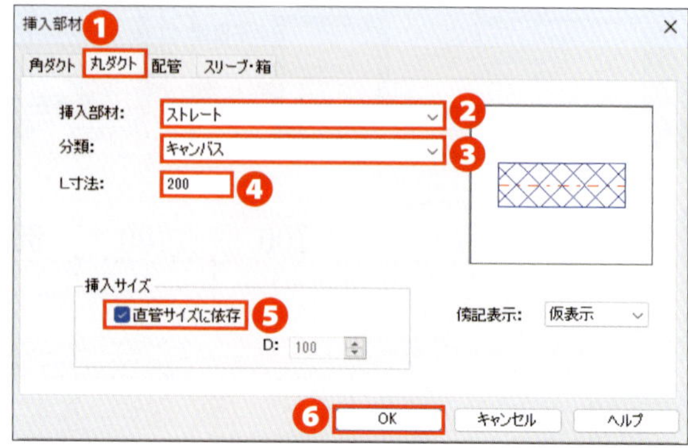

［挿入部材］ダイアログが表示されますので、設定を行います。

- タブ：［丸ダクト］❶
- 挿入部材：［ストレート］❷
- 分類：［キャンバス］❸
- L寸法：［200］❹
- 挿入サイズ：［直管サイズに依存］✓ ❺

［OK］❻

挿入したい位置をクリックして［Enter］キーを押します。もう一方の挿入したい位置をクリックして［Enter］キーを押します❼。

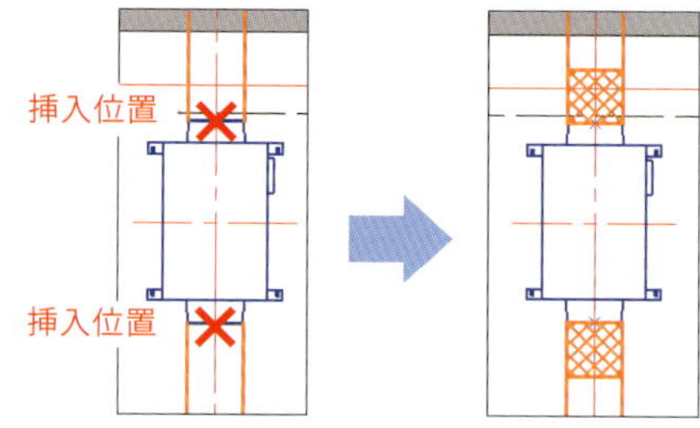

キャンバスは、ツールバー［機器・部材移動］で移動できます。

⑦ツールバー［機器・部材挿入］を選択します。

［挿入部材］ダイアログが表示されますので、設定を行います。

- タブ：［丸ダクト］❶
- 挿入部材：［ベントキャップ］❷
- 分類：［フード形］❸
- 挿入サイズ：［直管サイズに依存］✓❹
- ［OK］❺

挿入したい位置でダクトの端をクリックして［Enter］、2つ目をクリックして［Enter］キーを押します❻。

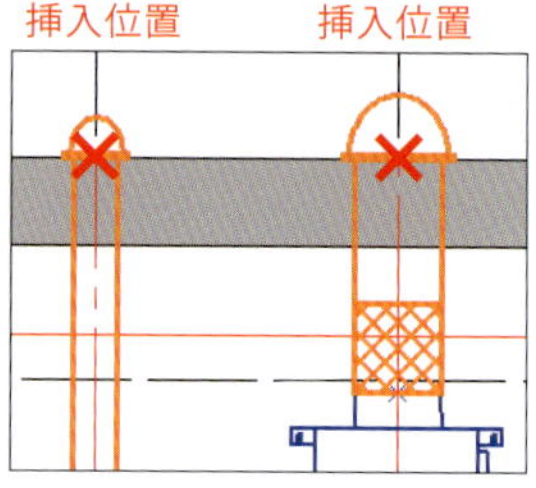

⑧ツールバー［機器・部材挿入］を選択します。

［挿入部材］ダイアログが表示されますので、設定を行います。

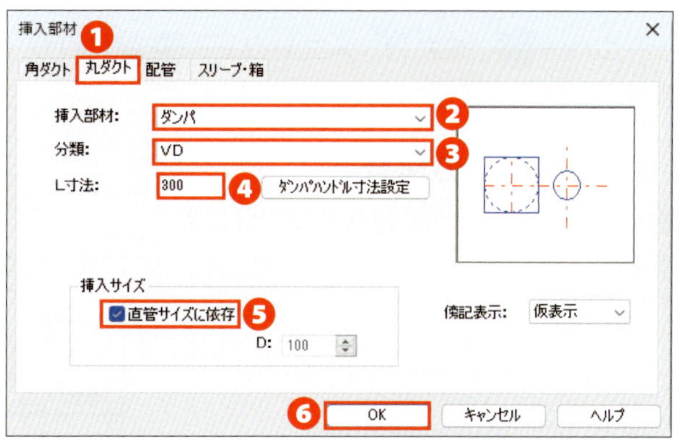

- タブ：［丸ダクト］❶
- 挿入部材：［ダンパ］❷
- 分類：［ＶＤ］❸
- Ｌ寸法：［300］❹
- 挿入サイズ：［直管サイズに依存］✓❺
- ［OK］❻

挿入したい位置をクリックします。［Shiftキー＋左クリック］で向きを変更して［Enter］キーを押します。

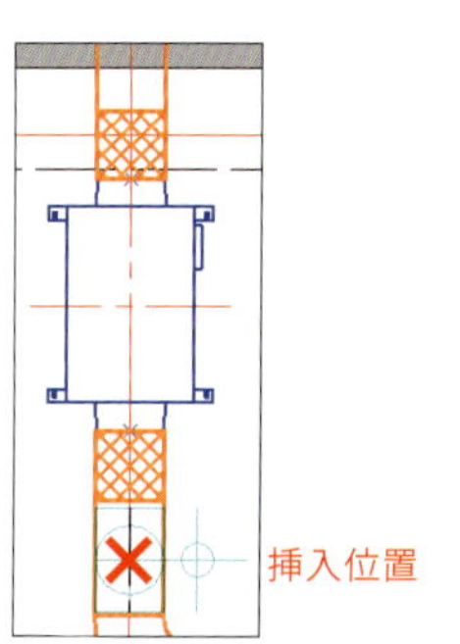

ダンパは、ツールバー［機器・部材移動］で移動できます。

部材を配置後、ハンドルの向きを変更したいときは、メニューバー［空調］＞［部材編集］＞［ハンドル向き変更］を選択し、対象のダンパをクリックします❻。

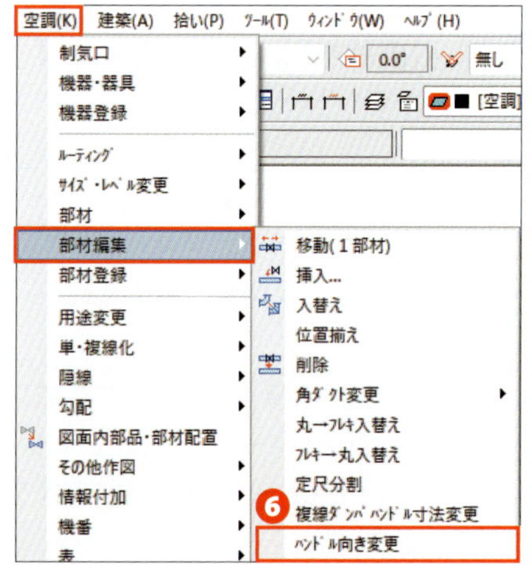

ガイダンスバーに［部材］［ハンドル向き変更］と表示されますので、［Shiftキー＋左クリック］で向きを変更します。［Enter］キーを押して決定します。

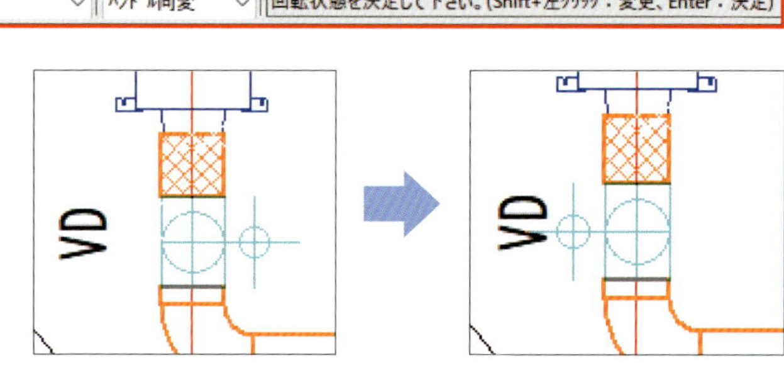

サイズ・レベル表示

ツールバー[icon]、または、メニューバー［空調］＞［サイズ・レベル表示］＞［手動配置］を選択します。

引出線なしの場合

傍記を付加したい部材をクリックします❶。

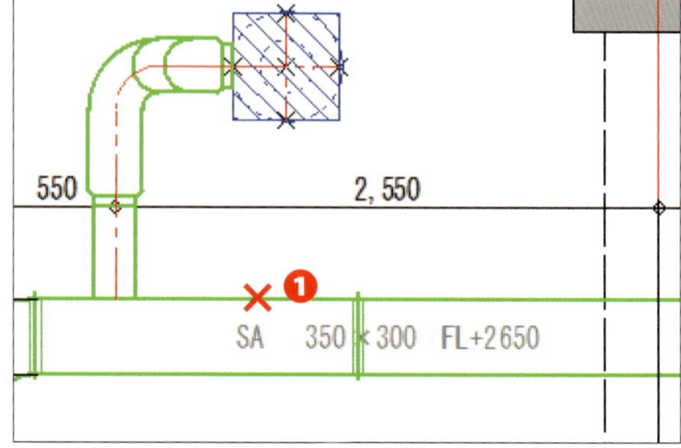

［Ctrl］キーを押しながら部材をクリックすると、傍記を複数配置することができます。

［引出線］ダイアログが表示されますので、引出線を［なし］に設定します。

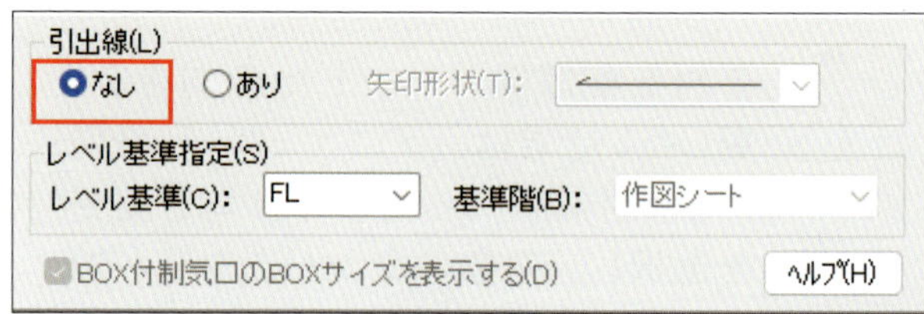

傍記基準点をクリックします❷。

傍記基準点を入力する前に［Shiftキー＋左クリック］で配置方向を変更できます。

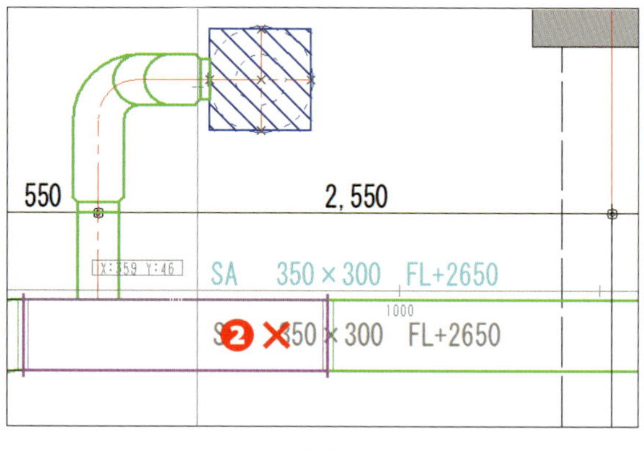

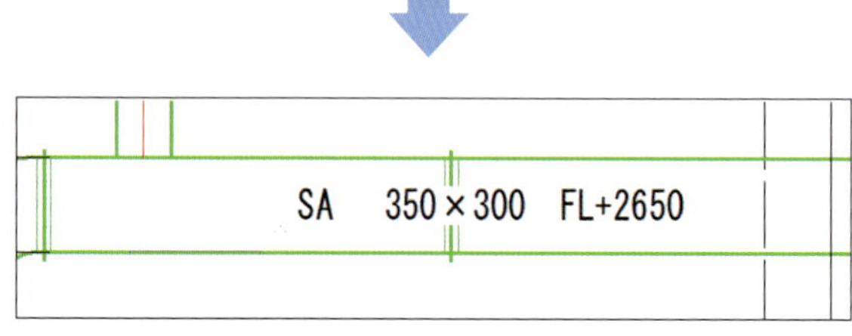

▶引出線ありの場合

傍記を付加したい部材をクリックします❶。

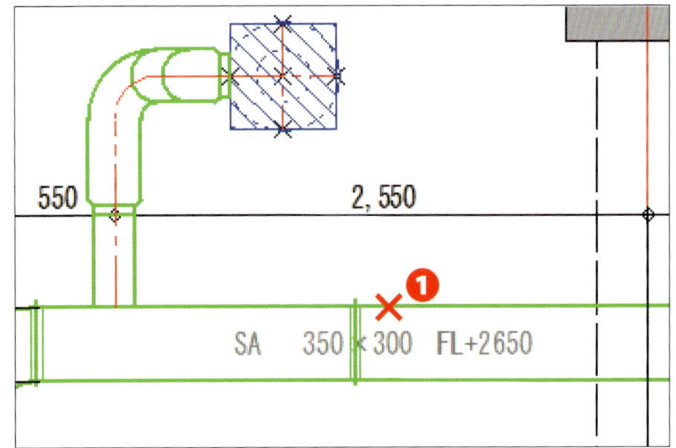

[引出線]ダイアログが表示されますので、引出線を[あり]、矢印形状を設定します❷。

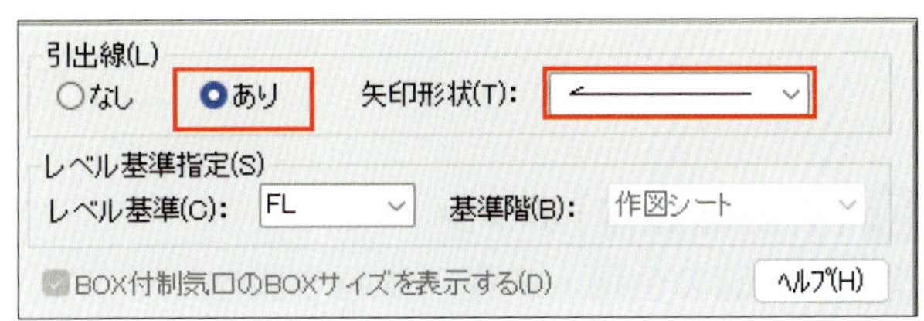

傍記基準点をクリックし、方向点をクリックします❸。

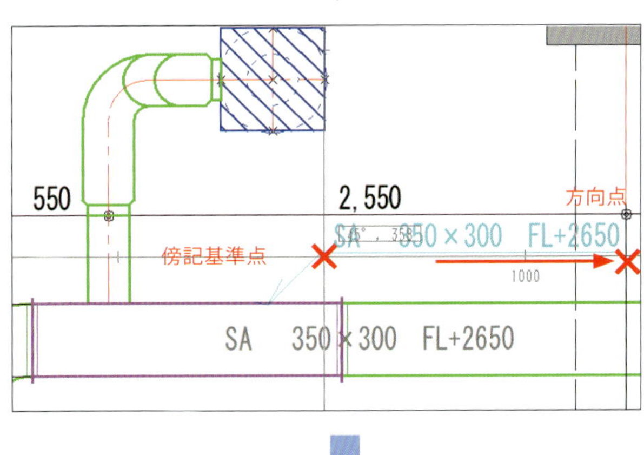

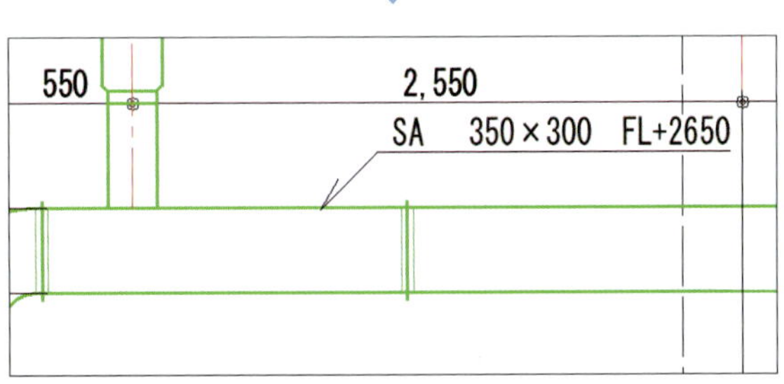

傍記記入する部材または部品を選択して、傍記基準点を入力する前に［Shiftキー＋左クリック］で配置方向を変更できます。傍記基準を入力した後はマウスを動かして方向点を指定することもできます。

傍記設定

傍記の詳細設定は、ツールバー 、または、メニューバー［空調］>［作図設定］>［傍記］タブから行います。

1 傍記フィールド

ルーティング作図時に表示される傍記文字の表示内容の項目を部材種類ごとに設定できます。

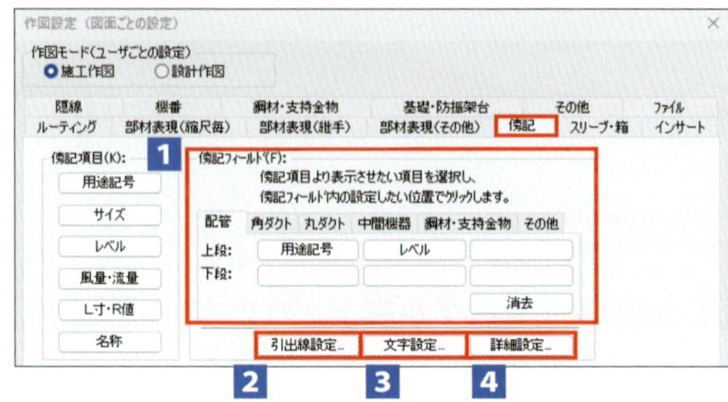

2 ［引出線設定］ボタン

傍記引出線の色種・線種・線幅を設定できます。

3 ［文字設定］ボタン

付加される傍記文字フォント・サイズ等を設定できます。

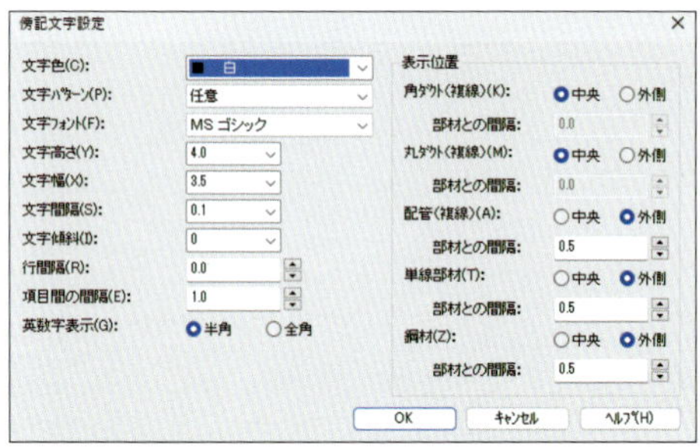

4 ［詳細設定］ボタン

レベルの上端/中心/下端の表示等を設定できます。

［勾配に勾配記号を付ける］にチェックを入れると、［勾配表示］に が表示されます。

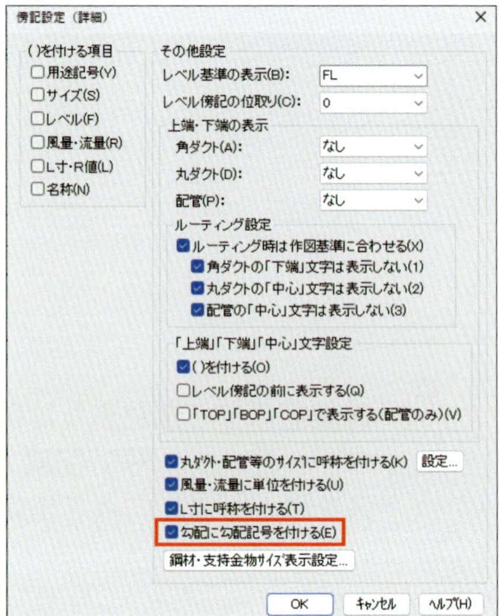

メニューバー［空調］＞［サイズ・レベル表示］のメニューについて説明します。

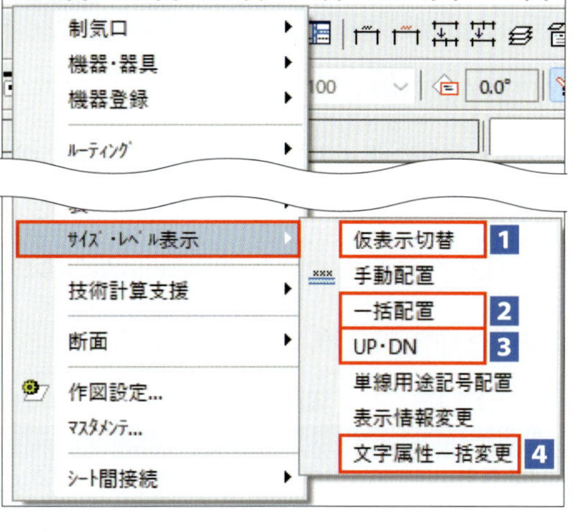

1 仮表示されている文字を本表示に変更するには、ルーティング作図時に仮表示で作図した傍記（印刷されません）を本表示（印刷されます）に個別で切替える場合は、［仮表示切替］を使用します。

2 傍記を一括で配置するには、［一括配置］を使用します。対象となるのは、直管・冷媒管・フレキ管・中間機器・機器器具・鋼材・スリーブです。

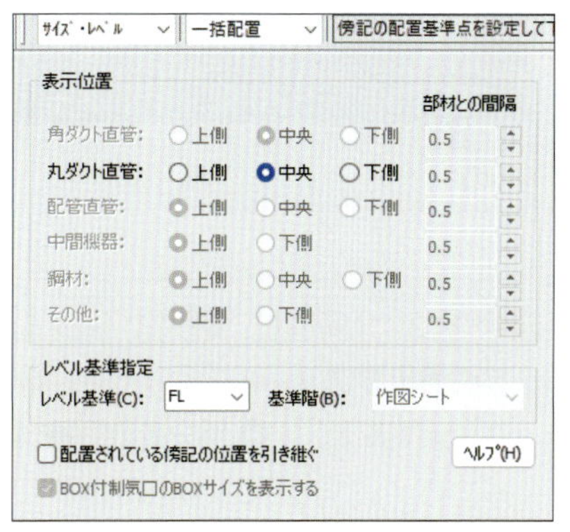

3 ダクト・配管のレベル差情報を傍記として配置するには、［UP・DN］を使用します。

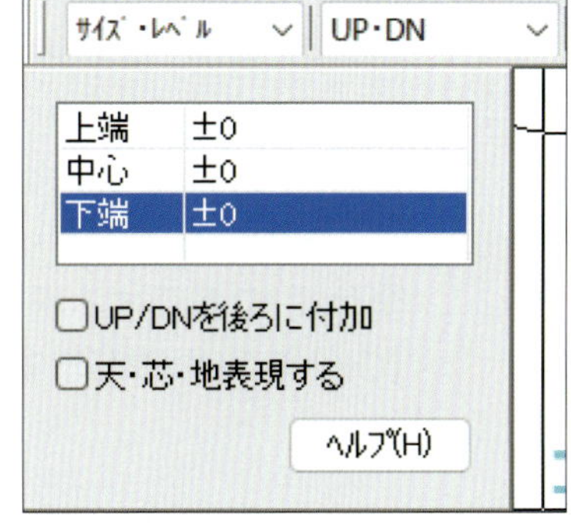

4 一括で仮表示を本表示に変更するには、メニューバー［空調］>［サイズ・レベル表示］>［文字属性一括変更］を使用して「仮/本表示」項目を「本表示」に変更します。

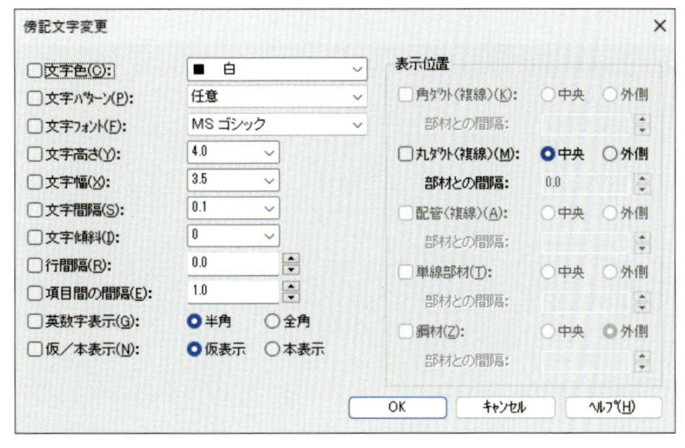

3D表示

ツールバー 3D 、または、メニューバー［ツール］>［3D］>［表示］を選択します。

［シート選択］ダイアログが表示されますので、3D表示したいシートを選択し、3Dの表示方法の［部分表示図形選択］を選択し❶、［OK］をクリックします❷。

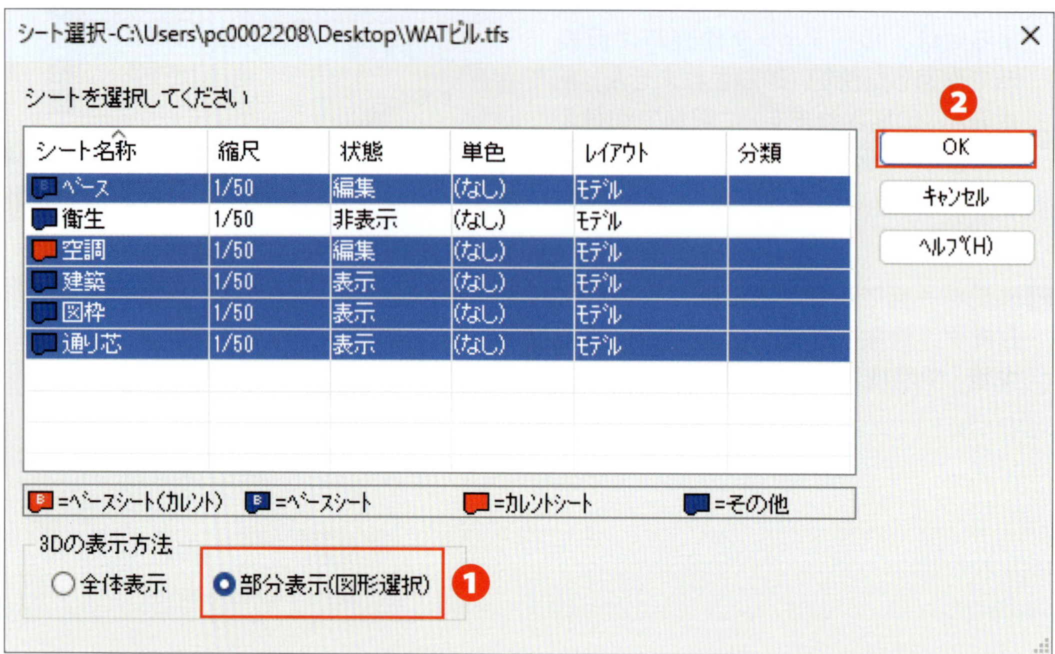

［シート選択］ダイアログで初期選択されているシートは、カレントシート及びカレントシートと同じ縮尺で状態が［編集］または［表示］のシートです。
複数のシートを表示する場合は、同一縮尺のシートを［Shift］キーまたは［Ctrl］キーを押しながらクリックして選択します。
全体に3D表示する場合は、［3Dの表示方法］の［全体表示］にチェックを入れて、［OK］をクリックします。

［3D表示］ダイアログが表示されますので、女子便所と男子便所を囲うように選択して、［Enter］キーを押します❸。

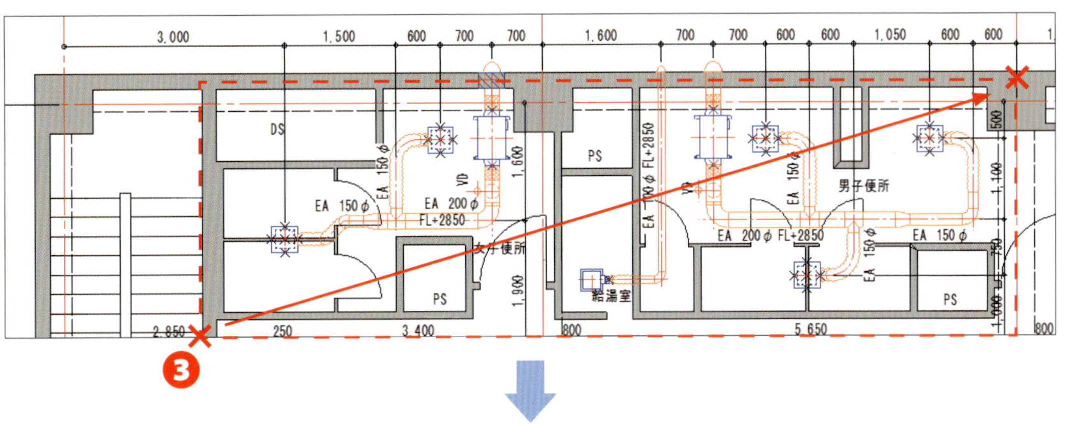

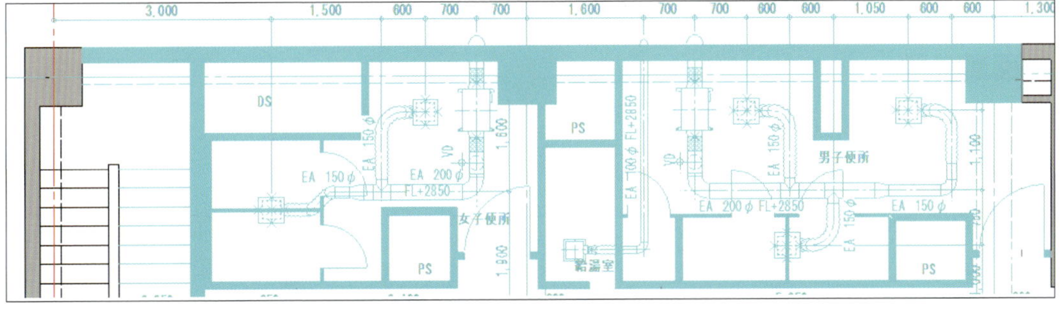

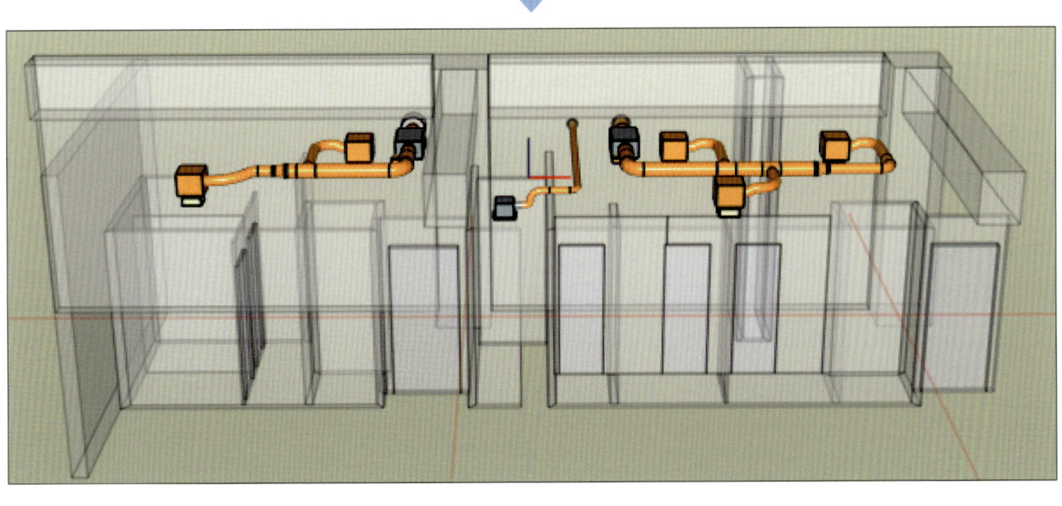

マウス・キーボードの操作方法

マウス	左ボタンドラッグ	回り込み
	右ボタンドラッグ	画面移動
	ホイール	拡大縮小
	左ボタン＋ダブルクイック	仰角を0度にする
	右ボタン＋ダブルクイック	方位角を45度ピッチに揃える
キーボード	矢印(←↑↓→)	歩く
	[PageUp]キー/ [PageDown]キー	見渡し(見上げ、見下げ)
	[Shift]キー＋矢印(←↑→)	画面移動
	[Shift]キー＋[PageUp]キー/[PageDown]キー	ズーム
	[Home]キー	画面を3D表示直後の初期位置に戻す

▶回り込み

回転基準位置(回り込み距離分前にある点)を中心に、現在位置を回転させます。

▶画面移動

視点方向を変えずに、現在位置の左右と高さを移動させます。

▶拡大縮小

視点方向に対して前後に移動します。3Dメニューバー[システム]＞[設定]＞[シェーディングの設定]の[操作]タブで、「ホイール操作でカーソル位置を画面中心に移動する」にチェックが入っている場合、カーソル位置を中心に移動します。

▶歩く

↑↓で、方位角、仰天、高さを変えずに前後に移動します。
←→は現在位置を変えずに、見る方向を変えて周囲を見回します。

▶見渡し

仰角を変更します。現在位置を変えずに、見上げ、見下げの角度を変更します。

▶ズーム

視点方向を変えずに、表示を拡大縮小します。

[Ctrl]キーを押しながら操作すると、2倍の速さで操作を行えます。

レイヤー一覧の設定

3Dツールバー [シェーディングデータのレイヤー一覧] を選択します。

[シェーディングデータのレイヤー一覧] ダイアログが表示されますので、表示項目をクリックし、「表示」「半透明」「非表示」を切替えて [閉じる] ボタンをクリックします。

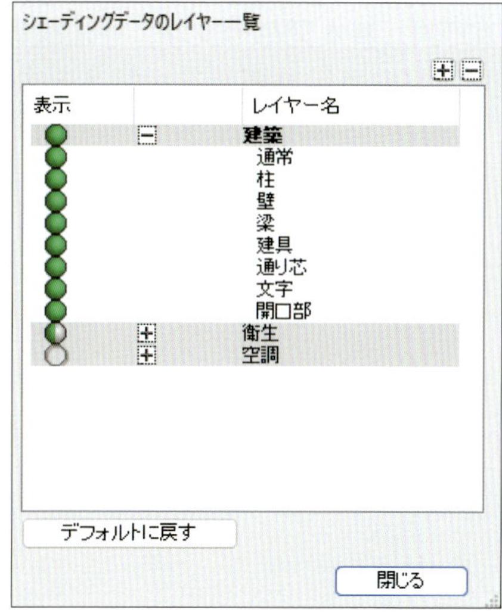

 表示

 半透明

 非表示

Check Point

- [+]をクリックすると、下位のレイヤー名が表示されます。下位レイヤーで表示/半透明/非表示の状態が混在している際、上位レイヤーの表示は「?」になります。
- 表示/半透明/非表示の状態はビューポイントにも登録されます。
- 表示/半透明/非表示の状態を設定後に2D図面を保存すると、設定内容も図面に保存されます。
- 半透明に設定されているレイヤーは、3Dツールバー [半透明レイヤーの切り替え] をクリックして、表示/半透明/非表示を切替えることができます。

文字・2D図形、傍記の表示切替

3Dツールバー 字［文字・2D図形の表示切替］/ 傍［傍記の表示切替］で、2D図形（基本図形や文字、寸法線等）や傍記の表示非表示を切替えます。

表示状態

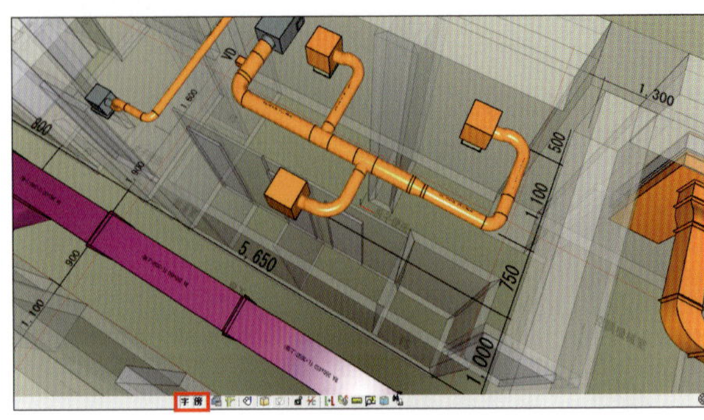

字 傍

非表示状態

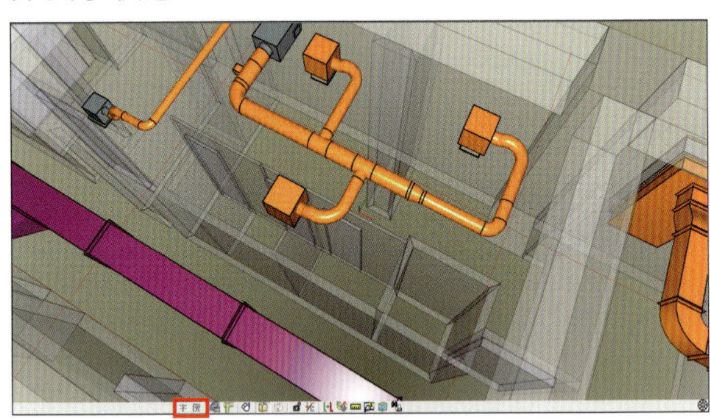

字 傍

Check Point

- 3Dの図面に表示されるものは、［文字・2D図形の表示切替］、部材と同じ高さ表示される文字等は［傍記の表示切替］で表示状態を切替えできます。
- 文字・2D図形の表示状態は、3Dメニューバー［システム］＞［設定］＞［シェーディングの設定］＞［データ］タブの対象の設定の内容と連動しています。

干渉検査

1 3Dツールバー [干渉検査]を選択します❶。

ダイアログが表示されますので、[干渉検査]タブで設定を行います。

- 検査対象：[弁類、継手][ボックス、チャンバー]❷
- 干渉物：[建築物]❸
- [干渉結果を赤く表示する][同じルート上の図形同士でも干渉検査を行う]に✓❹
- [検査開始]❺

直管も検査対象となります。干渉物の建築物とは、Tfasで作図した建築部材、図面展開時にTfasの建築部材として読込まれた図形のことを指します。

3D図面に干渉している部分が赤く表示されます。

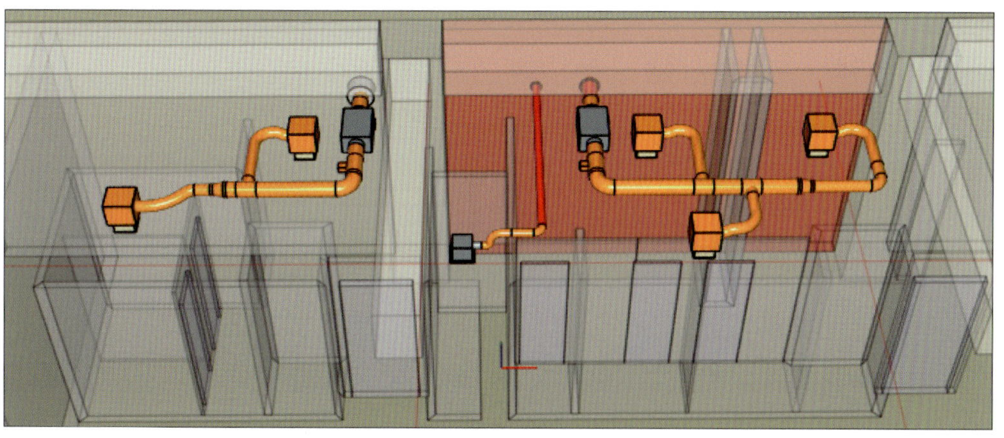

2 [干渉一覧]タブで干渉箇所の一覧が表示されます❶。干渉一覧の行をクリックすると3D画面の干渉箇所に移動します❷。

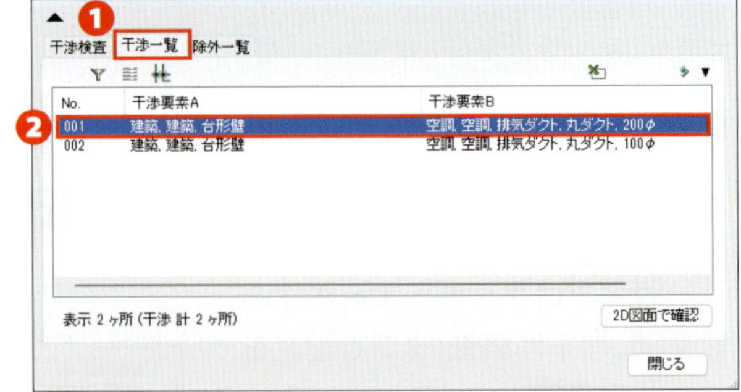

3D画面上で赤く表示された部材を[Shift]キーを押しながらクリックすると、干渉一覧の行も連動して選択された状態になります。

干渉一覧の行を選択した状態で、[2D図面で確認]ボタンをクリックすると❸、干渉箇所の位置を2D図面上に雲形図形で表示されます❹。干渉一覧で干渉箇所の行を[Shift]キーまたは[Ctrl]キーを押しながら複数選択すると、雲形図形を一度に表示できます。

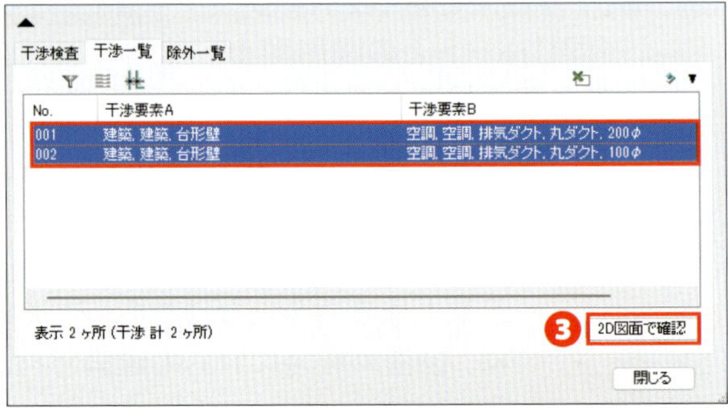

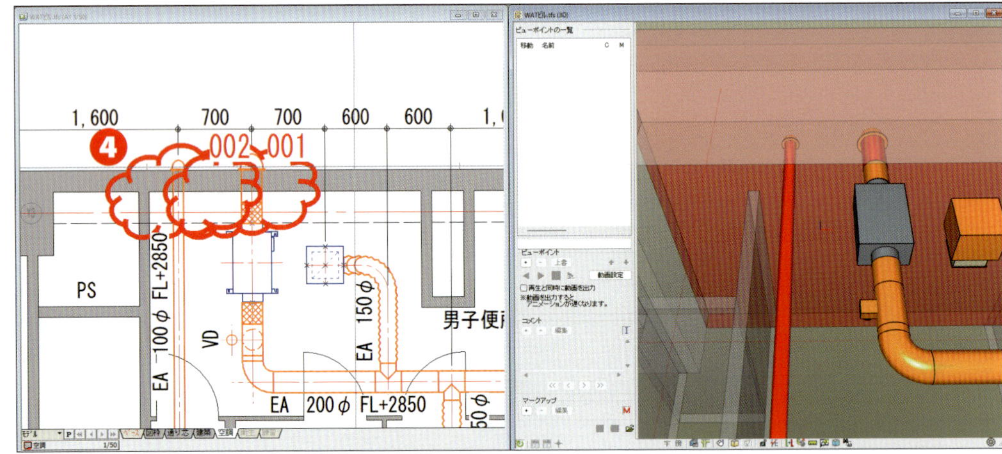

Check Point

チェック図形（雲形図形）の削除
すべて削除する場合

空調/衛生設備

メニューバー［空調/衛生］＞［その他作図］＞［干渉チェック］＞［チェック図形削除］

電気設備

メニューバー［電気］＞［干渉チェック］＞［チェック図形削除］

個別に削除する場合

右クリックメニュー［削除］

Check Point

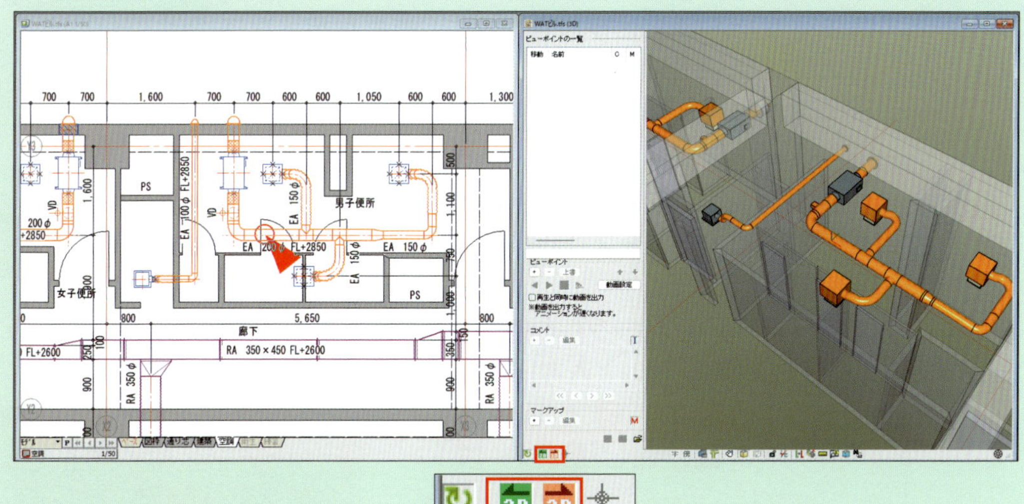

連動なし

［2D←3D連動］：3Dビューに合わせて2D図面が連動表示されます。

［2D→3D連動］：2D図面に合わせて3Dビューが連動表示されます。

相互連動

部材移動

1 3Dツールバー［部材移動］を選択します。
移動したい部材を［Shift］キーを押しながらクリックします❶。

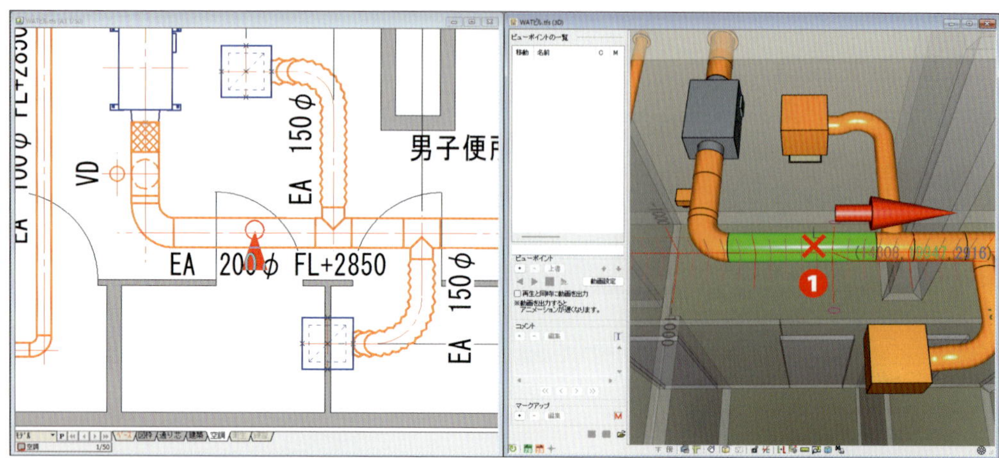

編集結果は2D図面に反映されます。そのため、空調/衛生部材の編集時には空調/衛生設備画面で、電気部材の編集時には電気設備画面で2D画面が開かれている必要があります。

空調/衛生設備の配管・ダクト、弁類・ダンパ類等、電気設備のダクト・ケーブルラック・レースウェイ・バスダクトが対象となります。

［移動方向変更］ボタンをクリックして❷、移動したい方向に矢印を切替えます❸。
ダイアログに移動距離を「100」と入力して❹、［移動］をクリックします❺。

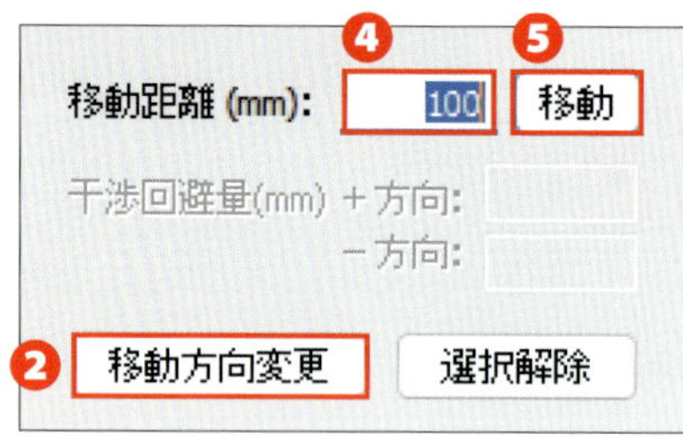

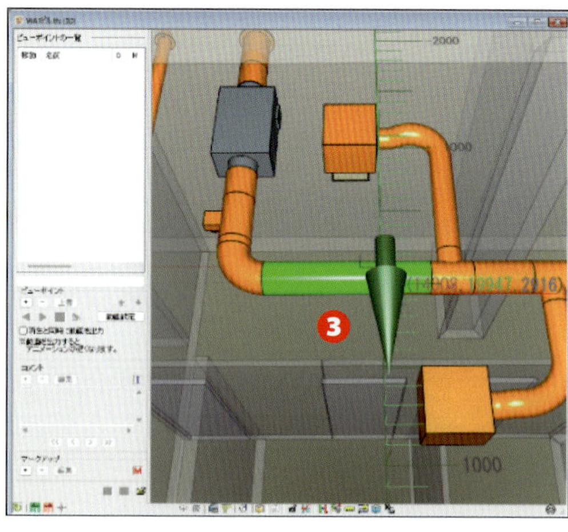

干渉検査後に部材移動をする場合は、干渉回避量が表示されますので、移動距離入力の参考にできます。

2 指定した移動方向に「100」移動したのが確認できます❶。
「1,100」→「1,200」

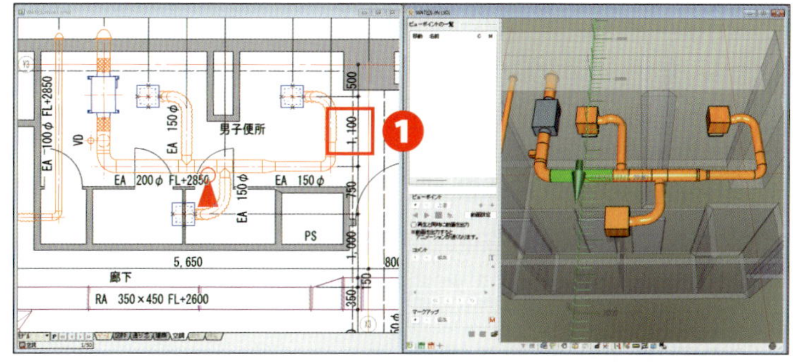

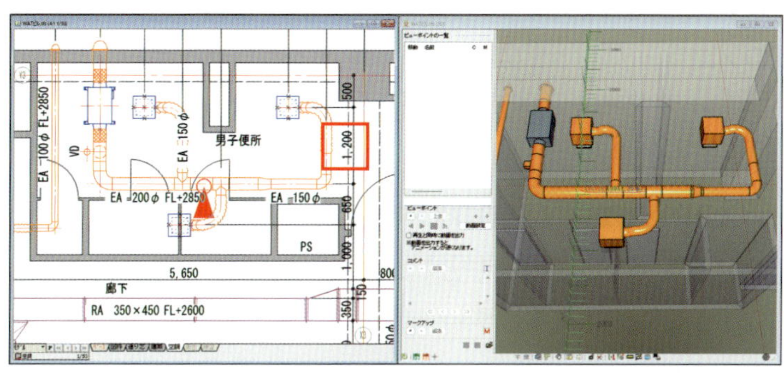

ツールバー↶、または、メニューバー［編集］＞［元に戻す］を選択すると、元の状態に戻すことができます❷。
「1,200」→「1,100」

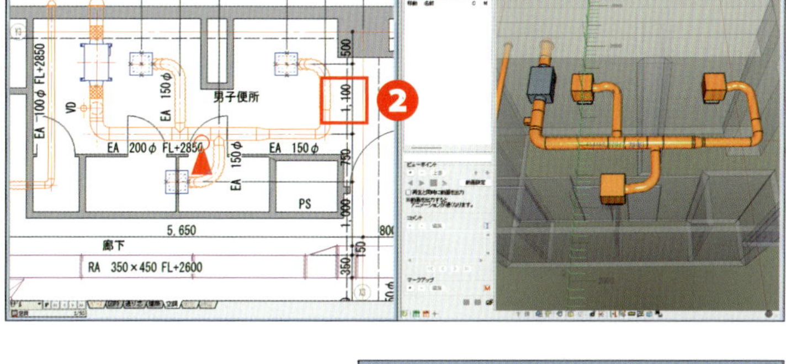

3Dツールバー［図形情報表示］をクリックし、［Shift］キーを押しながら対象3D図形をクリックすると、図形情報が表示されます。

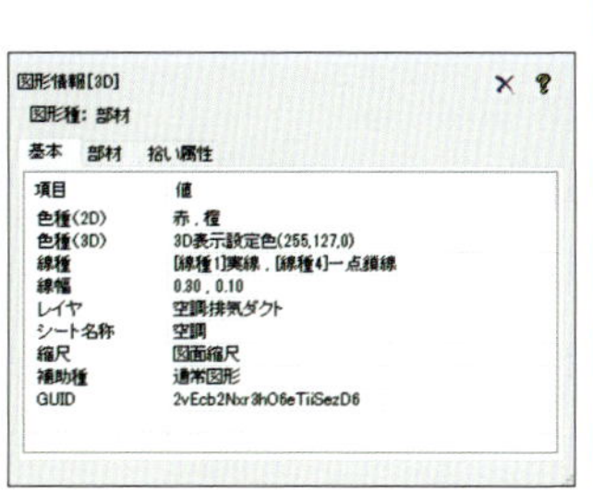

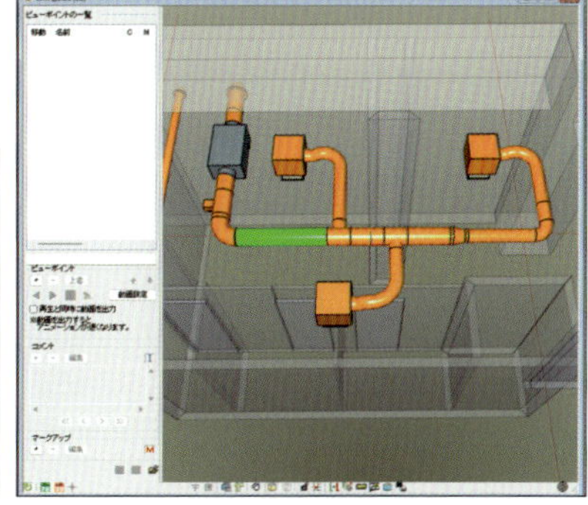

▶3Dクリッピング表示について

3Dツールバー [クリッピング] にて、指定した階や任意の領域、または指定した図形の周辺を切り取り、見たい箇所のみを抜き出して3D表示することができます。

▶3D画面のイラスト表示/CG表示の切替え

3Dメニューバー［システム］>［設定］>［シェーディングの設定］>［表示］タブにて「イラスト表示」にチェックを入れると、3D画面をイラスト表示することがでいます。

▶3D画面を印刷する場合

3Dメニューバー［システム］>［印刷］より印刷を行います。

▶3D画面を図面等に貼り付けたい場合

3Dメニューバー ［キャプチャ画像をクリップボードに貼り付け］をクリックします。Tfasの2D図面や他アプリケーションで、メニューバー［編集］>［貼り付け］にて貼り付けることができます。

▶3DDWGおよび3DDXFで保存する場合

3Dメニューバー［システム］>［ファイルに保存］から、AutoCAD (*.dxf/ (*.dwg) として保存することができます。

スリーブ

143p～144pの［干渉検査］で干渉している箇所にスリーブを配置します。
メニューバー［空調］＞［その他作図］＞［スリーブ］＞［自動配置］を選択します。

スリーブを配置したい直管を選択し、［Enter］キーを押します。今回は干渉検査で干渉対象となり、スリーブを配置したい範囲を囲い、［Enter］キーを押します❶。

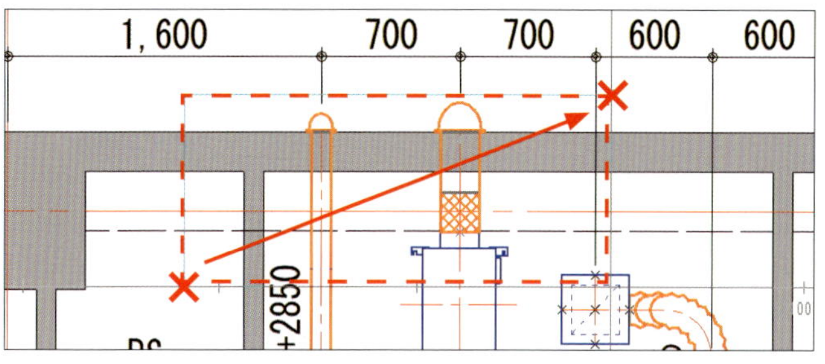

［配管スリーブ選択］ダイアログが表示されますので、設定を行います。

- 種類：［丸ー鉄］❷
- 傍記表示：［仮表示］❸
- 作成サイズ：［スリーブサイズ設定で決定］❹
- ［OK］❺

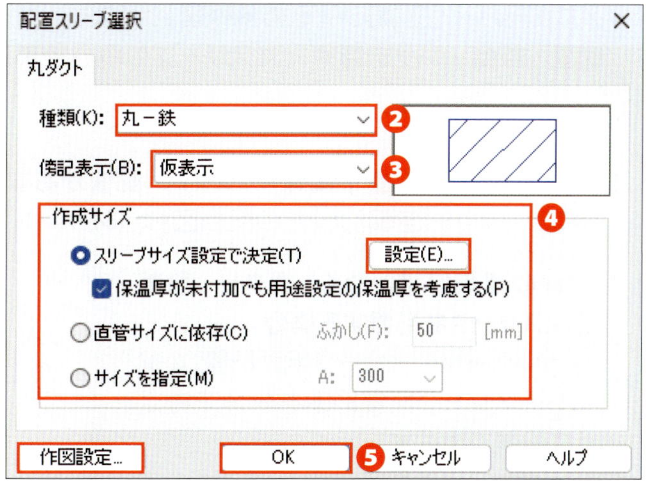

作成サイズの［設定］では、丸ダクト・配管・冷媒管の各サイズに対応したスリーブのサイズテーブルを設定できます。
［作図設定］ではスリーブの属性（色種・線幅等）や、丸スリーブの中心線の表示、ルート移動/レベル変更時の連動・非連動等を設定できます。

建築部材(壁)と選択されたダクトの干渉する部分に、スリーブが配置されます。

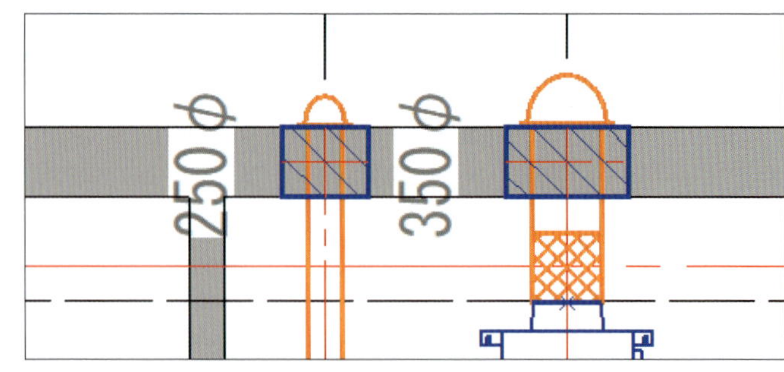

・メニューバー［空調］>［その他作図］>［スリーブ］>［属性変更］にて、スリーブの線種・線幅・ハッチ幅や、丸スリーブの中心線表示を変更できます。

・スリーブ配置コマンドの使い分けについて

1) Tfasの建築部材(壁や梁等)、ダクト・配管がある場合

メニューバー［空調］>［その他作図］>［スリーブ］>［自動配置］を使用します。

2) Tfasの建築部材がなく、ダクト・配管上にスリーブを配置する場合

ツールバー［スリーブ手動配置］を選択し、スリーブ配置範囲を対角で指定して配置できます。

ツールバー［機器部材挿入］を選択します。［挿入部材］ダイアログが表示されますので、［スリーブ・箱］タブで、［挿入部材］、［分類］、［ふかし］、［挿入サイズ］の設定を行うことができます。挿入位置(直管)の始点と終点をクリックすると配置できます。

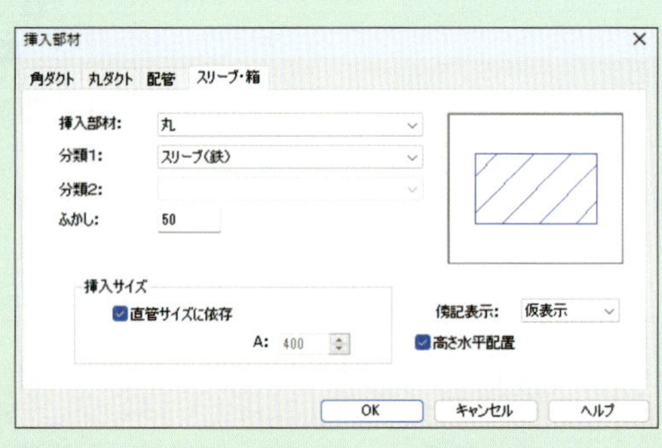

3) Tfasの建築部材、ダクト・配管がない場合

ツールバー［部材単体配置］を選択します。［部材配置］ダイアログが表示されますので、「スリーブ・箱」ライブラリで、スリーブを単体で配置できます。

衛生設備の作図

■使用ファイル：WATビル.tfs　■完成図：WATビル_衛生完成図

衛生設備の続きを作図して、図面を完成させます。

機器・器具配置

【衛生】シートをカレントシートとします。【空調】シートは非表示状態にします。
ツールバー 、または、メニューバー［設定］＞［設備切替え］＞［衛生］をクリックし、衛生設備メニューに切り替えます。

▶衛生設備メニュー

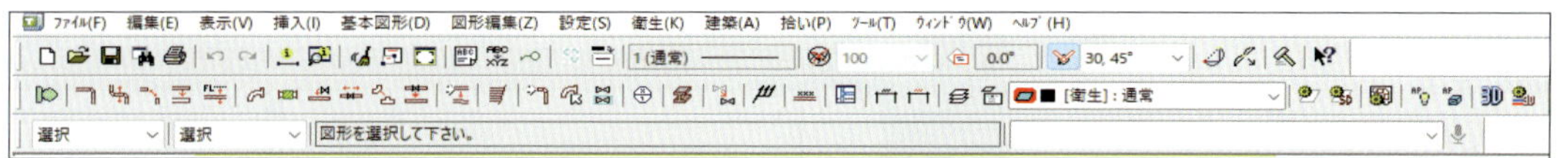

女子便所の個室に衛生器具を配置します。

ツールバー 、または、メニューバー［衛生］＞［機器・器具］＞［配置］を選択します。［機器・器具配置］ダイアログが表示されますので、ライブラリ：［TOTO（システムストック）］❶、［衛生器具］＞［大便器］＞［その他の腰掛便器］＞［CES9581］を選択します❷。

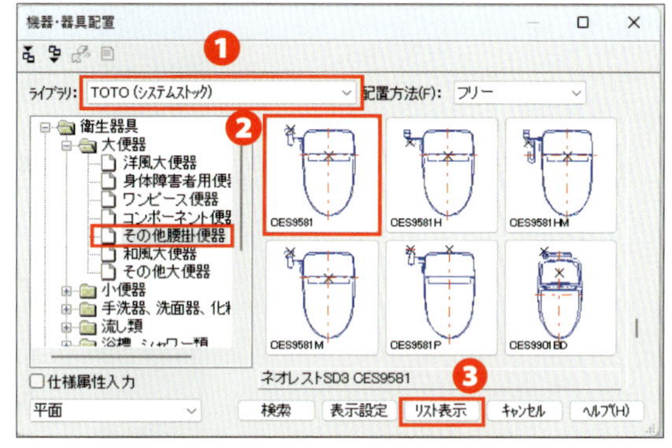

［リスト表示］を［イメージ表示］に切り替えると見やすくなります❸。

FL：［0］に設定します❹。

ツールバー [中点座標]を割り込ませて❶❷、ライニングと壁の交点をクリックして[ホールド]－[30, 45°]に切り替えて、配置向きを調整し、配置方向点をクリックして女子便所個室の中心に配置します❸。

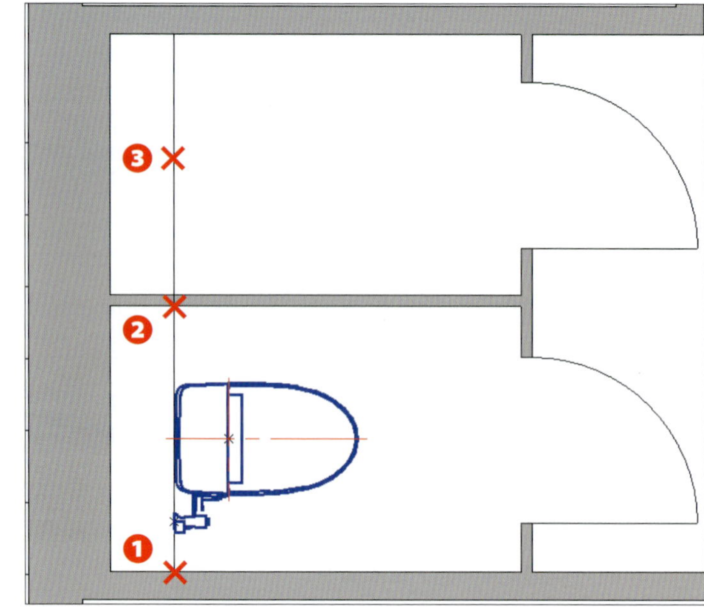

同様にもう1つの個室にも配置します。

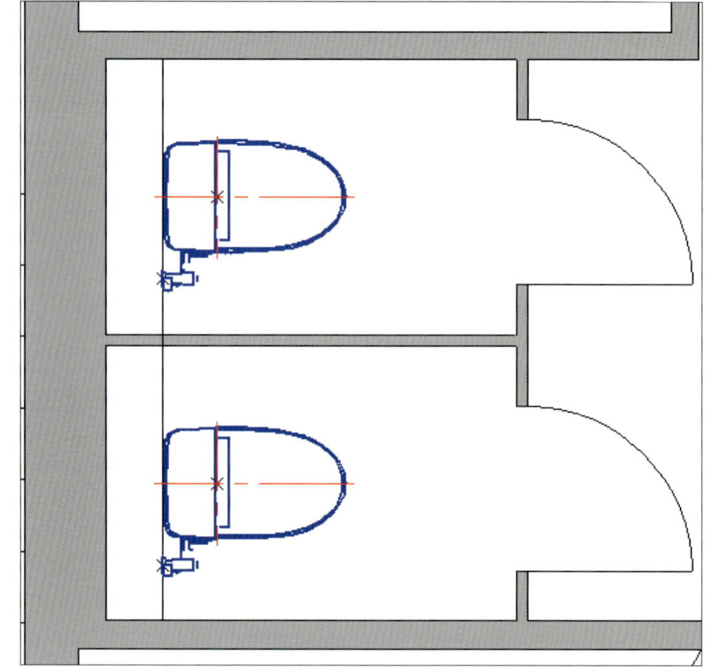

用途・配管材設定

配管を作図する前に図面ごとに各用途の配管部材等を設定します。
ツールバー 、または、メニューバー［衛生］>［作図設定］の中の［用途・配管材設定］を選択します。

［用途・配管材設定］ダイアログが表示されます。
配管用途ごとに［管種・継手］タブで各用途の管種材料、［色・線種］タブで表示色を設定します。

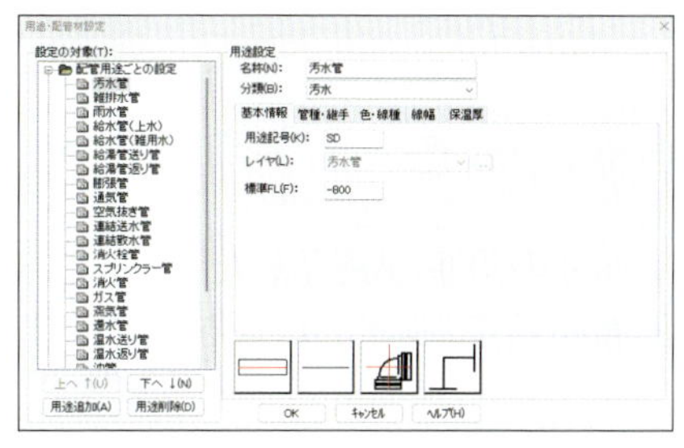

今回は、汚水管、給水管上水、通気管の設定をします。

▶汚水管

配管用途：［汚水管］❶
直管種類：［排水用塩ビライニング鋼管］❷
継手種類：［ＭＤ継手］❸

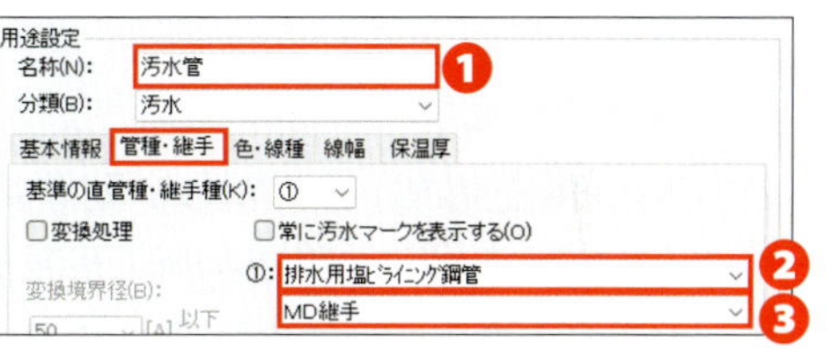

色種：［茶］❹

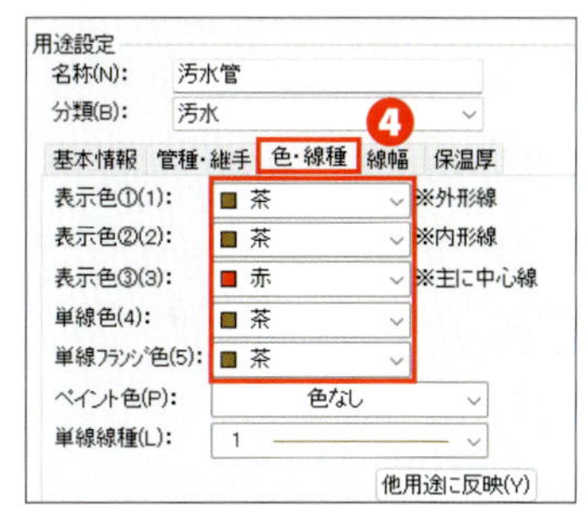

▶給水管（上水）

配管用途：［給水管上水］❺
直管種類：塩ビライニング鋼管（VA）］❻
継手種類：［ＶＬＰ用ねじ込み継手］❼

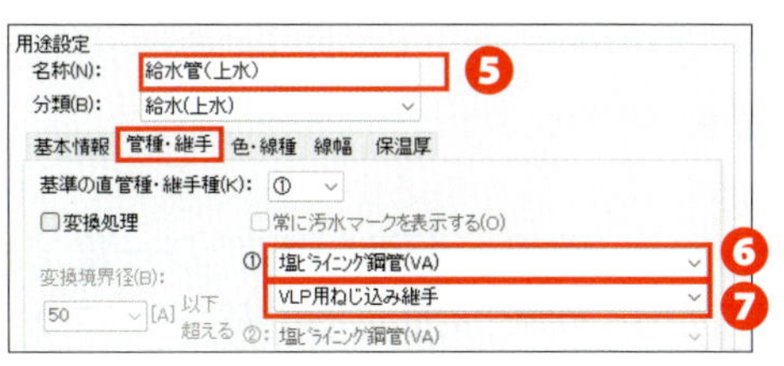

色種：［青］❽

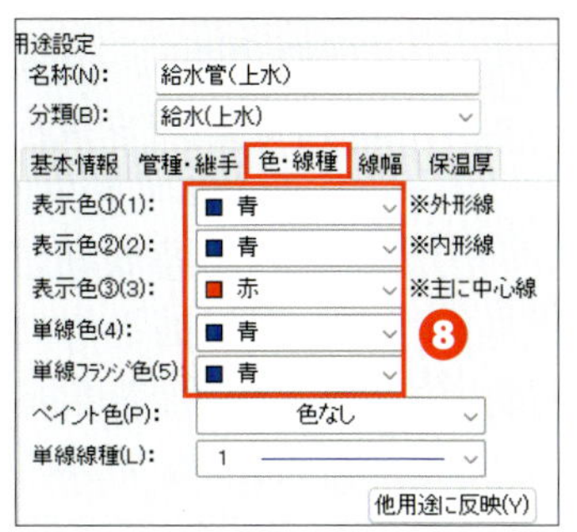

▶通気管

配管用途：[通気管] ❾
直管種類：[耐火二層管] ❿
継手種類：[耐火被覆塩ビ管継手] ⓫

変換処理の✓を外す ⓬

用途設定
名称(N): 通気管 ❾
分類(B): 通気
基本情報 管種・継手 色・線種 線幅 保温厚
基準の直管種・継手種(K): ①
変換処理 ⓬ 常に汚水マークを表示する(O)
①: 耐火二層管 ❿
耐火被覆塩ビ管継手 ⓫
変換境界径(B): 50 [A] 以下 超える ②: 配管用炭素鋼鋼管(白)

色種：[緑] ⓭

すべての設定が完了したら[OK]をクリックして、[用途・配管材設定]ダイアログを閉じます。

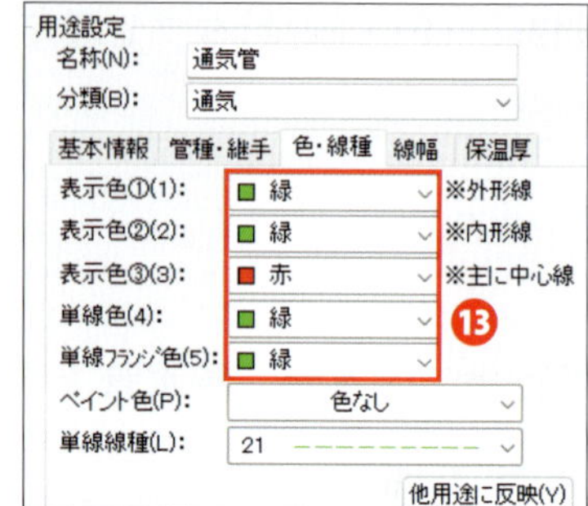

[用途追加]で、新しい配管用途を追加することができます❶。[用途削除]で選択用途を削除することができます❷。[上へ↑][下へ↓]ボタンをクリックすると、現在選択している配管用途の並び順を変更することができます❸。

用途・配管材設定の一覧に材質を追加するには、メニューバー[衛生]＞[マスタメンテ]＞[配管設定]＞[直管種類・継手種類マスタ]を選択します。[用途分類]を指定します❹。追加したい[直管種類]を選択して❺、[追加]をクリックします❻。[継手種類]を選択して❼、[追加]をクリックします❽。

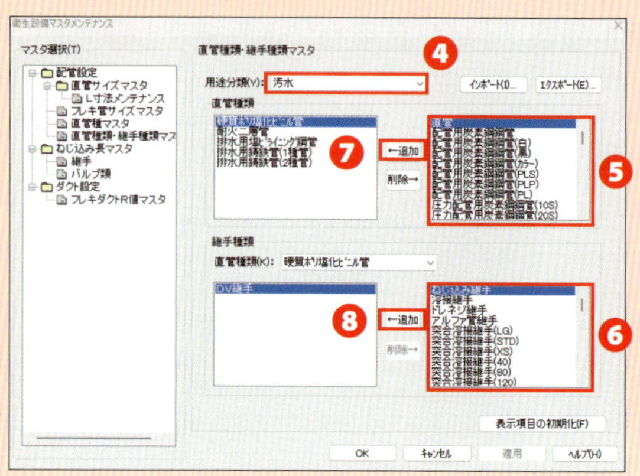

作図設定

作図設定をしていきます。
ツールバー、または、［衛生］＞［作図設定］を選択します。

▶単線図・複線図表現等の設定

［部材表現（縮尺毎）］タブで設定を行います。

1 単複表現

用途分類ごと（一般配管/排水管/ダクト）に、単線図/複線図/境界経に依存の3パターンから、表現方法を設定することができます。
境界径に依存を選択した場合は、設定した境界径以下のサイズで作図した部材が単線で表現されます。

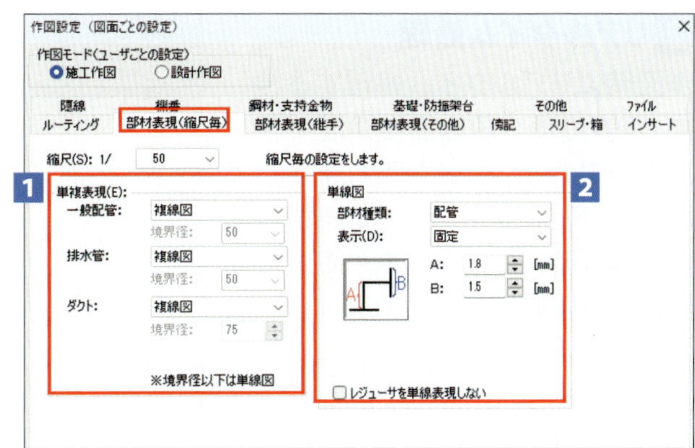

2 単線図

配管・バルブ類・時鉄管（汚水管）・ダクト・フレキ管の5部材で、単線表示する際の継手の大きさ等が設定できます。

［部材種類］

［部材表現（縮尺毎）］タブで設定を行います。

［表示］

実寸：サイズに合わせて単線図表示します。
固定：単線図（A,B）の大きさを設定できます。

実寸の場合

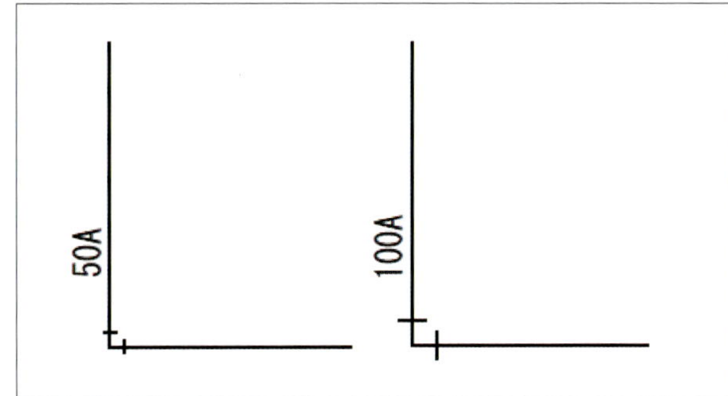

固定の場合（A：1.8mm B：1.5mm）

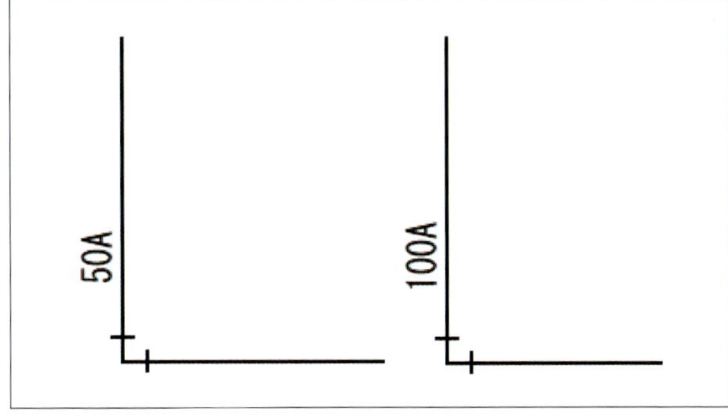

▶隠線の設定

[隠線]タブで設定を行います。

1 隠線図形

部材のカット幅や隠線線種（点線表示する/消去する）等の隠線に関する属性設定ができます。

2 リアルタイム処理

作図時にリアルタイム処理する機能（隠線処理・隠線回復処理・平断面連動隠線）に✓を入れます。「隠線処理」に✓が入っている場合は、作図時にレベル差を判断して自動で隠線処理が行われます。

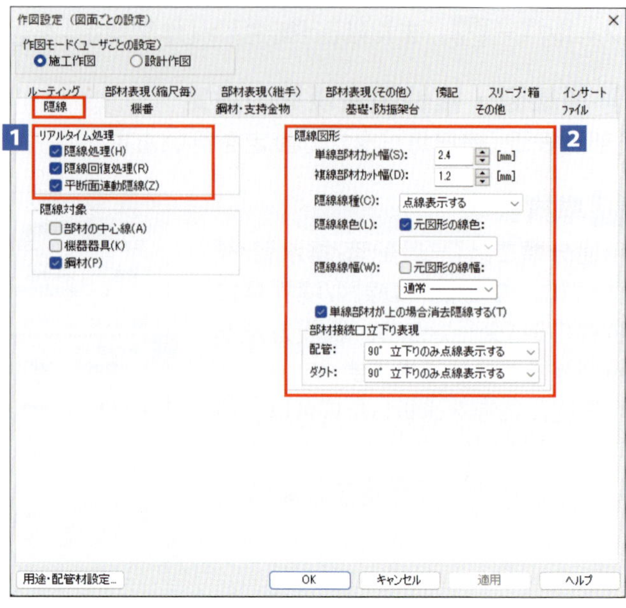

作図時の自動隠線処理対象は、同一シート上の部材です。

Check Point

・リアルタイム処理を行わずに作図した後に隠線処理をする場合は、メニューバー[衛生]>[隠線]>[自動処理]を使用します。

・隠線を元に戻す場合は、メニューバー[衛生]>[隠線]>[取り消し]を使用します。[配管・ダクト最適化支援オプション]がインストールされている場合は、「リアルタイム処理」/「隠線対象」をONモード/OFFモードで切替えることができます。

▶作図規則ファイルの保存・設定

（詳しくは112Pを参照してください）

[ファイル]タブで設定を行います。

作図規則の保存

現在の作図規則の内容をファイルに保存します。

作図規則の選択

保存したファイルの内容を図面に適用することができます。

ルーティング

配管の作図のポイントを説明します。

【練習】シートで衛生配管のルーティングを確認します。

ツールバー、または、［衛生］＞［ルーティング］＞［ルーティング］を選択します。
ダイアログが表示されますので、部材の種類やサイズを設定します。

1 部材種類　2 用途名称　3 サイズ　4 レベル　5 レベル変更タイプ　6 作図基準　7 傍記表示　8 接続状態

継手の形状変更

ルーティング時に通過点をクリックし、方向を変更すると、エルボが発生します❶。［Shiftキー＋左クリック］で継手の形状を変更できます。

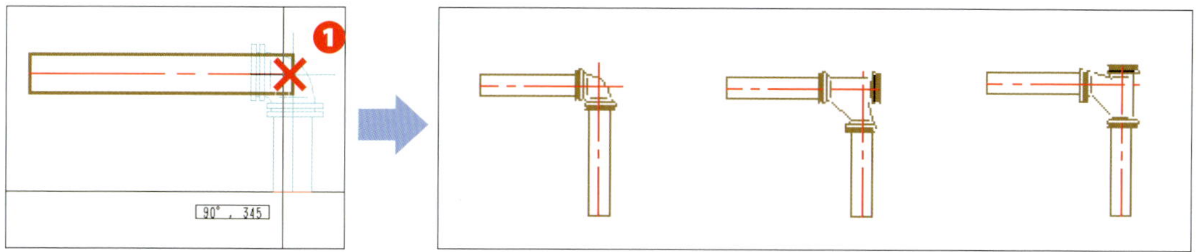

作図済みの配管から分岐する

作図済みの配管から分岐する場合、始点をクリックした後、通過点方向にカーソルを動かし、［Shiftキー＋左クリック］で継手の形状を変更できます❶。

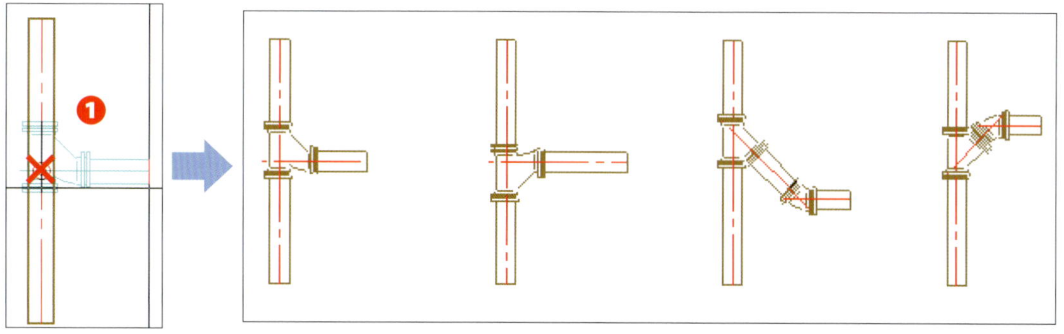

▶他の配管に接続

接続状態を［通常接続］に設定していると、始点からメインの配管に接続することができます❶。このとき、［Shiftキー＋左クリック］で継手の形状を変更できます。

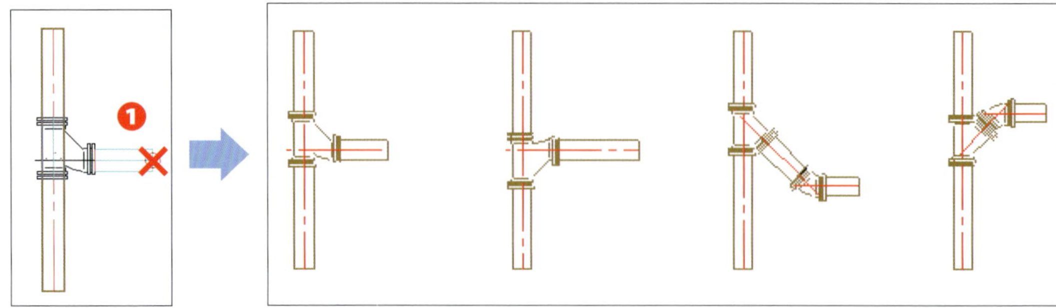

▶サイズの変更

始点からルーティングをはじめ❶、通過点でクリックします❷。ダイアログで配管のサイズを設定し直すことによりレジューサが自動発生し、中断することなく作図ができます。150A→100A

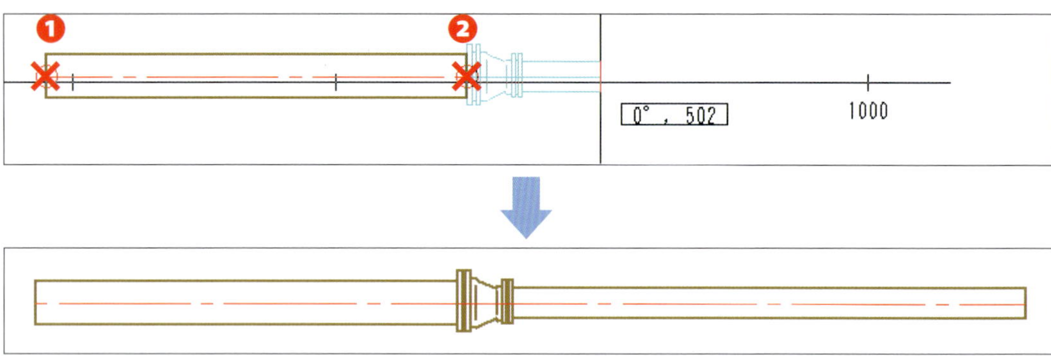

レベルの変更

通過点でレベルを変更することにより、レベル変更タイプで設定されているモード（自動判定/90・45返し）で立上り・下りが自動発生します❶。［Ctrlキー＋左クリック］で、レベル変更タイプで設定されているモード以外での立上り・下りの切替えができます。

90返し　　　　**45返し**

断面図

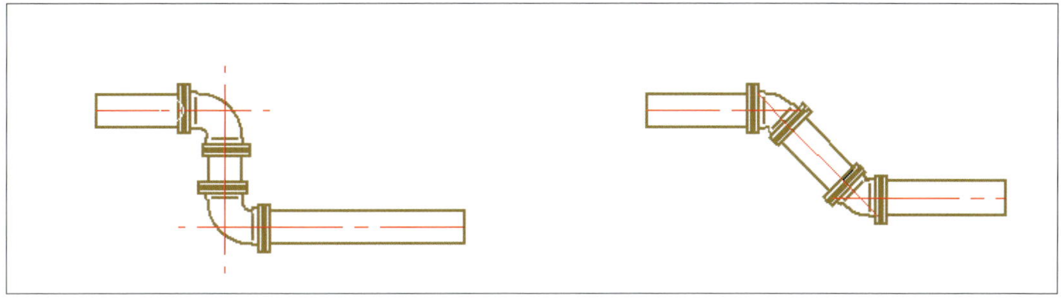

立上げて床上掃除口（COA）を付加する

1点目、2点目を指定して直管を作図する際、2点目の位置で再度クリックし、レベルを［FL=0］に変更後［Enter］キーを押して作図を終了すると、COAが自動付加されます。また、2点目から1点目の順に作図する場合は、2点目（FL=0）をクリック後に－（マイナス）レベルを変更すると、COAが自動付加されます。継手の形状は、［Shiftキー＋左クリック］で変更することができます。

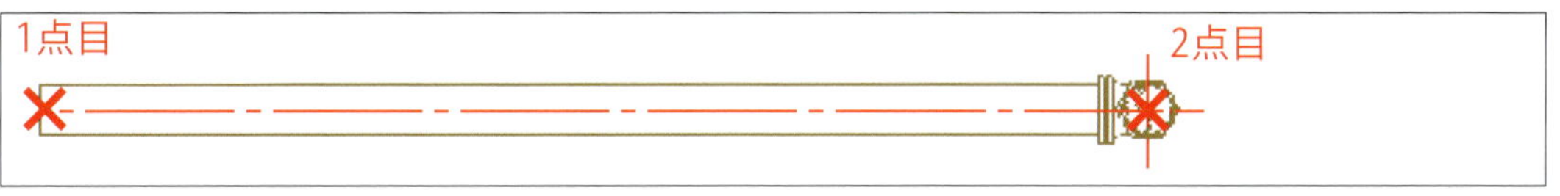

通過点を入力後［BackSpace］キーを押すと、直前の通過点がキャンセルされます。

パイプシャフト等に立て管を作図するには、メニューバー［衛生］＞［部材］＞［立て管配置］を使用します。

汚水管の作図

【衛生】シートに汚水管を作図します。

1 ツールバー![]、または、メニューバー[衛生]＞[部材]＞[立て管配置]を選択します。
[排水管]－[汚水管]－[A：100]－[FL：-2000～3900]を設定します。

排水管 | 汚水管 | A: 100 | FL: -2000 ～ 3900 | ﾍﾙﾌﾟ(H)

ツールバー![]、または、[右クリック]＞[相対距離]を割り込ませます。
ホールド無効とし、PSの壁の交点をクリックし❶、左下にカーソルを移動しＸ距離を「600」と入力し[Enter]キーを押し、Ｙ距離を「150」と入力し[Enter]キーを押します❷。

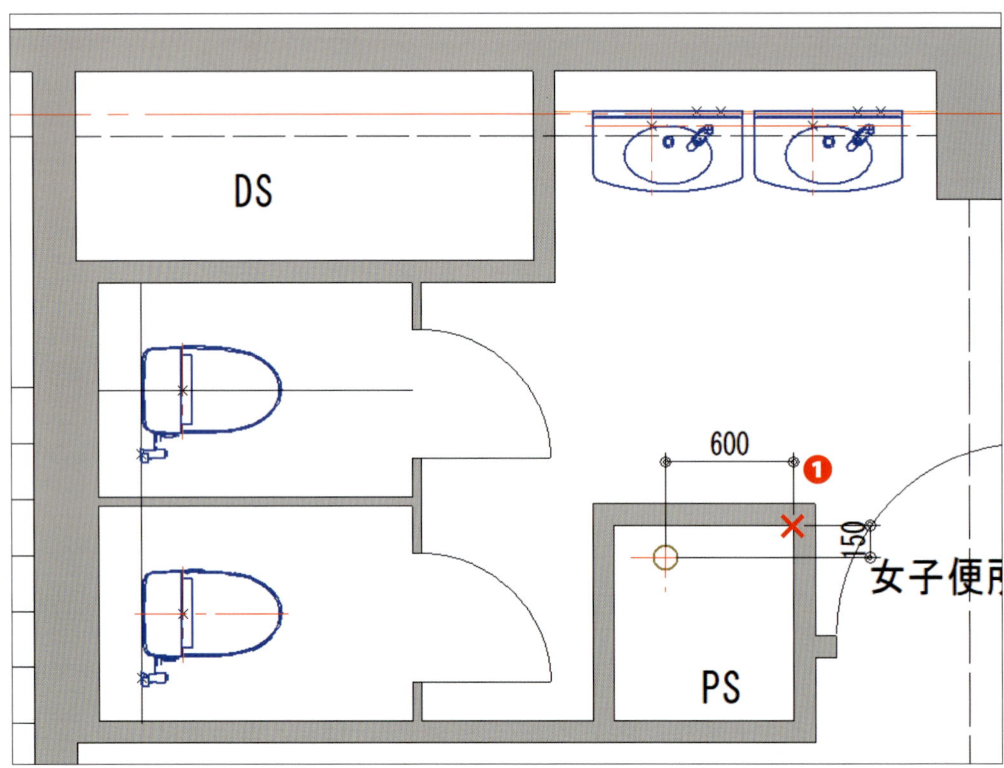

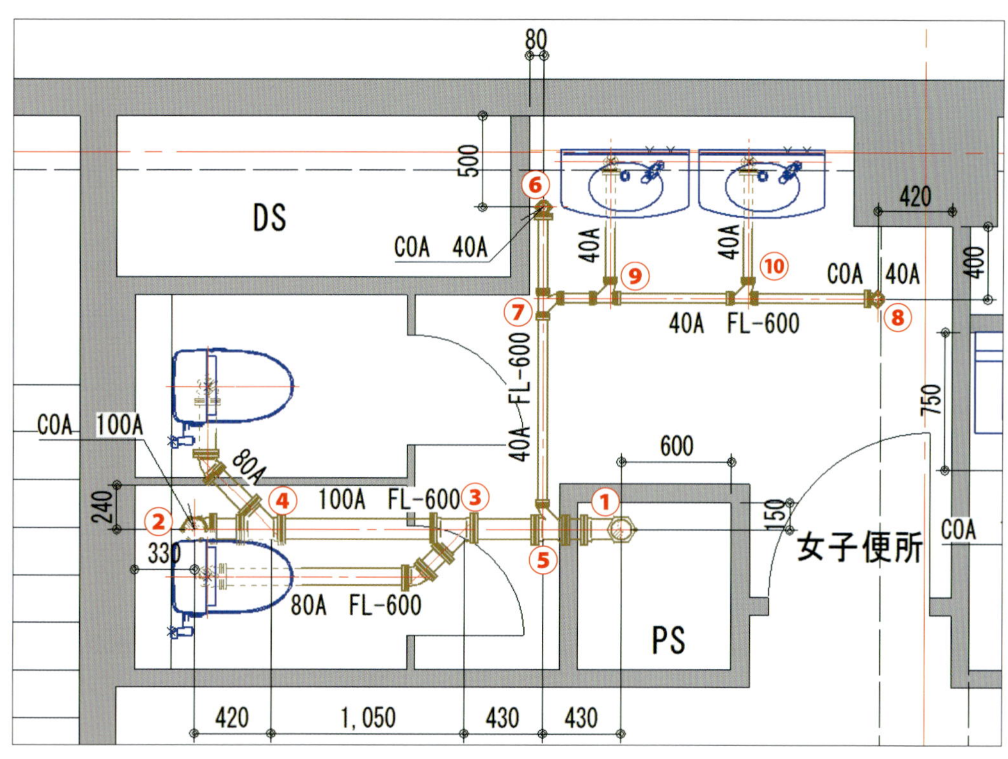

2

ツールバー![]、または、メニューバー［衛生］＞［ルーティング］＞［ルーティング］を選択します。

［ホールド］有効 30, 45° で作図します。

① 汚水管の立て管より描き出します。
［排水管］－［汚水管］－［A：100］－［FL：-600］－［中心］

② COAを配置したい位置をクリックし、レベルをFL=0に変更し、同一点クリックし、［Enter］キーを押します。［Enter］キーを押す前に［Shiftキー＋左クリック］でエルボの形状を変更することができます。
［排水管］－［汚水管］－［A：100］－［FL：0］－［中心］

③ メイン管をクリックし、［Shiftキー＋左クリック］で分岐の形状（TY/Y管）を変更し、大便器の配管接続点をクリックします。［Enter］キーを押します。
［排水管］－［汚水管］－［A：80］－［FL：-600］－［中心］

④ メイン管をクリックし、[Shiftキー＋左クリック]で分岐の形状（TY/Y管）を変更し、大便器の配管接続点をクリックします。
[排水管]－[汚水管]－[A：80]－[FL：-600]－[中心]

⑤ メイン管をクリックし、[Shiftキー＋左クリック]で分岐の形状（TY/Y管）を変更し、COAを配置したい位置の方向に作図します。
[排水管]－[汚水管]－[A：40]－[FL：-600]－[中心]

⑥ COAを配置したい位置をクリックし、レベルを[FL:0]に変更し、同一点をクリックし、[Enter]キーを押します。[Enter]キーを押す前に[Shiftキー＋左クリック]でエルボの形状を変更することができます。
[排水管]－[汚水管]－[A：40]－[FL：0]－[中心]

⑦ サブメイン管をクリックし、[Shiftキー＋左クリック]で分岐の形状（TY/Y管）を変更し、COAを配置したい位置の方向に作図します。
[排水管]－[汚水管]－[A：40]－[FL：-600]－[中心]

⑧ COAを配置したい位置をクリックし、レベルを[FL:0]に変更し、同一点をクリックし、[Enter]キーを押します。[Enter]キーを押す前に[Shiftキー＋左クリック]でエルボの形状を変更することができます。
[排水管]－[汚水管]－[A：40]－[FL：0]－[中心]

⑨ サブメイン管をクリックし、[Shiftキー＋左クリック]で分岐の形状（TY/Y管）を変更し、洗面器をクリックし、[Enter]キーを押します。。
[排水管]－[汚水管]－[A：40]－[FL：-600]－[中心]

⑩ サブメイン管をクリックし、[Shiftキー＋左クリック]で分岐の形状（TY/Y管）を変更し、洗面器の排水接続点をクリックし、[Enter]キーを押します。
[排水管]－[汚水管]－[A：40]－[FL：-600]－[中心]

汚水管の作図が完成したら、完成図（372p[衛生完成図]）を参考に、ツールバー、または、メニューバー[基本図形]＞[寸法線]＞[指定点]を選択して寸法線を引きます。ツールバー、または、メニューバー[基本図形]＞[寸法線変更]＞[寸法値変更]を選択して位置を調整します。

通気管の作図

通気管を作図します。

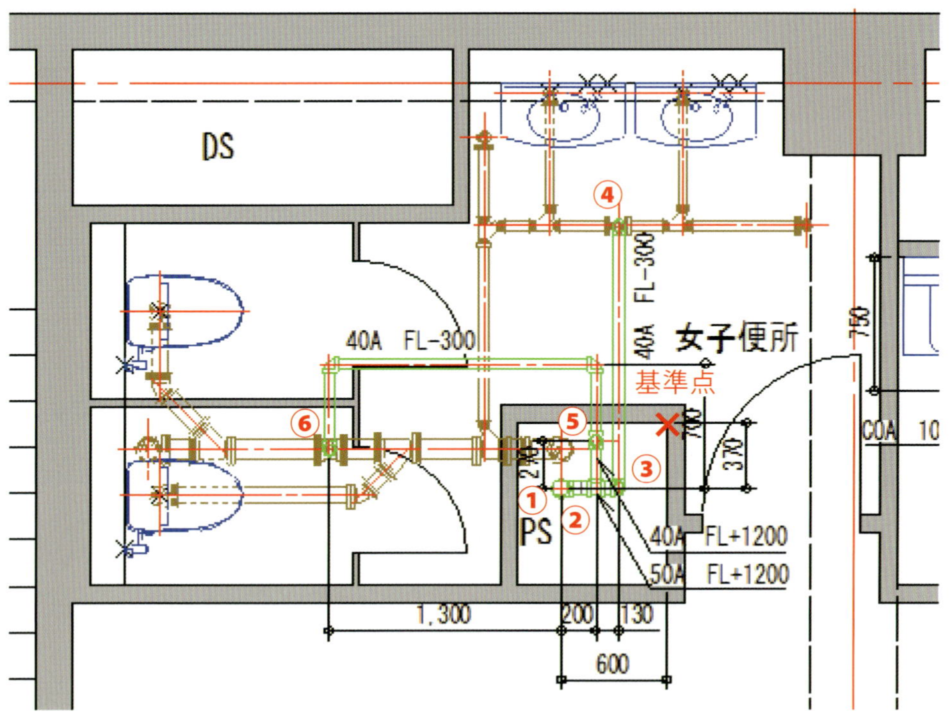

① 立て管を作図します。
ツールバー 、または、メニューバー[衛生]＞[部材]＞[立て管配置]を選択します。
[一般配管]－[通気管]－[A：75]－[FL：-2000～3900]を設定します。
ツールバー 、または、[右クリック]＞[相対距離]を割り込ませます。
ホールド無効とし、PSの壁の交点（基準点）をクリックし、左下にカーソルを移動します。X距離を「600」と入力し[Enter]キーを押し、Y距離を「370」と入力し[Enter]キーを押します。
ツールバー 、または、メニューバー[衛生]＞[ルーティング]＞[ルーティング]を選択します。
[ホールド]有効 30, 45° で作図します。

② 通気管の立て管から描き出します。
[一般配管]－[通気管]－[A：50]－[FL：+1200]－[中心]

③ 通過点をクリックし、レベルを[FL=-300]に変更すると、立下りが自動発生します。同じ位置をクリックします。
[一般配管]－[通気管]－[A：40]－[FL：-300]－[中心]

④ 汚水管に接続します。
用途が違います。接続しますか?」とダイアログが表示されますので、[はい]をクリックします。
[Shiftキー+左クリック]で形状変更をし、[Ctrlキー+左クリック]で立上げ下げ位置を変更できます。
形状や立ち上げ下げ位置を決定したら[Enter]キーを押します。
[一般配管]－[通気管]－[A：40]－[FL：-300]－[中心]

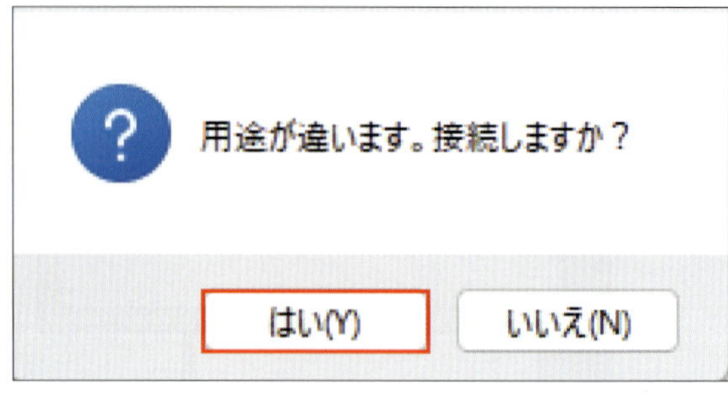

⑤ 通気管から取り出します。通過点をクリックし、レベルを[FL：-300]に変更すると、立下りが自動発生します。
[一般配管]－[通気管]－[A：40]－[FL：-300]－[中心]

⑥ 汚水管に接続します。確認のダイアログが表示されますので、[はい]をクリックして、形状や立ち上げ下げ位置を決定したら、[Enter]キーを押します。
[一般配管]－[通気管]－[A：40]－[FL：-300]－[中心]

勾配一括付加

汚水管に勾配を付加します。
ツールバー[アイコン]、または、メニューバー ［衛生］＞［勾配］＞［一括付加］を選択します。

［勾配付加の基準部材の指示］ダイアログが表示されますので、［下流の部材（排水系）］に設定します。

勾配付加の基準部材の指示
- ◉ 下流の部材(排水系)
- ○ 上流の部材(排水系以外)

［勾配付加基準部材（下流）］をクリックし❶、上流部材をクリックします❷。

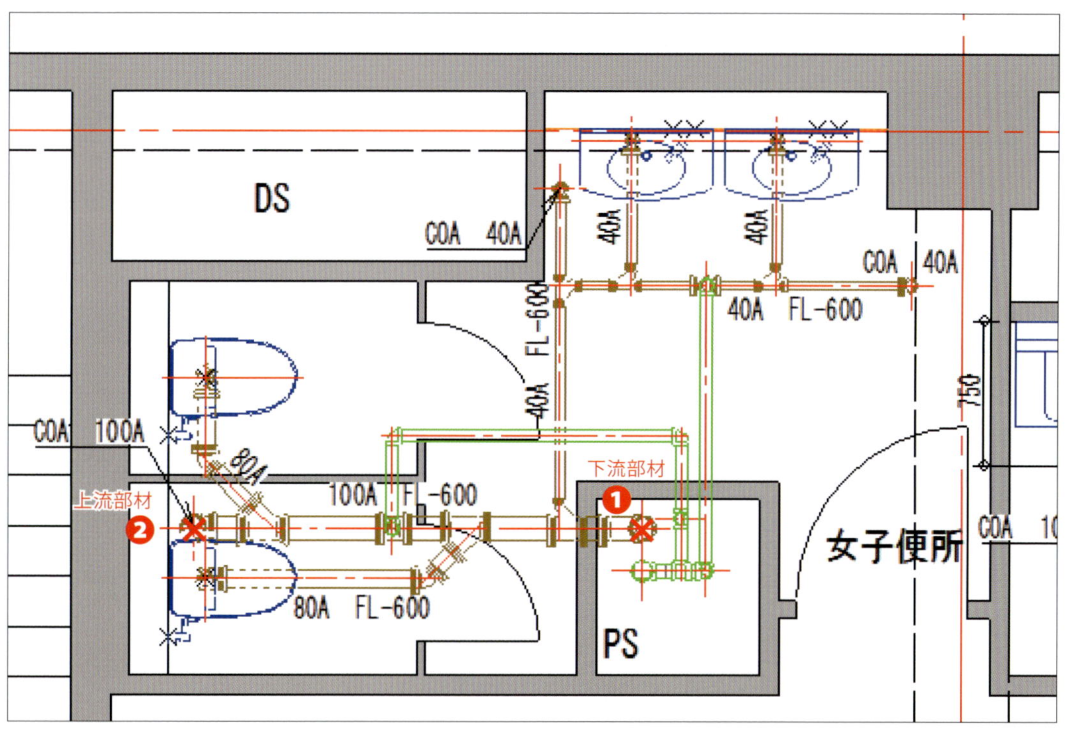

［勾配値］ダイアログが表示されます。［管径別の設定値を使用（排水系のみ）］に設定します❸。［設定］ボタンをクリックすると❹、［管径別勾配値設定］ダイアログが表示され、管径別に勾配値を設定できます❺。［ヘルプ］横の［⋀］は［詳細/簡易設定表示切替ボタン］です❻。

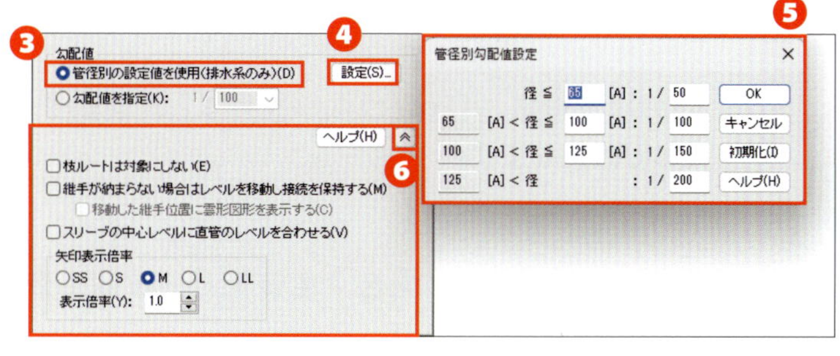

ガイダンスバーに「レベル固定位置を指示して下さい。」と表示されますので、レベル固定位置をクリックします❸。

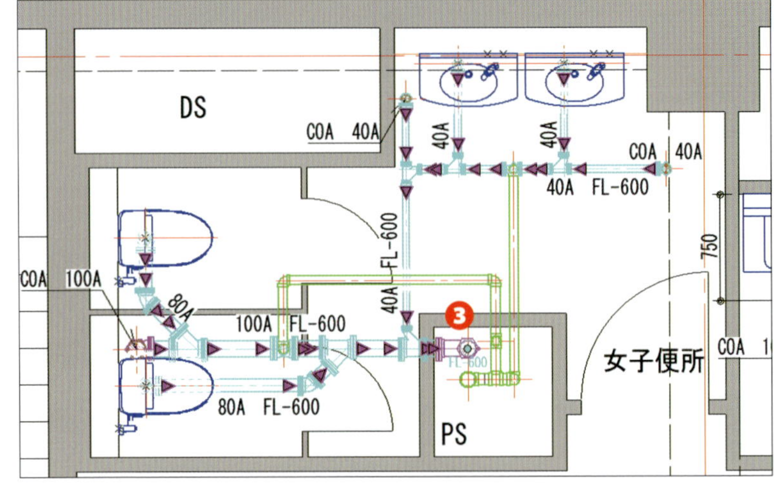

[固定レベル設定] ダイアログが表示されますので、[-600] と入力し❹、[OK] をクリックします❺。

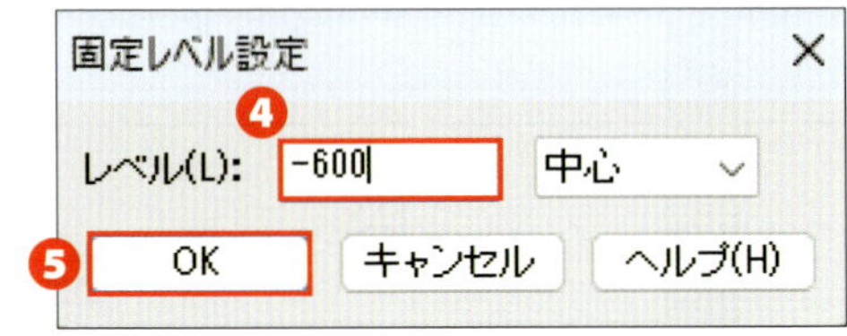

表示の状態（傾き方向の確認等）を確認し、[Enter] キーを押して確定します。

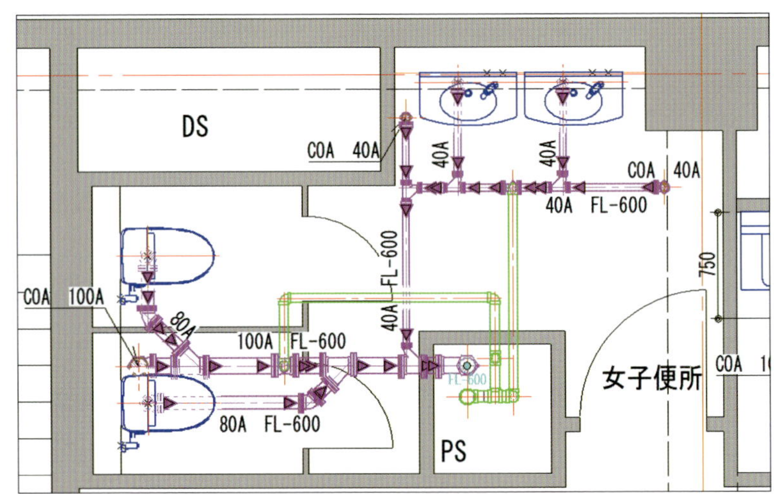

❺の操作後に、[Enter] キーを押すと、自動で上流部材または下流部材を検索して設定します。

分岐のあるルートの場合、主管側と分岐側にまたがって指示することはできません。

勾配を付加した後も、ツールバー [ルート移動]、ツールバー [寄寸法変更]、ツールバー [レベル変更（区間指示）] 等のコマンドで配管を編集することができます。

勾配値を表示するには、ツールバー 、または、メニューバー［衛生］>［勾配］>［表示］を使用します。傍記に勾配記号 を付記したい場合は、ツールバー 、または、メニューバー［衛生］>［作図設定］を選択します。

［作図設定］ダイアログの中の［傍記］を選択し❶、［傍記フィールド］－［配管］－［詳細設定］をクリックします❷。

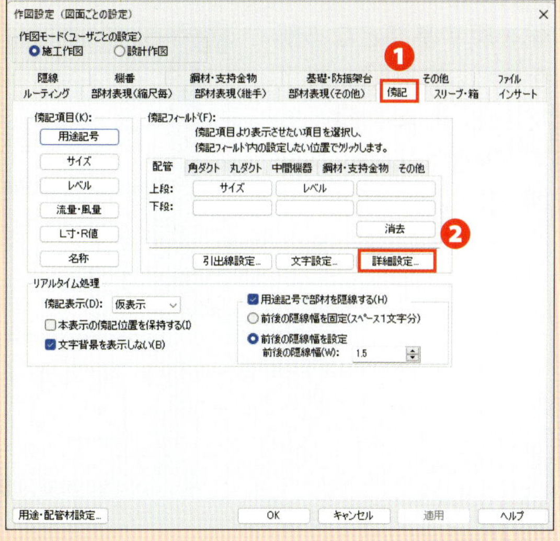

［傍記設定（詳細）］ダイアログが表示されますので、［その他設定］>［勾配に勾配記号を付ける］に✓を入れて❸、［OK］をクリックします❹。

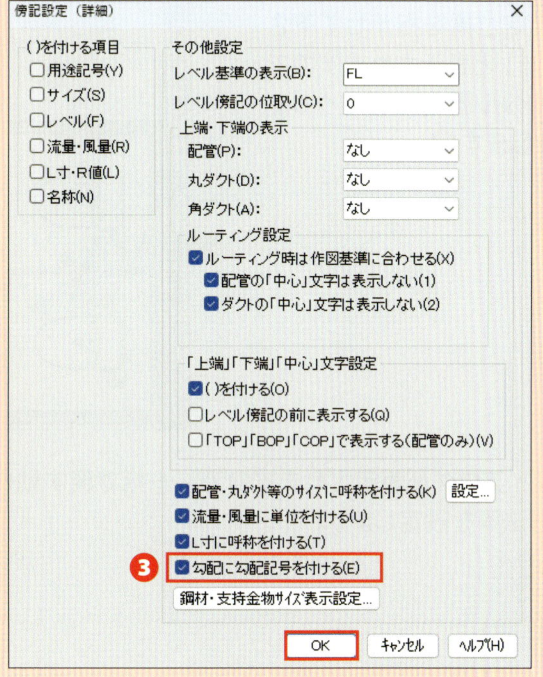

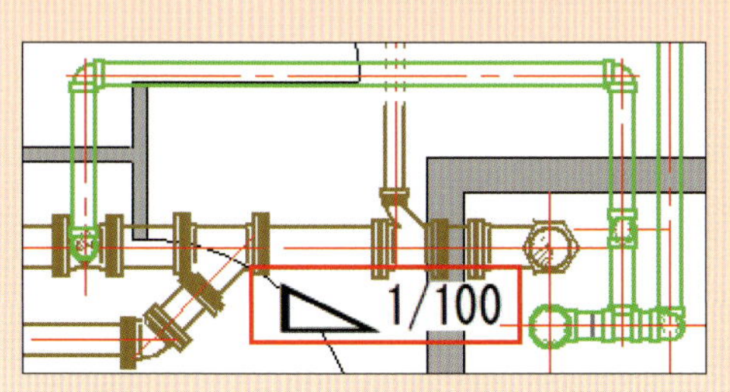

勾配一括戻し

勾配を付加した配管を水平に戻します。
ツールバー 、または、メニューバー［衛生］>［勾配］>［一括戻し］を選択します。

勾配を戻す基準となる部材を指示します❶。終了部材を指示します❷。省略する場合は［Enter］キーを押します。

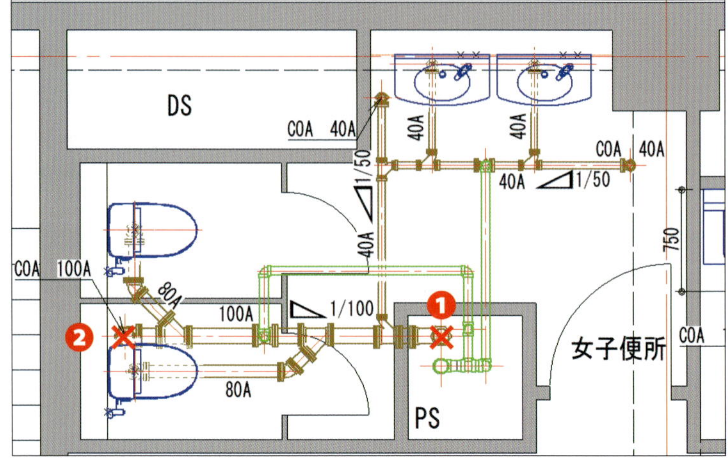

ガイダンスバーに［レベル固定位置を指示して下さい。］と表示されますので、レベル固定位置をクリックします❸。

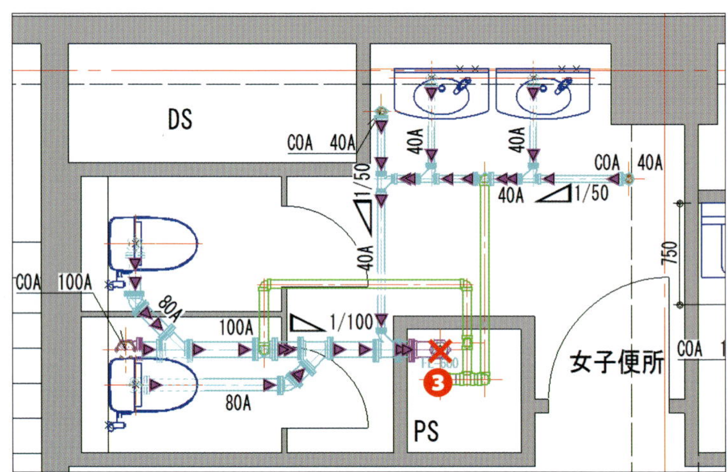

ダイアログが表示されますので、一括で戻す動作方法等を設定します。

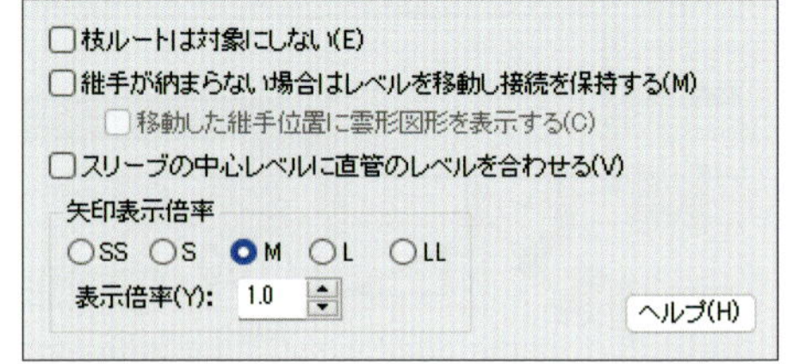

［固定レベル設定］ダイアログが表示されますので、「-600」と入力し❹、［OK］をクリックします❺。［Enter］キーで確定します。

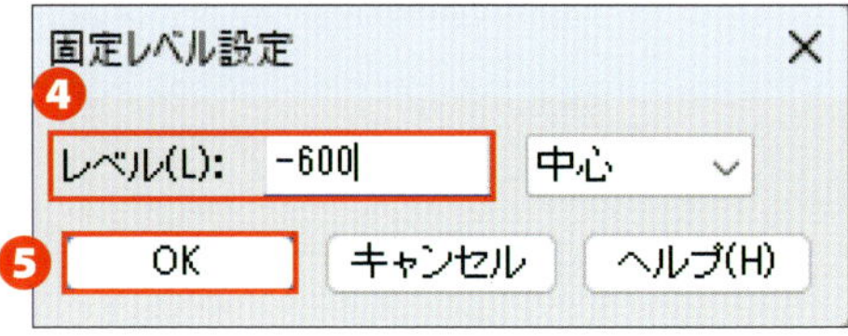

今回は勾配を戻しません。

給水管の作図

給水管を作図します。

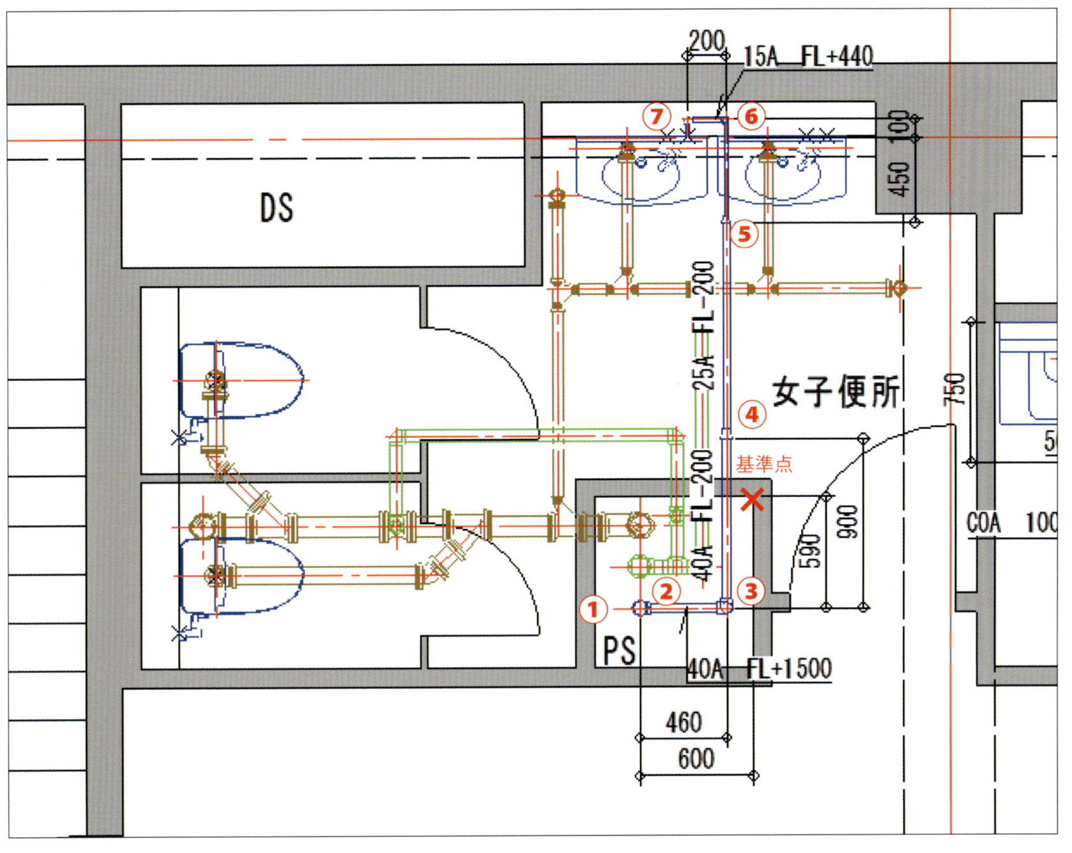

① 立て管を作図します。

ツールバー、または、メニューバー［衛生］＞［部材］＞［立て管配置］を選択します。

［一般配管］－［給水管（上水）］－［A：65］－［FL：-2000～3900］を設定します。

ツールバー、または、［右クリック］＞［相対距離］を割り込ませます。

ホールド無効とし、PSの壁の交点（基準点）をクリックします。左下にカーソルを移動しX距離を「600」と入力し［Enter］キーを押します。Y距離を「590」と入力し［Enter］キーを押します。

ツールバー、または、メニューバー［衛生］＞［ルーティング］＞［ルーティング］を選択します。

［ホールド］有効 30, 45° で作図します。

② 給水管(上水)の立て管より描き出します。
[一般配管]ー[給水管(上水)]ー[A：40]ー[FL：+1500]ー[中心]

③ 通過点をクリックし、レベルを[FL：-200]に変更すると、立下りが自動発生します。
[一般配管]ー[給水管(上水)]ー[A：40]ー[FL：-200]ー[中心]

④ 通過点をクリックし、サイズを[A：25]に変更すると、ソケットが自動発生します。
[一般配管]ー[給水管(上水)]ー[A：25]ー[FL：-200]ー[中心]

⑤ 通過点をクリックし、サイズを[A：15]に変更すると、ソケットが自動発生します。
[一般配管]ー[給水管(上水)]ー[A：15]ー[FL：-200]ー[中心]

⑥ 通過点をクリックし、レベルを[FL：+440]に変更すると、立上りが自動発生します。
[一般配管]ー[給水管(上水)]ー[A：15]ー[FL：+440]ー[中心]

⑦ 通過点をクリックし、洗面器の接続口をクリックして洗面器と接続します。
[一般配管]ー[給水管(上水)]ー[A：15]ー[FL：+440]ー[中心]

断面図作成

ツールバー、または、メニューバー［衛生］＞［断面］＞［クイック断面］を選択します。断面図を表示させたい図形を含むように対角をクリックして［Enter］キーを押します❶。正面から見た断面図が作成されます。

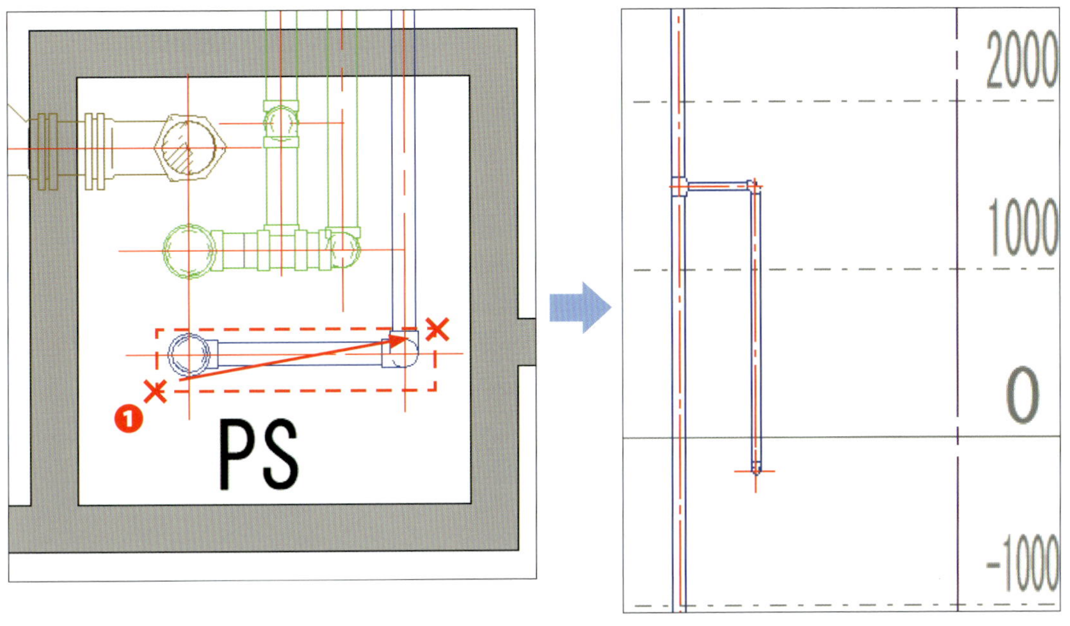

Check Point

・断面図を展開すると［元に戻す］は使用できなくなり、断面を展開する前の状態に戻れなくなりますので、注意しましょう。

・平断面上での同一図形の表示位置を揃えるには、メニューバー［衛生］－［断面］－［位置合わせ］を使用します。

・躯体等の角度にあわせて断面表示する場合は、0.0°［基準角設定］を使用します。断面を終了した後は、180.0°［基準角有効］をクリックして、0.0°［基準角無効］にします。

・断面図を終了する場合は、断面ウィンドウの［閉じる］をクリックします。

※間違えて平面図を閉じてしまった場合は、メニューバー［ファイル］－［未保存図面の復元］を使用します。復元できるのは、保存しないで閉じた最後の1図面のみです。

メニューバー［衛生］>［断面］>［クイック断面設定］を選択します。

［断面ークイック断面］のサブコマンドから選択することもできます。

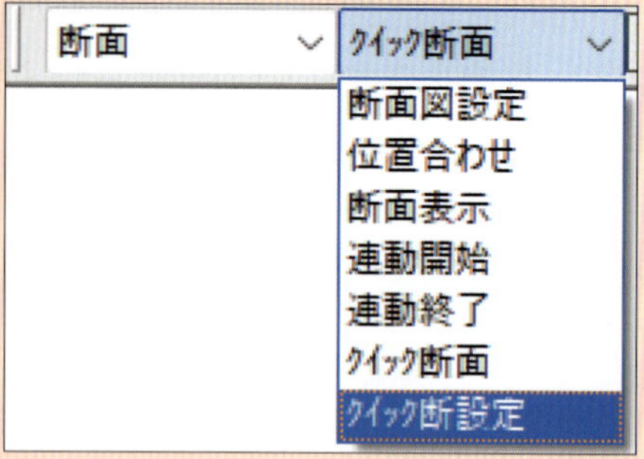

2画面展開、3画面展開、4画面展開を指定できます。
右側面図90度回転の✓を外すと、右側面図が正位置で表示されます。
［クイック断面設定］ダイアログが表示されますので、［2画面展開］❶、［パターン詳細］をクリックすると❷、［クイック断面配置パターン］が表示されます❸。

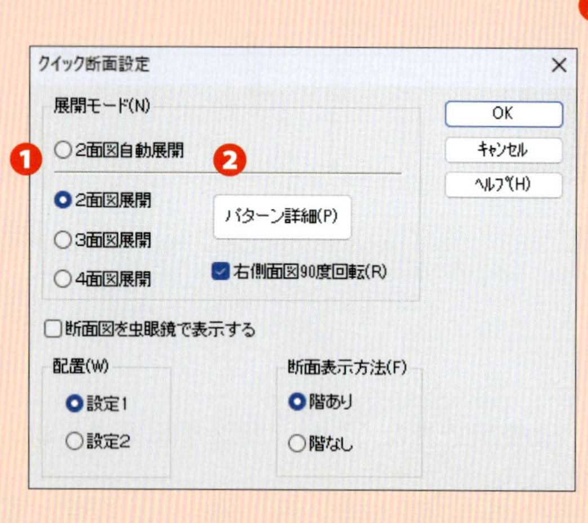

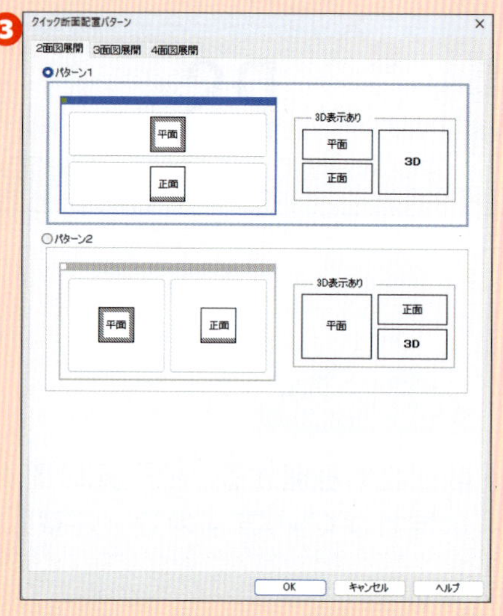

右側面図90度回転の✓を外すと、
右側面図が正位置で表示されます。

第1章 基本操作編
第2章 設備操作編
第3章 実践操作編
第4章 専門操作編

［3画面展開］❶、［パターン詳細］を選択すると❷、［クイック断面配置パターン］が表示されます❸。

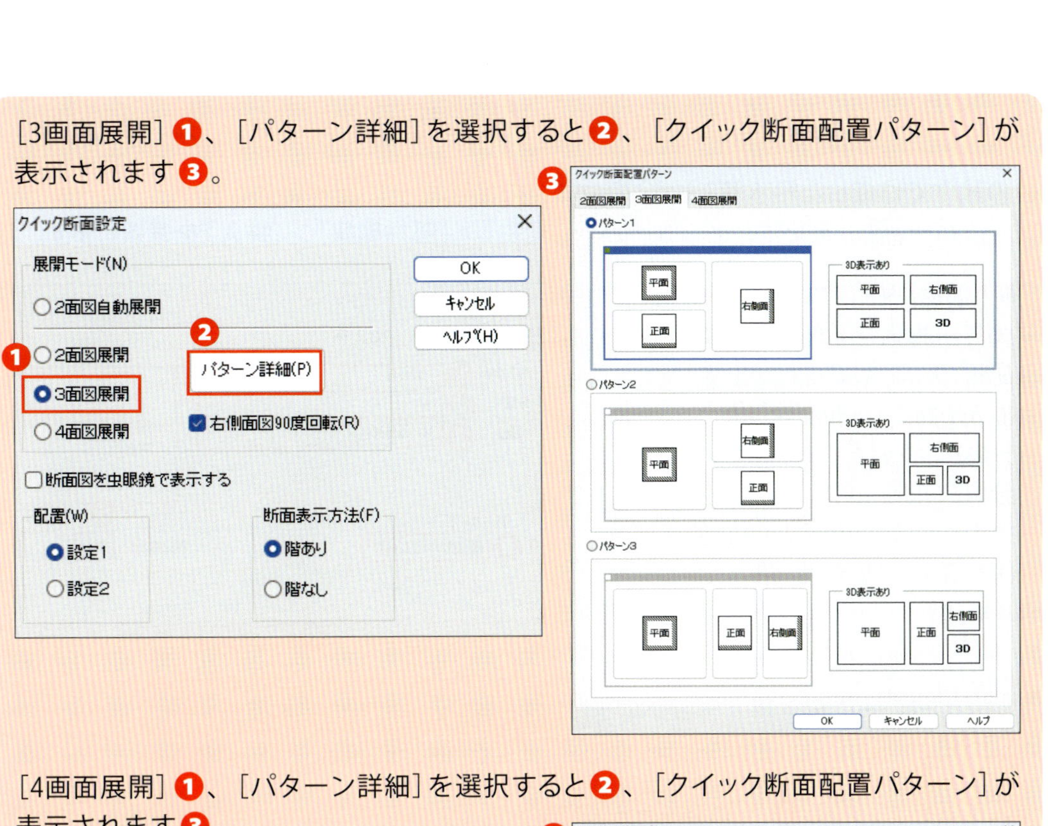

［4画面展開］❶、［パターン詳細］を選択すると❷、［クイック断面配置パターン］が表示されます❸。

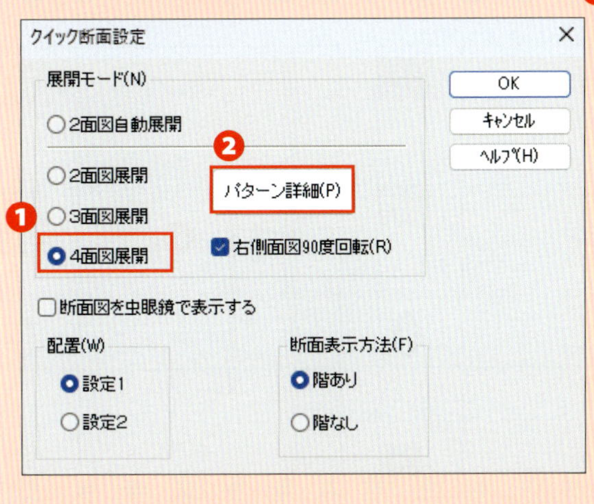

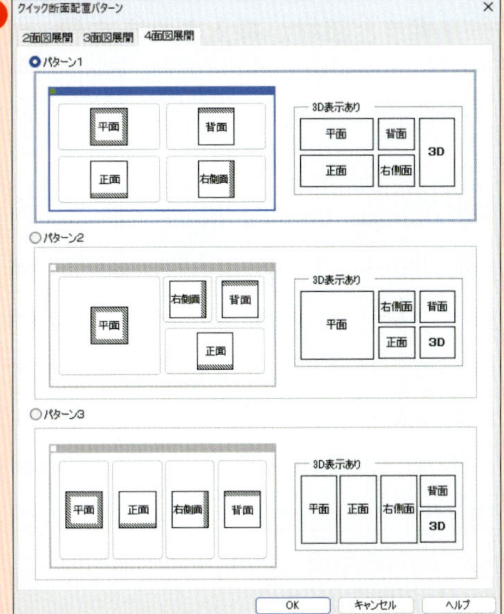

ここでは、［3画面展開］に設定し、［右側面図90度回転］の✓を外しておきます。

機器・部材挿入

前の操作で作成した給水管（上水）の立下りの断面図上に部材挿入します。
ツールバー、または、メニューバー［衛生］＞［部材編集］＞［挿入］を選択します。

［挿入部材］ダイアログが表示されますので、挿入する部材の種類［一般配管］タブで設定を行います。

- 挿入部材：［一般配管］❶
- 分類1：［GV］❷
- 分類2：［JIS 10Kねじ込み］❸
- 挿入サイズ：［直管サイズに依存］❹
- 傍記表示：［仮表示］❺
- ［OK］❻

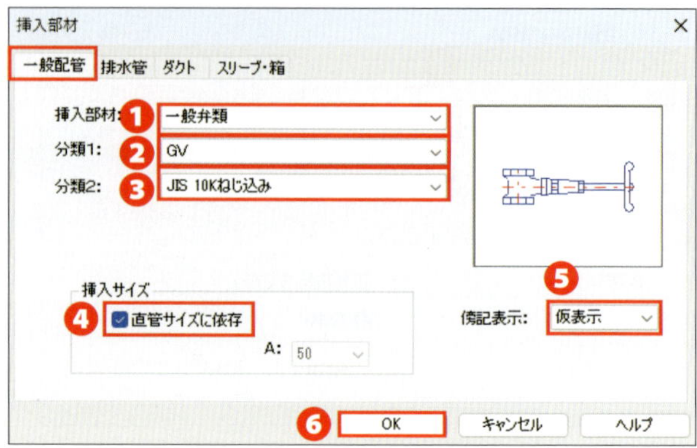

Tfasでは平面図上で立て管等に部材を挿入することができません。

挿入位置をクリックし❼、［Shiftキー＋左クリック］でバルブのハンドル向きを決定し、［Enter］キーを押すと部材が挿入されます❽。

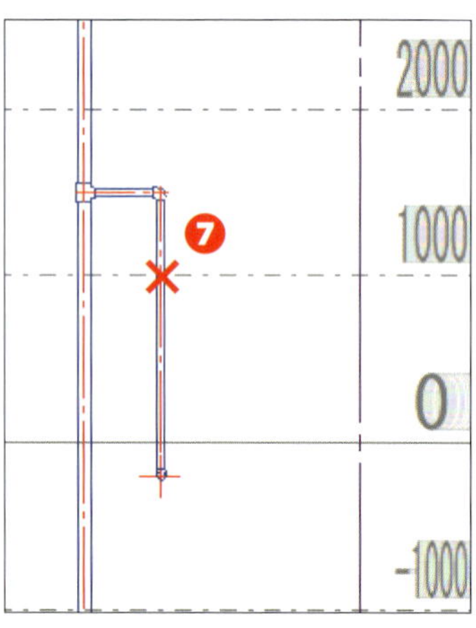

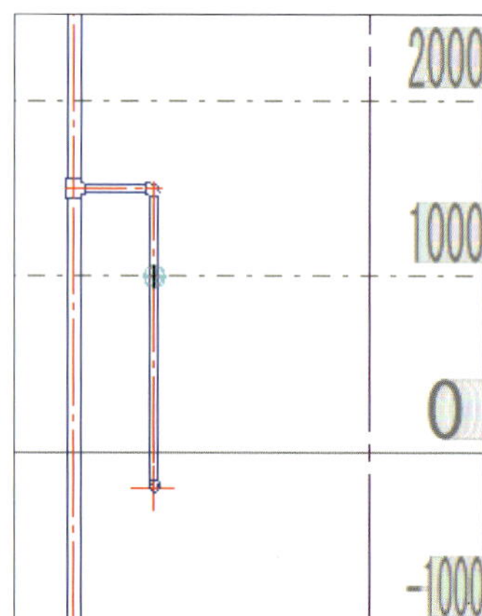

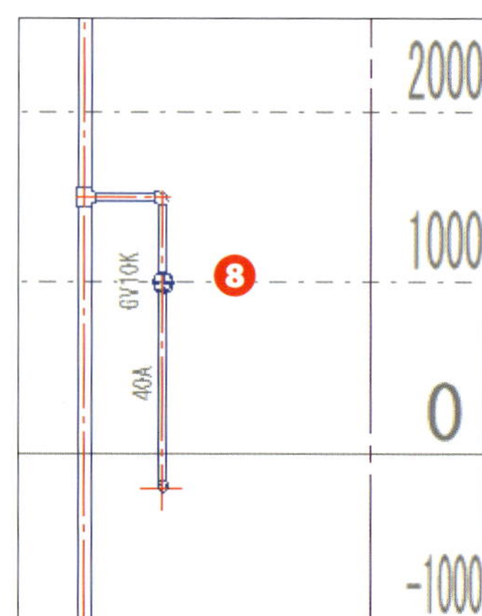

- 「傍記表示」項目で、挿入部材の傍記表現（傍記なし/仮表示/本表示）を切替えできます。
- バルブ等接続口が平行な部材やプラグの場合、左クリックで挿入基準点が切替えできます。
- Y型ストレーナのような流れの向きがある部材の［Ctrlキー＋左クリック］で流れの向きが変更できます。
- 配置済みのバルブのハンドル向きを変更したい場合は、メニューバー［衛生］＞［部材編集］＞［ハンドル向き変更］を使用します。

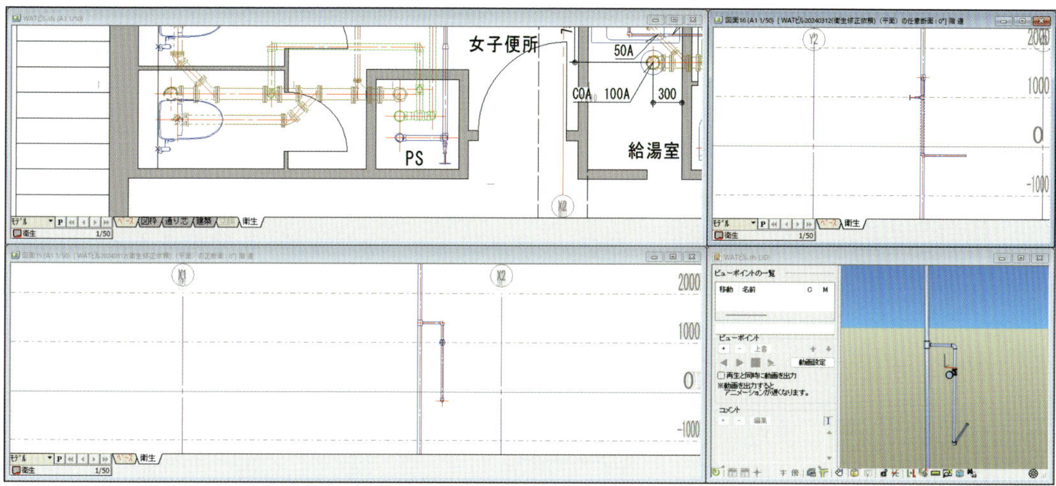

機器・部材移動

ツールバー、または、メニューバー［衛生］>［部材編集］>［移動（1部材）］を選択します。平面の正断面で部材移動します。

1 断面図で移動したい部材をクリックします❶。
仮表示を確認しながら、移動先を指定します❷。

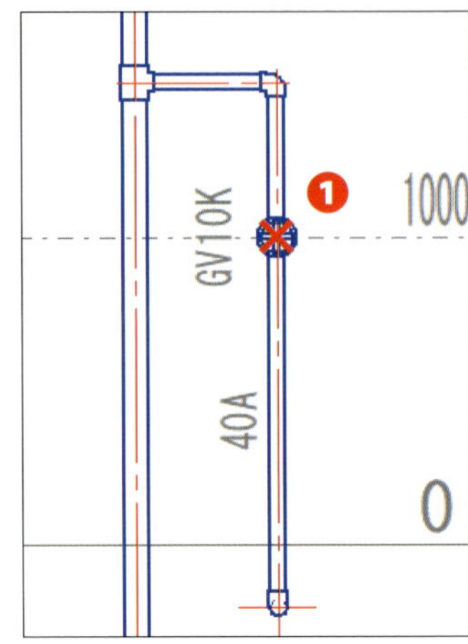

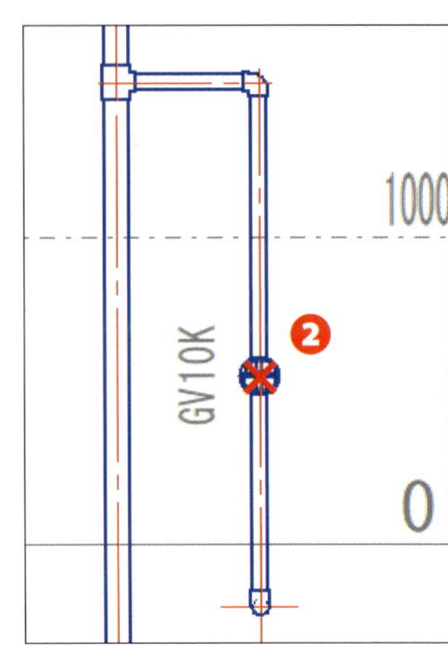

［ホールド］を［無し］［水平］［垂直］以外に設定して数値入力したり、ツールバー、または、右クリックメニュー［相対距離］を使用すると、移動する距離を指定できます。

部材を寸法で移動することもできます。

2 ツールバー、または、メニューバー［基本図形］>［寸法線］>［指定点］を選択して、1点目、2点目を指定して寸法を追います❶。
ツールバー、または、メニューバー［基本図形］>［寸法線変更］>［寸法値変更］を選択して寸法値［1,000］をクリックします❷。

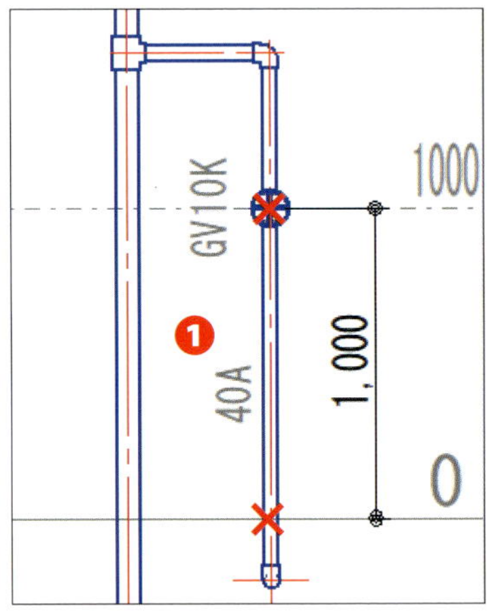

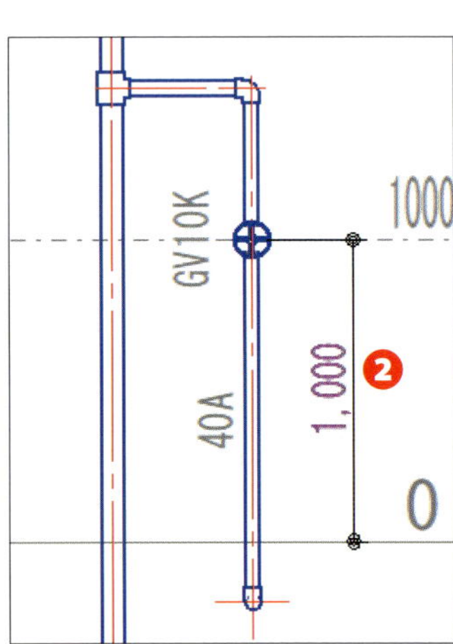

ダイアログが表示されますので、変更後の寸法値「1200」を入力します❸。

◎と、→が表示されますので、固定する方を◎にして矢印で移動方向を確認して、[左クリック]します❹。
編集が終わったら、断面図は［×］で閉じます。

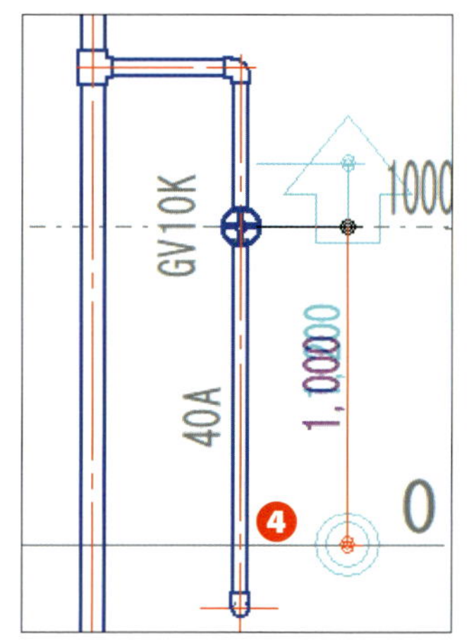

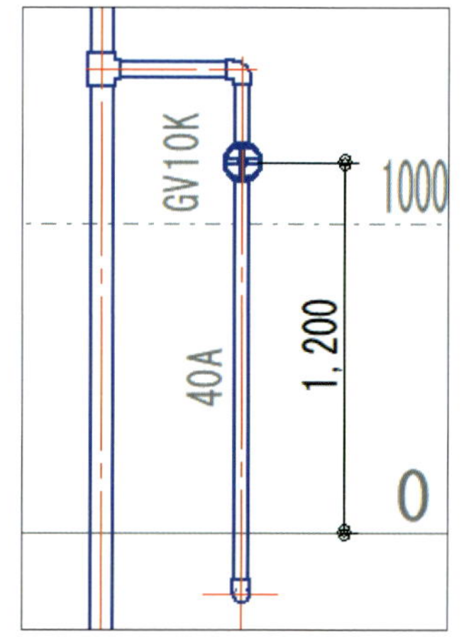

[配管・ダクト最適化支援オプション] がインストールされている場合、バルブやレジューサ等を指示すると、接続されている配管内を他の継手・バルブ類を越えて移動することができます。
また、同じ種類の複数の部材を、一括で入替えることができます❺。

部材入替え

ツールバー、または、メニューバー［衛生］＞［部材編集］＞［入替え］を選択します。

入替えたい部材をクリックします❶。

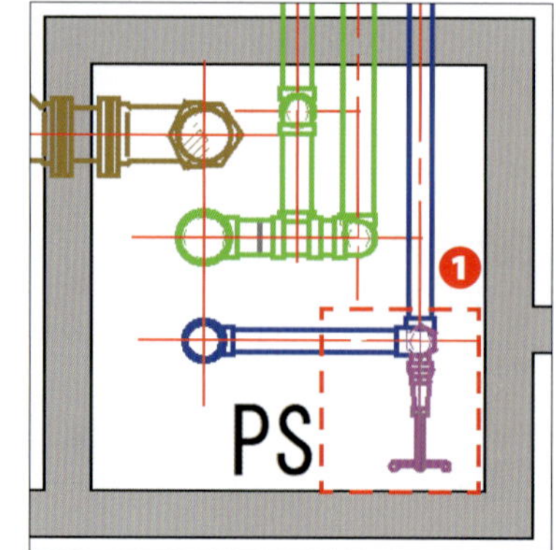

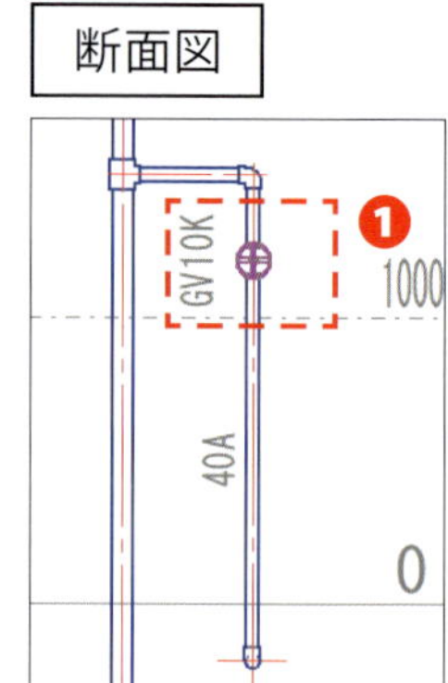

［部材入替］ダイアログが表示されますので、入替え後の部材を［形状種］GV JIS 10Kフランジを選択し❷、［OK］をクリックします❸。

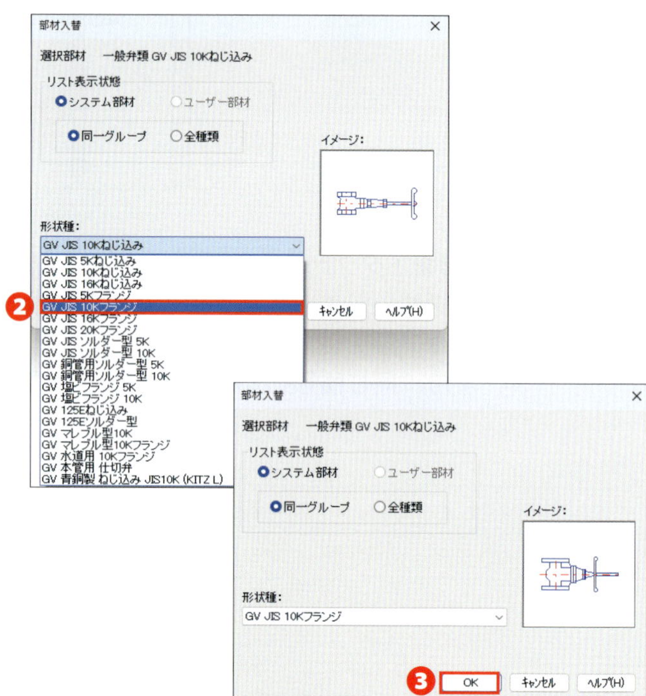

配管が切断されることなく、部材が入替わります。
断面図での操作も可能です。

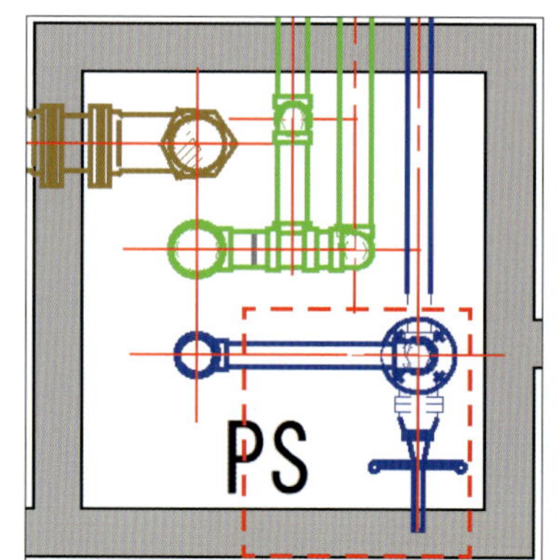

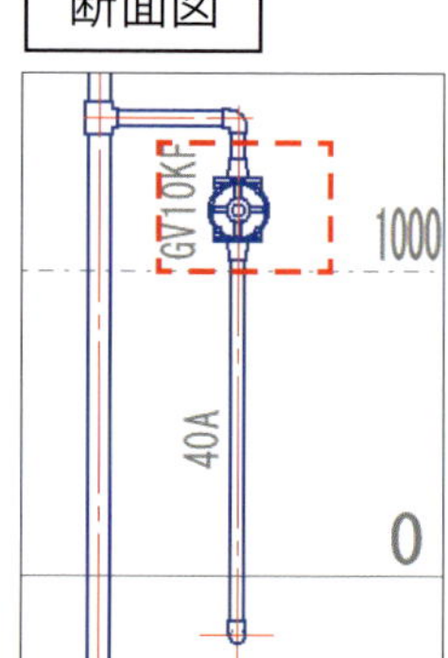

機器・部材削除

ツールバー[icon]、または、メニューバー［衛生］＞［部材編集］＞［削除］を選択します。

1 削除したい部材をクリックします❶。配管が削除されずに部材だけ削除されます❷。

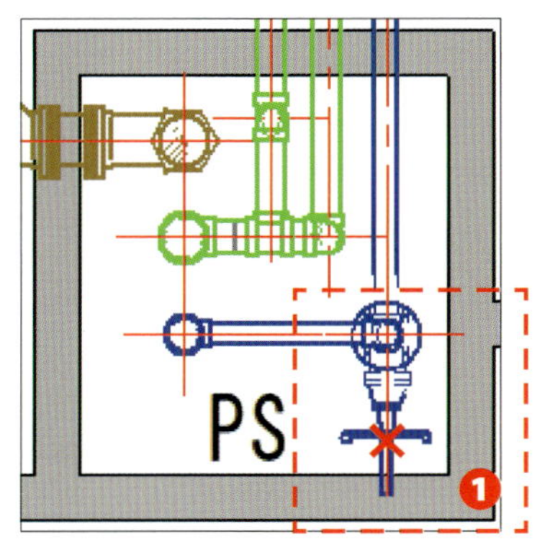

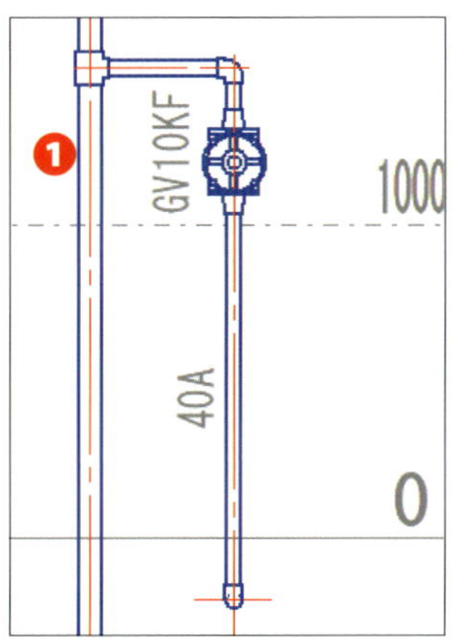

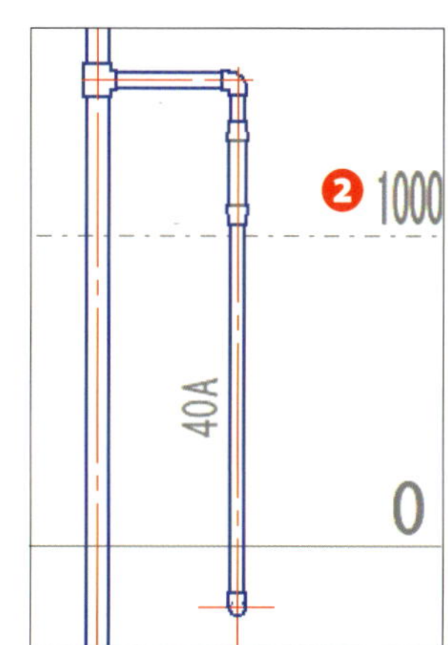

2 ［GV JIS 10Kねじ込み］から［GV JIS 10Kフランジ］に部材を入れ替えたため、配管サイズが50Aとなり、ソケットが挿入されました。給水管（上水）のサイズを「40A」に変更します。
ツールバー[icon]、または、メニューバー［衛生］＞［サイズ・レベル変更］＞［サイズ変更（区間指示）］を選択します。

ダイアログが表示されますので、変更する部材区間の始点と終点をクリックします。

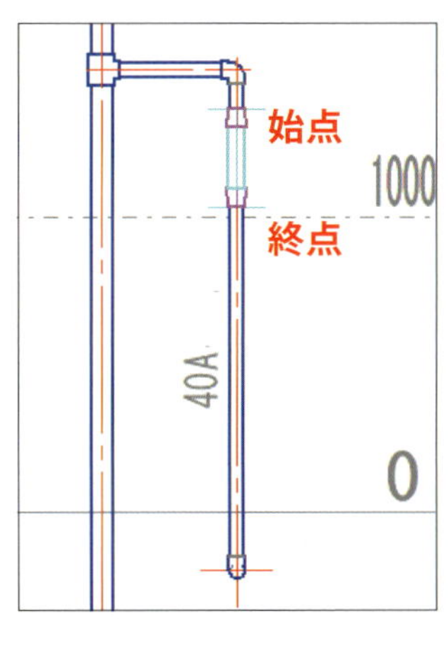

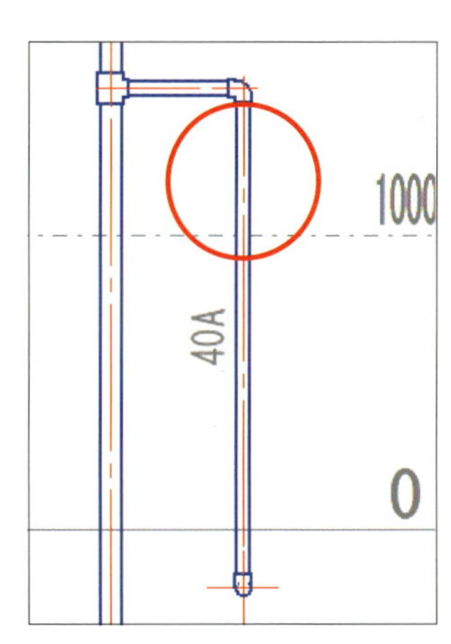

サイズ入力のダイアログが表示されますので、「40」と入力❶、［OK］をクリックします❷。

給水管（上水）のサイズが40Aに変更されます。

用途変更

汚水管の排水用塩ビライニング鋼管/ＭＤ継手を、耐火二層管/耐火被覆塩ビ管継手に変更してみます。

ツールバー 、または、メニューバー［衛生］＞［用途変更］＞［配管用途（直管・継手変更）］を選択します。

汚水管を選択するために、ツールバー ［用途選択］を割り込ませます。［部材選択］－［用途選択］の［用途選択条件設定］ダイアログが表示されますので、［汚水管］に✓を入れて❶、［OK］をクリックします❷。

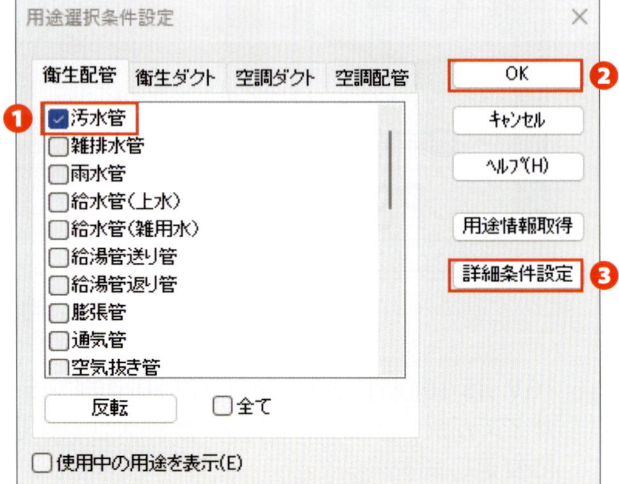

［詳細条件設定］をクリックすると、管種・継手種の選択やサイズ・レベルの指定等、より詳細な選択条件を設定できます❸。

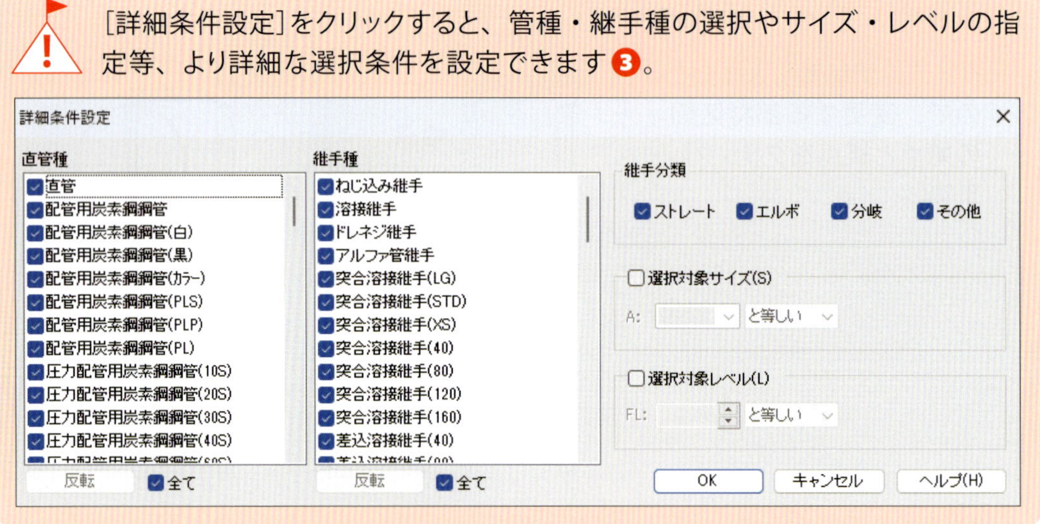

選択したい配管を含むように対角でクリックして選択するか、その配管をクリックして選択し、[Enter]キーを押します❹。

[配管用途(直管・継手変更)]ダイアログの図形選択状態に戻りますので、他に選択する配管がなければ[Enter]キーを押して選択を終了します❺。

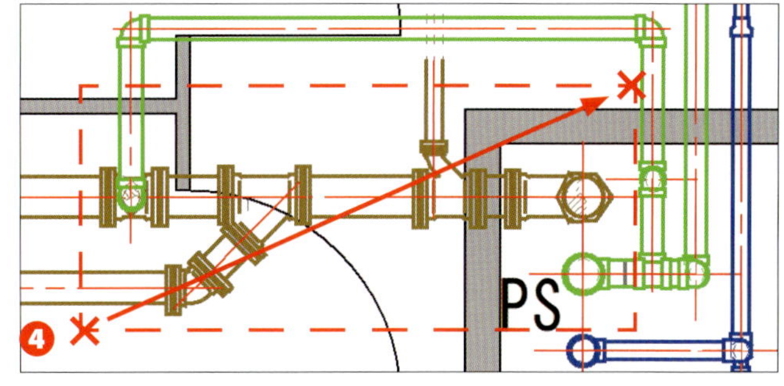

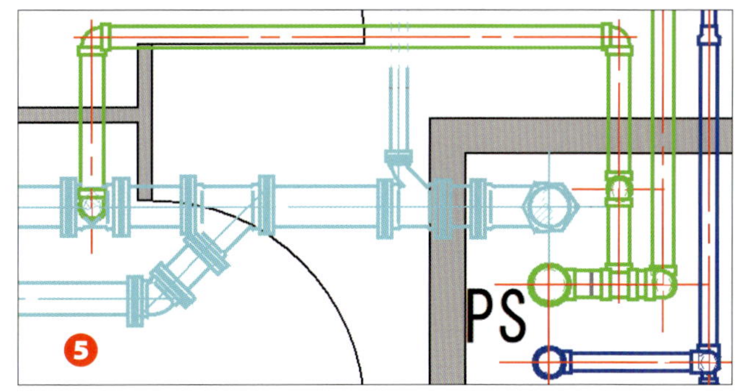

[用途変更]ダイアログが表示されますので設定を行います。

- [指定した管種・継手に変更する]❻
- 管種：[耐火二層管]❼
- 継手：[耐火被覆塩ビ管継手]❽
- [OK]❾

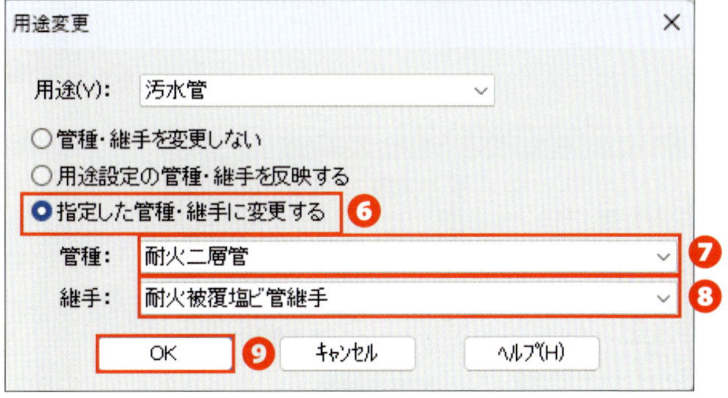

選択範囲の汚水管の管種が耐火二層管、継手は耐火被覆塩ビ管継手に変更されます。

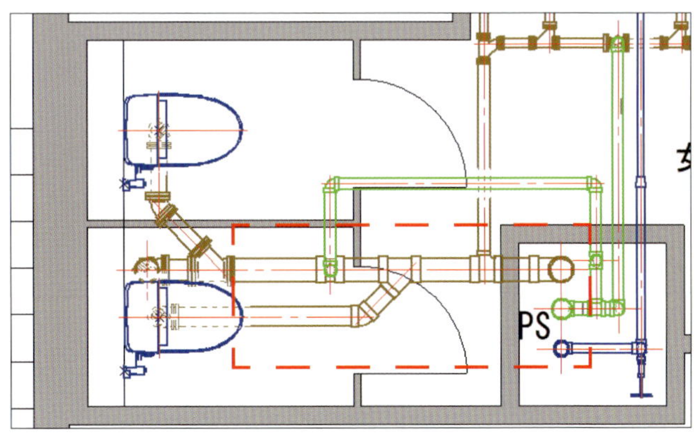

[用途・配管材設定]で設定した色・線幅、直管・継手種類等の内容を作図済みの配管に一括で反映させて、元の配管の状態に戻します。

メニューバー[衛生]>[用途変更]>[用途一括反映]を選択し、ツールバー[用途選択]を割り込ませます。[部材選択]>[用途選択]の[用途選択条件設定]ダイアログが表示されますので、[汚水管]に✓を入れて❶、[OK]をクリックします❷。

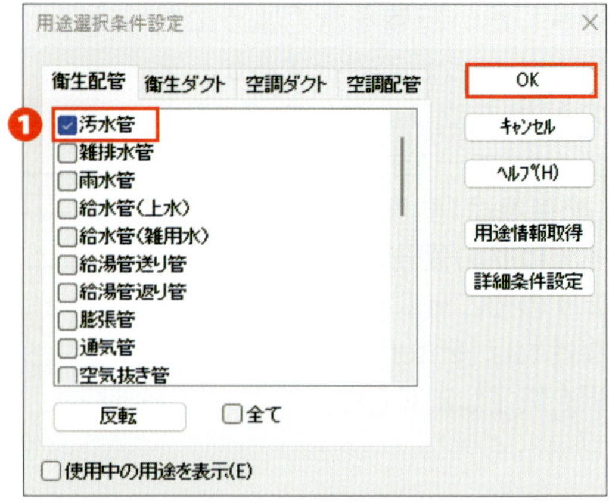

[部材選択]>[用途選択]>[部材を選択して下さい。]と表示されますので、対角で対象図形範囲を選択して、[Enter]キーを押します❸。

もう一度[Enter]キーを押して、選択を終了します❹。汚水管が変更する前の排水用塩ビライニング鋼管/MD継手に戻ります。

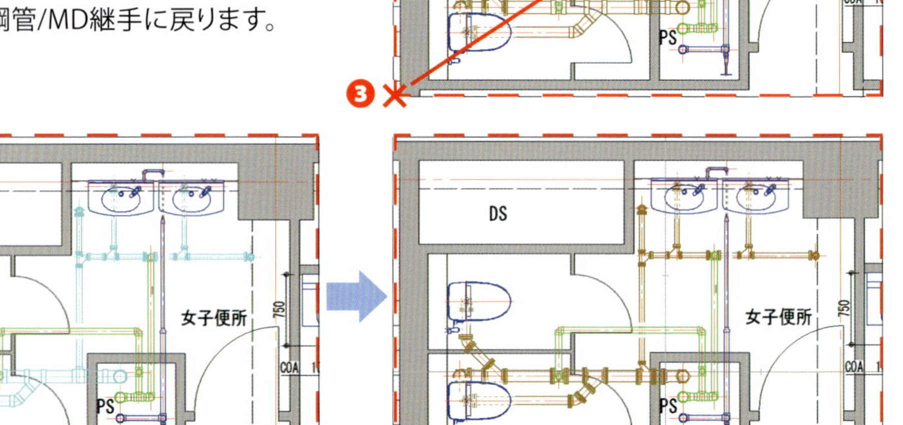

ツールバー [連続選択]を使用すると、繋がっている配管を一括で選択することができます。

隠線処理

隠線処理について説明します。
ツールバー、または、メニューバー［衛生］＞［作図設定］を選択します。

［作図設定］ダイアログが表示されますので、［隠線］タブをクリックすると❶、隠線処理の詳細設定を行うことができます。
［リアルタイム処理］の［隠線処理］に✓が入っている場合は、隠線処理を行う必要はありません❷。しかし、［リアルタイム処理］が行われるのは、同じシート内に作図されているものになります。

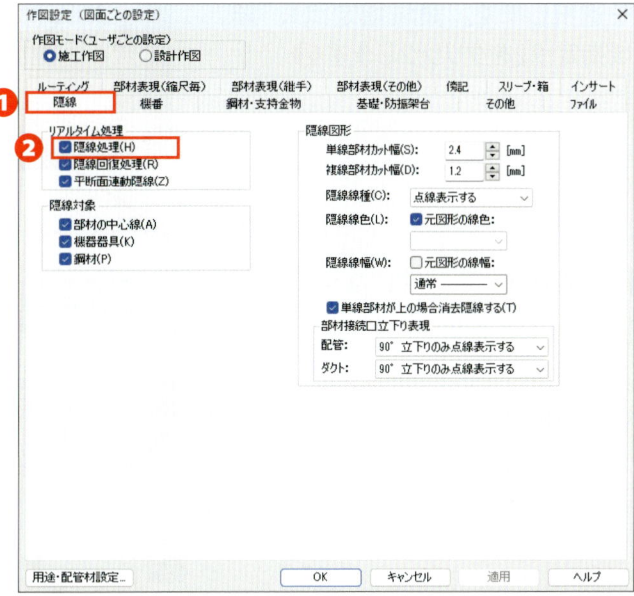

ツールバー、または、メニューバー［衛生］＞［隠線］＞［取り消し］を選択します。範囲を対角でクリックして選択して［Enter］キーを押します❸。

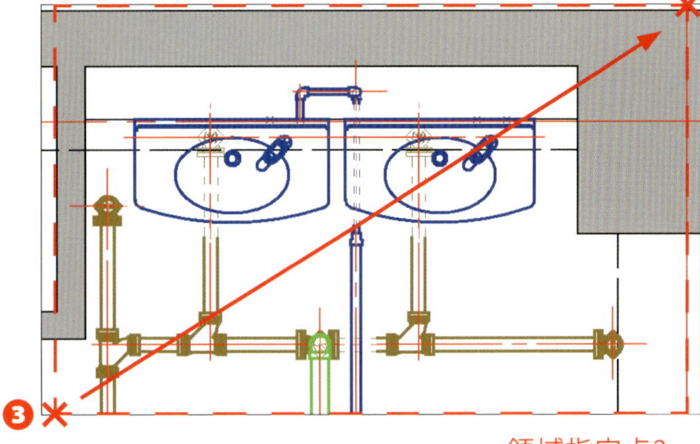

領域指定点1、領域指定点2をクリックします。

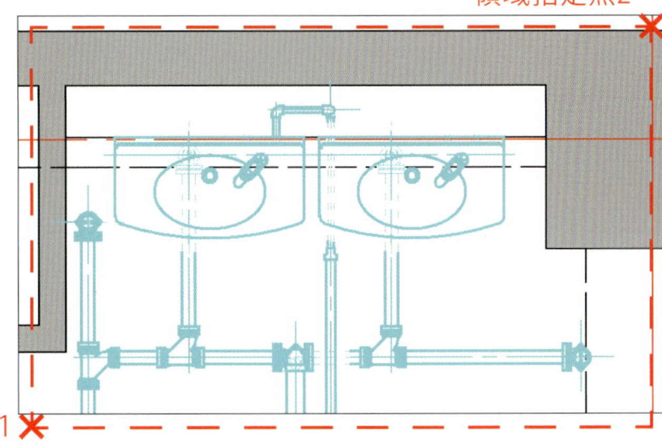

隠線がかかっていない状態になります。
ツールバー[icon]、または、メニューバー[衛生]>[隠線]>[自動処理]を選択します。領域指定点1、領域指定点2をクリックします❶。

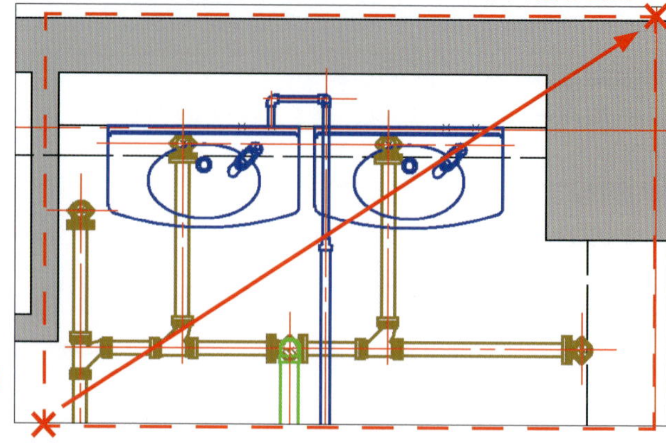

隠線処理をした状態になります。

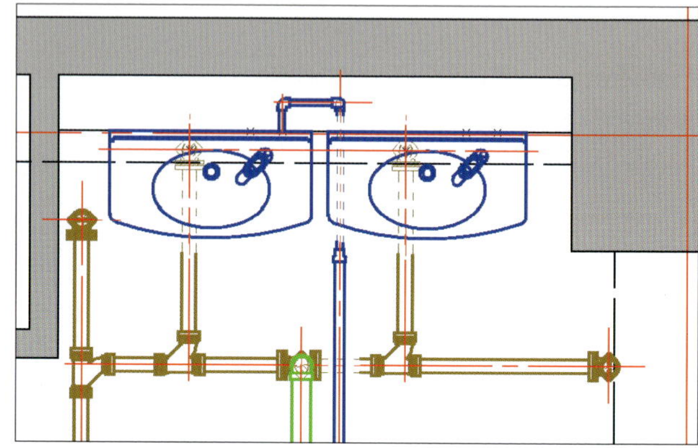

単線化・複線化

メニューバー［衛生］＞［単・複線化］＞［単複表現変更］を選択します。
単複表現変更をかけたい図形（女子便所）を含むように対角をクリックし［Enter］キーを押します❶。

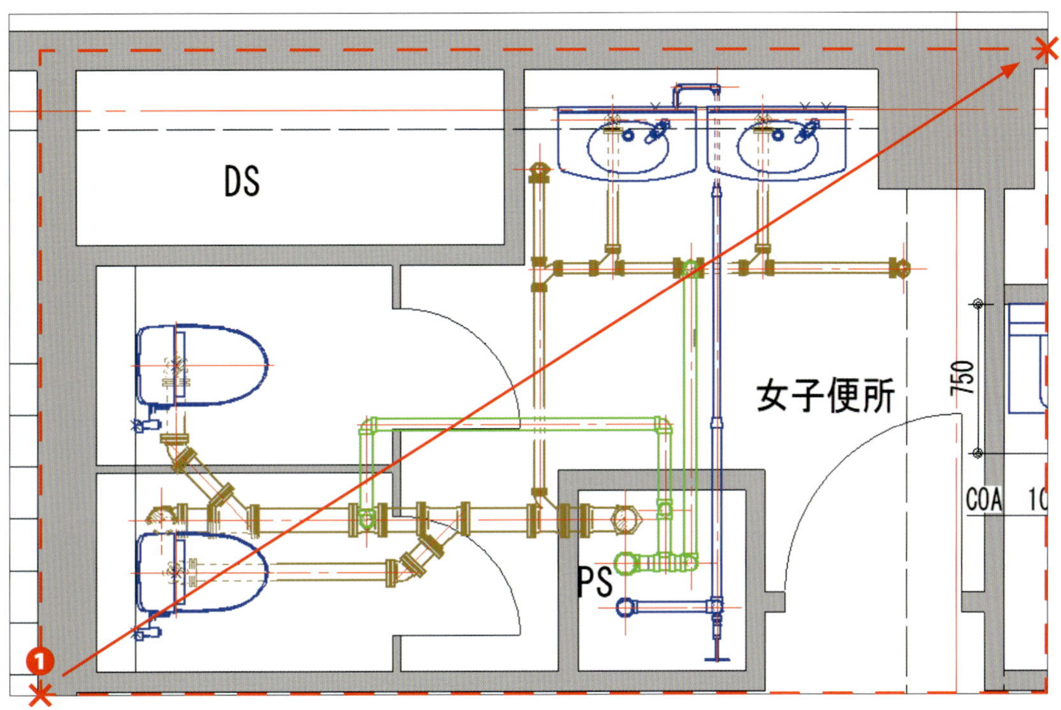

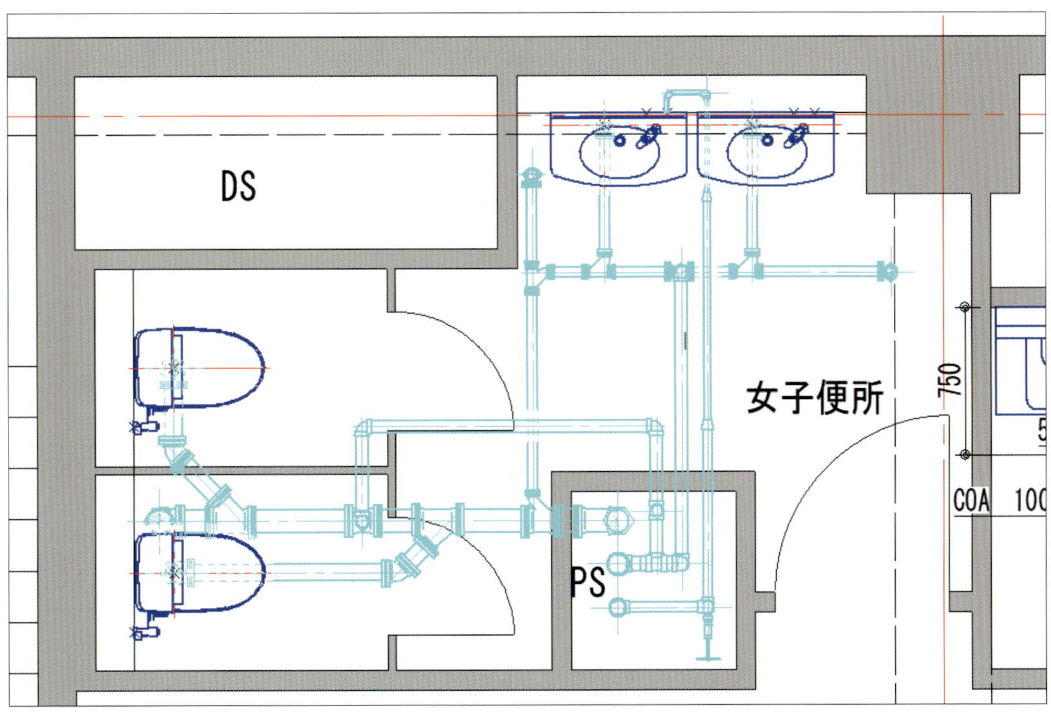

［部材表現変更－単複表現］ダイアログが表示されますので、設定を行います。

単複表現

- 一般配管：［境界径に依存］❶
- 境界径：［32］❷
- 排水管：［複線図］❸
- ［OK］❹

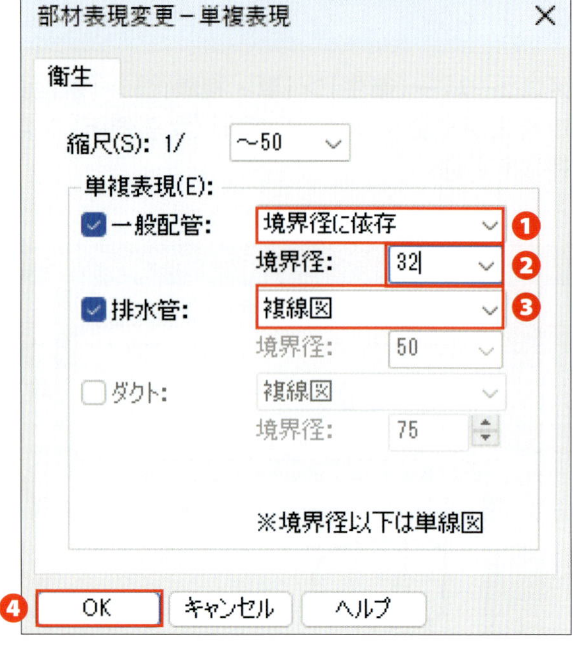

一部の給水管（32A以下）が単線化されています。

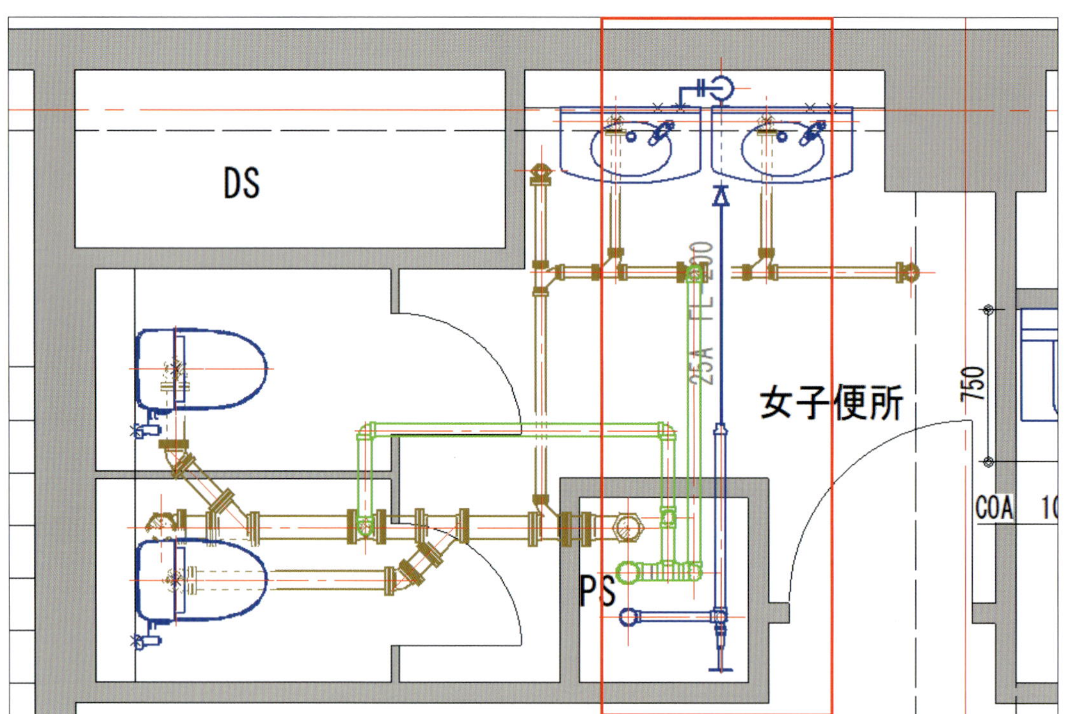

単線図変更

メニューバー［衛生］＞［部材編集］＞［単線図変更］を選択します。

単線図変更をしたい図形を囲むように対角をクリックして［Enter］キーを押します❶。

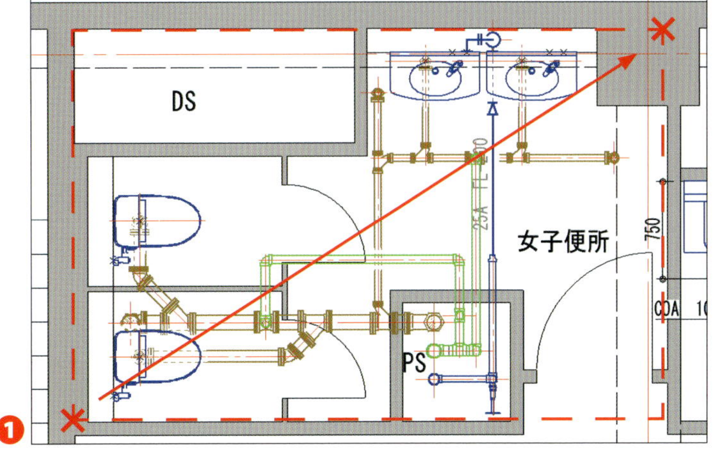

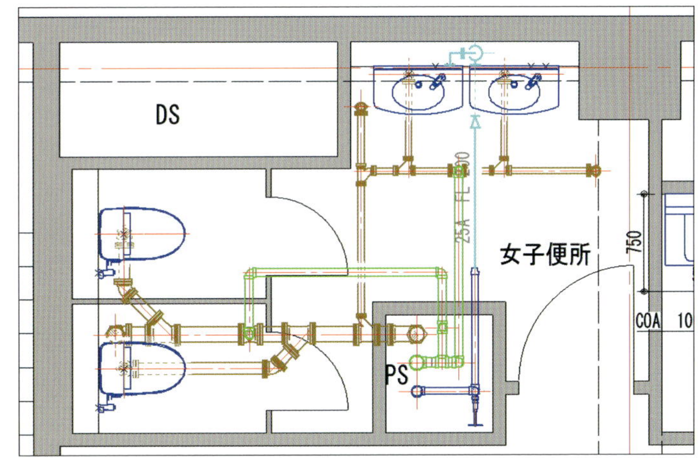

［部材表現変更－単線図］ダイアログが表示されますので、設定を行います。

単線図
- 部材種類：［配管］❷
- 表示：［固定］❸
- A：［0.7］［B］：［0.5］❹
- ［レジューサを線表現しない］❺
- ［OK］❻

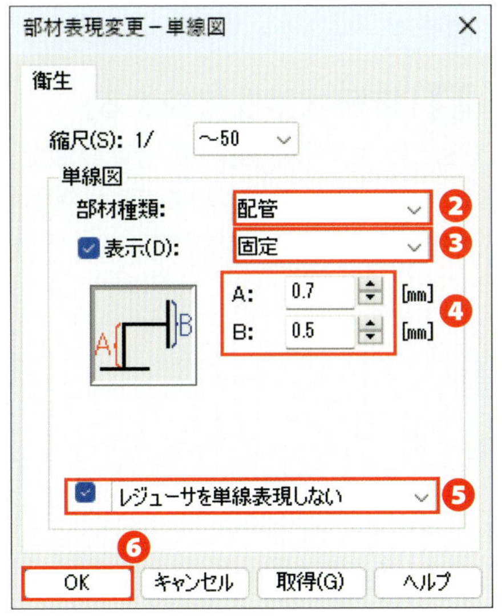

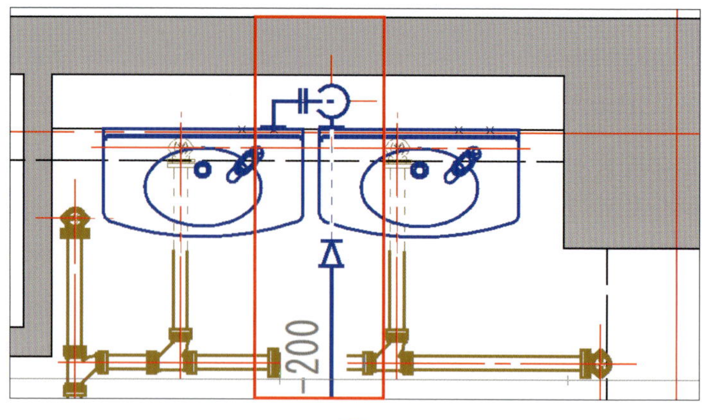

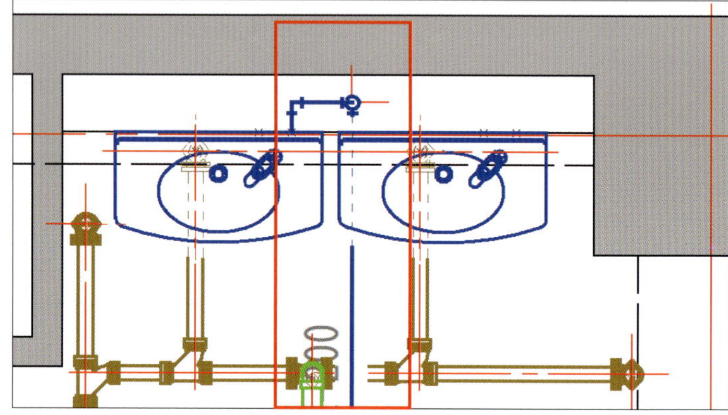

接続離れの措置］ダイアログが表示された場合は、［これ以降にも適応する］①に✔を入れ、［接続状態を保持する］②をクリックします。

1 ［配置位置を保持する］
現在の配置位置を優先するので、接続は離れます。

2 ［接続状態を保持する］
接続が保てる位置に部材を移動させます。そのため、ルートの状態により機器・器具等が移動する場合があります。

接続離れの措置

接続の離れが発生しました。
どのように措置を行いますか？

配置位置を保持する(P)

接続状態を保持する(C)

☑これ以降にも適用する(A)

ﾍﾙﾌﾟ(H)

立上り・下り線作図

ツールバー 、または、メニューバー［衛生］＞［その他作図］＞［立上り・下り線］＞［作図］を選択します。

立て管をクリックし❶❷❸、［Enter］キーを押します。立上り・下り線を引き出す作図位置をクリックします❹。

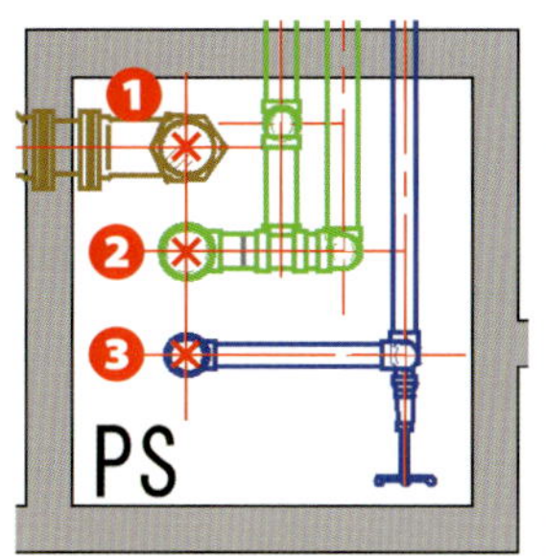

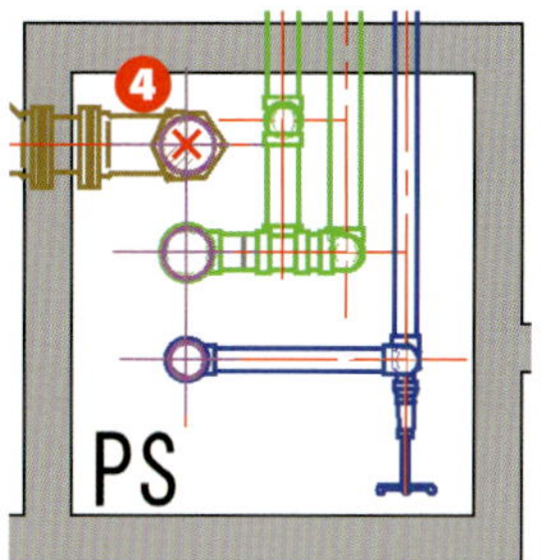

ダイアログが表示されますので、設定をします。

- ［矢印］❺
- ［矢印先端］❻
- ［用途］❼
- ［矢印角度］❽
- ［引出線］❾

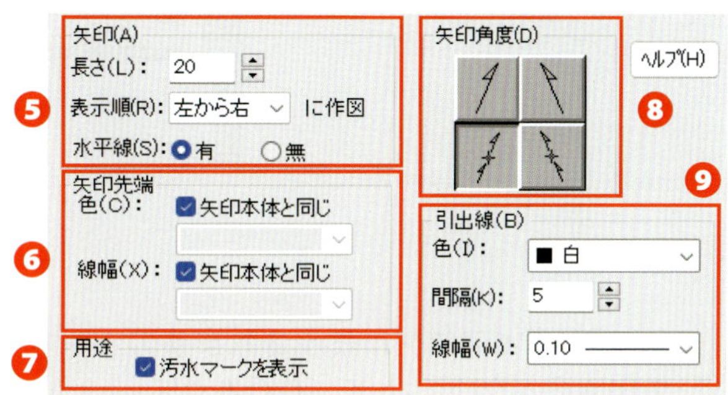

立て管の用途分類が汚水管の場合、［汚水マークを表示］に✓を入れると用途記号に汚水マークを表示します。

立上り・下り線の配置位置をクリックします⑩⑪。

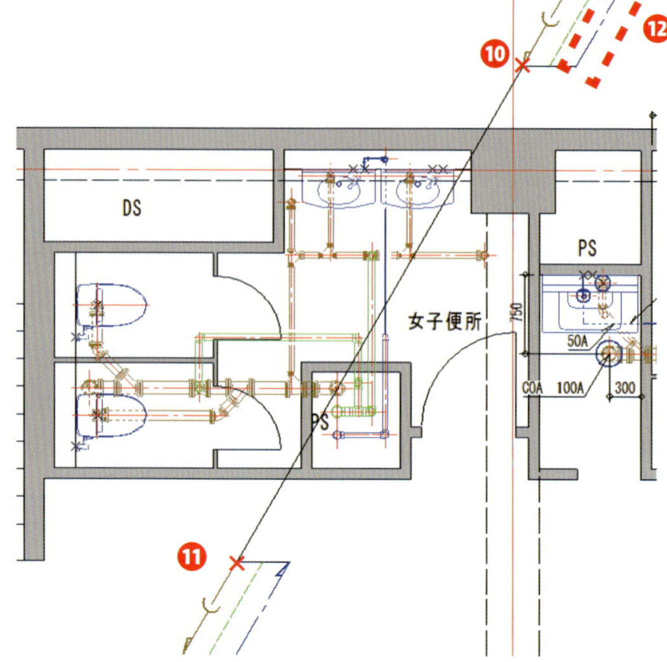

立上り・下り線の矢印の向きを変更します。

ツールバー 、または、メニューバー［衛生］＞［その他作図］＞［立上り・下り線］＞［矢印変更］を選択します。
変更したい矢印をクリックし、［Enter］キーを押します⑫。

［矢印変更］ダイアログが表示されますので、矢印方向をクリックして、［OK］をクリックします⑬。

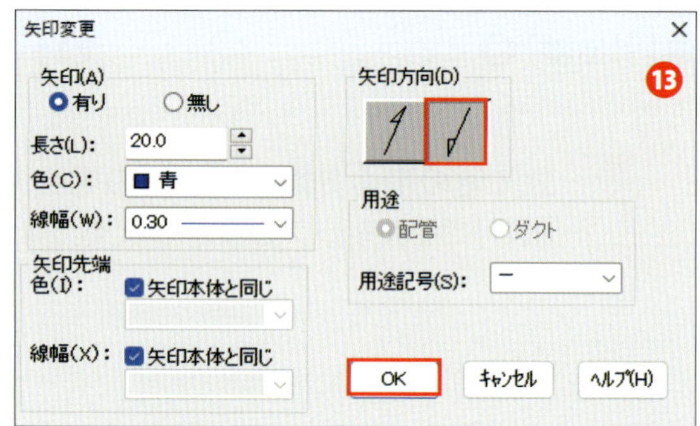

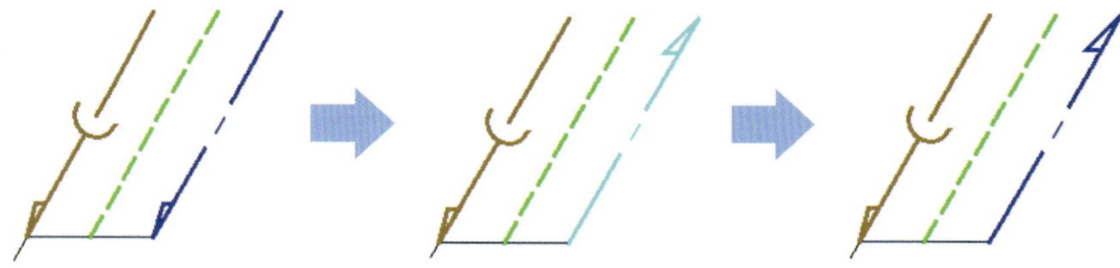

同様に下側にある給水管の矢印方向を以下に変更します⓮。

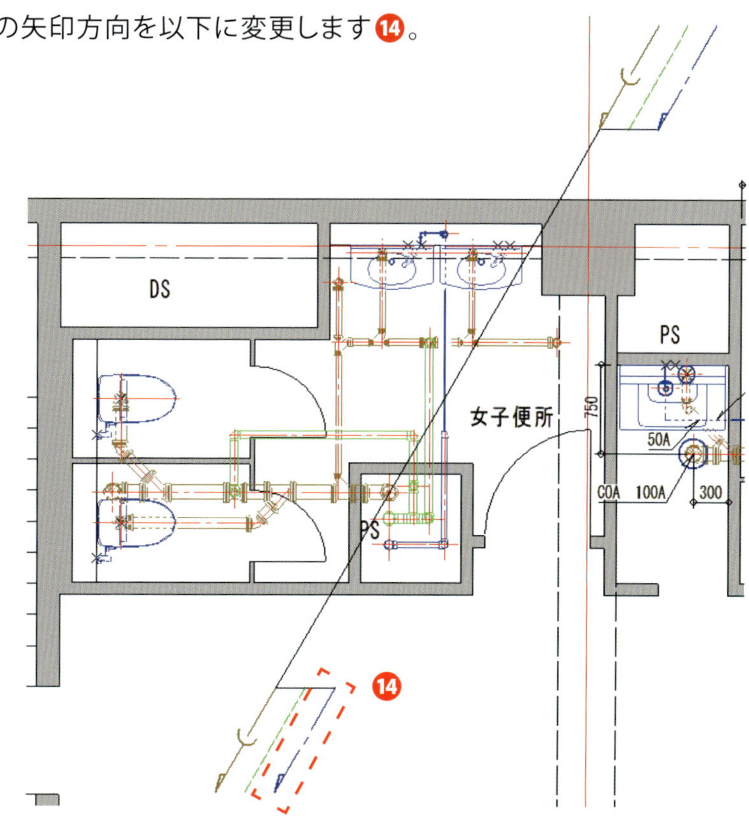

矢印の用途記号の大きさは、メニューバー[基本図形]>[文字]>[設定]を選択すると表示される[文字属性設定]ダイアログの[パターン]タブの文字パターン[寸法線小]を参照しています。

立上り・下り線全体の向き設定や矢印先端部分の大きさを変更したいときは、ツールバー 、または、メニューバー[衛生]>[その他作図]>[立上り・下り線]>[矢印サイズ変更]で変更できます。

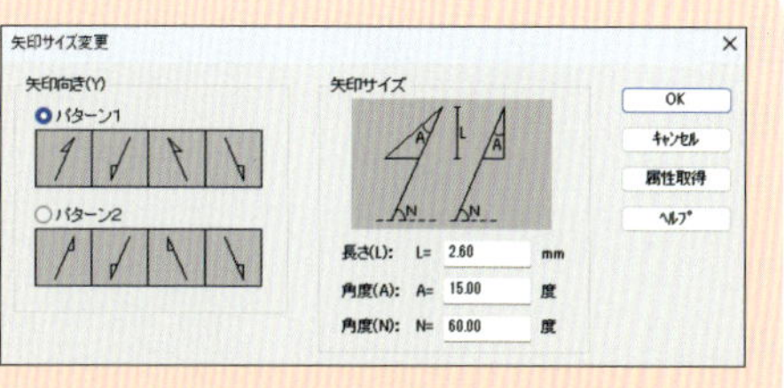

立上り・下り線のサイズ記入

ツールバー 、または、メニューバー［衛生］＞［その他作図］＞［立上り・下り線］＞［サイズ記入］を選択します。

ダイアログが表示されますので、並び順を［指示順］に設定します❶。

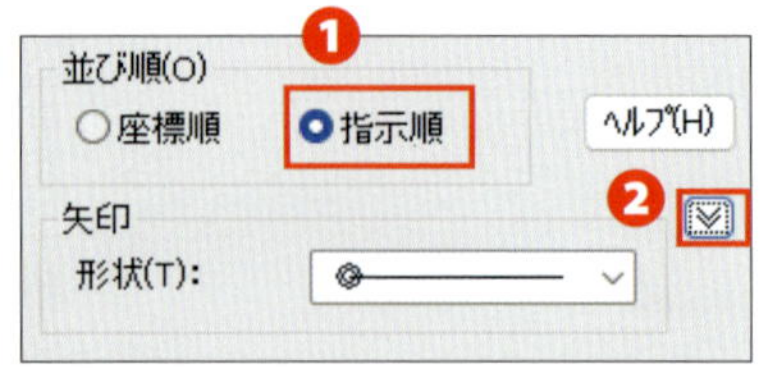

座標準：左から右方向に（または下から上方向に）サイズを並べかえて表示します。
指示順：部材をクリックした順番でサイズを表示します。

プルダウンをクリックして❷、［矢印］❸、［文字］❹、［冷媒管サイズ記号のバルーン］❺、［レイヤ］❻を設定します。

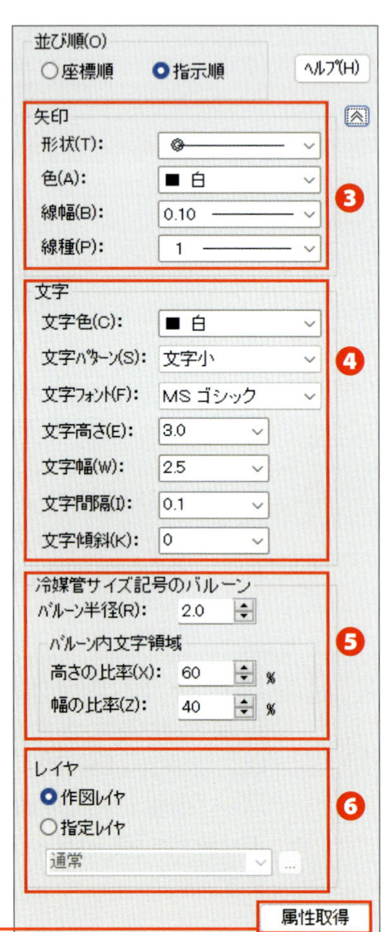

［属性取得］を選択し、作図済みの立上り・下り線をクリックすることで、属性を取得することもできます。

［レイヤ］は作図レイヤの場合は、ツールバー［作図レイヤ変更］に表示されているレイヤに作図されます。違うレイヤに作図したい場合は、指定レイヤを選択します。

サイズを表示させたい部材、または立上り・下り線をクリックし❼❽❾、[Enter]キーを押します。

[配置基準点]をクリックします❿。

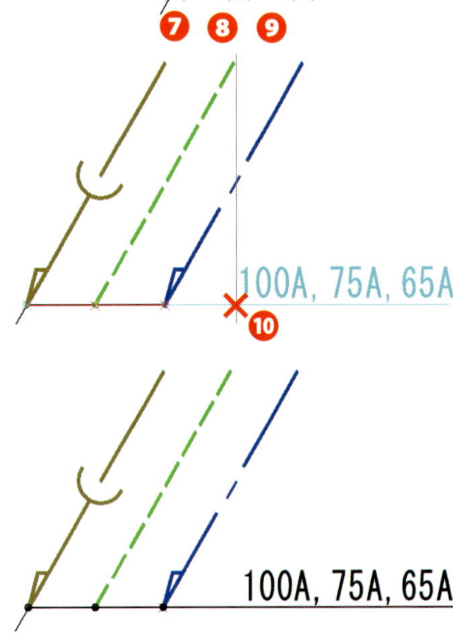

同様にもう一方の立上り・下り線にもサイズ記入をします⓫。

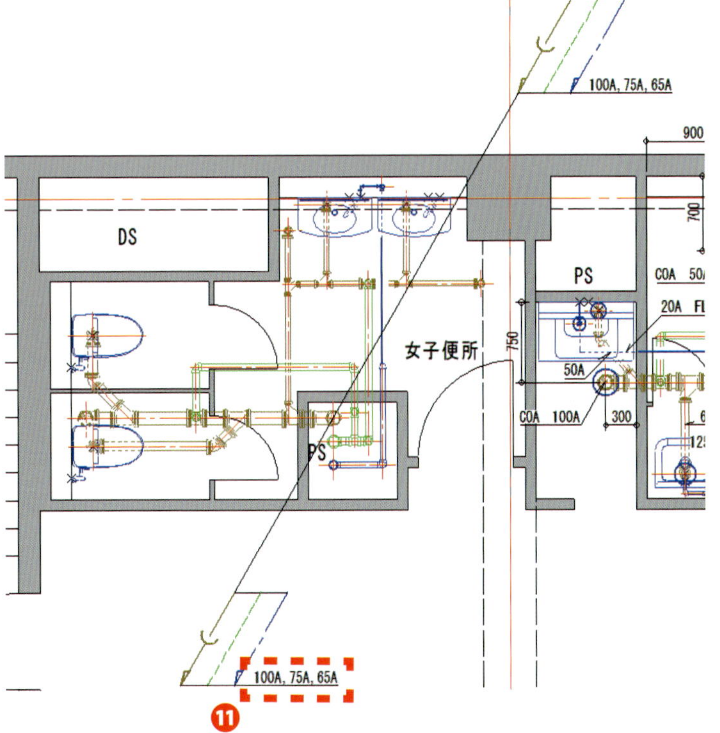

衛生完成図

「衛生完成図（371P）」を参考に続きを作図して、衛生図面を完成させましょう。

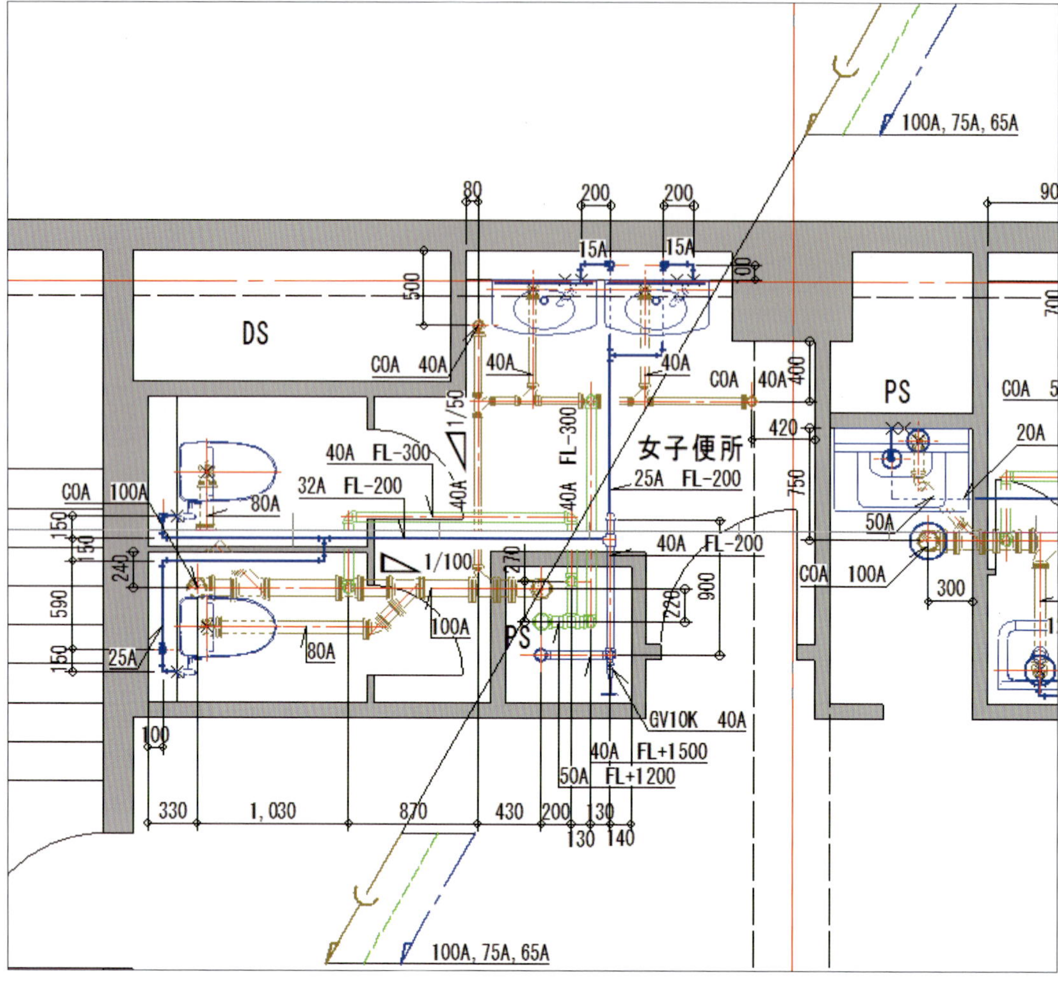

干渉検査

ルーティングが終了したら、3D表示して、［干渉検査］をします。
今回は非表示なっていた［建築ースラブ］レイヤを干渉検査の対象になるように［編集］状態にします。

ツールバー 3D 、または、メニューバー［ツール］>［3D］>［表示］を選択します。
［シート選択］のダイアログが表示されますので、［OK］をクリックします。範囲を対角で選択し、［Enter］キーを押します❶。

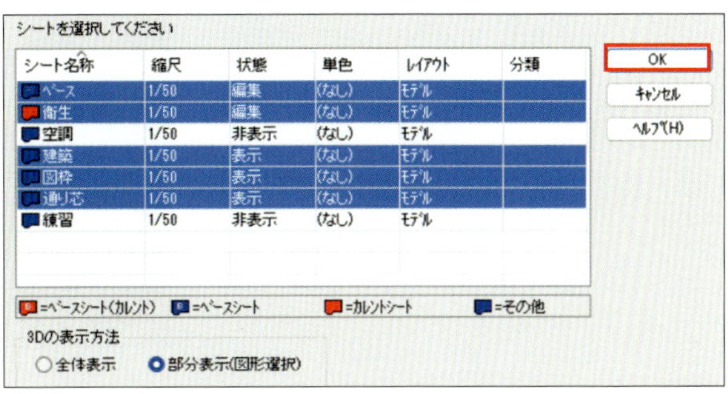

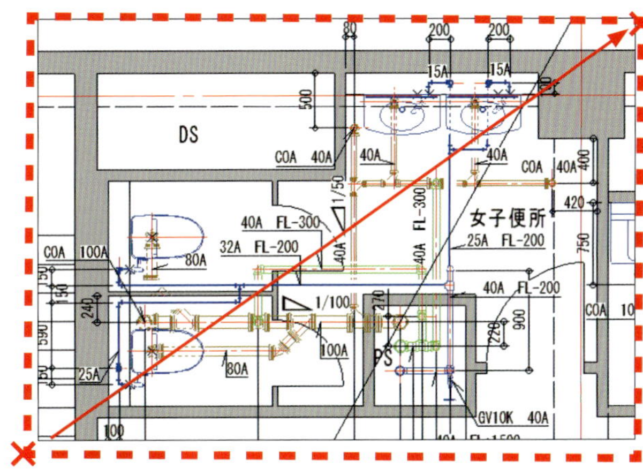

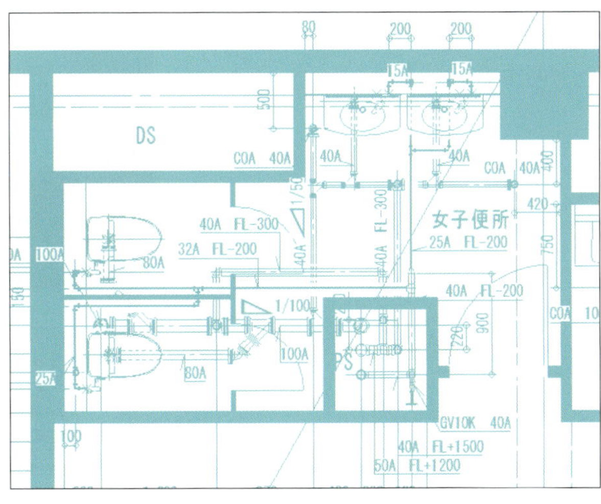

3Dが表示されましたら、3Dの下にあるツールバー [干渉検査] をクリックします。ダイアログが表示されますので、[検査対象] や [干渉物] 等にチェックを入れて、[検査開始] をクリックします。

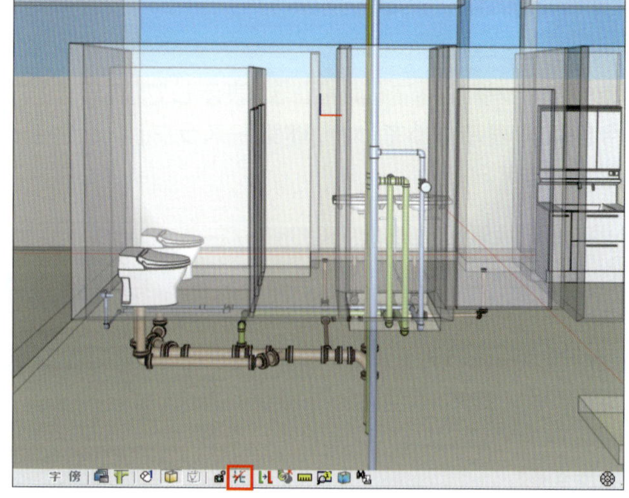

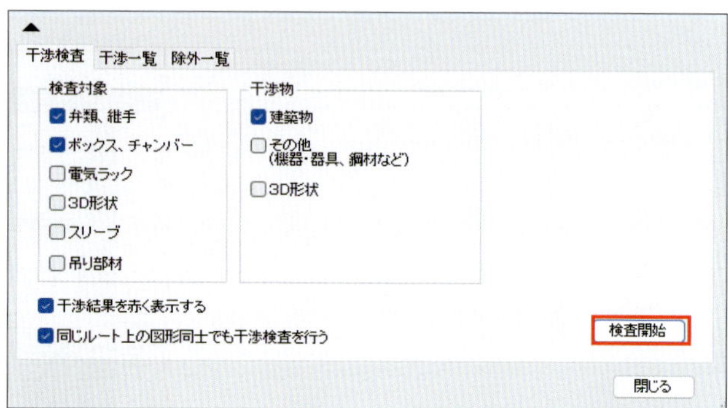

干渉している部分が赤く表示され、干渉検査の結果がリストで表示されます。
配管とスラブが干渉しているのがわかります。

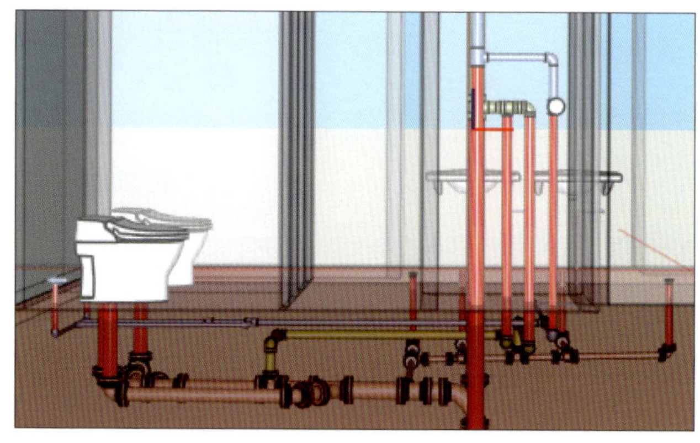

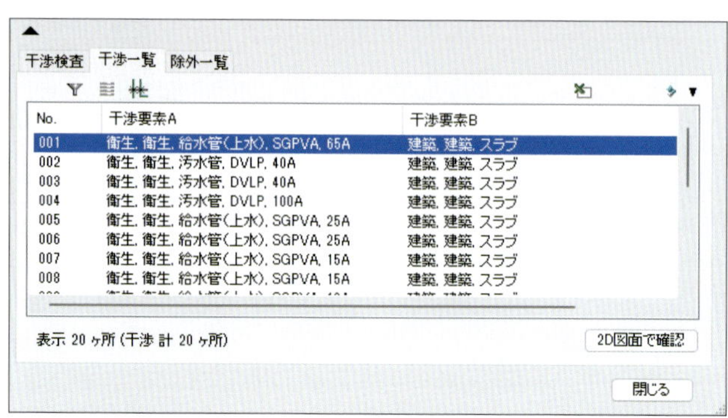

干渉をなくすためにスリーブを挿入します。
メニューバー［衛生］＞［その他作図］＞［スリーブ］＞［自動配置］を選択します。
スリーブを配置する範囲を対角で選択して、［Enter］キーを押します。

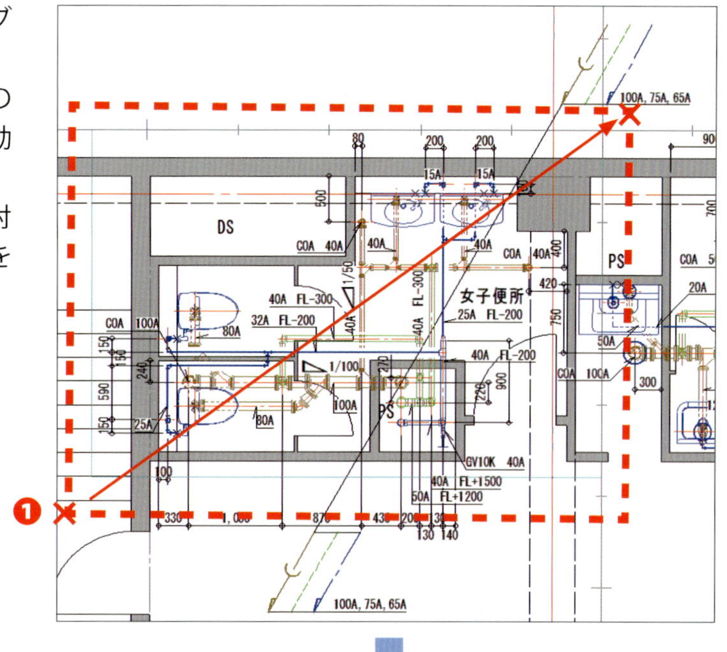

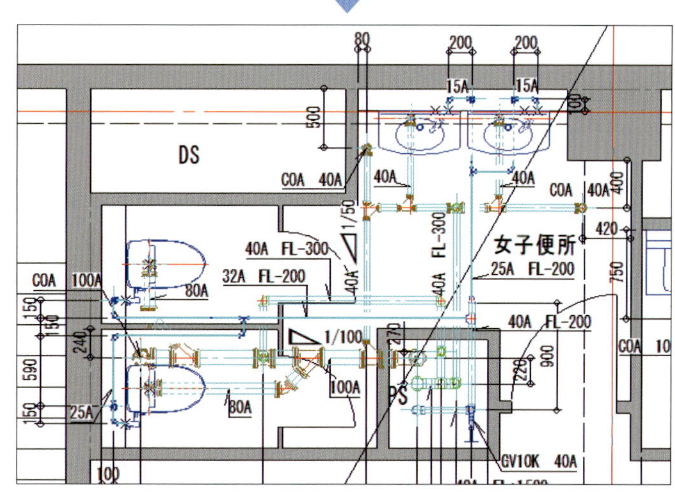

［配置スリーブ選択］ダイアログが表示されますので、設定を行います。

- 種類：［丸ー鉄］❷
- 作成サイズ：
  ［スリーブサイズ設定で決定］❸
- ［OK］❹

配置スリーブ選択

配管

種類(K): 丸ー鉄

傍記表示(B): 仮表示

作成サイズ

◉スリーブサイズ設定で決定(T)　設定(E)...

☑保温厚が未付加でも用途設定の保温厚を考慮する(P)

○直管サイズに依存(C)　ふかし(F): 50 [mm]

○サイズを指定(M)　A: 300

作図設定...　OK　キャンセル　ヘルプ

床スリーブが自動で配置されます。

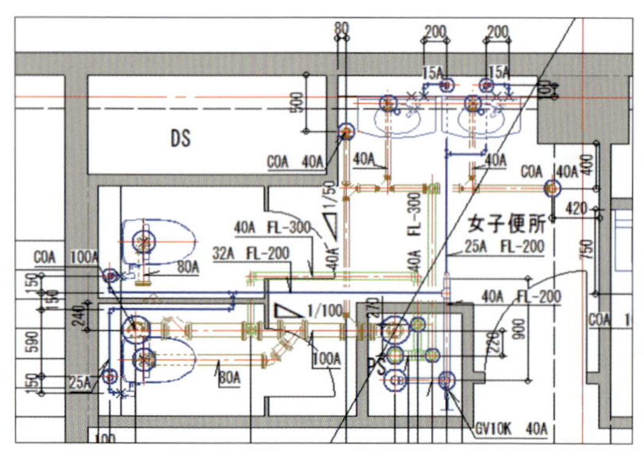

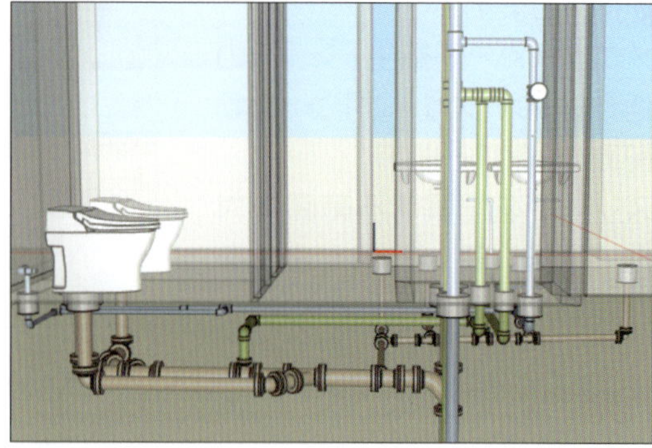

衛生図面が完成します。
3D表示で干渉検査をすると、赤くならないことが確認できます。

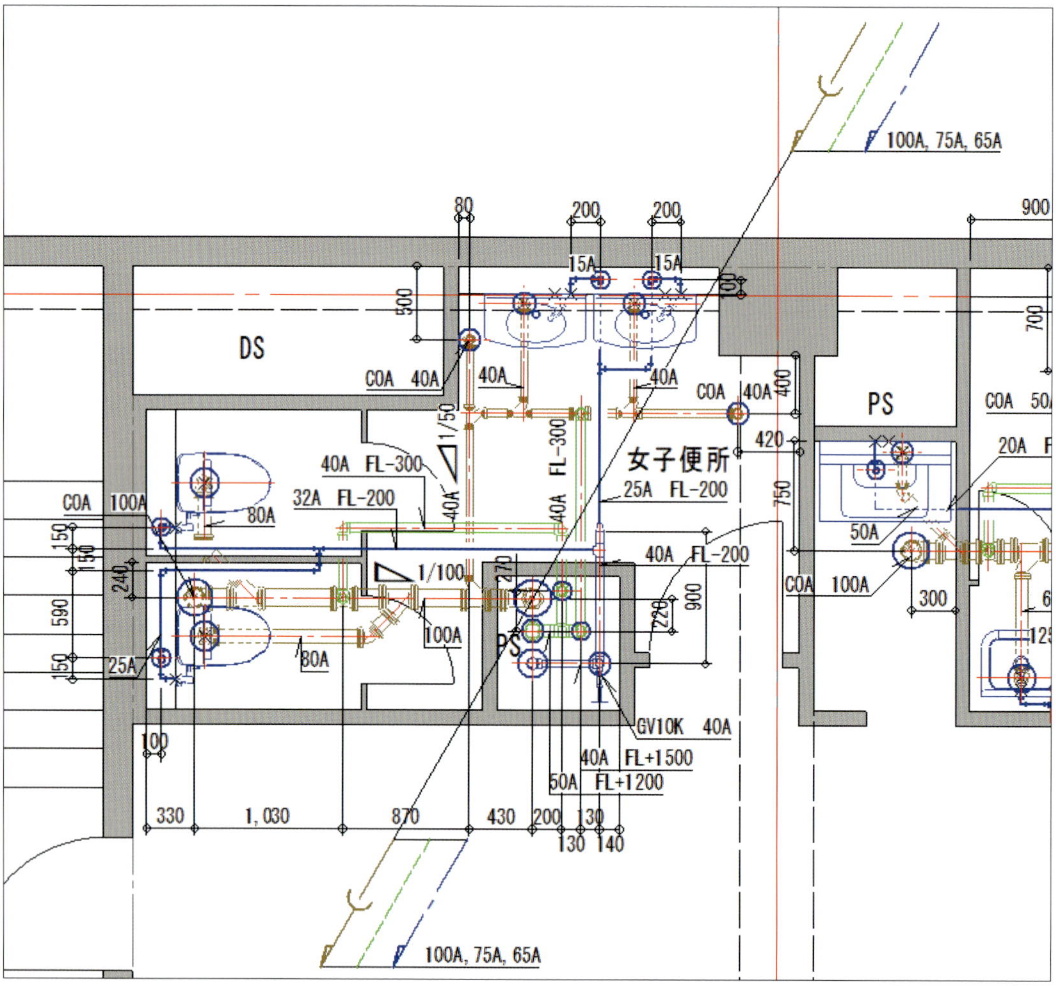

※寸法の文字サイズ、引出線のサイズは図面縮尺によって見やすい大きさに変更しましょう。

第3章

実践操作編

01 CADWe'll Tfas作図環境の設定

02 意匠データの整理

03 躯体入力

04 機器・器具・制気口配置

CADWe'll Tfasの作図環境の設定

■使用ファイル：なし　■完成図：なし

「第3章 実践操作編」では、「第1章 基本操作編」「第2章 設備操作編」で学んだ内容を使用して、実践的な図面作図の流れに沿って、作図していきます。ここでは空調の設計図から空調施工図を作成していくための下図を作図します。衛生図面も同様の手順です。ここで使用するシート名は独自に設定したものです。

作図に入る前の事前設定

CADWe'll Tfasでは、ツールバーの配置等の設定を保存しておき、その設定を読込むことによって、いつでもどのPCでも同じ環境で作図することができます。そのため、作業効率を上げることができます。

CADWe'll Tfas環境の保守は、CADWe'll Tfasが起動していると設定することができないので、一度終了してください。

Windowsのスタートボタンから、[すべてのアプリ] > [CADWe'll Tfas13] > [Tfas13環境保守]を起動します❶。

アプリ、設定、ドキュメントの検索
すべてのアプリ
CADWe'll Tfas 13
CADWe'll Tfas 13 レンタル版
❶ Tfas 13 環境保守
Tfas 13 について

[CADWe'll Tfas13/13E環境保守ー作業項目の選択]ダイアログが表示されますので、[設定]を選択し❷、[次へ]をクリックします❸。

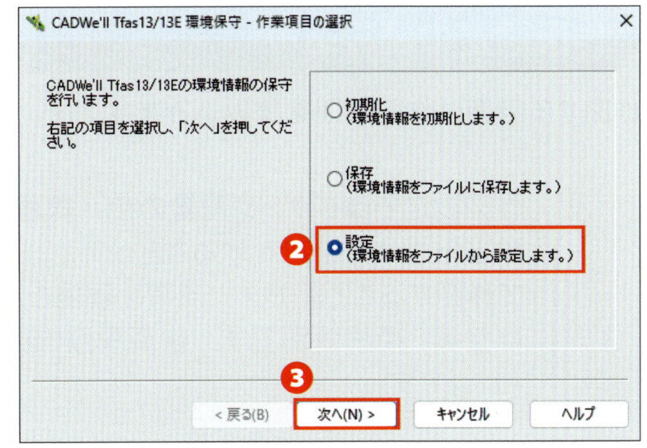

[参照]をクリックし❹、設定したい環境情報ファイル[実践編.mnt]を選択したら、[次へ]をクリックします❺。

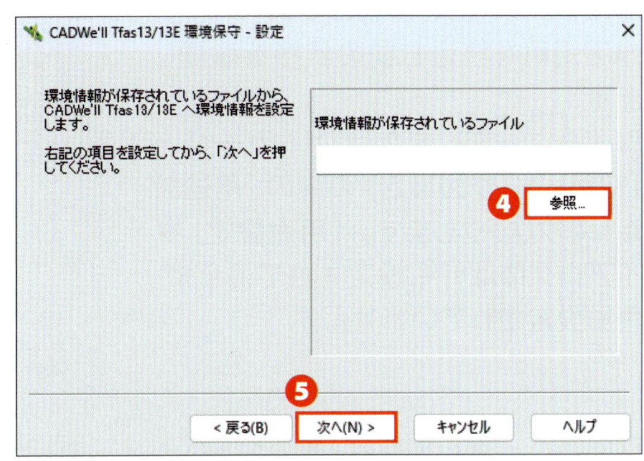

設定したい項目に✓を入れて❻、[完了]をクリックします❼。

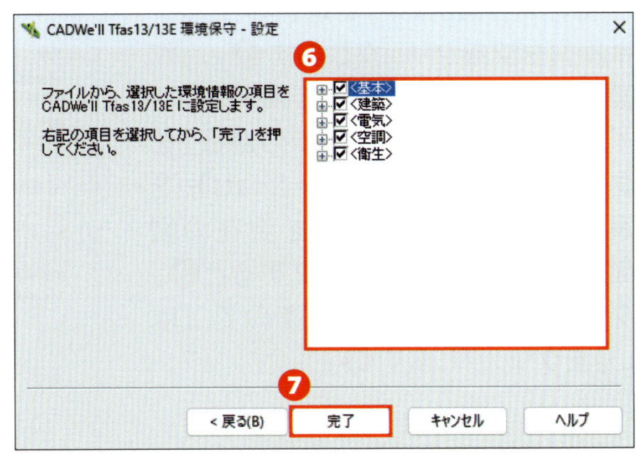

環境はPCによって、ツールバーの間にスペースが入ってしまう等で見え方が変わってしまうので、作図PCによって編集が必要です。

作図設定の読み込み

作図する図面に作図規則を読み込みます。

作図設定ではダクトや配管の色、線種、管種・継手等、図面を作成するときに適用される設定をすることができます。複数人で作図をしても、同じ環境で作図することができ、通常、現場ごとに設定しています。作図規則ファイルは空調と衛生は別です。空調設備の拡張子は［.ats］、衛生設備の拡張子は［.sts］です。

CADWe'll Tfasを起動します。作図規則を読込む前の状態を確認します。

ツールバー、または、メニューバー［空調］＞［作図設定］の中の［用途設定］をクリックします。［用途設定］ダイアログには何も設定されておらず、色も設定されていません。

ツールバー、または、メニューバー［空調］＞［作図設定］を選択し、［ファイル］タブをクリックします❶。［作図規則の選択］欄から［作図規則ファイル］を選択し、［ファイルの選択］をクリックし❷、【WATホテル.ats】を選択します。［作図規則を現在の図面に適用する］をクリックすると❸、ダイアログが表示されますので［はい］をクリックします❹。

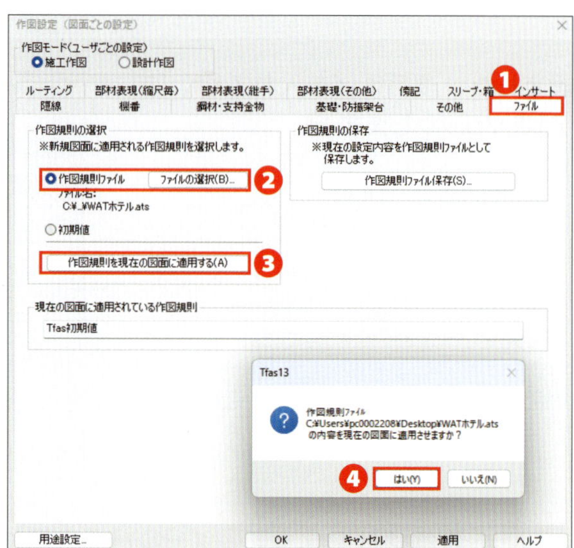

［OK］をクリックします❺。

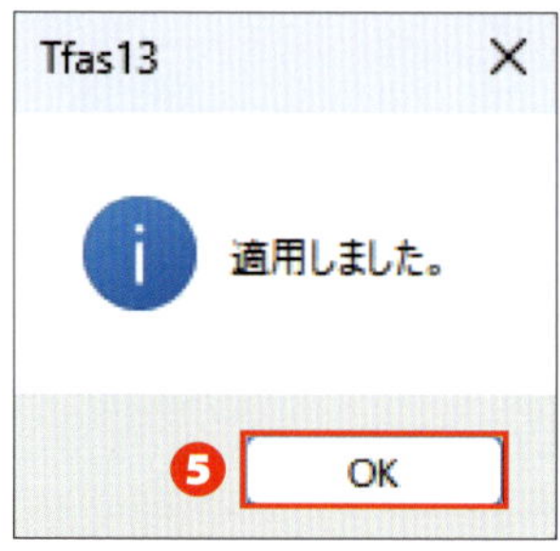

現在の図面に適用されている作図規則を確認して❻、[適用]❼、[OK]をクリックします❽。

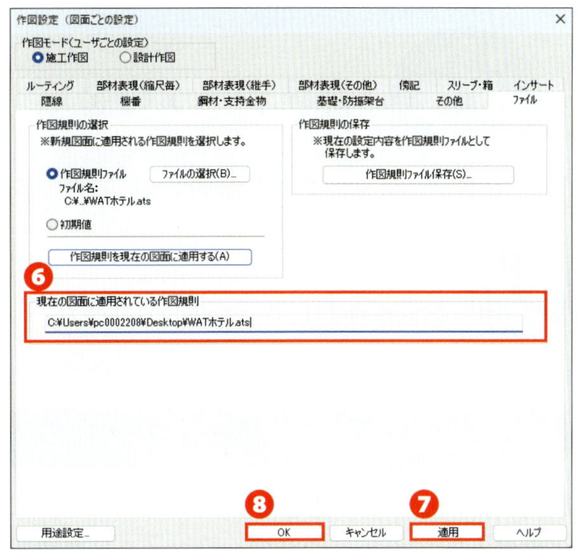

再度、[用途設定]を確認すると、ダクトの色・線種や、配管の管種・継手や色・線種が設定されています。[OK]をクリックして閉じます❾。

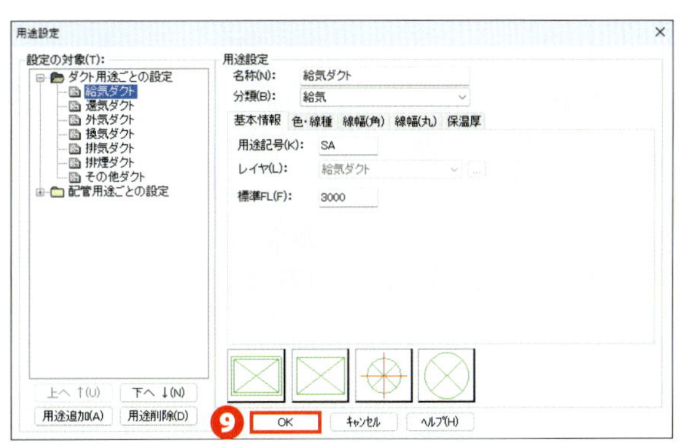

このファイルに図面を作図していきますので、名前を付けて保存します。メニューバー[ファイル]>[名前を付けて保存]を選択し❿、保存する場所を「第3章_実践操作編」フォルダの中に、[ファイル名]を「WATホテル」と入力し⓫、[保存]をクリックします⓬。

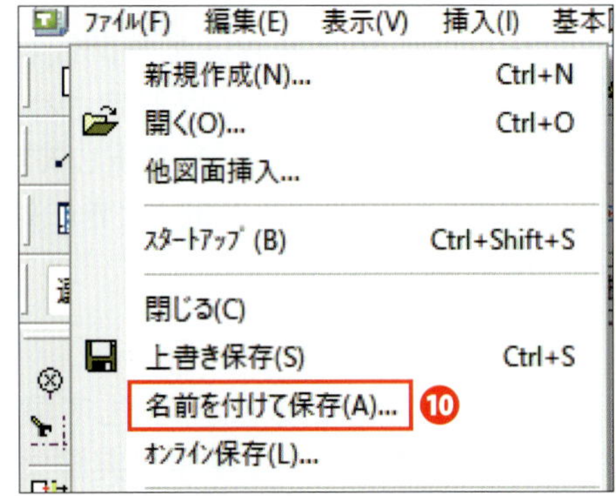

今回は、用紙サイズを[A3]としますので、メニューバー[ファイル]>[用紙サイズ・縮尺設定]を選択し、[用紙サイズ]を[A3]に変更します。

Tfas画面の左上が【WATホテル.tfs（A3 1/50）】に変更されます。

Tfas13 - [WATホテル.tfs (A3 1/50)]
ﾌｧｲﾙ(F)　編集(E)　表示(V)　挿

意匠データの整理

■使用ファイル：3階平面詳細図.dwg　■完成図：なし

図面を使用して、シートの整理を行いながら作図を行います。

建築意匠図の整理

設備施工図を作図するには、建築図をベースにして作図をします。
設備施工図が主になるため、ベースとなる建築意匠図を目立たないように整理していきます。

1 建築意匠図を開きます。
ツールバー、メニューバー[ファイル]＞[開く]を選択し、「第3章_実践操作編」の中にある【3階平面詳細図.dwg】を選択し❶、[開く]をクリックします❷。

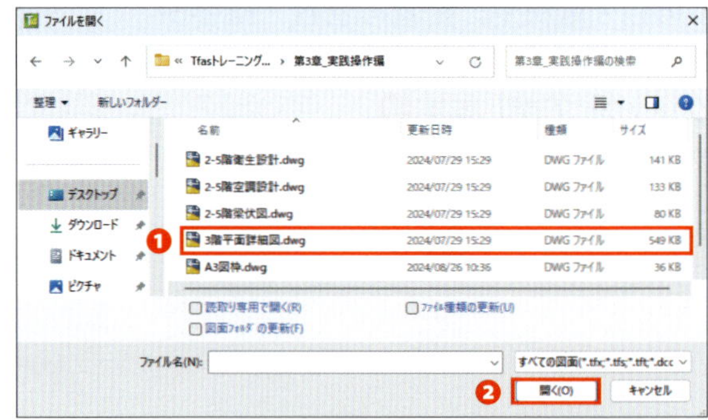

テーブル名は読み込んだ図面種類に応じて自動的に変換テーブルが設定されます❸。
配置レイヤは[基本]を選択します。原則として、他のCADファイルを開くときには基本を選択します❹。

- 用紙サイズ：[A3]❺
- [UCS原点を基準原点として再現する][微小なピッチの線種を実線化する]に✓❻
- [OK]❼

テンプレートは使用しないので✓は外しておきます。

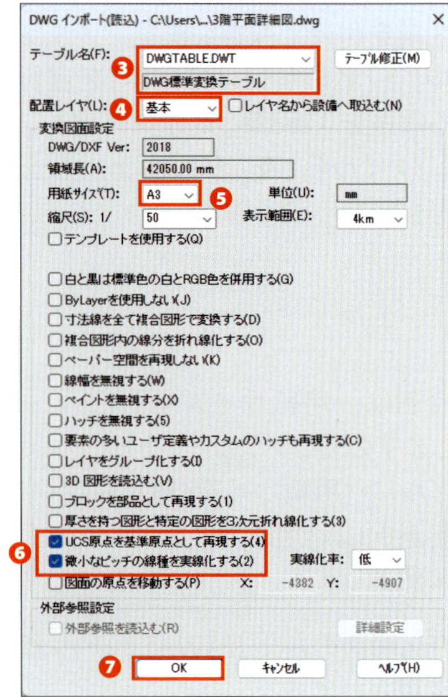

【ベース】シートにAutoCAD図面の色のまま読み込まれます。このまま【WATホテル.tfs（A3 1/50）】に複写すると、【ベース】シートに入ってしまうので、別シートに移動してから複写します。

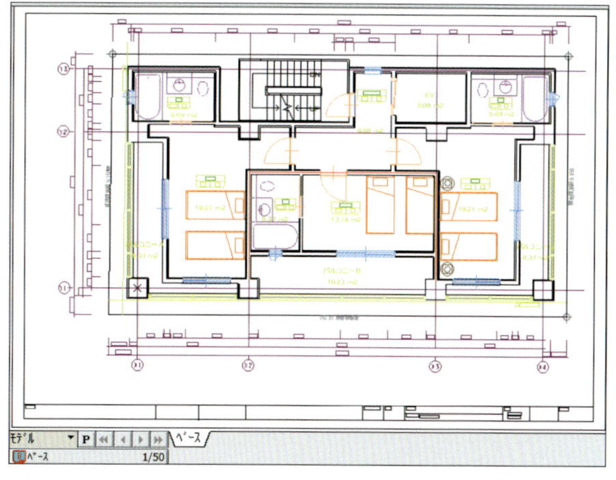

CADWe'll Tfasで違うCAD図面を読み込むと、全て【ベース】シートに読み込まれます。全ての図面が【ベース】シートに入ってしまうのを避けるため、【ベース】シートは空けておくようにします。

2 開いた【3階平面詳細図.dwg】を入れるシートを作成します。【ベース】シートのタブ上で右クリックし、［新規作成］をクリックします❶。

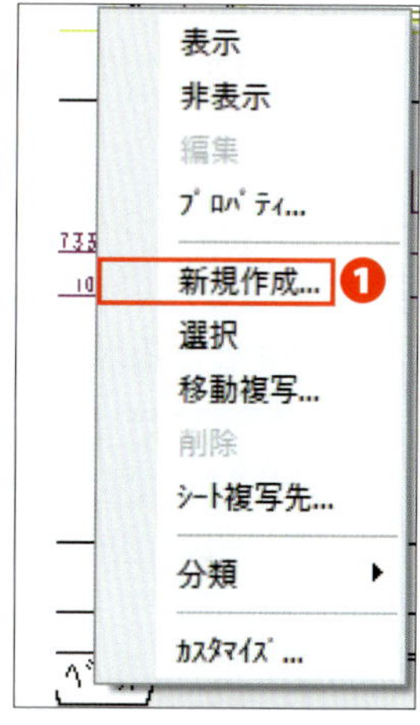

［新規作成］ダイアログが表示されますので、［シート名称］を「3F意匠」と入力して❷、［OK］をクリックします❸。

新規作成 - 3階平面詳細図.tfs

基本　階情報

シート名称(N): 3F意匠 ❷

ﾚｲｱｳﾄ: ﾓﾃﾞﾙ

分類(G):

縮尺(S): 1 ／ 50

☑図面縮尺を設定(Z)

状態(D): 編集

単色指定(M): (なし)

弱表示(B): (なし)

ﾀﾌﾞ色(C): (なし)

❸ OK　ｷｬﾝｾﾙ　ﾍﾙﾌﾟ(H)

【ベース】シートの隣に、【3F意匠】シートができます。

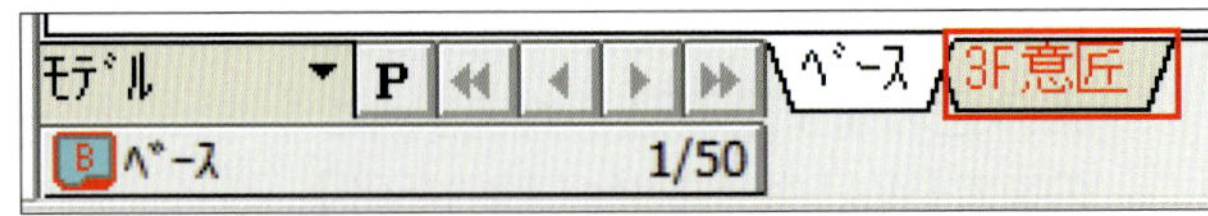

シートのカスタマイズでシートの設定をカスタマイズできます。ここでは編集シートの文字色を赤に設定しています。

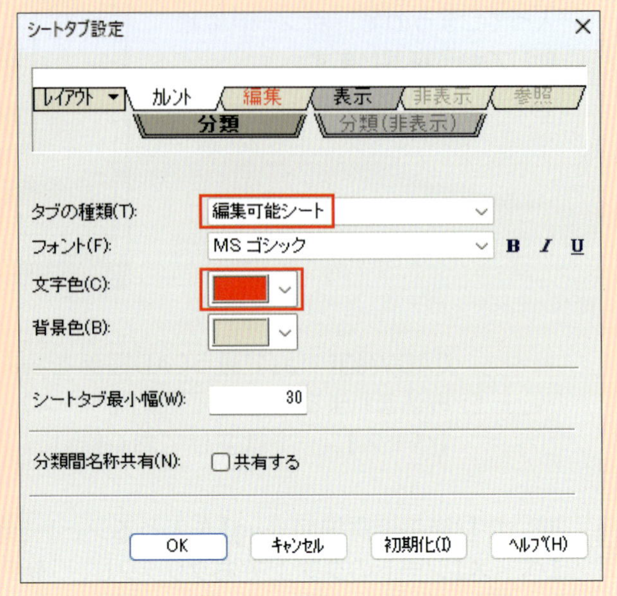

3 【ベース】シートに入っている［3階平面詳細図］を【3F意匠】シートに移動します。使用したい図面の範囲を囲い❶、ツールバー、または、シートの上で右クリックすると表示される［移動複写］をクリックします❷。

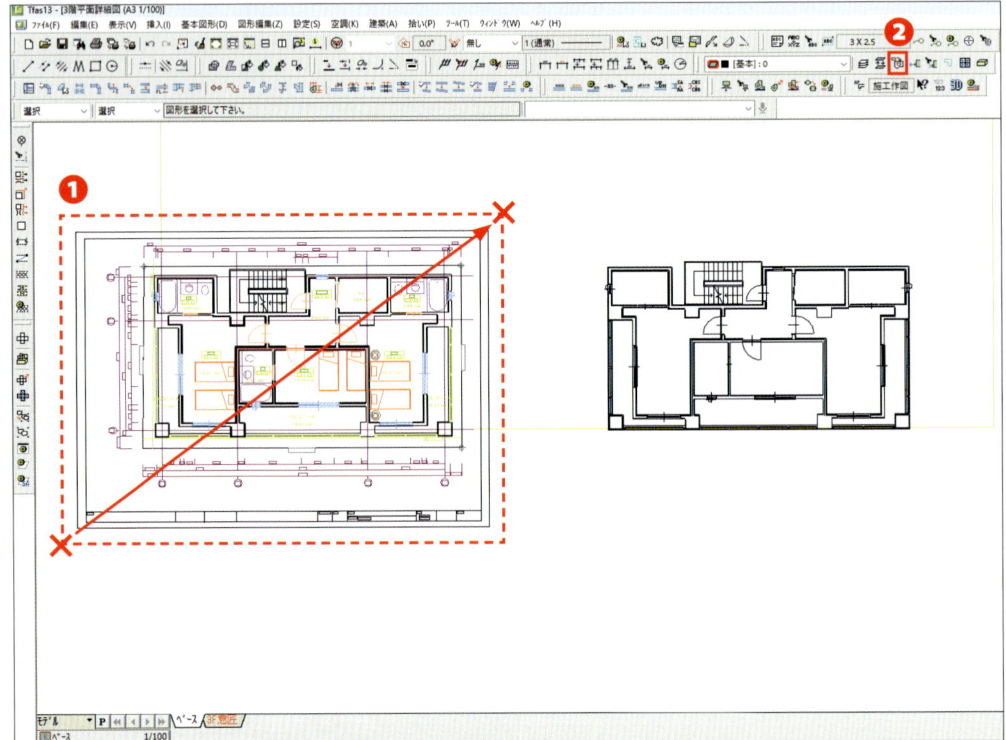

シート内に入っている全ての図面を選択したい場合は、対象シートのタブ上で、右クリックして［選択］をクリックして選択することもできます。

［複写/移動先シート選択］ダイアログが表示されますので、モード：［移動］❸、シート間：［実寸］を選択します❹。［3F意匠］をクリックしてから❺、［OK］をクリックします❻。［Enter］キーを2回押すと、【3F意匠】シートに図面が移動します❼。

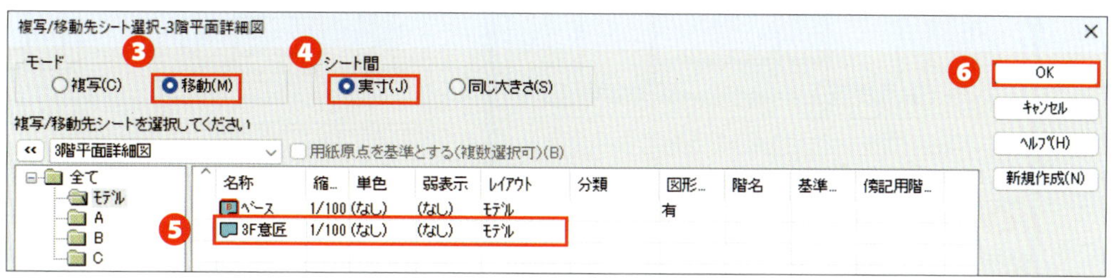

4 【WATホテル.tfs（A3 1/50）】と【3階平面詳細図.tfs（A3 1/50）】を左右に並べて、【3F意匠】を【WATホテル.tfs（A3 1/50）】に複写します。

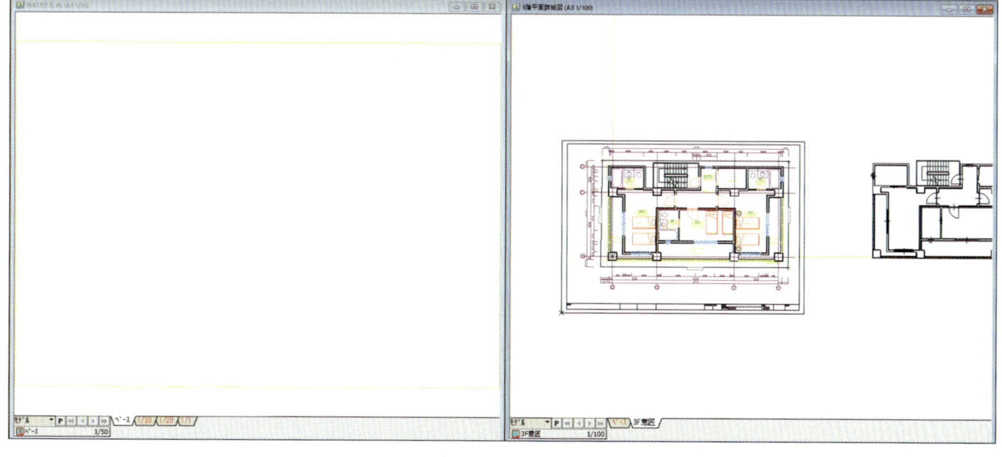

【3F意匠】シートのタブ上で右クリックし、メニューから［選択］をクリックして［3F意匠］を選択します❶。図面上で右クリックしてメニューから［複写］を選択します❷。基準点（［3階平面詳細図］の左枠下）をクリックし❸、指定点（黄色枠の左下角）をクリックして❹、［Enter］キーを押します。

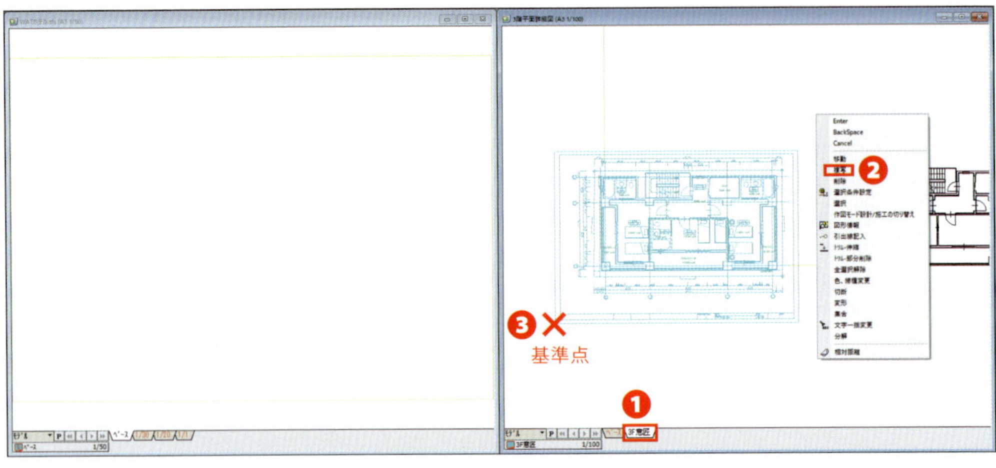

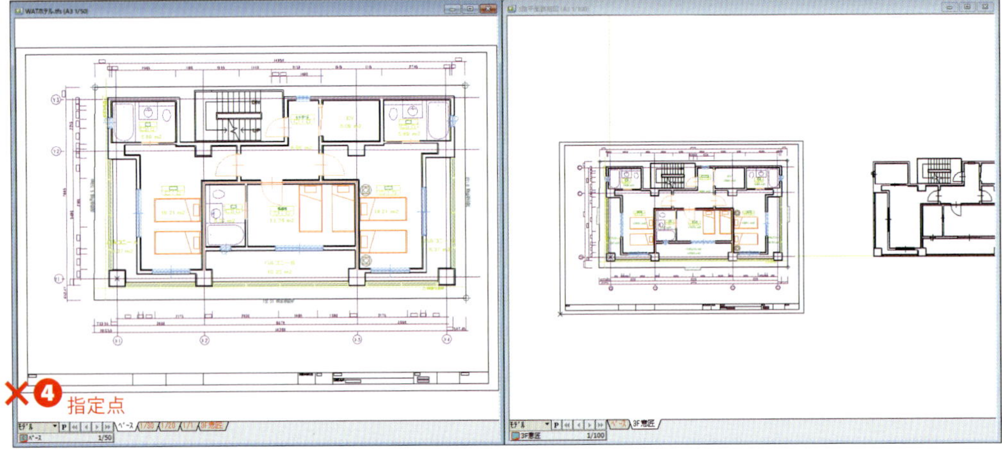

5 ［WATホテル.tfs（A3 1/50）］に【3F意匠】が複写されたら、必要のないシートは削除しておきます。

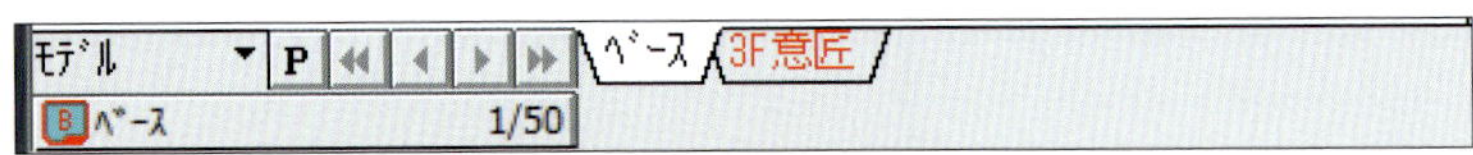

シート名ごと複写されます。

通り芯の作図

▶［3階平面詳細図.dwg］で作図されていた通り芯をTfasの通り芯に置き換えます。

1 ツールバー［アイコン］、または、メニューバー［建築］＞［通り芯］＞［バルーン付加］を選択します。X方向の通り芯（X1通り、X2通り、X3通り、X4通り）を順番にクリックして、［Enter］キーを押します❶。

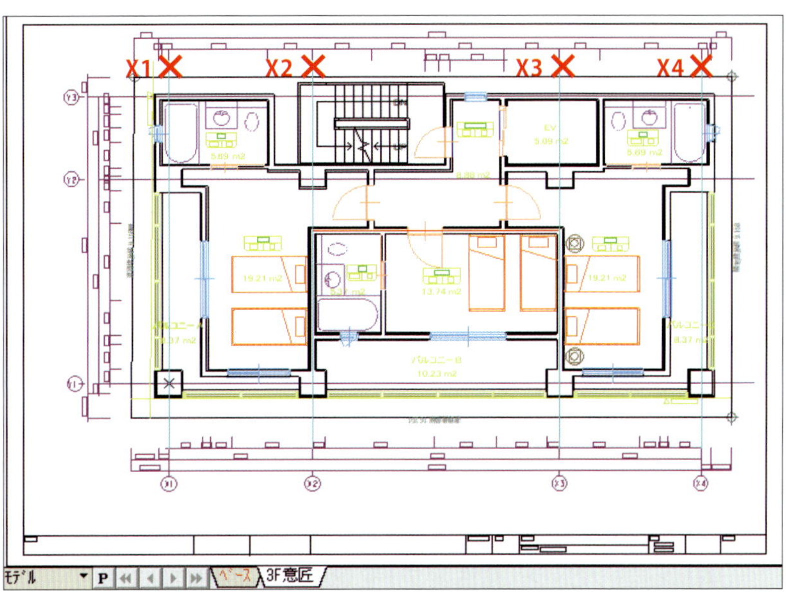

［バルーン付加設定］ダイアログが表示されますので、設定を行います。
●符号：［X1］❷ ●直径：［10］❸ ●カウントアップ方向：［方向1］❹
●バルーン位置：［上側、下側］●［OK］❺

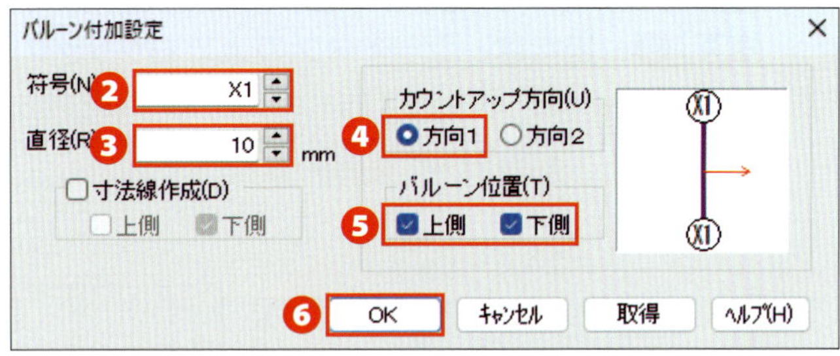

Tfasの通り芯に置き換わり、バルーンが表示されます。続けて、X方向と同様にY方向の通り芯もTfasの通り芯に置き換えます。

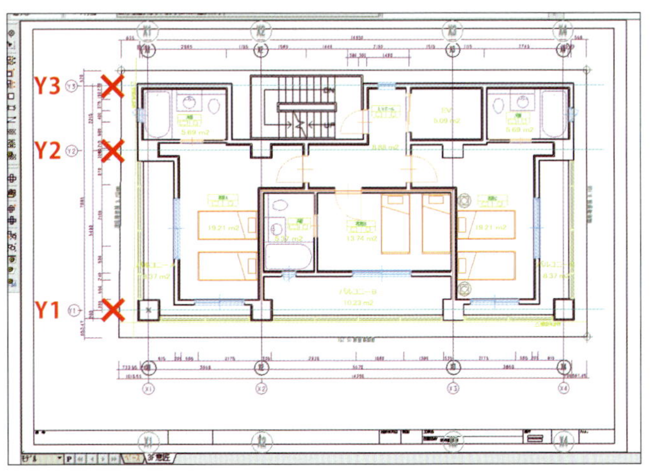

X方向、Y方向の通り芯がTfasの通り芯に置き換わっていることが確認できます。

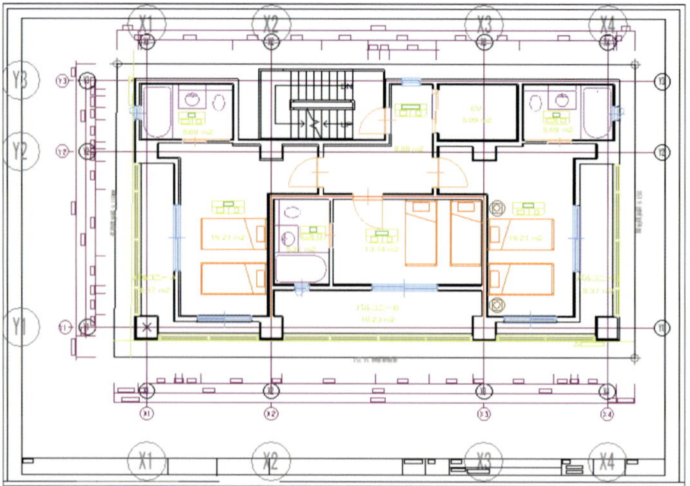

2 【通り芯】シートを新規作成し❶、Tfasの通り芯を【通り芯】シートに移動します。

通り芯は図面の基準になるので、動かさないようにシートを分けておきます。

【3F意匠】シートをカレントシートとして、ツールバー 、または、メニューバー［建築］＞［通り芯］＞［属性変更］を選択します。
図面全体を囲い、通り芯を選択している状態で❷、ツールバー ［シート・移動複写］❸、または、シートタブの上で右クリックして、［移動複写］をクリックします。

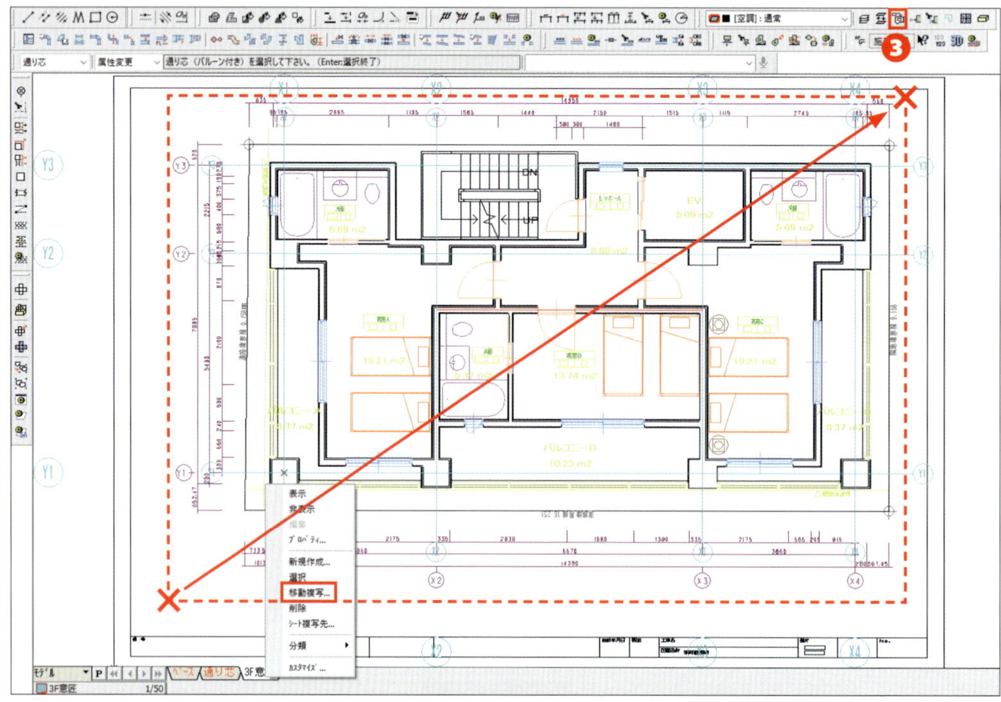

［複写/移動先シート選択］ダイアログが表示されますので、モード：［移動］❹、シート間：［実寸］を選択し❺、［通り芯］をクリックして❻、［OK］をクリックします❼。［Enter］キーを2回押すと、【通り芯】シートに図面が移動します。

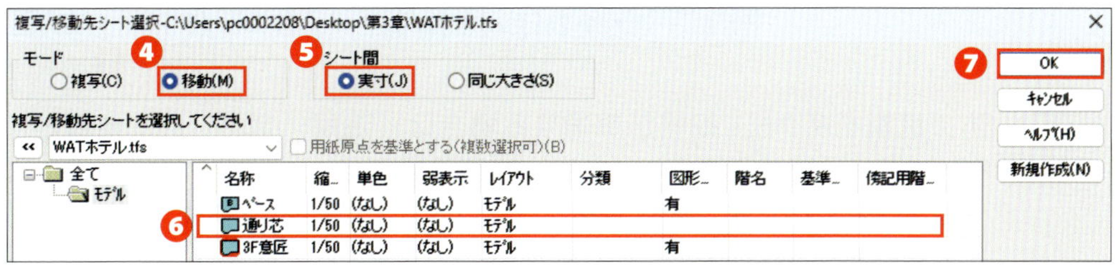

3 通り芯のレイヤ設定が、建築図面（AutoCAD図面）でのレイヤ設定になっているので、属性を変更します。
【通り芯】シートをカレントシートとし、ツールバー、または、メニューバー［建築］＞［通り芯］＞［属性変更］を選択します。図面全体を囲い、通り芯を選択している状態で［Enter］キーを押します❶。

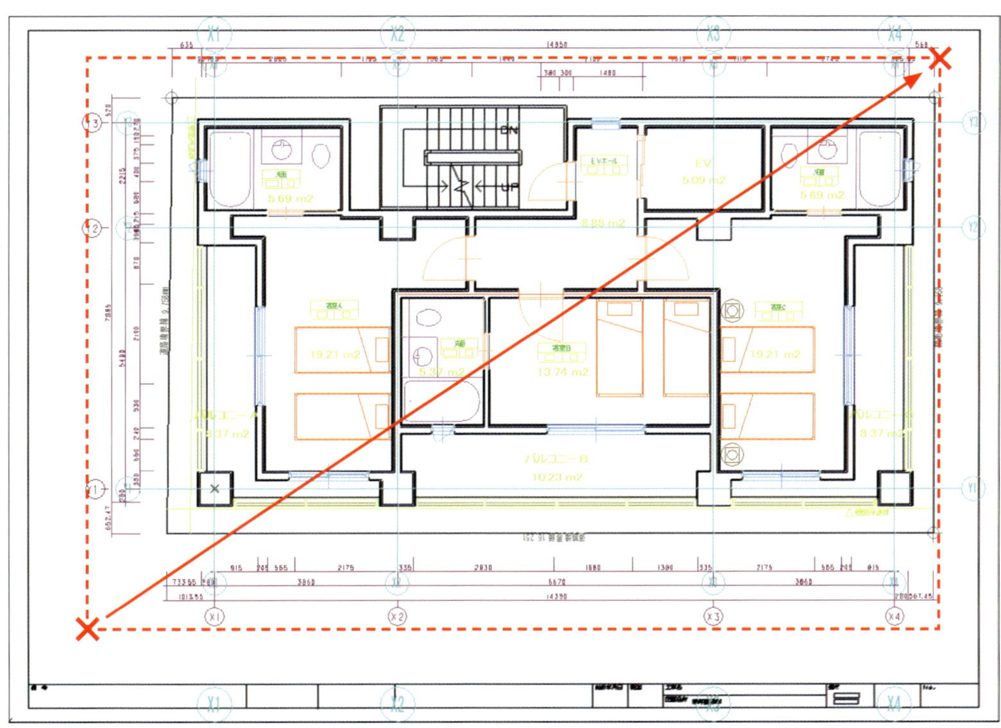

［通り芯属性変更］ダイアログが表示されますので設定の変更を行います。

- 色種：［赤］❷
- 線種：［4］❸
- 線幅：［0.1］❹
- レイヤ：［2：建築・通り芯❺
- ［OK］❻

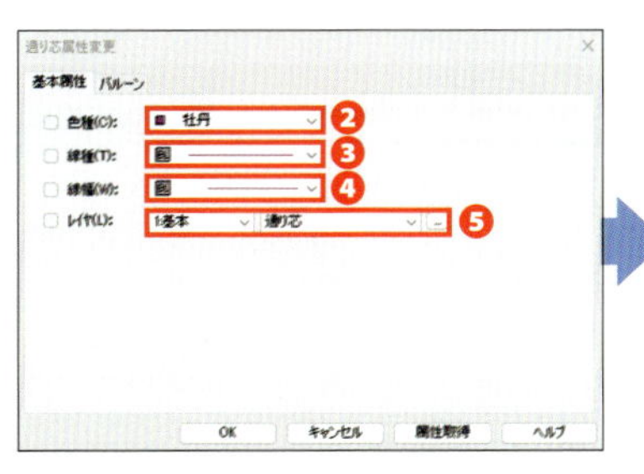

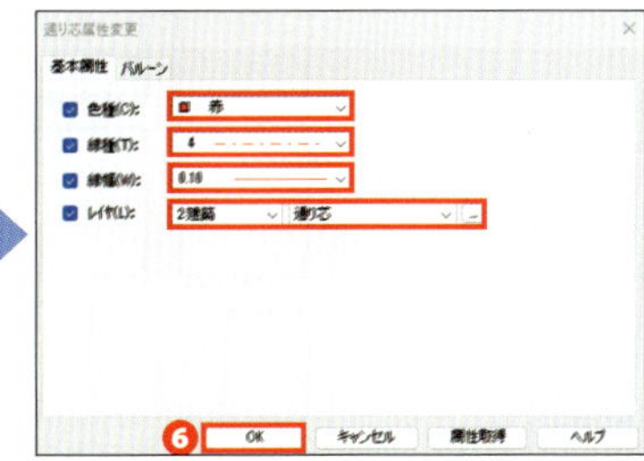

防火区画の作図

防火区画をシート分けします。【3F意匠】シートの隣に【防火区画】シートを作成します❶。

モデル ▼ P ｜ ベース ｜ 通り芯 ｜ 3F意匠 ｜ 防火区画 ❶

防火区画をダクト・配管が貫通する場合は、法規に定められた措置として、FDや1.6ｔ短管が必要となります。建築設計図でも一般的に防火区画はレイヤ設定されています。区画の線がペイントで太く表現されている場合もあります。線幅あり・なし表示で切り替えがしたい場合は、ペイントなしにして、線幅を「0.5」に変更します。

【3F意匠】シートから防火区画を【防火区画】シートに移動します。【3F意匠】シートをカレントシートとして❷、ガイダンスバーコマンド［選択］、サブコマンド名のプルダウンを使用して［レイヤ選択］を選択します❸。

モデル ▼ P ｜ ベース ｜ 通り芯 ｜ 3F意匠 ❷ ｜ 防火区画

❸ 選択 ｜ レイヤ選択

［レイヤ選択］ダイアログが表示されますので、［属性取得］をクリックし❹、図面上の赤く太い防火区画の線をクリックします❺。

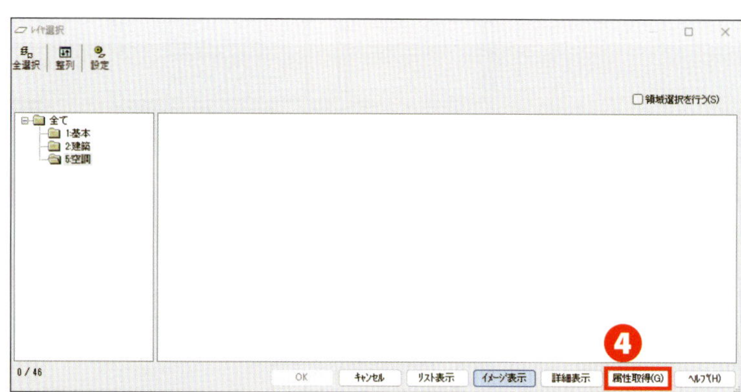

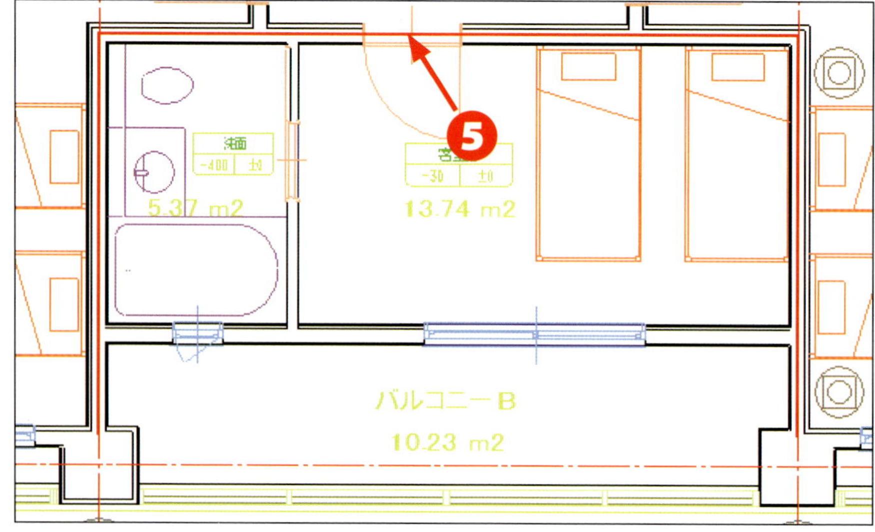

[基本] グループの [防火区画] が選択されますので [OK] をクリックします❻。

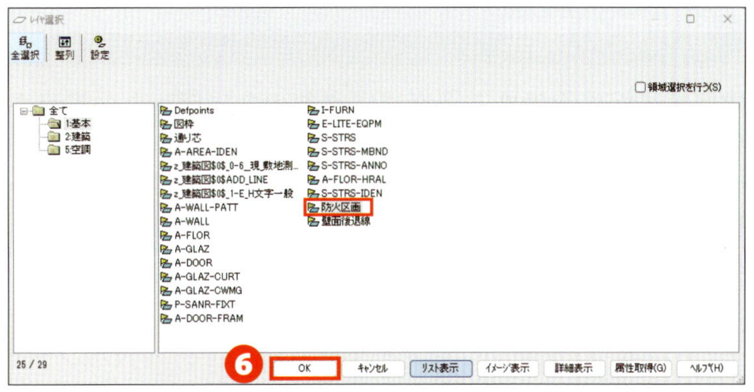

[基本] グループの [防火区画] が選択された状態で、右クリックメニュー [色・線種変更] を選択します❼。

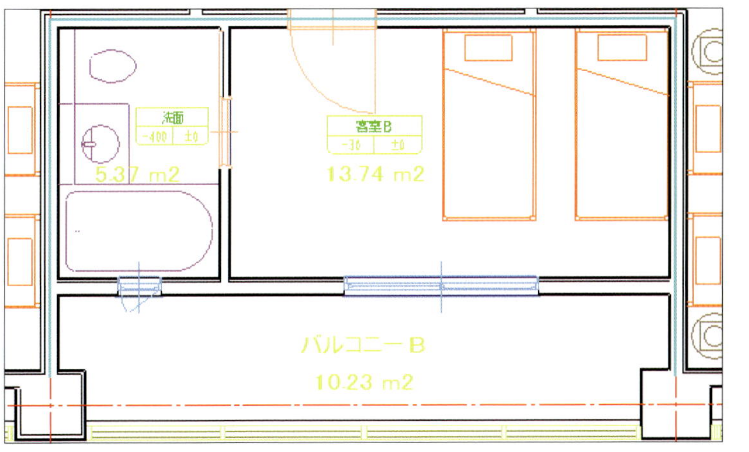

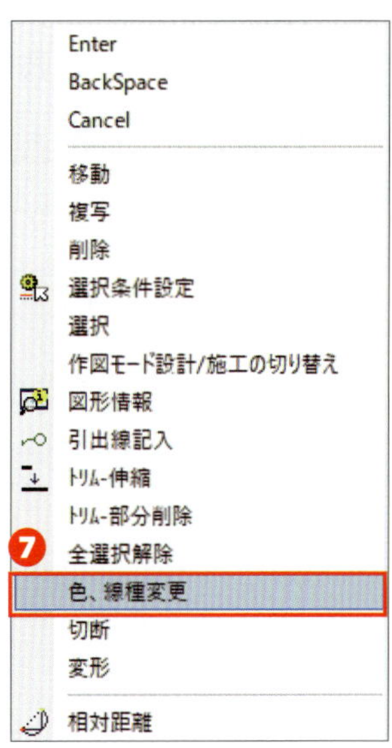

[属性変更] ダイアログが表示されたら、設定を行います。

- 色種：[赤] ❽
- 線種：[4] ❾
- 線幅：[0.50] ❿
- [OK] ⓫

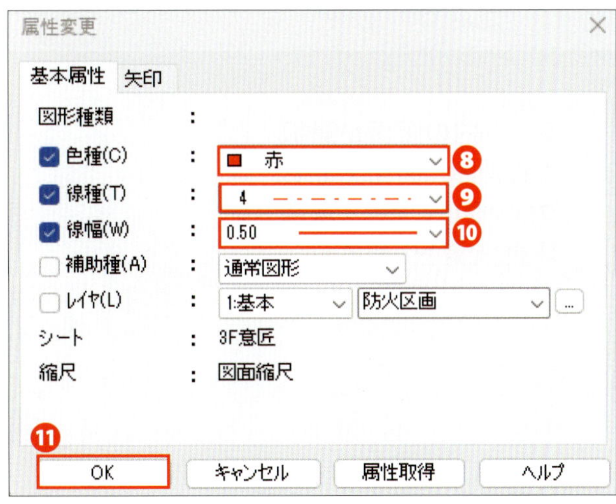

属性変更した防火区画を再度 [レイヤ選択] で選択し、[防火区画] シートに移動します。

意匠図の整理

建築意匠図に設備施工図作成に必要のないデータが表示されていると、設備施工図が見づらいです。設備施工図が図面の主となるため、建築意匠図の整理をします。【3F意匠】シートの隣に【3F意匠(非)】シートを作成し、必要のないデータを【3F意匠(非)】シートに移動して意匠図整理をします。

設備施工図作成に必要のない建築意匠図を削除してしまうと、確認できなくなってしまい、修正もできないので、非表示シートを作成して、非表示シートに移動しておきます。

1 意匠図整理がしやすいように【3F意匠】シート以外は非表示にします。[Ctrl]キーを押しながら非表示にしたいシートをクリックし、シートタブの上で右クリックをしてメニューから[非表示]を選択します。

【3F意匠】シートをカレントシートとします。【3F意匠】シートの上で右クリックメニュー[選択]を選択します❶。

シート内の図面が選択されたら、図面上で右クリックして[色・線種変更]を選択します❷。

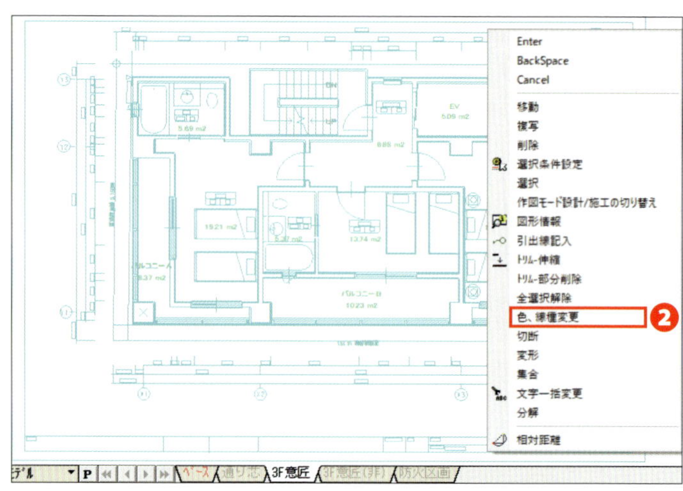

[属性変更]ダイアログが表示されますので、線幅：[通常]を選択し❸、[OK]をクリックします❹。

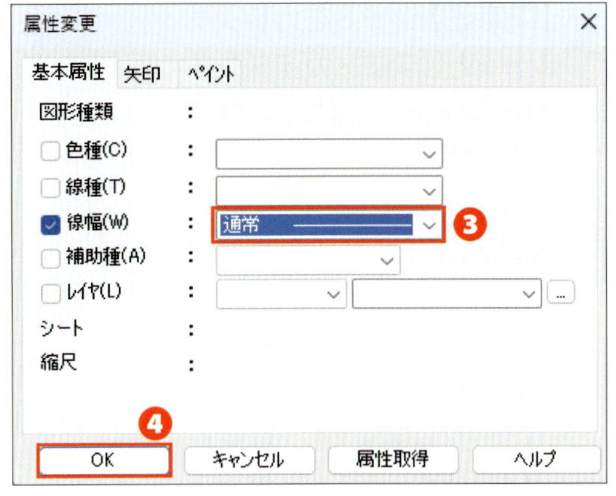

2 ツールバー 、または、メニューバー[基本図形]>[文字]>[一括変更]を選択します❶。

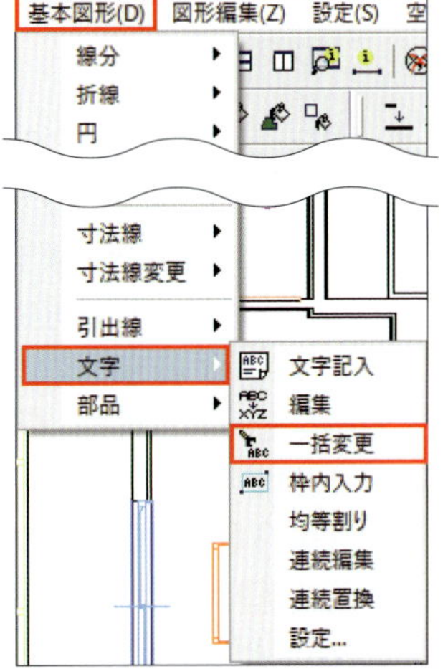

図面全体を対角で選択し、右クリック[Enter]キーを押します❷。

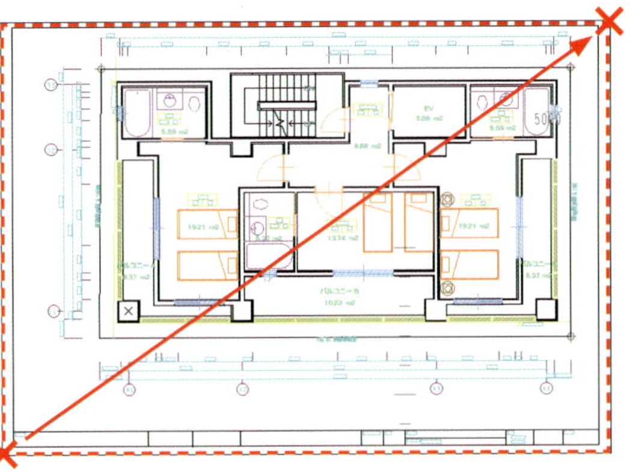

[文字属性変更]ダイアログが表示されますので、設定を行います。
[基本]タブ
- フォント：[オリジナルフォント]❸
  [飾り]タブ
- 文字背景：[表示する]❹
- [OK]❺

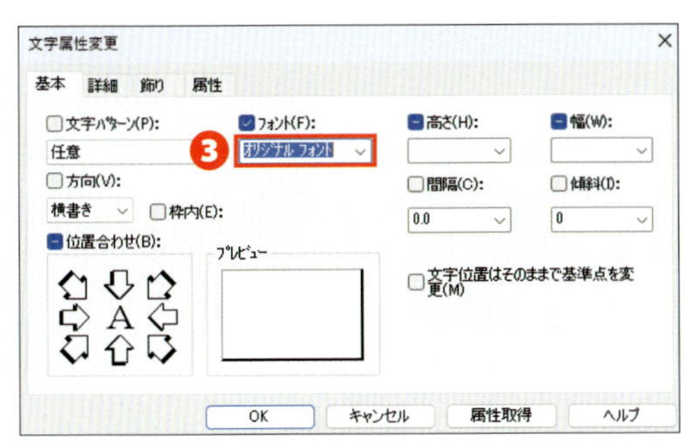

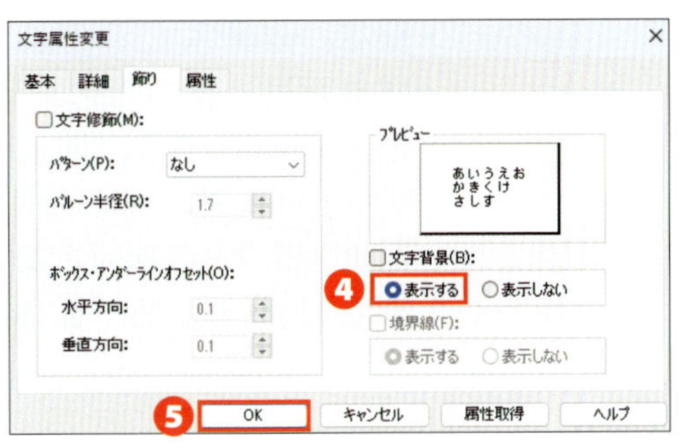

3 【3F意匠】シートをカレントシートとします。ガイダンスバーコマンド[選択]＞サブコマンド[レイヤ選択]を選択すると❶、[レイヤ選択]ダイアログが表示されますので、[属性取得]をクリックし❷、図面上の設備施工図作成に必要のない線をクリックします❸。対象レイヤ[基本ー図枠]が選択されますので❹、[OK]をクリックします❺。

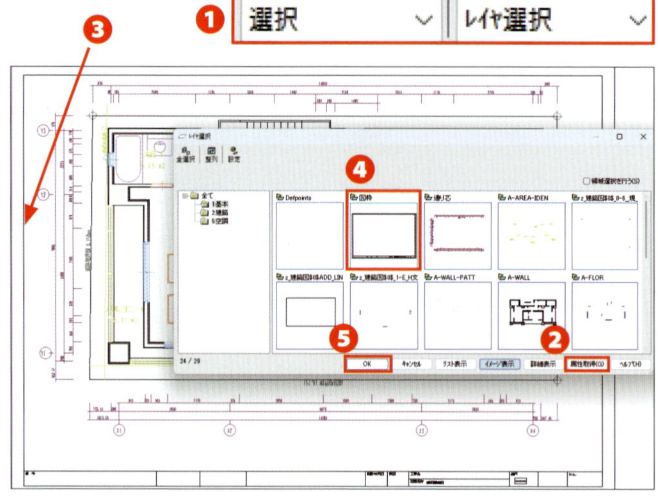

4 ツールバー、または、シートの上で右クリック[移動複写]を選択します。[複写/移動先シート選択]ダイアログが表示されますので、モード:[移動]❶、シート間：[実寸]❷、[3F意匠(非)]❸、[OK]をクリックして❹、[Enter]キーを2回押すと選択した図形が【3F意匠(非)】シートに移動します。
この操作を繰り返して意匠図を整理します。

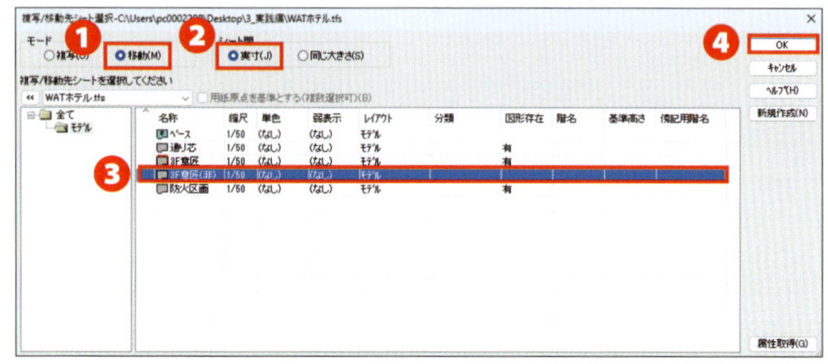

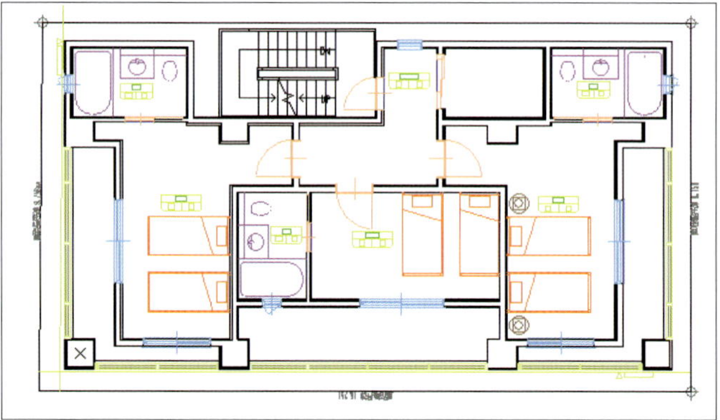

意匠図として表示するものの例として、以下のようなものがあります。

・建築物の外形や間仕切壁
・壁芯、建具芯
・建具記号、扉の開閉表示
・カーテンボックス、防火シャッター等の天井内の納まりに関係するもの
・折り上げ天井、床の段差等のレベル表記や段差表記
・配管・ダクトの接続のある器具
・部屋記号(部屋名、躯体レベル、仕上げレベル、天井高)

部屋記号の作成

建築意匠図に部屋記号が作図されていない場合は、内部仕上げ表を参考に部屋記号を作図します。
部屋記号には、[部屋名]、[天井高さ]、[床仕上げ高さ]、[スラブ天端高さ]を記入します。
この図面では天井高さは以下のようにします。
EVホール：CH＝2720　客室：CH＝3000　洗面：CH＝2500

Tfasでは設備部材は自動で対象レイヤに作図されますが、文字や線等、設備部材として区別されないものは、現在の作図レイヤに作成されるため、管理しやすいように新規で作図レイヤを作成することをおすすめします。

1 部屋記号を作図するレイヤを作成します。
ツールバー、または、メニューバー[設定]＞[レイヤ設定]を選択します。[レイヤ状態設定]ダイアログが表示されますので、グループ[2:建築]を選択し❶、[作成]をクリックします❷。[Newlayer]が作成されたら、[部屋記号]と入力し❸、[OK]をクリックします❹。

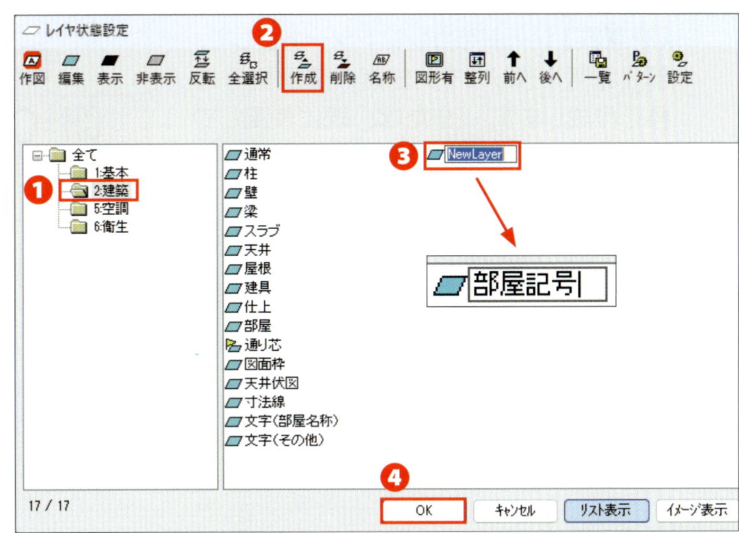

作図レイヤを[2：建築]－[部屋記号]に変更します❺。

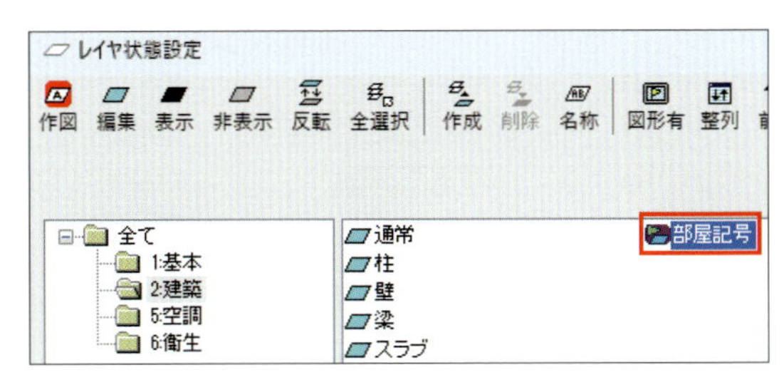

2 【3F意匠】は設備施工図が見やすくなるように、単色指定します。

【3F意匠】シートの上で右クリックメニュー［プロパティ］をクリックします❶。［シート変更］ダイアログが表示されますので、単色指定：［明灰］を選択します❷。

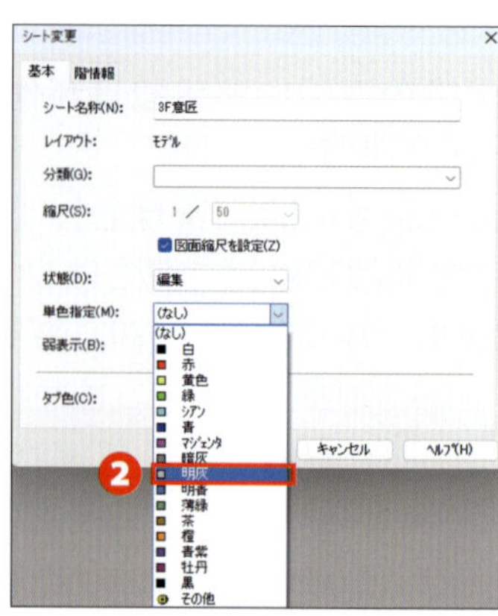

建築意匠図の単色指定は灰色がおすすめです。［その他］から［グレー］の種類を選択することもできます。

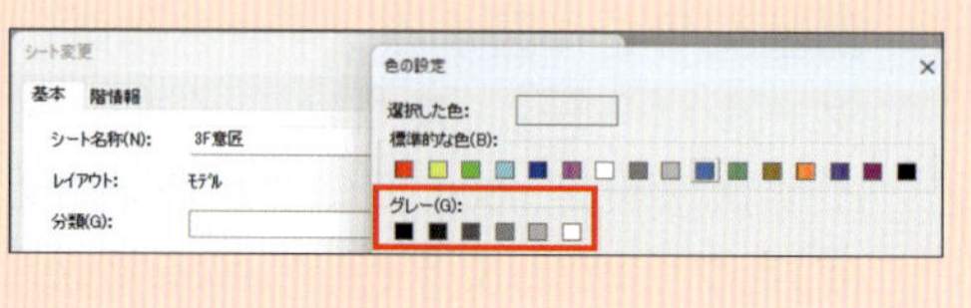

【3F意匠】シートをカレントシートとして、部屋記号を作ります。任意の部屋記号の枠を作成します。（または、既に使用している部屋記号用の枠がある場合はそれを使用します。）［文字フォント］は意匠図内と同様にオリジナルフォントにします。

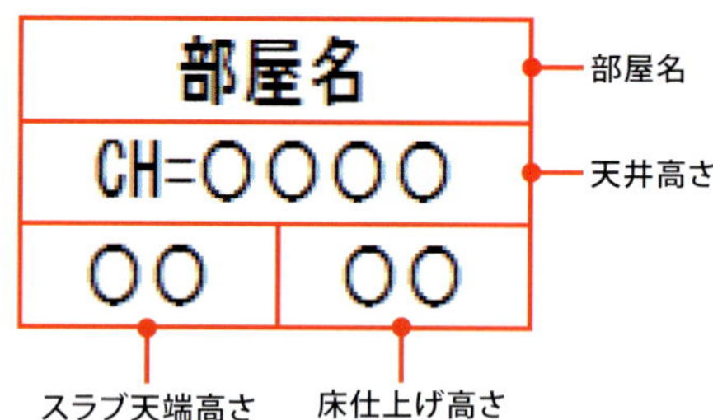

それぞれの部屋名、天井高さを、スラブ天端高さ、床仕上げ高さを入力して、各対象部屋に以下を参考に部屋記号を配置します❸。【通り芯】シートと【防火区画】シートを表示にします。

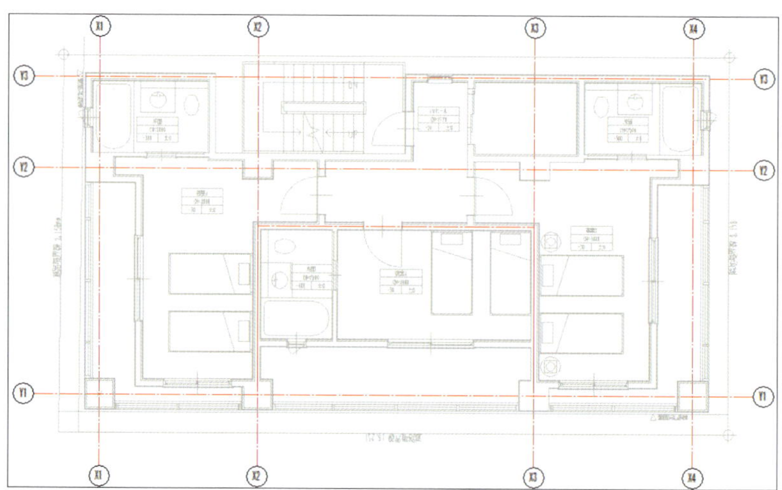

躯体入力

■使用ファイル：WATホテル.tfs　■完成図：なし

学習のポイント

施工図作図の対象階の躯体を入力します。
参照する図面に注意しましょう。

柱・梁の作図

柱・梁を3Dで作図します。

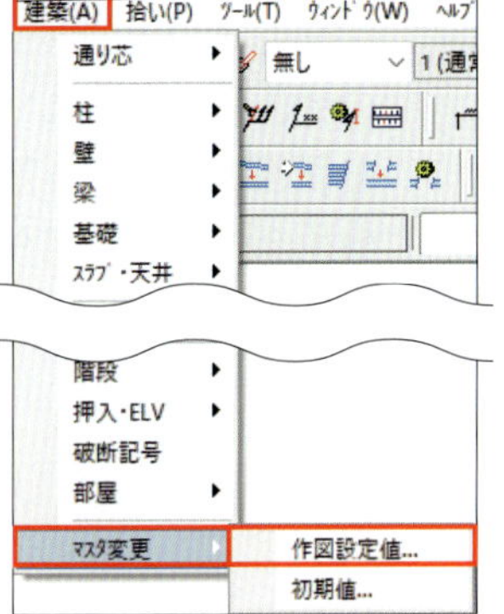

▶作図設定で柱・梁等の色、線幅、階高を設定します。

メニューバー［建築］＞［マスタ変更］＞［作図設定値］を選択します。
［作図設定］ダイアログが表示されますので、設定を行います。
［色］タブ　通り芯を［赤］部屋（M）を［白］
　　　　　それ以外を［色14］❶
［線種］タブ　［通り芯］：［4］❷
［線幅］タブ　全てを［0.1］❸　［その他］タブ　階高［3400］❹

作図設定は会社によって違います。今回は1つの例として、躯体が設備施工図の邪魔にならない色を設定しています。

［その他］タブの階高はこれから入力する柱や梁の作図に影響しますので、作図する対象フロアを確認してください。今回は［3400］と入力します❹。

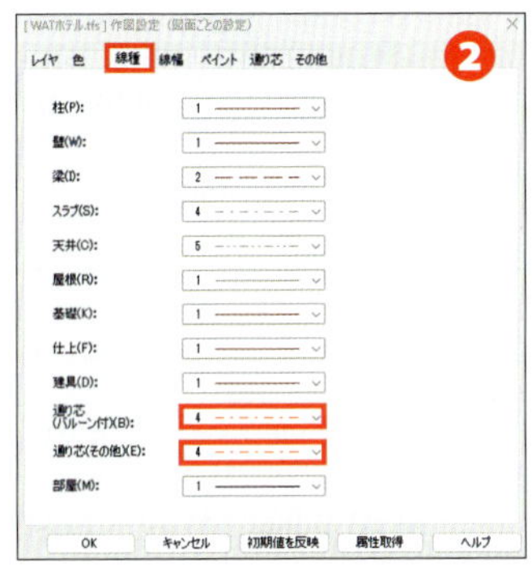

▶床梁伏せ図を作図図面に複写します。

1 「第3章_実践操作編」の中の【2-5階梁伏図.dwg】を別ファイルで開きます❶。

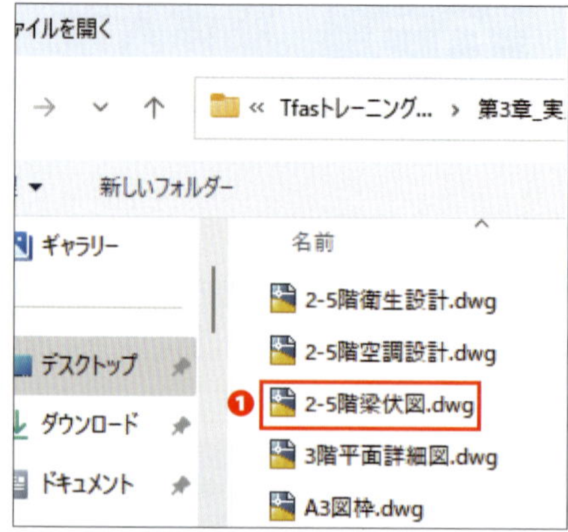

[DWGインポート]ダイアログが表示されますので、設定を行います。

- 配置レイヤ：[基本]❷
- 用紙サイズ：[A3]❸
- 縮尺：[1/50]❹
- [OK]❺

テンプレートは使用しないので、✓は外しておきます。

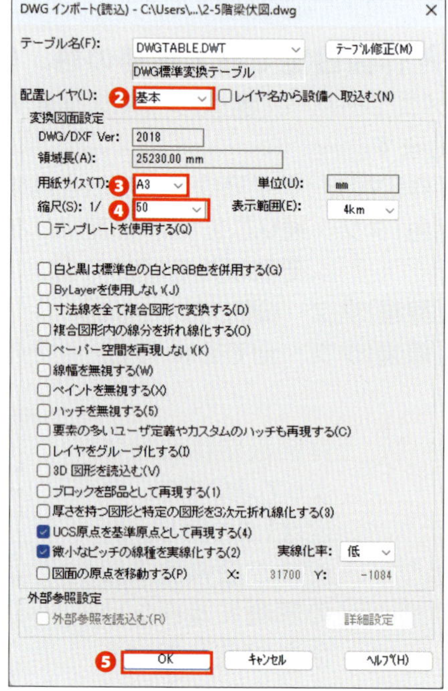

図面を開いたら、【4F伏】シートを作成し、【ベース】シートの中身(2-5階梁伏図)を【4F伏】シートに移動します。

【ベース】シートのまま複写すると、貼り付け先でも【ベース】シートに入ってしまいます。

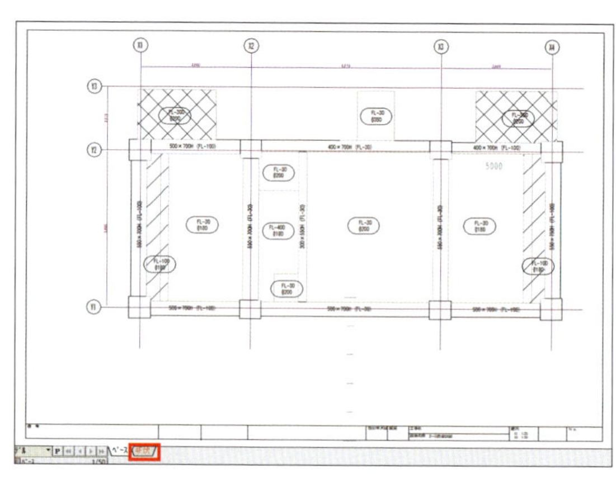

2 ツールバー ◫ または、メニューバー［ウィンドウ］>［左右に並べて表示］を選択し、図面を左右に並べます❶。

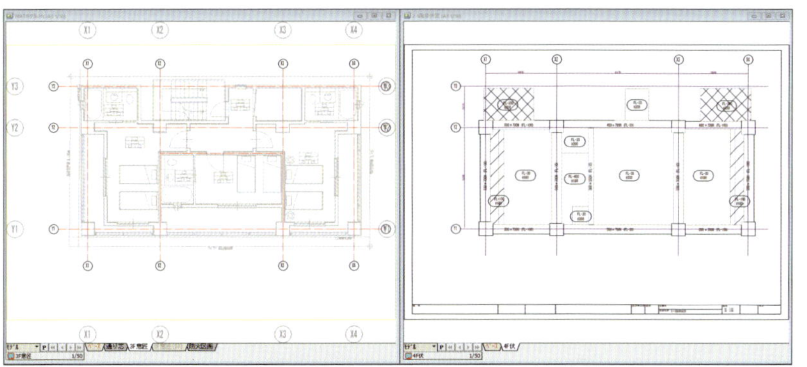

［2-5階梁伏図］の【4F伏】シートの上で右クリックメニュー［選択］をクリックして、【4F伏】シート内の図面を選択します。図面上で右クリックメニュー［複写］を選択して、基準点（X1通りとY1通りの交点）をクリックし❷、指定点（X通り1とY1通りの交点）をクリックして［Enter］キーを押します❸。

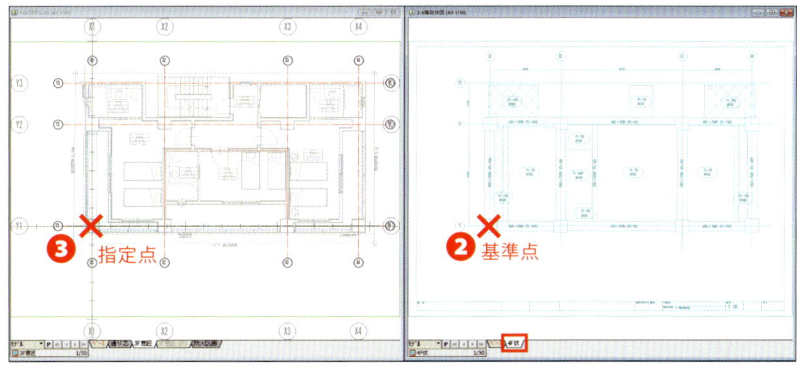

【WATホテル.tfs（A3 1/50）】に【4F伏】がシートごと複写されます。

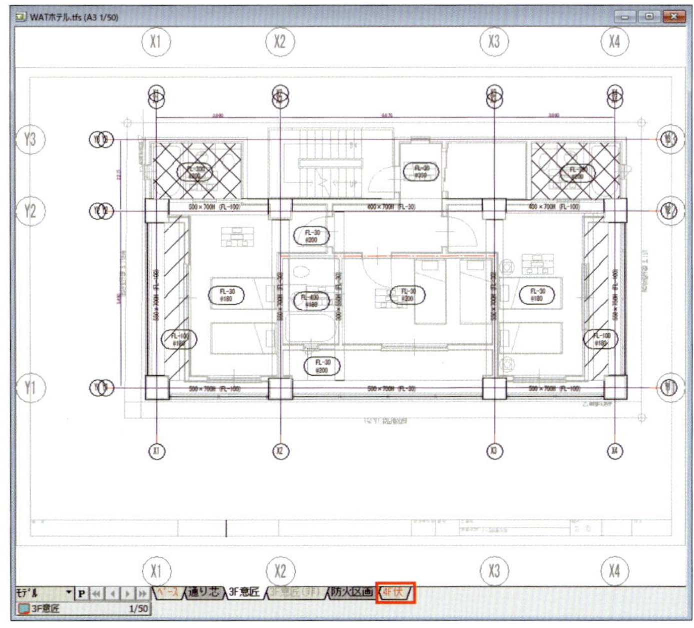

▶3階柱を作図します。

【4F伏】シートの隣に【4F梁】シートを作成し、3階柱と4階梁を作図します。

梁伏図に記されている柱の階を確認しましょう。例えば、通常、4階伏図には、4階柱が作図されています。今回の設備施工図で必要となる躯体は、3階柱と4階梁です。そのため、2フロア分の図面が必要になることもあります。今回は、[2-5階梁伏図]なので、1枚の図面で3階柱と4階梁が作図できます。

【4F梁】シートをカレントシートとして、ツールバー□または、メニューバー[建築]>[柱]>[通常配置]を選択して、3階柱を作図することができます。

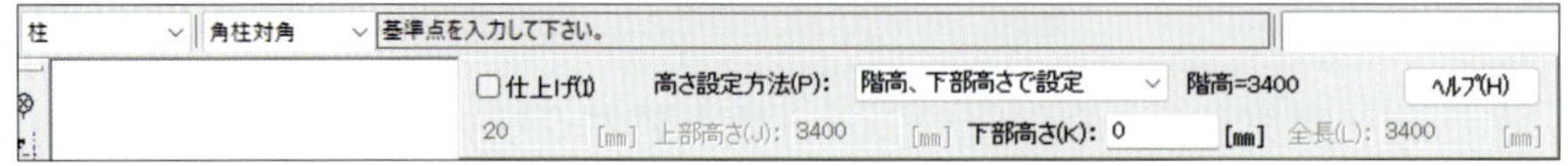

この図面では、柱のサイズがわかる図面がないので、メニューバー[建築]>[柱]>[角柱対角]を選択して対象の柱を作図します。[ホールド]は無効にします。

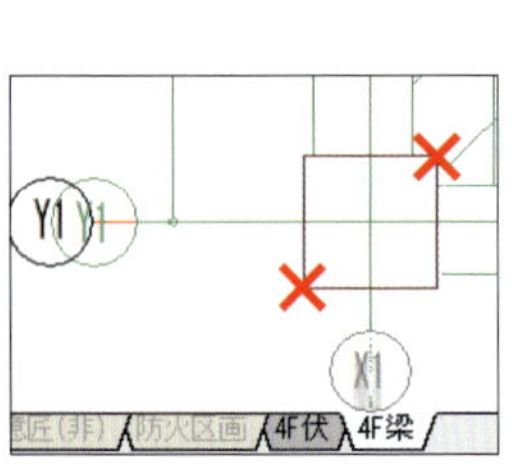

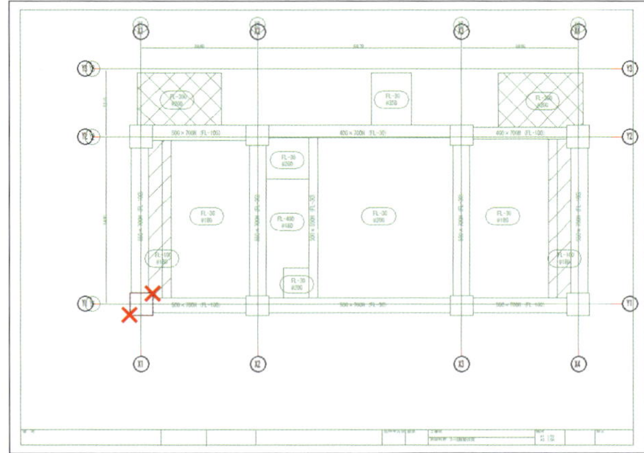

作図しやすいように、シートの表示・非表示や、シートの単色指定を利用しましょう。

同様に全ての柱を作図します。

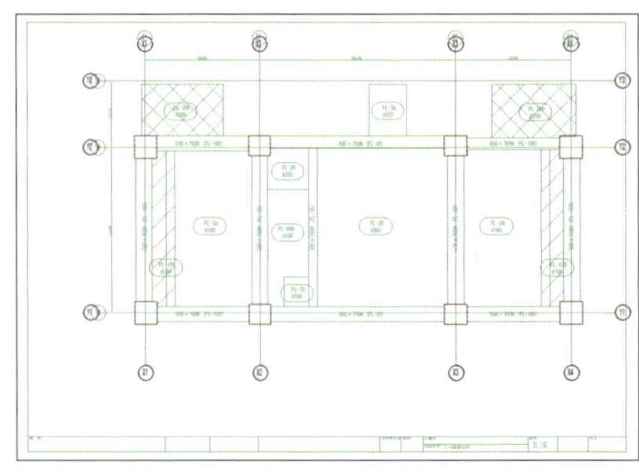

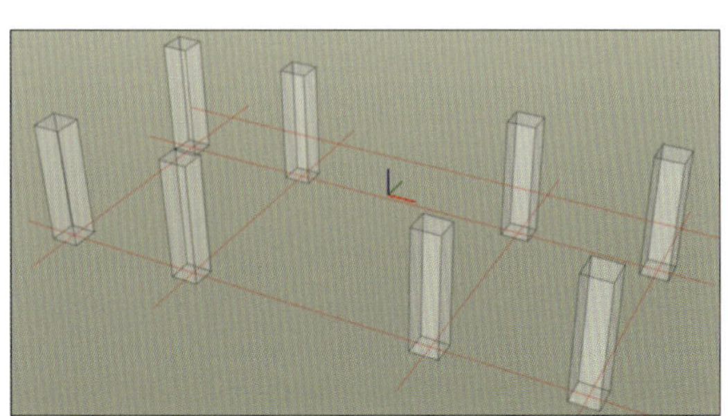

▶4階梁を作図します。

ツールバー[icon]、または、メニューバー［建築］＞［梁］＞［通常配置］を選択します。

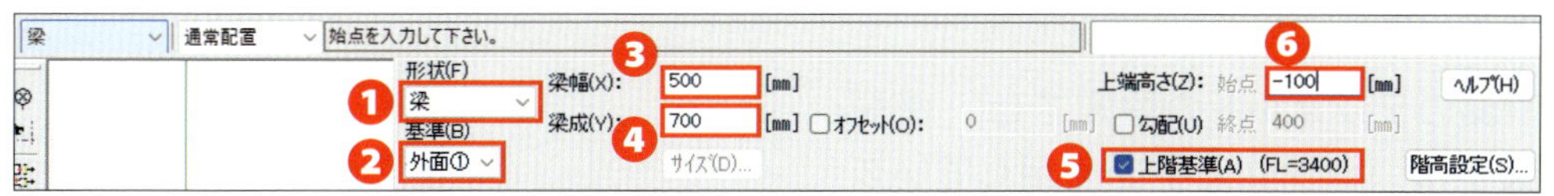

設定を行います。

- 形状：［梁］❶
- 基準：［外面①］❷
- 梁幅：［500］❸
- 梁成：［700］❹
- ［上階基準］に✔❺
- 上端高さ：「-100］❻
  Y1通りX1－X2間の梁を作図します❼。

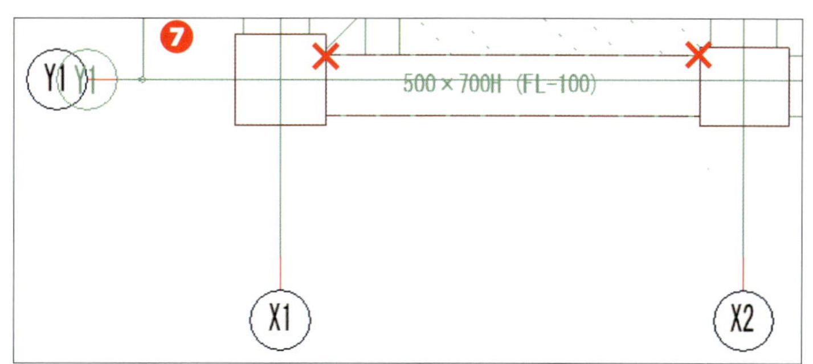

同様に梁記号を確認して、全ての梁を作図します。

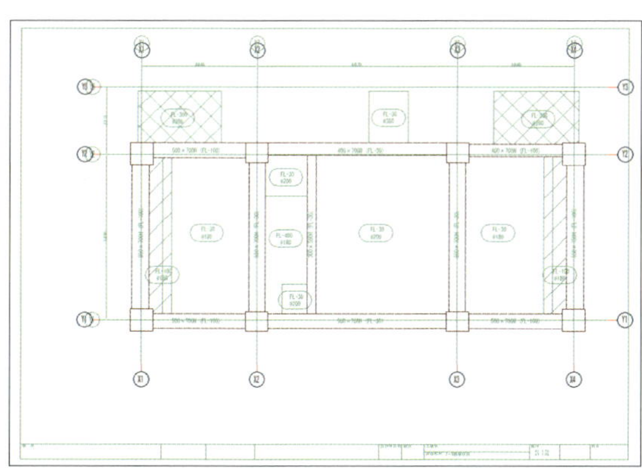

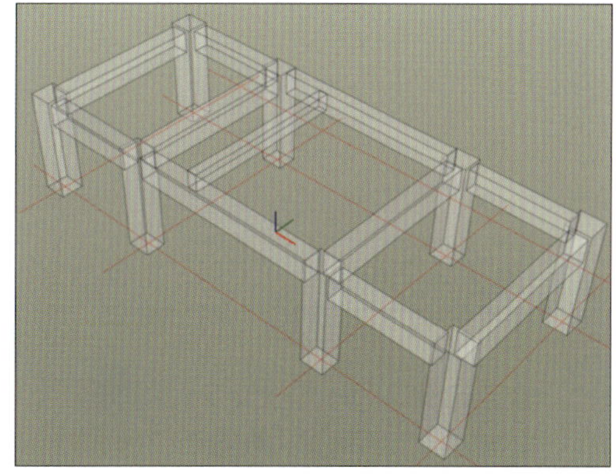

▶梁の傍記配置をします。

ツールバー[icon]、または、メニューバー［建築］＞［傍記］＞［配置］を選択して、個別に傍記配置するか、ツールバー[icon]または、メニューバー［建築］＞［傍記］＞［一括］を選択して、一括で傍記配置します。

ツールバー[icon]または、メニューバー［建築］＞［傍記］＞［設定］を選択して、［梁サイズ・レベル表示］ダイアログが表示されますので設定を行います。

サイズ表示：［***(%6)%1X%2］❶

- レベル表示：［_FL%A下端］❷
- 高さが正数/0の場合「＋」/「±」を付記］に✔❸

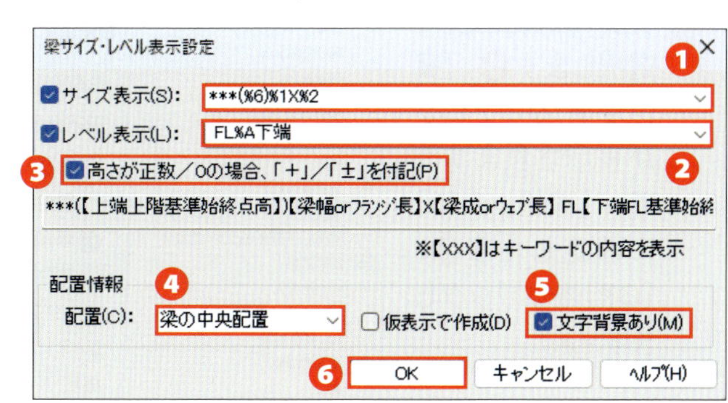

- 配置：［梁の中央配置］❹
- ［文字背景あり］に✔❺
- ［OK］❻

[***]を対象の梁記号に変更します。今回の図面には梁記号がないので、変更しません。

Tfasのデフォルトの設定では、傍記文字はゴシック文字を使用していますので、設備施工図の邪魔にならないように、あまり目立たない文字属性等に変更します。

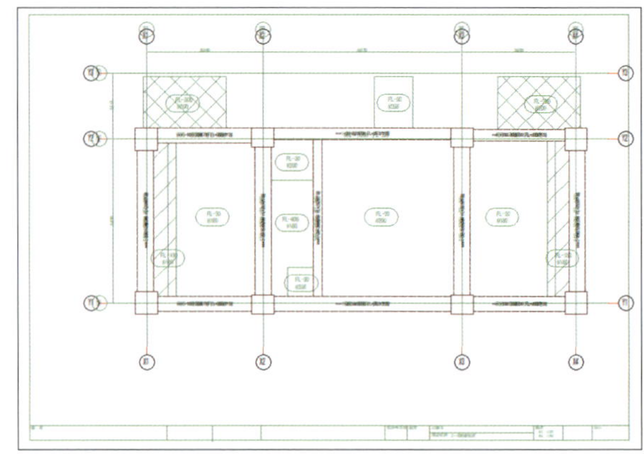

1 ツールバー、または、メニューバー[基本図形]>[文字]>[一括変更]を選択します。梁傍記の文字の範囲を対角で選択して、[Enter]キーを押します。

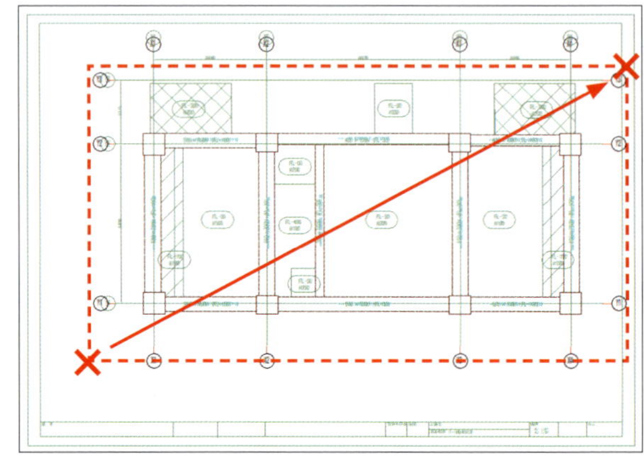

[文字属性変更]ダイアログが表示されますので、設定を行います。

- フォント:[オリジナルフォント]❶
- 高さ:[2.5]❷ ●幅:[2.0]❸
- [OK]❹

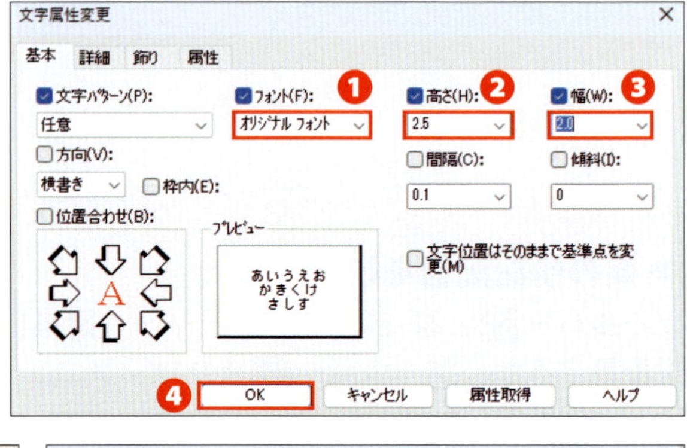

傍記文字が通常幅になっているので、再度、[文字一括変更]で文字を選択して、右クリックメニュー[色、線種変更]を選択します❺。[属性変更]ダイアログが表示されますので、[線幅:0.10]に設定したら❻、[OK]をクリックします❼。

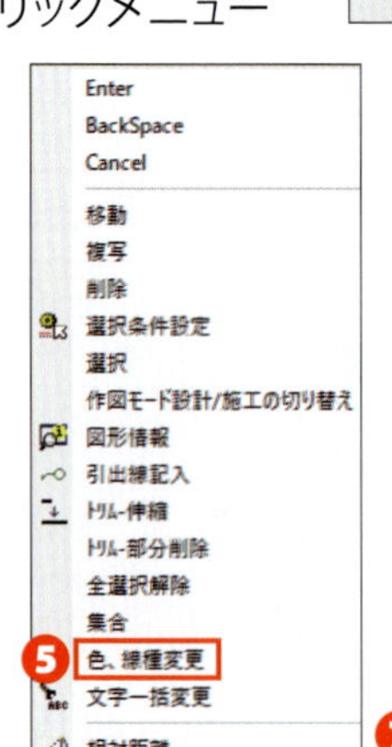

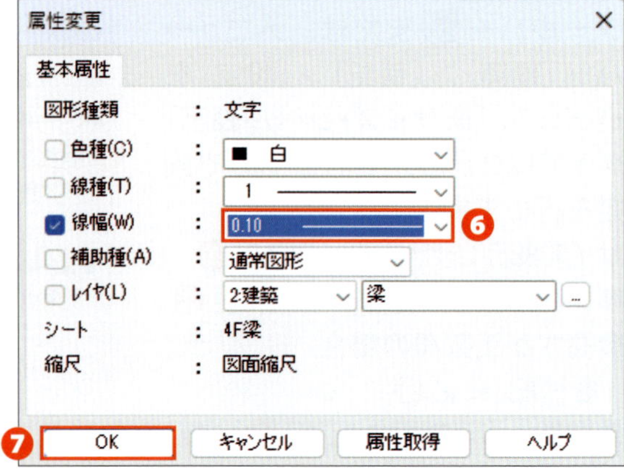

2 ［文字置換］を使用して、変更したい文字を変更します。今回の図面では梁記号はないので、［***］を削除し、［FL］を［3FL］に置換します。
メニューバー［基本図形］＞［文字］＞［連続置換］を選択します。

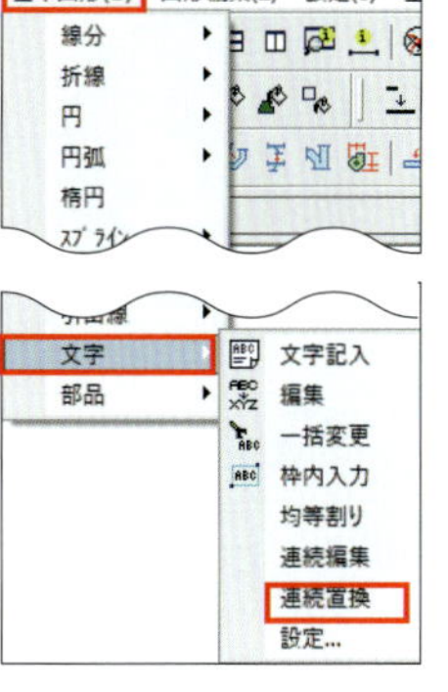

対象範囲を選択すると、ダイアログが表示されますので設定を行います。
検索する文字列：［FL］❶　置換後の文字列：「3FL」❷
［すべて置換］❸
置換終了のダイアログが表示されますので、［OK］します❹。

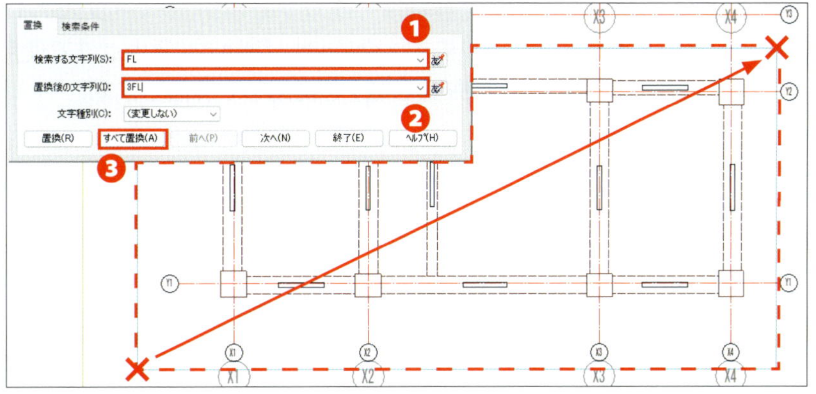

続けて、検索する文字列：［***］❺、置換後の文字列：［＿(スペース)］を設定します❻。［すべて置換］をクリックします❼。同じように置換終了のダイアログが表示されますので、［OK］をクリックして、置換ダイアログの［終了］をクリックします❽。

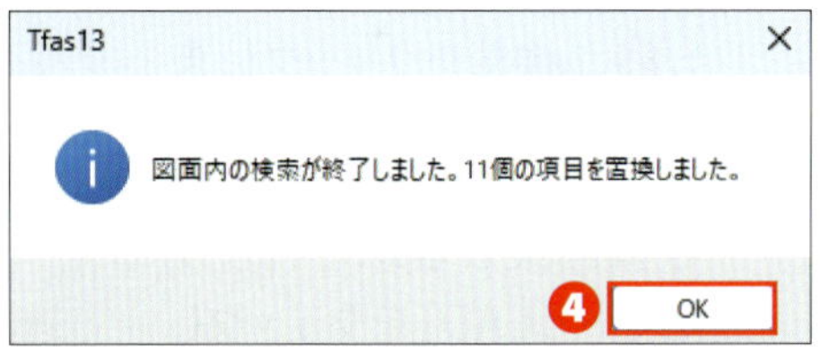

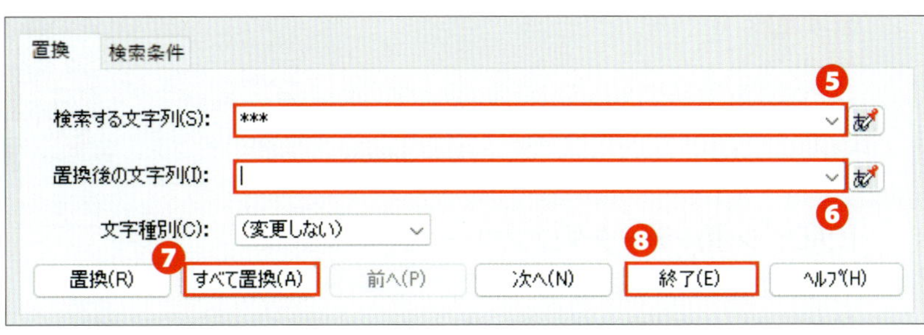

ここまで完了したら、上書き保存しておきます。(「第3章_実践操作編」のフォルダ内)

機器・器具・制気口配置

■使用ファイル：WATホテル.tfs　■完成図：なし

空調設備設計図を参考に、機器・器具・制気口を配置します。

機器登録

空調機器表を確認し、施工図の作図に必要な空調機器を準備します。
空調機器は、空調機器メーカーから提供されているCAD図面から5面図登録して3Dの空調機を作図する方法と、株式会社ダイテックのホームページ内のTfasメーカー提供部品からインポートする方法があります。今回は、【WATホテル.tfs】で使用されている空調機器（FXYZP56EB：ダイキン工業株式会社）を使用して解説します。

● 5面図登録

1 機器データをダウンロードします。空調機器メーカー（ダイキン工業株式会社）のホームページ内の空調製品検索（D-SEARCH）で品番［FXYZP56EB］を入力し❶、検索をクリックします❷。

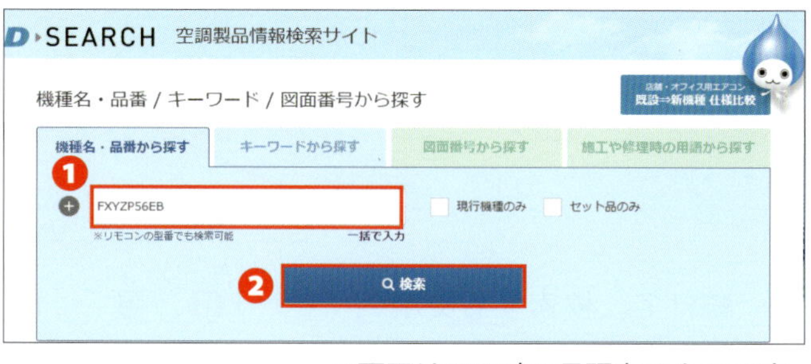

※画面は2024年9月現在のものです。

検索結果が表示されますので、［CAD］をクリックします❸。

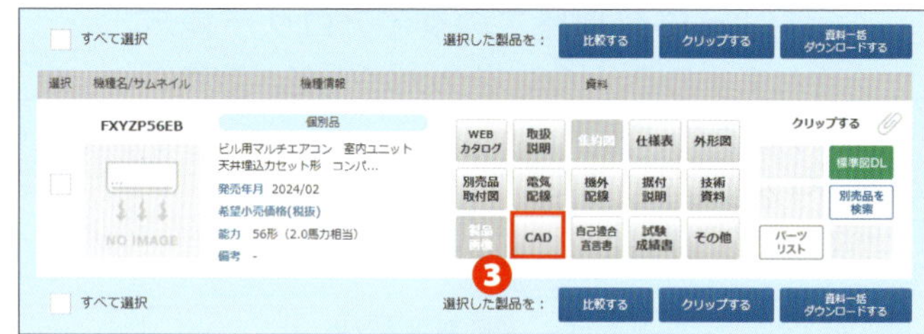

［CADシンボルデータダウンロード］画面が表示されますので、［DXF］＞［一括］をクリックして、ダウンロードデータを保存します❹。

データを圧縮したZIPファイルが保存されます。ZIPファイルを右クリックし、[すべて展開]を選択したあと、展開先を指定し、ファイルを解凍します❺。6枚のDXFファイルに展開されます。

名前	更新日時	種類	サイズ
FXYZP56EB_3D14697801.DXF	2024/03/13 10:34	AutoCAD 図面交...	201 KB
FXYZP56EB_3D14697802.DXF	2024/03/13 10:34	AutoCAD 図面交...	197 KB
FXYZP56EB_3D14697803.DXF	2024/03/13 10:34	AutoCAD 図面交...	145 KB
FXYZP56EB_3D14697804.DXF	2024/03/13 10:34	AutoCAD 図面交...	128 KB
FXYZP56EB_3D14697805.DXF	2024/03/13 10:34	AutoCAD 図面交...	169 KB
FXYZP56EB_3D14697806.DXF	2024/03/13 10:34	AutoCAD 図面交...	1,226 KB

2 ダウンロードした6枚のDXFファイルをTfasで開きます。
ツールバー、または、メニューバー[ファイル]>[開く]を選択します。6ファイル全てを選択して❶、[開く]をクリックします❷。

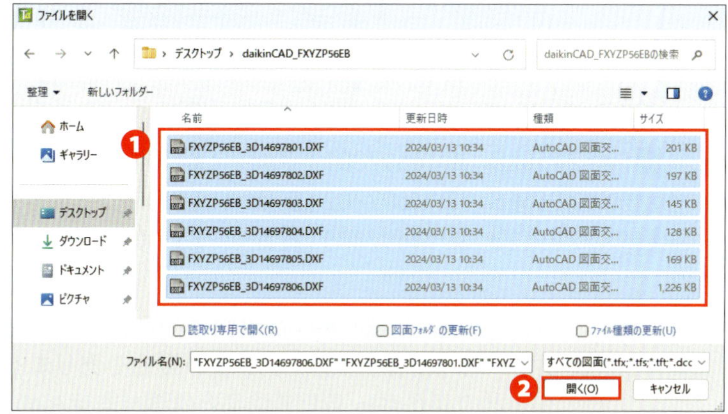

[DXFインポート(読込)]ダイアログが表示されますので、設定を行います。

- 配置レイヤ：[基本]❸
- [テンプレートを使用する]の✓を外す❹
- [OK]❺

テーブル名や標準変換テーブルは自動で選択されます。用紙サイズをA1からA3に変更して読み込むと機器図面が大きく表示されます。

DXF インポート(読込) - C:\Users\...\FXYZP56EB_3D14697801.DXF
テーブル名(F): DXFTABLE.DXT　テーブル修正(M)
DXF標準変換テーブル
配置レイヤ(L): ❸ 基本　□レイヤ名から設備へ取込む(N)
変換図面設定
DWG/DXF Ver: R13J
領域長(A): 8410.00 mm
用紙サイズ(T): A1　単位(U): mm
縮尺(S): 1/ 10　表示範囲(E): 4km
❹ □テンプレートを使用する(Q)
□白と黒は標準色の白とRGB色を併用する(G)
□ByLayerを使用しない(J)
□寸法線を全て複合図形で変換する(D)
□複合図形内の線分を折れ線化する(O)
□ペーパー空間を再現しない(K)
□線幅を無視する(W)
□ペイントを無視する(X)
□ハッチを無視する(5)
□要素の多いユーザ定義やカスタムのハッチも再現する(C)
□レイヤをグループ化する(I)
□3D 図形を読込む(V)
□ブロックを部品として再現する(1)
□厚さを持つ図形と特定の図形を3次元折れ線化する(3)
☑UCS原点を基準原点として再現する(4)
☑微小なピッチの線種を実線化する(2)　実線化率: 低
□図面の原点を移動する(P)　X: -1040　Y: -1064
外部参照設定
□外部参照を読込む(R)　詳細設定
❺ OK　キャンセル　ヘルプ(H)

6回繰り返して、6ファイルの図面を開きます。すべて開いたら、ツールバー 、または、メニューバー［ウィンドウ］>［左右に並べて表示］を選択し、6ファイルを並べて表示します❻。

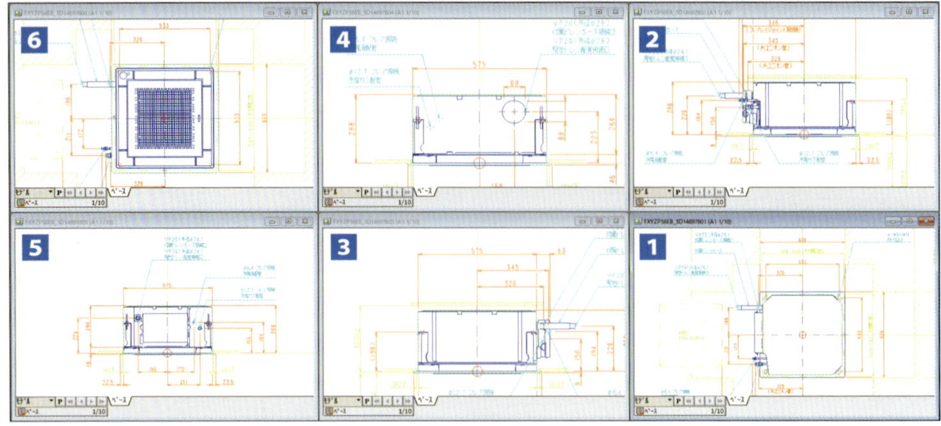

1 FXYZP56EB_3D14697801［平面］
2 FXYZP56EB_3D14697802［正面］
3 FXYZP56EB_3D14697803［背面］
4 FXYZP56EB_3D14697804［右側面］
5 FXYZP56EB_3D14697805［左側面］
6 FXYZP56EB_3D14697806［下面］

ファイル名の一番後ろの数値とどの面かが連動しています。空調機器メーカーによっては、6ファイルない場合もあります。必ずしもファイル名の数値とどの面かが一致しているとは限りませんので、どの面の図面かを確認する必要があります。

3 加工しやすいように、6ファイルのデータを5面図登録しやすい向きに調整しながら 1 のファイルに集約します。

例えば、四角錐を5面図登録する場合は、下図のように配置をして機器登録をするので、同様に機器登録用の図面もこのように向きや位置を調整しながら 1 のファイルに集約します。

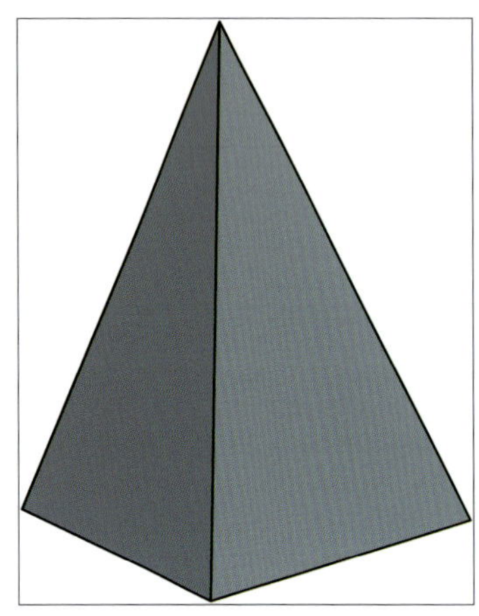

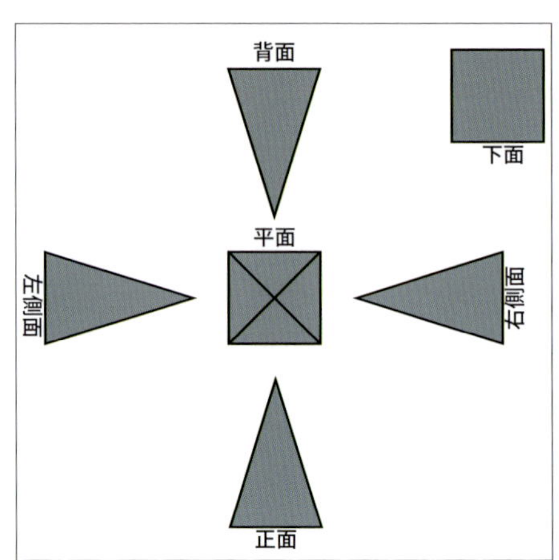

2の図面上で右クリックして、［複写］を選択します❶。

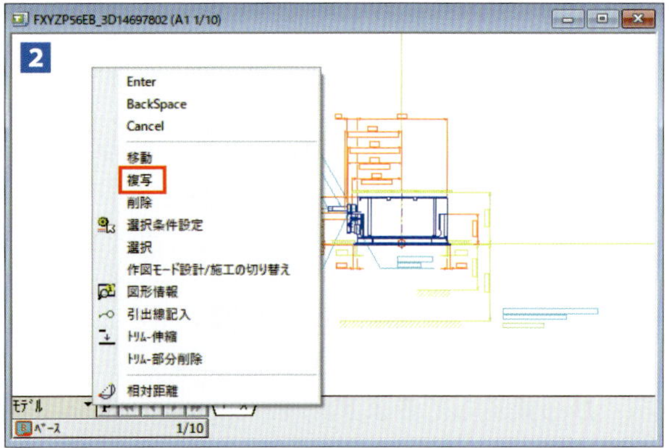

［図形を選択してください。］とガイダンスバーにメッセージが表示されますので、2の図面全体を対角で囲い、［Enter］キーを押します❷。

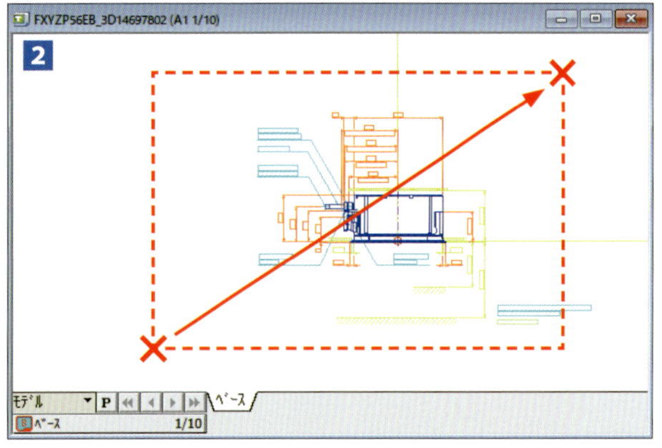

［基準点を入力してください。］とガイダンスバーに表示されますので、2の黄色の用紙枠左上角をクリックします❸。

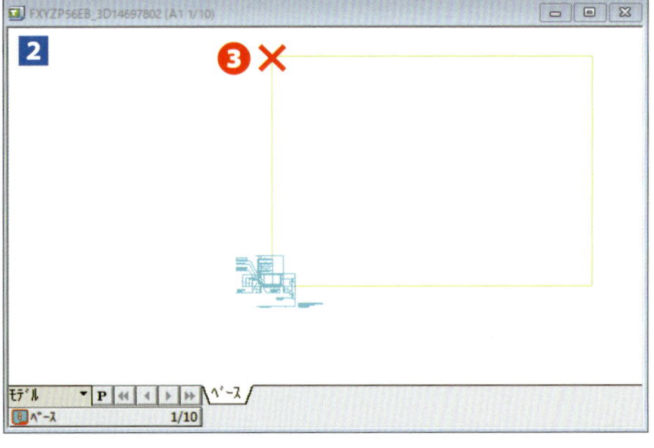

［指定点を入力してください。］とガイダンスバーに表示されますので、1の図面の中心（黄色の用紙枠左下角）をクリックします❹。複写される位置が仮表示されていますので、合っていれば［Enter］キーを押します❺。

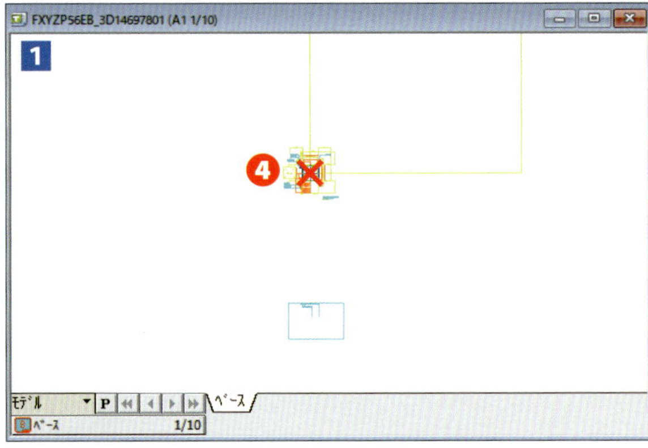

1のファイルの平面図形の下に、2のファイルの正面図形が配置されます。
2のファイルは必要ないので、右上のをクリックして閉じます6。

同様に3～6の図面を1の図面に向きや位置を調整しながら集約してきます。

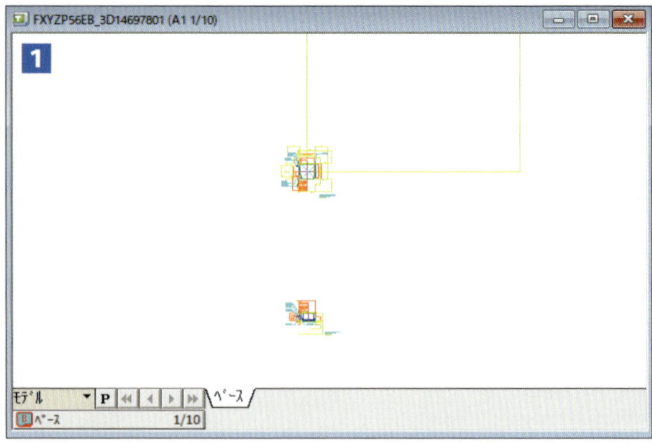

3～5の図面のように向きを変更する場合には、右クリック＞[複写]＞[移動付回転]を選択します。

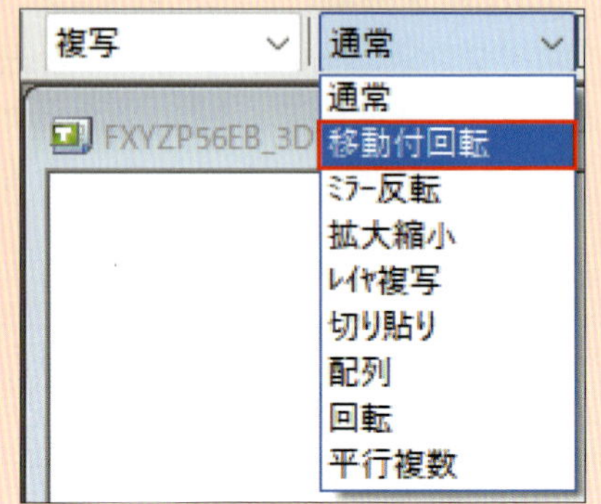

3の図面上で右クリックメニュー[複写－移動付回転]を選択します。
[図形を選択して下さい。]とガイダンスバーに表示されますので、図面全体を対角で囲い、[Enter]キーを押します7。

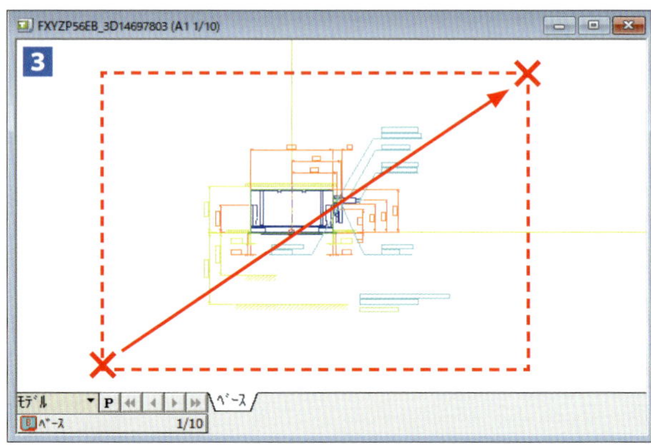

[回転基準点を入力してください。]とガイダンスバーに表示されますので、3の図面の黄色の用紙枠左上角をクリックします8。

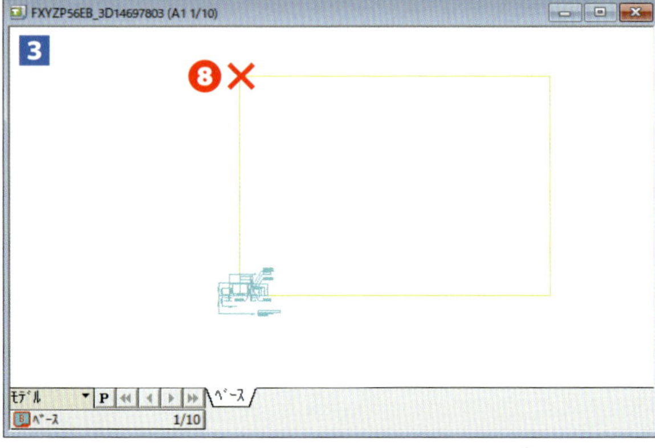

［回転中心点を入力してください。］とガイダンスバーに表示されますので、1の図面の中心（黄色の用紙枠左下角）をクリックします9。
複写される位置が仮表示されており、［角度または角度基準点を入力して下さい。］とガイダンスバーに表示されますので、「180」と入力して、回転して配置する位置を確認して［Enter］キーを押します10。

CADは反時計回りがプラスの角度になります。

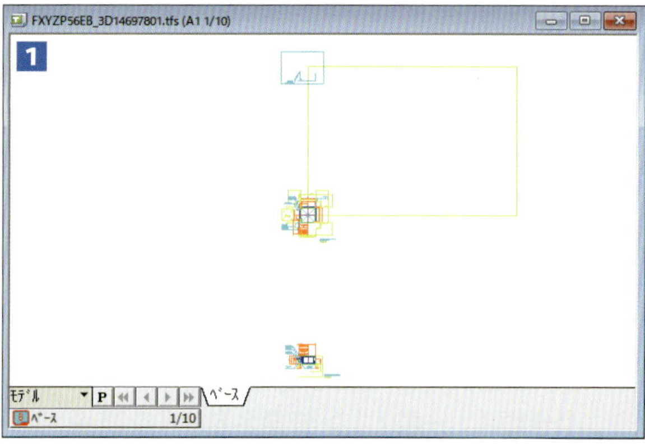

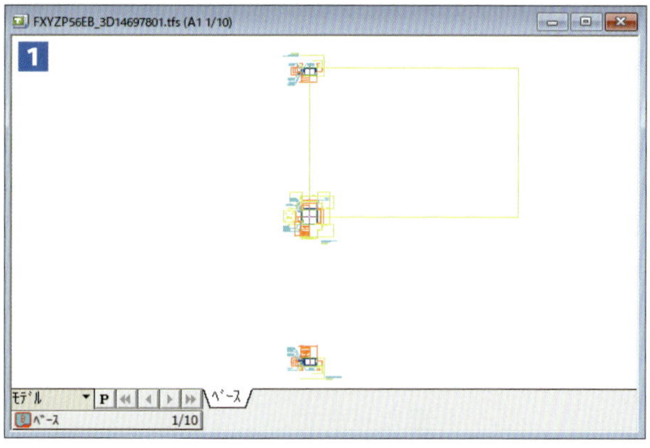

同様に同じ手順で4～6の図面を1の図面に集約します。6の下面は回転させずに右上に配置します11。
6図面全て1の図面に集約します。

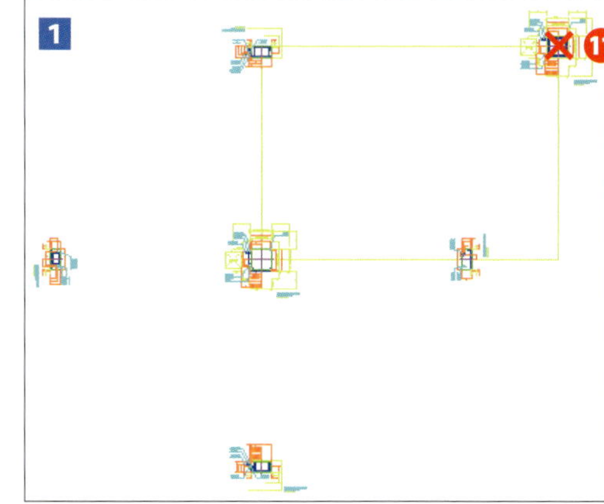

4 機器・器具登録用図面作成で機器を登録します。
ツールバー、または、メニューバー［空調］>［機器登録］>［5面図登録］>［登録用図面作成］を選択します。［部品登録］ダイアログが表示されますので、［詳細設定］タブをクリックし❶、ストック名称：［WATホテル］と入力し❷、［OK］をクリックします❸。

部品登録
ﾕｰｻﾞｽﾄｯｸ名:
分類: ー ー
部品ｺｰﾄﾞ(C): A?000
部品名称(N):
呼出しｺｰﾄﾞ(Y):
エリアチェック領域を設定する 半径(A): [m]
登録方法(W)
実寸 3サイズ
3サイズ値
大(L): 1.25 中(M): 1 小(S): 0.8
❶ 詳細設定(B)... 仕様属性(A) 任意属性(U) OK ｷｬﾝｾﾙ ﾍﾙﾌﾟ(H)

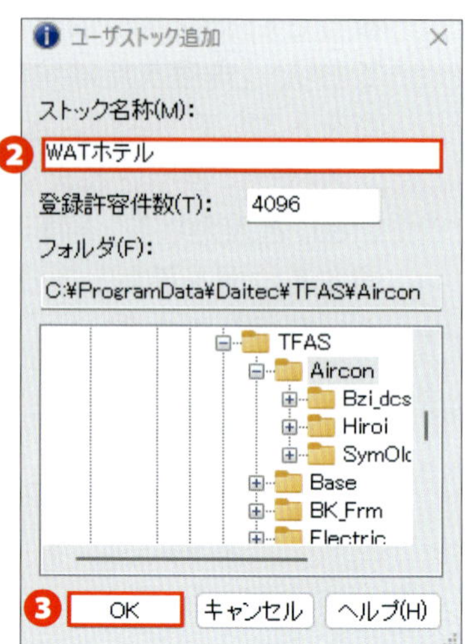

［分類選択］ダイアログが表示されますので、ストック分類：［分類①］>分類名称：［空調機］>［マルチ型パッケージエアコン室内機］>［4方向カセット形］を選択し❹、［OK］をクリックします❺。

［ストック分類］の［分類①］はC-CADEC［設備機器ライブラリ体系仕様書 第一版］のVer4.0に準拠しています。［分類②］はVer5.0、Ver6.0、およびVer7.0に準拠していますが、Ver7.0で追加された分類に関しては表示される順番が仕様書と異なります。

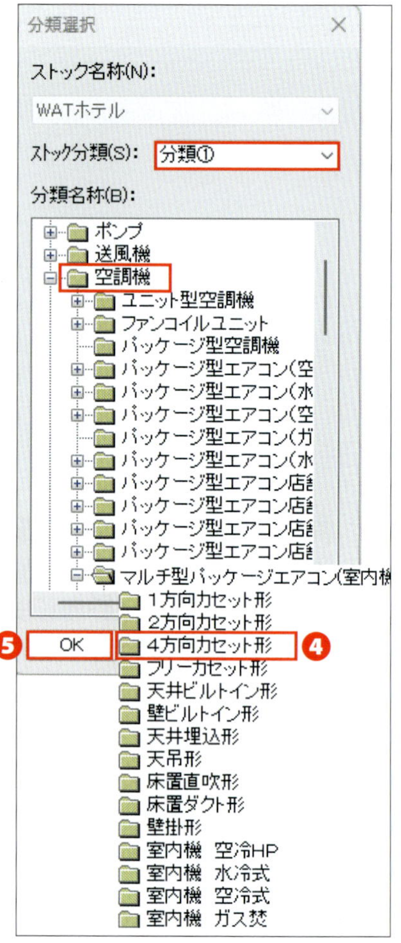

[ユーザーストック名]、[分類]が入力された[部品登録]ダイアログが再度表示されますので、設定を行います。

- 部品コード：[FXYZP56EB] ❻
- 部品名称：[FXYZP56EB] ❼
- 呼出しコード：[FXYZP56EB] ❽
- [OK] ❾

今回は全て機器メーカーの品番[FXYZP56EB]を入力します。

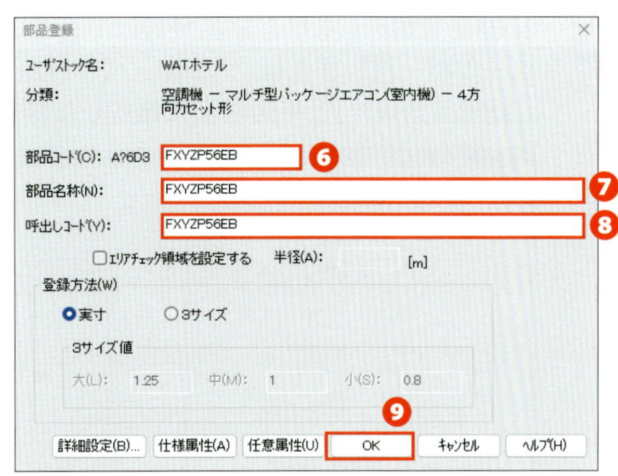

[部品コード]は絵柄登録コードを18文字以内の半角英数字で入力できます。[部品名称]は絵柄の名称を全角50文字以内で入力できます。[呼出しコード]は全角20字以内で入力できます（省略可）。[呼出しコード]を入力しておくと、メニューバー[空調]>[機器・器具]>[配置]の[機器配置]ダイアログで絵柄呼出しコード順にソートして表示したり、ボタン上に呼出しコードを表示したりすることができます。

部品登録枠が左右に2つ並んで表示されます。左側に2D部品登録用、右側に3Dデータ登録用の登録枠が表示されます。

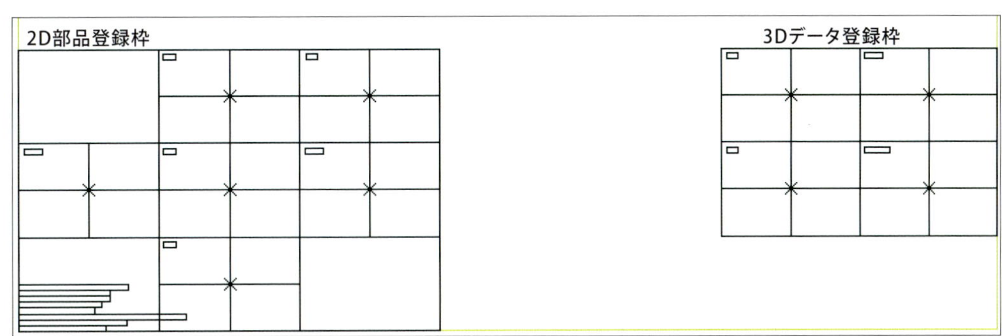

- 2D部品だけを登録すると、直方体で登録されます。登録部品を3D表示したい場合は、3Dデータ登録枠に3Dデータを配置して2D部品と一緒に登録します。3Dデータを配置するだけで部品を登録することはできません。
- 部品登録できる図形は、【ベース】シートに入っているデータのみです。
- 各面の×の位置が0のレベルになります。

5 2D部品登録をしないと部品登録はできないので、2D部品登録をします。
ツールバー ◫ 、または、メニューバー［ウィンドウ］>［左右に並べて表示］を選択し、［2D部品登録枠］と平面図面に集約した機器の図面を左右に並べます❶。

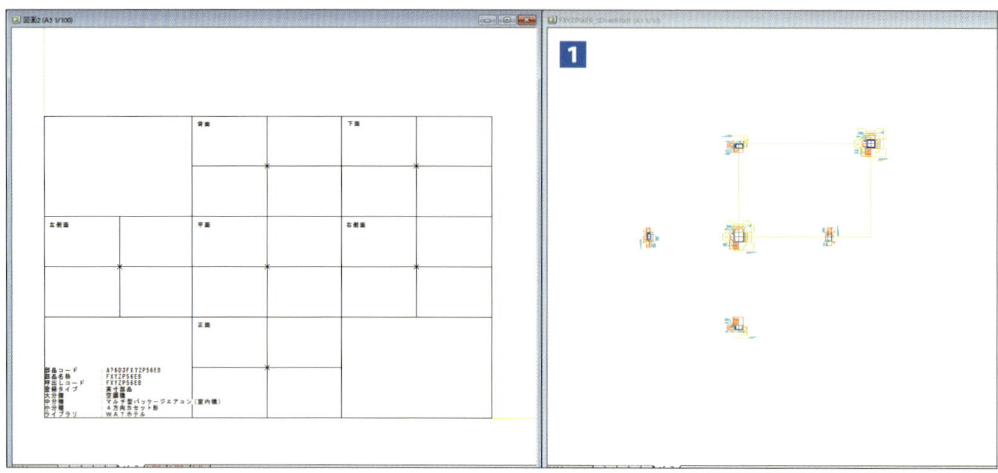

集約した機器図面の上で右クリックメニュー［複写ー通常］を選択し、図形全てを対角で囲い［Enter］キーを押します❷。［基準点を入力してください。］とガイダンスバーに表示されますので、平面図の中心をクリックします❸。

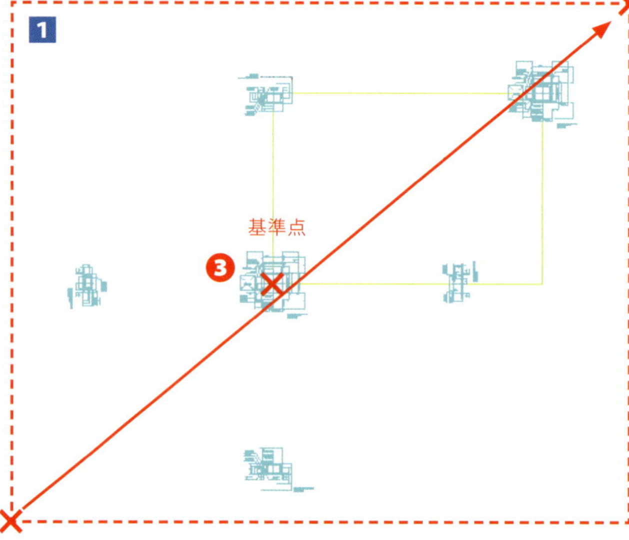

［指定点を入力してください。］とガイダンスバーに表示されますので、［2D部品登録枠］の中心をクリックし、［Enter］キーを押します❹。
それぞれの面の機器の中心（赤い円の中心）が登録枠の中心（×）に配置するように移動します❺。

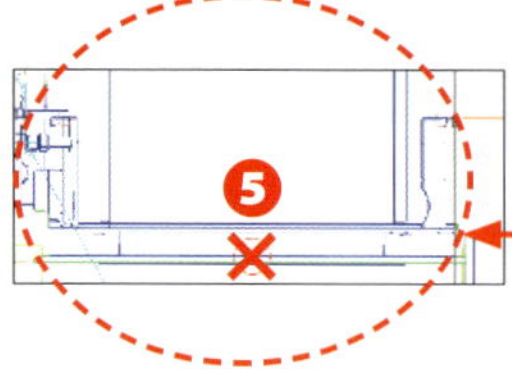

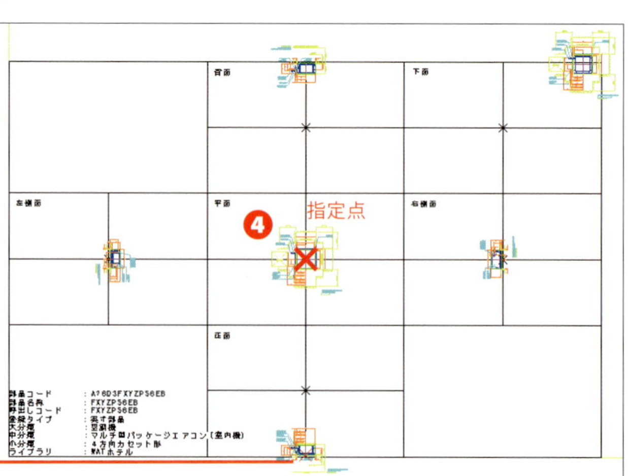

6面全てを各登録枠の中心に移動します❻。

> 2D登録枠が小さいときは、ツールバー[icon]、または、メニューバー［空調］>［機器登録］>［5面図登録］>［登録枠拡大・縮小］を使用して、登録枠サイズを変更し、各面の図面が枠内に収まるようにします。

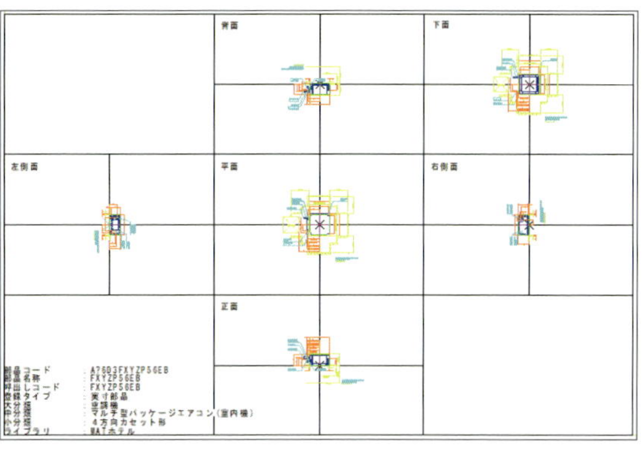

ツールバー[icon]、または、メニューバー［空調］>［機器登録］>［5面図登録］>［登録］をクリックします。ダイアログが表示されますので、［はい］をクリックします❼。

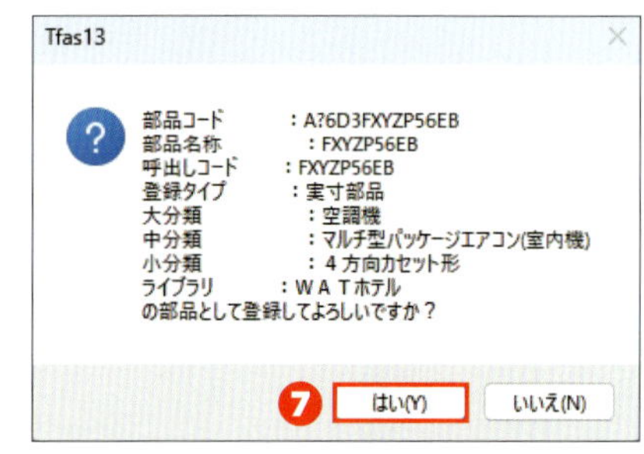

6 2D部品登録した機器を確認します。
ツールバー[icon]、または、メニューバー［空調］>［機器・器具］>［配置］を選択します❶。

ライブラリ：［WATホテル］❷、［空調機>マルチ型パッケージエアコン（室内機）>4方向カセット形］を選択し❸、［FXYZP56EB］をクリックします❹。
［基準点を入力して下さい。］とガイダンスバーに表示されますので、図面上の任意の点をクリックして、配置方向点を入力します❺。
配置した機器を3D表示で確認すると、機器登録に必要のない線が表示されたカラフルな直方体に登録されています。また、下面の向きも違います❻。

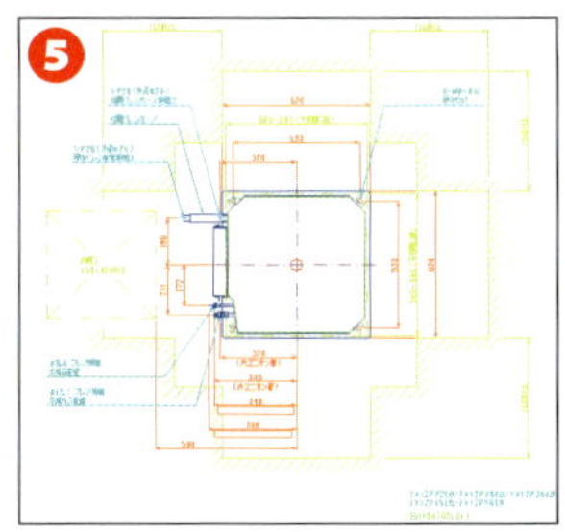

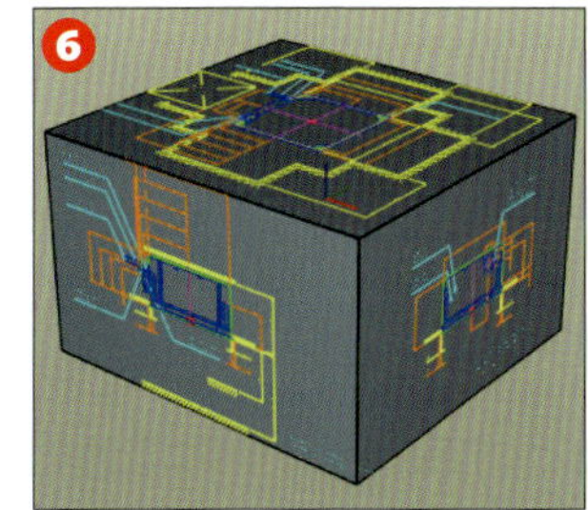

確認ができたので、削除しておきます。

7 2D部品登録した［FXYZP56EB］のデータ（レイヤ）を確認します。
ツールバー、または、メニューバー［設定］＞［レイヤ設定］を選択します❶。

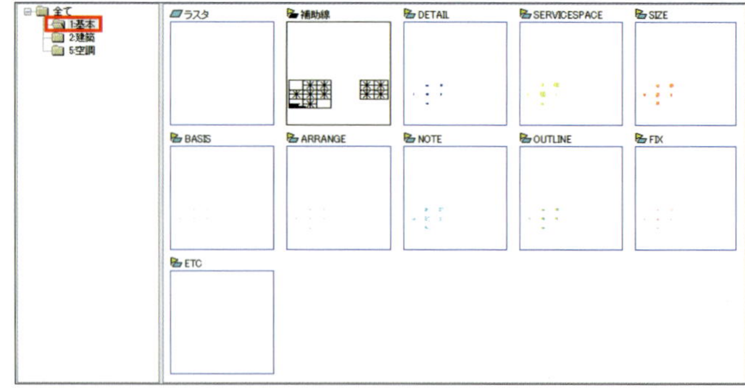

2D部品登録した［FXYZP56EB］のデータは、色もレイヤもダウンロードした状態のままで、機器・器具に必要のない文字も入っています。

ここでは元々Tfasに用意されている機器を参考に色・レイヤー（Tfasの中に準備されている機器のレイヤ）等を変更していきます。

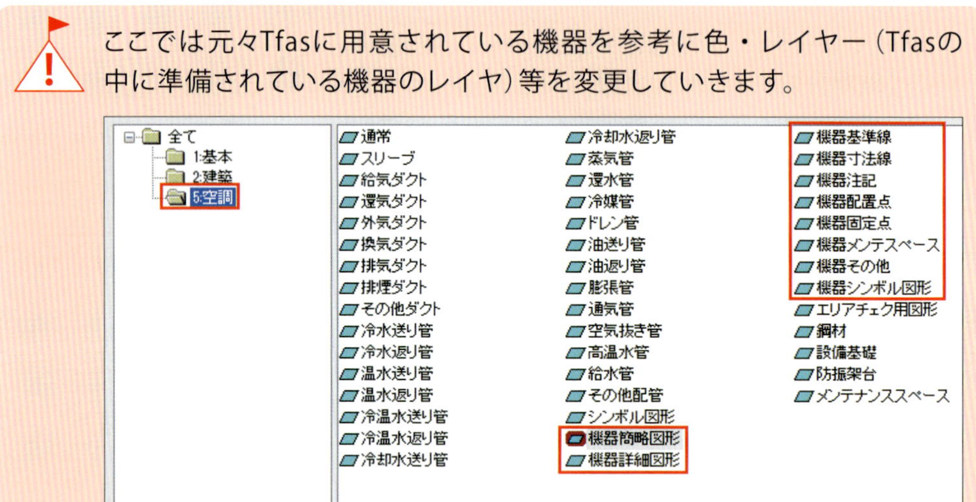

8 登録図面整理の参考にするために、Tfasに用意されている機器を配置します。今回は、5面図登録している空調機器と同じタイプの機器を配置します。
ツールバー、または、メニューバー［空調］＞［機器・器具］＞［配置］を選択します。

［機器配置］ダイアログが表示されますので、ライブラリ：［Tfas標準①（システムストック）］❶、［空調機］＞［マルチ型パッケージエアコン（室内機）］＞［4方向カセット形］を選択し❷、［マルチ型パッケージ4方向（正方形）］をクリックします❸。
［基準点を入力してください。］とガイダンスバーに表示されますので、図面上の任意の点をクリックして、配置方向点を入力します❹。

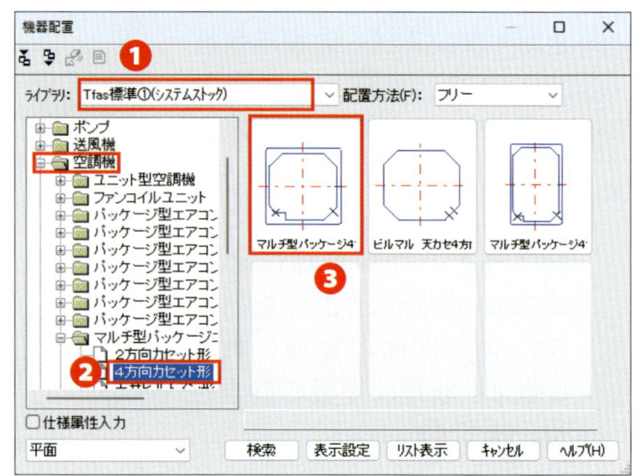

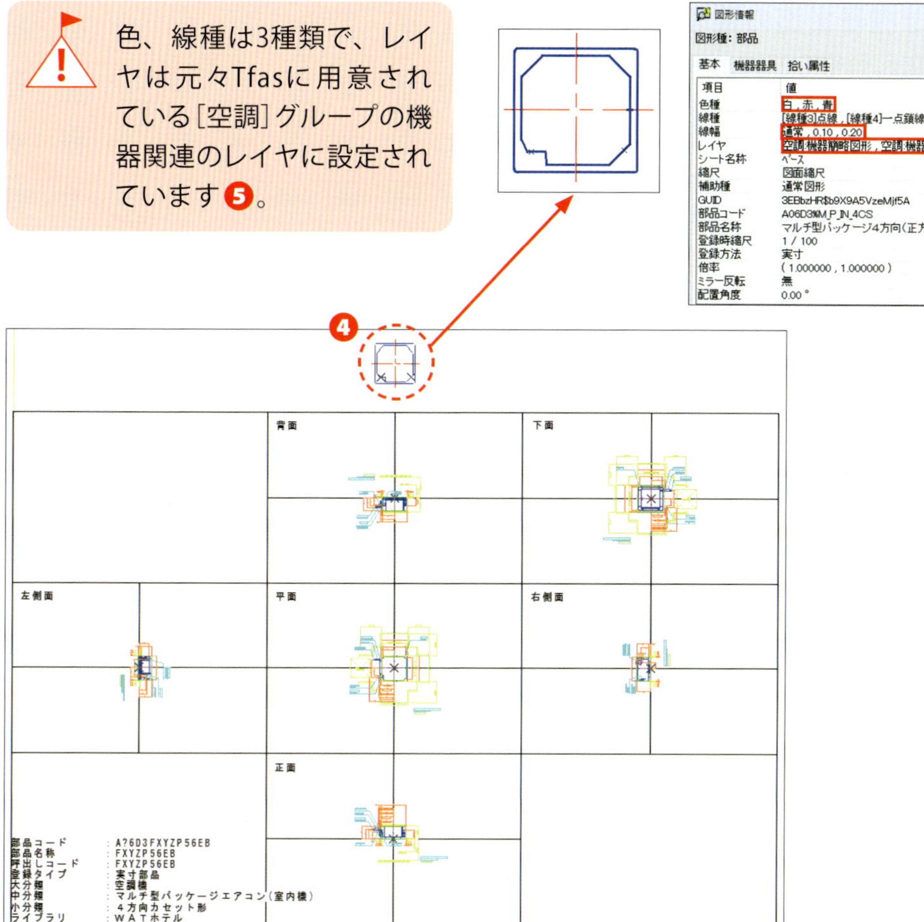

9 8で配置した、Tfasに用意されている機器［マルチ型パッケージ4方向（正方形）］を参考に2D部品登録枠内のデータを整理します。

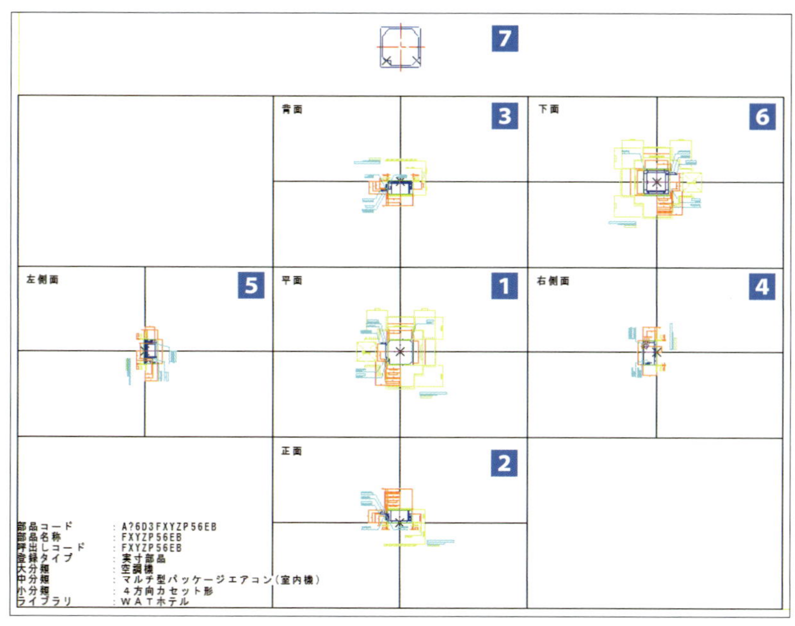

▶登録機器図面の整理

1 5面図登録の際に、[下面]の向きが逆になっていたので、[下面]をミラー反転します。

5面図登録の際に、[下面]の向きが逆になっていたので、[下面]をミラー反転します。

右クリックメニュー[移動]－[ミラー反転]を選択します。[下面]の図形を全て対角で選択し、[Enter]キーを押します❶。

対象軸指定の指示がガイダンスバーに表示されますので、[対象軸]をクリックします❷。

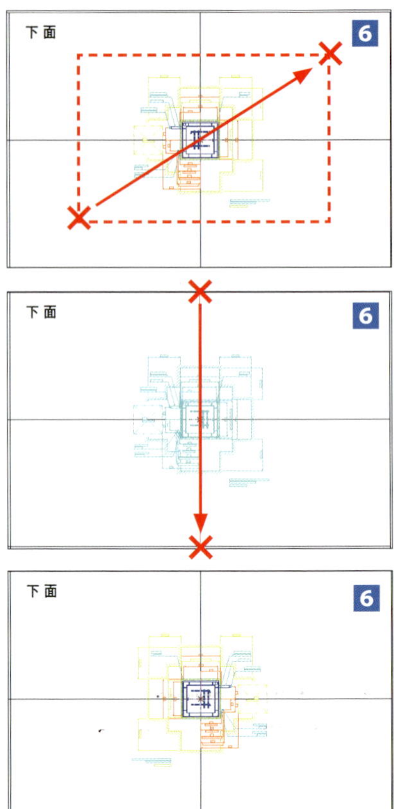

3Dデータを登録する場合は、機器の線は表示されません。そのため、[下面]の向きが逆になっていることがわかりませんので、この操作を省くこともできます。

2 登録する必要のないデータを【ベース】以外のシートに移動して、整理するためのシートを作成します。(【ベース】シートに入っているデータだけが機器登録されるため。)

【ベース】シートの隣に、必要のないデータを入れる【×】(バツ)シートを作成します

- シート名称：[×]❶
- 状態：[非表示]❷
- [OK]❸

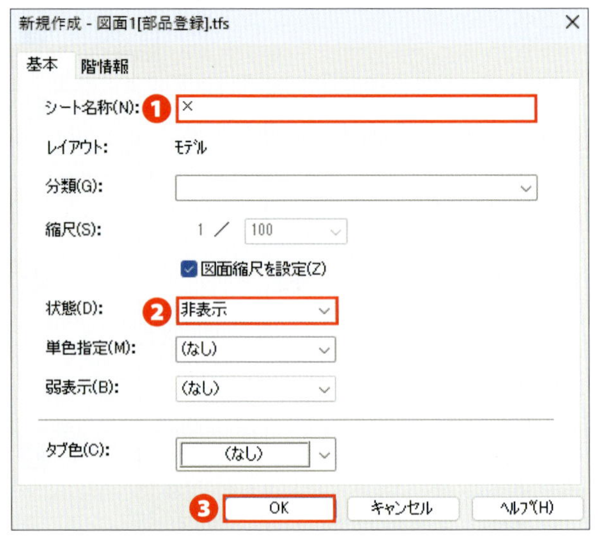

3 必要のないデータを選択します。
ガイダンスバーコマンド[選択]、サブコマンド名のプルダウンを使用して[レイヤ選択]を選択します❶。
[レイヤ選択]ダイアログが表示されますので、[属性取得]をクリックします❷。

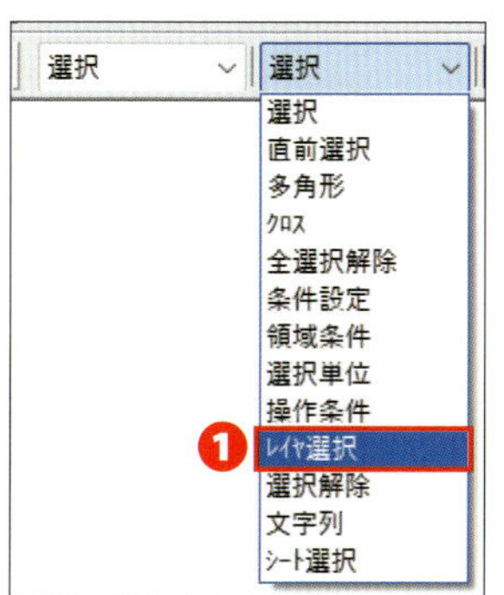

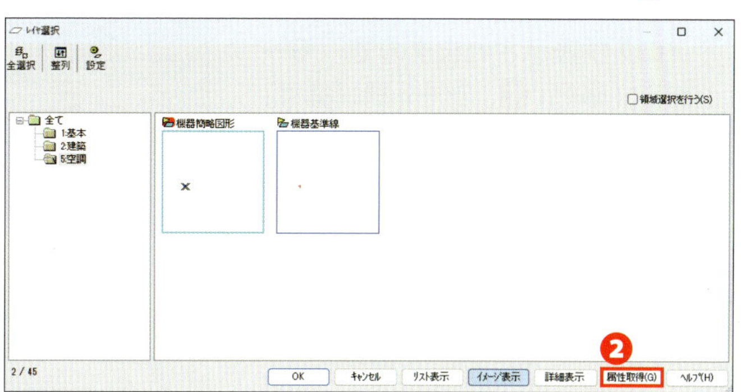

[図形を指示してください。]とガイダンスバーに表示されますので、【×】シートに移動したい図形(橙の線)をクリックします❸。[レイヤ選択]ダイアログが再度表示され、指示したレイヤ[SIZE]が選択されていますので、[OK]をクリックします❹。

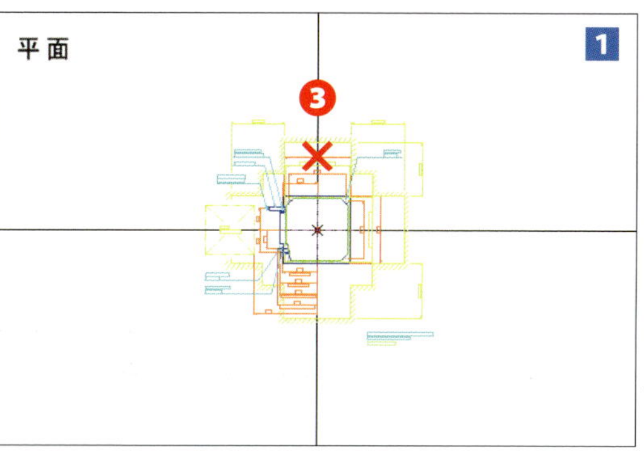

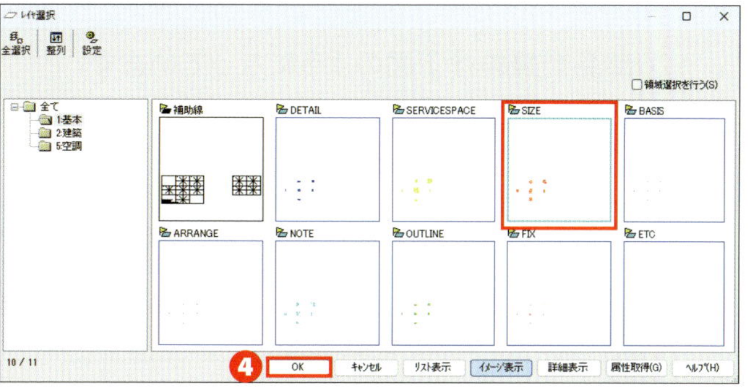

[属性取得]を使用せずに直接レイヤ選択することもできます。

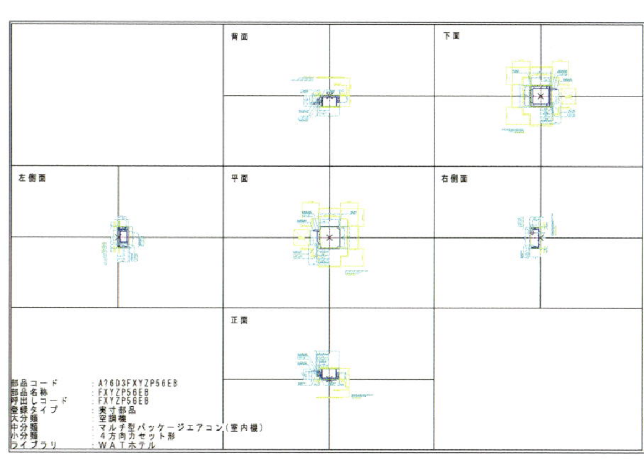

4 【×】シートに移動をします。

ツールバー、または、メニューバー［設定］＞［シート機能］＞［移動複写］、または、シートタブの上で右クリックし［移動複写］を選択します。

［複写/移動先シート選択］ダイアログが表示されますので、モード：［移動］❶、シート間：［実寸］❷、複写/移動先シート：［×］を選択❸、［OK］をクリックし❹、［Enter］を2回押します❺。

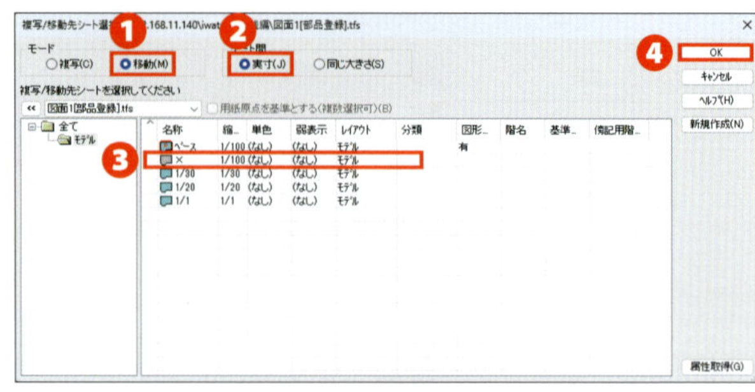

> ［Enter］キーを2回押すと、同じ位置でシートが移動・複写できます。

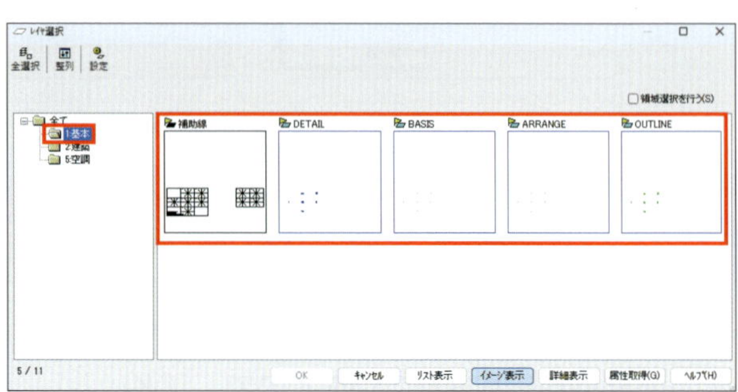

同様の操作を繰り返し、整理します。
ガイダンスバーコマンド［選択］、サブコマンド名のプルダウンを使用して［レイヤ選択］を選択します。
表示された［レイヤ選択］ダイアログの［基本］の中が上のような種類になるまで整理します。

2D部品登録枠は下図のようになっています。

背面
下面
左側面
平面
右側面
正面

部品コード　：A?6D3FXYZP56EB
部品名称　：FXYZP56EB
呼出しコード　：FXYZP56EB
登録タイプ　：実寸部品
大分類　：空調機
中分類　：マルチ型パッケージエアコン（室内機）
小分類　：4方向カセット形
ライブラリ　：WATホテル

5 Tfasに用意されている機器を参考にレイヤ整理をします。

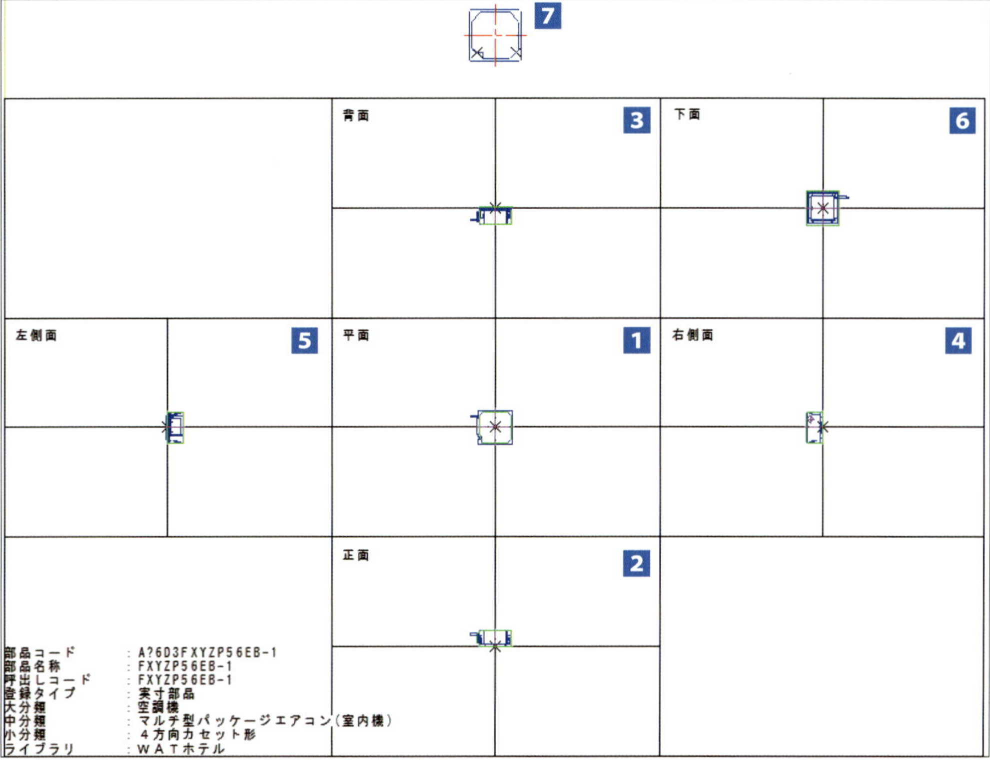

基準線[BASIS]

ガイダンスバーコマンド[選択]、サブコマンド名のプルダウンを使用して[レイヤ選択]を選択します。 ※以下[選択ーレイヤ選択]と表記いたします。

[レイヤ選択]ダイアログが表示されたら、[属性取得]をクリックします❶。

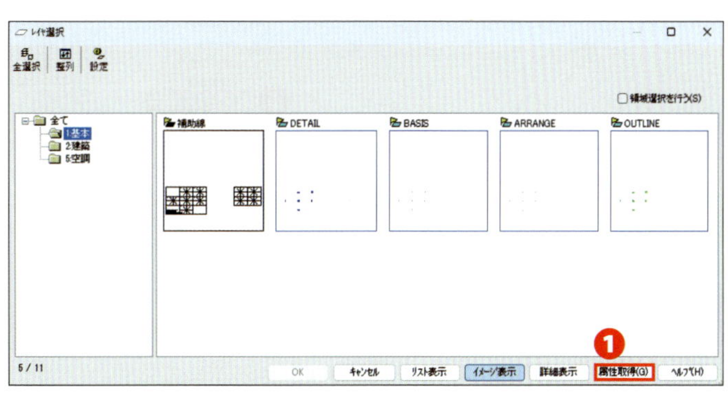

1 の対象の線[BASIS(色種：マジェンダ)]をクリックするか❷、[基本ーBASIS]をクリックして❸、[OK]をクリックします❹。

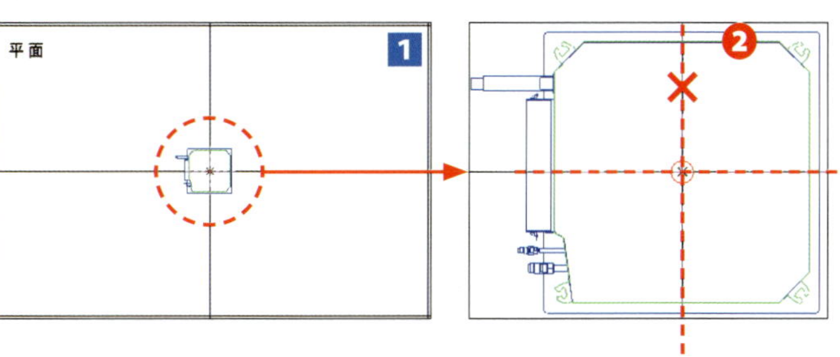

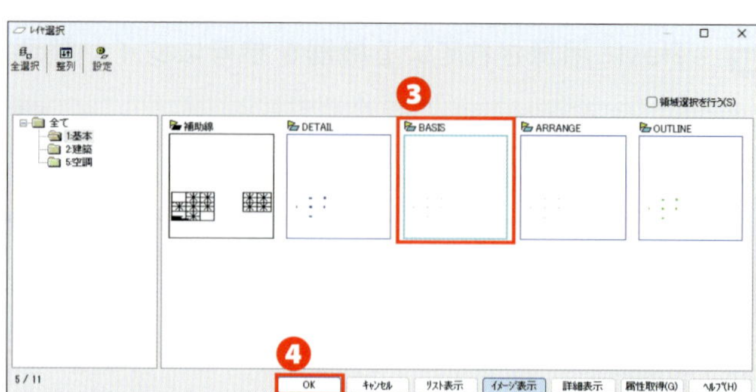

2D部品登録枠内の［BASIS］が全て選択されています❺。

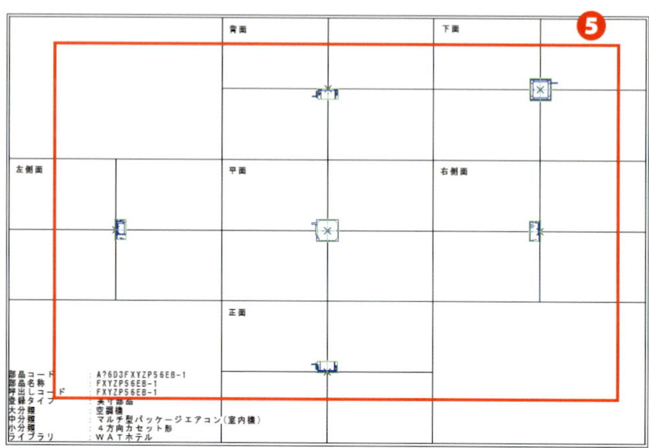

右クリックメニュー［色、線種変更］をクリックします❻。［属性変更］ダイアログが表示されますので、［属性取得］をクリックします❼。

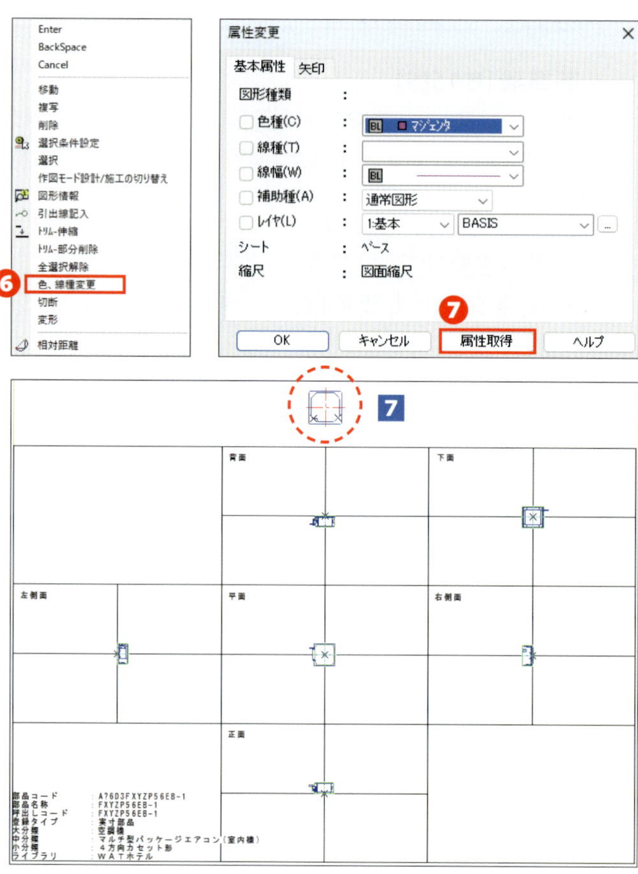

2 の先ほど配置したTfasに用意されている［マルチ型パッケージエアコン（室内機）－4方向カセット形］の赤い中心線をクリックすると**8**、［属性変更］ダイアログが表示されますので、色種等を確認・変更して**9**、［OK］をクリックします**10**。レイヤや、線種等が変更されます。

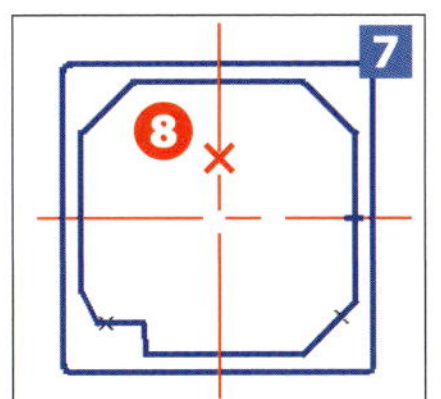

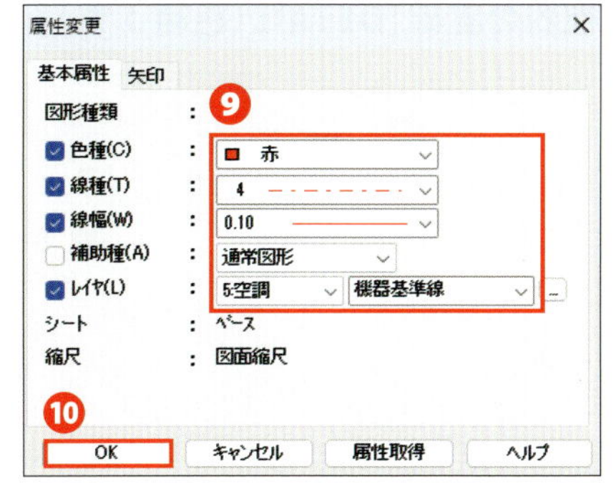

属性変更は、［属性取得］を使用してTfasの既存の機器の属性を取得し、変更する箇所だけ変更しています。
［機器基準線］は変更がありません。

右図のように［機器基準線］が変更されます。［レイヤ選択］で変更することにより、2D部品登録枠内の［BASIS］が全て［機器基基準線］に変更されています。

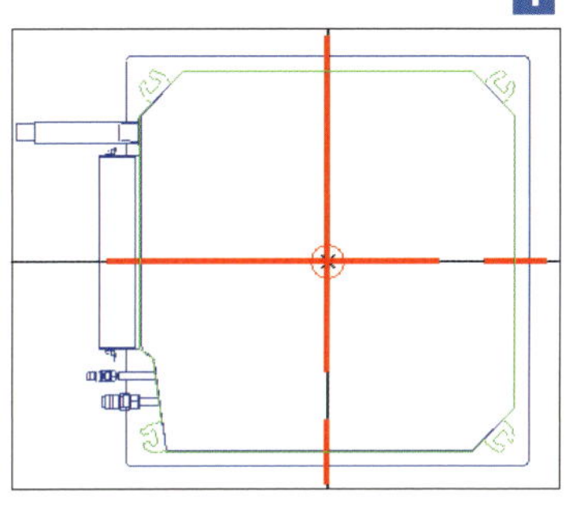

同様に**1**～**10**の操作を繰り返し、レイヤを整理します。

配置点［ARRANGE（色種：赤）］

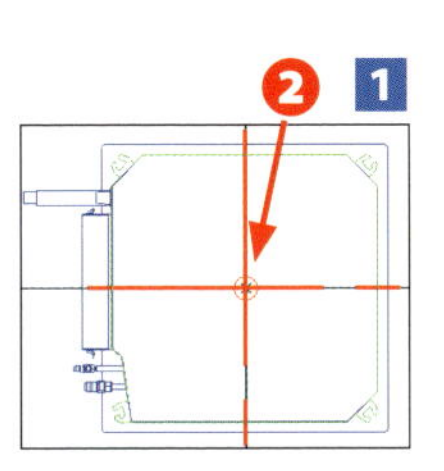

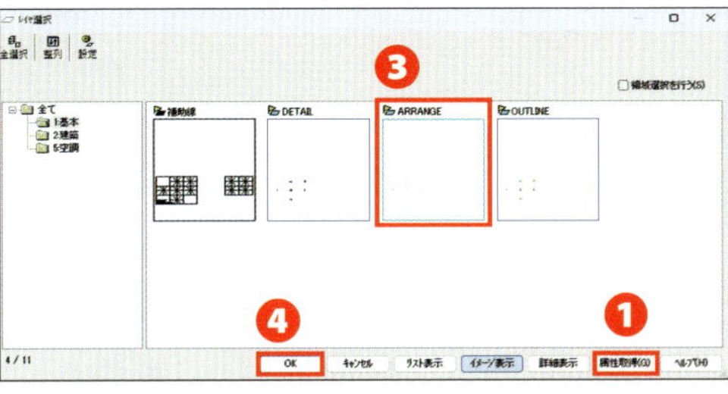

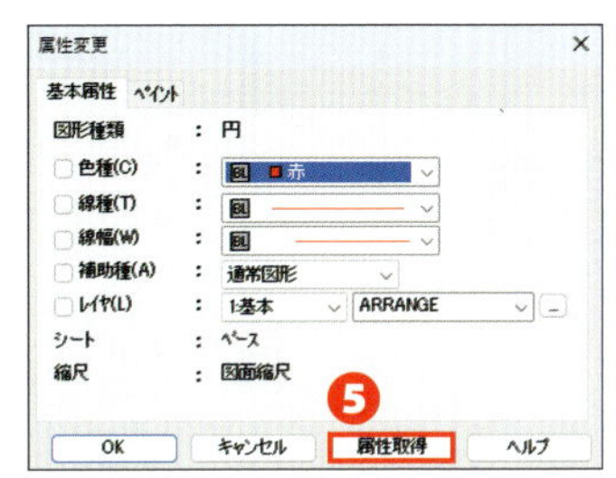

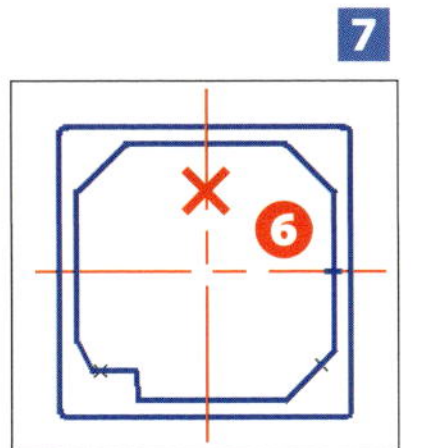

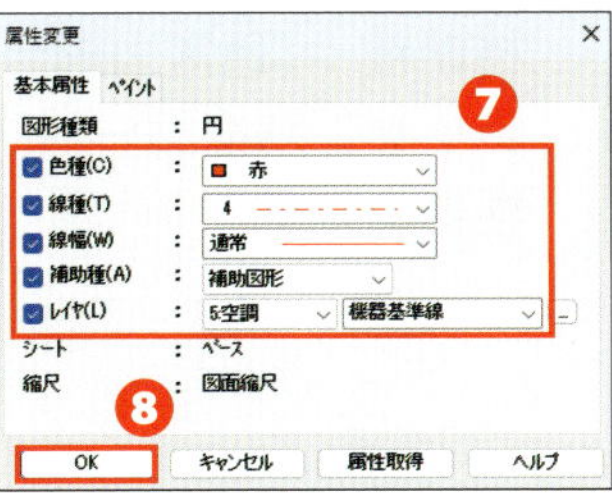

7
色種：［赤］
線種：［4］（一点鎖線）
線幅：［通常］
補助種：［補助図形］
レイヤ：［5空調－機器基準線］

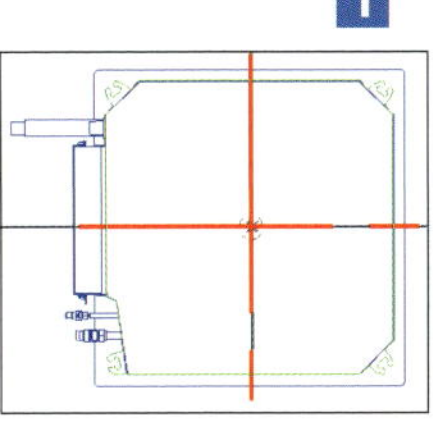

機器の実線［DETAIL（色種：青）］

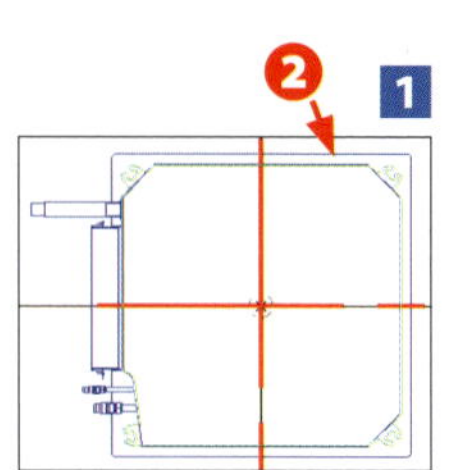

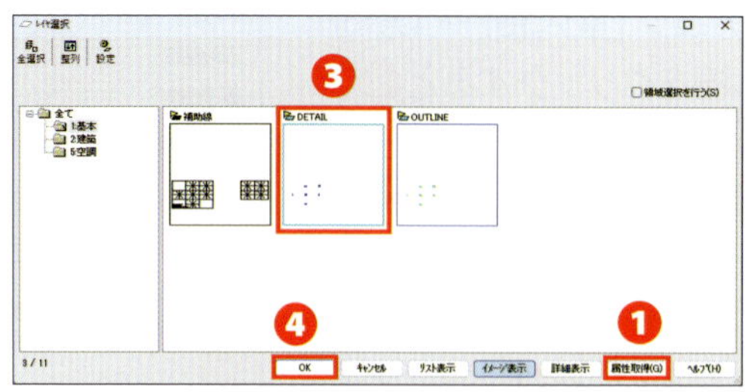

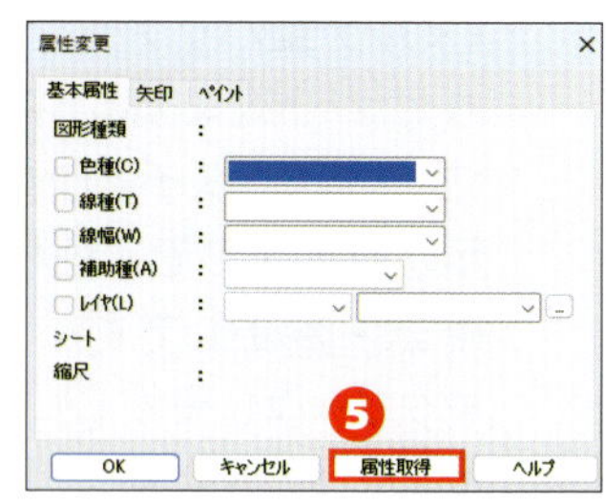

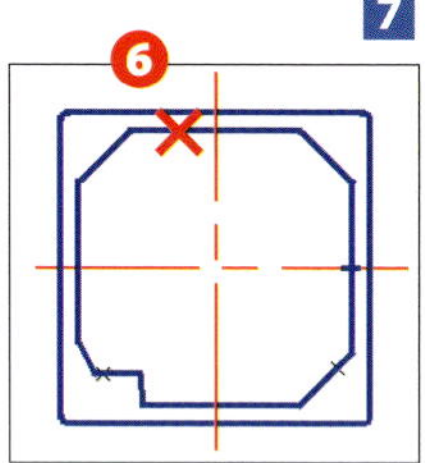

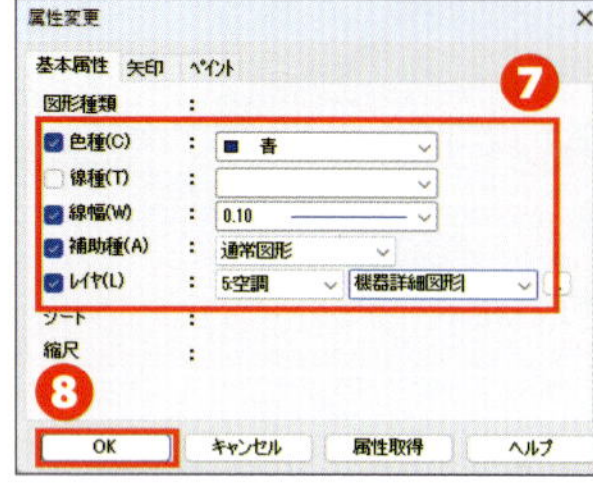

7
色種：［青］
線種：✓を外す
線幅：［0.1］
補助種：［通常図形］
レイヤ：［5空調－機器詳細図形］

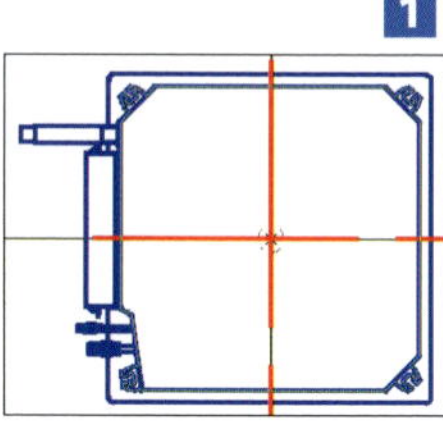

ダウンロードした機器の詳細図なので、ダウンロード図面の線種をそのまま表現するため線種の✓を外しています。

外形ライン［OUTLINE（色種：緑）］

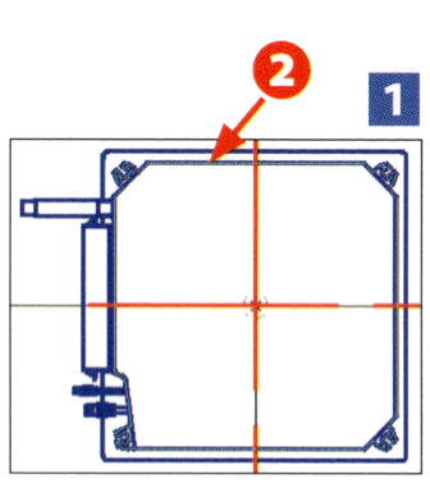

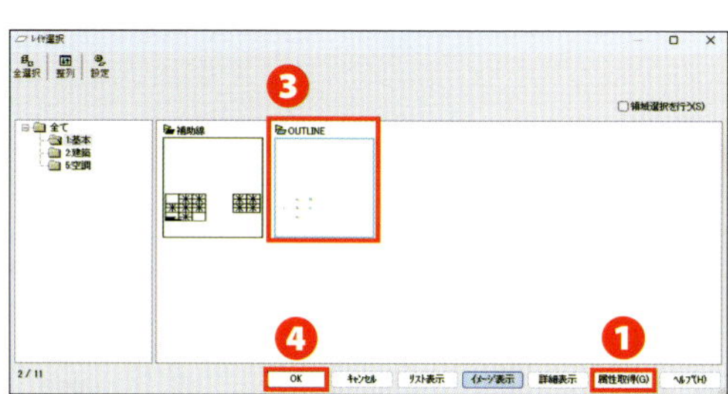

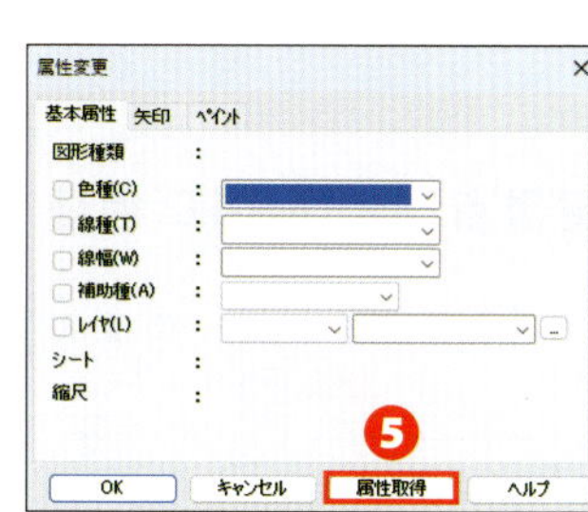

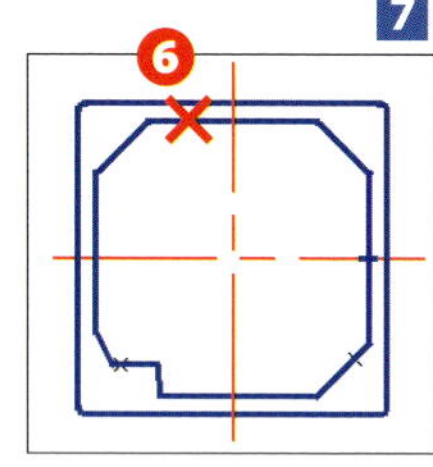

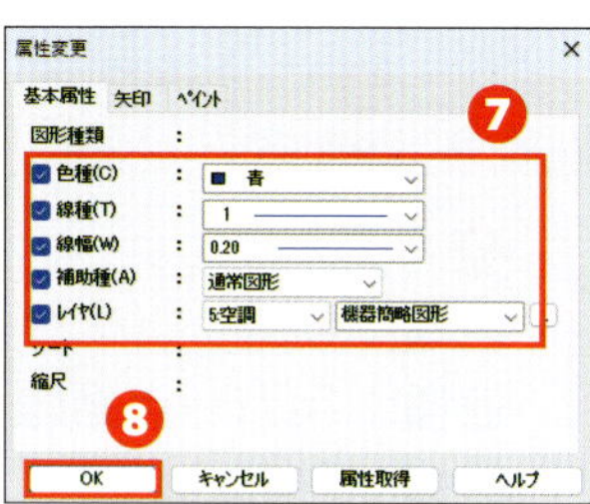

7
色種：［青］
線種：［1］（実線）
線幅：［0.2］
補助種：［通常図形］
レイヤ：［5空調－機器簡略図形］

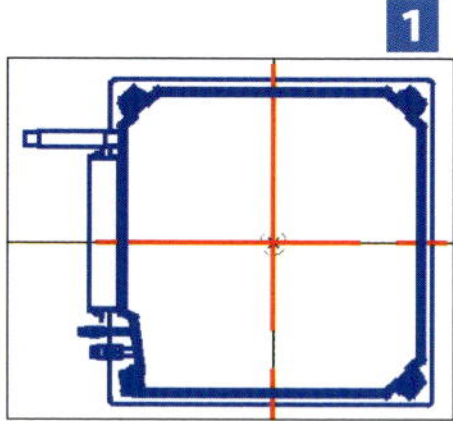

レイヤの整理ができました。

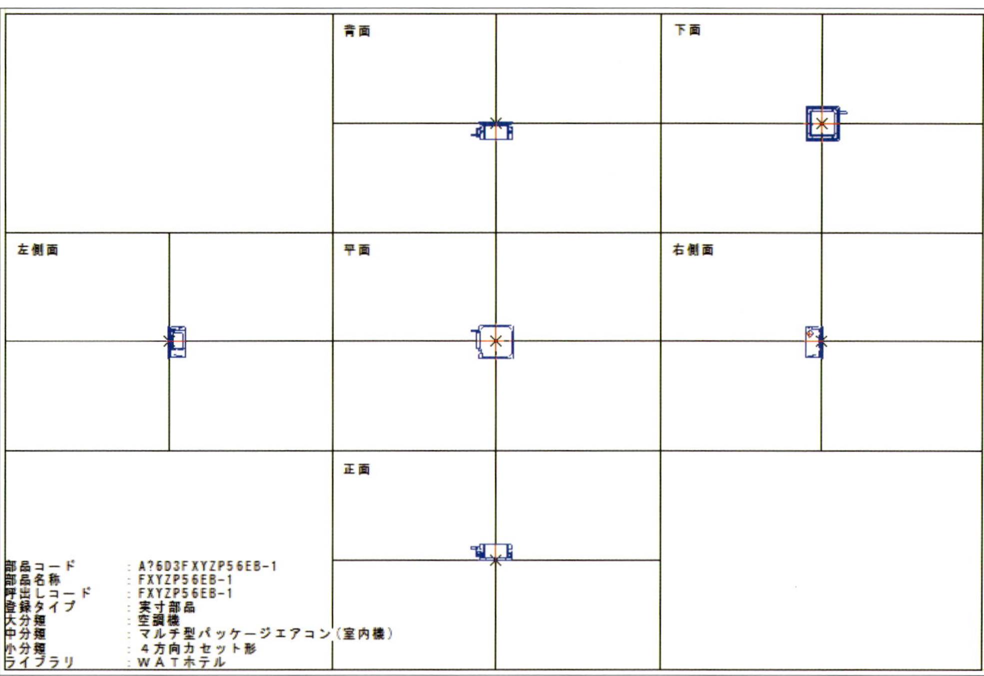

［選択－レイヤ選択］で、［レイヤ選択］ダイアログを表示すると、登録した機器データが全て［空調］グループの［機器簡略図形］レイヤ、［機器詳細図形］レイヤ、［機器基準線］レイヤに移動していることが確認できます。

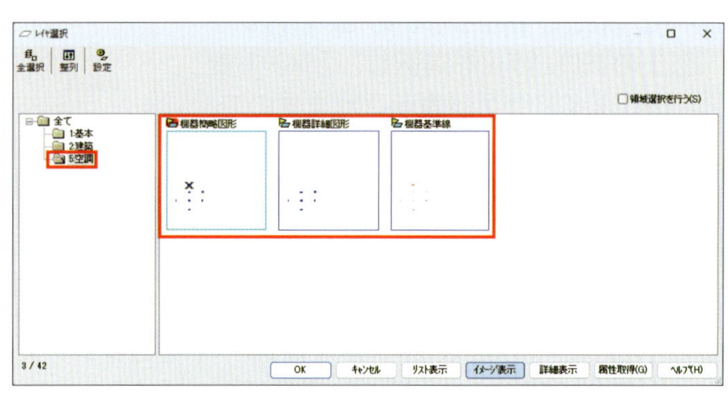

6 施工図作図時に表示されていると作図しやすい注記を補助図形で配置します。

【×】シートをカレントシートにします。

ドレン管や冷媒管の情報が記されています。色は水色のシアンです。

レイヤは［NOTE］レイヤです。

1

【×】シートに入っている［NOTE］レイヤだけを【×】シートから別のシートに分けます。【×】シートの隣に【N】シートを作成します。

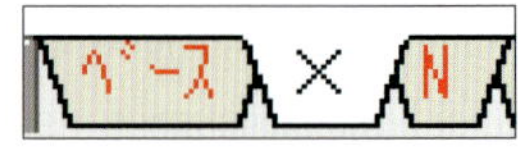

【×】シートをカレントシートとして、［選択－レイヤ選択］で［レイヤ選択］ダイアログを表示して、［1基本－NOTE］レイヤをクリックして❶、［OK］をクリックします❷。［シート－移動複写］を選択し、【N】シートに移動します❸。

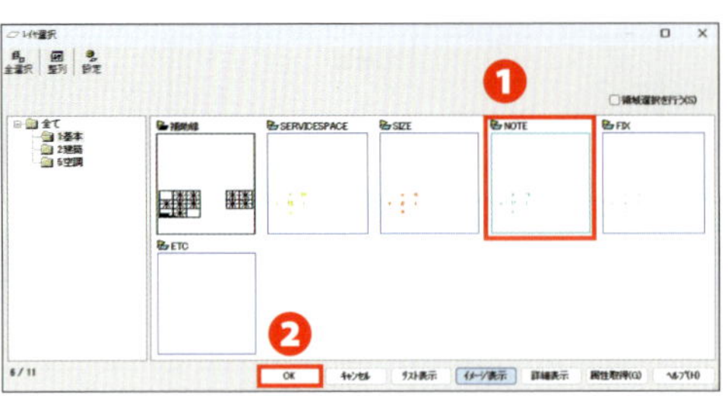
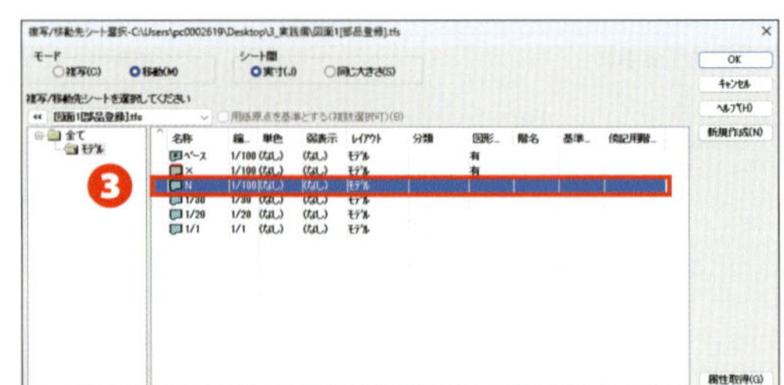

【N】シートから機器に配置したい線や文字を【ベース】シートに移動します。

［NOTE］レイヤの色はシアンが使用されており、選択色と一緒で、選択したことがわからないので、【N】シートのプロパティを選択し、［シート変更］ダイアログが表示されますので、単色指定（橙）に設定し❹、［OK］をクリックします❺。

【×】シートは非表示とし、【N】シートをカレントシートにします。【N】シートに移動した［NOTE］レイヤが橙色で表示されます。

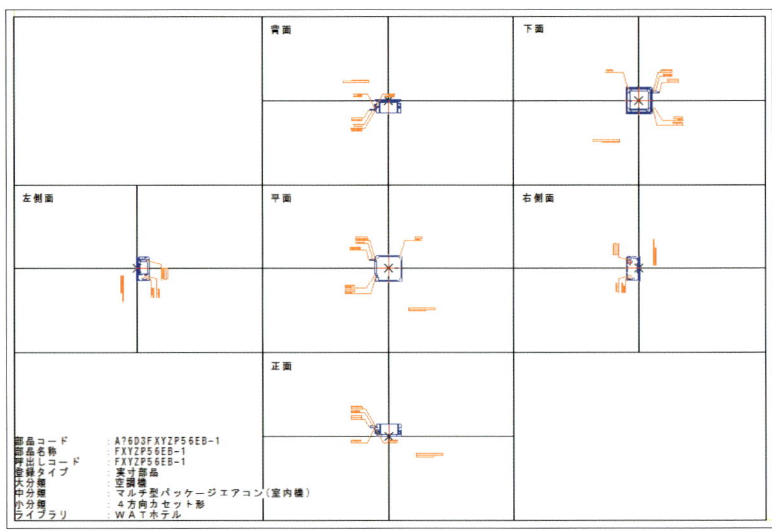

注記として【ベース】シートに移動する文字等を個別に選択するために、図形を分解します。メニューバー[図形編集]>[分解]を選択し、図形全体を対角で囲って図形を選択して、[Enter] キーを押します❻。

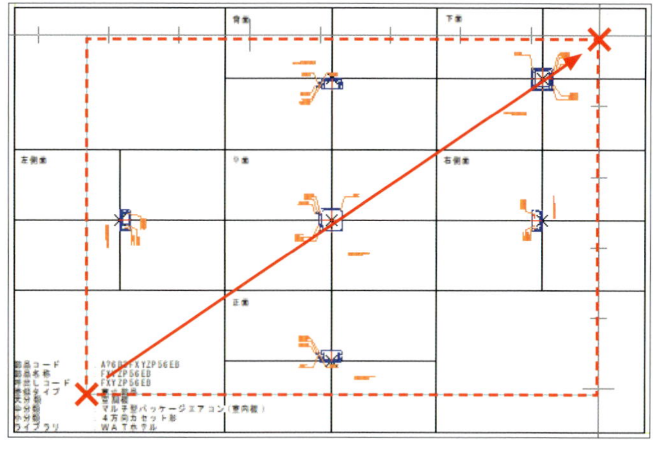

6面全ての配管の接続位置(+)や、配管の種類やサイズ表示を個別に選択（右図のように選択するとシアンの選択色に変更されます）し、【ベース】シートに移動します。

※引出線や注記として必要のない文字は移動しません。冷媒管は後で加工するので、サイズ表示部分だけを移動します。

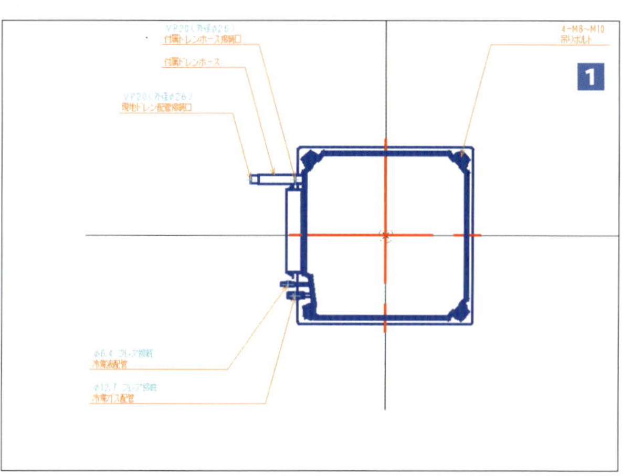

【ベース】シートに【N】シートから移動した[NOTE]レイヤの文字等がシアンで表示されます。

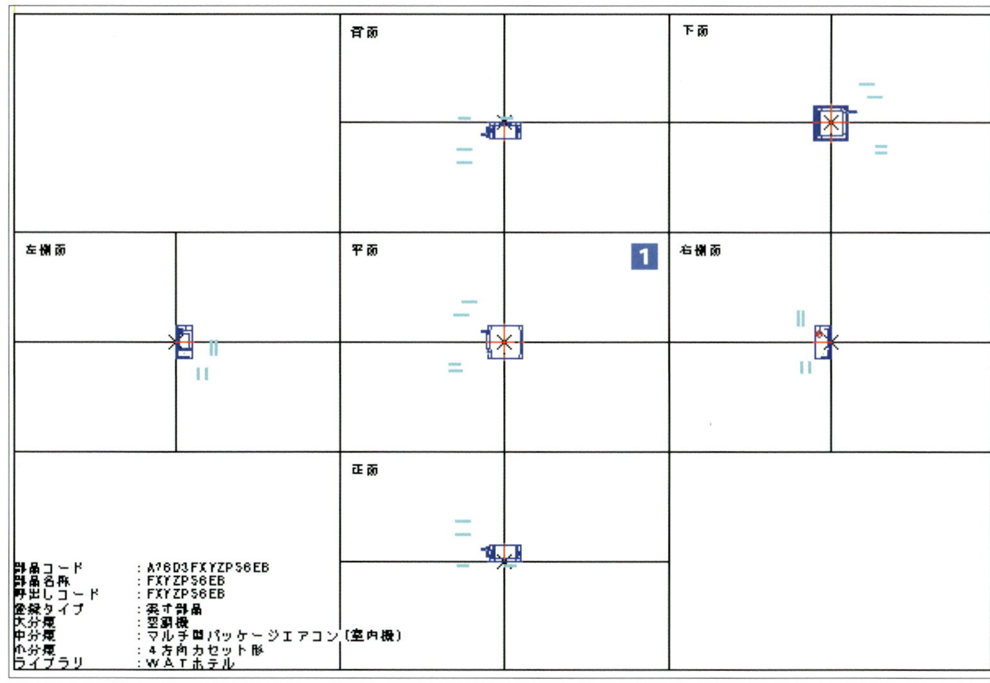

【ベース】シートに移動した[NOTE]レイヤの属性を変更します。

【ベース】シートに移動した[1基本−NOTE]レイヤをレイヤ変更します。【ベース】シートをカレントシートとし、[選択−レイヤ選択]で[1基本−NOTE]レイヤをクリックし❼、[OK]をクリックします❽。

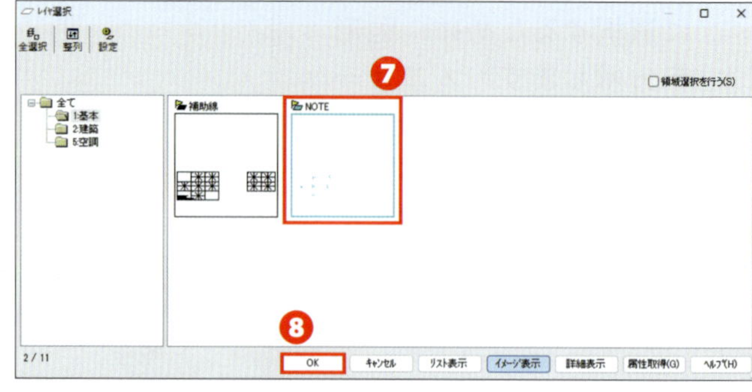

右クリックメニュー[色線種変更]を選択し、[属性変更]ダイアログの[属性取得]をクリックして❾、[機器基準線]をクリックします❿。

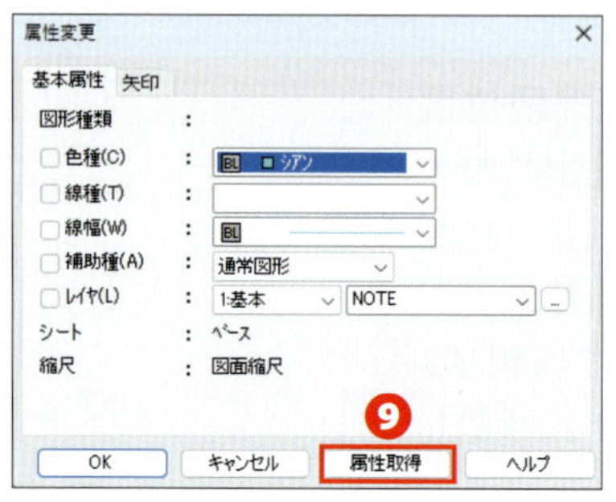

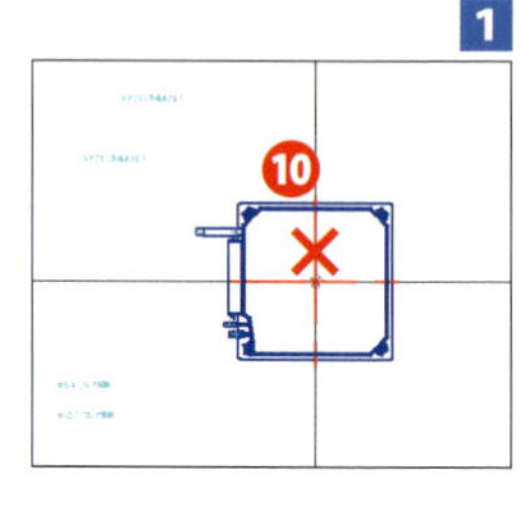

[属性変更]ダイアログが表示されますので、[機器基準線]の属性である色種：[赤]、線種：[4](一点鎖線)、線幅：[0.1]、補助種：[通常図形]、レイヤ：[5空調−機器基準線]を取得して、[OK]をクリックします⓫。

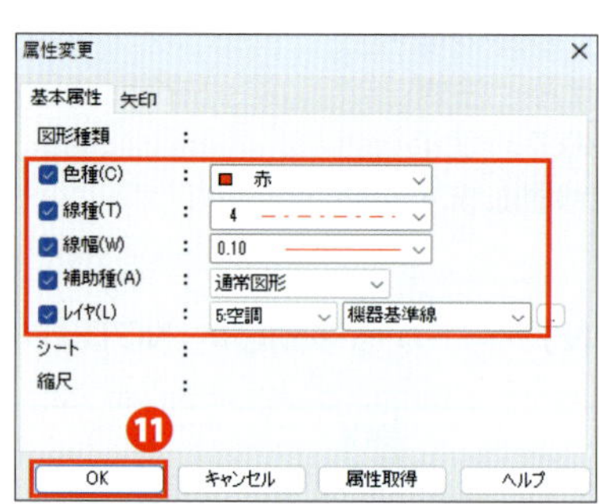

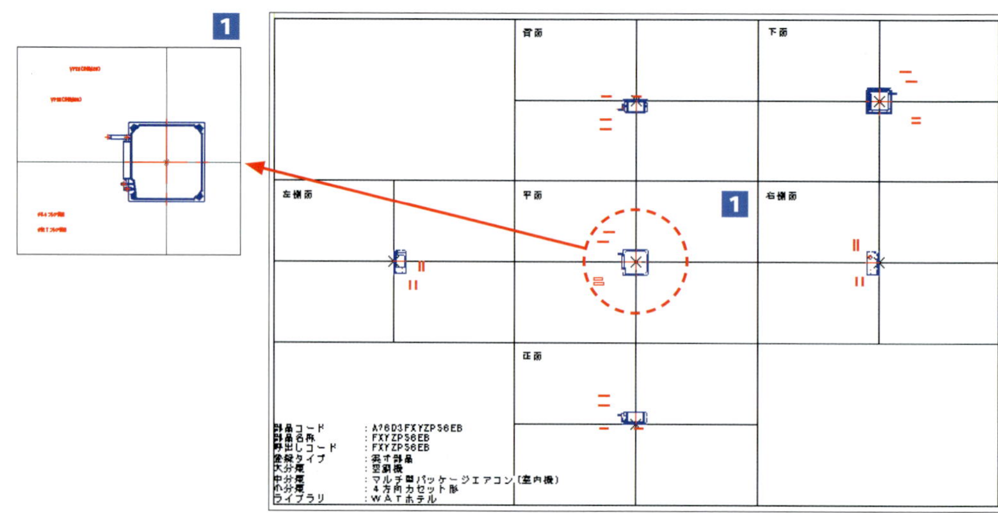

7 配置位置（+）は機器基準線でよいのですが、文字は機器基準線でないので属性変更します。

ツールバー![ABC]、または、メニューバー［基本図形］＞［文字］＞［一括変更］を選択して、範囲を対角で囲って、［Enter］キーを押します❶。

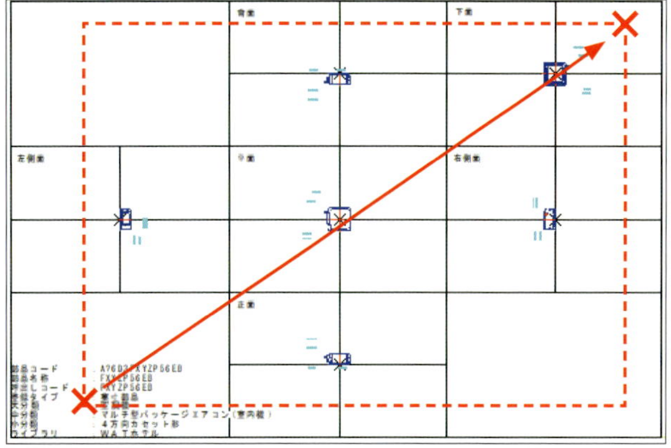

［文字属性変更］ダイアログが表示されますので、設定を行います。

- フォント：［オリジナルフォント］❷
- 高さ：［0.3］❸
- 幅：［0.2］❹
- ［OK］❺

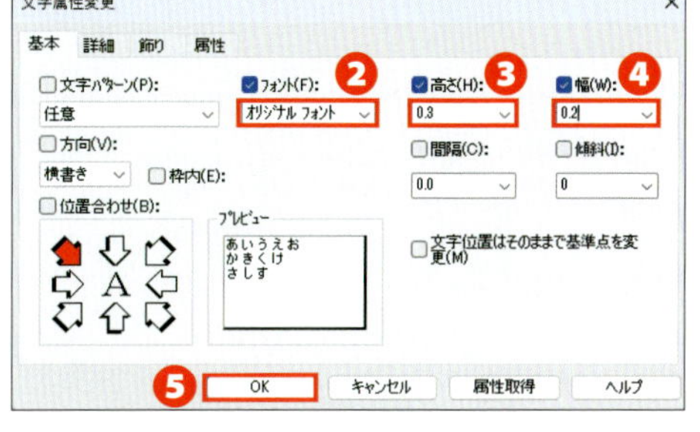

［文字属性］は変更できたので、レイヤ等の属性変更を行います。

再度、範囲を対角で囲い右クリックメニュー［色・線種変更］を選択します❻。

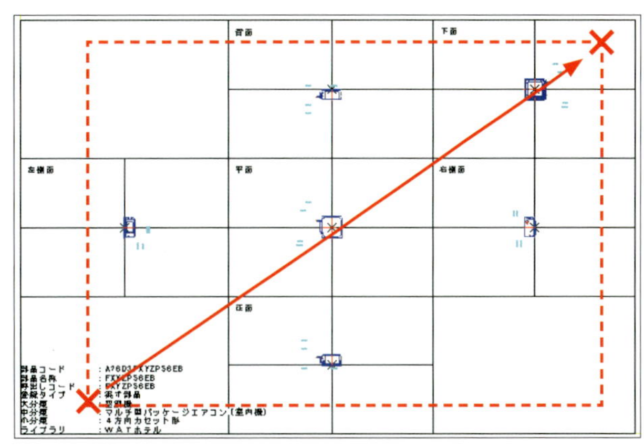

［属性変更］ダイアログが表示されますので、変更を行います。

- 色種：［白］❼
- 線種：［1実線］❽
- 線幅：［通常］❾
- 補助種：［補助図形］❿
- レイヤ：［5空調－機器注記］⓫
- ［OK］⓬

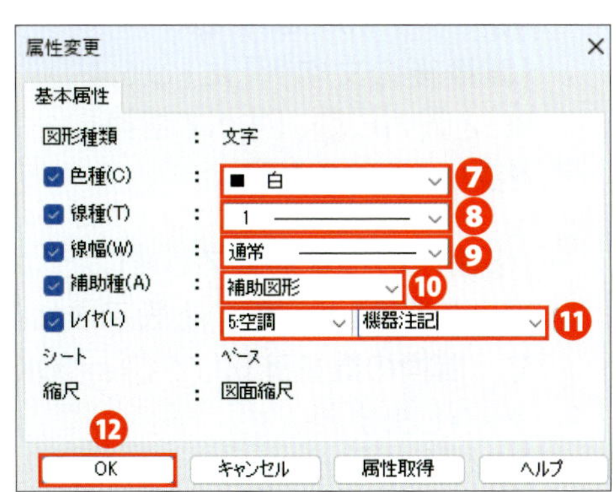

8 [機器注記]の冷媒管の表記を変更します。
[機器注記]の[φ6.4フレア接続]を[φ6.4 RL]に、[φ12.7フレア接続]を[φ12.7 RG]に変更します。

冷媒管の種類が確認できるように、【N】シートを表示にして、メニューバー[基本図形]>[文字]>[連続置換]を選択します。図面全体を対角で囲います❶。

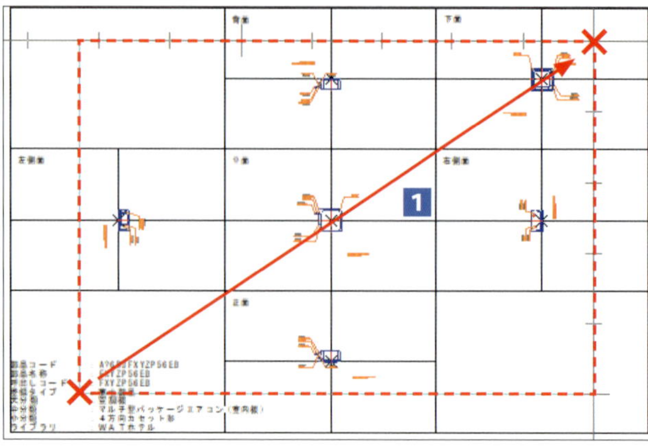

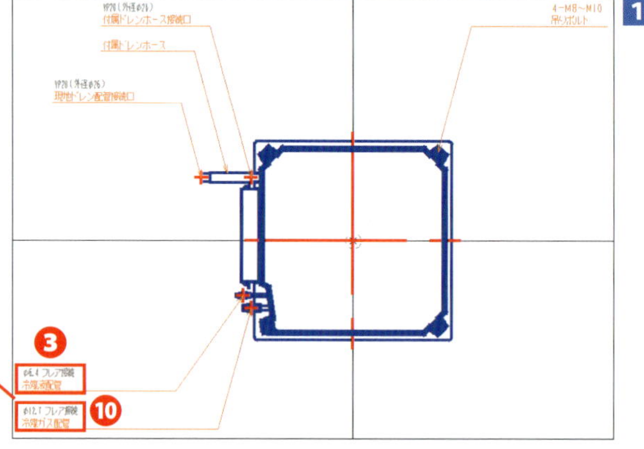

φ6.4 フレア接続
冷媒液配管
φ12.7 フレア接続
冷媒ガス配管

[置換]ダイアログが表示されます。
[検索する文字列]の をクリックします❷。[文字を指示して下さい。]とガイダンスバーに表示されますので、図面上の対象の文字[φ6.4フレア接続]をクリックします❸。
[置換後の文字列]に[φ6.4 RL]と入力し❹、[すべて置換]をクリックします❺。

置換 検索条件
検索する文字列(S):
置換後の文字列(D):
文字種別(C): (変更しない)
置換(R) すべて置換(A) 前へ(P) 次へ(N) 終了(E) ﾍﾙﾌﾟ(H)

置換 検索条件
検索する文字列(S): φ6.4 フレア接続
置換後の文字列(D): φ6.4RL
文字種別(C): (変更しない)
置換(R) すべて置換(A) 前へ(P) 次へ(N) 終了(E) ﾍﾙﾌﾟ(H)

[図面内の検索が終了しました。6個の項目を置換しました。]と表示されますので、置換の数を確認して❻、[OK]をクリックします❼。

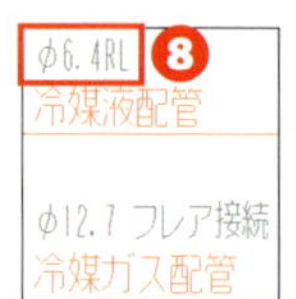

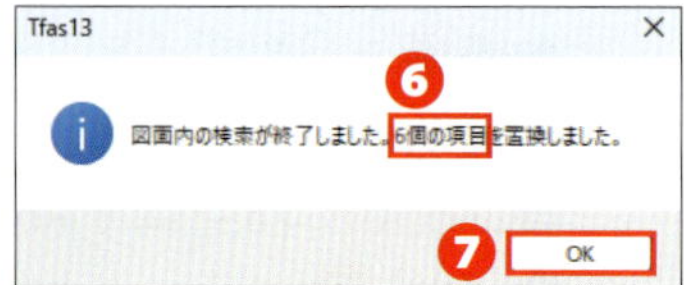

[φ6.4フレア接続]が[φ6.4RL]に置換されているのが確認できます❽。

引き続き、[検索する文字列]の をクリックします⑨。[文字を指示して下さい。]とガイダンスバーに表示されますので、図面上の対象の文字[φ12.7フレア接続]をクリックします⑩。

[置換後の文字列]に[φ12.7 RG]と入力し⑪、[すべて置換]をクリックします⑫。
[図面内の検索が終了しました。6個の項目を置換しました。]と表示されますので、置換の数を確認して⑬、[OK]をクリックします⑭。
[φ12.7フレア接続]が[φ12.7 RG]に置換されているのが確認できます⑮。

[置換]ダイアログの[終了]をクリックします⑯

[置換]ダイアログの文字列は、 を使用すると便利です。
直接文字を入力することもできますが、半角・全角が違うと同じ文字と認識されませんので、注意が必要です。

それぞれの[機器注記]が機器におさまるように移動します⑰(補助図形なので、線の上に配置しても3Dに反映されません。)

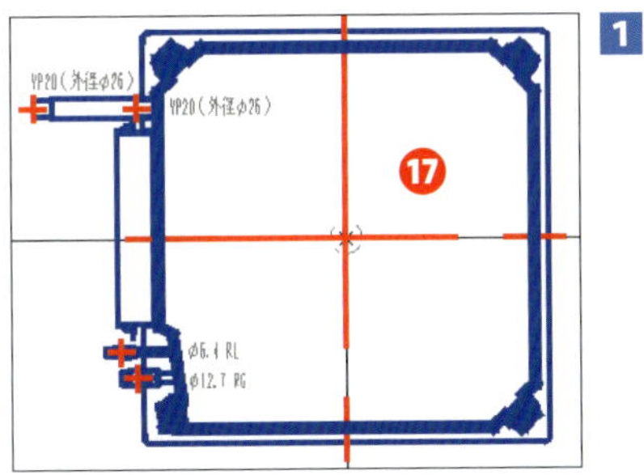

ドレンホース(ドレンアップ)を通常図形にしておくと、その部分を含めた大きな直方体になってしまうので、各面のドレンホースの範囲を補助図形にしておきます⑱。

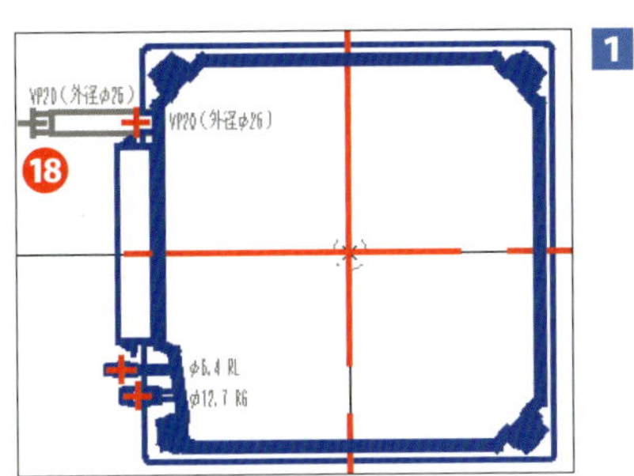

▶接続口付加

登録した絵柄の平面図にダクト・配管の接続口の属性を付加します。

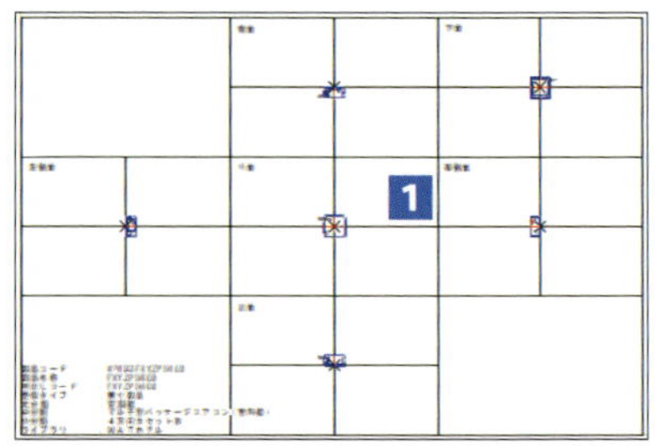

1 ドレン管に接続口付加します。
ツールバー 、または、メニューバー［空調］>［機器登録］>［5面図登録］>［接続口付加］を選択します。
接続ポイントをクリックし❶、マウスで接続方向を入力します❷。［接続口属性］ダイアログが表示されますので設定を行います。
接続部材：［ドレネジ］❸、サイズ：［20］❹
用途分類：［ドレン］❺、FL：［220］❻
［OK］❼

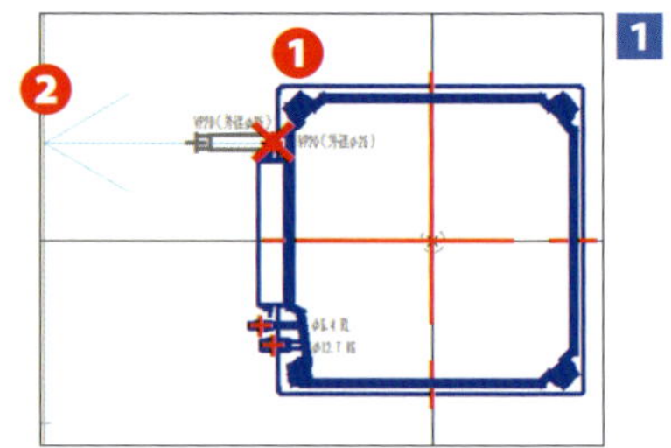

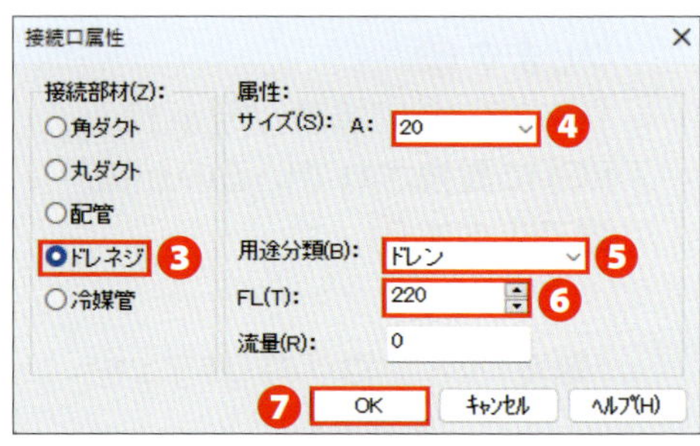

接続ポイントから接続方向を入力するときには、ホールドを有効にしておかないと、機器から曲がって部材が接続されてしまいます。［shiftキー＋左クリック］で［UP・DOWN］の切り替えをします。

2 同様に冷媒管に接続口付加します。
冷媒管はガス管の位置を接続ポイントとします。
接続ポイントをクリックし❶、マウスで接続方向を入力します❷。
［接続口属性］ダイアログが表示されますので設定を行います。
接続部材：［冷媒管］❸
サイズ：［G1：12.7 L ：6.4］❹
用途分類：［冷媒］❺、FL：［156］❻
［OK］❼

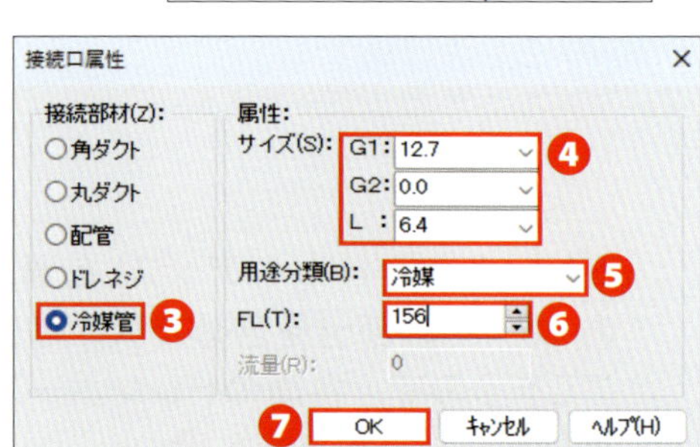

サイズはプルダウンで選択するか、直接数値を入力します。

接続口属性を修正するときには、ツールバー 、または、メニューバー［空調］>［機器登録］>［5面図登録］>［接続口属性変更］を使用して変更します。

▶部品登録

登録枠内機器データの基点が合っているかを確認して、ツールバー 、または、メニューバー［空調］＞［機器登録］＞［5面図登録］＞［登録］を選択します。

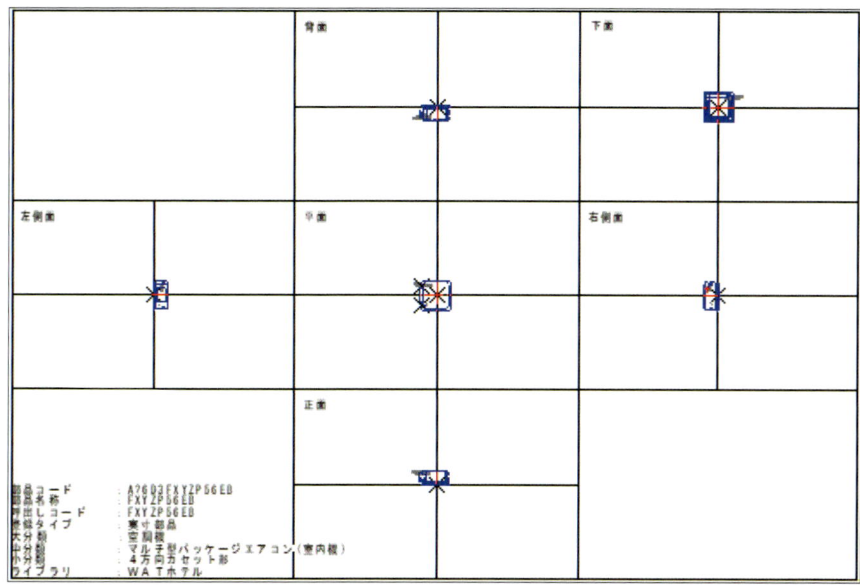

［部品登録］ダイアログが表示されます。登録内容に間違いがないか確認をして、修正箇所がなければ［OK］をクリックします❶。修正箇所がある場合は修正してから、［OK］をクリックします。

［ユーザストック名］、［分類］に修正がある場合は、［詳細設定］をクリックして修正します❷。
［部品コード］、［部品名称］、［呼出しコード］は、このダイアログで修正します❸。

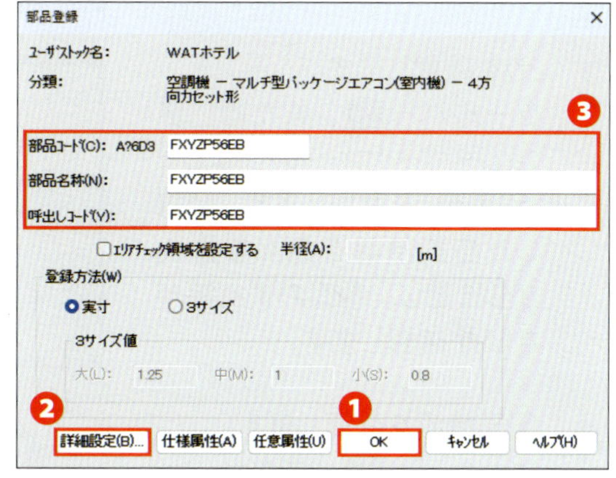

▶登録機器の確認

2D部品登録した空調機器を配置して、正確に登録できているか確認します。

1 2D部品登録した機器を配置します。
※配置しないと確認ができません。

ツールバー 、または、メニューバー［空調］＞［機器・器具］＞［配置］を選択します。
ライブラリ：［WATホテル］❶、［空調機］＞［マルチ型パッケージエアコン室内機］＞［4方向カセット形］＞［FXYZP56EB］をクリックします❷。

任意の空いているスペースをクリックして、[Enter]キーを押します❸。

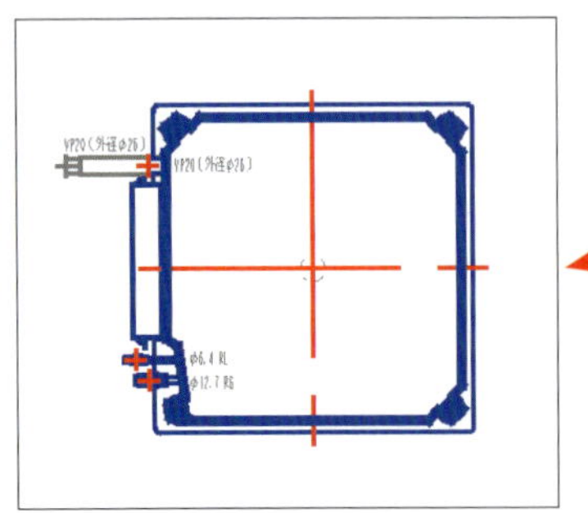

2 断面図を確認します。
ツールバー、または、メニューバー[空調]>[断面]>[クイック断面]を選択します。接続口の位置や基準点等がずれていないか確認します。

3 3Dを確認します。
ツールバー3D、または、メニューバー[ツール]>[3D]>[表示]を選択します。登録した空調機器を色々な方向から確認し、各面のずれ等がないか確認します。

4 図形情報を確認します。
ツールバー、または、メニューバー[表示]>[図形情報]を選択します。登録機器をクリックし❶、設定ができているか確認します。

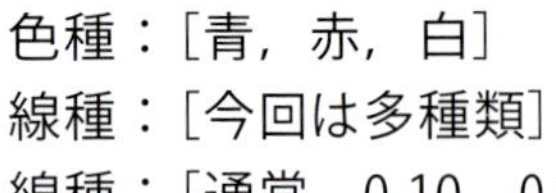

色種：[青, 赤, 白]
線種：[今回は多種類]
線種：[通常, 0.10, 0.20]
レイヤ：[空調：機器……]

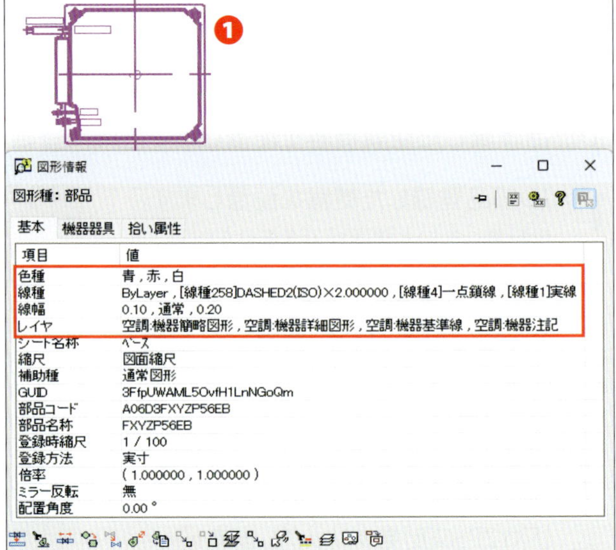

▶3Dデータ登録

3Dデータを3Dデータ登録枠に配置します。3Dデータは機器メーカーで提供されていることもあります。提供されていない場合は、作成して使用することもできます。
今回は機器メーカーから提供されていないので、作成したものを使用します。
ツールバー、または、メニューバー[空調]>[機器登録]>[5面図登録]>[3Dデータ配置]を選択します。

1 3Dデータ登録枠に3Dデータを配置します。
ツールバー、または、メニューバー[空調]>[機器登録]>[5面図登録]>[3Dデータ配置]を選択します。

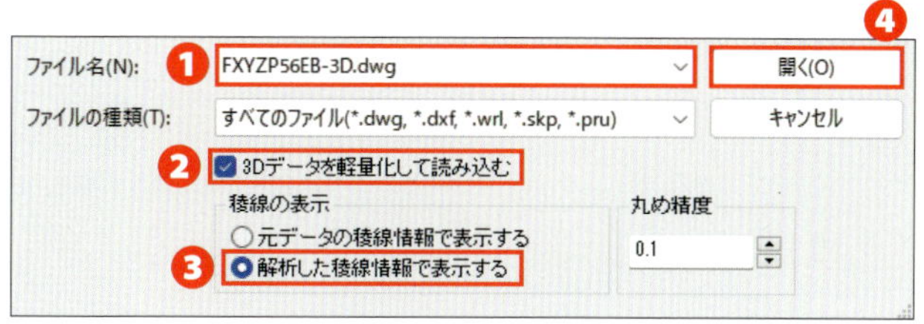

[FXYZP56EB-3D.dwg]ファイルを選択し❶、[3Dデータを軽量化して読み込む]に✓を入れ❷、[解析した稜線情報で表示する]を選択し❸、[開く]をクリックします❹。

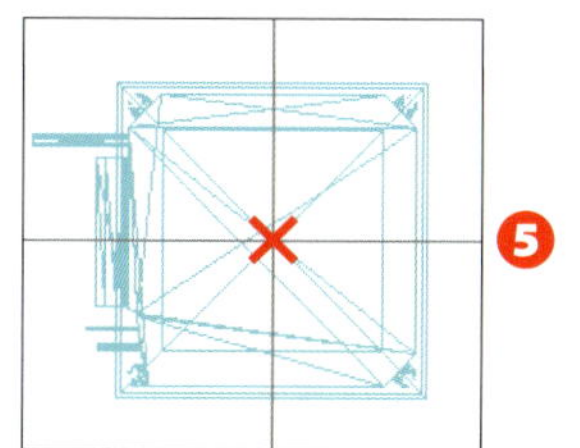

カーソルに3D図形がついてきて❺、[基準点を入力してください。]とガイダンスバーにメッセージが表示されます。

[2D部品登録枠]に登録した[平面]の向きを確認して、[3Dデータ登録枠]の[平面]の中心をクリックして配置方向を設定して❻、[Enter]キーを押します❼。

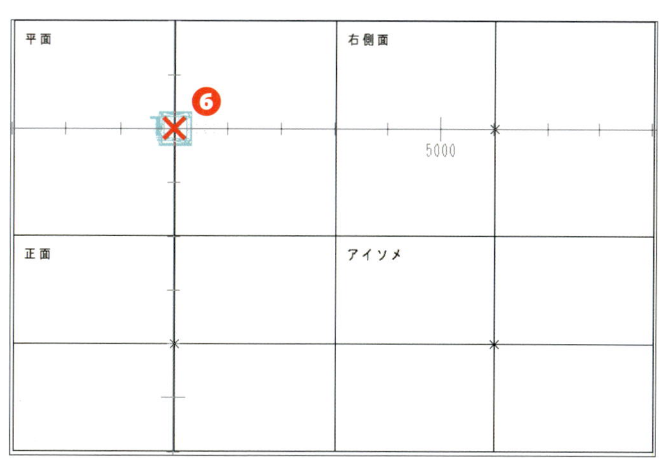

2 機器を登録します。
右図のように配置されますので、ツールバー、または、メニューバー[空調]>[機器登録]>[5面図登録]>[登録]を選択します。

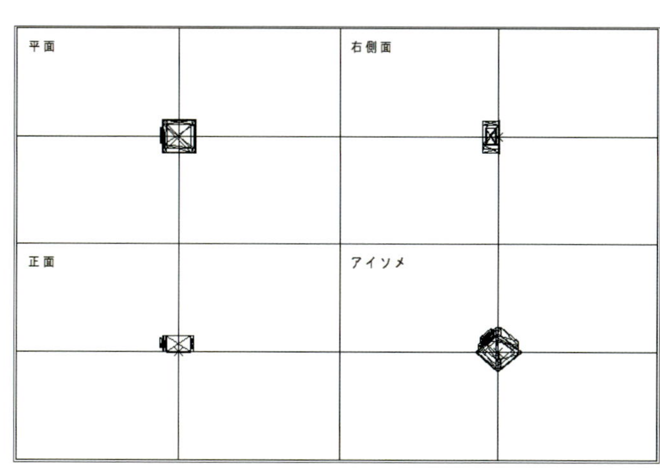

ダイアログが表示されましたら、［はい］❽、［OK］をクリックします❾。

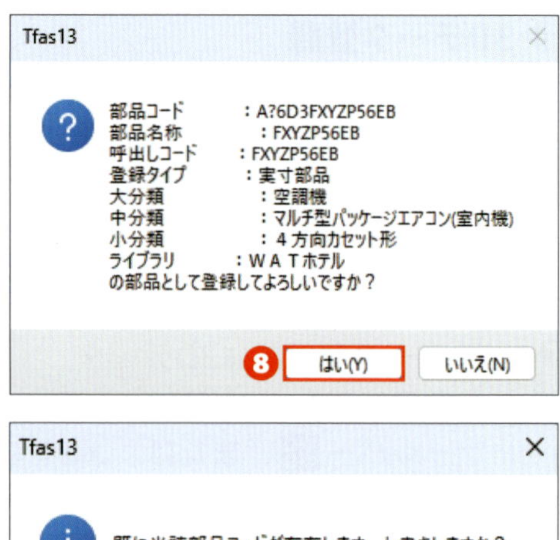

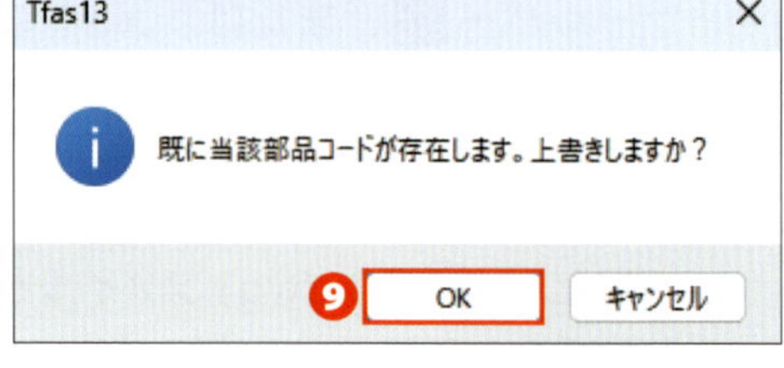

登録した機器を3D表示すると、3Dデータが登録されているのが確認できます。

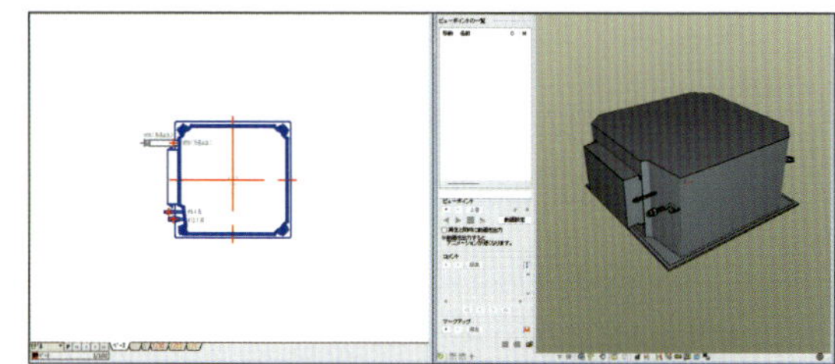

3Dデータを登録しないと、254Pのように3Dが表示され、3Dデータを登録すると上図のように3Dが表示されます。平面図や断面図は2D部品登録枠のみに登録したときと同じです。

▶登録絵柄削除

登録した機器の情報を変更したいときには、部品登録ダイアログで変更して再登録します。変更前の部品はライブラリに残っているため、必要のない部品は削除します。
ツールバー 、または、メニューバー［空調］＞［機器登録］＞［絵柄削除］を選択します。

［絵柄削除］ダイアログが表示されますので、削除したい機器をクリックします❶。ダイアログが表示されますので、［OK］をクリックします❷。

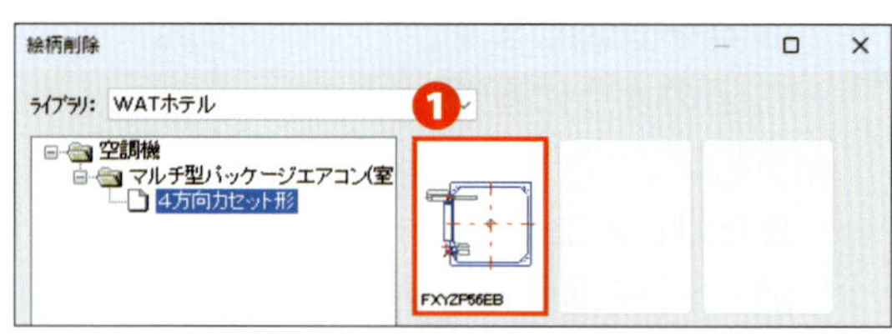

ここでは、削除しないでください。

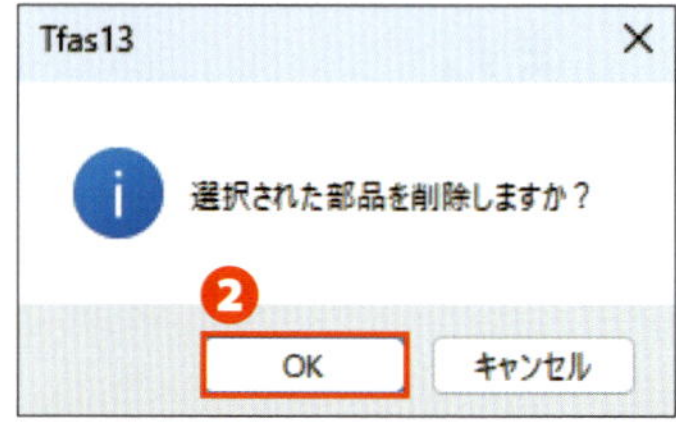

登録済み機器の修正をします。

ツールバー、または、メニューバー［空調］＞［機器登録］＞［5面図登録］＞［登録用図面作成］を選択します。［部品登録］ダイアログが表示されたら、何も設定せずに［OK］をクリックします❶。

登録枠が表示されます。

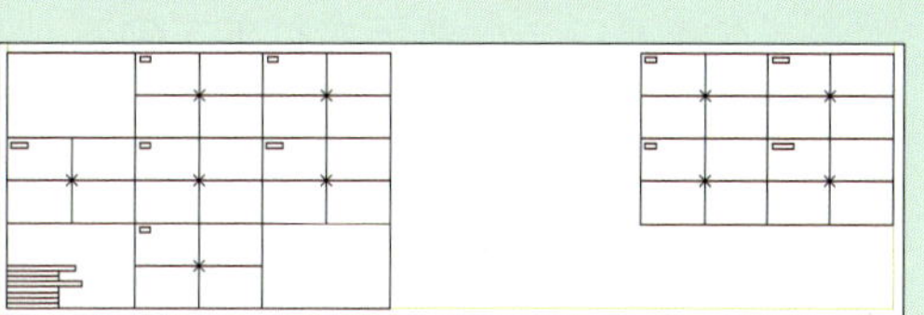

ツールバー、または、メニューバー［空調］＞［機器登録］＞［5面図登録］＞［一括配置］を選択し、［Enter］キーを押します❷。［一括配置］ダイアログが表示されますので、修正したい機器をクリックします❸。

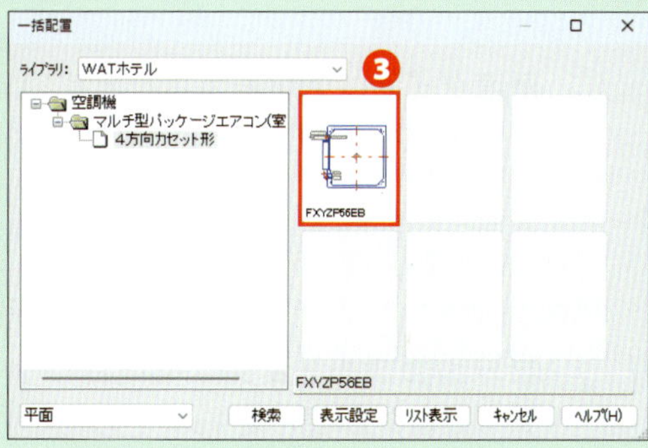

カーソルに登録済み図面の中心が表示されます❹。

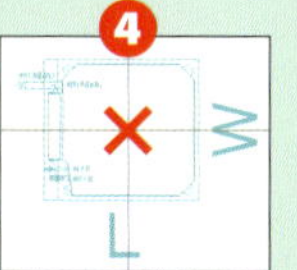

ガイダンスバーに［部品登録作業図面を指示して下さい。］と表示されますので、［2D部品登録枠］の中心をクリックします❺。

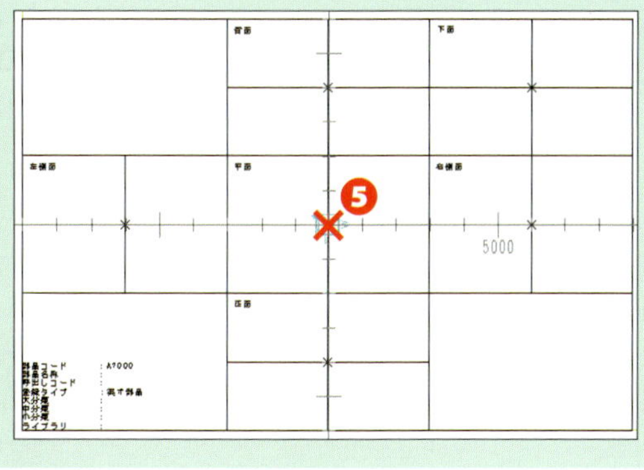

登録済みの機器が部品登録枠に表示されます❻。

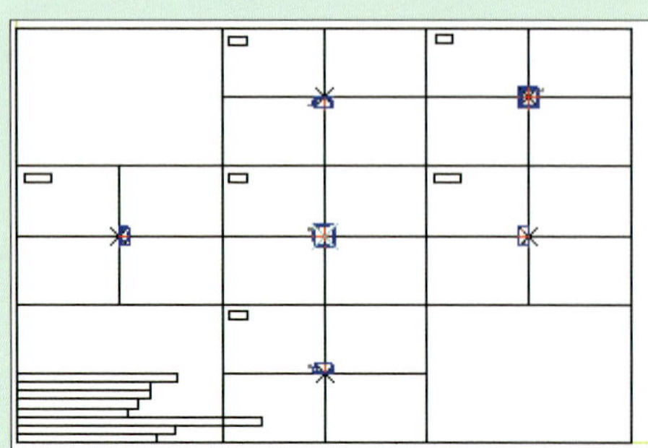

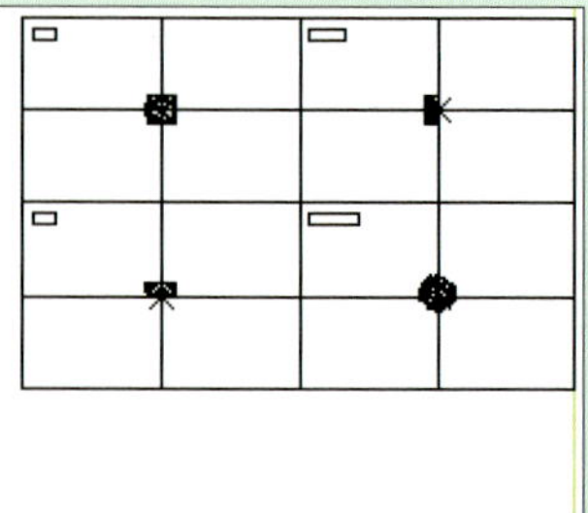

1 部品登録枠内を修正して、ツールバー［アイコン］、または、メニューバー［空調］>［機器登録］>［5面図登録］>［登録］を選択します。

1-1 このまま登録図面を上書き保存する場合

ダイアログが表示されますので、［はい］をクリックします❶。

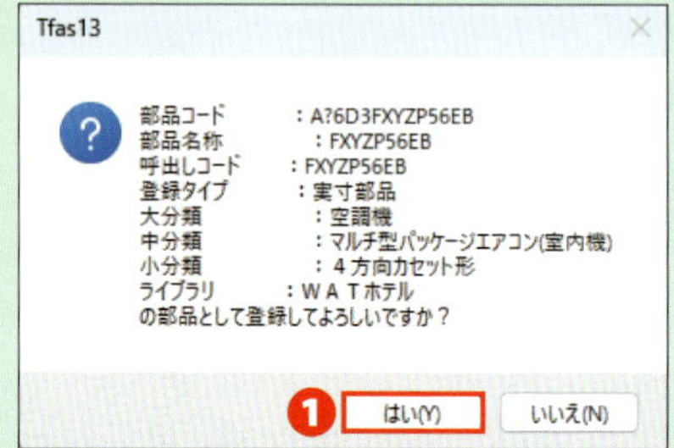

再度ダイアログが表示されますので、［OK］をクリックします❷。

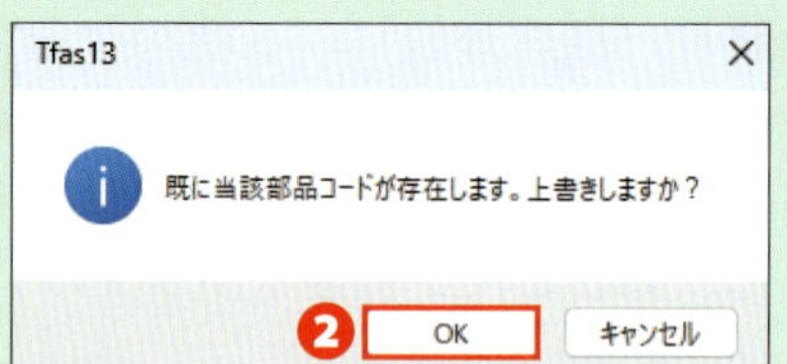

1-2 登録図面情報を変更する場合

ダイアログが表示されますので、［いいえ］をクリックします❶。

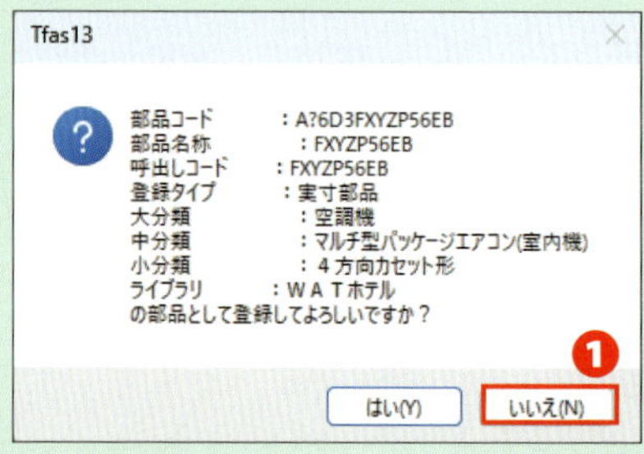

［部品登録］再度ダイアログが表示されますので、変更箇所を入力してから、［OK］をクリックします❷。

部品登録
ユーザストック名: WATホテル
分類: 空調機 － マルチ型パッケージエアコン(室内機) － 4方向カセット形
部品コード(C): A?6D3 FXYZP56EB
部品名称(N): FXYZP56EB
呼出しコード(Y): FXYZP56EB
□エリアチェック領域を設定する　半径(A): [m]
登録方法(W)
◉実寸　○3サイズ
3サイズ値
大(L): 0　中(M): 0　小(S): 0
❷
詳細設定(B)　仕様属性(A)　任意属性(U)　OK　キャンセル　ヘルプ(H)

2 3D登録機器録済み機器の修正をします。
メニューバー［空調］＞［機器登録］＞［5面図登録］＞［3Dデータ調整］を選択します。

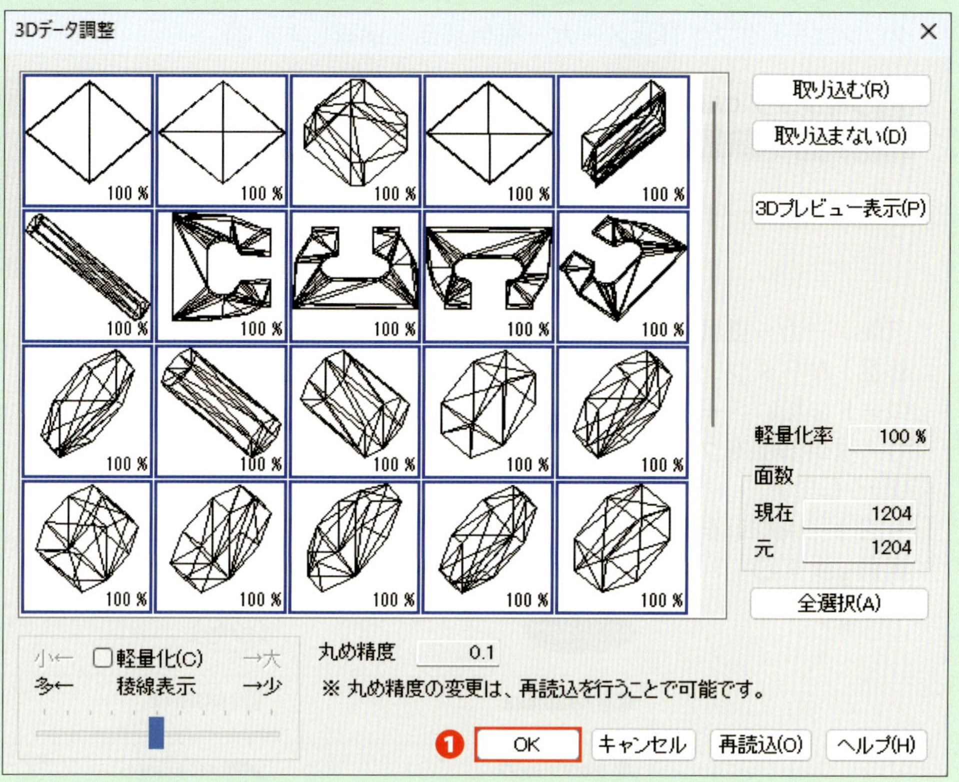

［3Dデータ調整］ダイアログが表示されますので、軽量化率等を変更して、［OK］をクリックします❶。
ツールバー 、または、メニューバー［空調］＞［機器登録］＞［5面図登録］＞［登録］を選択します。**1-1**、または、**1-2**を行います。

▶メーカー提供部品のダウンロードおよび機器のインポート

1 メーカー提供部品をダウンロードします。
株式会社ダイテック　CAD事業部ホームページ（https://www.daitec.jp/）TOP画面、ダウンロードタブ＞Tfasメーカー提供部品を選択します❶。

［Tfasメーカー提供部品］からダウンロードしたいメーカー提供部品をクリックします。
今回は［DAIKIN］を選択します❷。

※画面は2024年9月現在のものです。

選択したメーカーのTfas提供部品ダウンロードページが表示されます。

［部品リスト］のリンクをクリックすると、部品の内容を一覧で確認できます❸。

部品リスト

部品の内容をPDFにてご覧いただけます。

一括　❸ 一括部品リスト20190529

ダイキン工業 部品リスト　(2019/5/29追加分)　株式会社ダイテック

No.	大分類	中分類	小分類	部品名称	型番	部品イメージ	追加更新日時
1	空調機	パッケージ形エアコン・設備用（空冷冷専）	設備用ＰＡＣ（空冷冷専）床置ダクト形	設備用恒温恒湿エアコン	FVMP140MA		2019/5/29

［ダウンロードファイル］からダウンロードするZIPファイルをクリックしてダウンロードします❹。ダウンロードしたZIPファイルの上で❺、［右クリック］＞［すべて展開］を選択して、展開すると❻、2個のデータファイル（.MDB.NCP）が入っています❼。

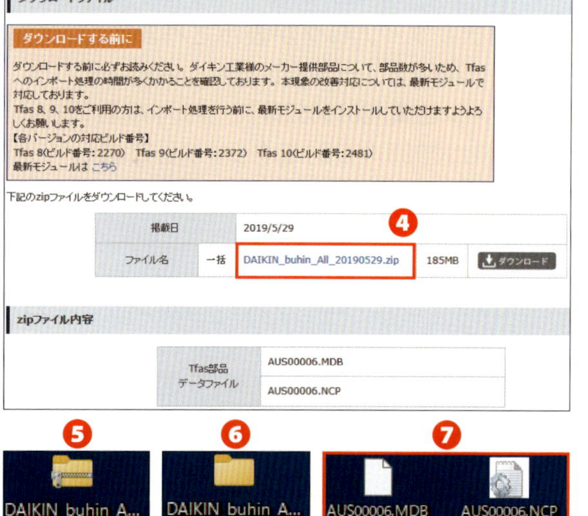

その2個のデータファイルフォルダを［デスクトップ］に配置します。

デスクトップに配置せずに、解凍したフォルダを選択することで、インポートファイルが表示されるものもあります。

2 機器のインポートをします。
ツールバー［アイコン］、または、メニューバー［空調］＞［機器・器具］＞［配置］を選択します。

［機器配置］ダイアログが表示されますので、［アイコン］［サブセットライブラリのインポート処理］をクリックします❶。［サブセットーインポートライブラリ選択］ダイアログが表示されますので、［参照］をクリックします❷。

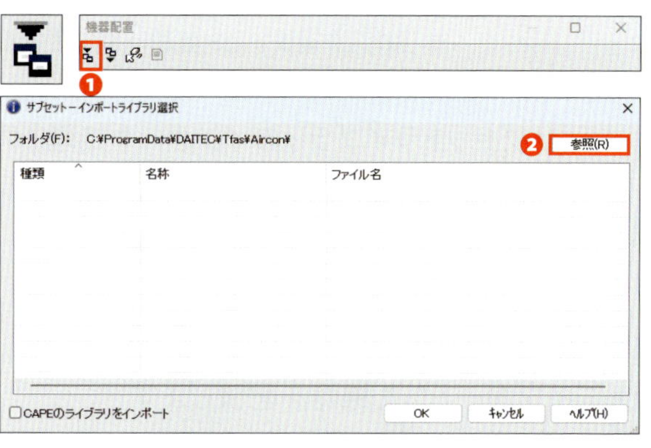

［フォルダーの参照］ダイアログの中からインポートするフォルダー［デスクトップ］を選択して❸、［OK］をクリックします❹。

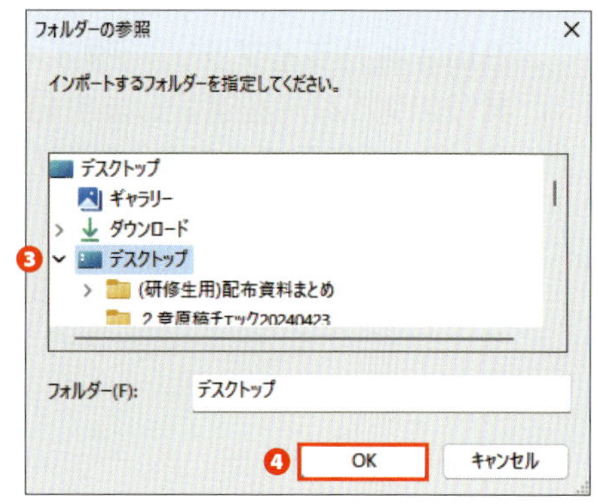

[サブセットーインポートライブラリ選択]ダイアログが表示されますので、種類:[ユーザストック]、名称:[ダイキン工業(20190529)]、ファイル名:[AUS0006.MDB]をクリックして❺、[OK]をクリックします❻。

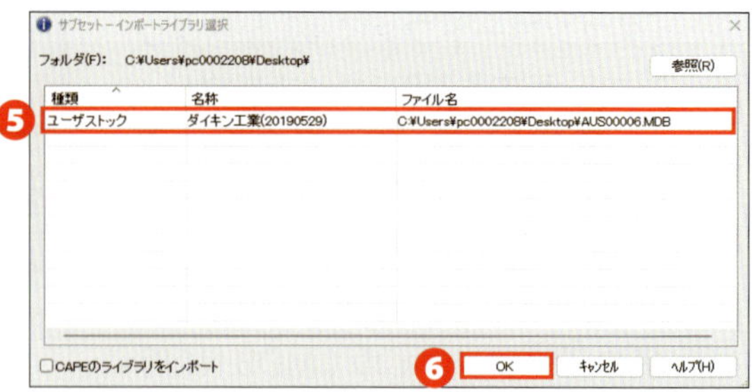

[サブセットーユーザストックインポート方法設定]ダイアログが表示されますので、ユーザストック一覧からインポート方法[共有]を選択し❼、[OK]をクリックします❽。

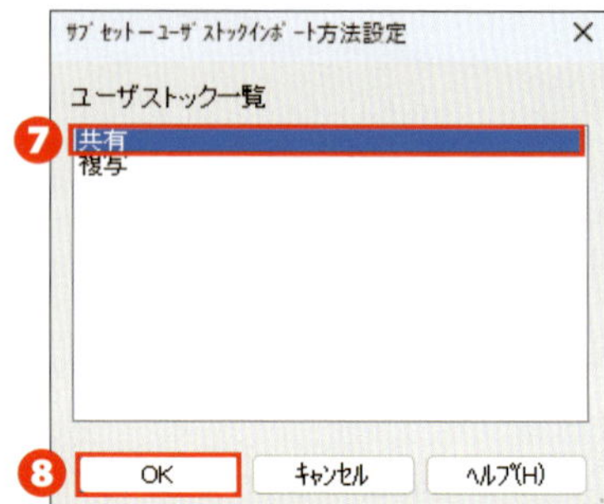

- [共有]は他のPCやサーバにある部品ライブラリを皆で共有する場合に選択します。デスクトップに配置した状態で使用することもできます。
- [複写]は他のPCやサーバにある部品ライブラリを自分のPCに複写して使用する場合に選択します。
- [ユーザーストック]は既にサブセットマネージャに登録されているものがあれば表示され、指定すると部品が追加されます。

※[複写]を選択すると処理時間を要する場合がありますので、[共有]を選択しています。

[サブセットライブラリのインポート処理]ダイアログが表示され、インポートが終了したら、[OK]をクリックします❾。

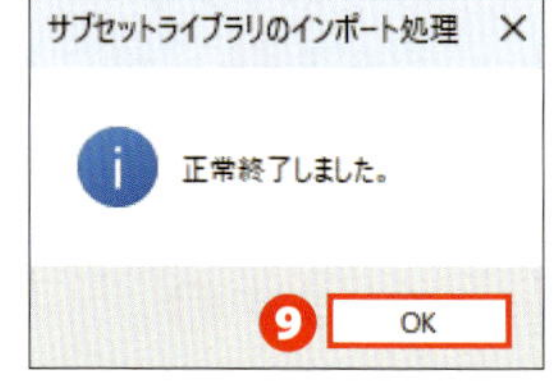

3 インポートした機器を配置します。
ツールバー、または、メニューバー[空調]>[機器・器具]>[配置]を選択します。

追加されたライブラリ:[ダイキン工業(20190529)]を選択します❶。[分類]❷、[配置する部品]をクリックして❸、図面上に配置します。

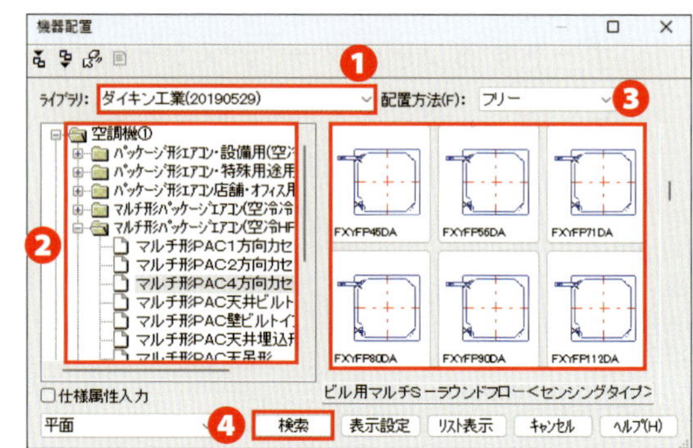

［検索］をクリックして❹、［検索］ダイアログを表示し、部品コードから検索することもできます。

検索
検索条件設定
範囲
現在のライブラリ内を検索(O)
全ストックライブラリを検索(A)
呼出しコード(C)　名称(N)
検索キー(K):
検索(S)　キャンセル　ヘルプ(H)

▶ライブラリ一覧から削除

機器ライブラリから過去に登録したライブラリを削除します。
ツールバー 、または、メニューバー［空調］>［機器・器具］>［配置］を選択します。

削除したい［ライブラリ］を選択します❶。［ライブラリ一覧から削除］をクリックし❷、ダイアログが表示されたら、［はい］をクリックします❸。

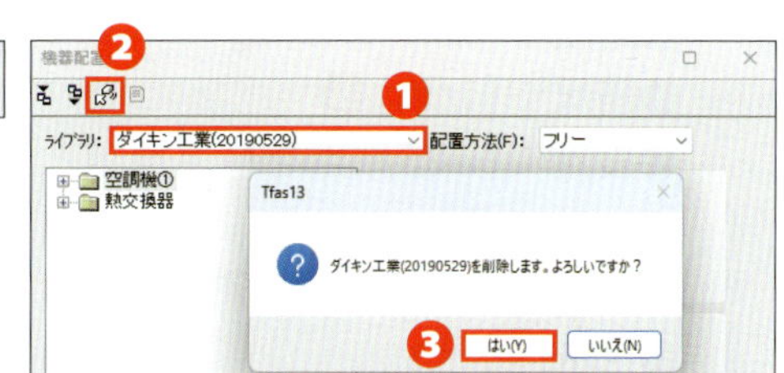

機器・器具の配置

▶機器・器具の配置位置が確認できるように、空調設計図を複写します。

躯体入力まで完成している図面(225p)に空調設計図を複写して合成します。
ツールバー 、または、メニューバー［ファイル］>［開く］を選択して、［第3章_実践操作編］の中に保存してある［WATホテル.tfs］を開きます。

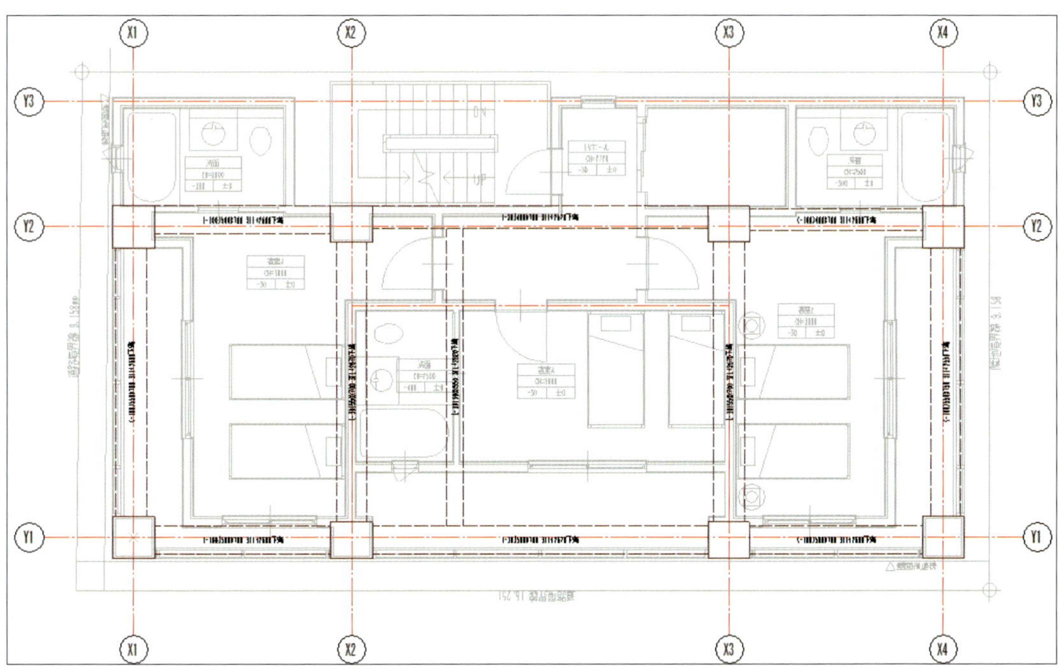

1 空調設計図を開きます。
ツールバー［アイコン］、または、メニューバー［ファイル］＞［開く］を選択します。「第3章_実践操作編」の中にある【2-5階空調設計.dwg】を選択し❶、［開く］をクリックします❷。

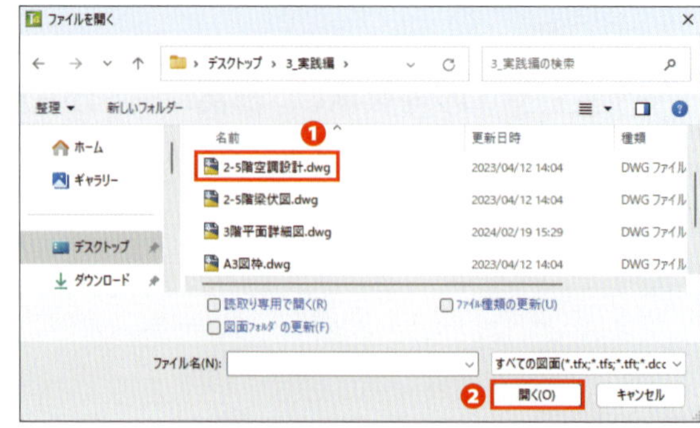

［DWGインポート（読込）］ダイアログが表示されますので、設定を行います。

- 配置レイヤ：［基本］❸
- 用紙サイズ：［A3］❹
- 縮尺：［1/50］❺
- 設定：［UCS原点を基準原点として再現する］
- ［微小なピッチの線種を実線化する］❻
- ［OK］❼

テンプレートは使用しないので✓は外しておきます。

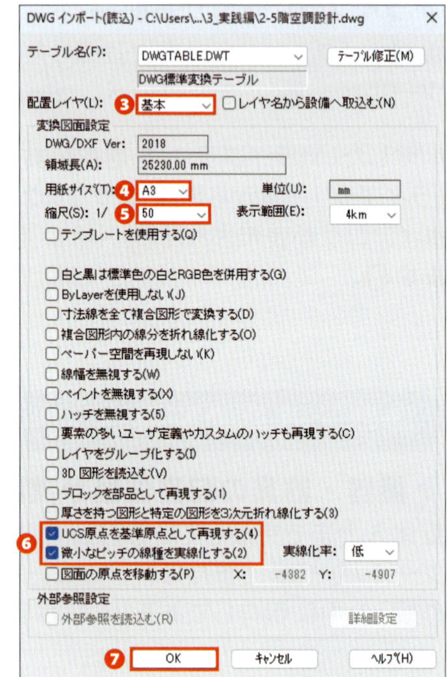

【ベース】シートに空調設計図が入っています。

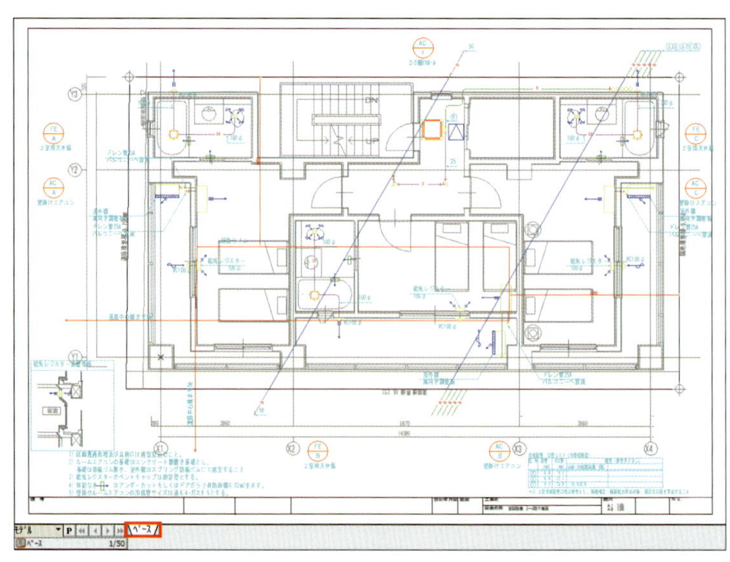

2 [空調設計図]を複写します。

[空調設備施工図]を作図するのに必要な内容を【ベース】シートから【空調(設)】シートに移動します。

※今回は空調ダクトと空調配管の設計図が別にありませんので、【空調(設)】シートに分けます。
　わかりやすいようにシートを単色指定してあります。

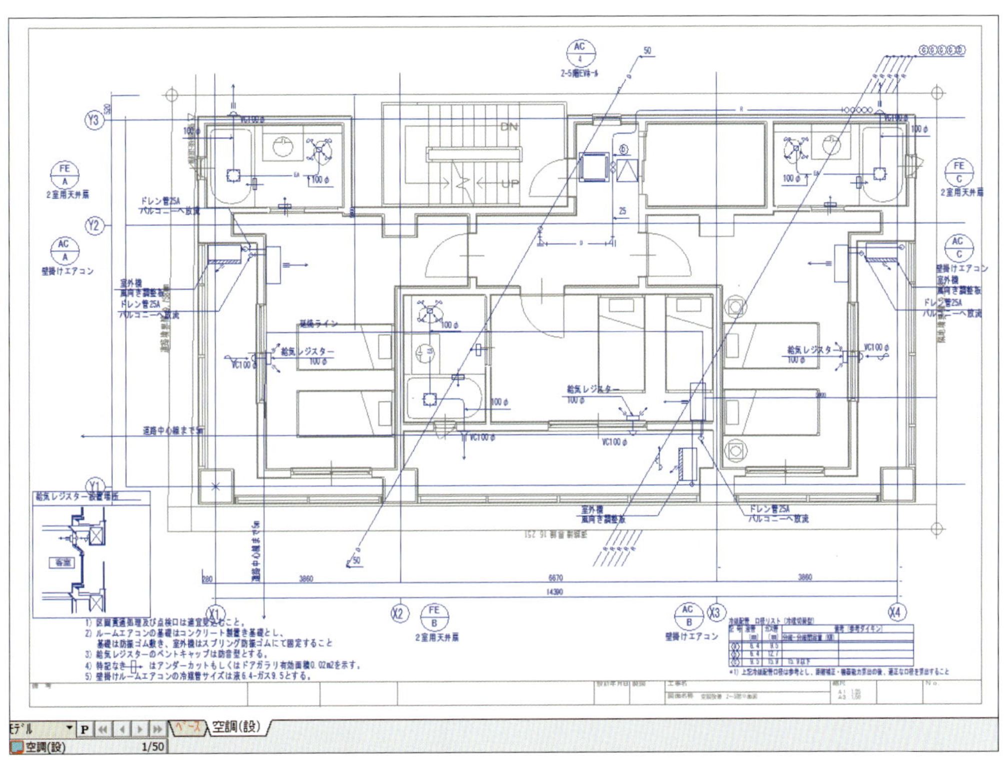

空調ダクトと空調配管の設計図が別にある場合は、【空ダ(設)】と【空配(設)】のように別シートに分ける等作図する施工図や使用する図面によって変わります。

ツールバー［アイコン］、または、メニューバー[ウィンドウ]＞[左右に並べて表示]を選択して、2図面を左右に表示します。

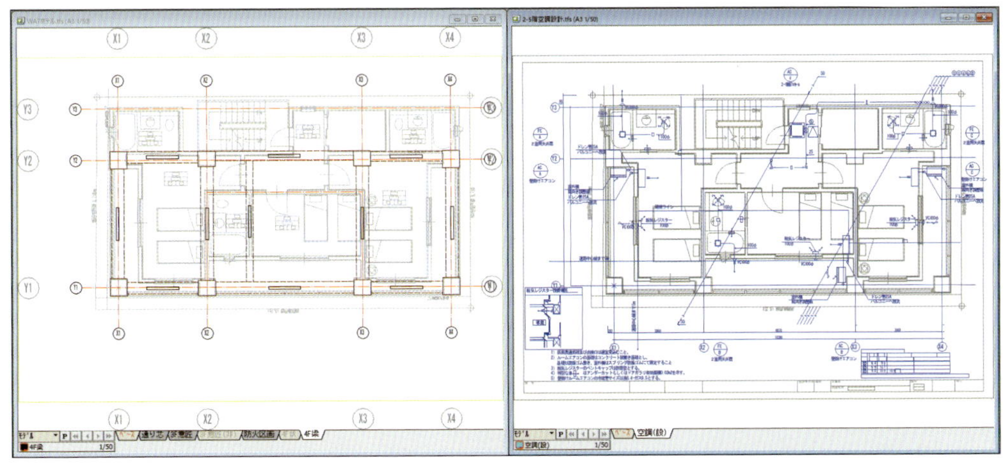

［2-5階空調設計］の【空調(設)】シートタブの上で、右クリックメニュー［選択］を選択し❶、図面上で右クリックメニュー［複写］を選択します❷。
［基準点指定］のガイダンスが表示されますので、［2-5階空調設計］ X1通りとY1通りの交点(基準点)をクリックし、［WATホテル］のX1通りとY1の交点(指定点)をクリックして、［Enter］キーを押します❸。

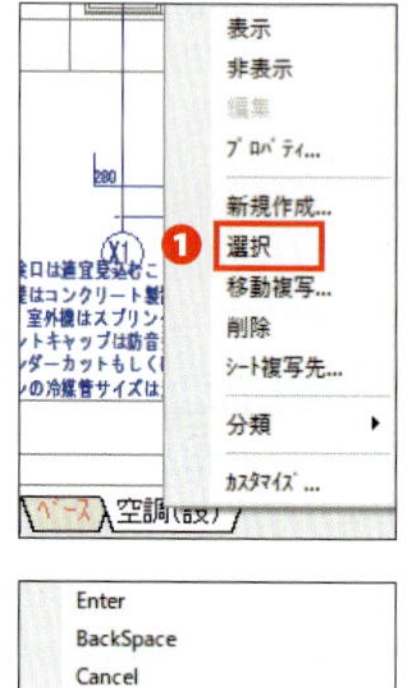

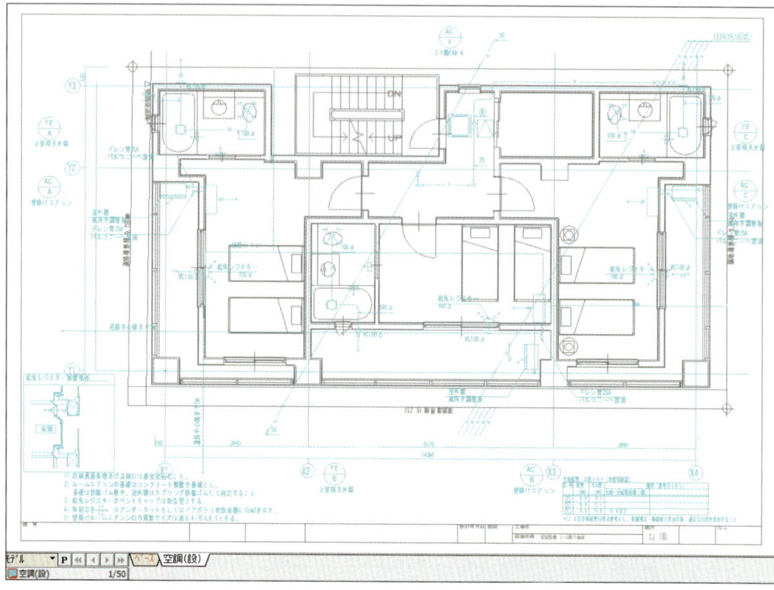

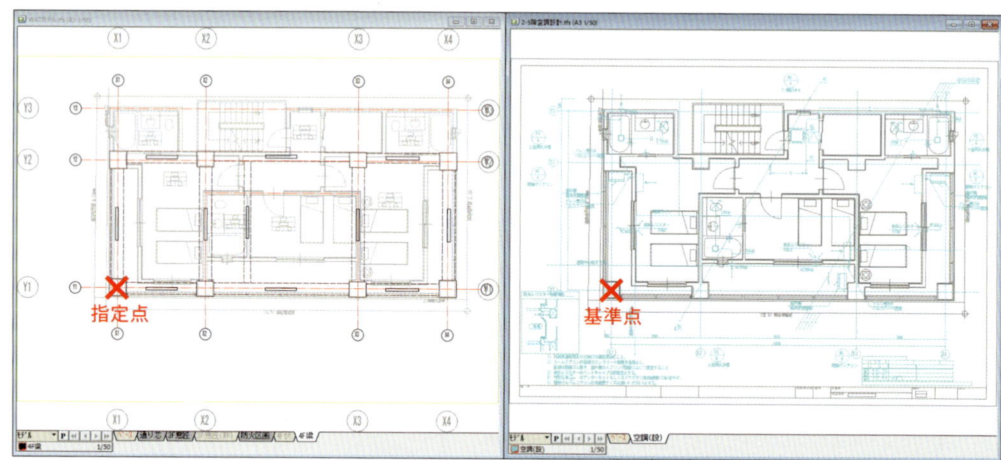

【空調（設）】シートごと複写されます❹。

2 ［WATホテル］のシートを整理します。
［WATホテル］の建築のシートを【分類：3F建築】でまとめます。

【3F意匠】から【4F梁】のシートを［Shift］キー、または、［Ctrl］キーを押したまま選択し❶、［右クリック］＞［分類］＞［新規作成］をクリックします❷。

［分類］ダイアログが表示されますので、設定を行います。

- 名称：［3F建築］❸
- ［OK］❹

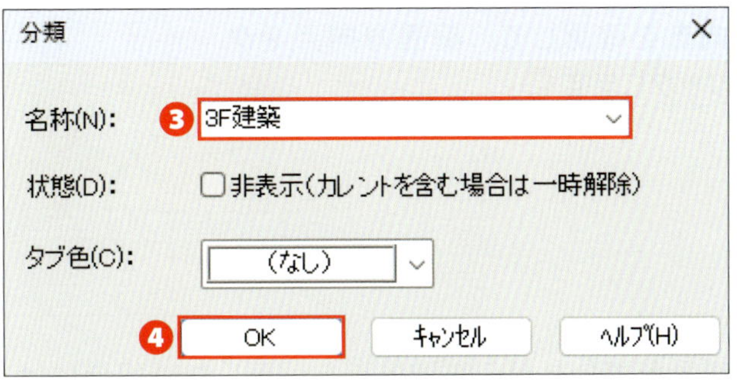

分類：［3F建築］上で右クリックし、［折りたたみ］をクリックしますと❺、シート表示が簡略化されて、幅が狭く表示されます。

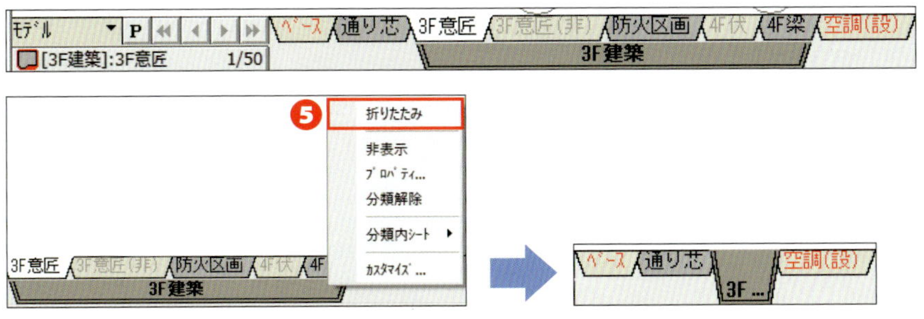

▶空調機器表を確認して空調機器を配置します。

空調機器を配置する【空機】シートを作成します。今回は、EVホールのAC-4に5面図登録した4方向カセット形エアコン（FXYZP56EB）を配置します。
ツールバー 、または、メニューバー［空調］>［機器・器具］>［配置］を選択します。［機器配置］ダイアログが表示されますので、配置したい空調機器を選択します。

ライブラリ：［WATホテル］❶
種類：［空調機］ ＞ ［マルチ型パッケージエアコン］ ＞ ［4方向カセット形］＞［FXYZP56EB］❷

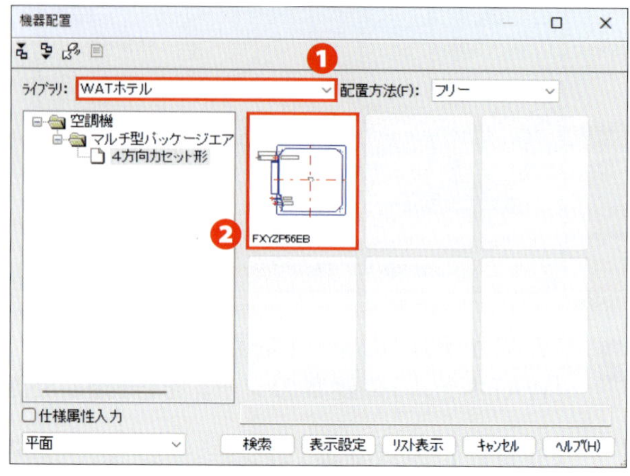

カーソルに機器の中心がついてきます❸。配置のダイアログが表示されますので、部屋記号や内部仕上げ表を確認して、［FL］を「2720」と入力し❹、図面の配置場所の基準点をクリックします❺。

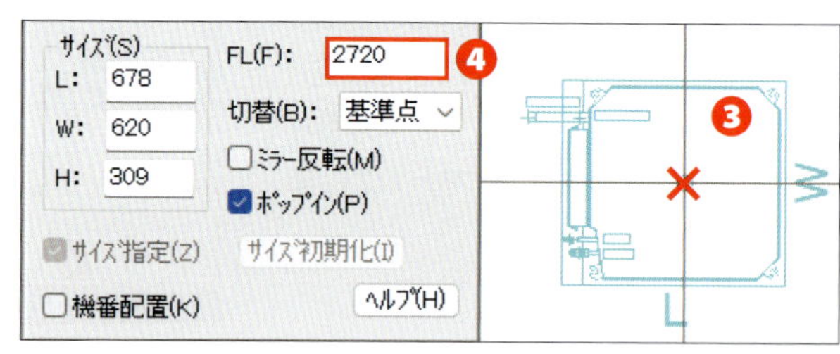

向きを確認して、配置方向点をクリックします❻。

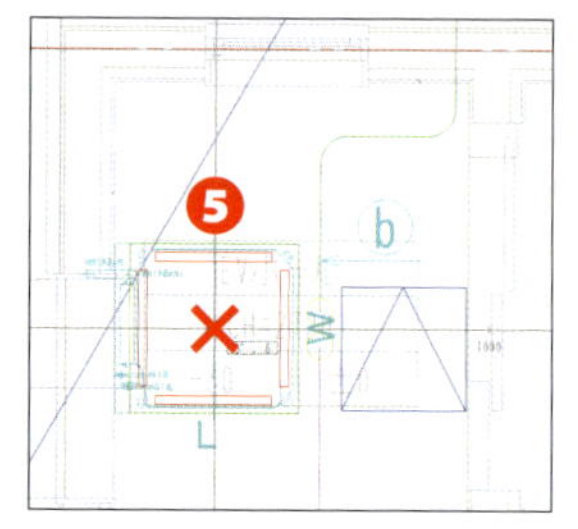

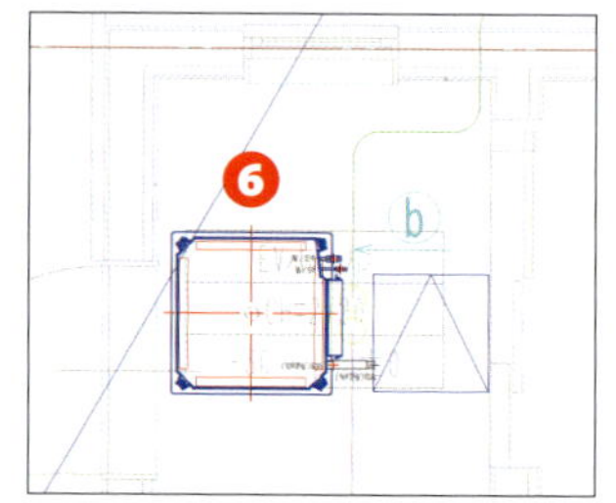

機番配置しながら空調機器を配置したい場合には、配置のダイアログの［機器配置］に✓を入れます❼。図面の配置場所をクリックし、配置向きを指定してクリックすると、ダイアログが表示されますので、設定を行います。

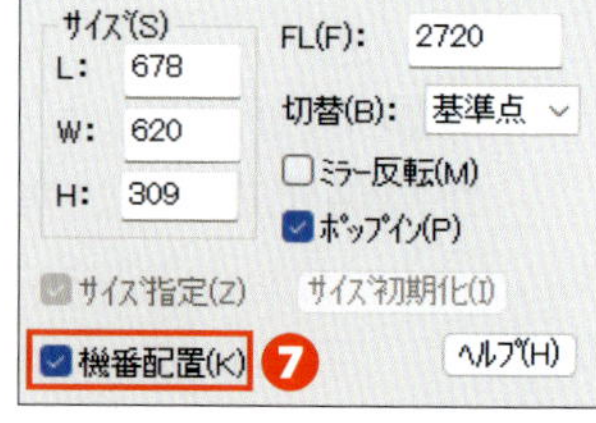

- 設備：［空調］❽
- 機番：［AC］❾
- 番号：［4］❿

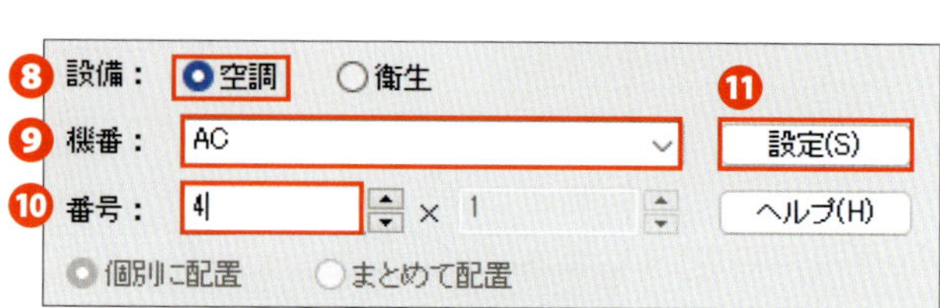

[設定]をクリックすると⑪、機番のダイアログが表示されますので、[機番]タブで設定を行います。

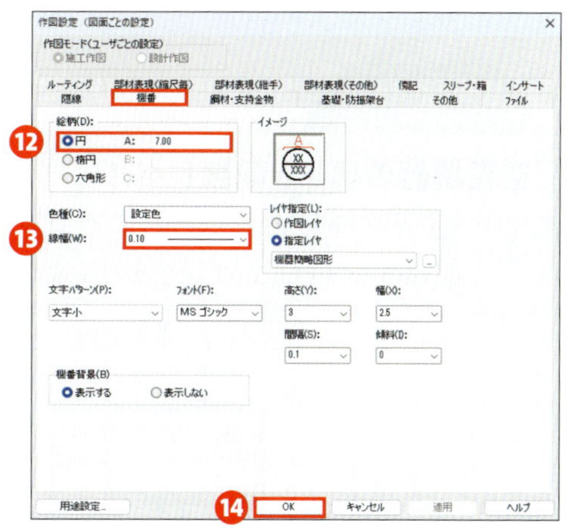

- 絵柄：[円 A：7.00]⑫
- 線幅：[0.10]⑬
- [OK]⑭

機番を配置したい図面の位置をクリックします⑮。

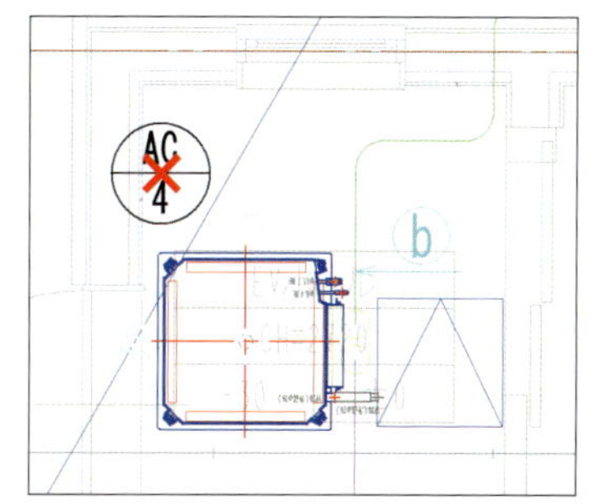

配置済みの機番を変更するときには、ツールバー、または、メニューバー[空調]>[機番]>[編集]を使用します。

機番に風量・流量・能力・メーカー型番等を記入したい場合は、テンプレートを作図しておくのも便利です。

機番テンプレート例

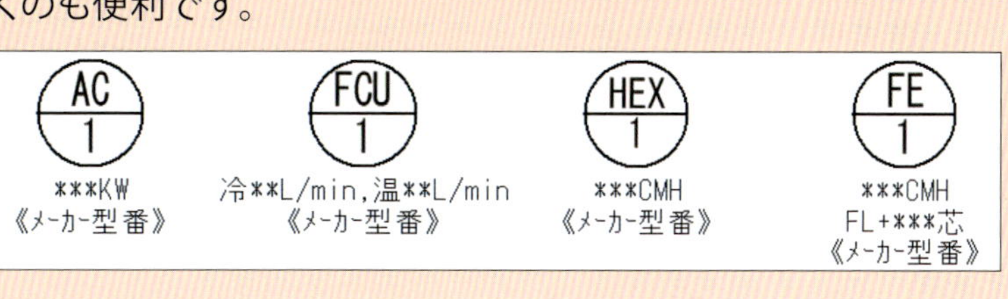

配置済みの機器のサイズや配置レベルを変更するときには、ツールバー、または、メニューバー[空調]>[機器・器具]>[サイズ変更]を選択して、対象機器をクリックします。変更項目を入力して[Enter]キーを押します。

配置済みの機器を入れ替えたいときには、ツールバー、または、メニューバー[空調]>[機器・器具]>[入替え]を選択して、対象機器をクリックします。[機器入替え]ダイアログが表示されますので、入れ替えたい機器を選択します。元々配置されていた機器の配置レベル情報は受け継がれます。

空調機器の種類と配置レベル

1 1 天井埋込カセット形エアコン、2 天井扇、3 天井埋込カセット形全熱交換器は、天井仕上げレベルに合わせて配置します。

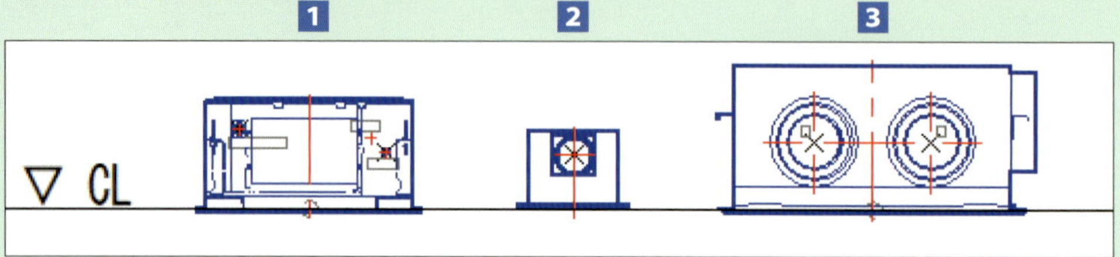

2 4 天吊埋込タイプ送風機（ストレートシロッコファン等）や 5 天井埋込ダクト形空調機、6 天井埋込ダクト形全熱交換器は、暫定で天井仕上げレベルから300mm程度上げて配置します（暫定であるため、施工図作図時に変更可能です）。

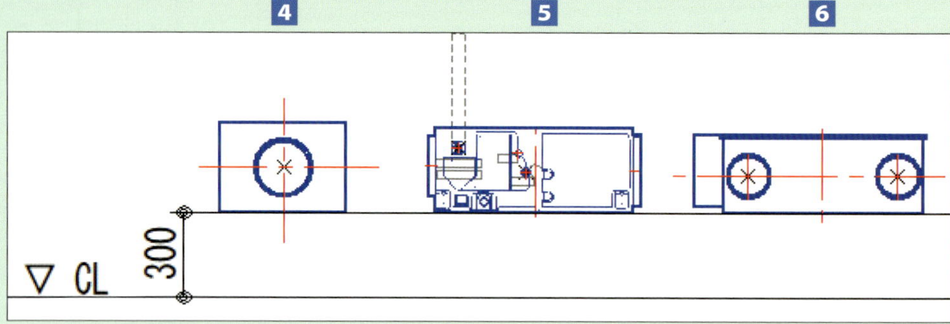

3 床置き形空調機・室外機等は、基礎の高さに合わせて配置します。住宅用床置き形空調機等、基礎の必要のないものはFL±0の位置に配置します。

制気口の配置

制気口リストを確認して、制気口を配置します。
今回の図面には天井に配置する制気口がありませんので、配置する方法と、Check Point を説明します。
制気口はダクトを接続するので、【空ﾀﾞ】シートを作成して作図します。

空調(設) 空機 空ﾀﾞ

ツールバー、または、メニューバー[空調]>[制気口]>[配置]を選択します。

[制気口配置]ダイアログが表示されますので、設定を行ったら[OK]をクリックします。
今回は例として、下記のような器具リストが配置されており、天井高が「FL+3000」という設定で作図してみます。

室　名	事　務　室
器具名	アネモ　C2
サイズ	#25
風　量	600　m³/h
その他	消音ボックス付

- 配置方法：[フリー] ❶
- 制気口種類：[アネモC2] ❷
- サイズ：[#25] ❸
- 制気口下端：[3000] ❹
- BOX：[消音ボックス付] ❺
  ※内張りありの場合は消音ボックス
- L=W：[500] ❻
- H：[450] ❼
- BOX下端：[3250] ❽
- [OK] ❾

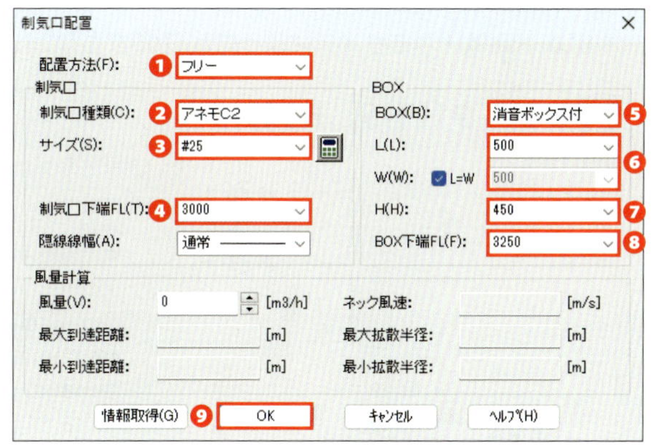

制気口を配置したい図面の基準点をクリックし❿、配置方向点を入力します⓫。

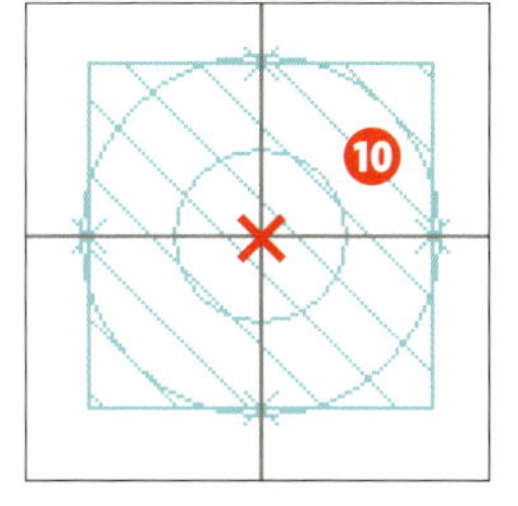

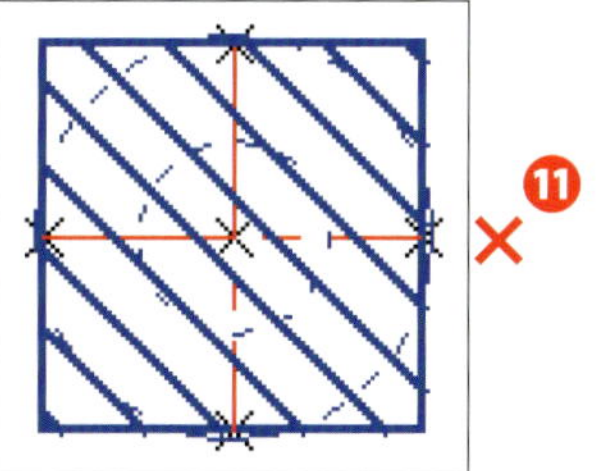

配置済みの制気口を変更するときには、ツールバー、または、メニューバー[空調]>[制気口]>[変更]を選択して、対象制気口をクリックし[Enter]キーを押します。[制気口変更]ダイアログが表示されますので、変更箇所を入力して[OK]をクリックします。

制気口のそばに種類・サイズ・風量を配置することもあります。

VHS 300□	ｱﾈﾓC2 #25	BL-D 1500L
500CMH	500CMH	500CMH

1 アネモ

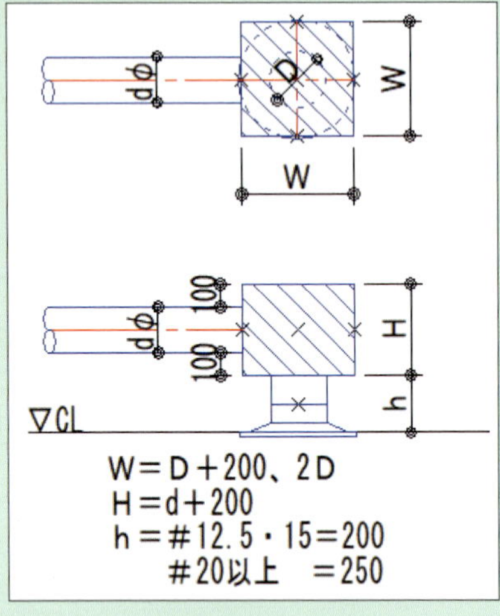

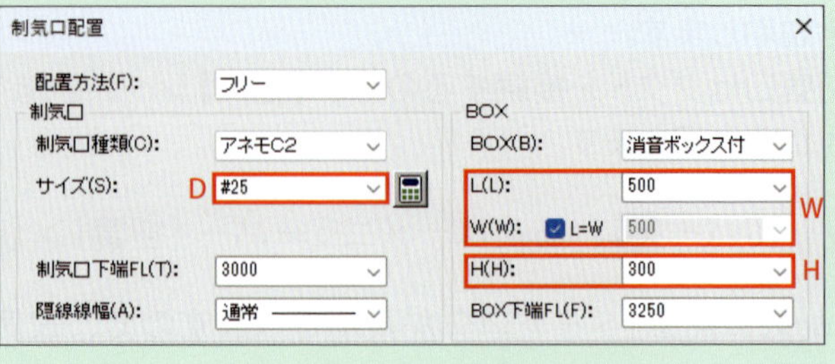

※BOX下端はアネモサイズによってh（200または250）を、天井高さに足します。

2 レジスタ（VHS，HS等）

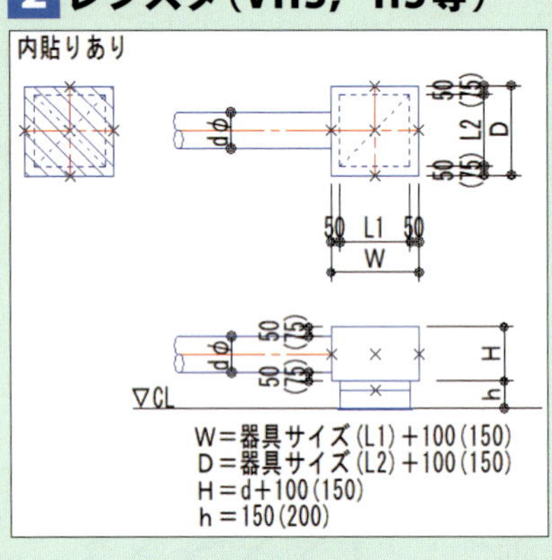

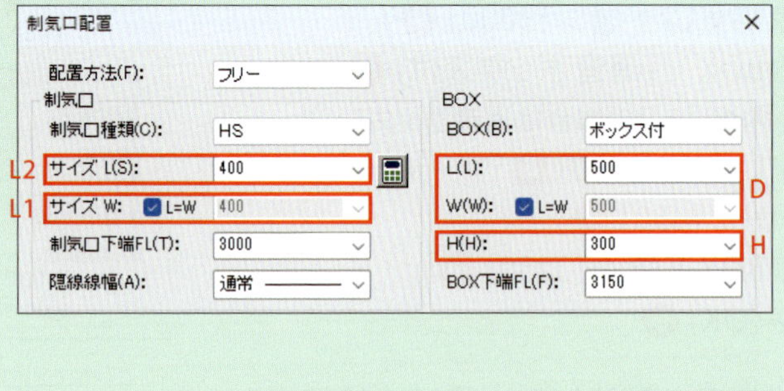

※BOX下端はh（150または200）を、天井高さに足します。

ルーティング

▶ドレン管を作図します。

最初に竪管を配置します。スリーブ位置や天井レベルを確認して水平に作図してから勾配を付加します。

▶空調・換気ダクトを作図します（第２章参照）。

▶ドレン管以外の一般配管を作図します。

冷媒管を作図します。

1 冷媒管サイズの登録をします。
[WATホテル] の空調設計図（右下）に冷媒管サイズ表が配置されています。

冷媒配管　口径リスト（冷暖切替型）

記号	液管 (mm)	ガス管 (mm)	備考（参考ダイキン） 分岐-分岐間容量（KW）	
ⓐ	6.4	9.5		
ⓑ	6.4	12.7		
ⓒ	9.5	15.9	15.9以下	

*1) 上記冷媒配管口径は参考とし、距離補正・機器能力算出の後、適正な口径を算出すること

ツールバー 、または、メニューバー［空調］＞［作図設定］を選択します。

［傍記］タブの［冷媒管傍記］の［サイズ一覧に登録した記号で傍記表示する］を選択し、［登録］をクリックします❶。

冷媒管傍記は、［サイズ一覧に登録した記号で傍記表示する］か、［サイズで傍記表示］するかを選択できます。

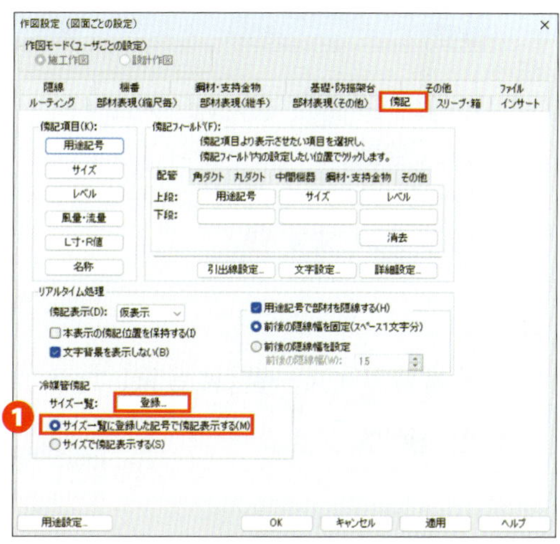

［冷媒管サイズ一覧］ダイアログが表示されますので、設定を行います。

記号

- ［a,b,c...］❷
- ［［記号にバルーンを付加して表示］に✓❸
- ［OK］❹

記号、ガス管（φ）、液管（φ）を入力します❺。

※使用しない記号は削除します。挿入したい場合は、挿入をクリックして追加します。

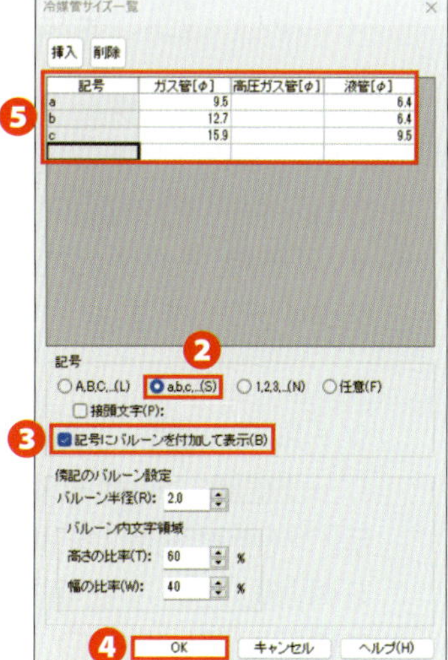

[作図設定]ダイアログに戻りますので[適用]❻、[OK]をクリックします❼。

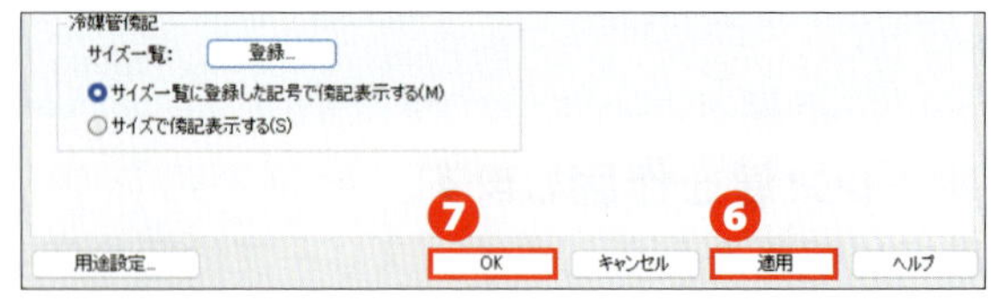

[更新確認]ダイアログが表示されますので、[編集・表示・非表示]を選択し❽、[はい]をクリックします❾。

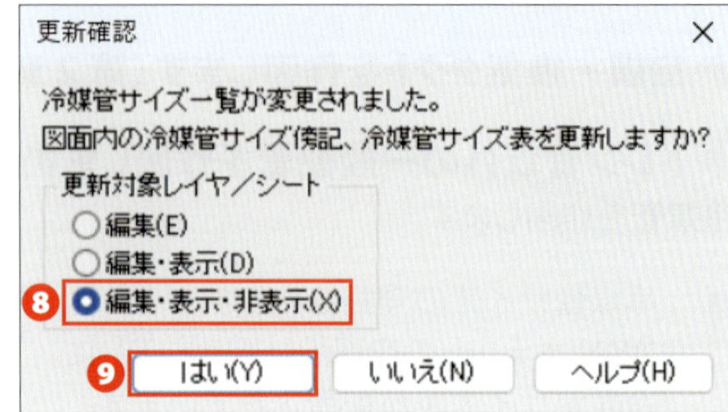

2 【空配】シートを作成し、【空配】シートで作図します。

ツールバー 、または、メニューバー[空調]>[ルーティング]>[ルーティング]を選択し、[冷媒管]をクリックします❶。

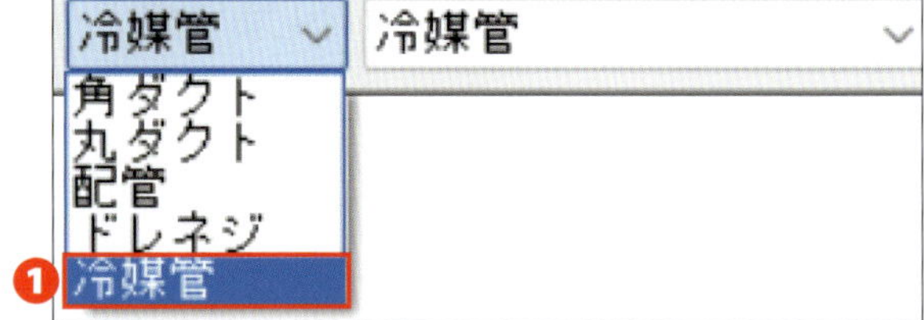

[冷媒管サイズ一覧]に登録したサイズを選択すると作図できます❷。

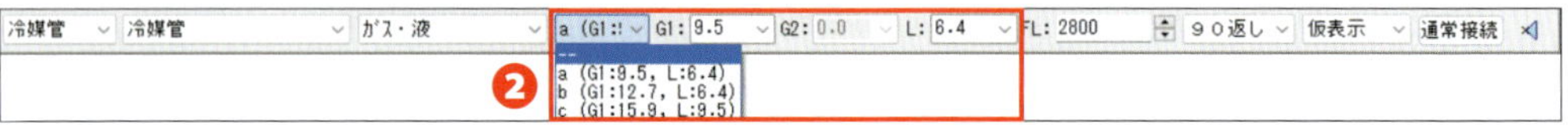

3 傍記配置します。
ツールバー 、または、メニューバー[空調]>[作図設定]を選択します。

[傍記]タブの[傍記フィールド]のさらに[配管]タブの[用途記号]❶と[レベル]❷を選択し、配置します。[適用]をクリックしたあと[OK]をクリックします。

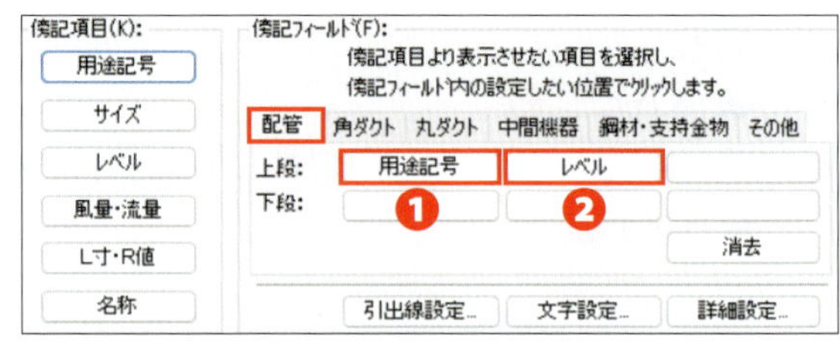

ツールバー 、または、メニューバー[空調]>[サイズ・レベル表示]>[手動配置]を選択し、傍記を付加したい冷媒管をクリックして傍記配置します❸。

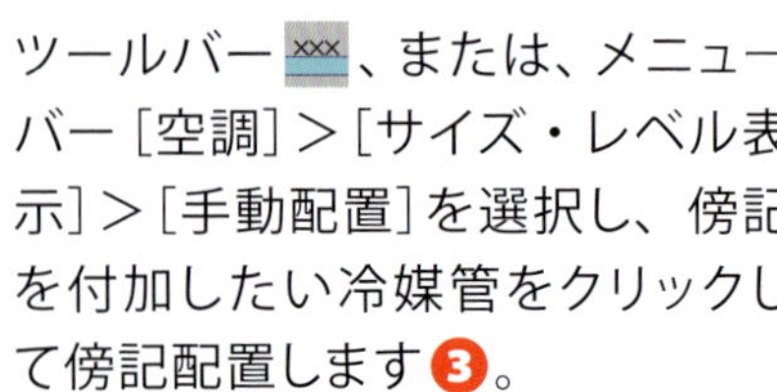

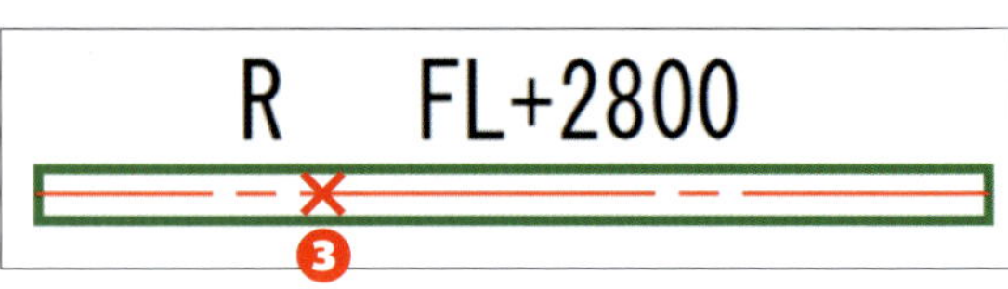

再度、[傍記フィールド] の [配管] タブを選択します❹。傍記項目から [サイズ] を選択し❺、[傍記フィールド] 内の設定したい位置（上段）でクリックします。[適用] をクリックしたあと、[OK] をクリックします。

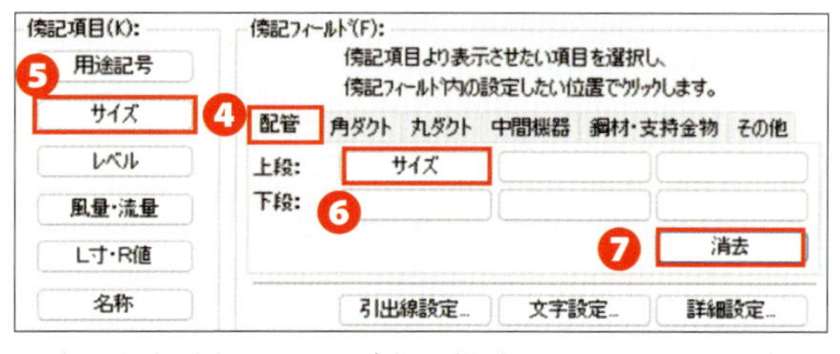

※表示したくない項目がある場合はその項目を選択して[消去]をクリックします。

ツールバー[xxx]、または、メニューバー [空調] > [サイズ・レベル表示] > [手動配置] を選択し、傍記を付加したい冷媒管をクリックし、引き出し線ありで配置します❽。

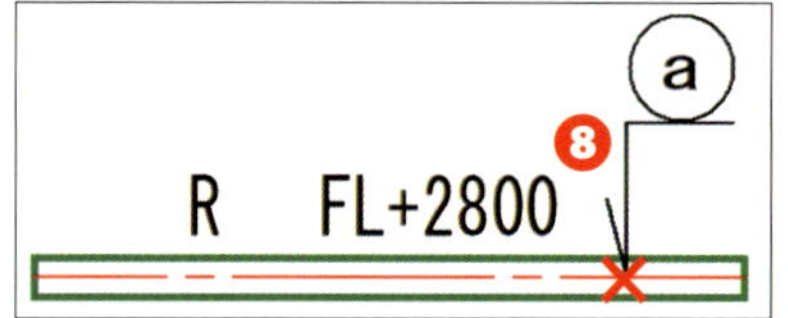

4 冷媒管サイズ表を配置します。
メニューバー [空調] > [表] > [冷媒管サイズ表] を選択します。

[表の配置基準点入力] のガイダンスが表示され、カーソルに冷媒管サイズ表が付加されます❶。

冷媒管サイズ表

記号	ガス管(φ)	液管(φ)
ⓐ	9.5	6.4
ⓑ	12.7	6.4
ⓒ	15.9	9.5

ダイアログが表示されますので、リストの表示幅を設定し❷、[詳細設定] をクリックします❸。

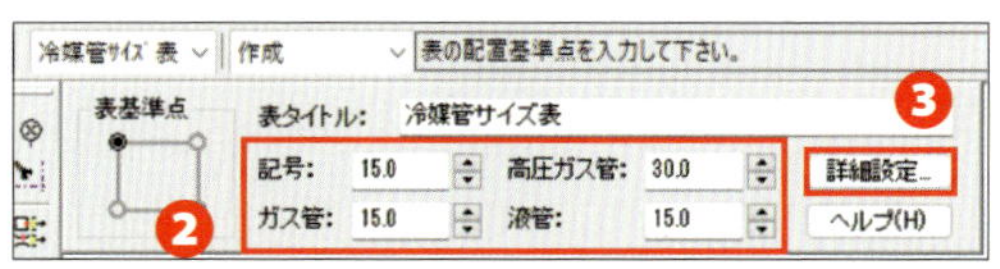

[詳細設定] ダイアログが表示されますので、今回は線幅を「0.1」に設定して❹、[OK] をクリックします❺。
図面の配置したい場所をクリックし❻、[Enter] キーを押して配置します。

[詳細設定] ダイアログで、[レイヤ]、[バルーン]、[文字] の設定もできます。

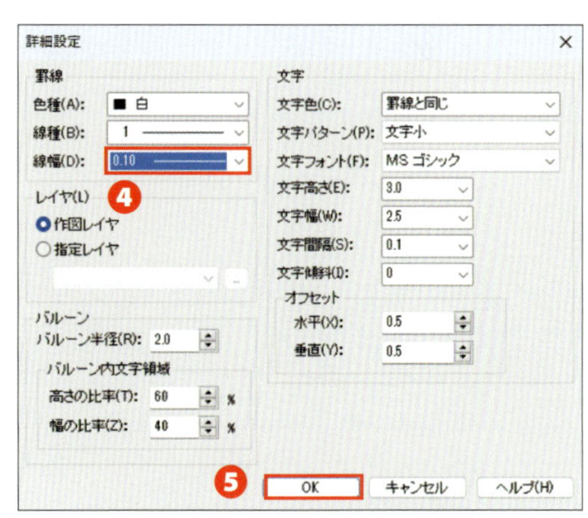

冷媒管サイズ表

記号	ガス管(φ)	液管(φ)
ⓐ	9.5	6.4
ⓑ	12.7	6.4
ⓒ	15.9	9.5

第4章

専門操作編

01 レイアウト作成

02 シート基準高さ設定

03 シートパターン設定

04 外部リンク

レイアウト作成

■使用ファイル：WATビル.tfs　■完成図：1階空調ダクト図

「第4章 専門操作編」では、レイアウト作成や知っておくと便利な機能操作を解説します。
Tfasは、『モデル』という名称のレイアウトが1つ用意されており、通常は『モデル』で作図を行います。それ以外に任意に追加したレイアウトでは、『モデル』で作図した図形を参照することで、印刷用のレイアウトを作成することができます。

部分詳細図の作成

第2章で作図した【WATビル.tfs】を使用して、部分詳細図を切り出します。
[WATビル]で作図した便所を部分詳細図として切り出します。
ツールバー、または、メニューバー[ファイル]＞[開く]を選択し、【WATビル.tfs】をクリックし、[開く]をクリックします。
必要のないシートは非表示にします。使用するシートは、【図枠】、【通り芯】、【建築】、【衛生】です。

▶便所詳細図の図枠を作成します。

【図枠】シートの上で、右クリックメニュー[選択]をクリックし、図枠を任意の場所に複写します❶。
複写した図枠を便所詳細図用の図枠（図面名：便所詳細図、縮尺1：30）に変更します❷。

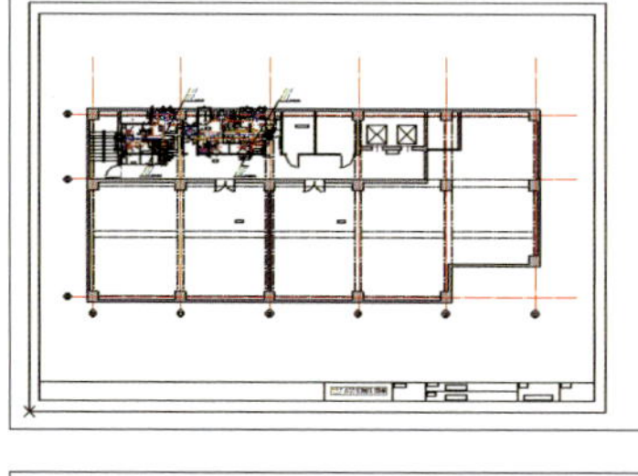

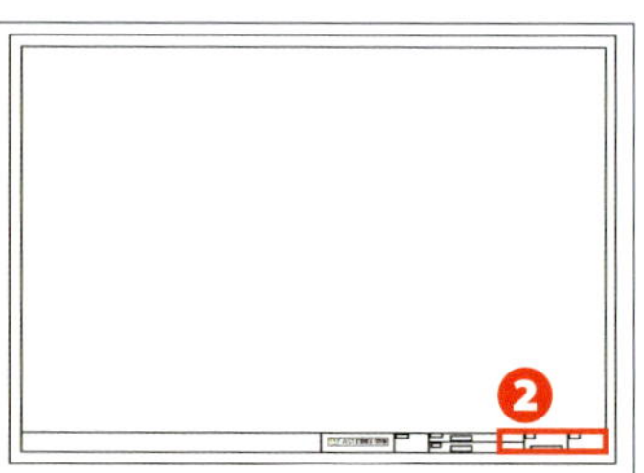

工事名称	WATビル	縮尺
図面名	便所詳細図	A1　1：30

Check Point

・『モデル』とモデル以外のレイアウトの大きな違いは、モデルは[参照元]、レイアウトは[参照先]になるということです。
・レイアウト作成時に『モデル』内の参照領域を指定します。この参照領域のことを「ビューポート」と呼びます。1つのレイアウトには、複数のビューポートをシート単位で追加できます。

▶レイアウト（便所詳細図）を追加します。

ツールバー[アイコン]、または、メニューバー［設定］＞［シート機能］＞［レイアウト作成］を選択します。

［レイアウト追加］ダイアログが表示されますので、設定を行います。

- レイアウト名：［便所詳細図］❶
- 用紙：［図面の設定を使用する］の✓をはずして［A1］❷
- ［OK］❸

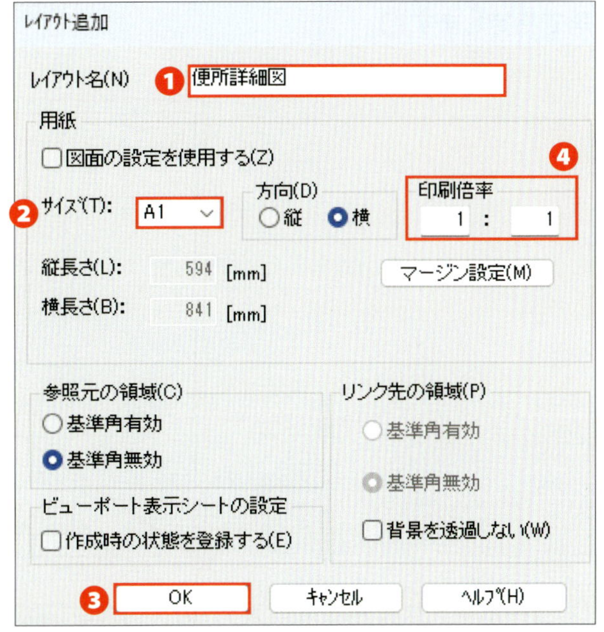

用紙は、現在の図面の用紙範囲を使用するときは［図面の設定を使用する］を選択します。図面の設定サイズと異なる用紙サイズで作成したい場合や、図面の設定位置と違う位置を使用したい場合は、✓をはずして、用紙サイズを設定します❷。

印刷倍率❹は、DWG図面の再現性をよくするためにDWG図面のレイアウトに設定されている印刷尺度を取り込む機能です。
Tfasで新規に作図する場合は、変更する必要はありません。

［レイアウトの用紙原点入力］のガイダンスが表示されますので、［便所詳細図］枠の左下をクリックします❺。

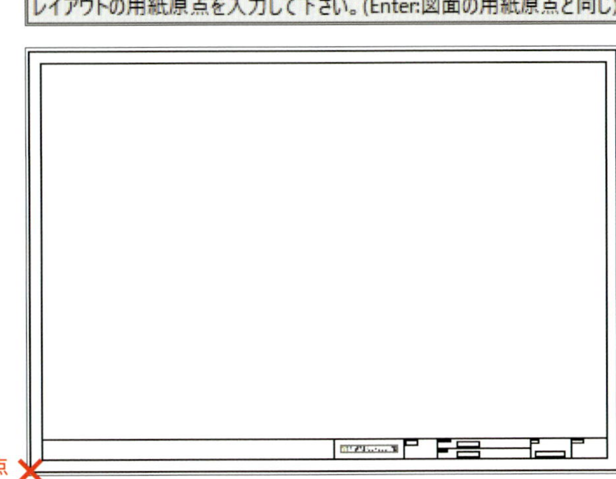

[ビューポート参照領域入力]のガイダンスが表示されますので、[矩形で指定]で、便所詳細図の図枠を対角で指定します❻。

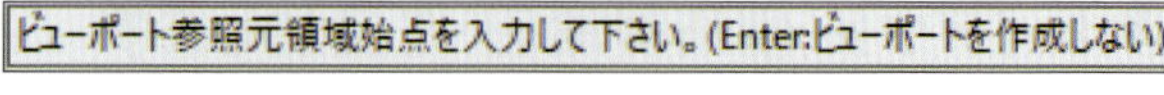

矩形で指定　多角形で指定　ヘルプ(H)

ビューポート参照元領域終点を入力して下さい。

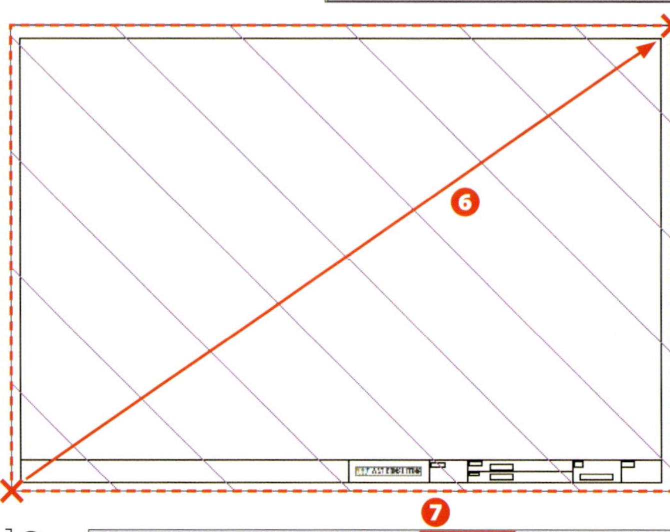

[ビューポート参照元基準点入力]のガイダンスが表示されますので、[Enter]キーを押します❼。

ビューポートの参照元基準点を入力して下さい。(Enter:左下　Shift+Enter：中心)

[シート追加]ダイアログが表示されますので、設定を行います。

- シート名称：[便所詳細図枠]❽
- 縮尺：[図面縮尺を設定]に✓❾
- [OK]❿

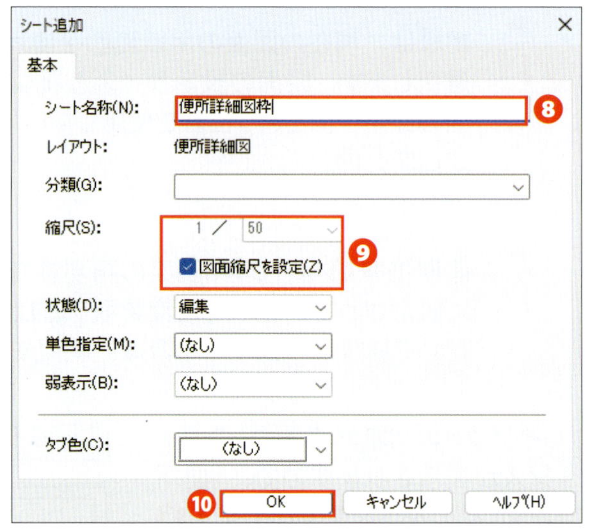

[ビューポート配置基準点入力参照元基準点入力]のガイダンスが表示されますので、[便所詳細図枠]の左下をクリックします⓫。

ビューポート配置基準点を入力して下さい。

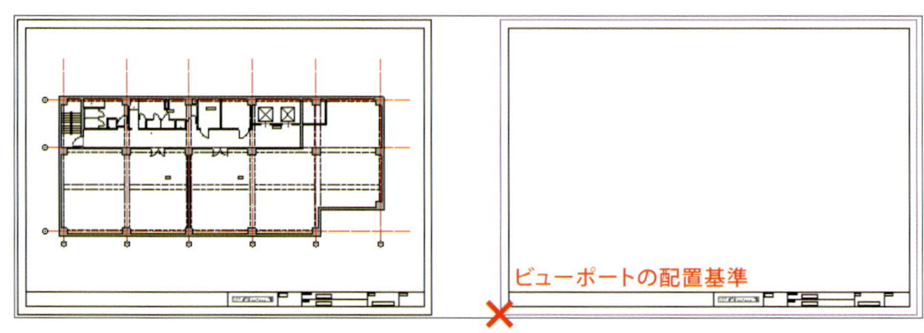

再度、[ビューポートの参照元基準点入力]のガイダンスが表示されたら、[Enter]キーを押してビューポート作成完了します⑫。

『便所詳細図』レイアウトに【便所詳細図枠】ビューポートシートが作成されます。

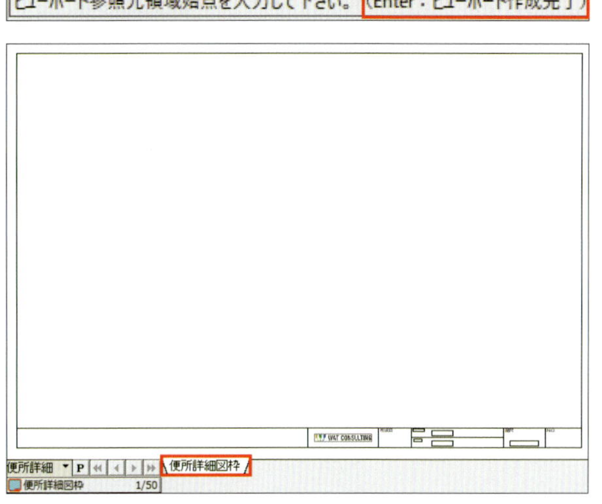

▶ビューポートシート【便所平面図】を追加します。

『便所詳細図』レイアウトで、ツールバー [レイアウトーレイアウト編集]を選択し、[プロパティ]をクリックします❶。

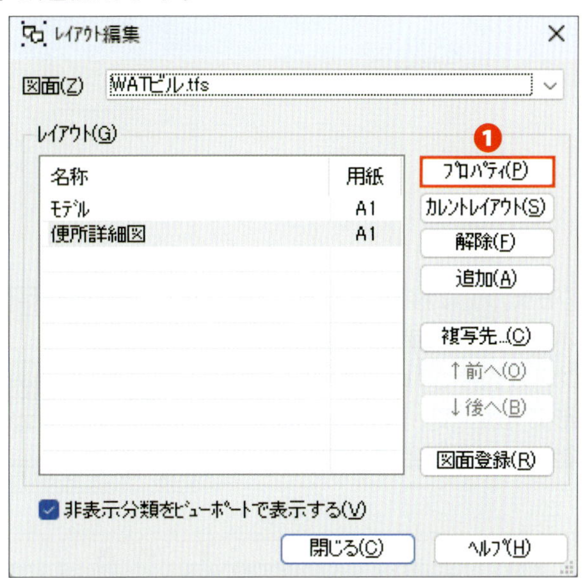

または、『便所詳細図』レイアウトの上で右クリックメニュー[レイアウトプロパティ]を選択、または、[ビューポートシート]の上で右クリックメニュー[レイアウトプロパティ]を選択します❷。

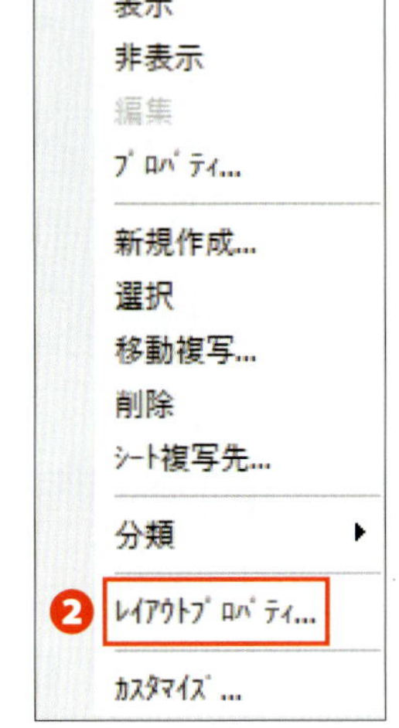

[レイアウトのプロパティ]ダイアログが表示されますので、[追加]をクリックします❸。

レイアウトのプロパティ
レイアウト名(N) 便所詳細図
用紙
□図面の設定を使用する(Z)
サイズ(T): A1 方向(D) ○縦 ●横 印刷倍率 1 : 1
縦長さ(L): 594 [mm] マージン設定(M)
横長さ(B): 841 [mm] 用紙位置変更(P)
文字関数(F)
シート
シート名称	縮尺
便所詳細図枠	(図面縮尺)

変更(E) 追加(A)❸ 解除(F)
OK キャンセル ヘルプ(H)

『モデル』に移動し、[ビューポート参照領域入力]のガイダンスが表示されますので、[矩形で指定]で、便所平面図の範囲を対角で指定します❹。

ビューポート参照元領域始点を入力して下さい。(BS：領域の設定)
●矩形で指定 ○多角形で指定 ヘルプ(H)
ビューポート参照元領域終点を入力して下さい。

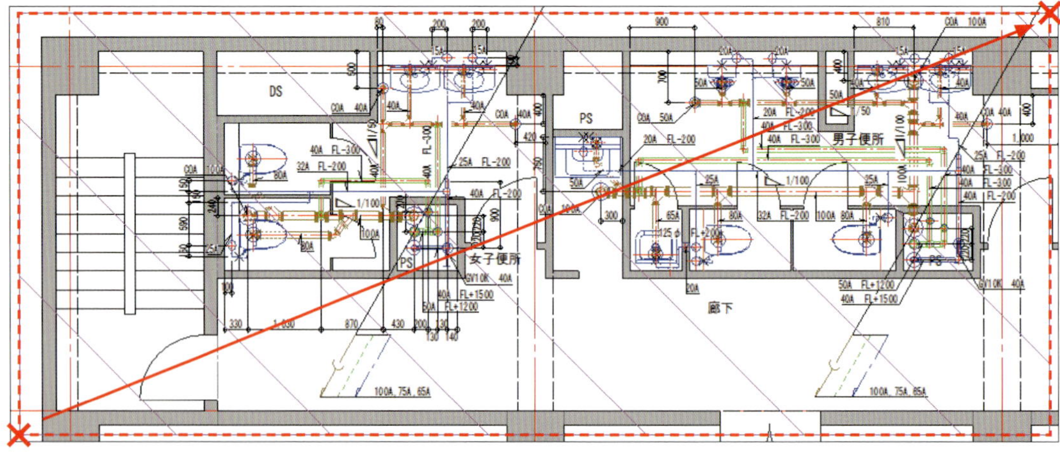

[ビューポート参照元基準点入力]のガイダンスが表示されますので、[Enter]キーを押します❺。

ビューポートの参照元基準点を入力して下さい。(Enter:左下 ❺, Shift+Enter：中心)

[シート追加]ダイアログが表示されますので、設定を行います。

- シート名称：[便所平面図] ❻
- 縮尺：[1/30] ❼
- [OK] ❽

シート追加
基本
シート名称(N): 便所平面図 ❻
レイアウト: 便所詳細図
分類(G):
縮尺(S): 1 ／ 30 ❼
図面縮尺を設定(Z)
状態(D): 編集
単色指定(M): (なし)
弱表示(B): (なし)
タブ色(C): (なし)
OK ❽ キャンセル ヘルプ(H)

『便所詳細図』レイアウトが再度表示され、[ビューポート配置基準点入力]ガイダンスが表示されますので、配置したい場所をクリックします❾。

ビューポート配置基準点を入力して下さい。

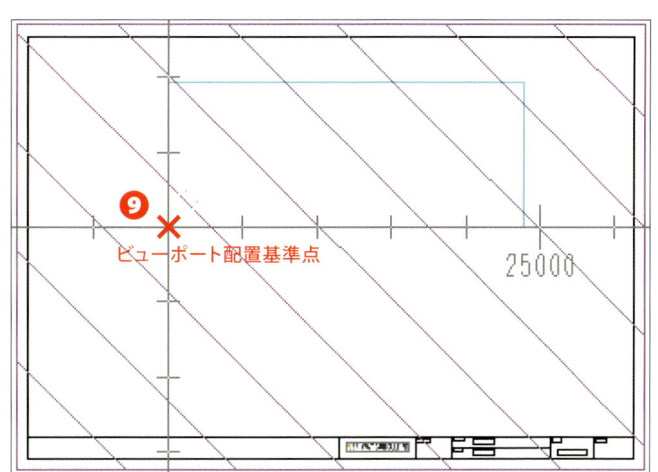

『便所詳細図』レイアウトに【便所平面図 1/30】ビューポートシートが作成されます。

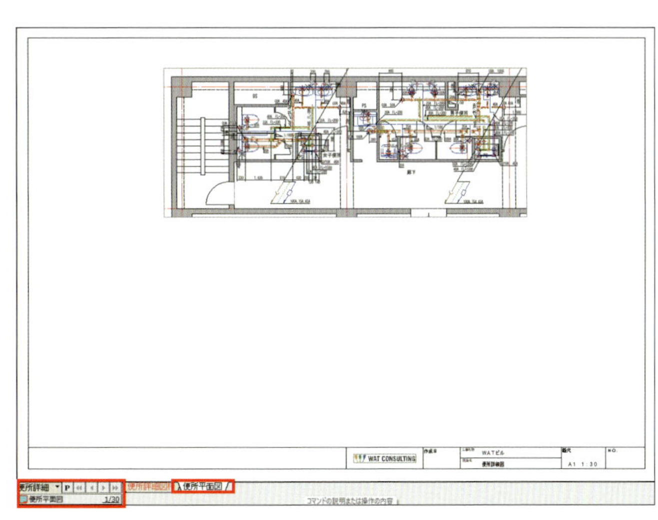

Check Point

レイアウトプロパティでは様々な変更ができます。
『モデル』に戻ります。ツールバー 、または、メニューバー[設定]>[シート機能]>[レイアウト編集]を選択します。『モデル』の上で右クリックメニューから選択することもできます。

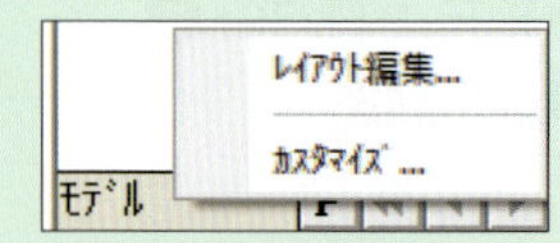

[レイアウト編集]ダイアログが表示されますので、編集したいレイアウト『便所詳細図』を選択し、[プロパティ]をクリックします。
『便所詳細図』レイアウトを表示した状態で、右クリックメニュー[レイアウトプロパティ]を選択して表示することもできます。

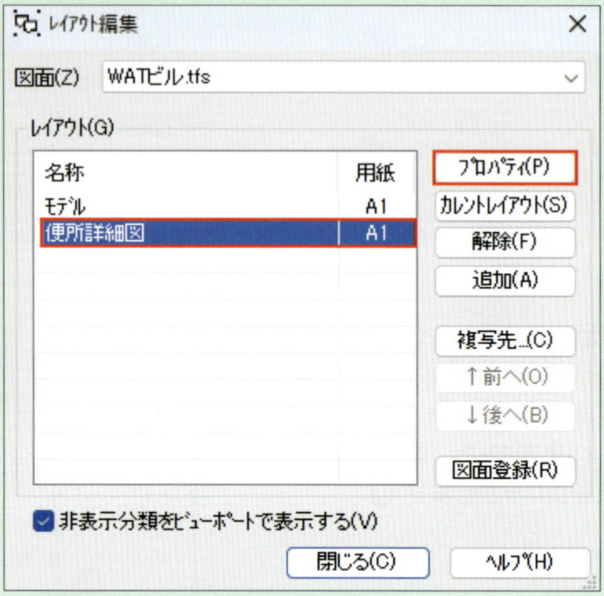

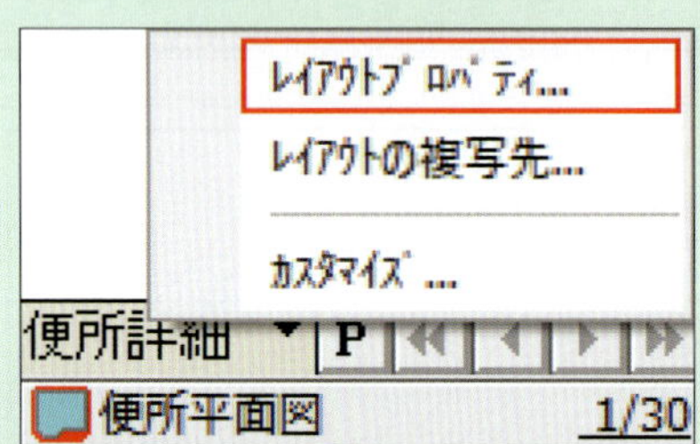

1 用紙サイズや用紙方向の変更

『便所詳細図』レイアウトで、[レイアウトのプロパティ]ダイアログが表示されましたら、設定を行います。

- サイズ：[A3] ❶
- 方向：[縦] ❷
- [OK] ❸

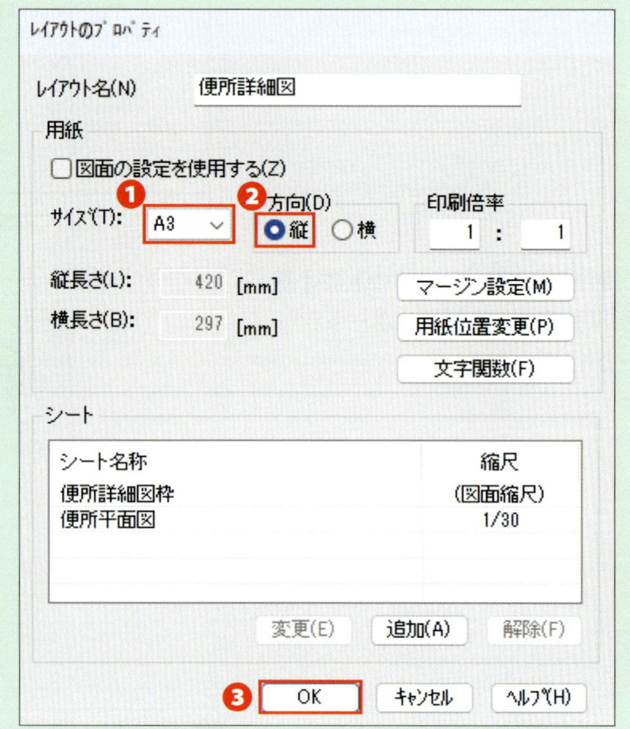

黄色い用紙枠のサイズや方向が変更されます。

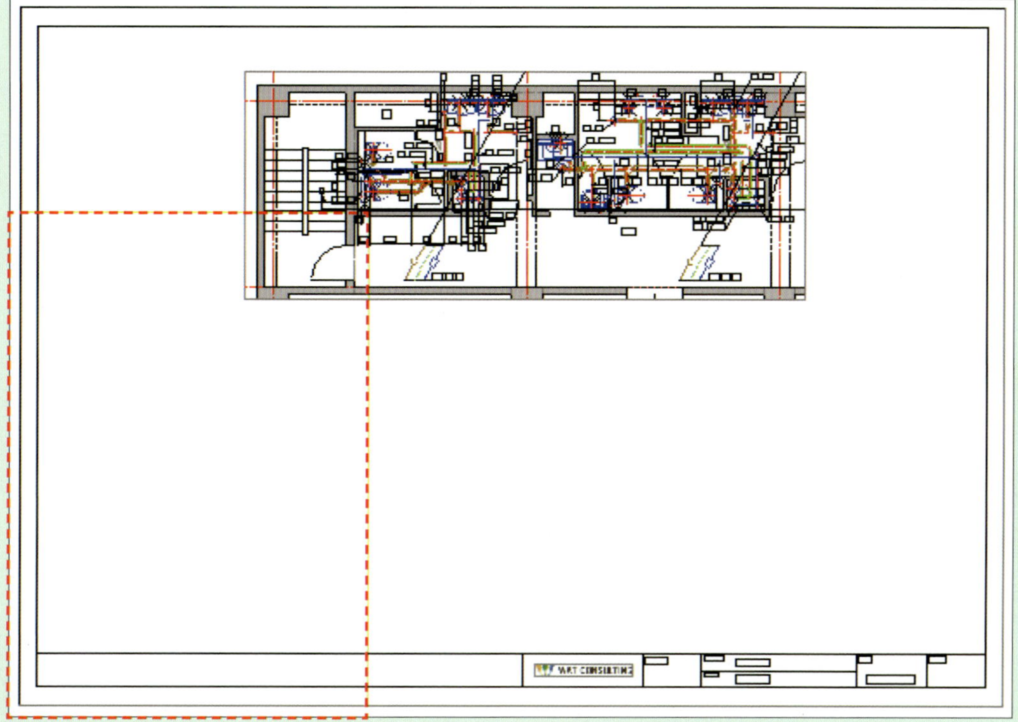

2 参照位置変更

『便所詳細図』レイアウトの上で右クリックメニュー［レイアウトプロパティ］を選択、または、［ビューポートシート］の上で右クリックメニュー［レイアウトプロパティ］を選択します。

［レイアウトのプロパティ］ダイアログを表示しましたら、変更したいシート【便所平面図】をクリックし❶、［変更］をクリックします❷。

レイアウトのプロパティ

レイアウト名(N)　便所詳細図

用紙

☐ 図面の設定を使用する(Z)

サイズ(T):　A1　　方向(D)　○縦　◉横　　印刷倍率　1 : 1

縦長さ(L):　594 [mm]　　マージン設定(M)

横長さ(B):　841 [mm]　　用紙位置変更(P)

文字関数(F)

シート

シート名称	縮尺
便所詳細図枠	(図面縮尺)
❶ 便所平面図	1/30

❷ 変更(E)　追加(A)　解除(F)

OK　キャンセル　ヘルプ(H)

[ビューポート設定]ダイアログが表示されますので、縮尺：[1/50]と入力し❸、[位置変更]をクリックします❹。

『モデル』に移動し、[参照範囲指定]のガイダンスが表示されますので、[Enter]キーを押します❺。参照範囲を変更したい場合は、対角で参照範囲を選択します。

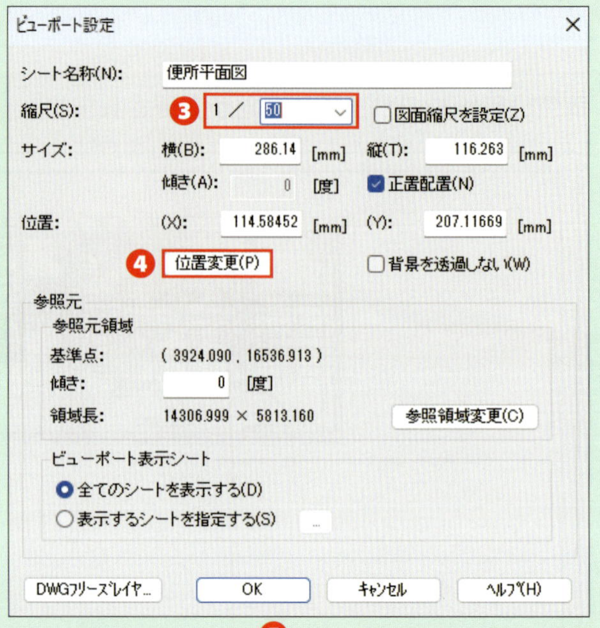

『便所詳細図』レイアウトに戻り、[配置基準点入力]のガイダンスが表示され、カーソルに[便所平面図]がついてきています。『便所詳細図』レイアウトの配置したい位置をクリックします❻。再度[ビューポート設定]ダイアログが表示されますので、[OK]をクリックします❼。さらに[レイアウトのプロパティ]ダイアログが表示されますので、[OK]をクリックします❽。

縮尺を変更した[便所平面図]が指定位置に配置されます。

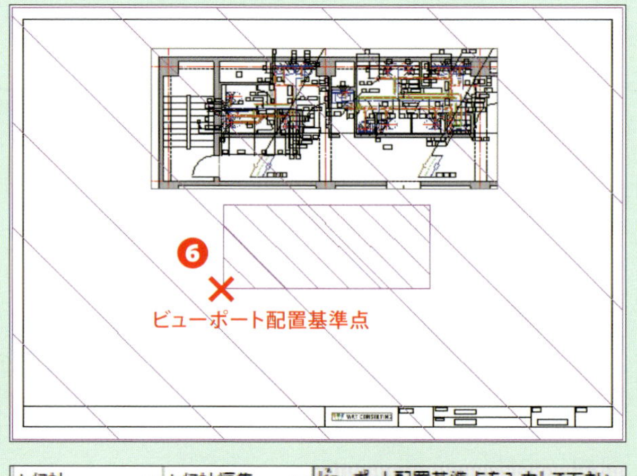

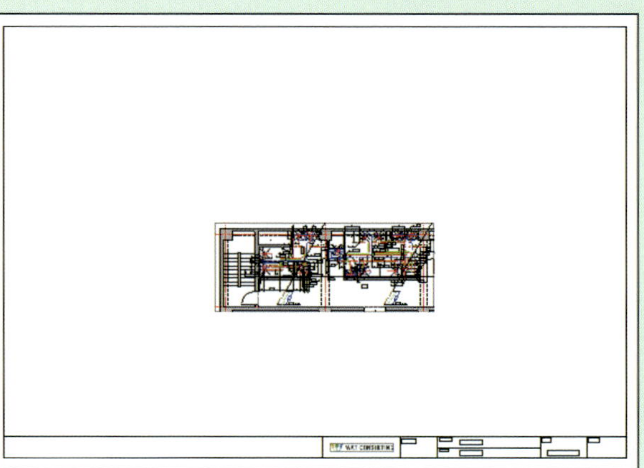

3-1 参照元領域変更

『便所詳細図』レイアウトの上で右クリックメニュー［レイアウトプロパティ］を選択、または、［ビューポートシート］の上で右クリックメニュー［レイアウトプロパティ］を選択します。

［レイアウトのプロパティ］ダイアログを表示しましたら、変更したいシート［便所平面図］をクリックし❶、［変更］をクリックします❷。

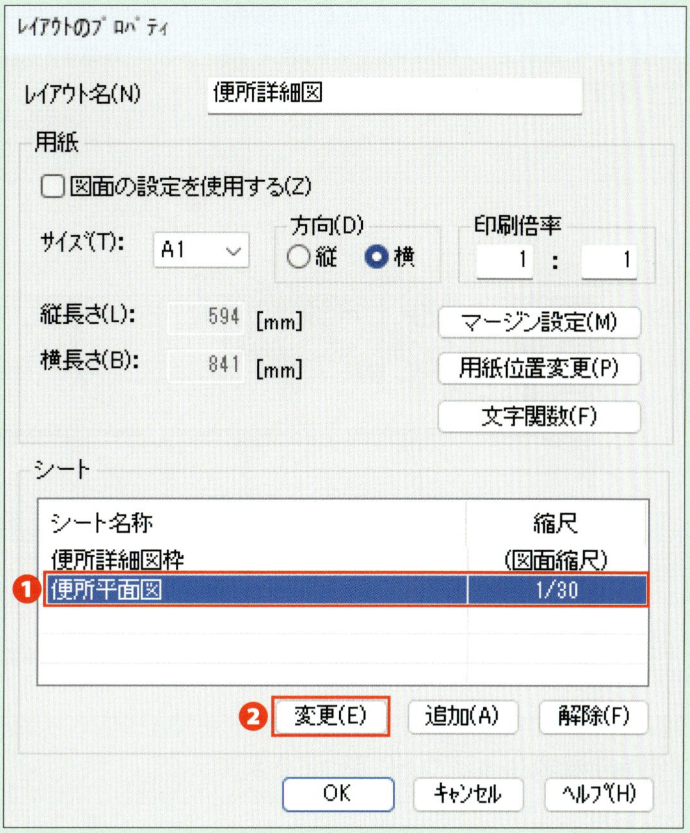

レイアウトのプロパティ

レイアウト名(N)　便所詳細図

用紙

☐図面の設定を使用する(Z)

サイズ(T):　A1　方向(D)　○縦　●横　印刷倍率　1 : 1

縦長さ(L):　594 [mm]　マージン設定(M)

横長さ(B):　841 [mm]　用紙位置変更(P)

文字関数(F)

シート

シート名称	縮尺
便所詳細図枠	(図面縮尺)
❶ 便所平面図	1/30

❷ 変更(E)　追加(A)　解除(F)

OK　キャンセル　ヘルプ(H)

［ビューポート設定］ダイアログが表示されますので、［参照領域変更］をクリックします❸。

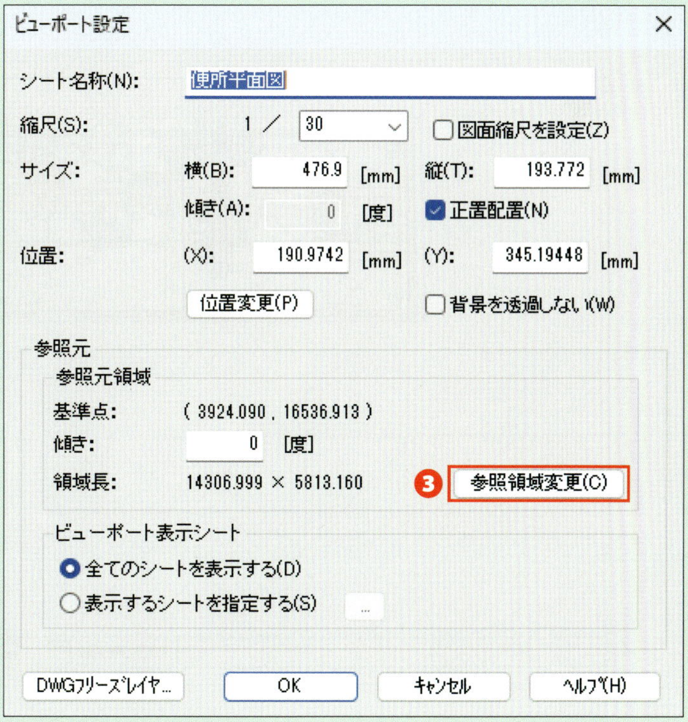

ビューポート設定

シート名称(N):　便所平面図

縮尺(S):　1 ／ 30　☐図面縮尺を設定(Z)

サイズ:　横(B): 476.9 [mm]　縦(T): 193.772 [mm]

傾き(A): 0 [度]　☑正置配置(N)

位置:　(X): 190.9742 [mm]　(Y): 345.19448 [mm]

位置変更(P)　☐背景を透過しない(W)

参照元

参照元領域

基準点:　(3924.090 , 16536.913)

傾き:　0 [度]

領域長:　14306.999 × 5813.160　❸ 参照領域変更(C)

ビューポート表示シート

●全てのシートを表示する(D)

○表示するシートを指定する(S)

DWGフリーズレイヤ...　OK　キャンセル　ヘルプ(H)

『モデル』に移動し、［参照範囲指定］のガイダンスが表示されますので、［矩形で指定］を選択し、参照範囲を対角で指定します❹。

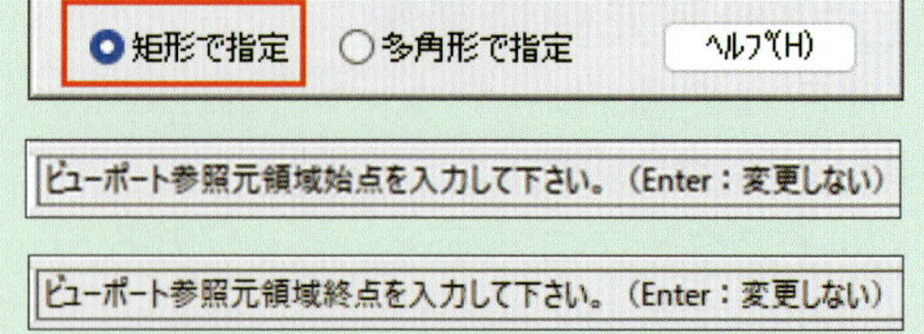

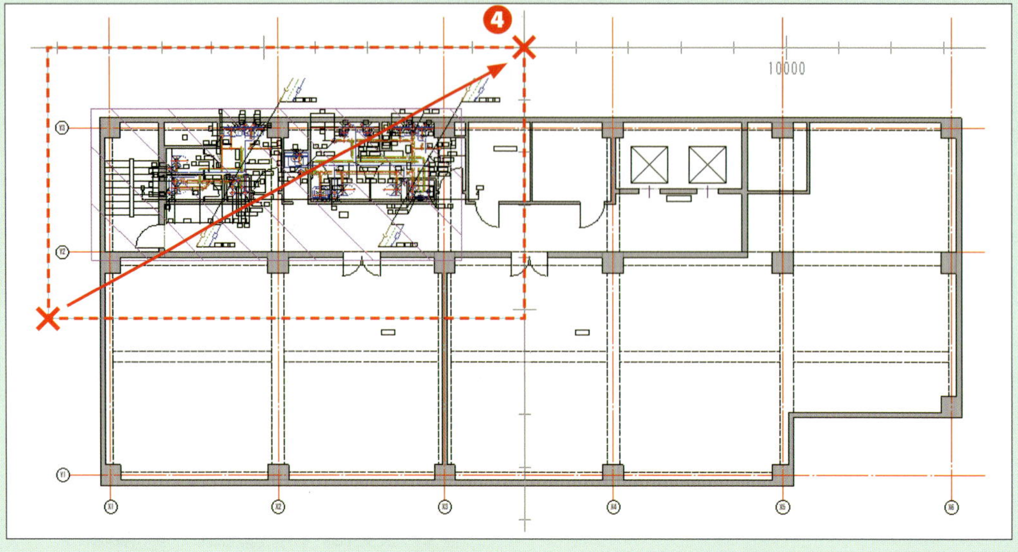

『便所詳細図』レイアウトに戻ってきます。

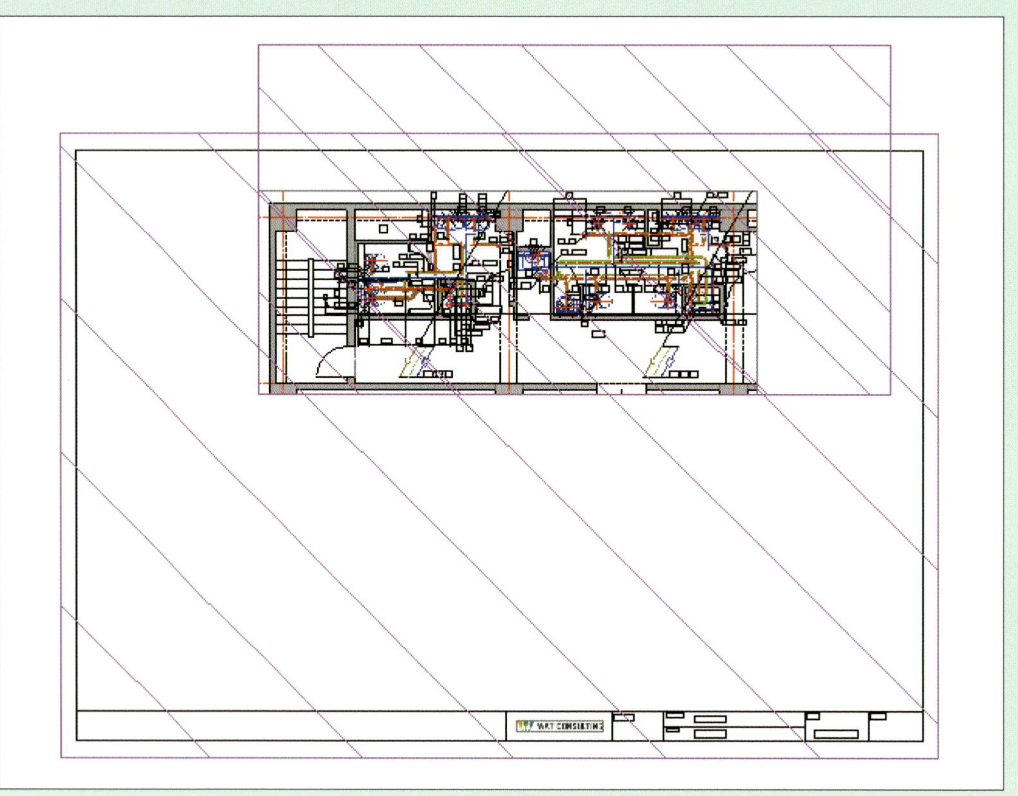

［ビューポートの設定］ダイアログが表示されますので、［位置変更］をクリックします❺。

［位置変更］しないで［OK］をクリックすると、前の操作で『便所詳細図』レイアウトに仮表示されている位置に配置されます。

ビューポート設定

シート名称(N): 便所平面図

縮尺(S): 1 ／ 30　□図面縮尺を設定(Z)

サイズ: 横(B): 604.444 [mm]　縦(T): 332.046 [mm]

傾き(A): 0 [度]　☑正置配置(N)

位置: (X): 190.9742 [mm]　(Y): 345.19448 [mm]

❺ 位置変更(P)　□背景を透過しない(W)

参照元

参照元領域

基準点: (2227.506 , 14333.485)

傾き: 0 [度]

領域長: 18133.330 × 9961.380　参照領域変更(C)

ビューポート表示シート

◉全てのシートを表示する(D)

○表示するシートを指定する(S)

DWGフリーズレイヤ...　OK　キャンセル　ヘルプ(H)

『モデル』に移動し、［参照元基準点入力］のガイダンスが表示されますので、［Enter］キーを押します❻。

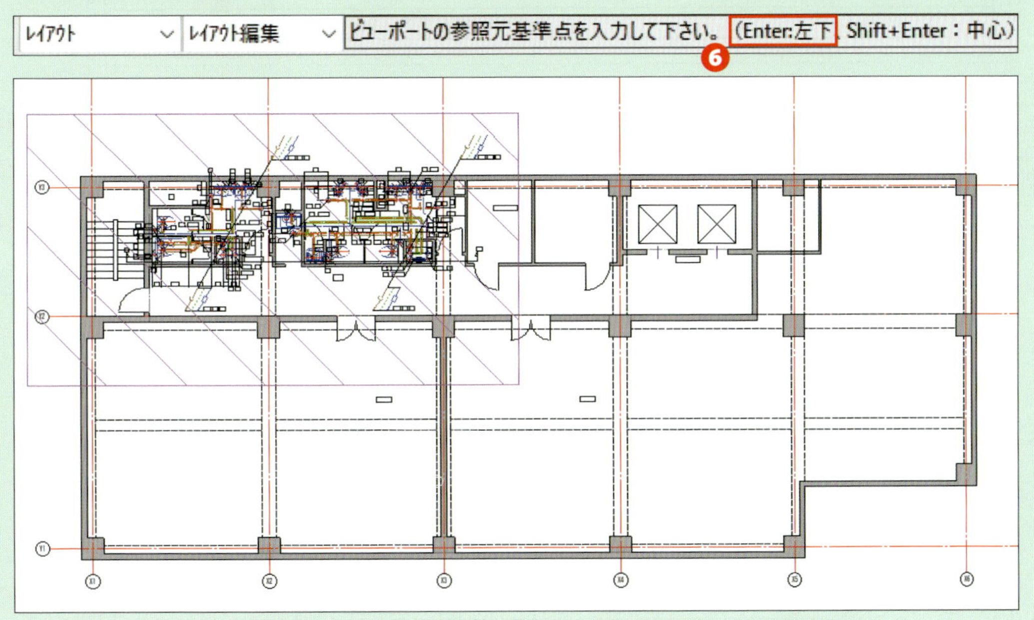

『便所詳細図』レイアウトに移動し、［ビューポート配置基準点入力］のガイダンスが表示されますので、配置したい位置を指定します❼。

レイアウト ／ レイアウト編集 ／ ビューポート配置基準点を入力して下さい。

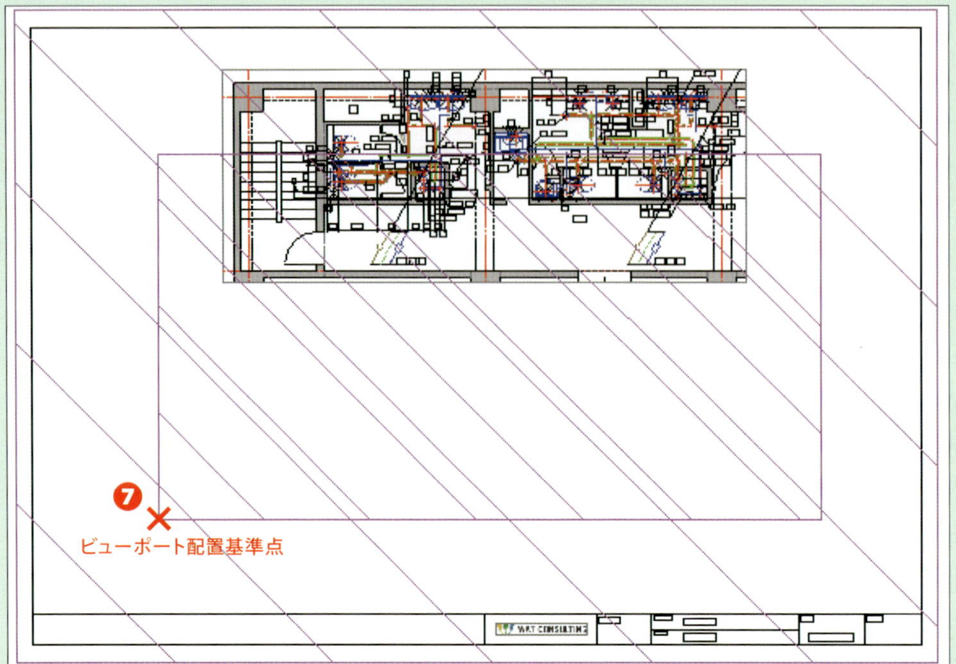

［ビューポート設定］ダイアログが表示されましたら、［OK］をクリックし、［レイアウトのプロパティ］ダイアログが表示されましたら、［OK］をクリックします。

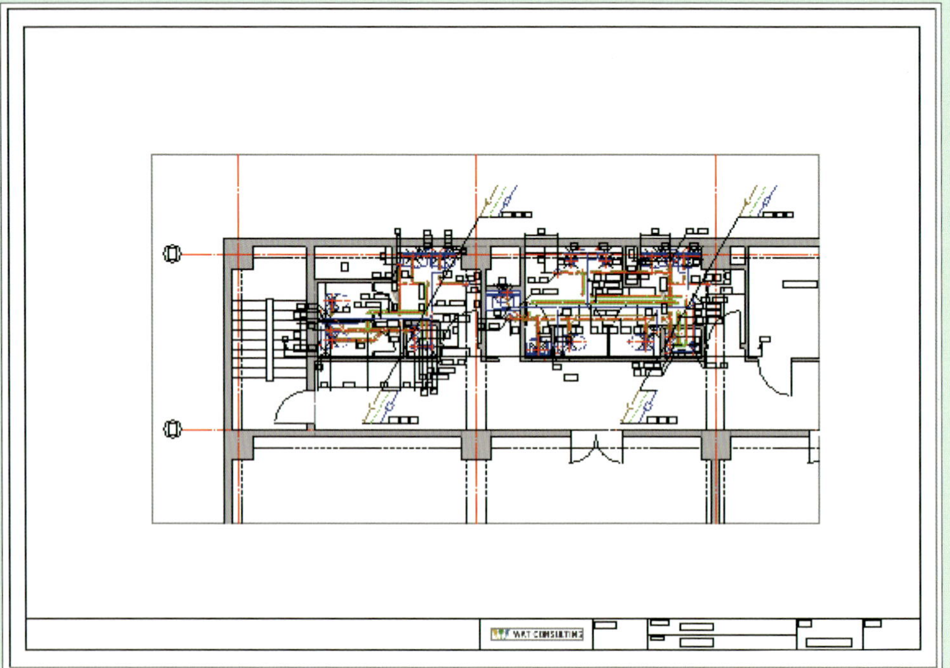

3-2 ビューポートの枠　移動・拡縮を使用した参照元領域変更

『便所詳細図』レイアウトで、メニューバー［設定］＞［シート機能］＞［ビューポート］＞［枠　枠移動・拡縮］を選択します。

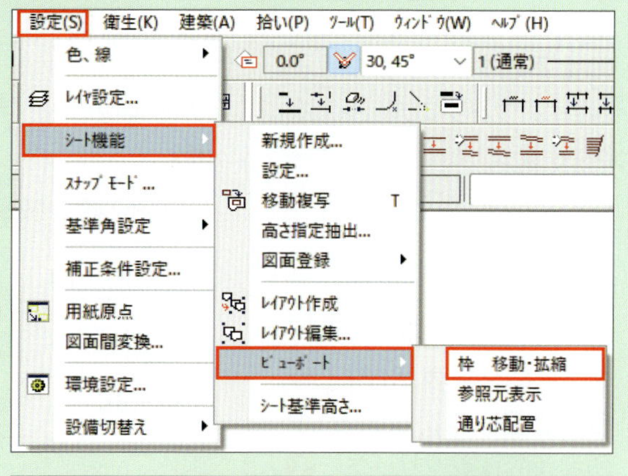

［ビューポート・図形指示］のガイダンスが表示されますので、移動・拡縮をしたいビューポートを選択します❶。

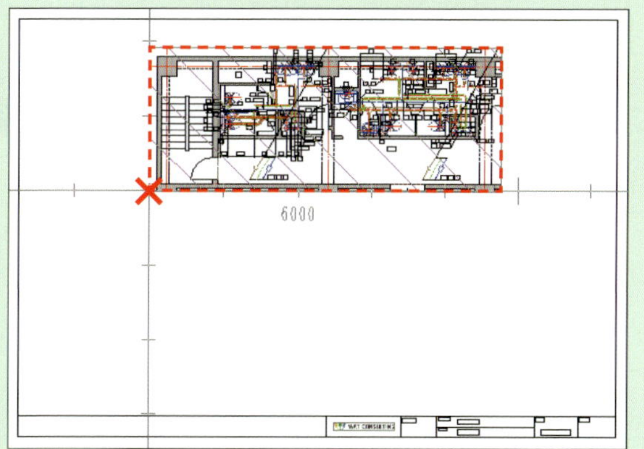

ビューポート枠上の8個の拡縮ハンドル□と、中央の移動ハンドル□と、回転ハンドル●が表示されます。そのハンドルを操作することで、レイアウト上で変更ができます。

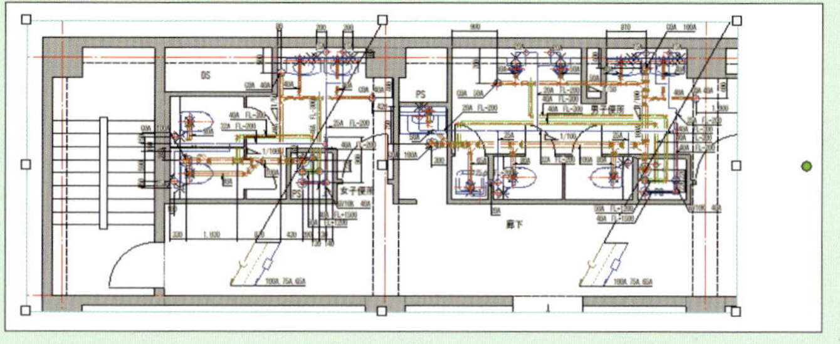

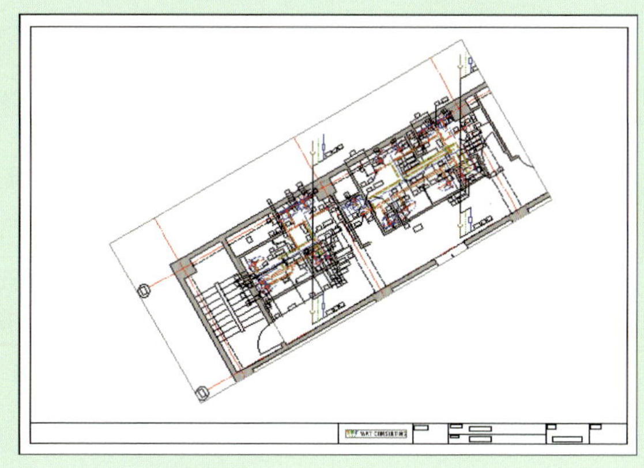

第1章 基本操作編
第2章 設備操作編
第3章 実践操作編
第4章 専門操作編

4 ビューポートの表示シート指定

『便所詳細図』レイアウトの上で右クリックメニュー[レイアウトプロパティ]を選択、または、[ビューポートシート]の上で右クリックメニュー[レイアウトプロパティ]を選択します。

[レイアウトのプロパティ]ダイアログを表示しましたら、変更したいシート[便所平面図]をクリックし❶、[変更]をクリックします❷。

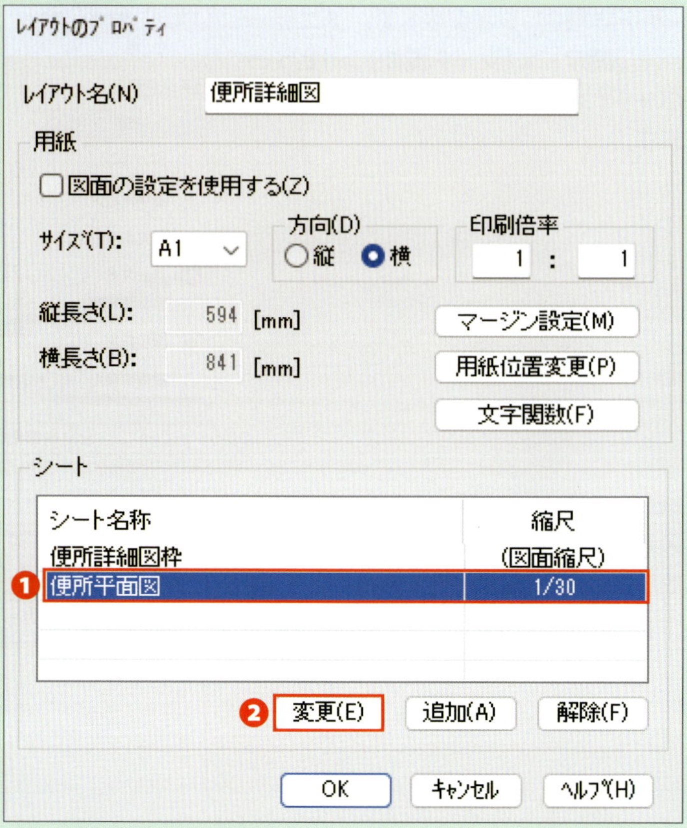

[ビューポート設定]ダイアログが表示されましたら、ビューポート表示シートを[表示するシートを指定する]を選択します❸。

右側にある … をクリックします❹。

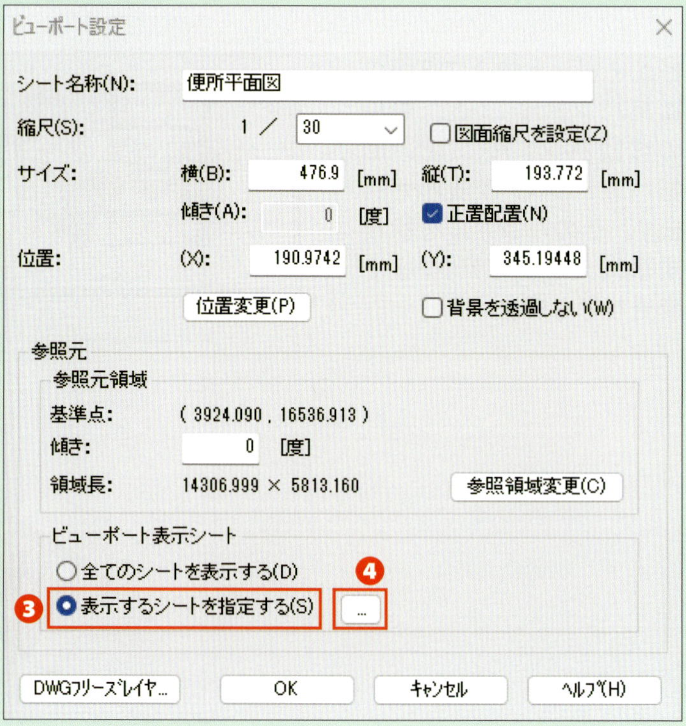

［ビューポート表示シート設定］ダイアログが表示されましたら、［衛生］の✓を外し❺、［OK］します❻。

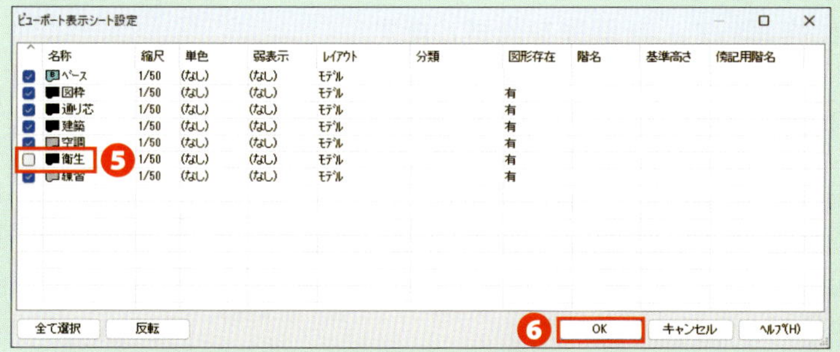

［ビューポート設定］ダイアログが表示されましたら、［OK］をクリックし❼、［レイアウトのプロパティ］ダイアログが表示されましたら、［OK］をクリックします❽。

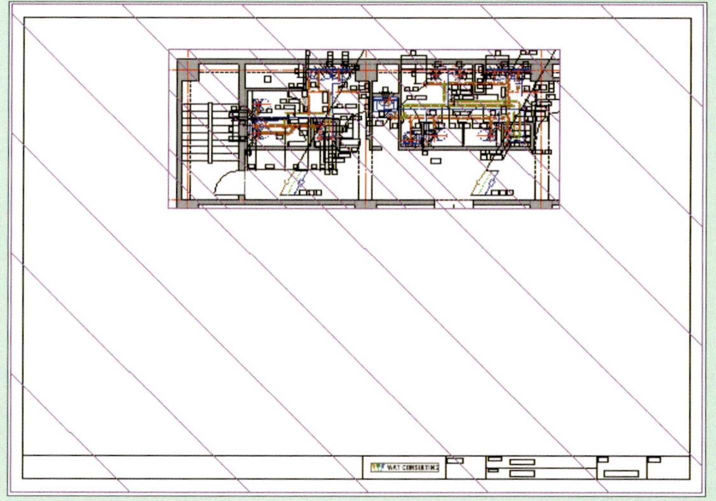

『便所詳細図』レイアウトの【便所平面図】シートの衛生配管が表示されていないのが確認できます。↶［元に戻す］で衛生配管が表示されている状態に戻しておきます。

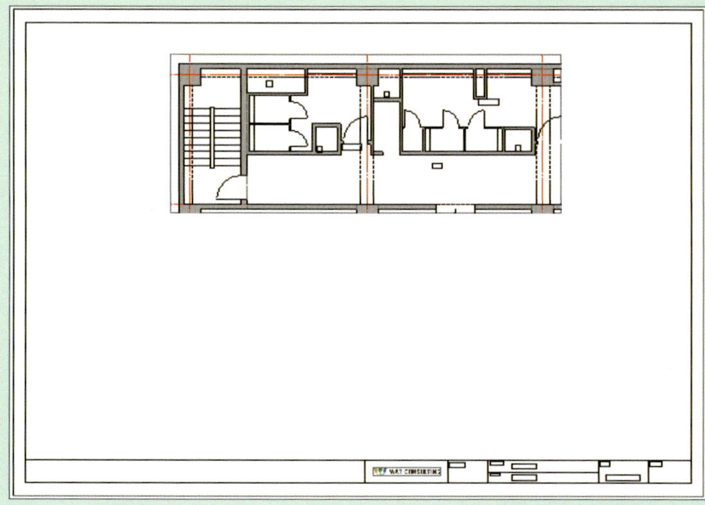

▶断面図を作成します。

『モデル』で断面図を作図します。
Tfasでは、断面図を連動させたまま、『モデル』に断面図を表示できません。そのため、表示した断面図を『モデル』に複写して、断面図を作成します。
ツールバー、または、メニューバー［衛生］>［断面］>［クイック断面］を選択します。
断面図を作図したい範囲を対角で選択し、［Enter］キーを押します❶。

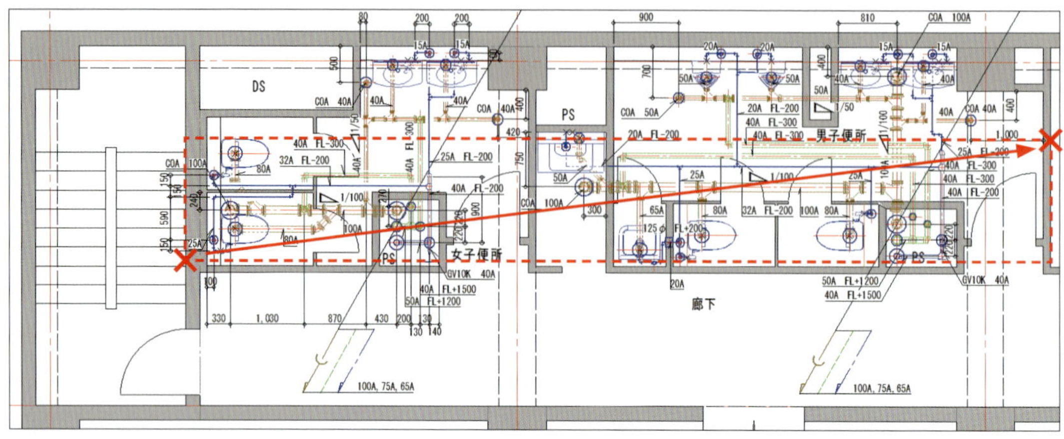

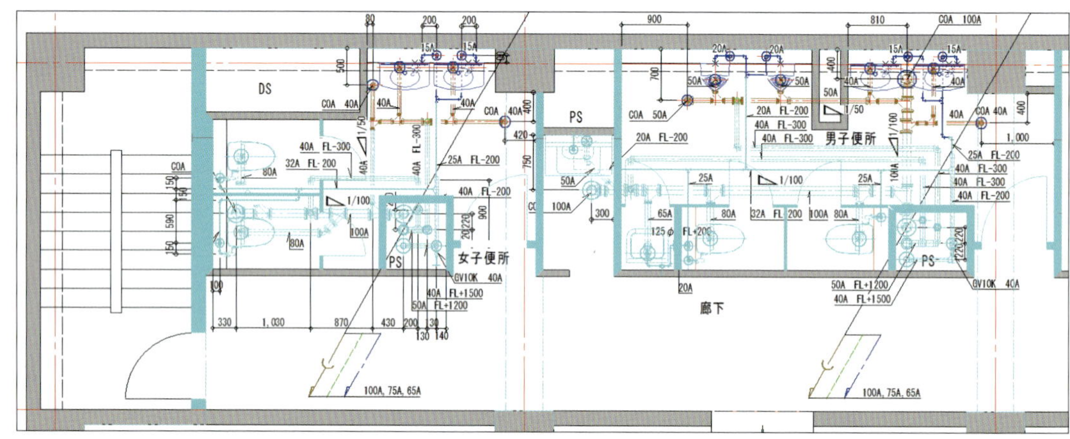

正断面が作成されます。この時点で、平面図と断面図は連動しています。そのため、断面図を加工すると平面図も変更されてしまいます。断面図を加工しやすいように平面図と断面図の連動を解除し、断面図用のシートに変更します。

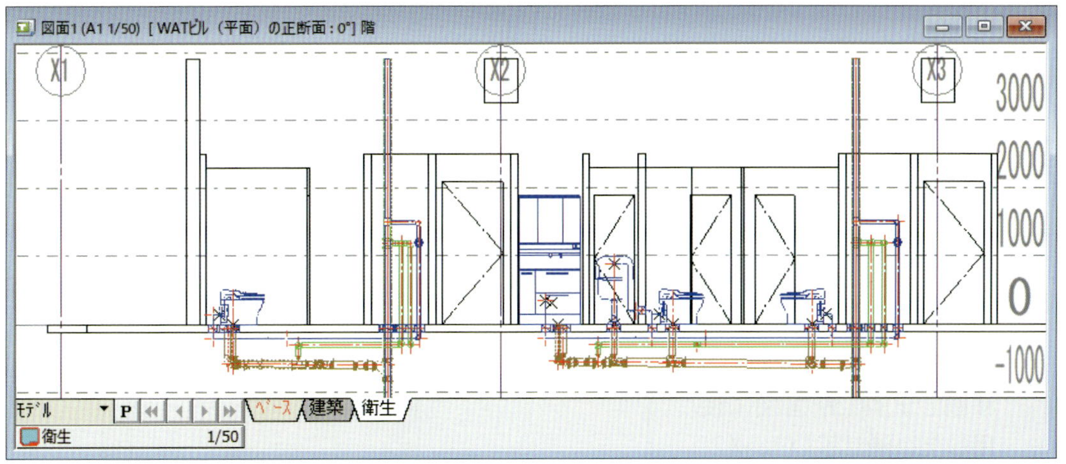

1 断面図の連動を終了します。
ツールバー のサブコマンドメニューから[連動終了]を選択するか、または、メニューバー[衛生]>[断面]>[連動終了]を選択します❶。

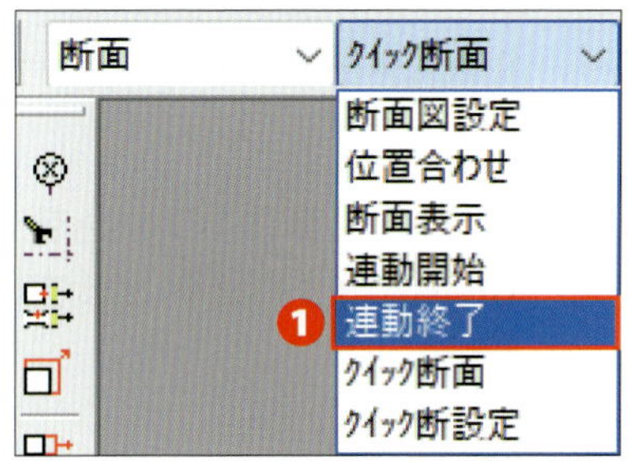

[断面図指示]のガイダンスが表示されますので、連動終了したい断面(正断面)をクリックします❷。

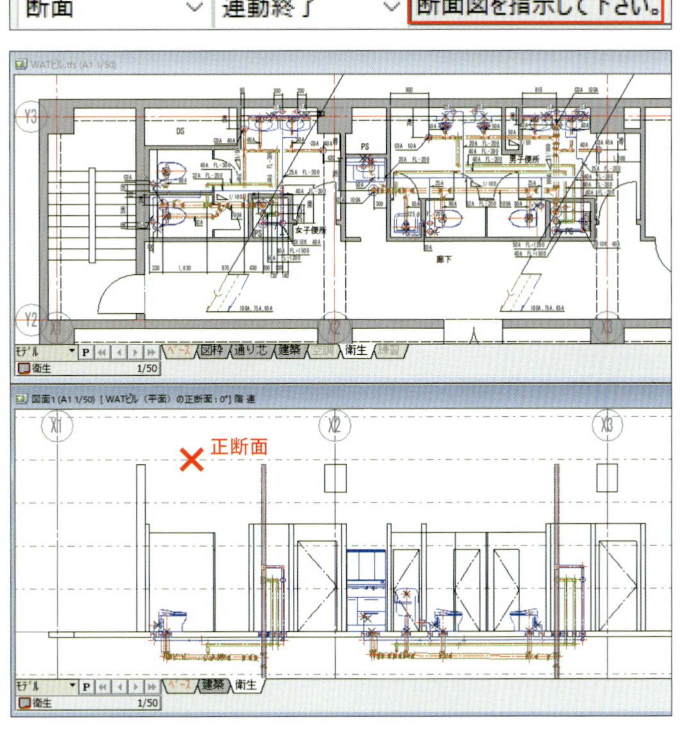

[連動終了]のダイアログが表示されますので、[OK]をクリックします❸。コマンドを終了しておきます。

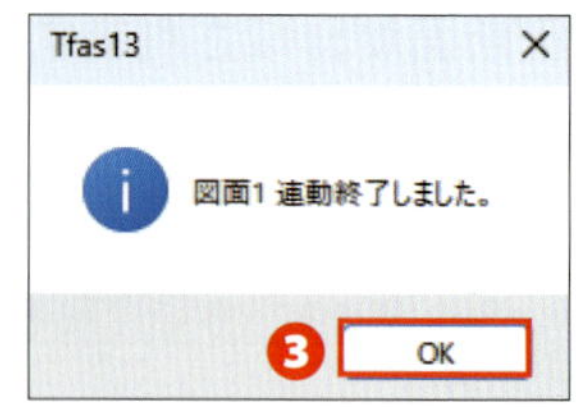

2 正断面上で断面図を加工します。正断面に【断面建築】シートと【断面衛生】シートを作成します❶。

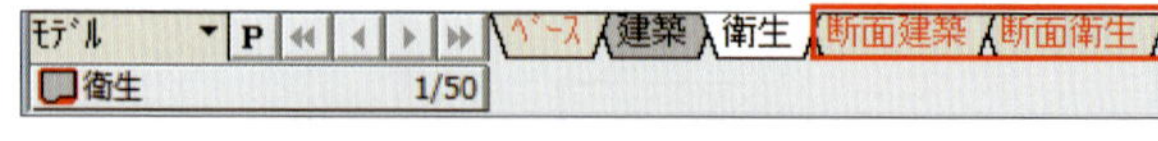

【建築】シートの上で、右クリックメニュー[選択]を選択し、【断面建築】にシート移動します。断面図に使用したい通り芯(X1、X2、X3)も【断面建築】にシート移動します❷。

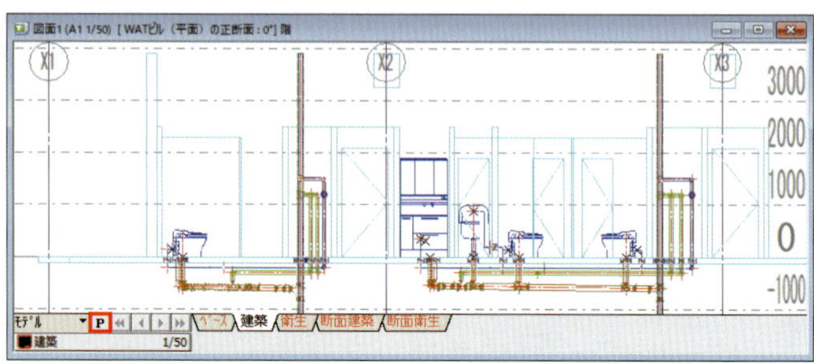

同様に、【衛生】の中身を【断面衛生】に移動します❸。

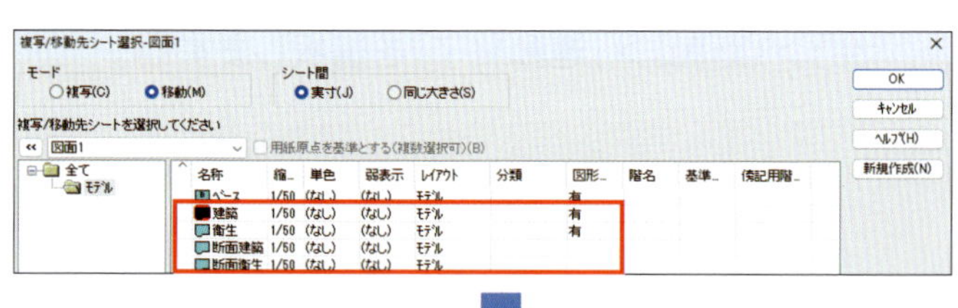

【P】の上で右クリックして、[シート設定]を表示すると、シートの中身が移動していることが確認できます。(カレントシートは「図形有」と表示されます。)

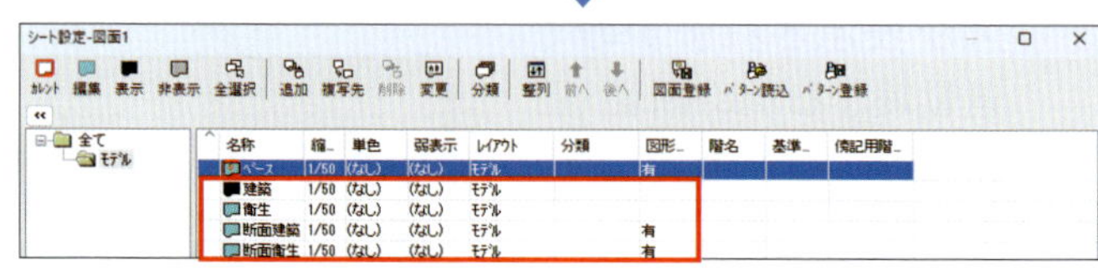

3 正断面の断面図を『モデル』に複写します。
正断面の図面を対角で選択して、右クリックメニュー>[複写]を選択します❶。[基準点入力] ガイダンスが表示されますので、基準点をクリックします❷。

シートの内の全ての図形を選択したいので、【断面建築】と【断面衛生】のシートの上で右クリックメニュー>[選択]で選択してもよいです。

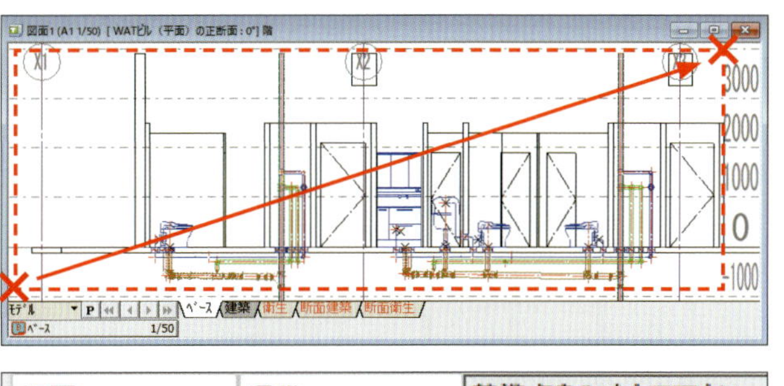

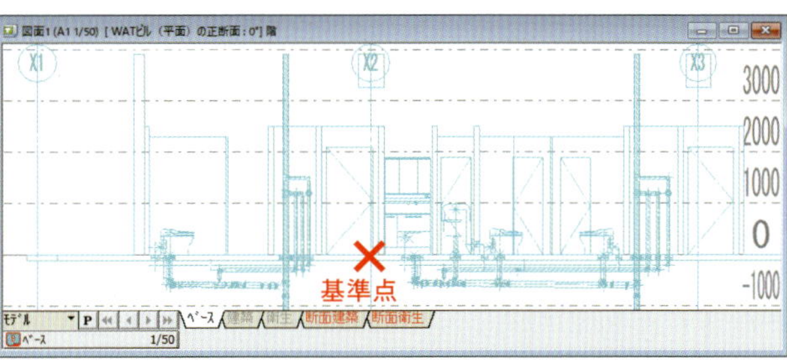

平面図の『モデル』の配置したい位置(指定点)をクリックし、[Enter] キーを押します❶。

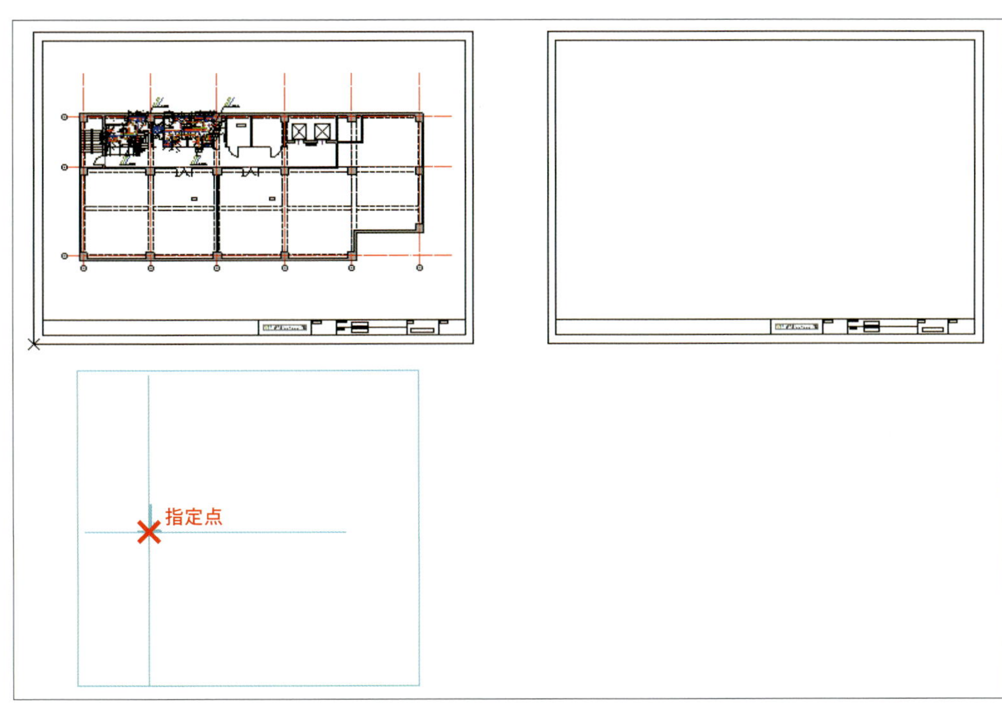

『モデル』に断面図がシートごと複写されます。

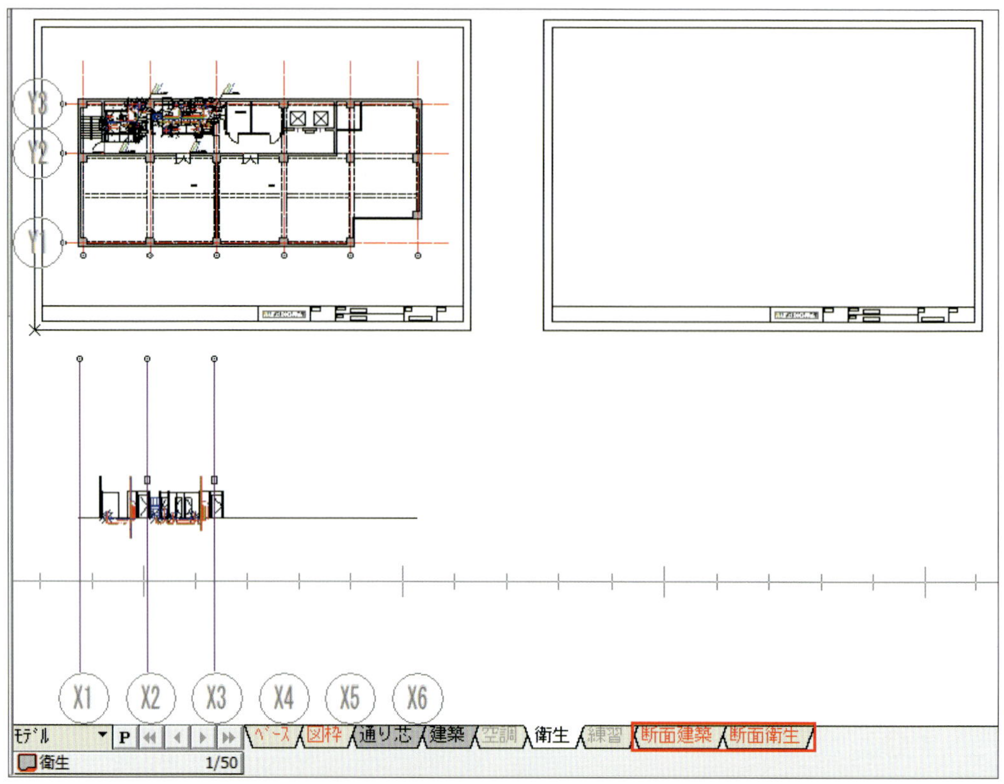

4 断面図に不必要なものを削除したり、必要な情報を付加したりして、断面図を作図します（次頁参考図参照）。平面図に断面図記号も作図しておきます。

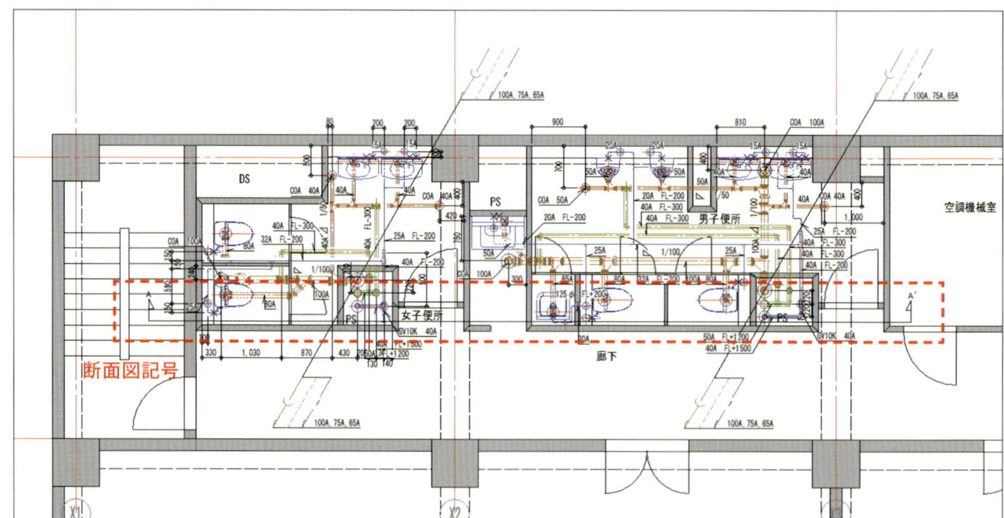

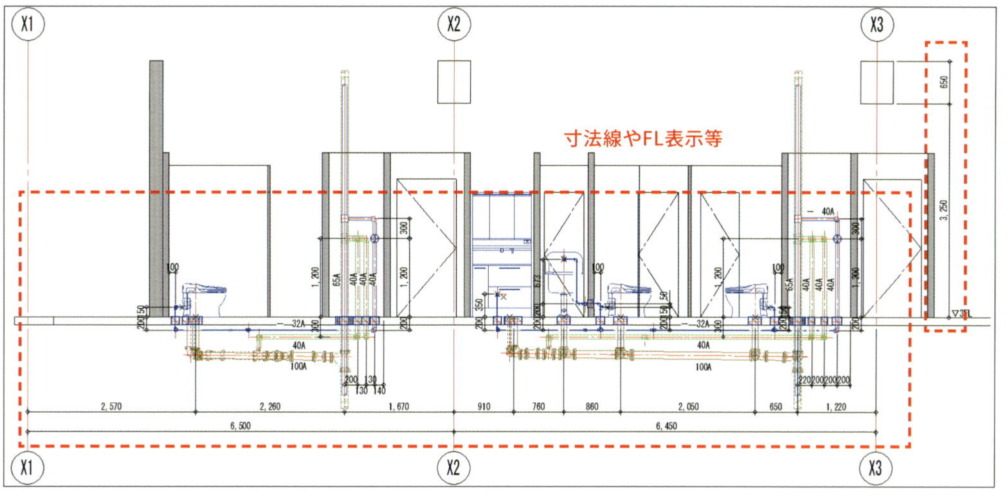

寸法線の配置レイヤは指定をしないと、作図レイヤに作図されます。そのため、設定をしていないと、[通常]レイヤに全ての寸法が作図されてしまいます。後で管理しやすいように、作図レイヤを指定することを推奨します。

4-1 レイヤを作成します。
ツールバー、または、メニューバー[設定]>[レイヤ設定]を選択します。
[衛生]グループの[作成]タブで❶、[断面寸法]を作成します❷。

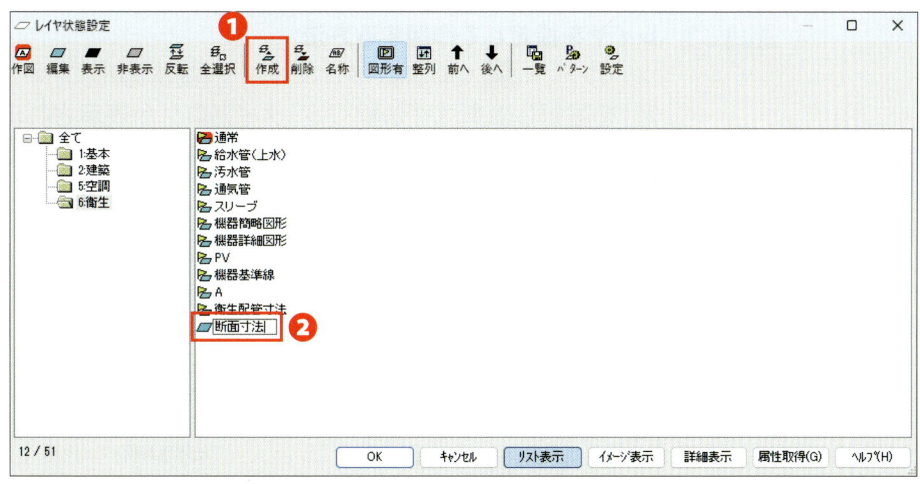

4-1-1 作図レイヤを変更して作図する方法

ツールバー 、または、メニューバー[基本図形]>[寸法線]>[設定]を選択します。[寸法線設定]ダイアログが表示されますので、[レイヤ設定ー作図レイヤ] ❶とし、[OK] をクリックします❷。ツールバーの作図レイヤを[断面寸法]に変更します❸。

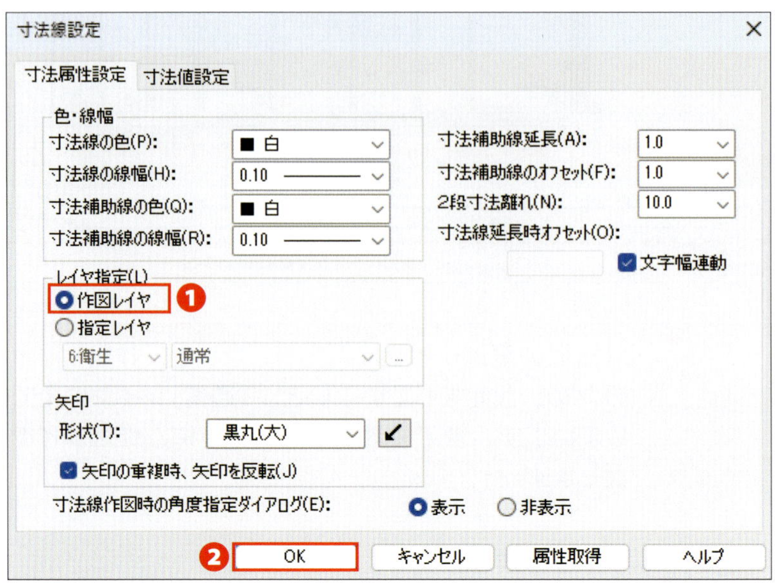

❸ [衛生]:断面寸法

4-1-2 レイヤを指定して作図する方法

ツールバー 、または、メニューバー[基本図形]>[寸法線]>[設定]を選択します。[寸法線設定]ダイアログが表示されますので、[レイヤ設定ー指定レイヤ]で、[断面寸法]を選択して❶、[OK]をクリックします❷。

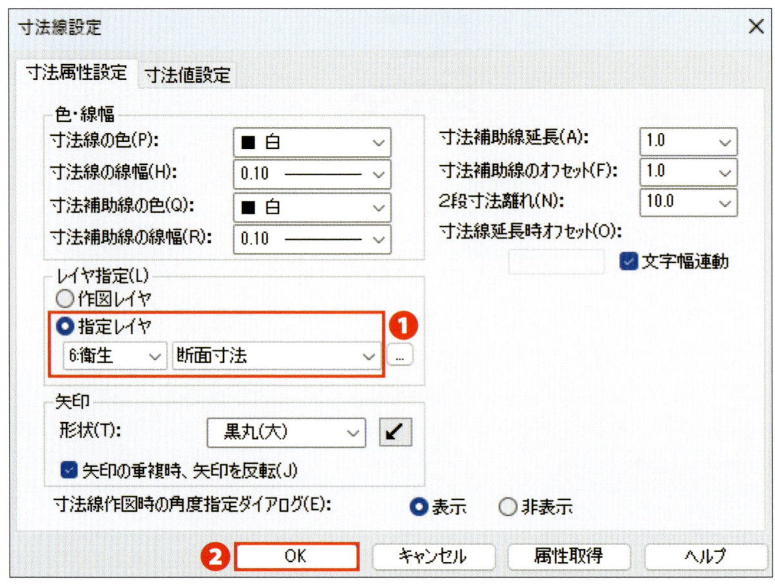

▶ビューポートシート【便所断面図】を追加します。

『モデル』から『便所詳細図』レイアウトに切り替えます。

レイアウト名の上で右クリックメニュー＞［レイアウトプロパティ］を選択するか、ビューポートシートの上で右クリックメニュー＞［レイアウトプロパティ］を選択します❶。

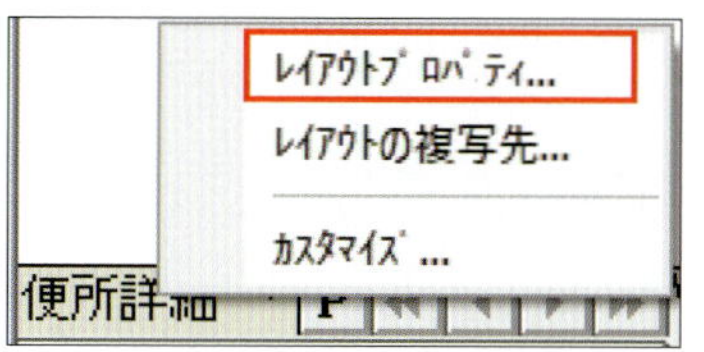

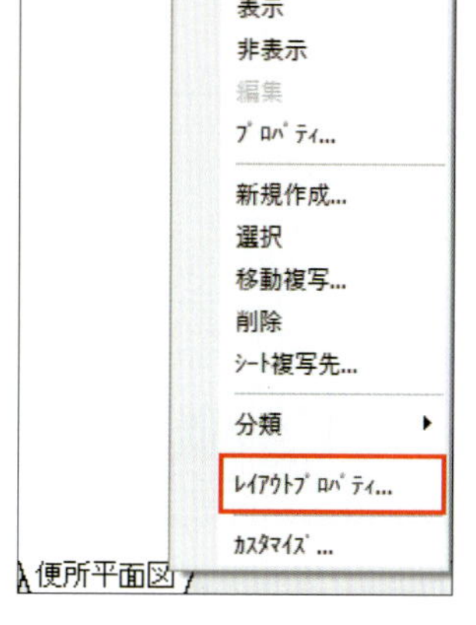

［レイアウトのプロパティ］ダイアログが表示されますので、［追加］をクリックします❷。

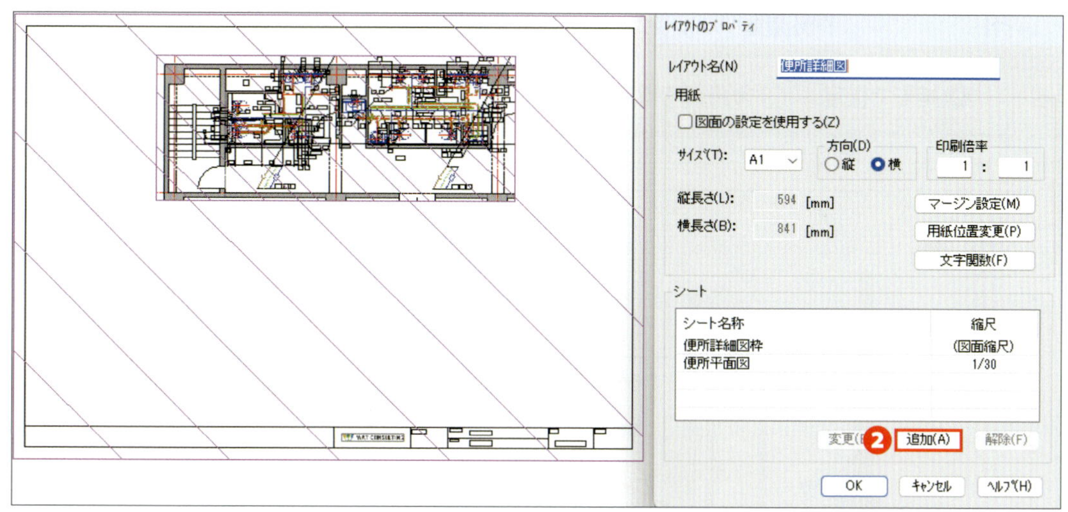

第1章 基本操作編
第2章 設備操作編
第3章 実践操作編
第4章 専門操作編

『モデル』に切り替わって表示されます。

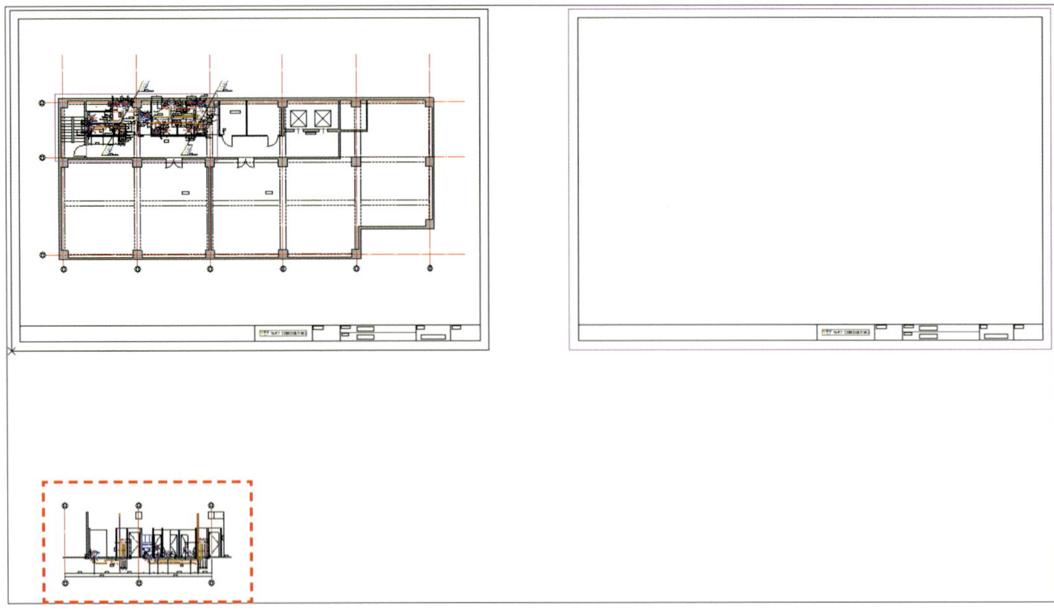

［ビューポート領域設定］のガイダンスが表示されますので、［矩形で指定］を選択し、『モデル』に作図した断面図を対角で選択したあと［Enter］キーを押します❸。

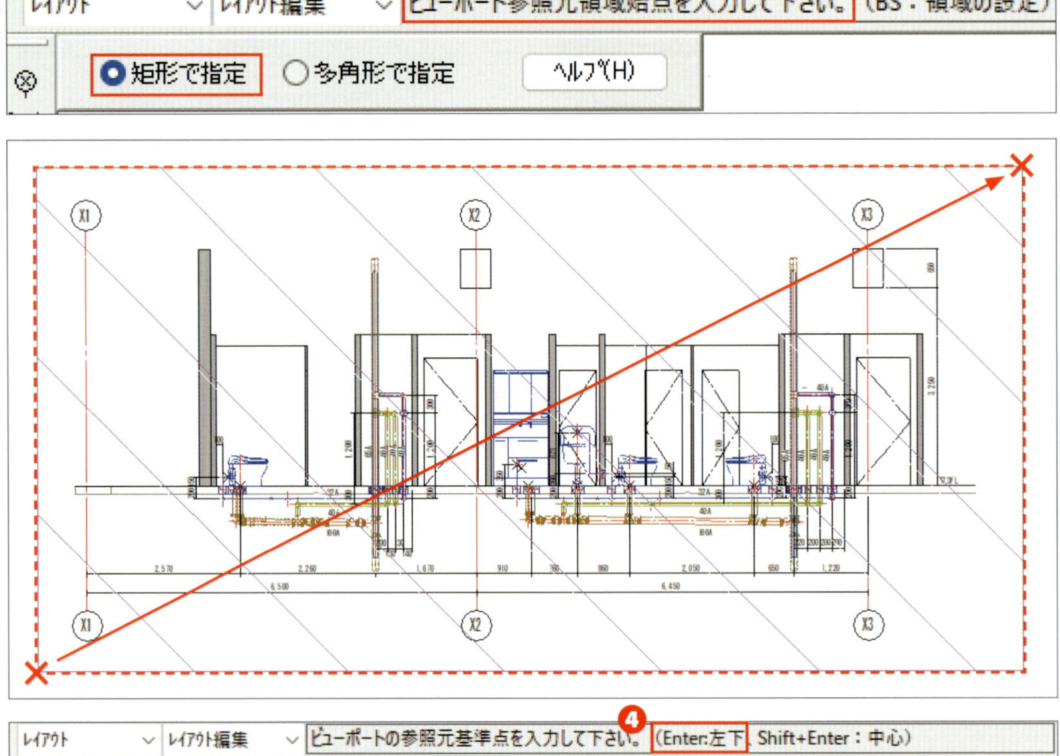

[シート追加]ダイアログが表示されますので、設定を行います。

- シート名称：[便所断面図] ❹
- 縮尺：[1/30] ❺
- [OK] ❻

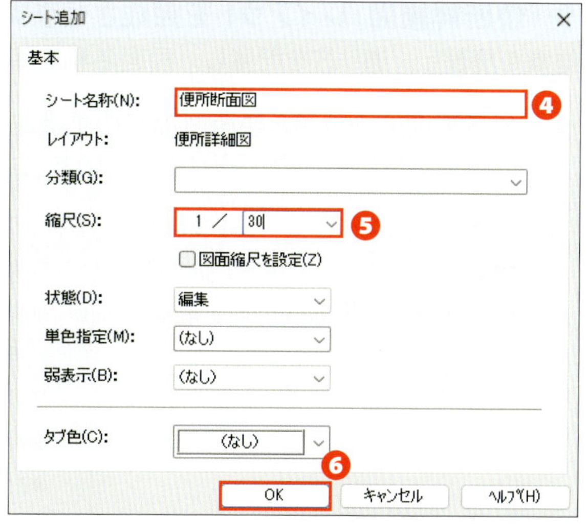

『便所詳細図』レイアウトが表示されます。[ビューポート配置基準点入力]のガイダンスが表示されますので、『便所詳細図』レイアウトの配置したい位置をクリックします❼。

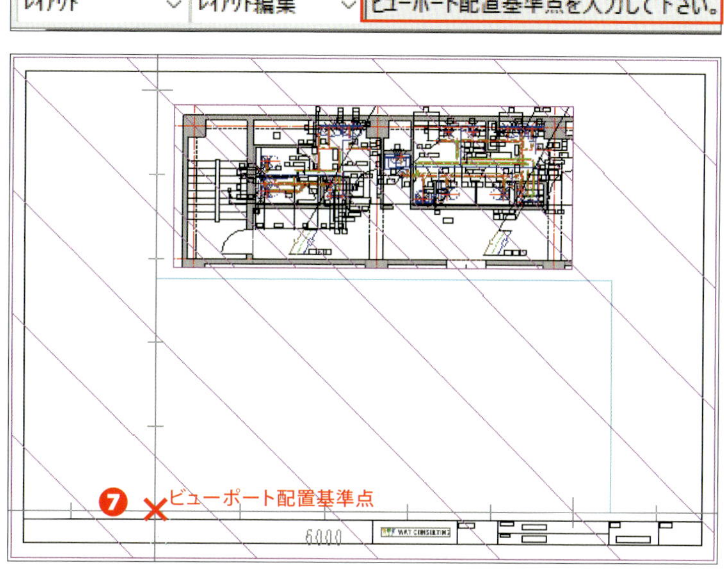

『便所詳細図』レイアウトに平面図と断面図が配置されます。

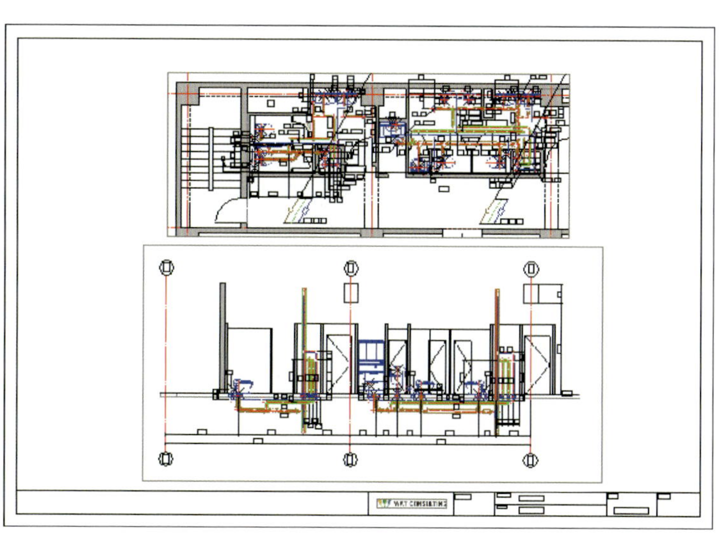

▶『便所詳細図』レイアウトを完成させます。

位置を調整し、通り芯を配置し、図面名称を追加します。

1 便所平面図の位置と便所断面図の位置を調整します。今回は便所平面図の通り芯の位置に便所断面図の通り芯の位置を合わせます。

メニューバー［設定］＞［シート機能］＞［ビューポート］＞［枠移動・拡縮］を選択します❶。

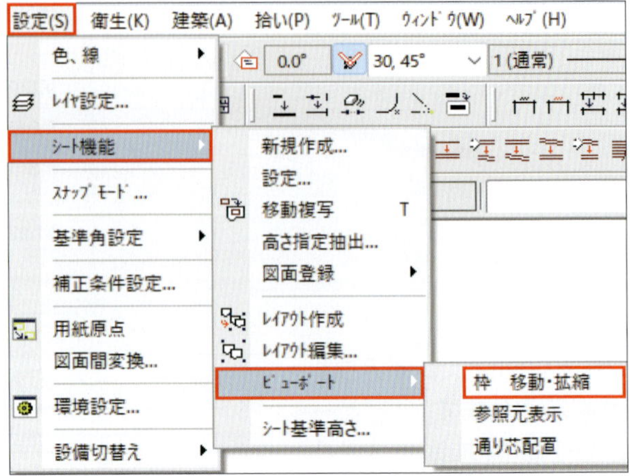

［ビューポート・図形指示］のガイダンスが表示されますので、断面図が斜線で選択されている状態でクリックします❷。

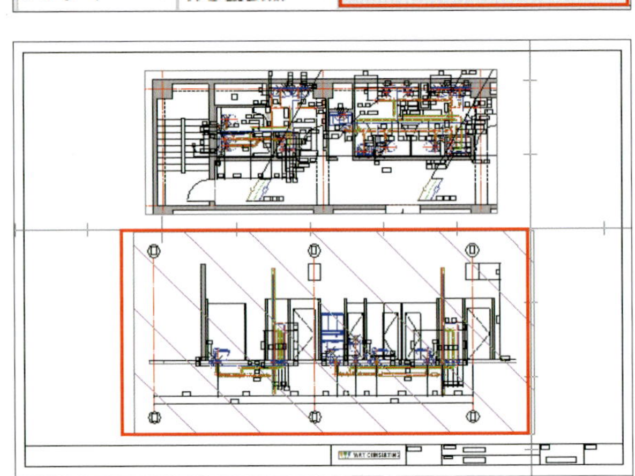

再度［ビューポート・図形指示］のガイダンスが表示されますので、［Enter］キーを押して、基準点指定移動を選択します❸。

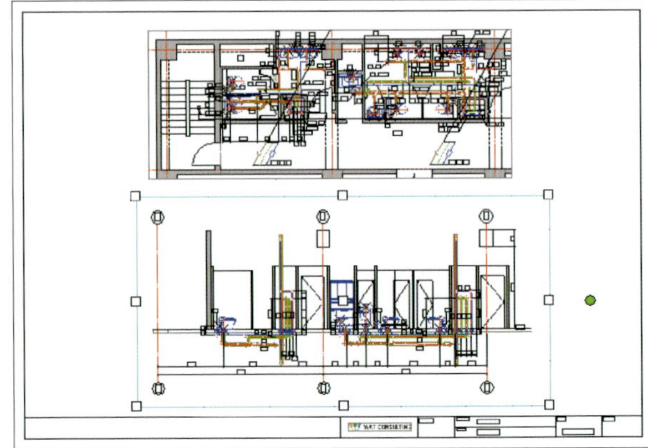

［移動基準点指定］のガイダンスが表示されますので、ホールド［水平］とし、断面図の通り芯（X2）をクリックし❹、平面図の通り芯（X2）の位置をクリックします❺。

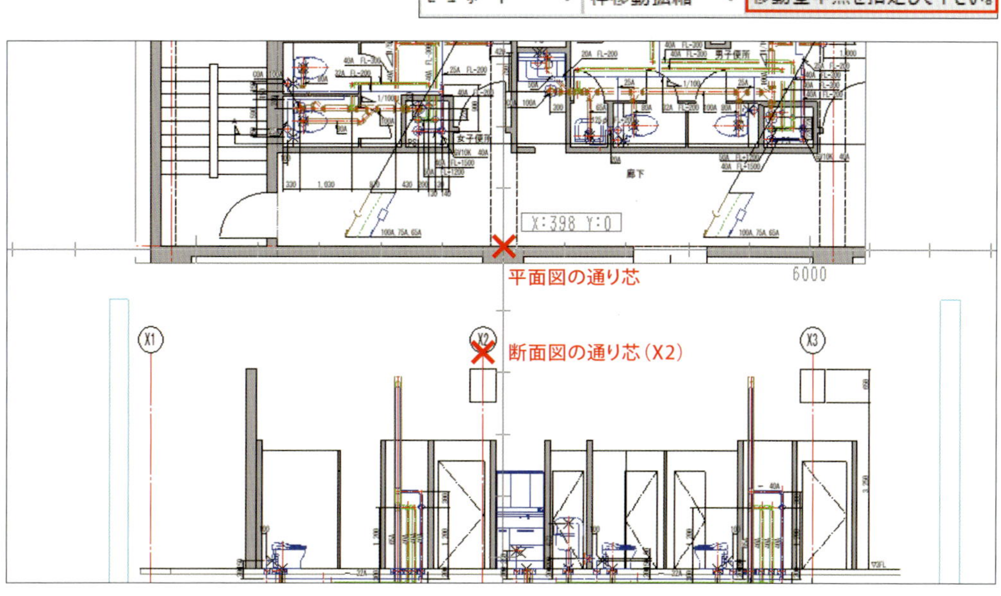

ホールド［水平］や［垂直］に設定して、ずれないように調整しましょう。

2 便所平面図に通り芯を配置します。メニューバー［設定］＞［シート機能］＞［ビューポート］＞［通り芯配置］を選択します❶。

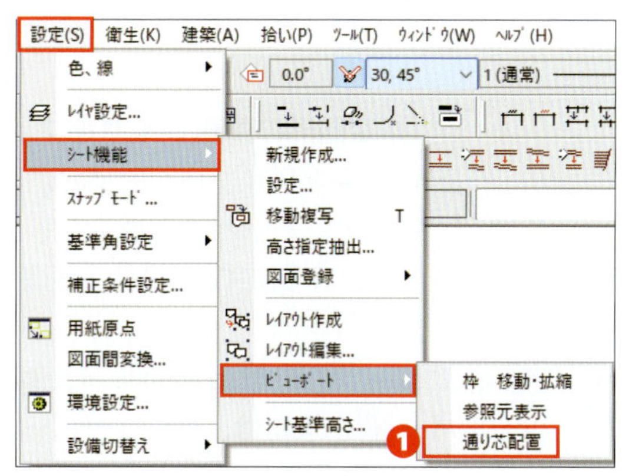

［ビューポートの通り芯指示］のガイダンスが表示されますので、設定をします。

- ビューポート枠から通り芯バルーンまでの距離：［5］❷
- ［指定図形の所属レイヤフリーズレイヤに設定する］に✓❸

ビューポートの通り芯（任意）をクリックします❹。

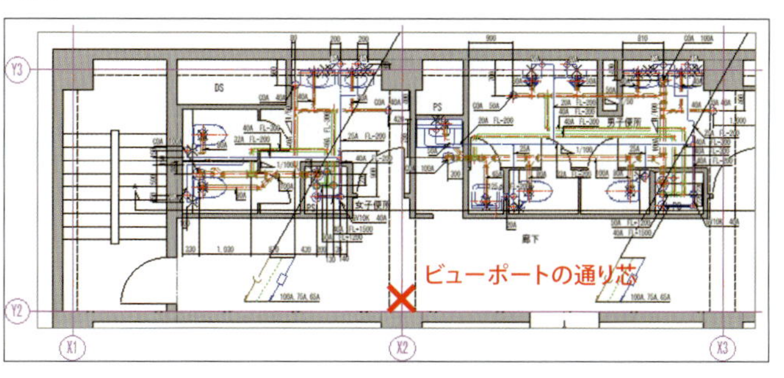

仮表示されている状態を確認して、［Enter］キーを押します❺。
『便所詳細図』レイアウト上の便所平面図に通り芯が配置されます。

ﾋﾞｭｰﾎﾟｰﾄ	通り芯配置	ﾋﾞｭｰﾎﾟｰﾄの通り芯を指示して下さい。(Enter:確定)

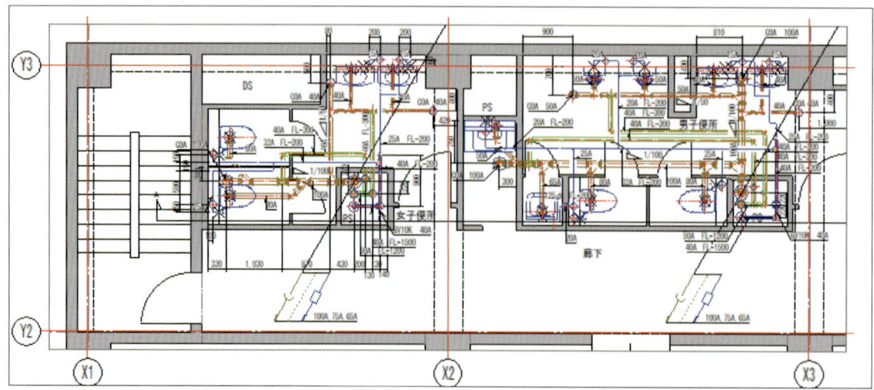

［ビューポート枠から通り芯バルーンまでの距離］❷

ビューポート枠から通り芯バルーンまでの距離を指定します。距離を入力するか、または必要な数値が表示されるまで右の矢印をクリックします。（0mm≦距離≦999mm）
この距離は実寸ではなく、図面を用紙に出力したときの距離を意味します。この距離にかかわらず、ビューポートシートに配置される通り芯は、モデル上での実際の長さを超えることはありません。

［指定図形の所属レイヤをフリーズレイヤに設定する］❸

ビューポートシートに通り芯を複写する際、指定図形の所属レイヤをフリーズレイヤとする場合に、チェックボックスをオンにします。レイアウト上に作図され、移動・削除が可能なため、注意しましょう。

3 通り芯バルーンの配置位置やサイズを変更します。
ツールバー 、または、メニューバー［建築］>［通り芯］>［属性変更］を選択します。
変更したい通り芯の範囲を対角で選択して［Enter］キーを押します❶。

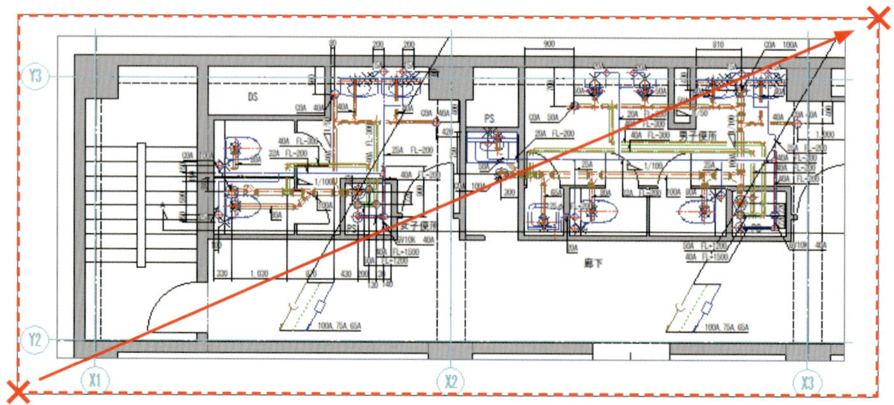

［通り芯属性変更］ダイアログが表示されますので、［バルーン］タブで設定を行います。

- ［X方向］［上側］［下側］に✓❷
- ［Y方向］［左側］［右側］に✓❸
- ［OK］❹

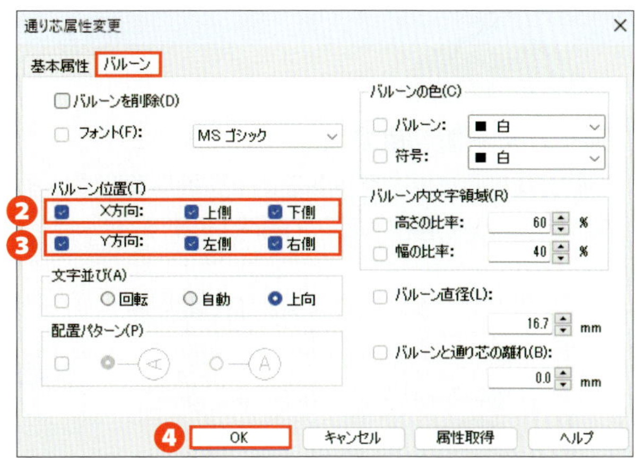

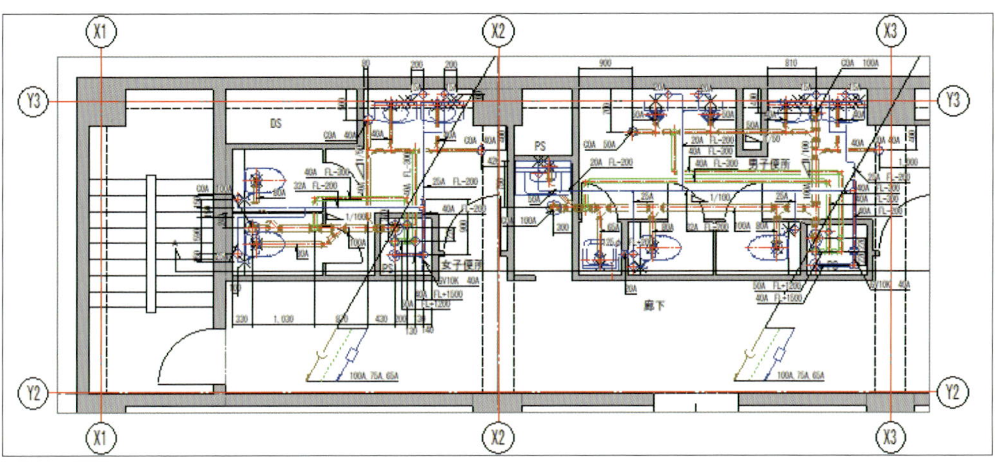

4 図面名称を『便所詳細図』レイアウトに配置します。

【便所詳細図枠】レイアウトシートに図面名と縮尺を配置します。

❶ ■［衛生］：断面寸法

ツールバー、または、メニューバー［基本図形］＞［文字］＞［文字記入］を選択します。
今回は作図レイヤを［衛生－断面寸法］レイヤに指定します❶。
［便所平面図 1：30］❷と［A－A'断面図 1：30］❸を配置します。

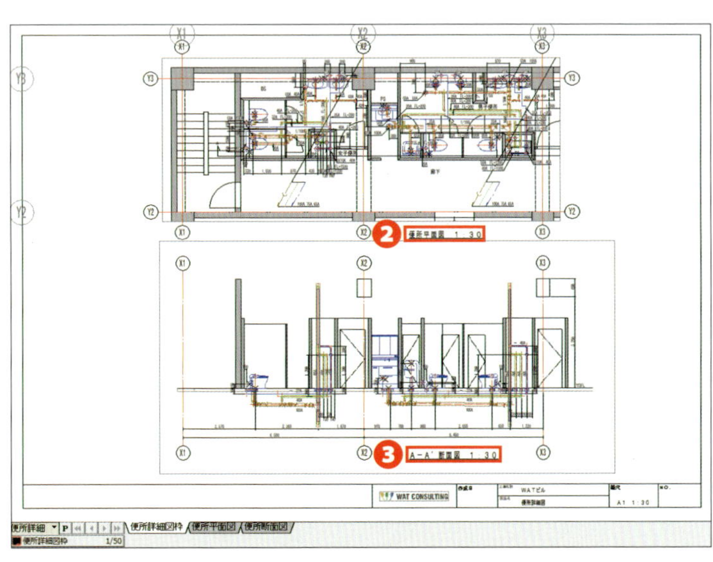

通り芯を配置し直す場合

『便所詳細図』レイアウトで、【便所平面図】レイアウトシートに作図されている対象の通り芯を選択して、[削除]します。

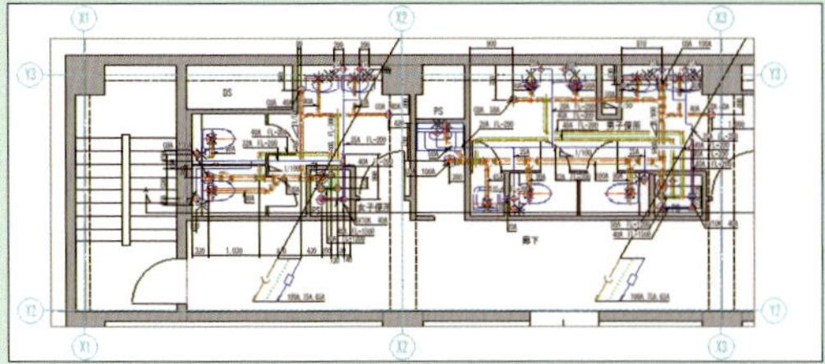

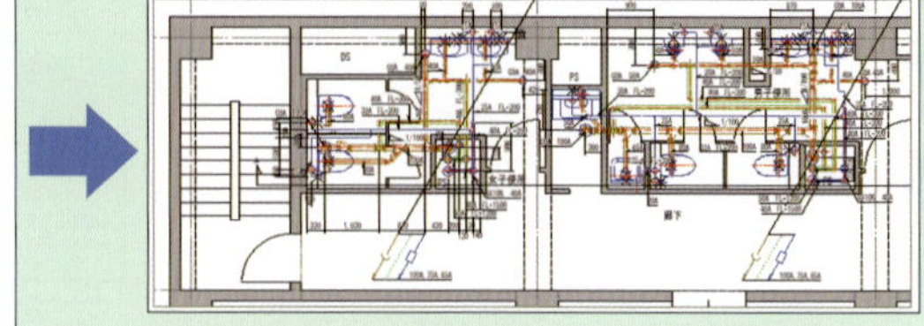

レイアウトシートタブの上で右クリックメニュー>[レイアウトプロパティ]を選択します。[レイアウトのプロパティ]ダイアログが表示されましたら、シート[便所平面図](通り芯が配置されるシート)を選択し❶、[変更]をクリックします❷。

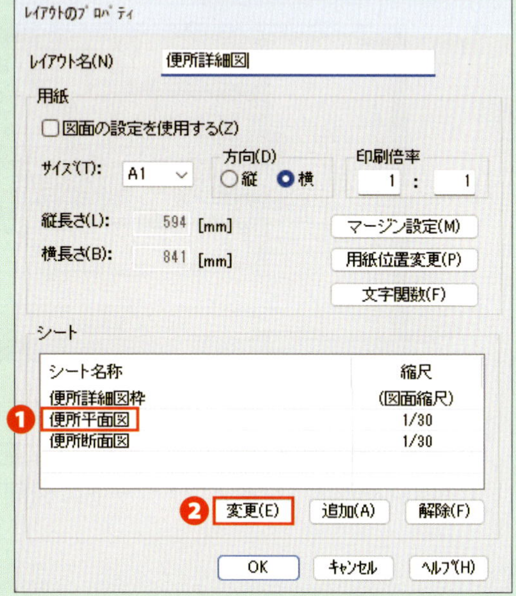

[ビューポート設定]ダイアログが表示されますので、[DWGフリーズレイヤ]を選択します❸。

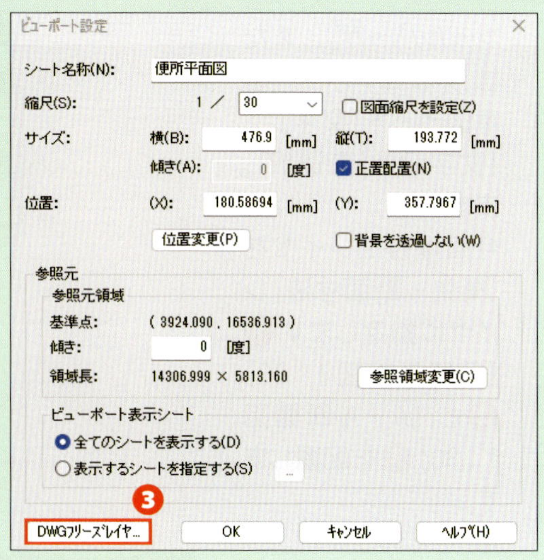

［ビューポート非表示レイヤ一覧］ダイアログが表示されますので、［建築－通り芯］をクリックして❹、［削除］をクリックします❺。

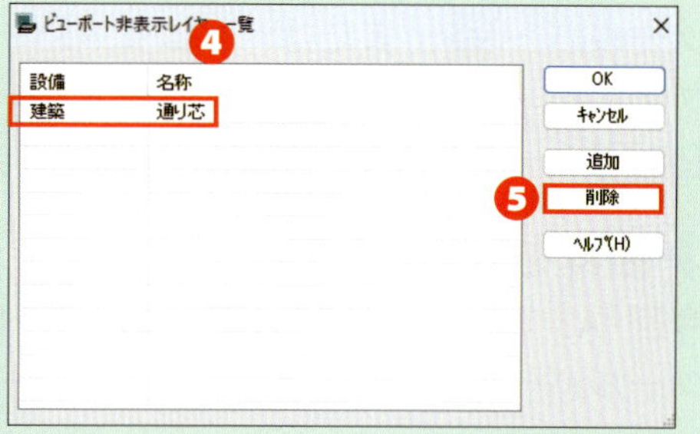

［ビューポート非表示レイヤ一覧］ダイアログで、［建築－通り芯］が削除されたら、［OK］をクリックします❻。

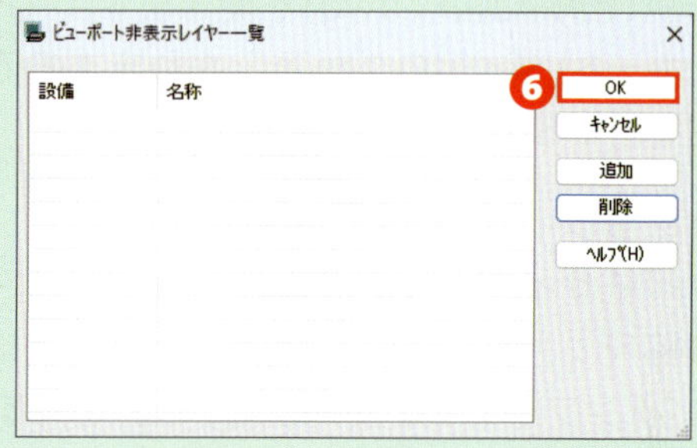

再度、［ビューポート設定］ダイアログが表示されたら［OK］をクリックし❼、［レイアウトのプロパティ］ダイアログが表示されたら、［OK］をクリックします❽。

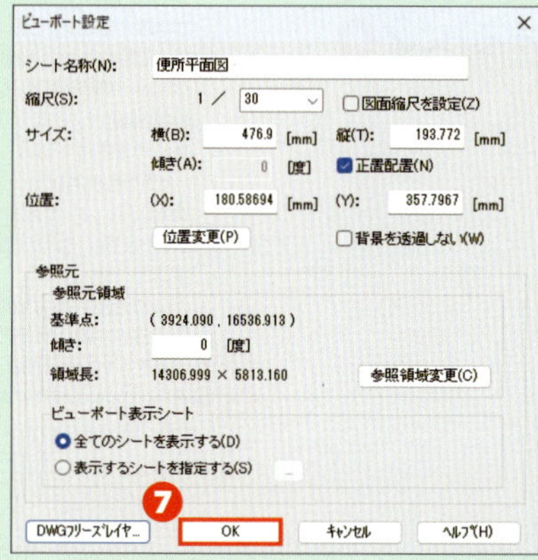

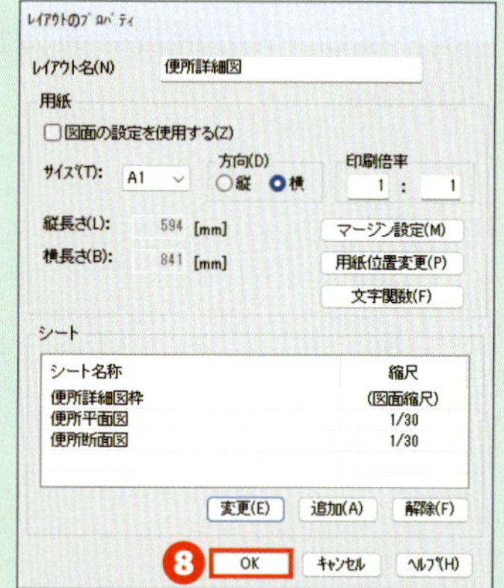

通り芯を配置する前の状態に戻りますので、再度通り芯を配置することができます。

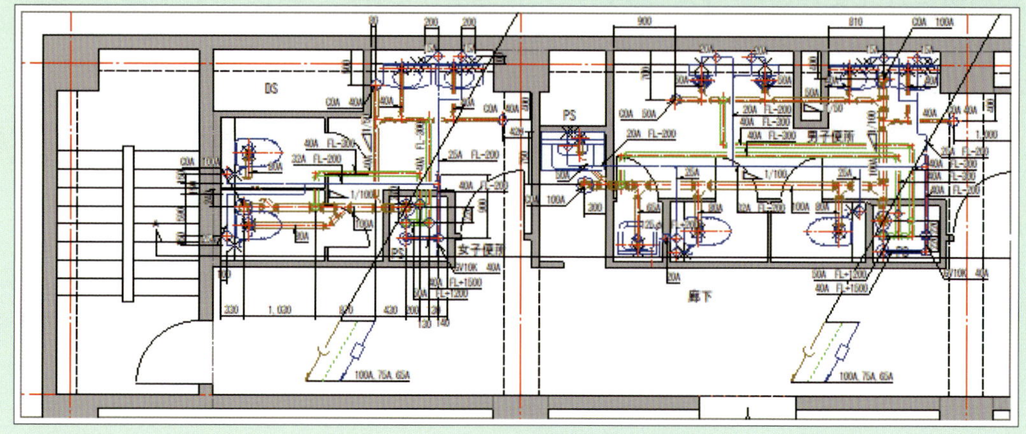

分割図の作成

第2章で作図した【WATビル.tfs】を使用して、図面を分割して表示します。
ツールバー 、または、メニューバー［ファイル］>［開く］を選択し、【WATビル.tfs】をクリックし、［開く］をクリックします。
【空調】シートを表示状態とし、【衛生】シートを非表示とします。

▶図枠を準備します。

今回「A3 1/50」の図枠に1階空調ダクト図の分割図を作成します。
ツールバー 、または、メニューバー［ファイル］>［開く］を選択します。

【WATビルA3図枠.dwg】を開きます。［DWGインポート］ダイアログが表示されますので、設定を行います。

- 配置レイヤ：［基本］❶
- 用紙サイズ：［A3］❷
- 縮尺：［1/50］❸
- ［テンプレートを使用する］の✓を外す❹
  ［UCS原点を基準原点として再現する］に✓❺
  ［微小なピッチの線種を実線化する］に✓❻
- ［OK］❼

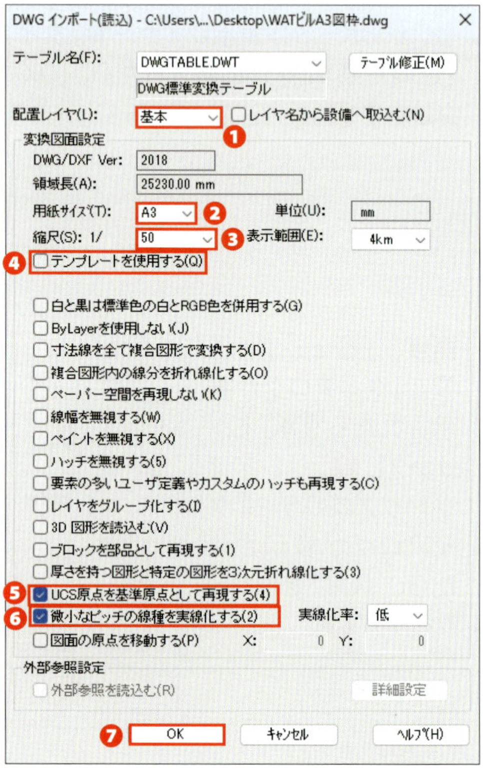

【A3図枠】シートを作成し、【ベース】シートに読み込まれた、図枠を【A3図枠】シートに移動します。【A3図枠】シートを［WATビル.tfs］に複写します❽。

▶図面を分割します。

図面を分割したときにイメージしやすいように［A3図枠］を複写して4枚配置します。今回は右側のA1の空調図面を左に配置されているA3図枠4枚に分割します。

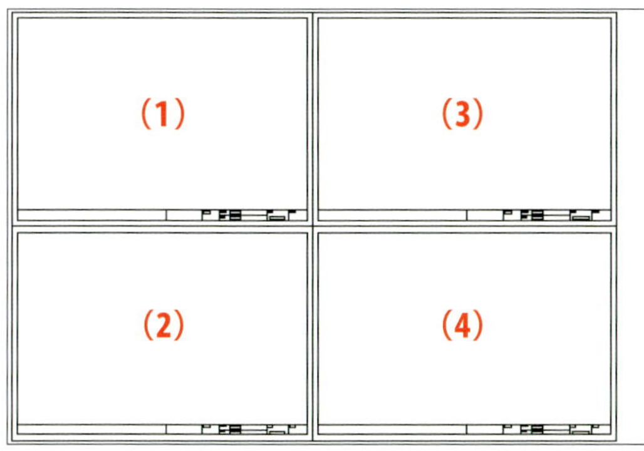

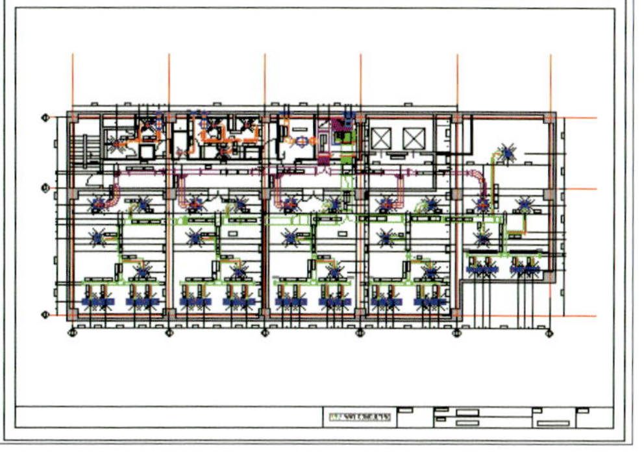

上記のように分割する図面を **(1)**～**(4)** とするためにそれぞれの図面枠の図面名に数字を加え、［1階空調ダクト図ー1］～［1階空調ダクト図ー4］に変更しておきます。

工事名称	WATビル
図面名	1階空調ダクト図ー１

ビューポート表示範囲を『モデル』で視覚化した方が編集しやすいので、【分割】シートを作成し、分割する範囲を作成して、図面を分割します。
作図レイヤを［建築］の［通常］に変更します。【分割】シートに図枠に配置する範囲とビューポート表示範囲が同じになるように作成し、配置します。

分割枠は適度に重なるようにします。

通り芯が重なる中心に配置すると見やすいですが、設備の内容を優先した方が良い場合もあります。今回は設備の内容を優先して分割範囲を指定しています。

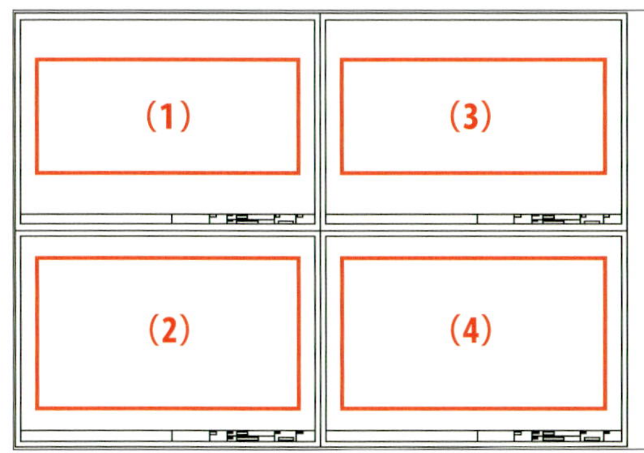

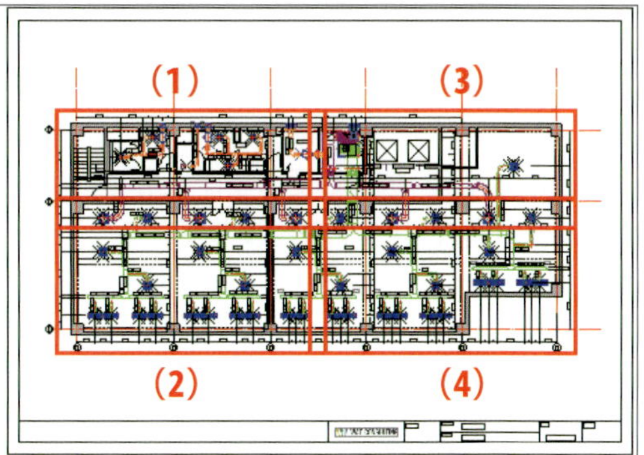

▶分割図を作成します。

1 『モデル』でツールバー 、または、メニューバー［設定］＞［シート機能］＞［レイアウト作成］を選択します。

［レイアウト追加］ダイアログが表示されますので、設定を行います。

- レイアウト名：［1F空調-1］❶
- 用紙サイズ：［A3］❷
- ［OK］❸

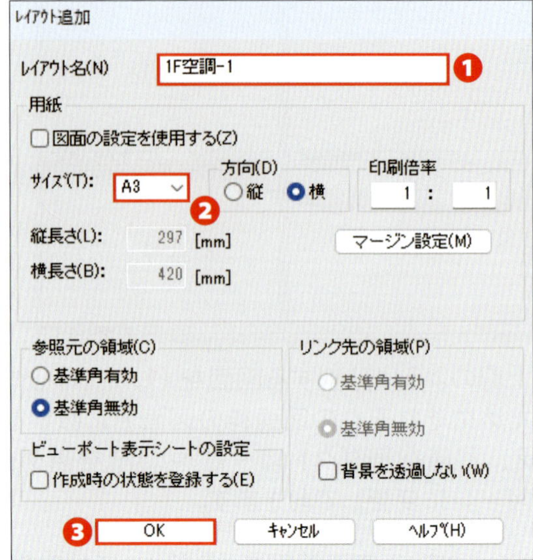

［レイアウトの用紙原点入力］のガイダンスが表示されますので、空調図枠(1)の左下をクリックします❹。

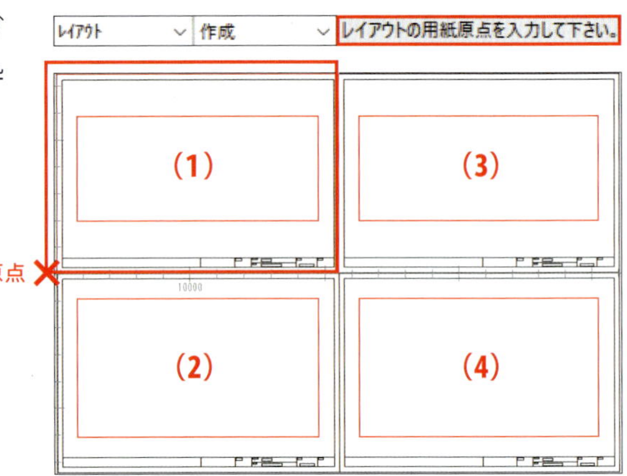

［ビューポート参照元領域指定］のガイダンスが表示されますので、矩形で指定を選択して、［1F空調図枠-1］を対角でクリックします❺。

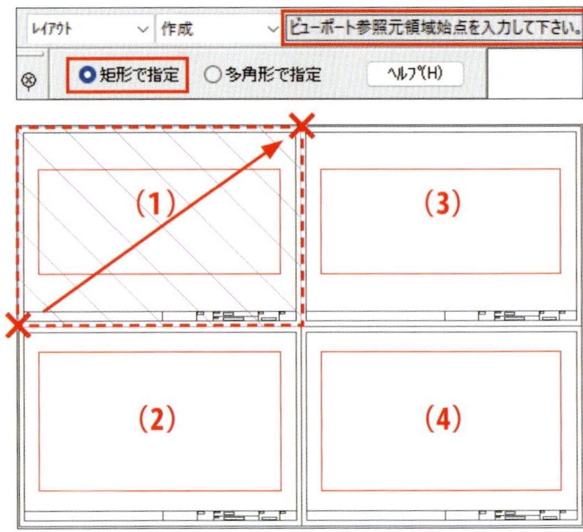

[ビューポート参照元基準点入力]のガイダンスが表示されますので、[Enter]キーを押します❻。

ビューポートの参照元基準点を入力して下さい。(Enter:左下 Shift+Enter：中心)

『モデル』で[シート追加]ダイアログが表示されますので、設定を行います。

- シート名称：[1F空調図枠-1]❼
- [OK]❽

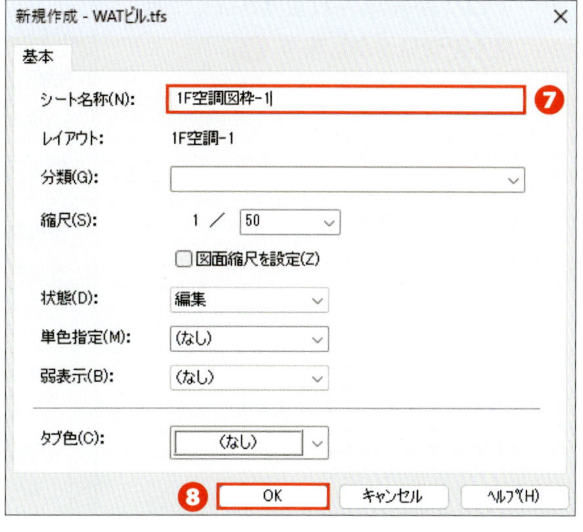

[ビューポート配置基準点入力]のガイダンスが表示されますので、(1)の空調図枠の左下をクリックして[Enter]キーを押します❾。

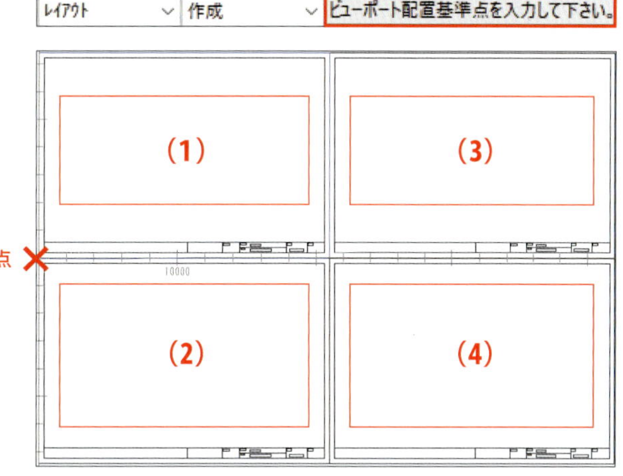

『1F空調-1』レイアウトに【1F空調図枠-1】ビューポートシートができます。

1F空調-1 P 1F空調図枠-1
1F空調図枠-1 1/50

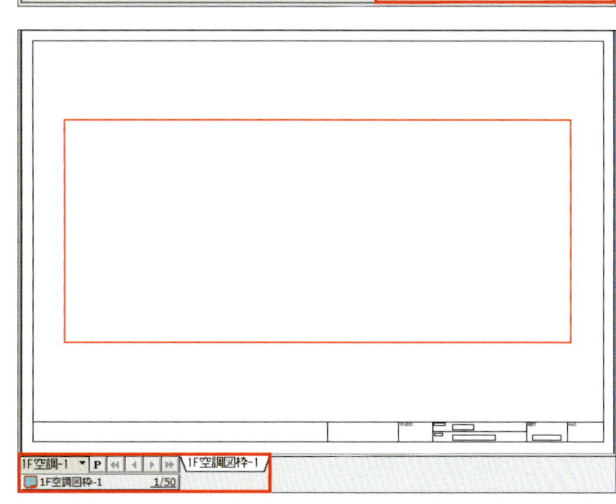

2 『1F空調-1』レイアウトダブの上、または、【1F空調図枠-1】ビューポートシートの上で右クリックメニュー＞[レイアウトプロパティ]を選択します。

[レイアウトのプロパティ]ダイアログが表示されますので、[追加]をクリックします❶。

レイアウトのプロパティ
レイアウト名(N) 1F空調-1
用紙
図面の設定を使用する(Z)
サイズ(T): A3
方向(D) 縦 横
印刷倍率 1 : 1
縦長さ(L): 297 [mm]
横長さ(B): 420 [mm]
マージン設定(M)
用紙位置変更(P)
文字関数(F)
シート
シート名称 縮尺
1F空調図枠-1 1/50
❶
変更(E) 追加(A) 解除(F)
OK キャンセル ヘルプ(H)

[ビューポート参照元領域指定]のガイダンスが表示されますので、矩形で指定を選択します。『モデル』の【分割】シートで指定した[1F空調平面-1]を対角で指定します❷。

レイアウト レイアウト編集 ビューポート参照元領域始点を入力して下さい。
矩形で指定 多角形で指定 ヘルプ(H)

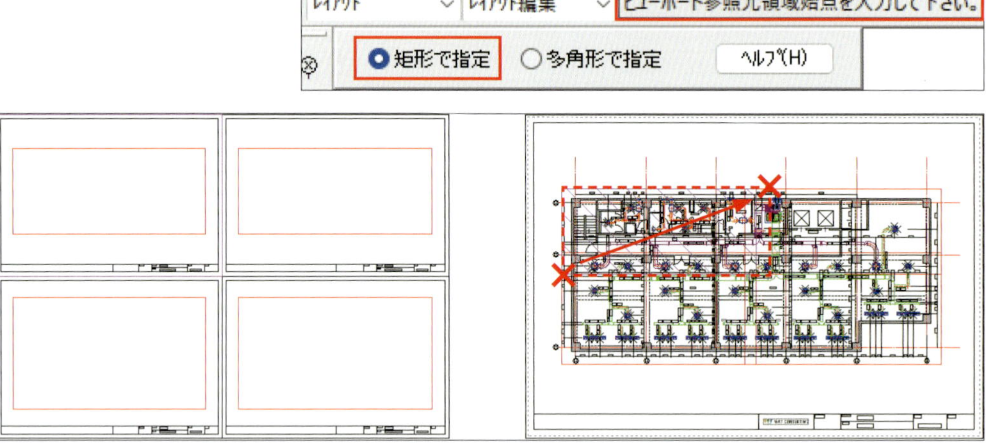

[ビューポート参照元基準点入力]のガイダンスが表示されますので、[Enter]キーを押します❸。

ビューポートの参照元基準点を入力して下さい。(Enter:左下、Shift+Enter：中心)

『モデル』で［シート追加］ダイアログが表示されますので、設定を行います。

- シート名称：［1F空調平面-1］❹
- ［OK］❺

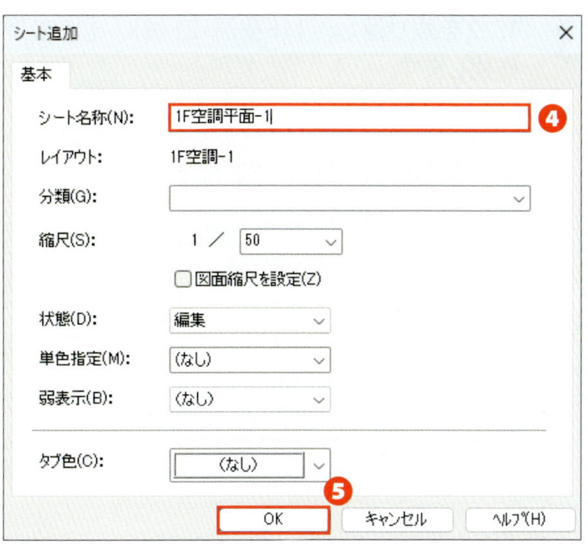

『1F空調』レイアウトで［ビューポート配置基準点入力］のガイダンスが表示されますので、『1F空調』レイアウトの【分割】シートで指定した範囲の左下をクリックします❻。

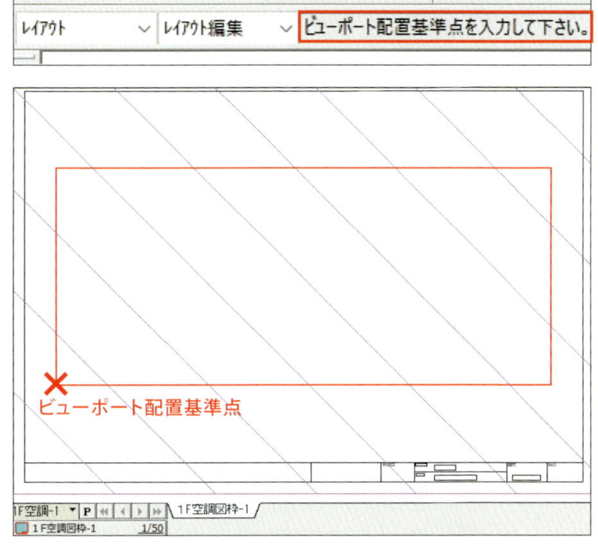

『1F空調-1』レイアウトに［1F空調平面-1］が配置されます。

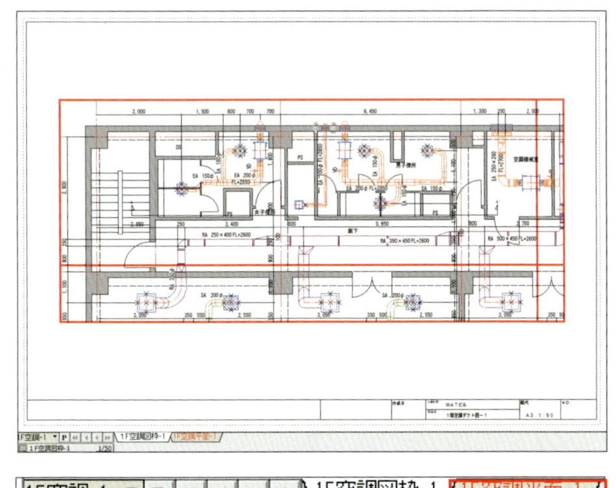

3 **1**、**2** を繰り返し、［1F空調-2］**(2)**、［1F空調-3］**(3)**、［1F空調-4］**(4)** のレイアウトを作成します。

『モデル』タブをクリックして、レイアウトを切り替えることができます。

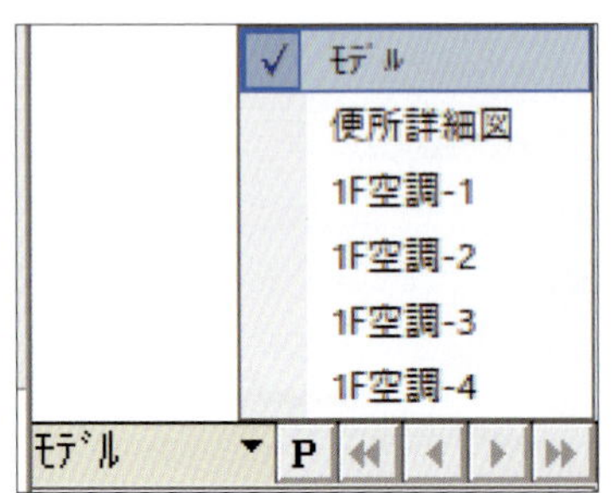

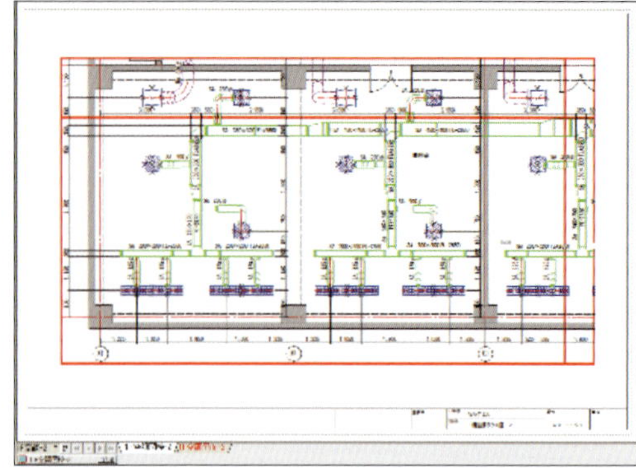

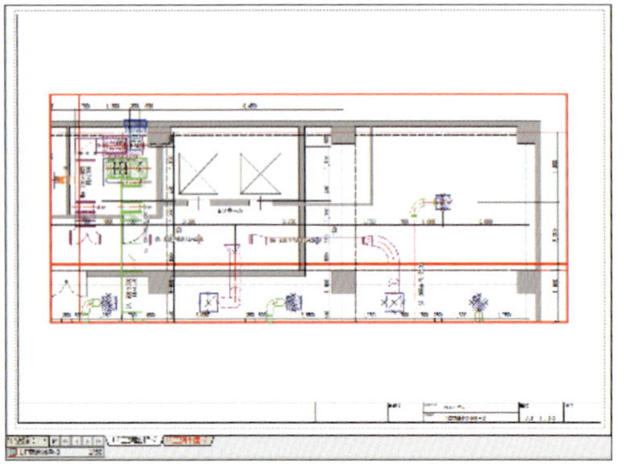

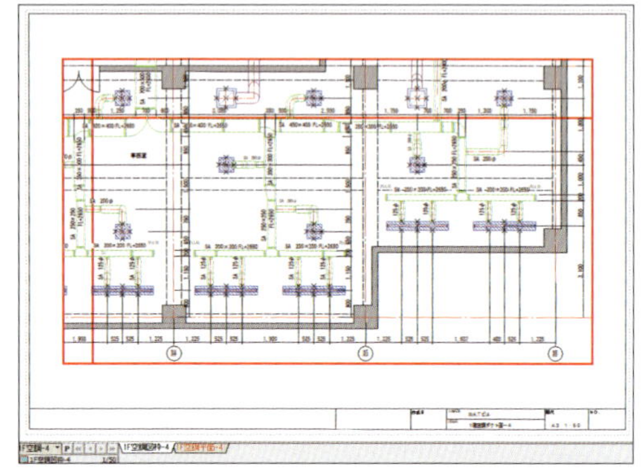

▶キープランを作成します。

分割図で表示されている『レイアウト』が図面全体のどの部分かがわかるようにキープランを作成します。

キープランには通り芯＋分割範囲を表示する方法と、通り芯＋分割範囲＋建築物の外形を表示する方法があります。今回は通り芯＋分割範囲を表示する方法で作成します。

1 『モデル』で全体図の［通り芯］と［分割範囲］だけを選択して、適当な位置に複写します❶。

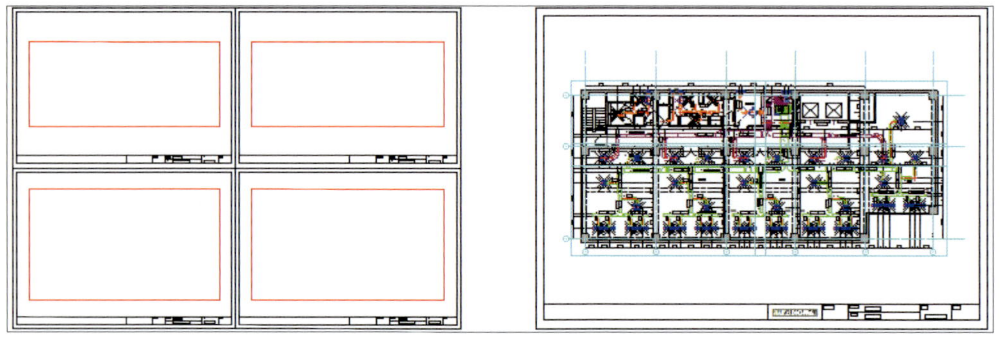

2 複写した[通り芯＋分割範囲]を小さくします。
複写した[通り芯＋分割範囲]を選択します。右クリックメニュー＞[移動－拡大・縮小]を選択し、基準点を指定します❶。

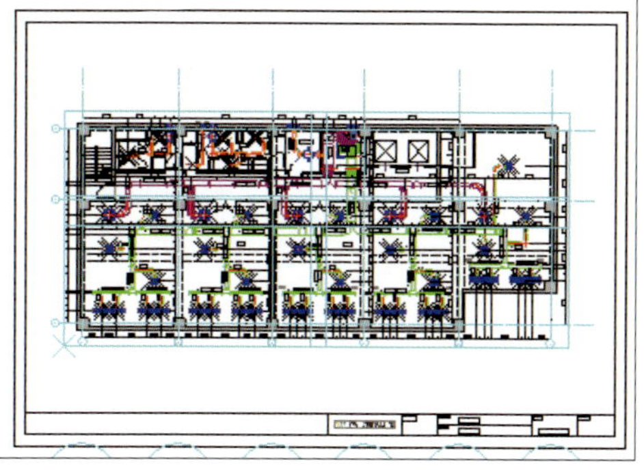

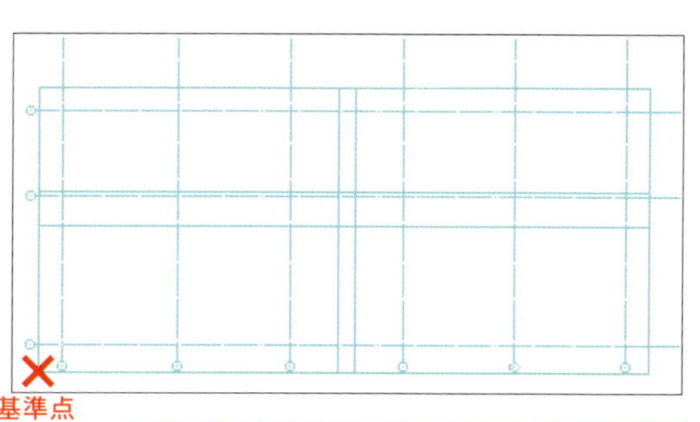

[倍率入力]のガイダンスが表示されますので、「0.05」と入力して、[Enter]キーを押します❷。

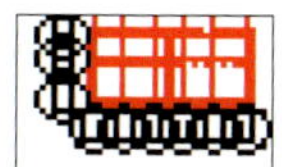

3 縮小された[通り芯＋分割範囲]を【ｷｰﾌﾟﾗﾝ】シートに移動します。

図面上の通り芯と分割範囲を動かさないようにシートを分けます。

『モデル』に【ｷｰﾌﾟﾗﾝ】シートを作成します。【分割】シートタブの上で右クリックメニュー＞[新規作成]を選択します。[新規作成]ダイアログが表示されますので、設定を行います。

- シート名称：[ｷｰﾌﾟﾗﾝ]❶
- [OK]❷

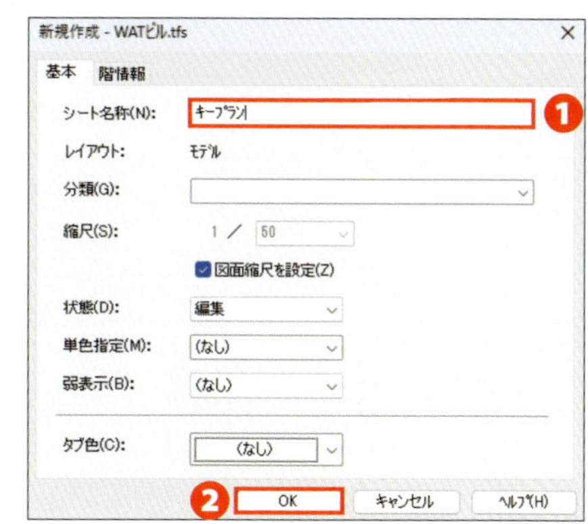

ツールバー 、または、メニューバー［設定］>［シート機能］>［移動複写］を選択します。縮小した［通り芯+分割範囲］を選択して［Enter］キーを押します❸。［複写/移動先シート選択］ダイアログが表示されますので、設定を行ったら、2回［Enter］キーを押します。

●モード：［移動］❹ ●シート間：［実寸］❺ ●複写/移動先シート：［ｷｰﾌﾟﾗﾝ］❻

●［OK］❼

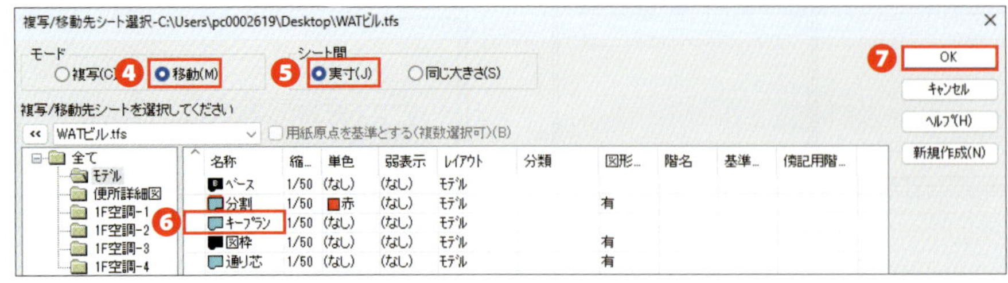

【通り芯】シートは表示にし、【分割】シートを非表示にします。

通り芯は図面作成全体の基準となるものであるため、出来る限り編集できない状態（表示）にしておきます。

4 ［キープラン］を編集します。

ツールバー 、または、メニューバー［建築］>［通り芯］>［属性変更］を選択します。キープランを対角で選択し［Enter］キーを押します❶。

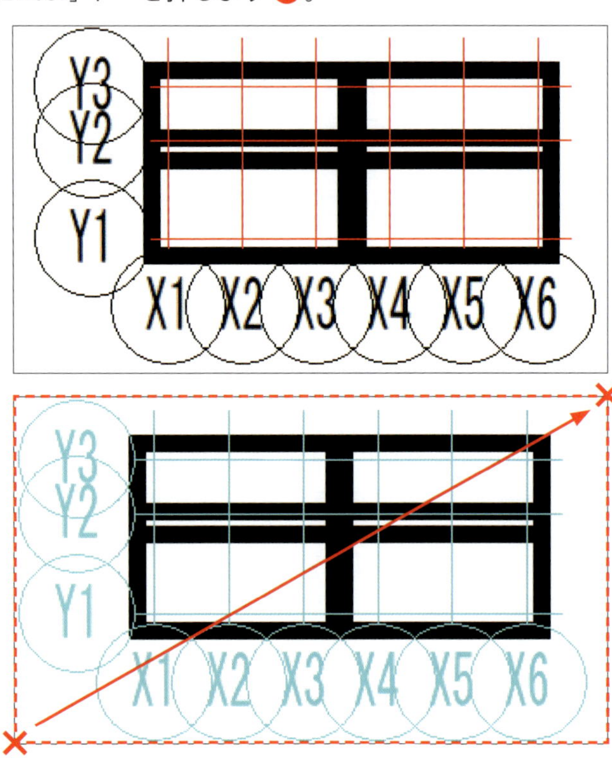

[通り芯属性変更]ダイアログが表示されますので、設定を行います。

[基本属性]タブ
●色種：[白] ❷

[バルーン]タブ
●バルーン位置：X方向[下側] ❸
●Y方向：[左側] ❹
●バルーン直径：[5] ❺
●[OK] ❻

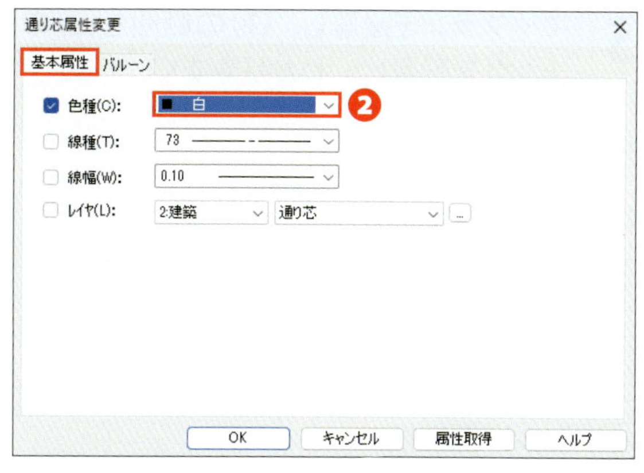

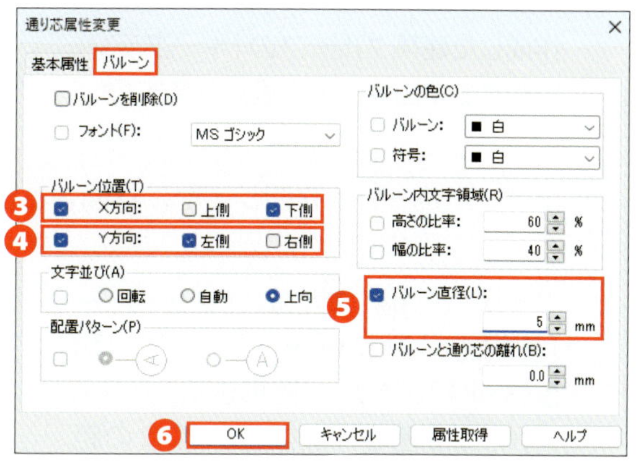

キープランの分割範囲を選択して、右クリックメニュー[色・線種変更]を選択します❼。

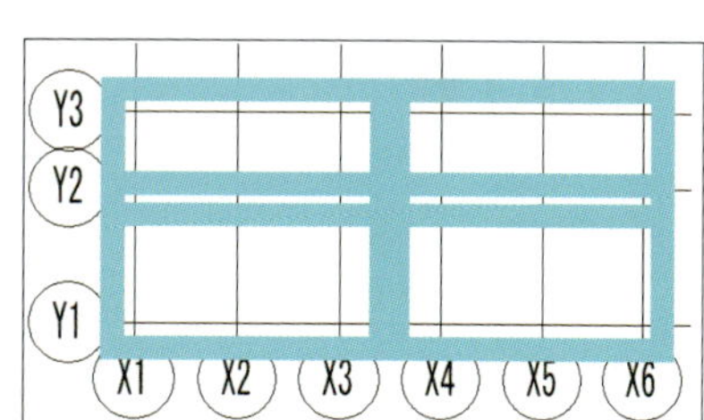

[属性変更]ダイアログが表示されますので、設定を行います。

●色種：[赤] ❽
●線幅：[0.30] ❾
●[OK] ❿

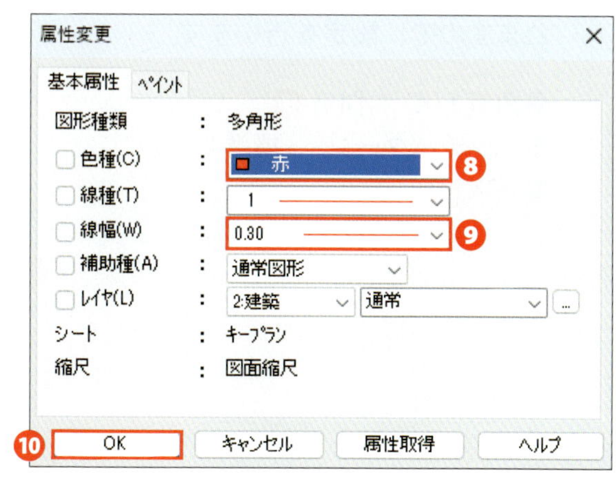

キープランは設備の部材でないため、別々のレイヤに入っています。建築グループにキープランレイヤを作成し移動します。（レイヤの作成は73P、レイヤの移動は75Pを参照してください。）

5 キープランを複写し、**(1)**の範囲と**(2)**の範囲にハッチングを配置し、わかりやすくします。

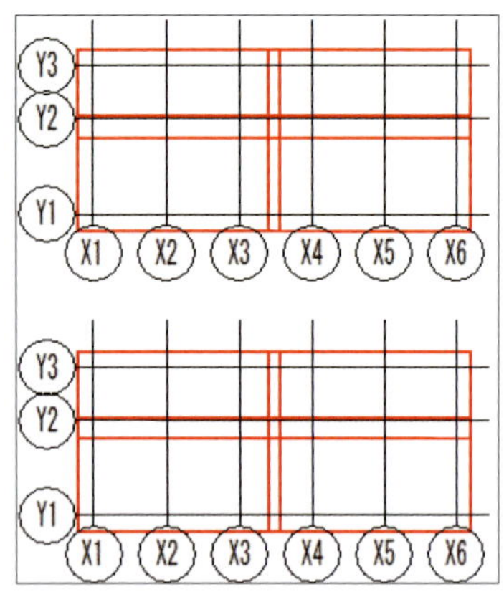

作成した建築グループの［キープラン］レイヤを作図レイヤに設定します❶。

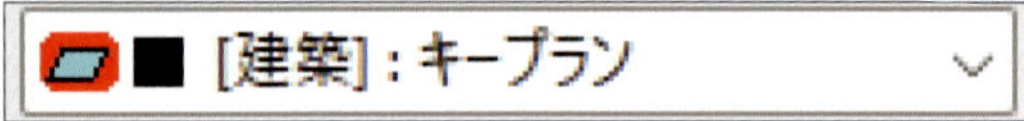

ハッチは作図レイヤに作図されます。

ツールバー、または、メニューバー［基本図形］＞［ハッチパターン］＞［配置］を選択します。［図形選択］のガイダンスが表示されますので、**(1)**の範囲枠をクリックして［Enter］キーを押します❷。

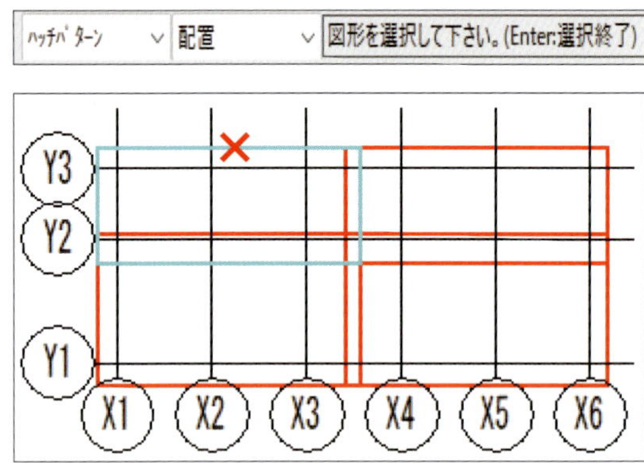

［ハッチパターン］ダイアログが表示されますので、設定を行います。

- 角度1（K）：［45］❸
- ハッチパターン：［標準1］❹
- ［OK］❺

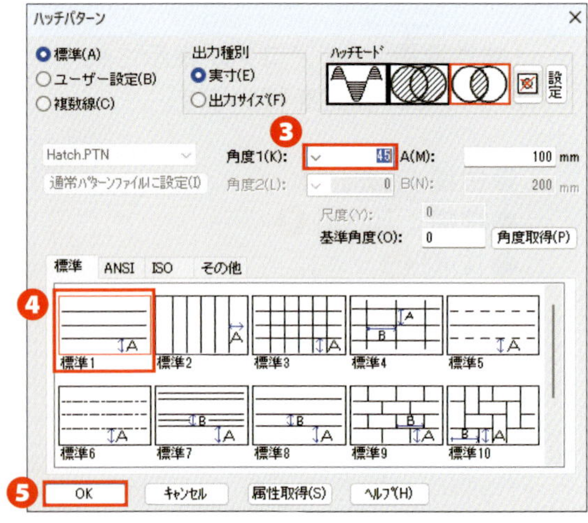

［配置原点入力］のガイダンスが表示されますので、［Enter］キーを押します❻。

基準原点を入力して下さい。(Enter:用紙原点)

［境界の中を指示］のガイダンスが表示されますので、境界の中をクリックして、［Enter］キーを押します❼。

境界の中を指示してください。（Enter:全図形）

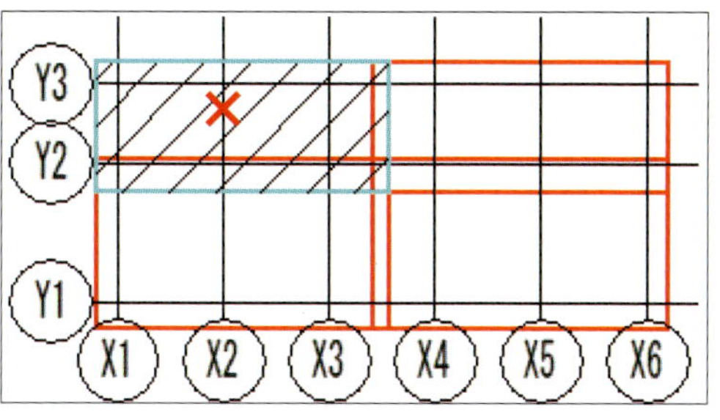

［ESC］キー、または、右クリックメニュー［Cancel］でコマンド終了します。

対象のハッチをクリックして選択し、右クリックメニュー［色、線種変更］を選択します❽。

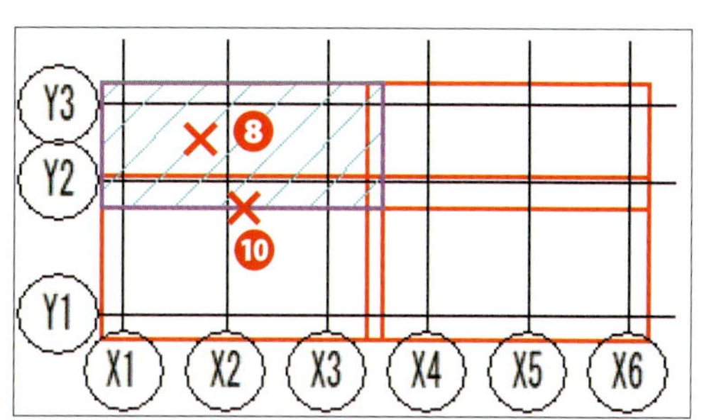

［属性変更］ダイアログが表示されます。［属性取得］をクリックして❾、分割枠（赤い線）をクリックして❿、内容を確認したら、［OK］をクリックします⓫。

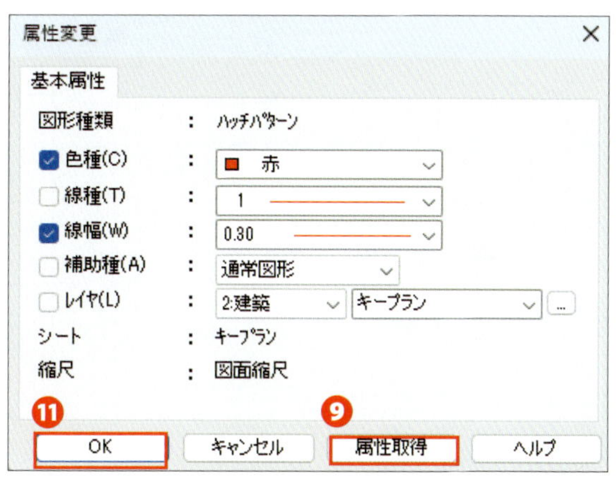

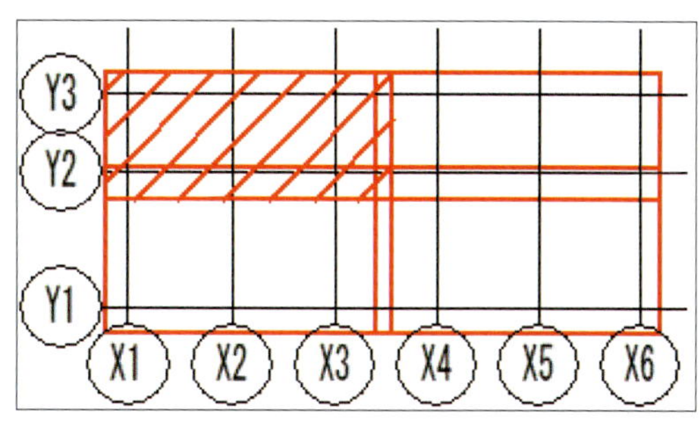

同様に **(2)** にもハッチを配置します。

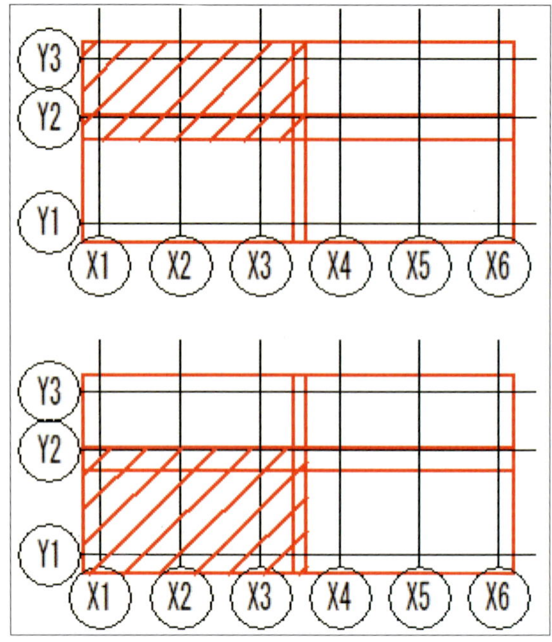

操作しやすいように、それぞれのキープランを集合でまとめておきます。
メニューバー［図形編集］＞［集合］を選択します。［図形選択］のガイダンスが表示されますので、対象の範囲を対角で選択して［Enter］キーを押します⓬。

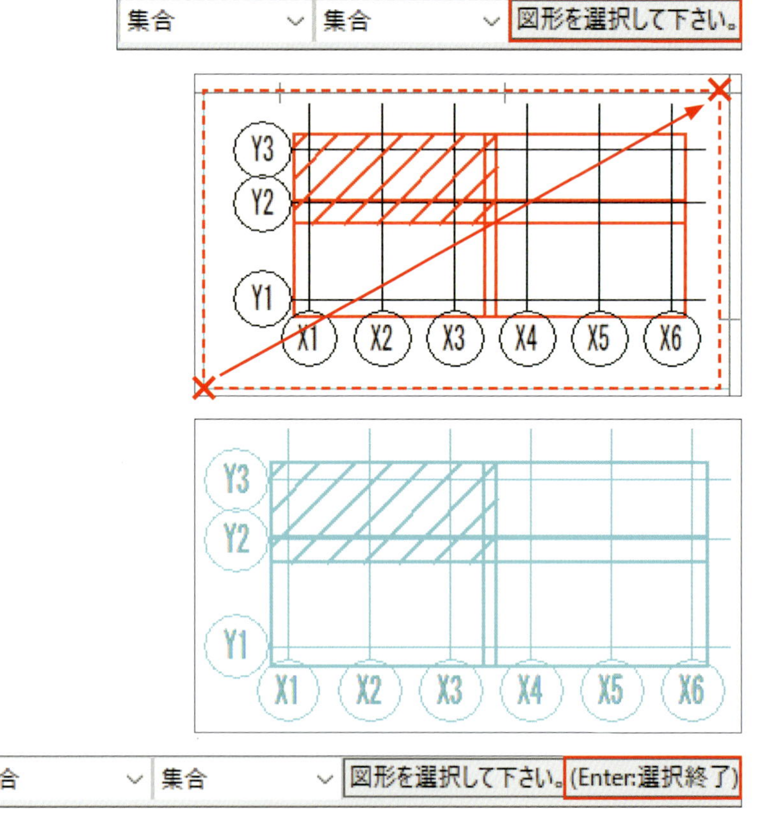

▶キープランを配置します。

1 『1F空調-1』レイアウトにビューポートシートを追加してキープランを配置します。
『1F空調-1』レイアウトに切り替えます。『1F空調-1』タブの上で右クリックメニュー>[レイアウトプロパティ]をクリックします❶。

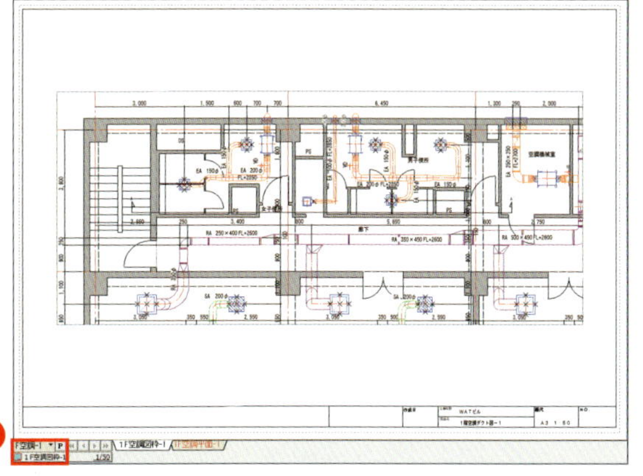

[レイアウトのプロパティ]ダイアログが表示されますので、[追加]をクリックします❷。

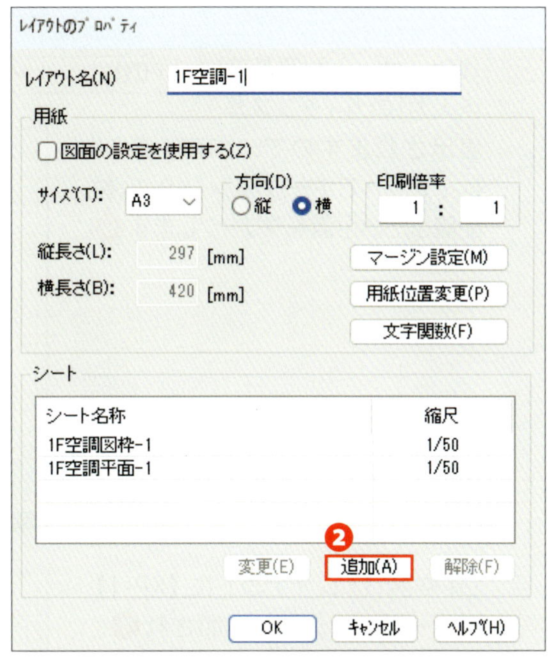

[ビューポート参照領域入力]のガイダンスが表示されますので、[矩形で指定]を選択して、『1F空調-1』用のキープランを対角で選択して、[Enter]キーを押します❸。

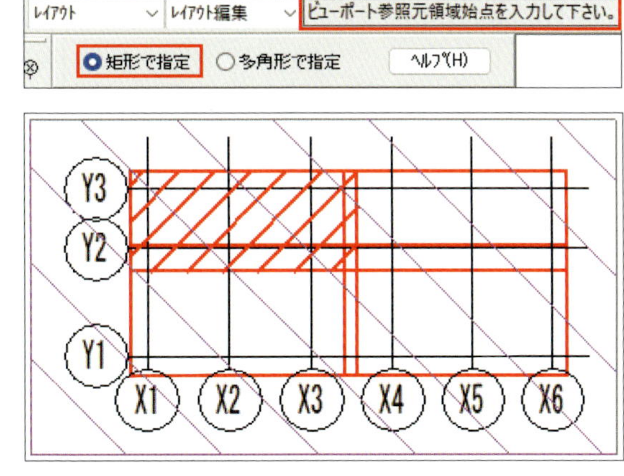

ビューポートの参照元基準点を入力して下さい。(Enter:左下、Shift+Enter：中心)

[シート追加] ダイアログが表示されますので、設定を行います。
シート名称：[KP-1] ❹
[OK] ❺
※キープランをKPと省略しています。

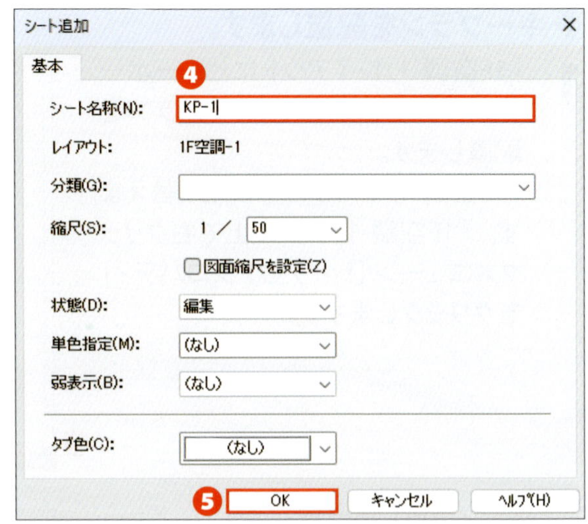

[ビューポート配置基準点入力] のガイダンスが表示されますので、『1F空調-1』レイアウトでキープラン [KP-1] を配置したい位置をクリックします❻。

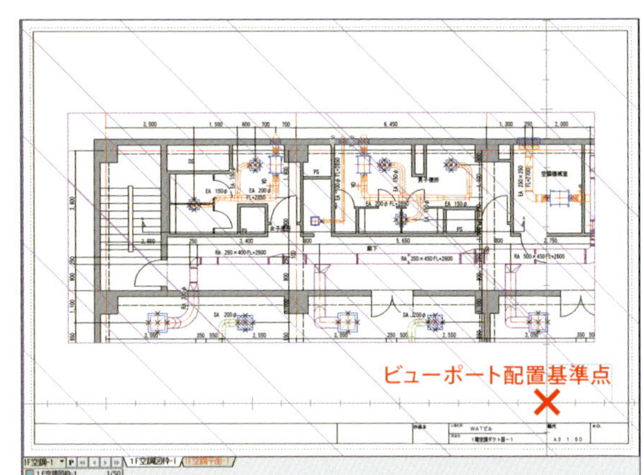

『1F空調-1』レイアウトに【KP-1】ビューポートシート追加され❼、[KP-1] キープランが配置されました❽。

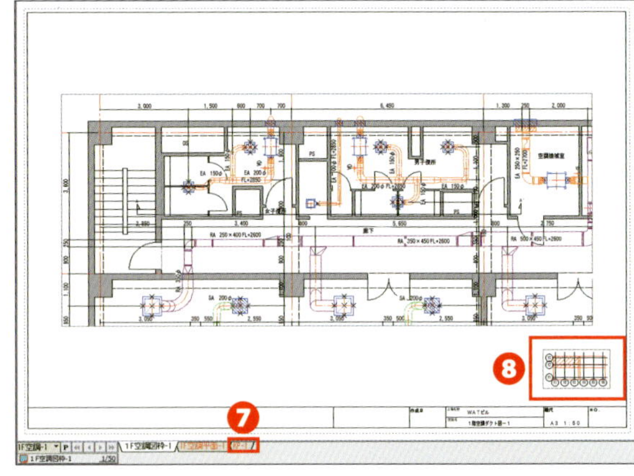

[レイアウトのプロパティ] ダイアログで【KP-1】シートを選択し、[変更] をクリックすると、[配置位置]、[参照元領域]、[背景の透過] を変更することができます。

2 違う方法で『1F空調-2』レイアウト上にキープラン【KP-2】を配置します。
『モデル』で【キープラン】シートをカレントまたは編集にします。
ツールバー、または、メニューバー［設定］>［シート機能］>［移動複写］を選択します。

［図形選択］ガイダンスが表示されますので、『1F空調-2』のキープランを対角で選択し、［Enter］キーを押します❶。

シート機能 ∨ 移動複写 ∨ 図形を選択して下さい。（Enter:シート選択）

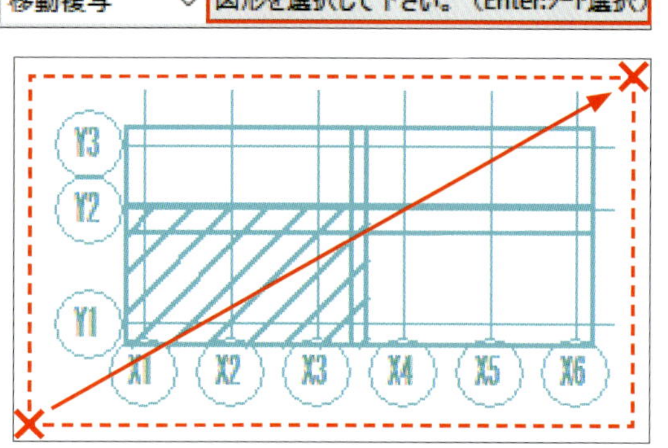

［複写/移動先シート選択］ダイアログが表示されますので、キープラン用のレイアウトシートを追加します。

- レイアウト：
  ［1F空調-2］❷
  ［新規作成］❸

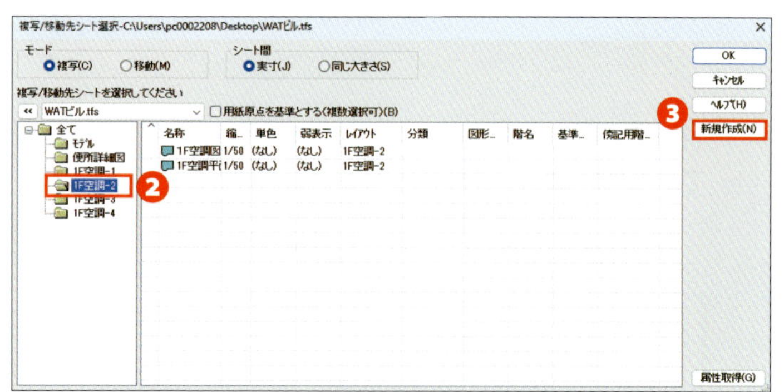

［シート追加］ダイアログが表示されますので、設定を行います。

- シート名称：［KP-2］❹
- ［OK］❺

シート追加
基本
シート名称(N): KP-2
レイアウト: 1F空調-2
分類(G):
縮尺(S): 1 ／ 50
図面縮尺を設定(Z)
状態(D): 編集
単色指定(M): (なし)
弱表示(B): (なし)
タブ色(C): (なし)
OK　キャンセル　ヘルプ(H)

［複写/移動先シート］ダイアログに［KP-2］が追加されますので、設定を行います。

- モード：［複写］❻
- シート間：［実寸］❼
- レイアウト：
- ［1F空調-2］❽
- シート：［KP-2］❾
- ［OK］❿

『モデル』に切り替わり、［基準点入力］のガイダンスが表示されますので、［Enter］キーを押します⓫。

シート機能　移動複写　基準点を入力して下さい。(Enter:選択図形領域中心)

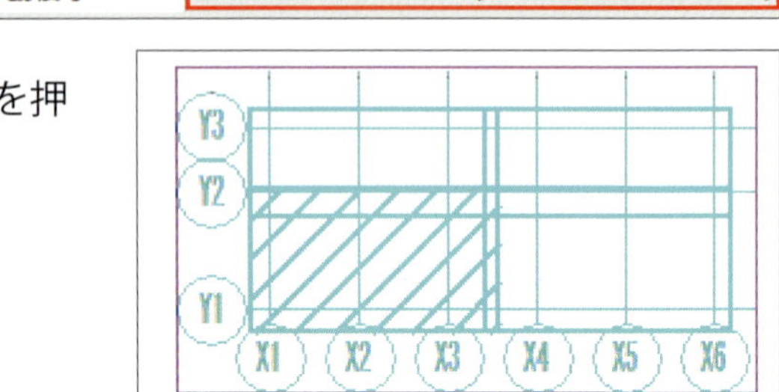

［指定点入力］のガイダンスが表示されますので、『1F空調-2』レイアウトに切り替えて、配置したい位置をクリックします⓬。

シート機能　移動複写　基準点を入力して下さい。(Enter:選択図形領域中心)

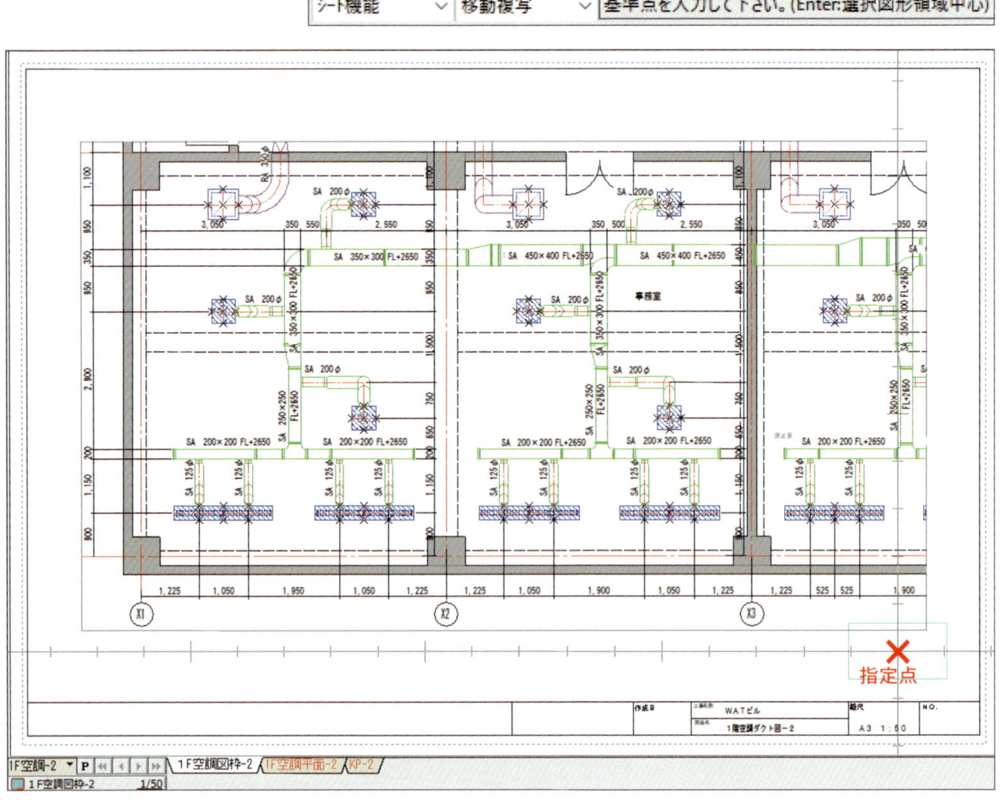

『1F空調-2』レイアウトの【KP-2】ビューポートシートにキープランが配置されます⓭。

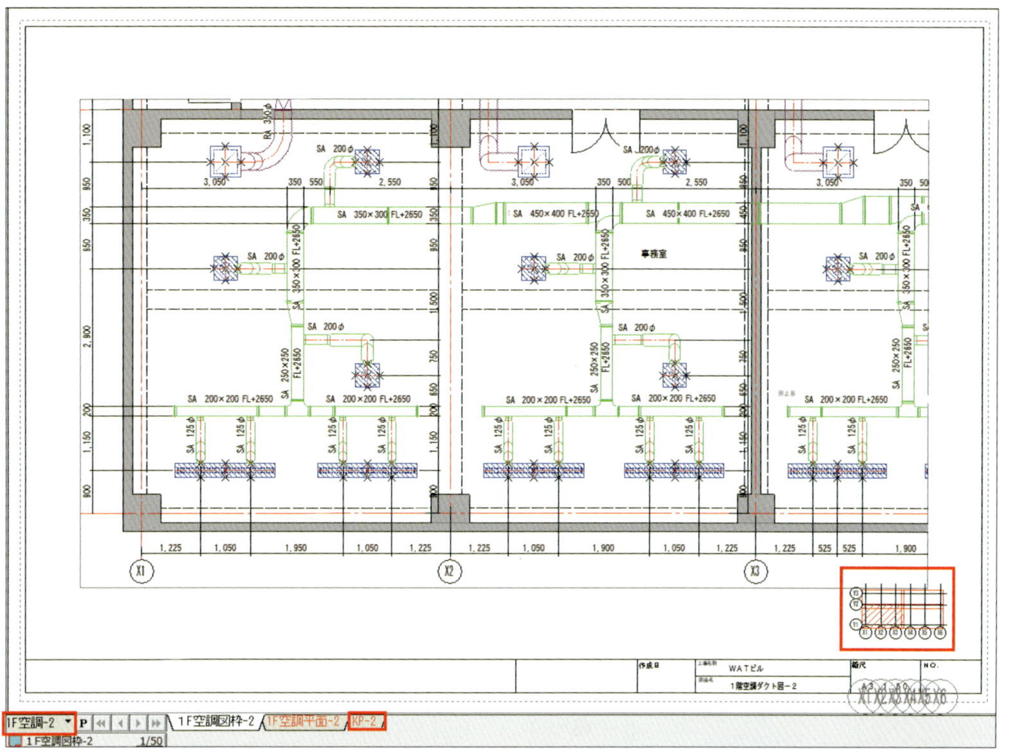

『1F空調-2』レイアウトの【KP-2】シートにビューポートとしてでなく作図されていますので、【KP-2】シートをカレント、または、編集にして、移動・編集・削除ができます。

3 『1F 空調-3』レイアウトに『1F空調-2』レイアウトのキープランを複写して【KP-3】を配置します。
『1F空調-2』レイアウトで、ツールバー 、または、メニューバー［設定］＞［シート機能］＞［移動複写］を選択します。

［図形選択］ガイダンスが表示されますので、『1F空調-2』の【KP-2】シート内の図形を選択し、［Enter］キーを押します❶。

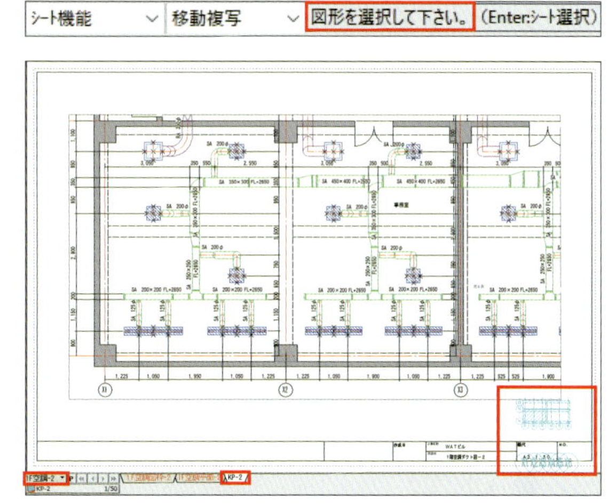

[複写/移動先シート選択]ダイアログが表示されますので、キープラン用のレイアウトシートを追加します。

- レイアウト：[1F空調-3]❷
- [新規作成]❸

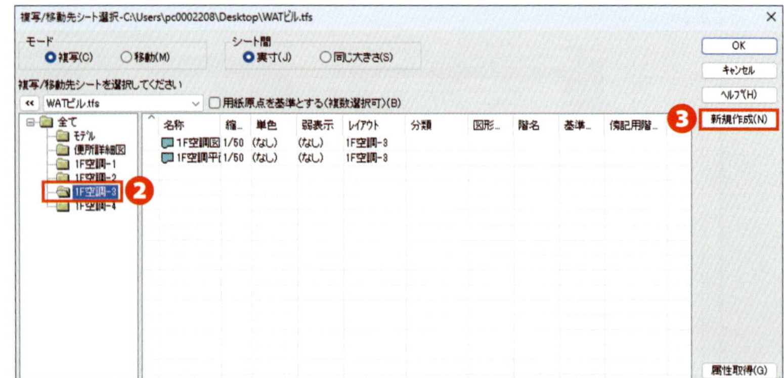

[シート追加]ダイアログが表示されますので、設定を行います。

- シート名称：[KP-3]❹
- [OK]❺

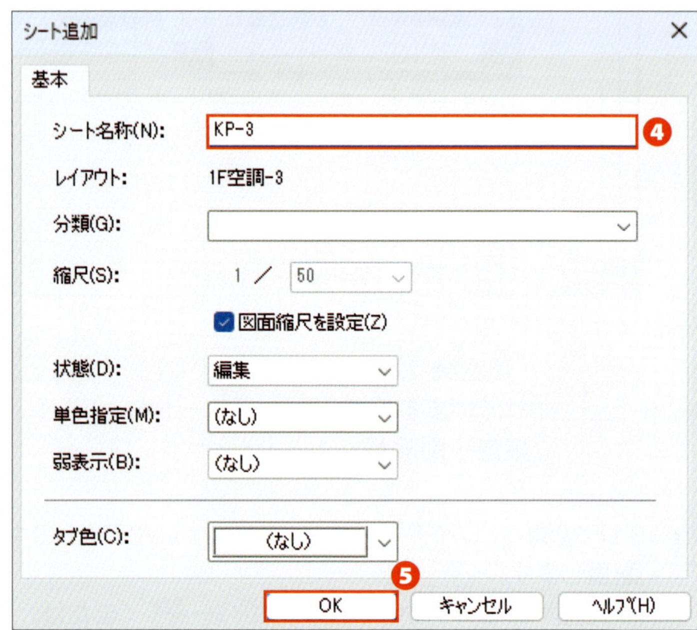

[複写/移動先シート]ダイアログに[KP-3]が追加されますので、設定を行います。

- モード：[複写]❻
- シート間：[実寸]❼
- レイアウト：[1F空調-3]❽
- シート：[KP-3]❾
- [OK]❿

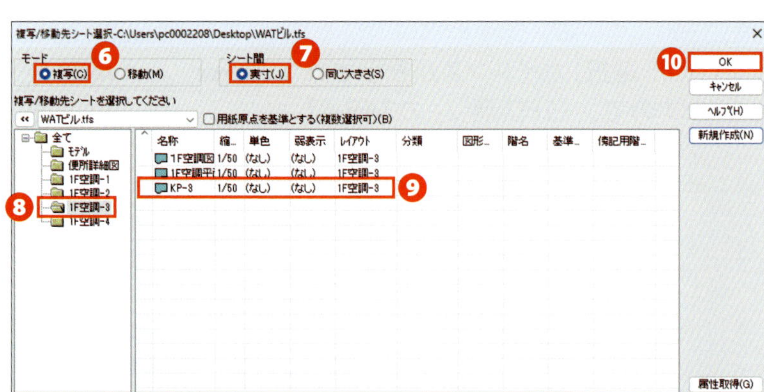

［基準点入力］のガイダンスが表示されますので、［Enter］キーを押します⓫。

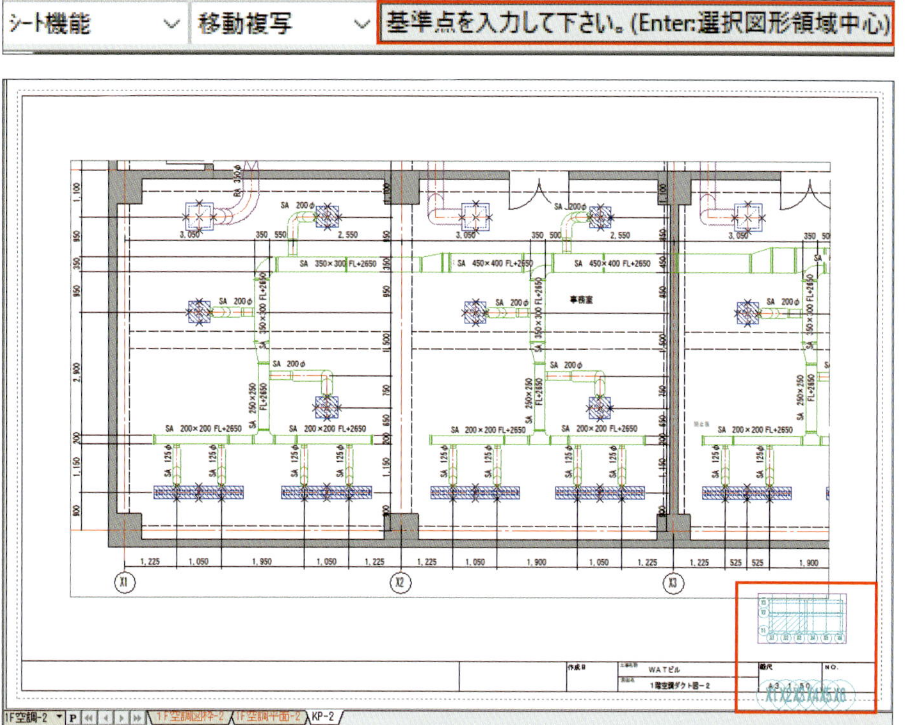

［指定点入力］のガイダンスが表示されますので、『1F空調-3』レイアウトに切り替えて、配置したい位置をクリックします⓬。

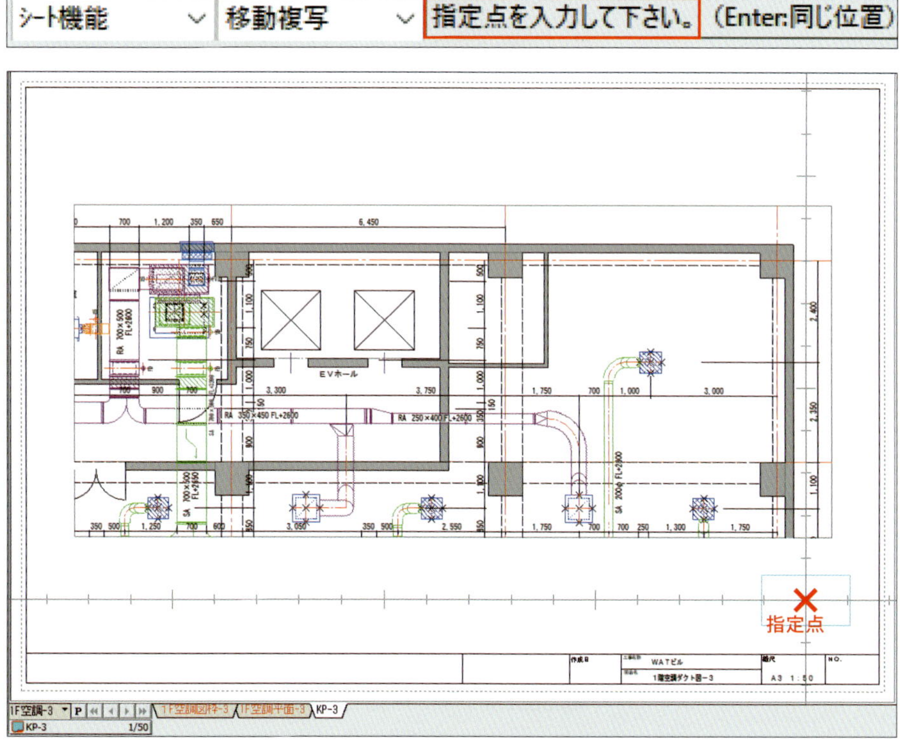

【KP-3】シートをカレントシートとし、メニューバー［図形編集］>［分解］を選択してシート移動・複写で配置した【KP-2】のキープランをクリックして、[Enter]キーを押します。
［1F空調-2］のハッチ部分を削除し、［1F空調-3］の範囲にハッチングします⓭。再度、集合をかけます。

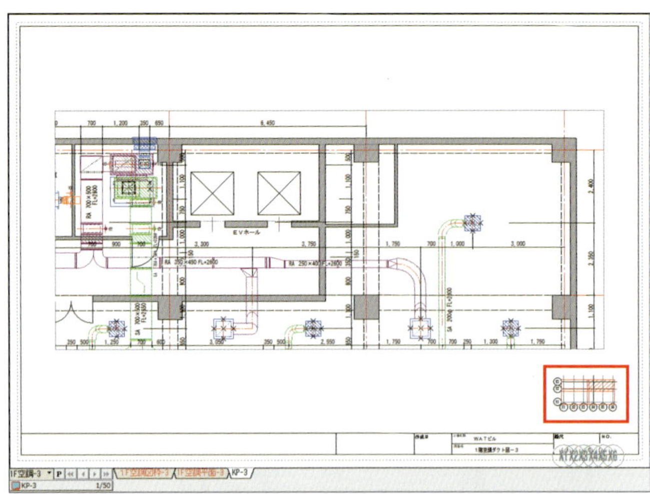

ハッチングの仕方や集合のかけ方は320p～322pを参照してください。

『1F空調-3』レイアウトの【KP-3】ビューポートシートにキープランが配置されます⓮。

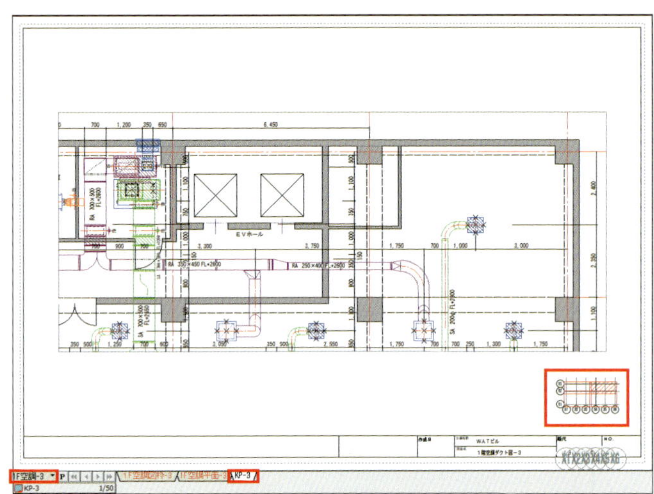

同様に『1F空調-4』レイアウトにキープランを配置します⓯。

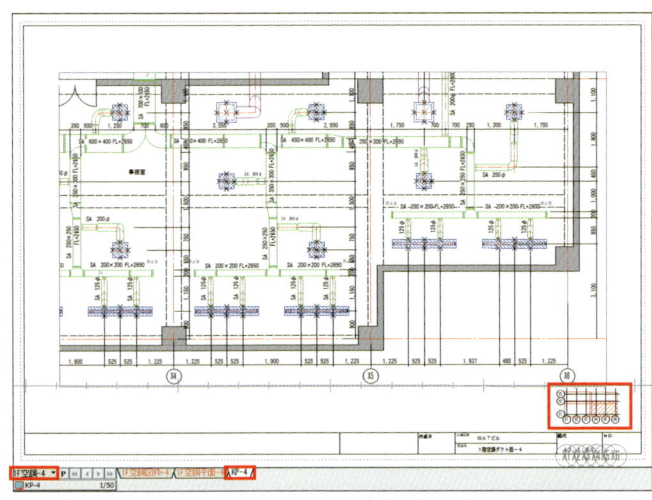

▶通り芯を配置します。

「部分詳細図の作成」で『便所詳細図』レイアウト作成でも通り芯を作成しています。詳しくは305p〜307pを参照してください。

1 ビューポートに通り芯を配置します。
『1F空調-1』レイアウトに切り替えます。
メニューバー［設定］>［シート機能］>［ビューポート］>［通り芯配置］を選択します。

［ビューポートの通り芯指示］のガイダンスが表示されますので、設定を行います。

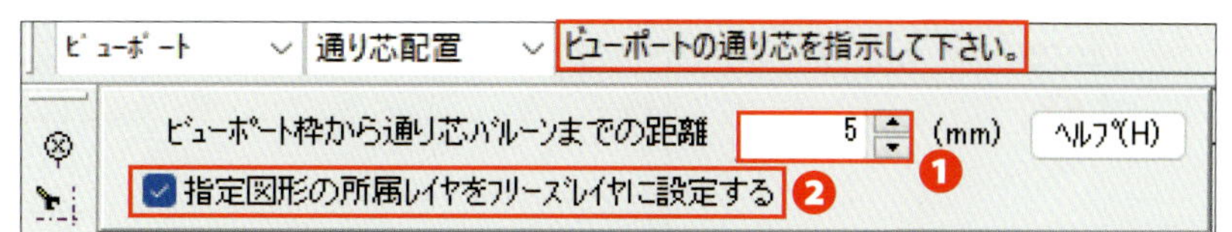

ビューポート枠から通り芯バルーンまでの距離：［5］❶
［指定図形の所属レイヤをフリーズレイヤに設定する］に✓❷

ビューポートの任意の通り芯をクリックして、［Enter］キーを押します❸。

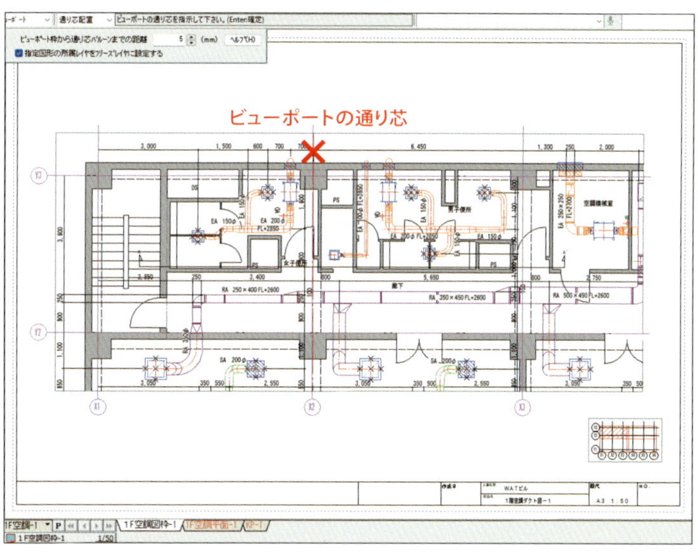

『1F空調-1』レイアウトに通り芯が配置されます❹。

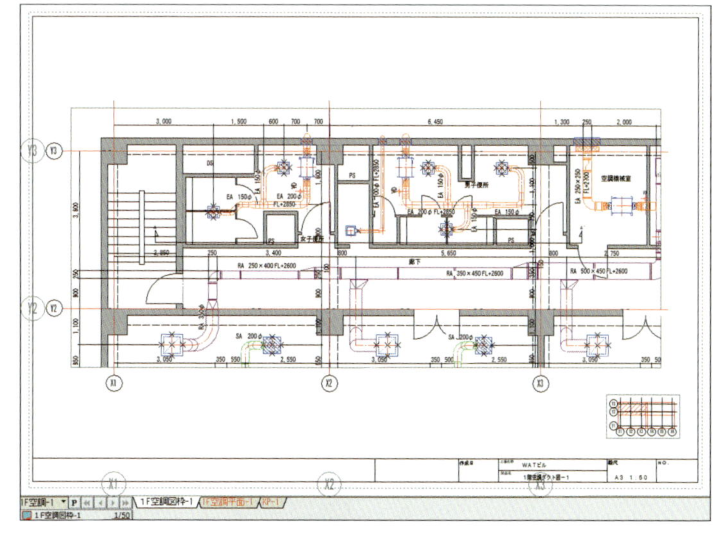

2

通り芯バルーンを4方向に配置するように変更します。
ツールバー［アイコン］、または、メニューバー［建築］>［通り芯］>［属性変更］を選択します。［通り芯選択］のガイダンスが表示されますので、図形を対角で選択して、［Enter］キーを押します❶。

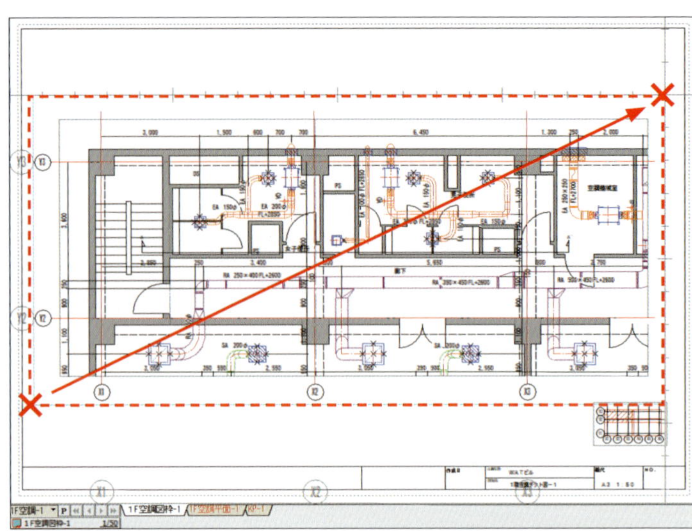

［通り芯属性変更］ダイアログが表示されますので、設定を行います。

［バルーン］タブ
● バルーン位置
X方向：［上側］［下側］に✓❷
Y方向：［左側］［右側］に✓❸
● ［OK］❹

通り芯属性変更
基本属性　バルーン
バルーンを削除(D)
フォント(F):　MS ゴシック
バルーン位置(T)
X方向:　上側　下側 ❷
Y方向:　左側　右側 ❸
文字並び(A)
回転　自動　上向
配置パターン(P)
バルーンの色(C)
バルーン:　■ 白
符号:　■ 白
バルーン内文字領域(R)
高さの比率:　60 %
幅の比率:　40 %
バルーン直径(L):
10.0 mm
バルーンと通り芯の離れ(B):
0.0 mm
❹ OK　キャンセル　属性取得　ヘルプ

『1F空調-1』レイアウトの通り芯のバルーンが4方向に配置されます❺。

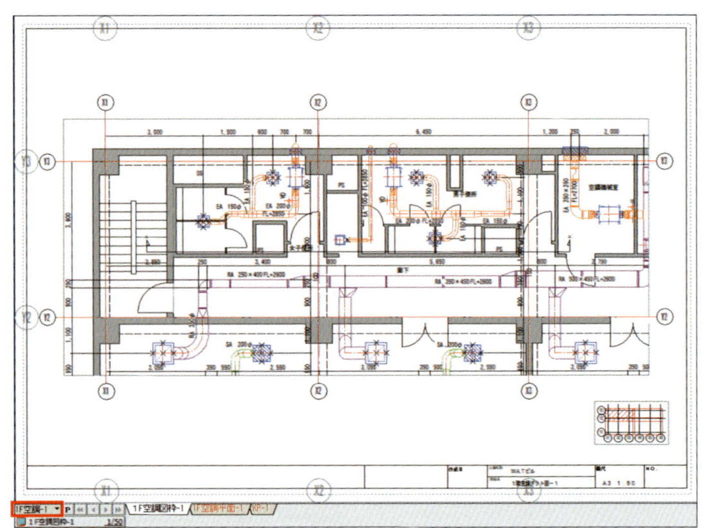

同様に、他のレイアウト『1F空調-2』、『1F空調-3』、『1F空調-4』に通り芯を配置します❻。

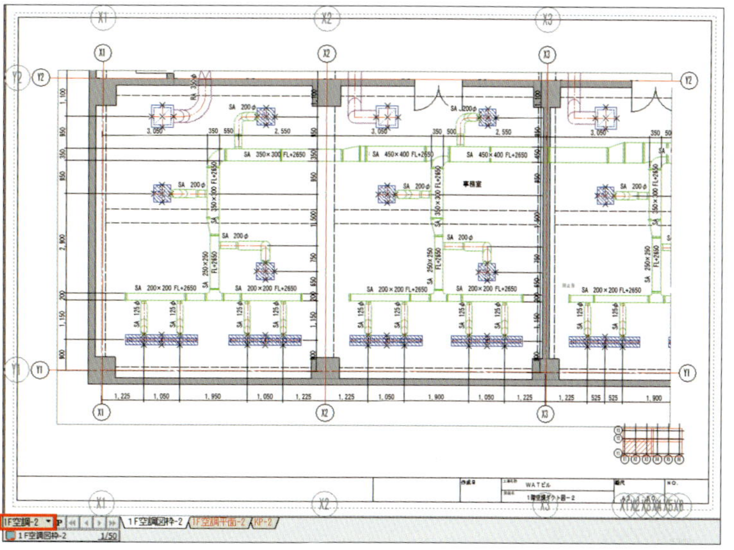

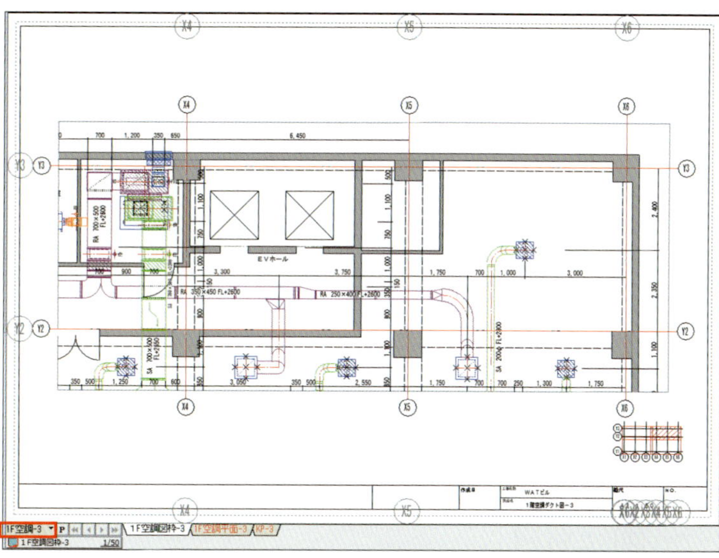

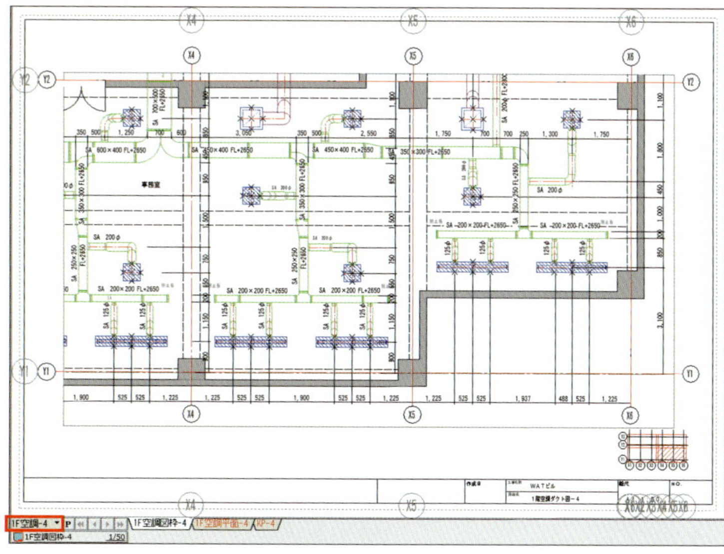

メニューバー[設定]>[シート機能]>[ビューポート]の中の、[枠　移動・拡縮]と[通り芯配置]の操作は学習しました。[参照元表示]を確認します。

[参照元表示]をクリックします。
『レイアウト』では変化がありませんが、『モデル』に灰色の補助図形線でビューポート枠とビューポートシート名称が表示されています。

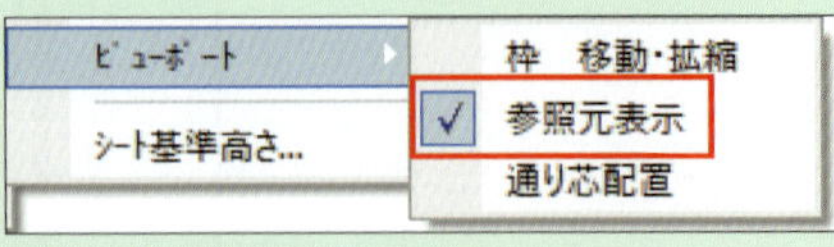

レイアウトを編集するときに利用することができます。

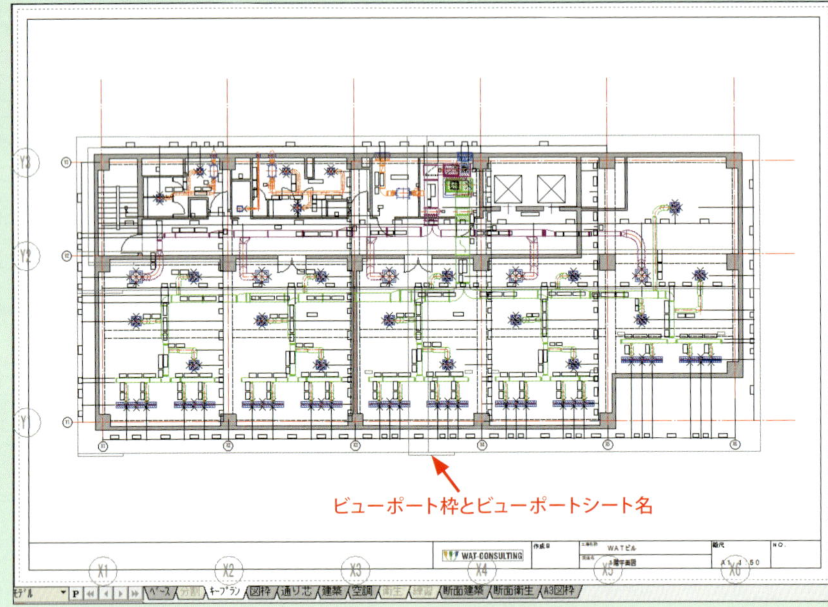

【分割】シートで作図した範囲と重なっているのがわかります。

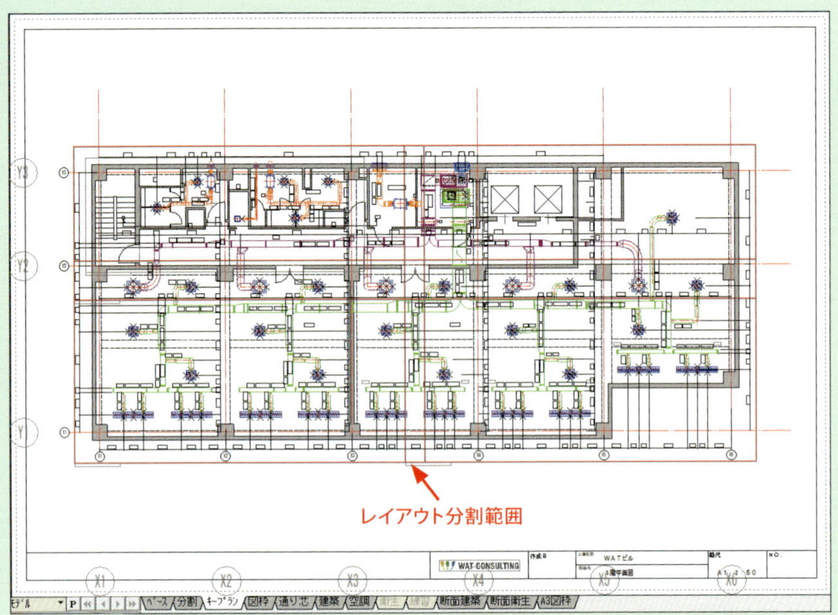

▶補足

DWG図面やDXF図面でペーパー空間が作成されている図面を、Tfasで展開すると、DWG図面やDXF図面で作成されたペーパー空間がTfasのレイアウトに反映されています。実際の図面で確認してみます。

第３章 実践操作編で使用した３階平面詳細図.dwgをTfasで開きます。

ツールバー 、または、メニューバー［ファイル］>［開く］を選択し、［３階平面詳細図.dwg］をクリックし、［開く］をクリックします。

DWGインポート（読込）ダイアログが表示されますので、設定を行います。

- 配置レイヤ：［基本］❶
- 用紙サイズ：［A3］❷
- 縮尺：［1/50］❸
- ［UCS原点を基準原点として再現する］に✓
  ［微小なピッチの線種を実線化する］に✓❹
- ［OK］❺

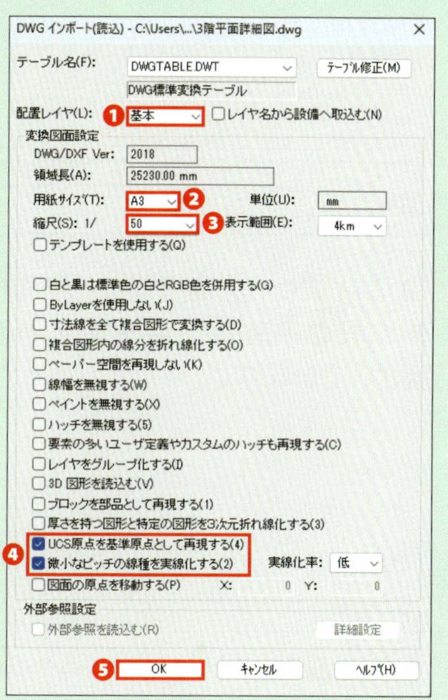

テンプレートは使用しないので✓は外しておきます。

『モデル』の【ベース】シートに図面が展開されます❻。

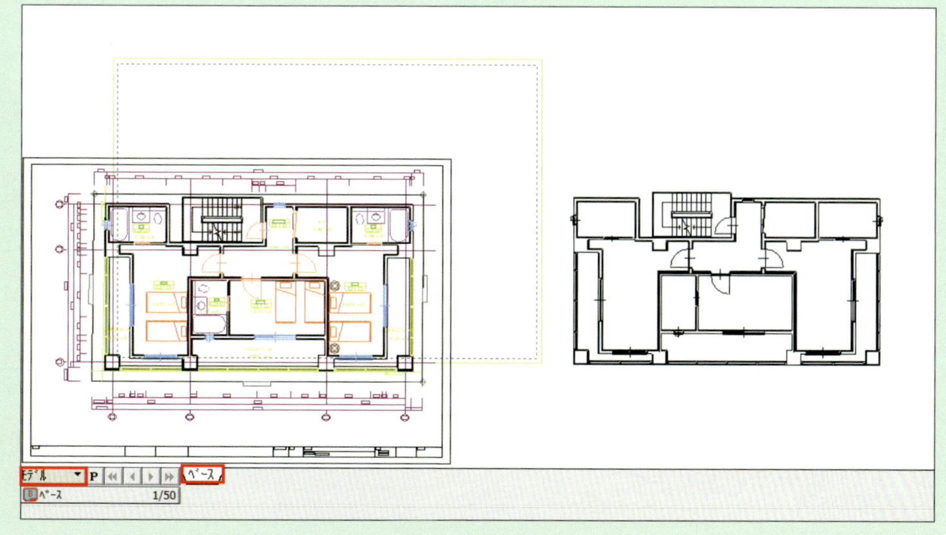

『モデル』をクリックすると、『A』、『B』、『C』のレイアウトが存在するのがわかります。

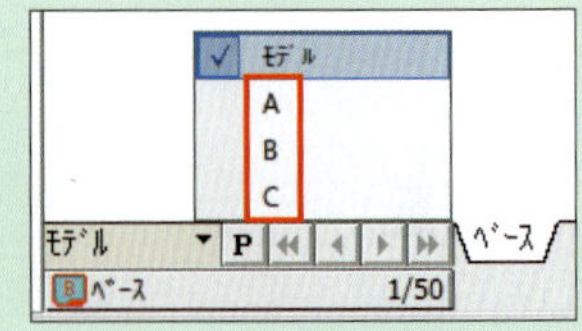

『A』レイアウトを選択すると、［客室Aタイプ］の平面図と［キープラン］が配置されています。

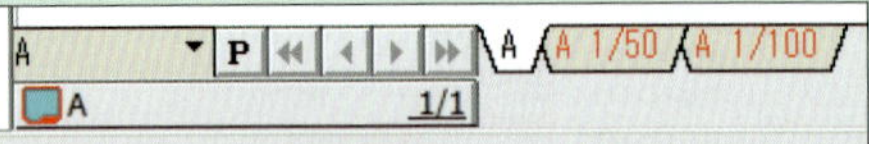

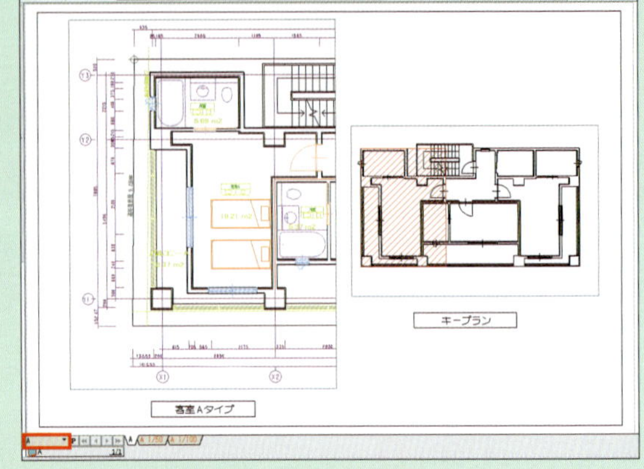

『B』レイアウトを選択すると、［客室Bタイプ］の平面図と［キープラン］が配置されています。

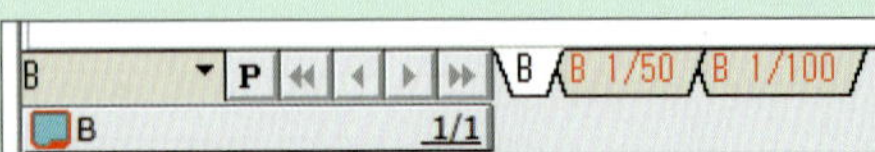

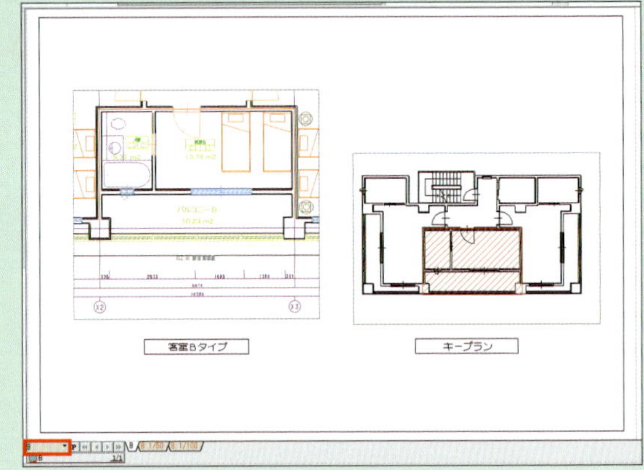

『C』レイアウトを選択すると、［客室Cタイプ］の平面図と［キープラン］が配置されています。

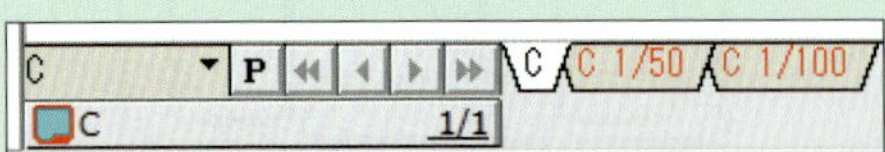

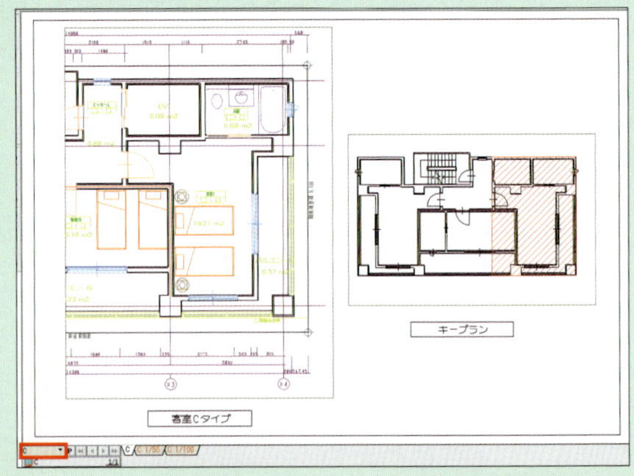

このようにDWG図面やDXF図面で作成されているペーパー空間を活用する方法もあります。

シート基準高さ設定

■使用ファイル：WATビル.tfs　■完成図：1階空調ダクト図

シート基準高さ設定とは、Tfasの各シートを1フロアの図面として位置づけ、それぞれの平面図のシートごとに高さを設定することです。これにより、シート高さを反映して、Tfasの断面表示機能や3D表示機能で、BIM（Building Information Modeling）的な表現や、見上げ見下げの取り合いが実現できます。また、IFCファイル読み込み時に、IFCの階情報をシート基準高さとして自動的に設定することができます。

1つのファイルの中に基準高さの違う図面がある場合の設定方法を学習します。
続けてレイアウト作成でも使用した第2章で作図したWATビル.tfsを使用します。
【分割】と【練習】を非表示として、他のシートは表示あるいは編集としておきます。【空調】、【衛生】両方のシートを表示をしているため、それぞれの傍記が表示されており、図面としては見づらい状態です。

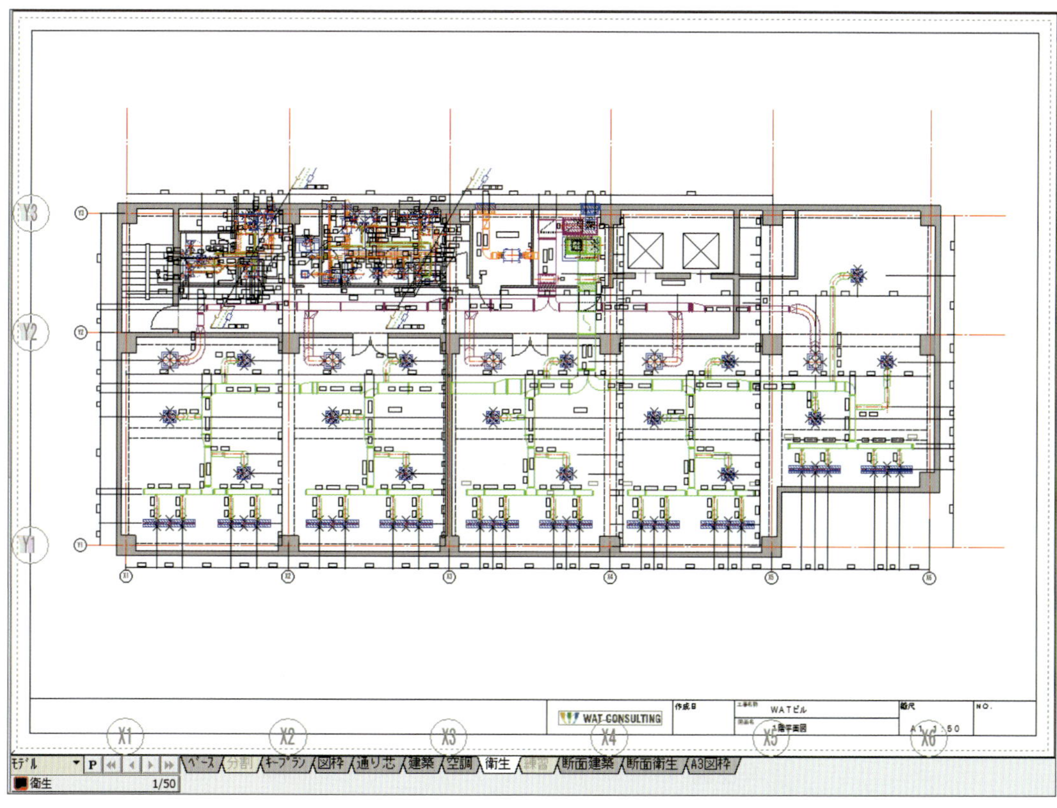

3D表示してみると、1階の天井の中に空調ダクトがあり、1階の床下に衛生配管があることが確認できます。

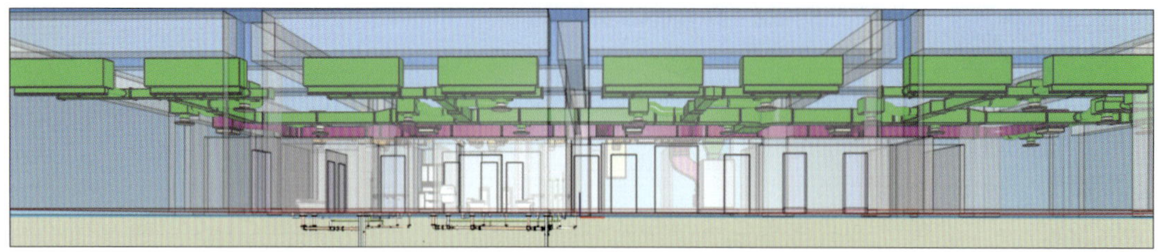

今回は2階の衛生図面が1階の衛生図面と同じという前提で、1階の【建築】と【衛生】を複写して作図していきます。

▶建築】シートと【衛生】シートを複写します。

【P】の上で右クリック、または、メニューバー［設定］>［シート機能］>［設定］を選択します。

［シート設定］ダイアログが表示されますので、［モデル］❶で［Ctrl］キーを押したまま、【建築】❷と【衛生】❸をクリックして選択し、［複写先］をクリックします❹。

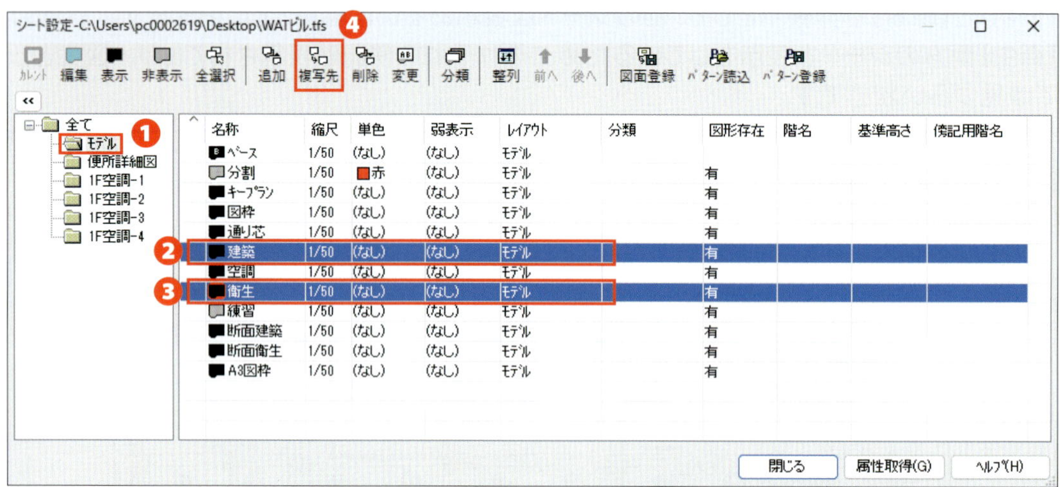

［シート複写］ダイアログが表示されますので、設定を行います。

- 図面：［WATビル.tfs］❺
- 名称：［モデル］❻
- ［OK］❼

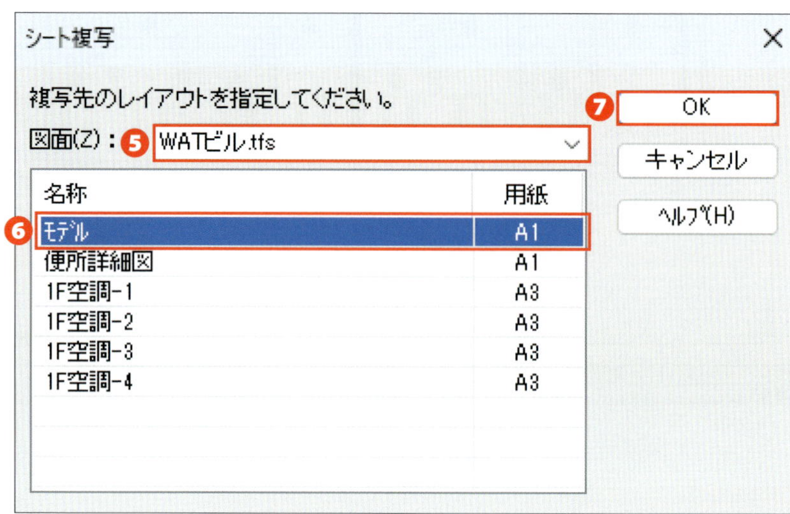

再度［シート設定］ダイアログが表示されますので、［モデル］に❽、【建築（1）】、【衛生（1）】が追加されていることが確認できましたら❾、［閉じる］をクリックします❿。

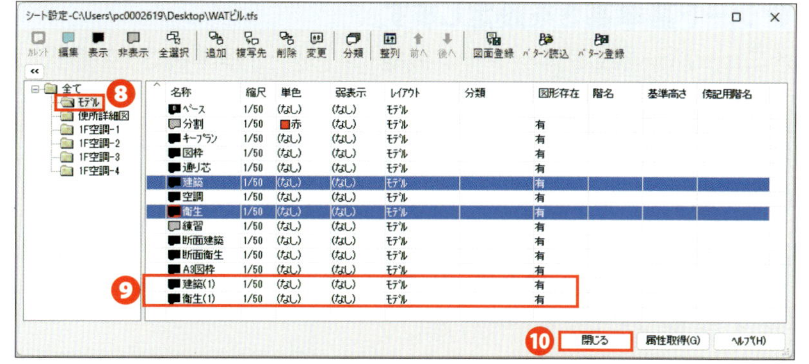

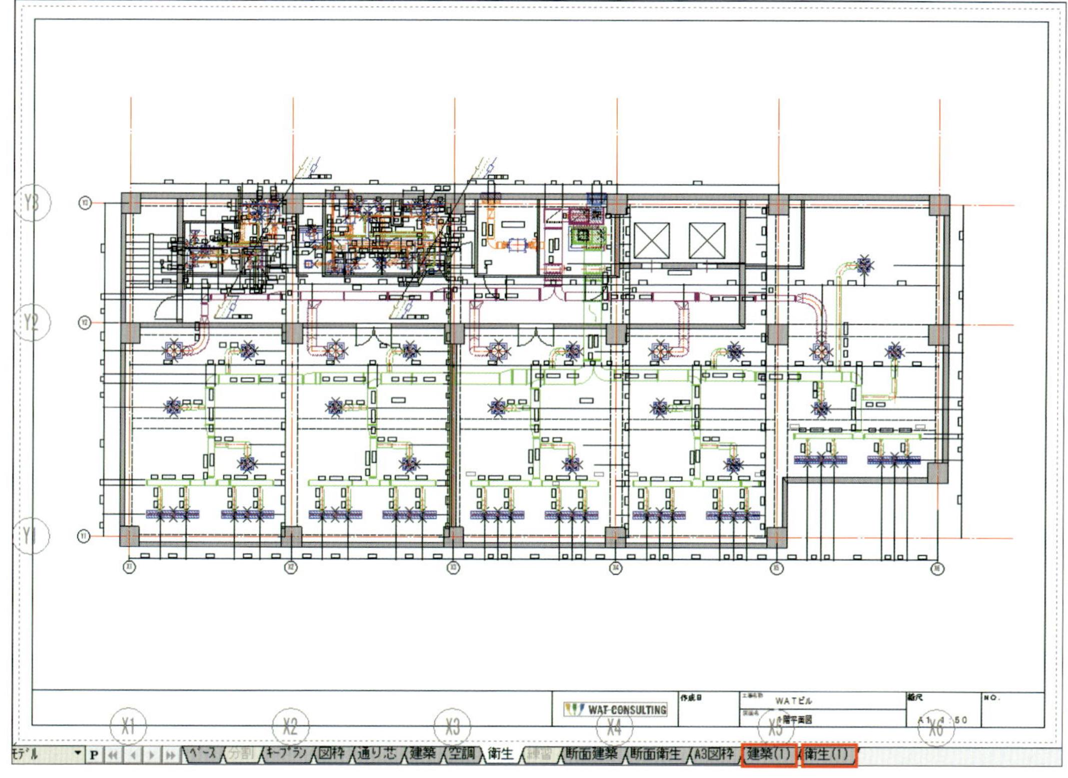

【建築（1）】シートと【衛生（1）】シートが追加されているのが確認できますが、完全に重なっているので、図面が変化していることはわかりません。3D表示しても、明らかな変化はわかりません。

Tfasでは、1フロアー毎に図面を作図されていること多く、複写するだけだと、このように同じフロアーに図面が重なった状況になることが多いです。

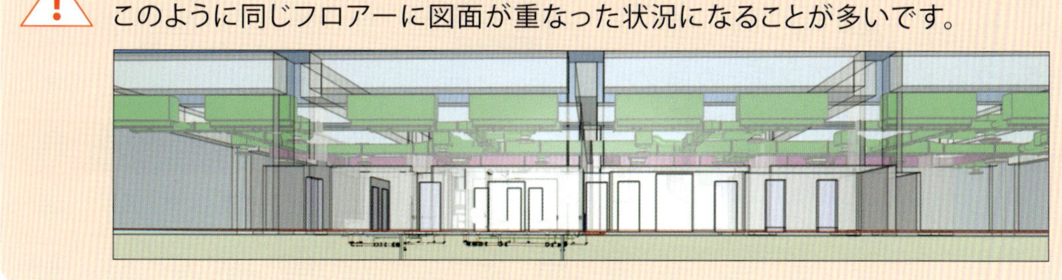

▶シート基準高さを設定します。

メニューバー［設定］>［シート機能］>［シート基準高さ］を選択します。

［シート基準高さ設定］ダイアログが表示されますので、［階一括］をクリックします❶。

［階作成］タブを選択して、階フォルダを新規作成していく方法もあります。

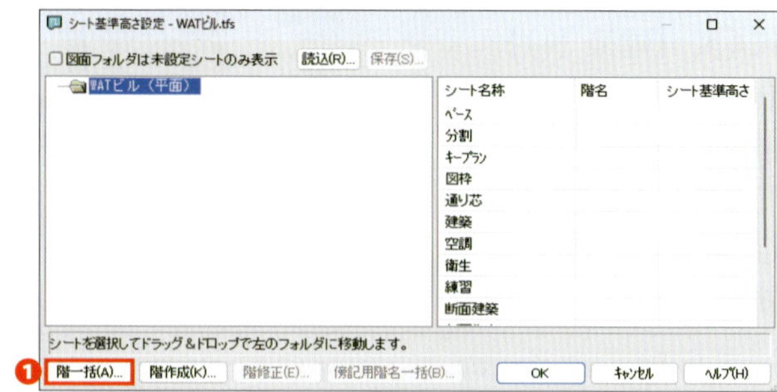

［階一括］ダイアログが表示されますので、設定を行います。

- 地上：［2］❷
- 2F階高：［3900］❸
- 1F階高：［3900］❹
- ［OK］❺

階一括

地上(G)：2 階 ❷　ファイル読込み(R)...
地下(U)：0 階　ファイル保存(S)...
1階の高さ(L)：0　階高一括入力(K)...

階	階高	高さ	傍記用階名
RF		7800	RFL
2F	3900 ❸	3900	2FL
1F	3900 ❹	0	1FL

現在の設定内容をファイルに保存します。

❺ OK　キャンセル　ヘルプ(H)

一覧から［Ctrl］キーを押したまま、【建築】、【空調】、【衛生】シートを選択してドラッグ＆ドロップでツリーの階フォルダ［1F］に移動することでシートにシート基準高さを設定します❻。

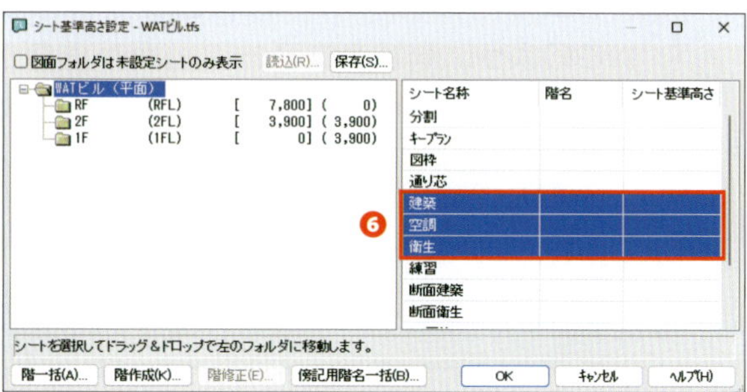

[1F]フォルダを選択すると❼、【建築】、【空調】、【衛生】シートの、階名[1F]、シート基準高さ[0]になっていることが確認できます❽。

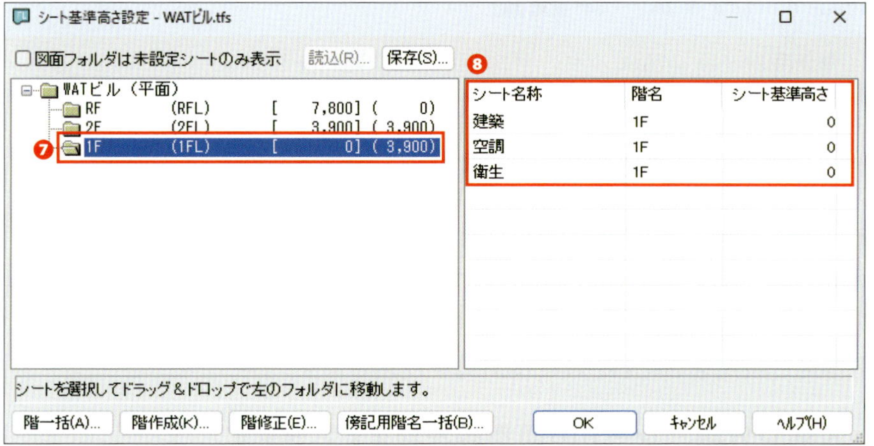

同様に【建築(1)】、【衛生(1)】シートを[2F]フォルダに移動することで❾、階名[2F]、シート基準高さ[3900]になっていることが確認できましたら❿、[OK]をクリックします⓫。

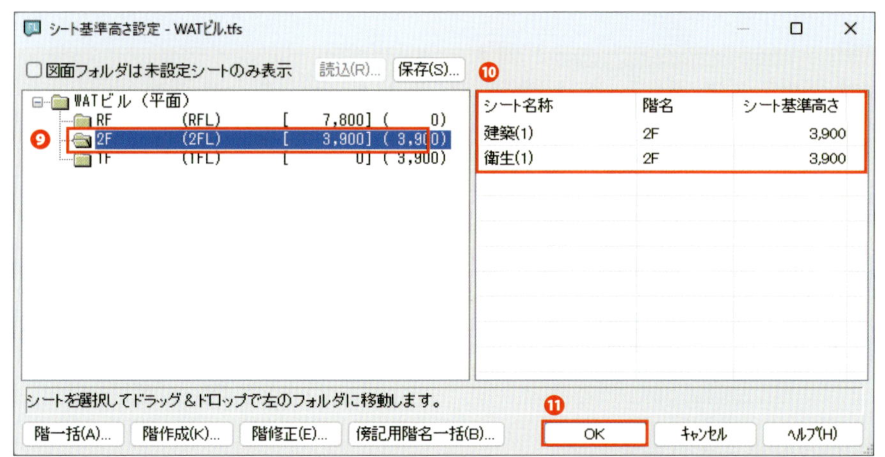

ツリーの図面フォルダ(WATビル)に移動することでシート基準高さを未設定の状態にすることもできます。

3D表示して、確認します。
2階に【建築(1)】と【衛生(1)】が表示されています。

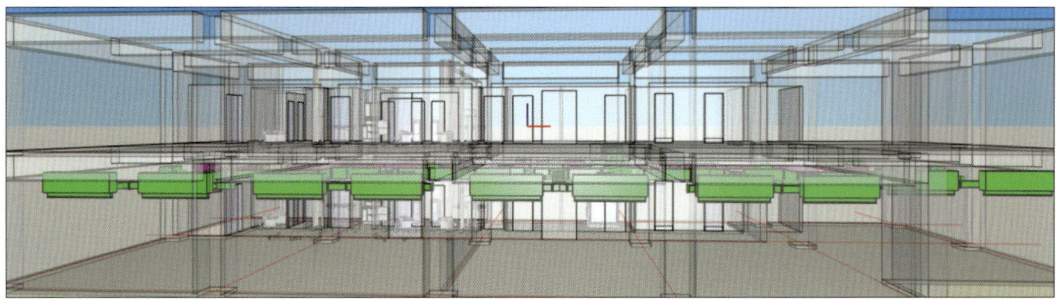

シートパターン設定

■使用ファイル：WATビル.tfs　■完成図：1階空調ダクト図

設備の種類が違う図面や、シート基準高さの違う図面が一つのファイルの中ある場合、表示・非表示設定をパターン設定しておくと、レイアウト毎に設定したり、干渉検査に使用したりと、様々な活用方法があります。

続けて、シート基準高さ設定をした【WATビル.tfs】を使用します。

▶最初にシート名称や分類、シートの順番等を整えておきます。

【P】の上で右クリック、または、メニューバー［設定］>［シート機能］>［設定］を選択します。

［シート設定］ダイアログが表示されます。

【建築】シートを選択し❶、［変更］タブをクリックします❷。

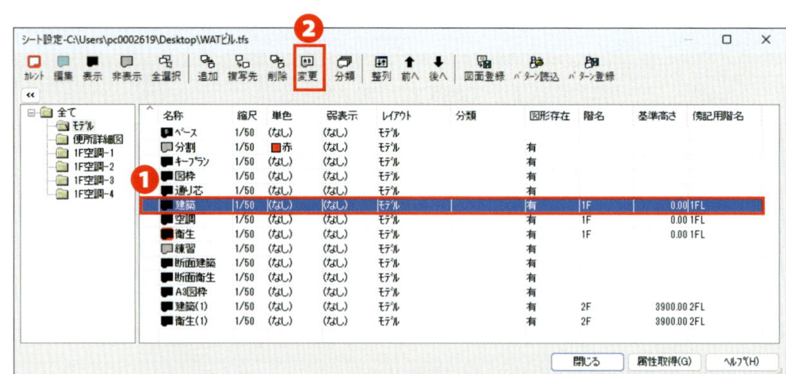

［シート変更］ダイアログが表示されますので、設定を行います。

- シート名称：［1F建築］❸
- 分類：［1F］❹
- ［OK］❺

シート変更
基本　階情報
シート名称(N)：1F建築 ❸
レイアウト：モデル
分類(G)：1F ❹
縮尺(S)：1 ／ 50
図面縮尺を設定(Z)
状態(D)：表示
単色指定(M)：(なし)
弱表示(B)：(なし)
タブ色(C)：(なし)
❺ OK　キャンセル　ヘルプ(H)

同様にシート名称と分類を変更します❻。

［シート名称　分類］

空調→1F空調　1F

衛生→1F衛生　1F

建築(1)→2F建築　2F

衛生(1)→2F衛生　2F

［前へ］［後へ］を使用してシートの順番を変更して❼、［閉じる］をクリックします❽。

※シート名称や分類は、【シート】のプロパティで変更もできます。

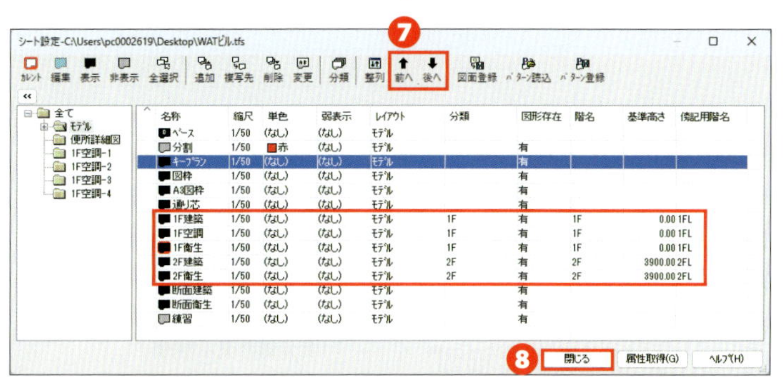

分類設定をしているシートは［前へ］［後へ］での移動に制約があります。

後ろ(右)のシートが図面の上に作図されますので、施工図を後ろ(右)へ、建築等ベースの図面は前(左)にすることを推奨します。図面の下のシートをドラッグして移動することもできます。

分類は、階で設定しましたが、設備名で設定する等図面によって変更することを推奨します。

▶『便所詳細図』レイアウト用のシートパターンを作成します。

『モデル』で、『便所詳細図』レイアウトに必要な【シート】だけを表示にし、他の【シート】は非表示にします。

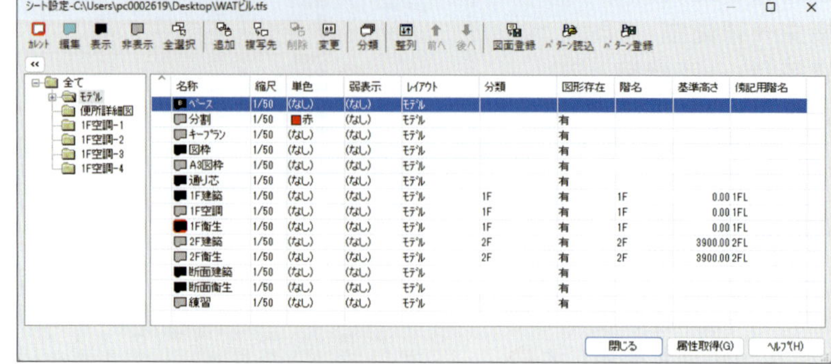

【P】の上でクリックし❶、［登録］をクリックします❷。

［シートパターン登録］ダイアログが表示されますので、設定を行います。

●パターン名：［便所詳細図］❸
●［登録］❹

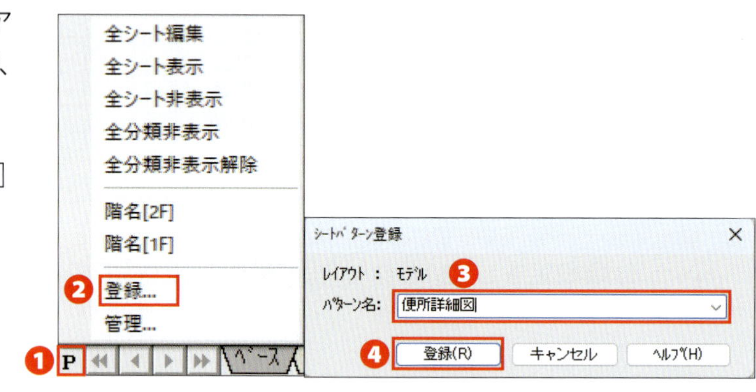

［シートパターン］の設定がある場合とない場合を確認してみます。
【P】の上でクリックし❺、［全シート表示］をクリックします❻。『モデル』で全て表示されます。

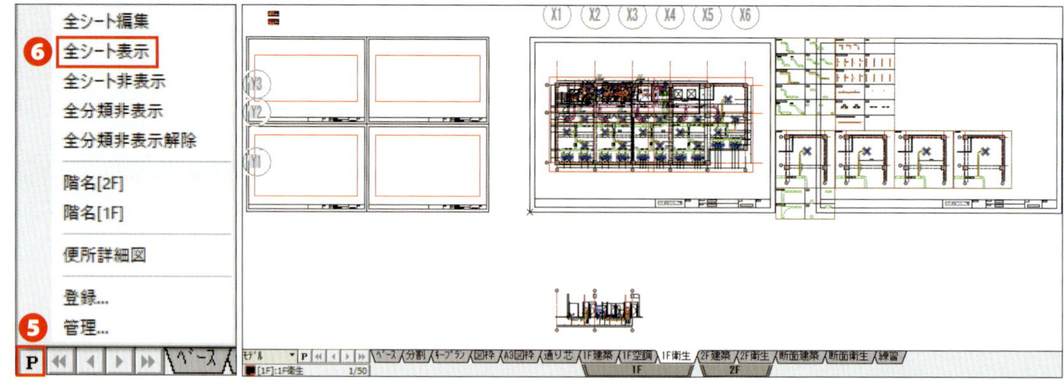

『モデル』をクリックし❼、『便所詳細図』レイアウトに切り替えると❽、『便所詳細図』レイアウトに必要のないものが表示されています。

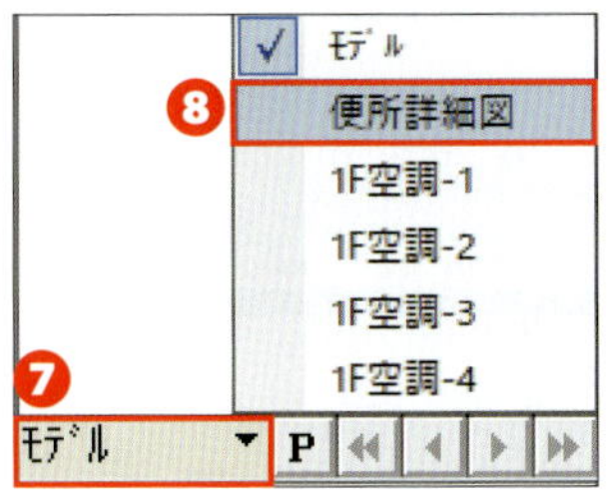

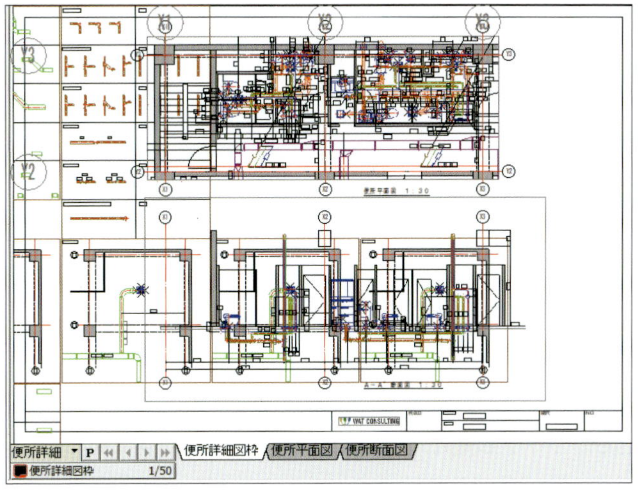

『モデル』に切り替え、【P】の上でクリックし❾、［便所詳細図］をクリックします❿。『モデル』で、［シートパターン］で設定したように【シート】が表示・非表示されています。

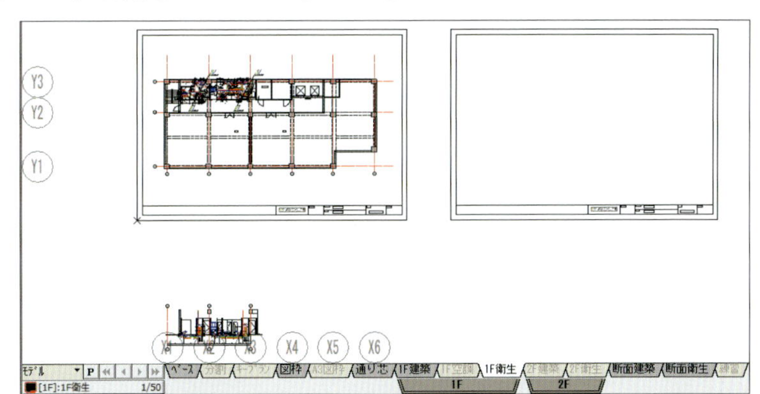

『モデル』をクリックし⓫、『便所詳細図』レイアウト⓬に切り替えますと、『便所詳細図』レイアウトができています。

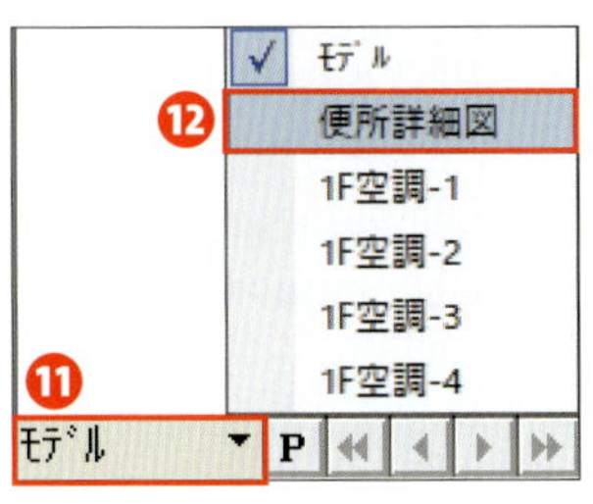

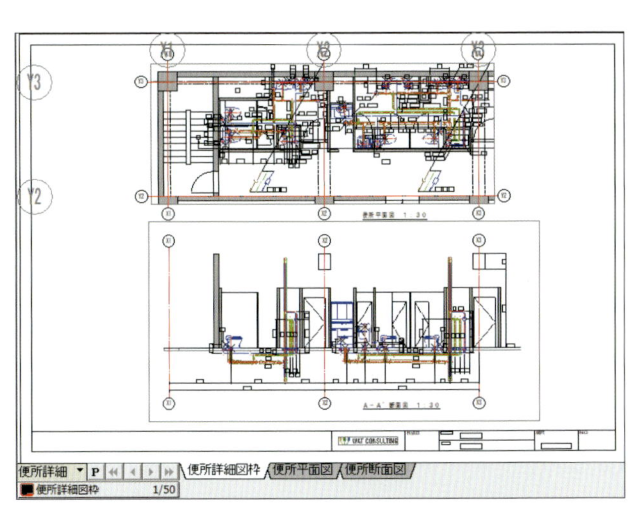

▶ 1階空調ダクト図のシートパターンを作成します。

『モデル』で、[1階空調ダクト図]に必要な【シート】だけを表示にし、他の【シート】は非表示にします。

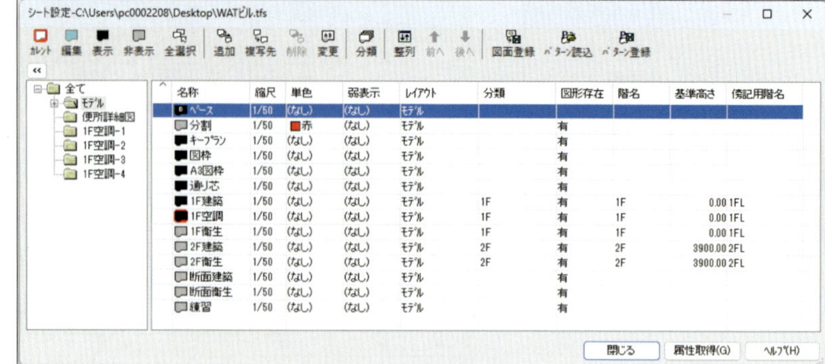

【P】の上でクリックし❶、[登録]をクリックします❷。

[シートパターン登録]ダイアログが表示されますので、設定を行います。

- パターン名：[1F空調ダクト図]❸
- [登録]❹

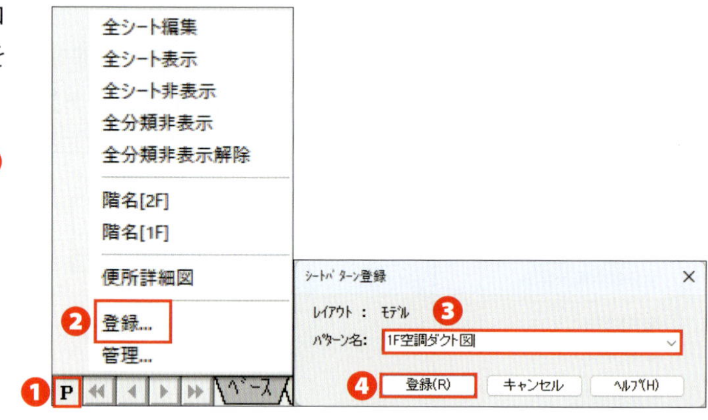

【P】の上でクリックし❺、[1F空調ダクト図]をクリックします❻。

『モデル』からレイアウトを切替えると、分割した空調ダクト図面が配置されたレイアウトが表示されます。

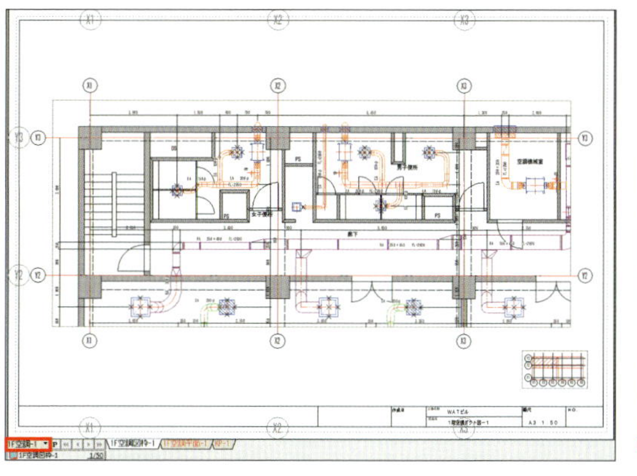

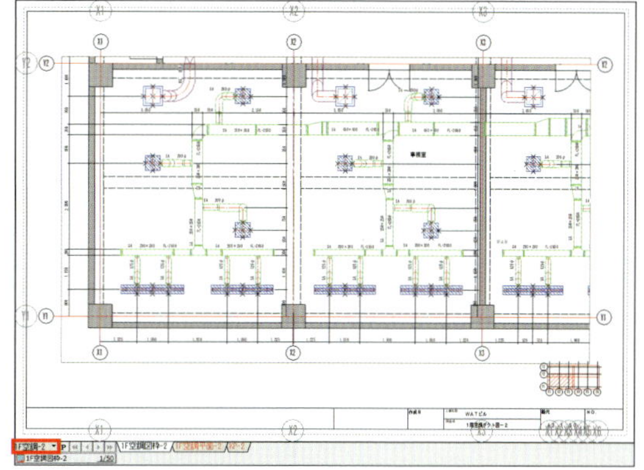

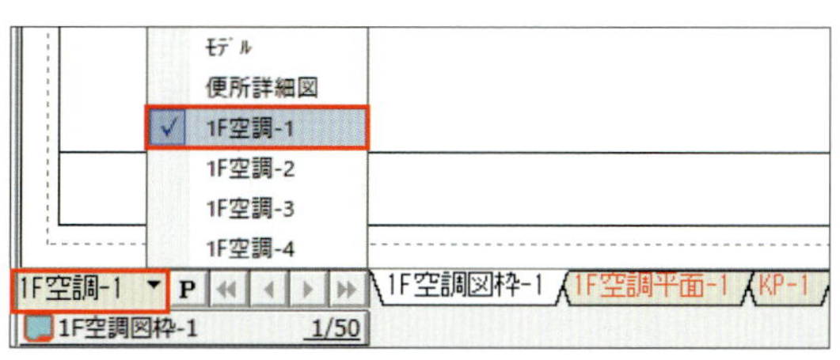

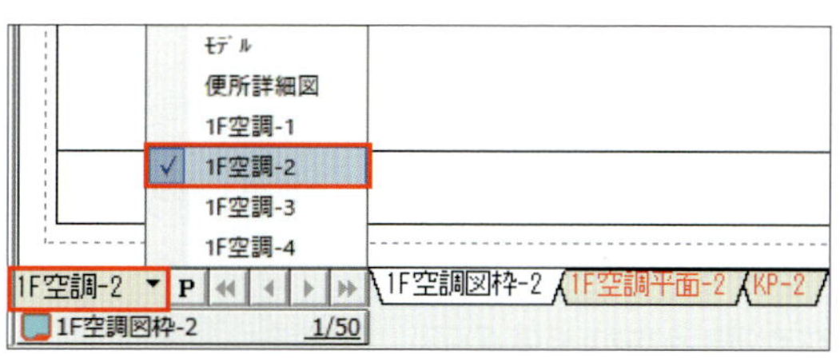

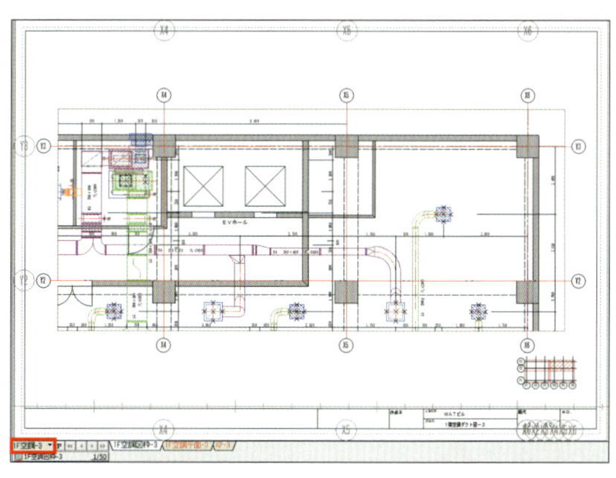

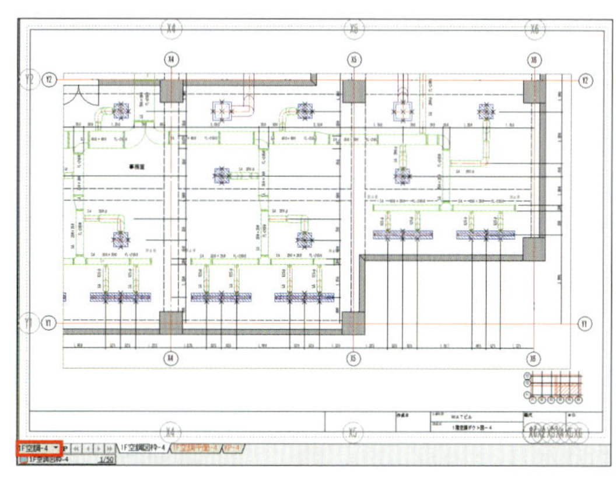

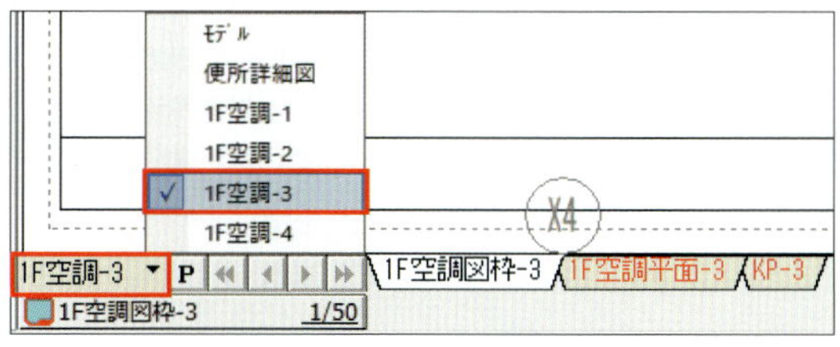

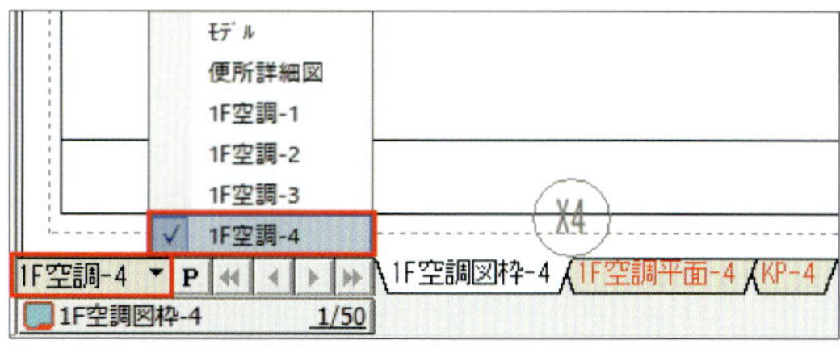

▶ 1階天井内のシートパターンを作成します。

1階の空調施工図と2階の衛生施工図が1階天井内に存在します。
［1F空調］と［2F衛生］を表示します。

『モデル』で、［1階天井内］に必要な【シート】だけを表示にし、他の【シート】は非表示にします。

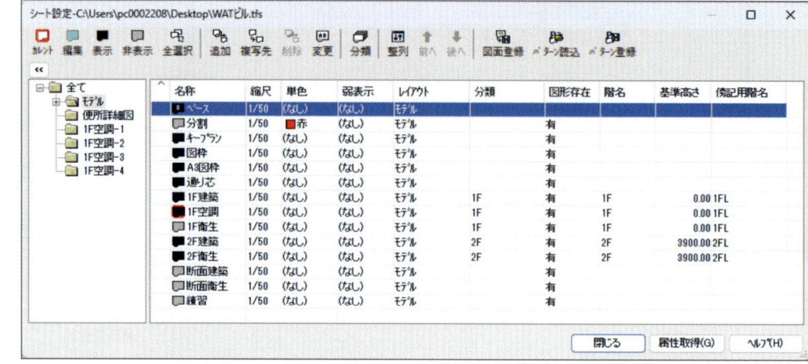

【P】の上でクリックし❶、［登録］をクリックします❷。

［シートパターン登録］ダイアログが表示されますので、設定を行います。

- パターン名：［1F天井内］❸
- ［登録］❹

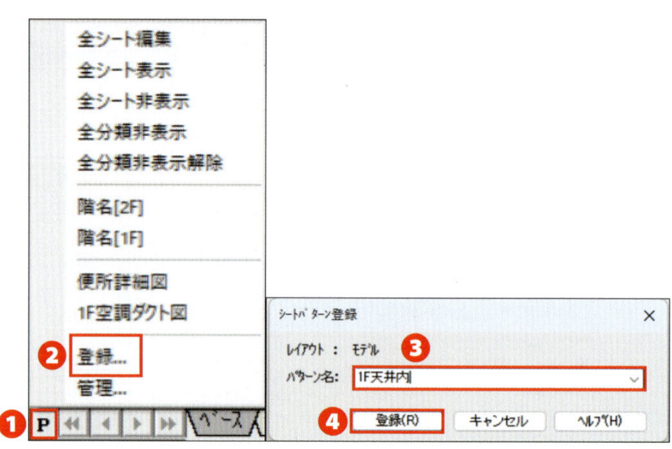

【P】の上でクリックし❺、［1F天井内］をクリックします❻。

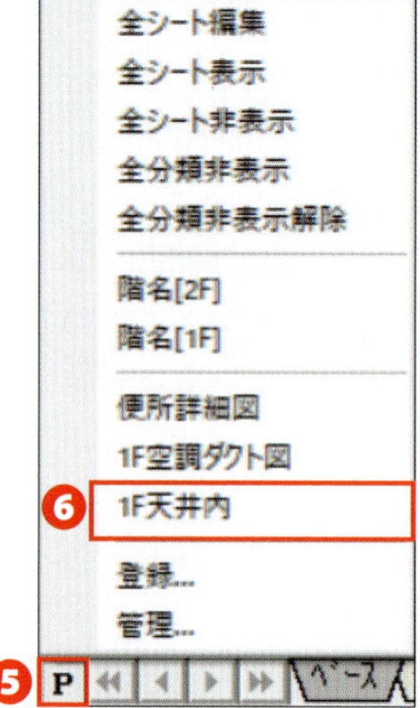

平面図は以下のように表示されています。

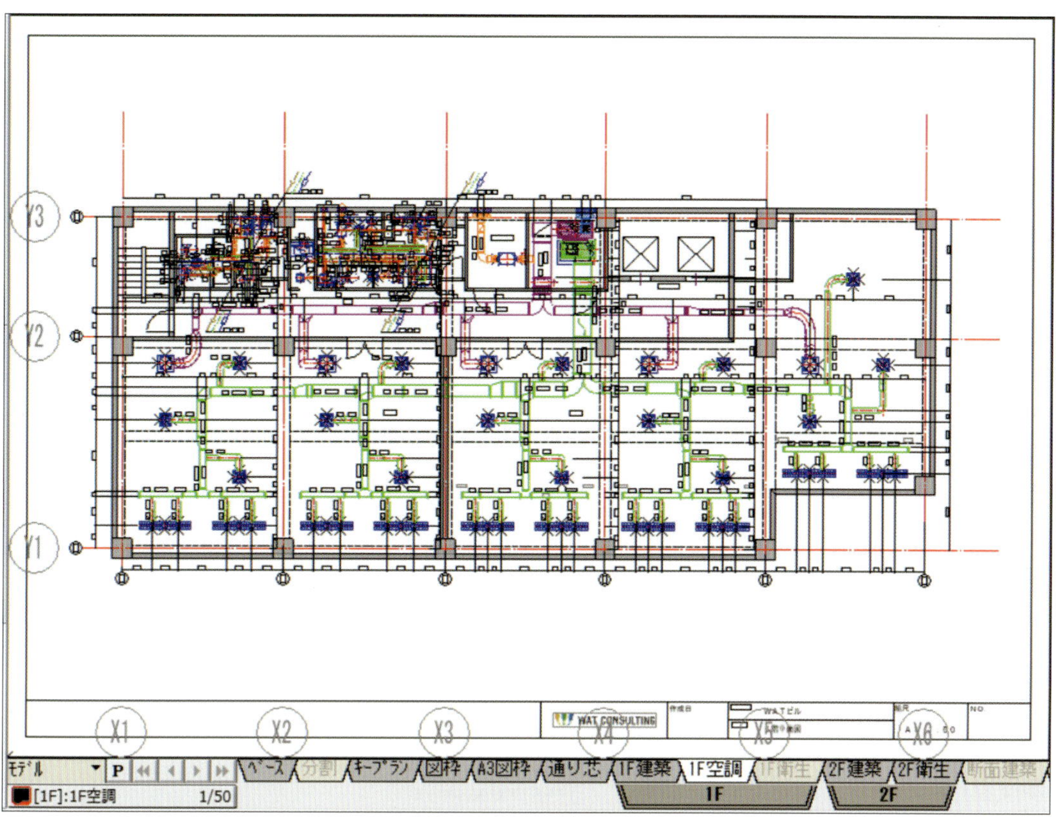

3D図面を表示しますと、1階空調と2階衛生が確認できます。

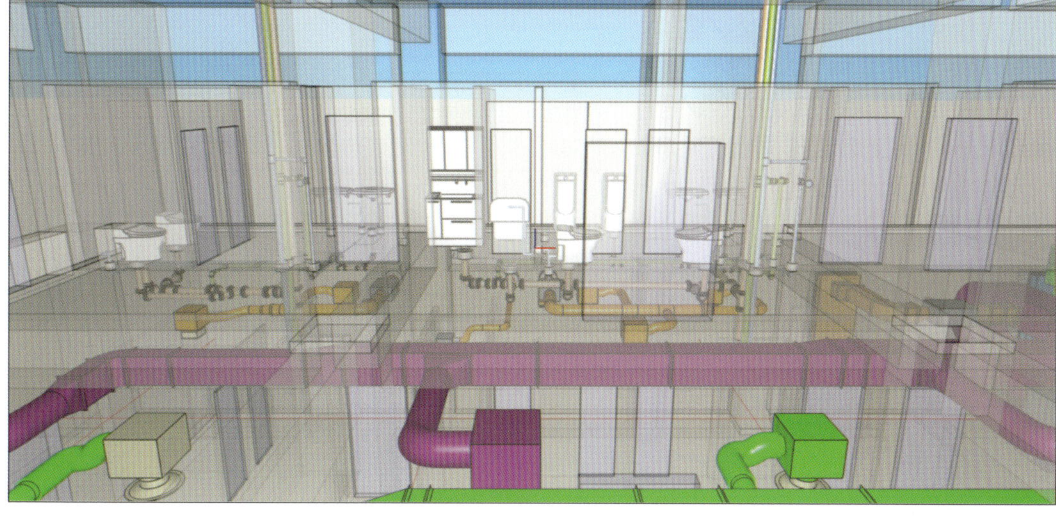

▶１階天井内の干渉検査を行います。

3D図面を表示した状態で、ツールバー [干渉検査] をクリックします❶。

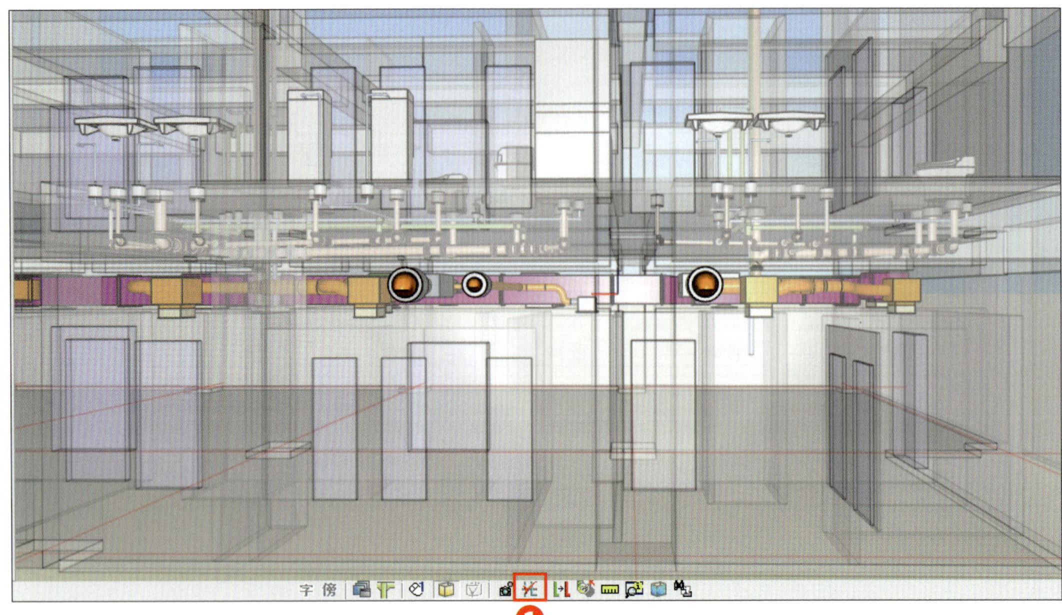

ダイアログが表示されますので、[干渉検査] タブ❷で、設定を行います。

- 検査対象：[弁類、継手] に✓
  [ボックス、チャンバー] に✓❸
- 干渉物：[建築物] に✓❹
- [干渉結果を赤く表示する] に✓❺
- [同じルート上の図形同士でも干渉検査を行う] に✓❻
- [検査開始] ❼

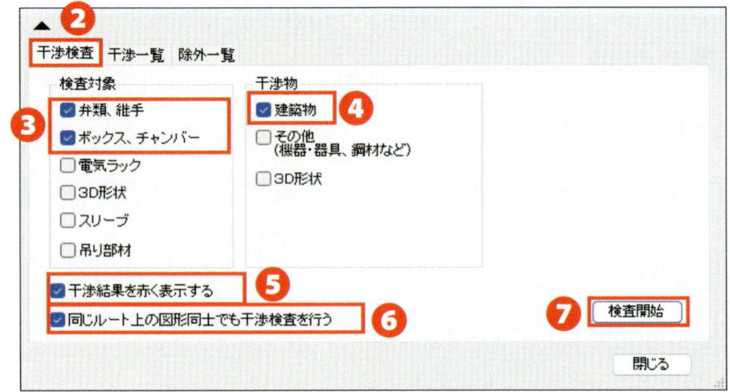

[干渉一覧]タブ❽をクリックすると、[1F建築]の梁や壁と[2F衛生]の配管が干渉していることがわかります。今回は[1F衛生]を[2F衛生]として複写したため、[1F衛生]の衛生器具の配置や衛生配管のルーティングは変更しなくてはならないことがわかります。また、[1F空調]と[2F衛生]の空調ダクトや衛生配管は干渉していないということもわかります。

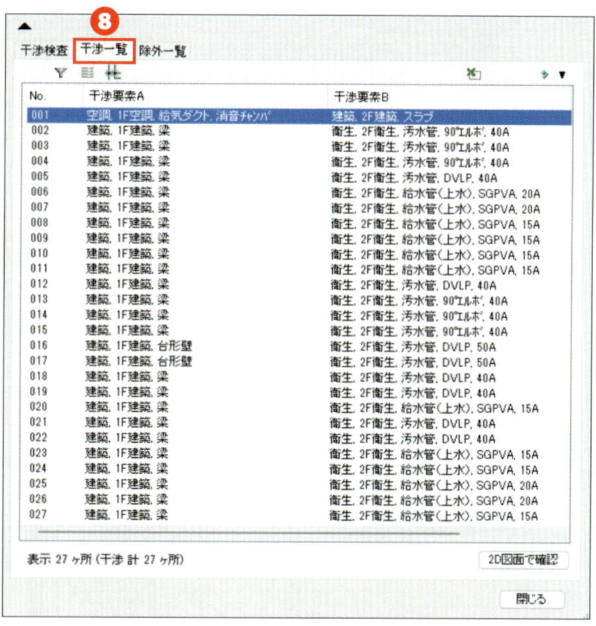

No.	干渉要素A	干渉要素B
001	空調, 1F空調, 給気ダクト, 消音チャンバ	建築, 2F建築, スラブ
002	建築, 1F建築, 梁	衛生, 2F衛生, 汚水管, 90°エルボ, 40A
003	建築, 1F建築, 梁	衛生, 2F衛生, 汚水管, 90°エルボ, 40A
004	建築, 1F建築, 梁	衛生, 2F衛生, 汚水管, 90°エルボ, 40A
005	建築, 1F建築, 梁	衛生, 2F衛生, 汚水管, DVLP, 40A
006	建築, 1F建築, 梁	衛生, 2F衛生, 給水管(上水), SGPVA, 20A
007	建築, 1F建築, 梁	衛生, 2F衛生, 給水管(上水), SGPVA, 20A
008	建築, 1F建築, 梁	衛生, 2F衛生, 給水管(上水), SGPVA, 15A
009	建築, 1F建築, 梁	衛生, 2F衛生, 給水管(上水), SGPVA, 15A
010	建築, 1F建築, 梁	衛生, 2F衛生, 給水管(上水), SGPVA, 15A
011	建築, 1F建築, 梁	衛生, 2F衛生, 給水管(上水), SGPVA, 15A
012	建築, 1F建築, 梁	衛生, 2F衛生, 汚水管, DVLP, 40A
013	建築, 1F建築, 梁	衛生, 2F衛生, 汚水管, 90°エルボ, 40A
014	建築, 1F建築, 梁	衛生, 2F衛生, 汚水管, 90°エルボ, 40A
015	建築, 1F建築, 梁	衛生, 2F衛生, 汚水管, 90°エルボ, 40A
016	建築, 1F建築, 台形壁	衛生, 2F衛生, 汚水管, DVLP, 50A
017	建築, 1F建築, 台形壁	衛生, 2F衛生, 汚水管, DVLP, 50A
018	建築, 1F建築, 梁	衛生, 2F衛生, 汚水管, DVLP, 40A
019	建築, 1F建築, 梁	衛生, 2F衛生, 汚水管, DVLP, 40A
020	建築, 1F建築, 梁	衛生, 2F衛生, 給水管(上水), SGPVA, 15A
021	建築, 1F建築, 梁	衛生, 2F衛生, 汚水管, DVLP, 40A
022	建築, 1F建築, 梁	衛生, 2F衛生, 汚水管, DVLP, 40A
023	建築, 1F建築, 梁	衛生, 2F衛生, 給水管(上水), SGPVA, 15A
024	建築, 1F建築, 梁	衛生, 2F衛生, 給水管(上水), SGPVA, 15A
025	建築, 1F建築, 梁	衛生, 2F衛生, 給水管(上水), SGPVA, 20A
026	建築, 1F建築, 梁	衛生, 2F衛生, 給水管(上水), SGPVA, 20A
027	建築, 1F建築, 梁	衛生, 2F衛生, 給水管(上水), SGPVA, 15A

シートパターンとレイアウトを組み合わせて作図しておくと便利です。

シートパターンを作成してから【シート】を追加すると、追加した【シート】は表示状態になります。後からシートパターンを編集することができます。
[1F天井内]シートパターンの状態で、【ｺﾒﾝﾄ】シートを作成して、コメントを入力します。今回は、雲マークと「衛生図面修正します。」と入力しています。

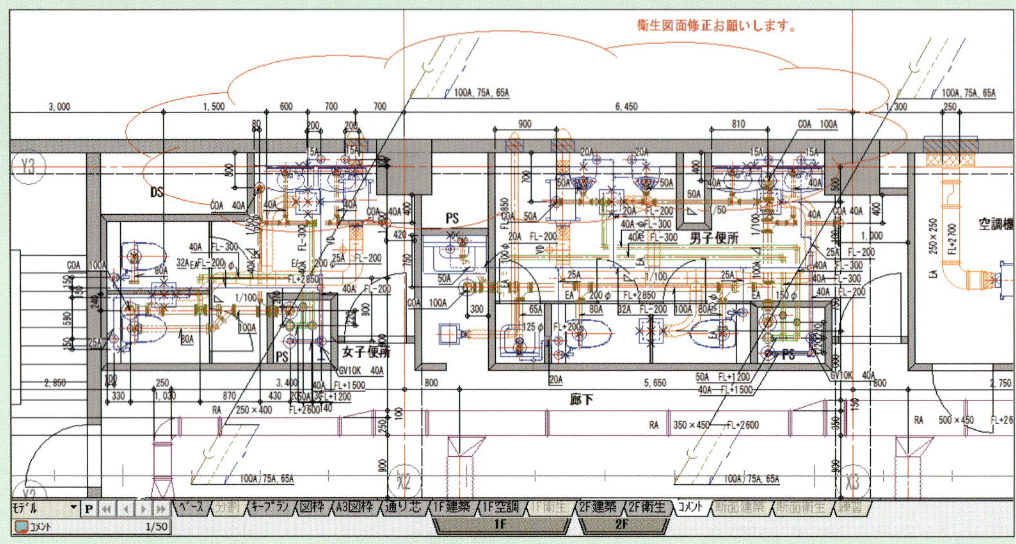

【P】の上でクリックし❶、[便所詳細図]をクリックします❷。

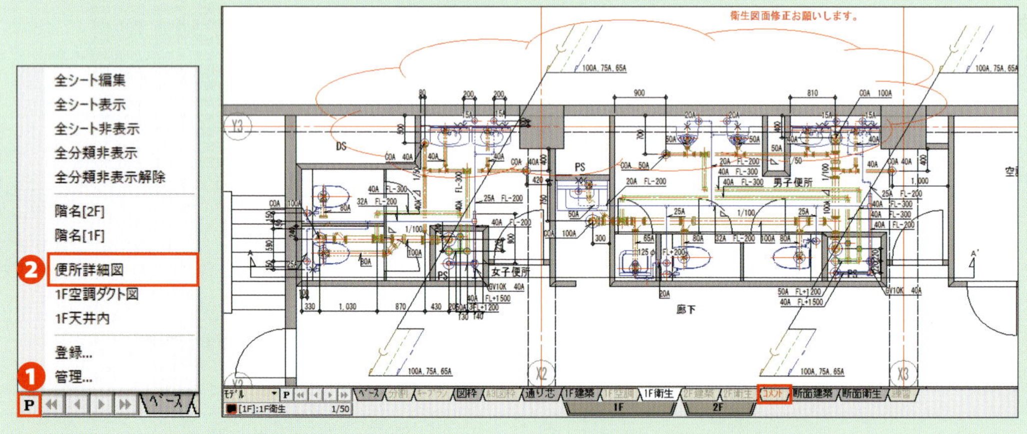

【ｺﾒﾝﾄ】シートが表示状態で、図面に表示されているのがわかります。

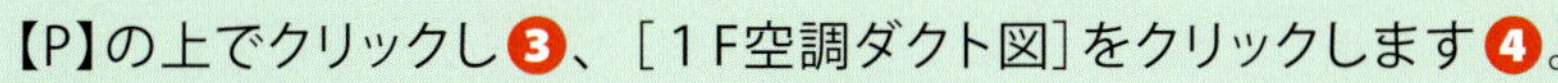

【P】の上でクリックし❸、［1F空調ダクト図］をクリックします❹。

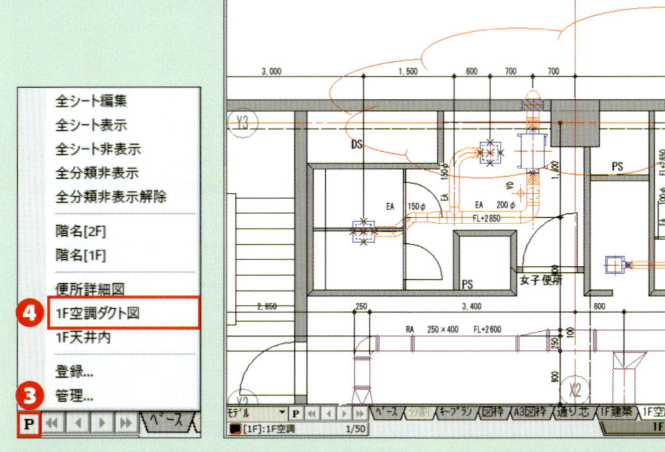

同様に、【ｺﾒﾝﾄ】シートが表示状態で、図面に表示されているのがわかります。

【P】の上でクリックし❺、シートパターンを［便所詳細図］に切り替えて❻、再度【P】の上でクリックして、［管理］をクリックします❼。

［シートパターン管理］ダイアログが表示されますので、［便所詳細図］を選択しますと❽、シート登録情報の中に、有効にチェックが入っておらず、情報の入っていない【ｺﾒﾝﾄ】シートが確認できます❾。

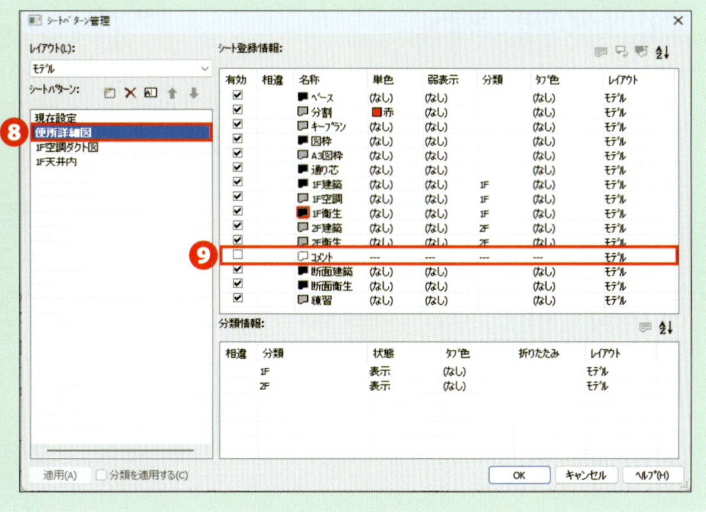

【コメント】の［有効］にチェックを入れて❿、右クリックメニューから、［プロパティ表示］をクリックします⓫。

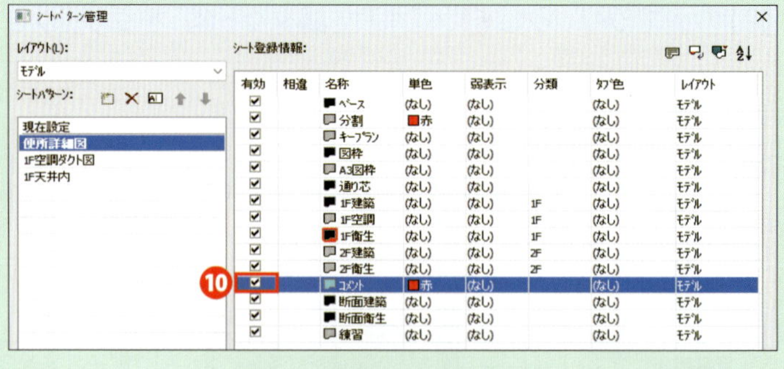

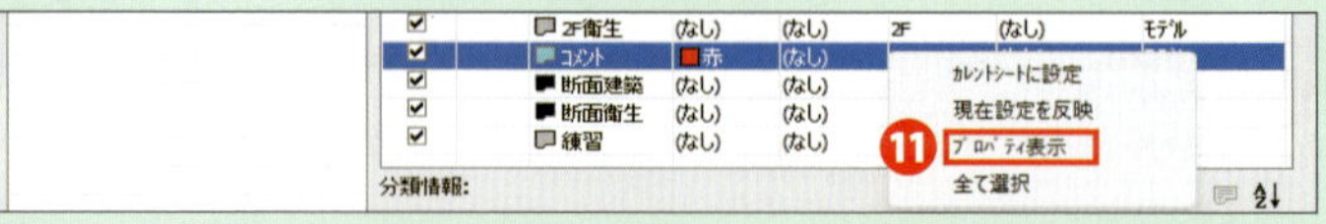

［プロパティ表示］がグレーアウトして選択できない場合は、［現在設定を反映］をクリックしてから［プロパティ表示］をクリックします。

［シートパターン情報］ダイアログが表示されますので、設定を行います。

- 状態：［非表示］⓬
- ［OK］⓭

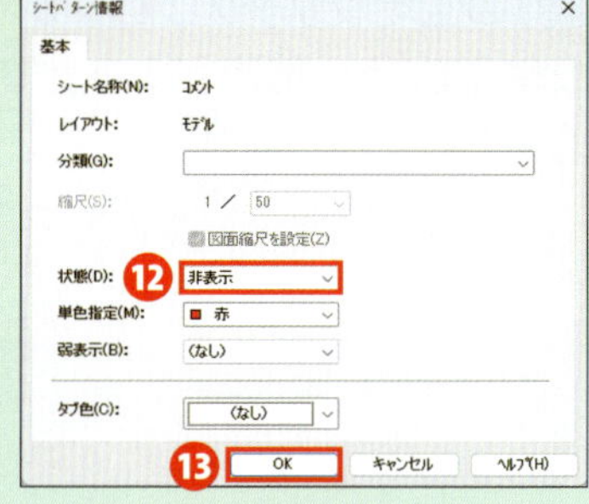

［相違］に＊が表示されます⓮。
［適用］をクリックして⓯、［OK］をクリックします⓰。

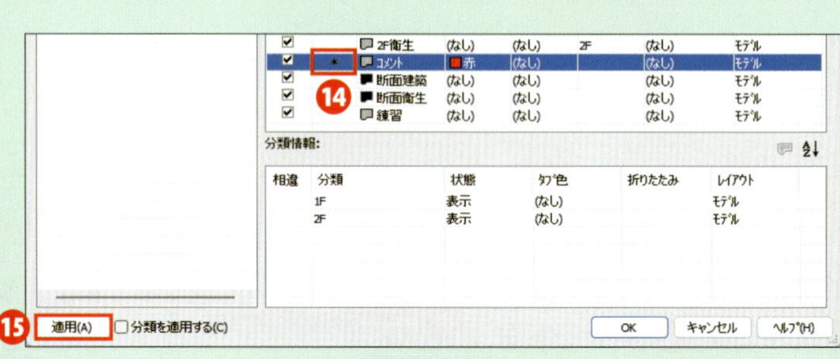

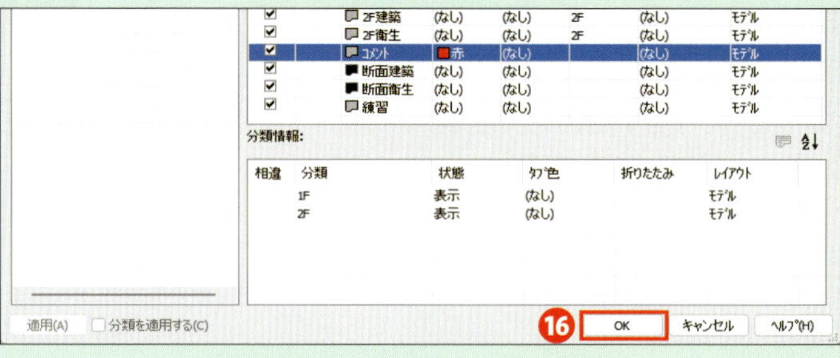

設定した[便所詳細図] のシートパターンが図面に反映されています。

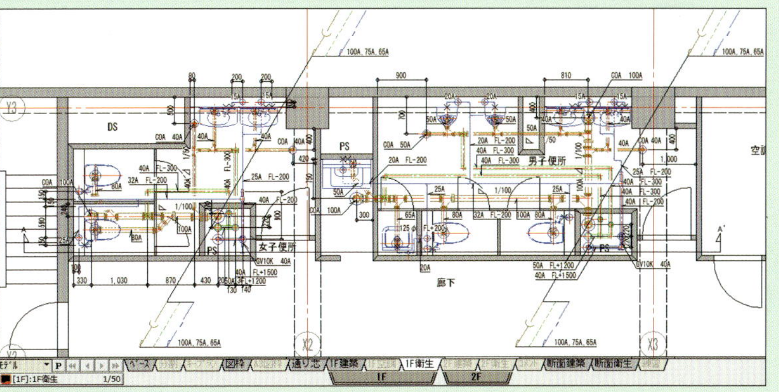

同様に管理することで、[1F空調ダクト図] のシートパターンが図面に反映されます。

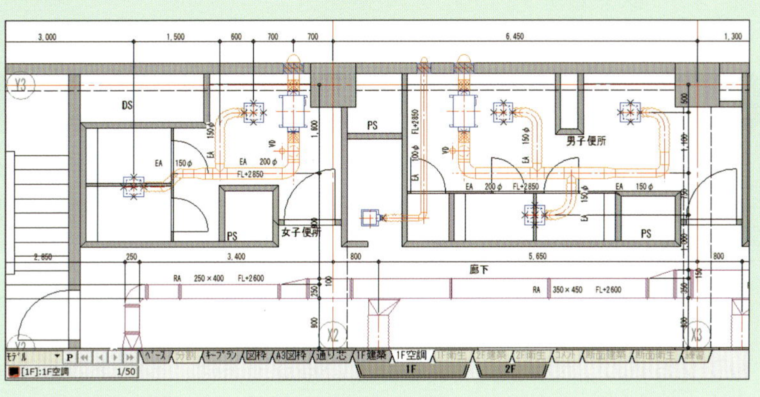

外部リンク

■使用ファイル：WATビル.tfs　■完成図：1階空調ダクト図

外部リンクとは、図面枠や建築図の変更を一括に反映できる機能です。図枠名称や日付を修正したい場合、外部リンクの参照先を編集し、リンク元図面の更新を行うことで、1つずつ図面を修正しなくても、修正内容を反映できます。

外部リンク

▶［外部リンクの種類］

［参照］：貼り付けたシートを図面と一緒に保存せずに、図面を開く際に、リンク先シートの最新の図面を読込みます。リンク先図面を編集後、リンク元図面を展開すると、展開した時点で最新の図面を読み込みますので、リアルタイムで編集内容が反映されます。

リンク方式が［参照］に設定されているシートは、シート状態を［編集］にしたり、カレントシートにすることはできません。

［埋め込み］：貼り付けたシートを図面と一緒に保存します。手動で更新を行ったときだけ、最新図面を読み込みます。リンク元図面を展開［ロード実行］の作業を行わないと最新の図面は読み込まれません。

▶リンク先図面のパス］リンク先図面のパスには［絶対パス］と［相対パス］があります。

［絶対パス］：PC名やドライブを基点とし、フォルダ名、ファイル名まで完全に記録しているもので、リンク先図面がどこにあっても同じ位置となります。

［相対パス］：リンク元図面の位置に対して、リンク先図面がどの場所にあるかを記録しているものです。例えば、同じフォルダ内という感じです。

外部リンク［参照］の場合、Tfasでは基本的に、リンク先図面を、［絶対パス］→［相対パス］→［リンク元ファイルフォルダ］の順で探します。設定によって絶対パスを保存しない場合は、リンク先図面を、［相対パス］→［リンク元ファイルフォルダ］の順に探します。

リンク元図面とリンク先図面がともにDWG図面の場合、リンク元図面とリンク先図面が別のドライブに保存されている場合は、外部リンク時に［相対パス］を保存することができません。

続けてシートパターン設定をした【WATビル.tfs】を使用します。【P】の上でクリックし、シートパターンを［1F空調ダクト図］に設定し❶、図面枠を外部リンクしますので、現在表示されている【図枠】シートを非表示にします❷。

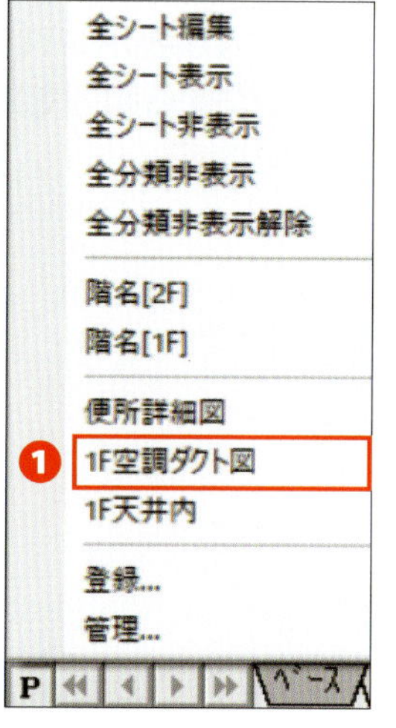

▶外部リンクを作成します。

1 ［相対パス］に変更します。
ツールバー、または、メニューバー［設定］>［環境設定］を選択します。

［環境設定］ダイアログが表示されますので、設定を行います。

［基本］タブ❶
● ［最初に絶対パスで検索する］の✓を外す❷。
● ［OK］❸

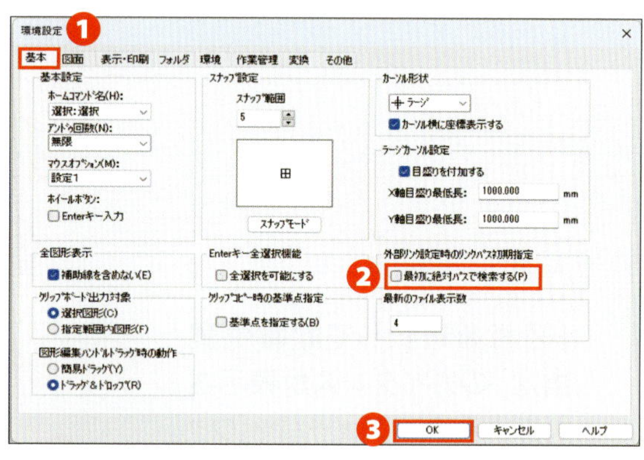

2 外部リンク元図面［外部参照用空調図枠.tfs］を配置します。
メニューバー［挿入］>［外部リンク］>［参照］を選択します。

［リンク先の図面を選択して下さい］ダイアログが表示されますので、［第4章_専門操作編］に入っている［外部参照用空調図枠.tfs］をクリックし❶、［開く］をクリックします❷。

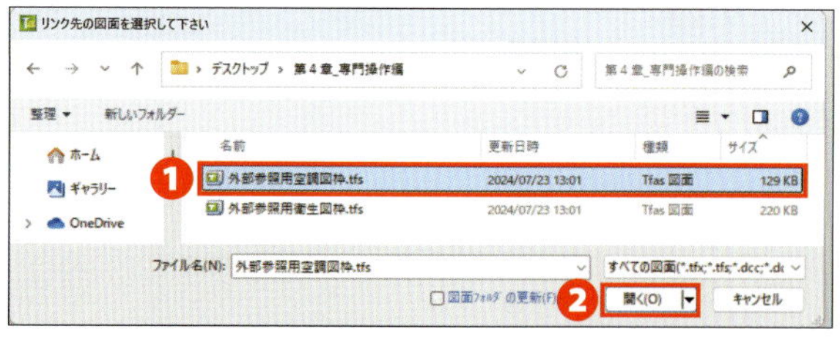

選択した図面が開かれ、［リンクする範囲指定］のガイダンスが表示されますので、リンクする範囲を対角で指定します❸。

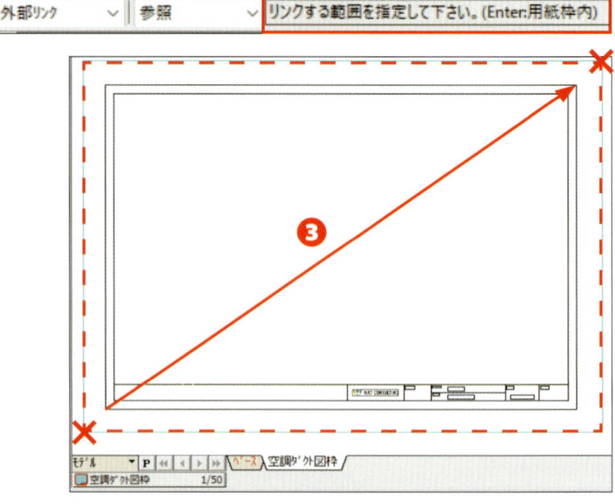

［リンク先の基準点指定］ダイアログが表示されますので、基準点をクリックします❹。

［図面を選択して配置位置指定］のガイダンスが表示されますので、メニューバー［ウィンドウ］をクリックして❺、外部リンクを設定したい図面［WATビル.tfs］をクリックします❻。

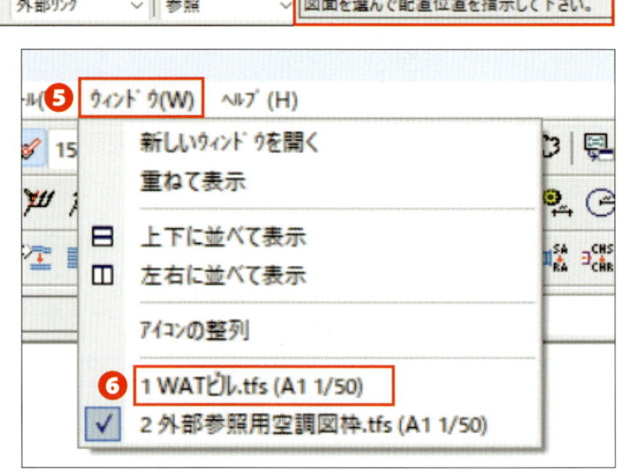

[WATビル]の参照図面を貼り付ける位置（用紙枠左下）をクリックします❼。

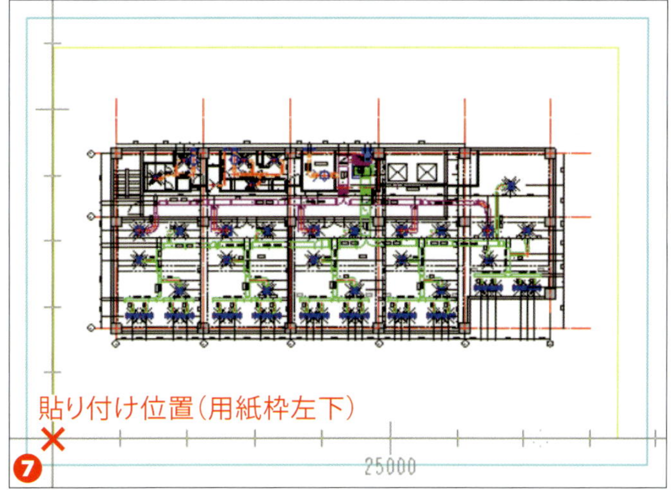

[配置角度入力]のガイダンスが表示されますので、[Enter]キーを押します❽。

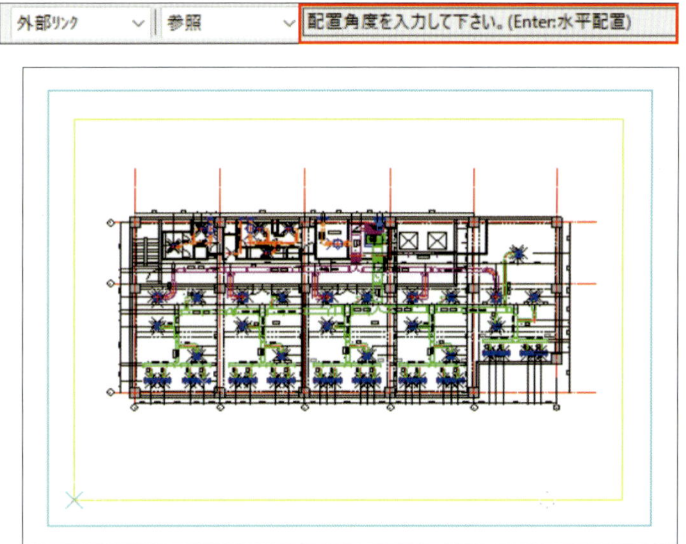

[リンク先シート選択]ダイアログが表示されますので、貼り付けるシート[空調ダクト図枠]を選択し❾、[OK]をクリックします❿。

［シート設定］ダイアログが表示されますので、シート名称、縮尺設定等を行います。今回は変更しませんので、［OK］をクリックします⓫。

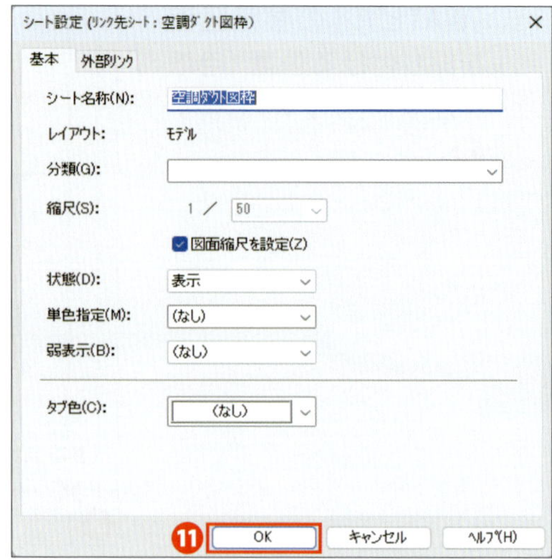

【図枠】が表示されていない図面に［1階空調ダクト図］という図面名の図枠が表示されているのが確認できます⓬。
【空調ダクト図枠】シートが作成されています⓭。

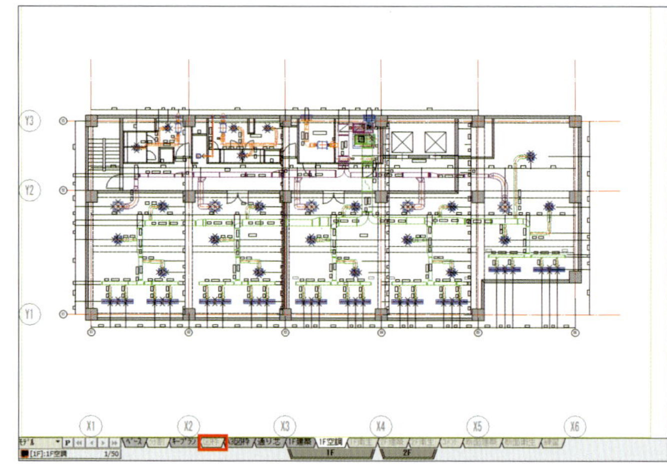

表示された図枠

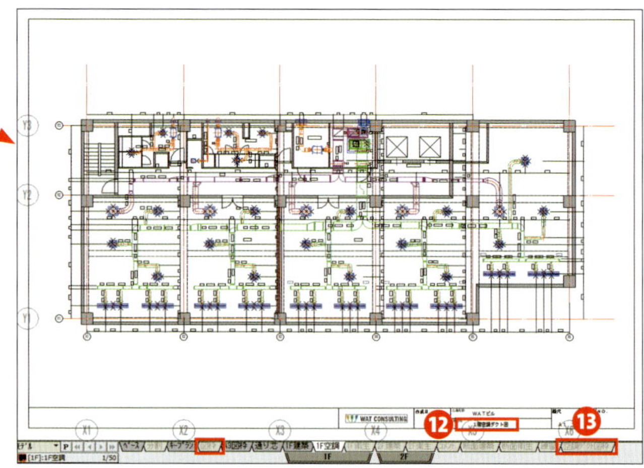

追加された【空調ダクト図枠】シートはクリックしても触ることができません⓭。

【空調ダクト図枠】シートの上で右クリックメニュー>[プロパティ]を選択すると、[シート変更]ダイアログが表示され、[外部リンク]タブができています⓮。

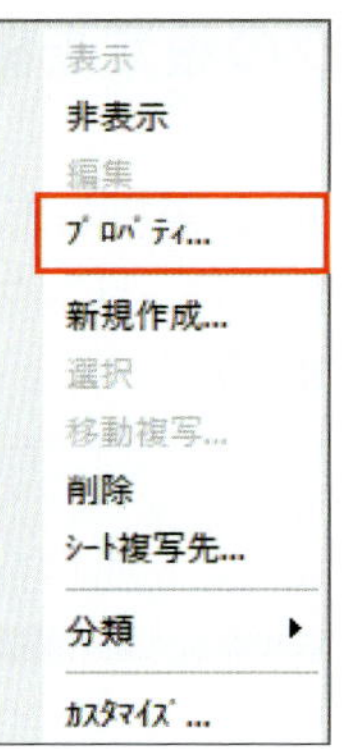

[外部リンク]タブをクリックすると⓯、[外部リンク]を変更することができます。

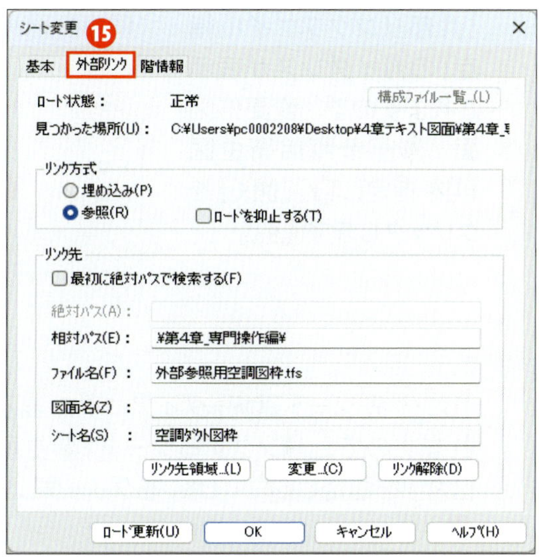

リンク方式[埋め込み]をクリックして⓰、[OK]をクリックすると⓱、外部リンクの【空調ダクト図枠】シートが表示と同じシート状態になり、編集することが可能になります。

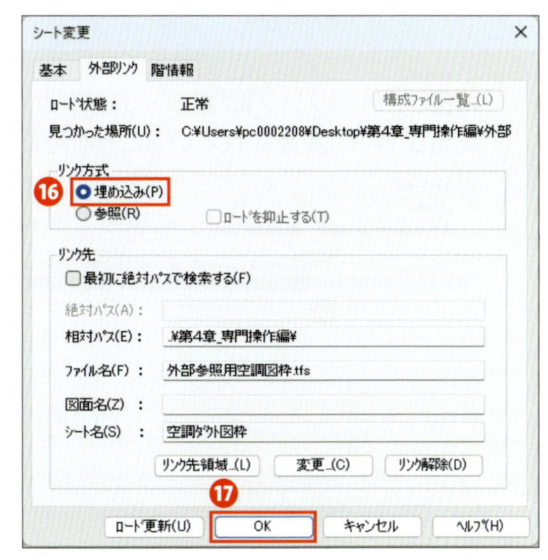

コメント / 断面建築 / 断面衛生 / 練習 / 空調ダクト図枠

確認のみのため、リンク方式[参照]に戻しておきましょう。

▶外部リンク管理］ダイアログから外部リンクの設定を確認・変更します。

1 参照しているリンク先図面を変更します。
メニューバー［挿入］>［外部リンク］>［管理］を選択します。
［外部リンク管理］ダイアログが表示されますので、リンク方式を変更するシートをクリックし❶、［リンク先変更］をクリックします❷。

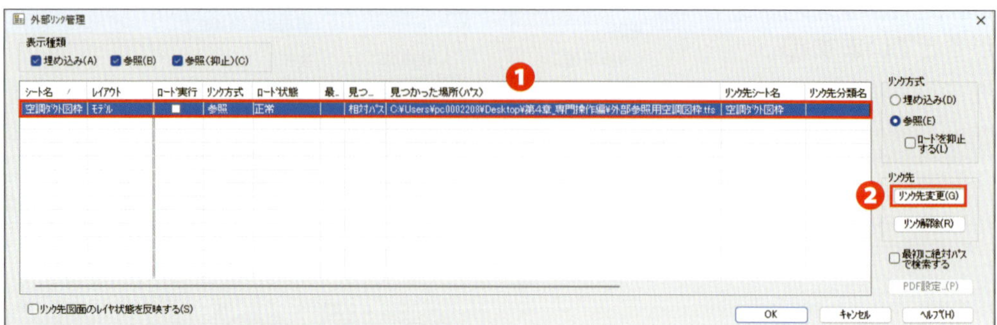

［外部リンクファイル指定］のガイダンスが表示されますので、変更先図面［外部参照用衛生図枠］を指定し❸、［開く］をクリックします❹。

［リンク先シート選択］ダイアログが表示されますので、リンクするシート［衛生配管図枠］を指定し❺、［OK］をクリックします❻。

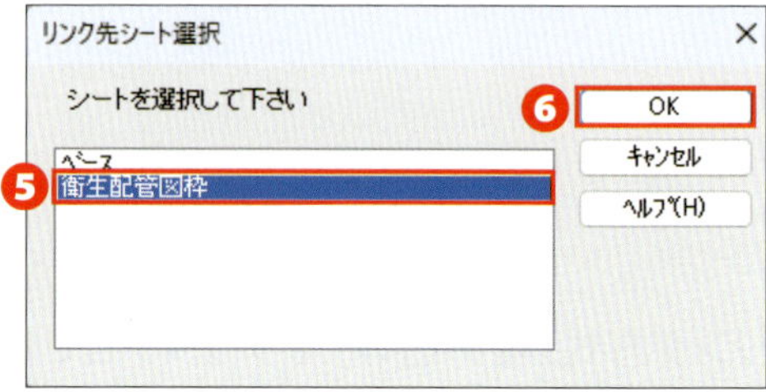

再度、［外部リンク管理］ダイアログが表示されますので、リンク先シート名が［衛生配管図枠］に変更されていることを確認して❼、［OK］をクリックします❽。

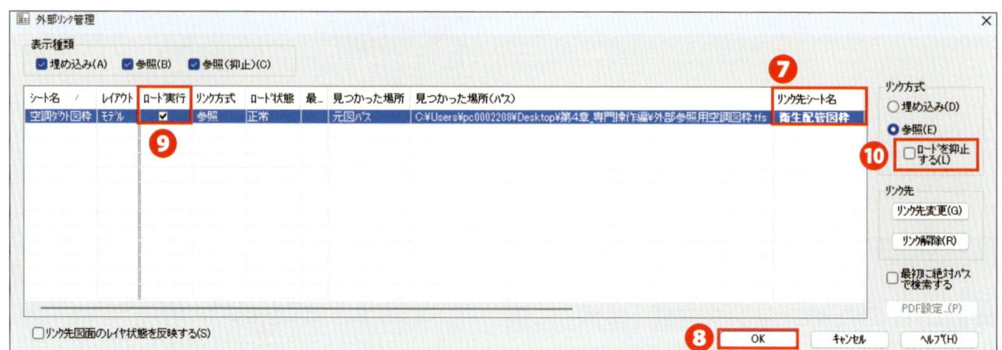

［ロード実行］がオンの場合は❾、［OK］をクリックしてダイアログを閉じると、再リンク処理が行われます。

［ロードを抑止する］に✓を入れると❿、外部リンク［参照］時にリンク先情報を読込まなくなります。

変更先として指定できる図面は同じ種類の図面のみとなり、異なる種類の図面をリンク先として変更することはできません。tfsとtfxのような同じ種類で異なる形式のものは変更先として指定できます。

表示された図面枠が［２階衛生配管図］に変更されています⓫。

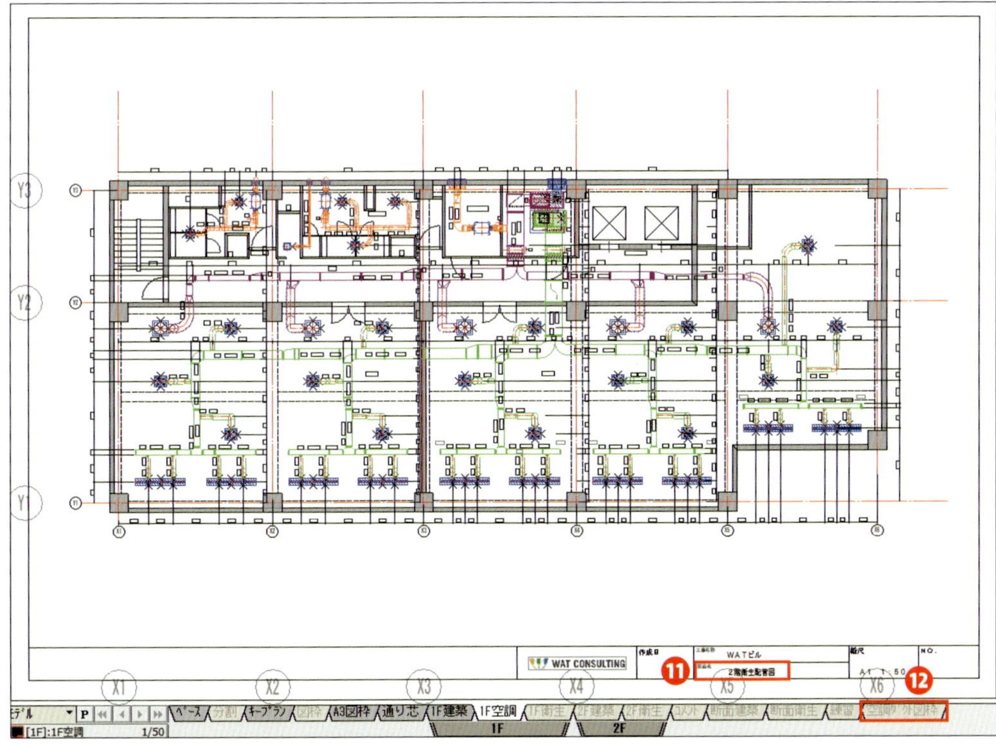

シート名は【空調ダクト図枠】のままです⓬。

【空調ダクト図枠】シートの上で右クリックメニュー＞［プロパティ］を選択します。

［シート変更］ダイアログが表示されますので、設定を行います。

- シート名称：［衛生配管図枠］⓭
- ［OK］⓮

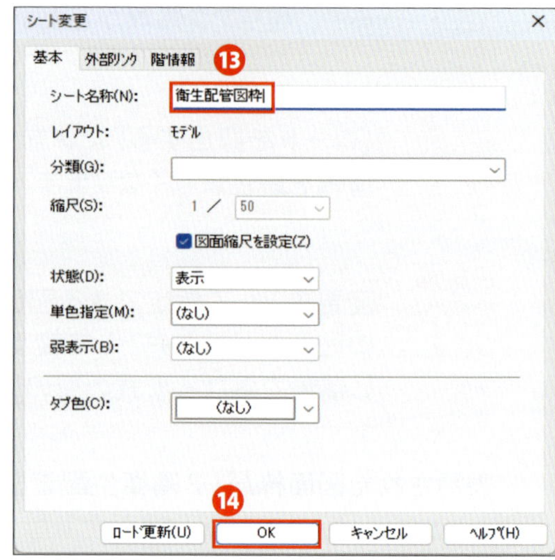

【衛生配管図枠】シートに変更されます⓯。

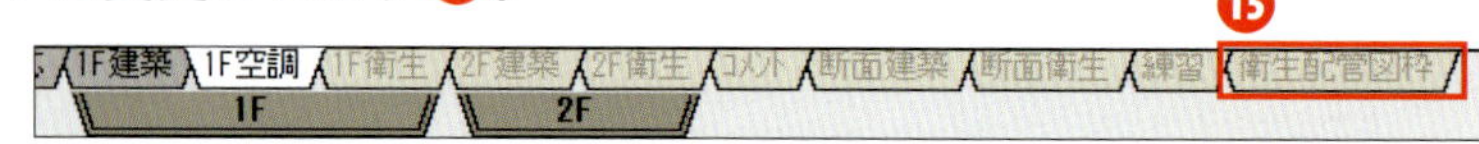

2 リンク方式を変更します。
メニューバー［挿入］＞［外部リンク］＞［管理］を選択します。
［外部リンク管理］ダイアログが表示されますので、［埋め込み］をクリックして❶、［OK］をクリックします❷。

追加された【衛生配管図枠】がシート表示状態と同様になり❸、『モデル』で編集できるようになります。

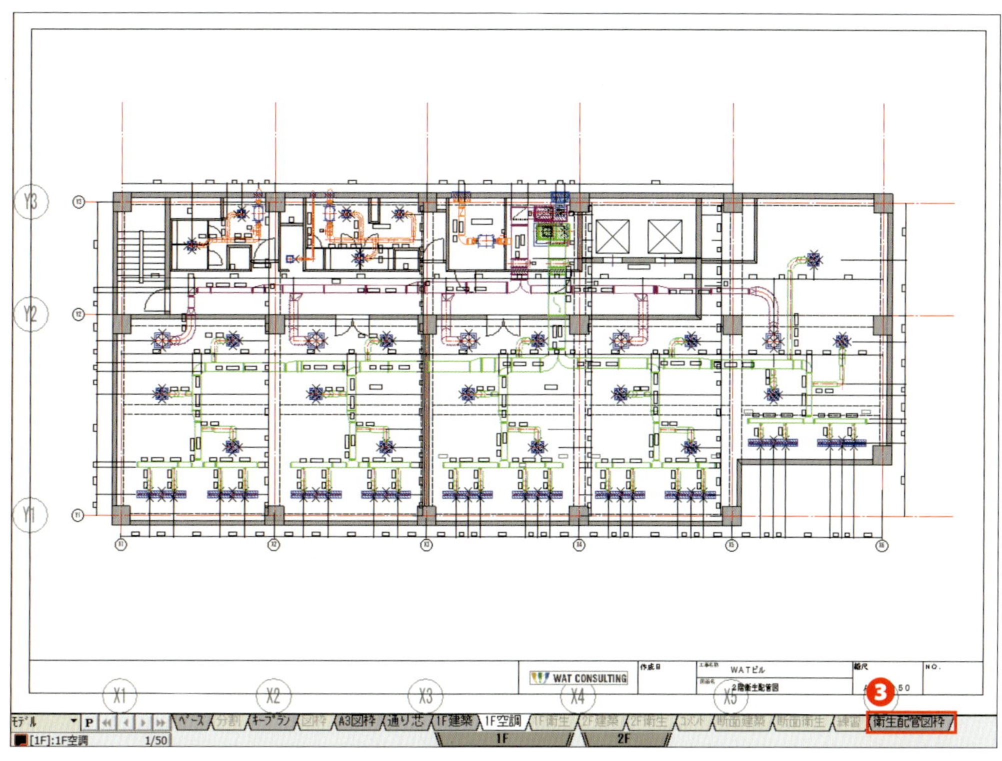

外部リンクが[埋め込み]の場合、リンクシートを開いている状態では、リンク方式を[参照]に変更することはできません。

3 リンク元図面に表示されている参照図面とリンク元図面のレイヤの状態を連動させます。メニューバー[挿入]>[外部リンク]>[管理]を選択します。
[外部リンク管理]ダイアログが表示されますので、[リンク先図面のレイヤ状態を反映する]に✓を入れます❶。[ロード実行]に✓を入れ❷、[OK]をクリックします❸。

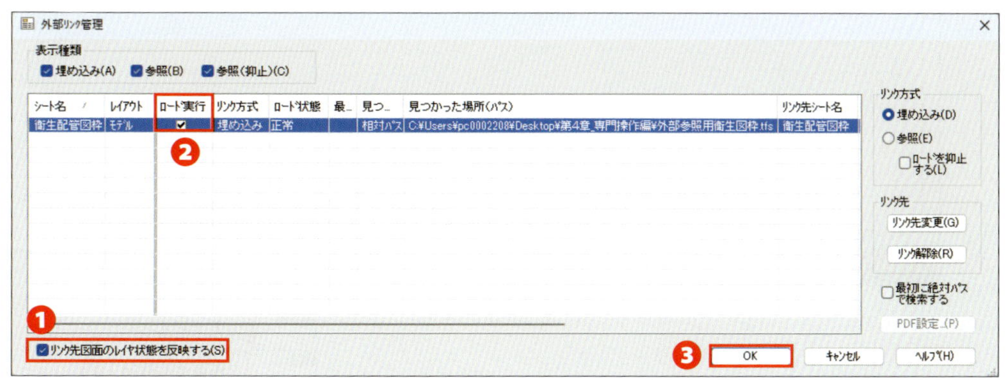

4 リンク先図面を更新し、最新の図面を読込みます。
ツールバー、または、メニューバー［ファイル］>［開く］を選択します。リンク先図面［外部参照用衛生図枠.tfs］を選択し❶、［開く］をクリックします❷。

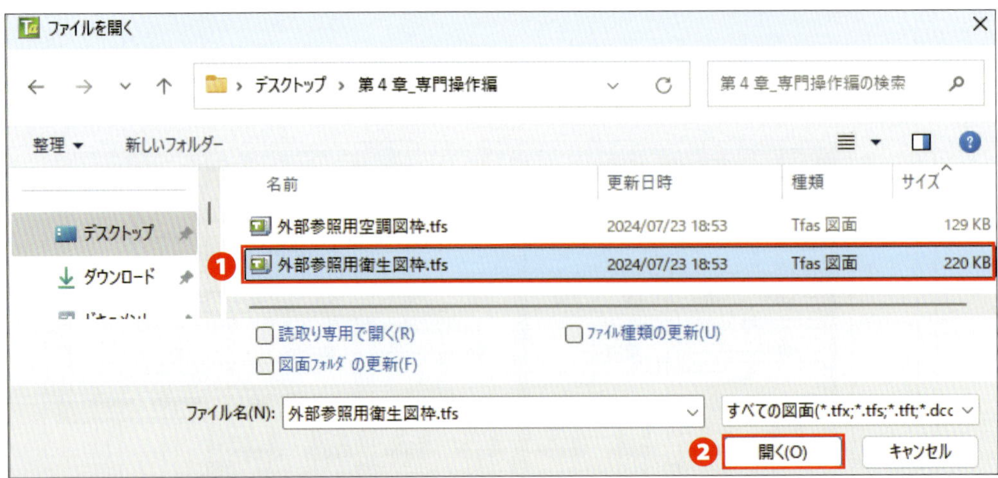

開かれた［外部参照用衛生図枠.tfs］の図面名を［2階衛生配管図］から［3階衛生配管図］に変更して❸、上書き保存し、図面を閉じます。

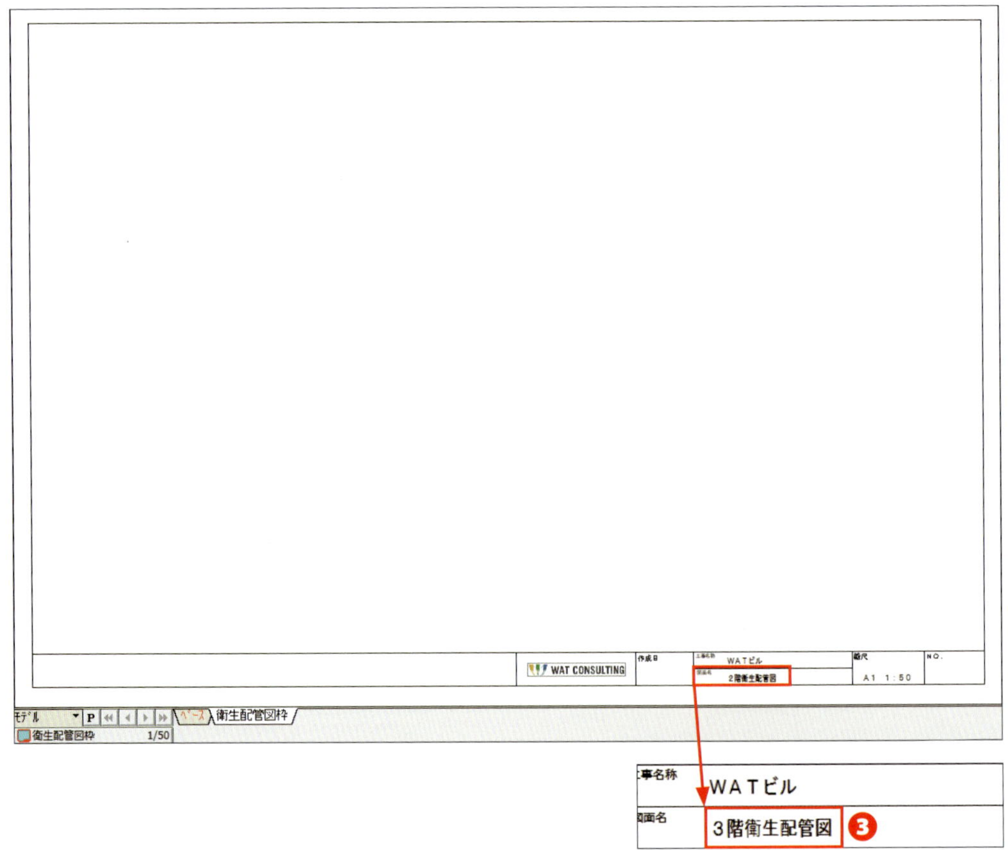

【WATビル.tfs】に戻ります。
メニューバー［挿入］＞［外部リンク］＞［管理］を選択します。
［外部リンク管理］ダイアログが表示されますので、［ロード実行］に✓を入れ❹、［OK］をクリックします❺。

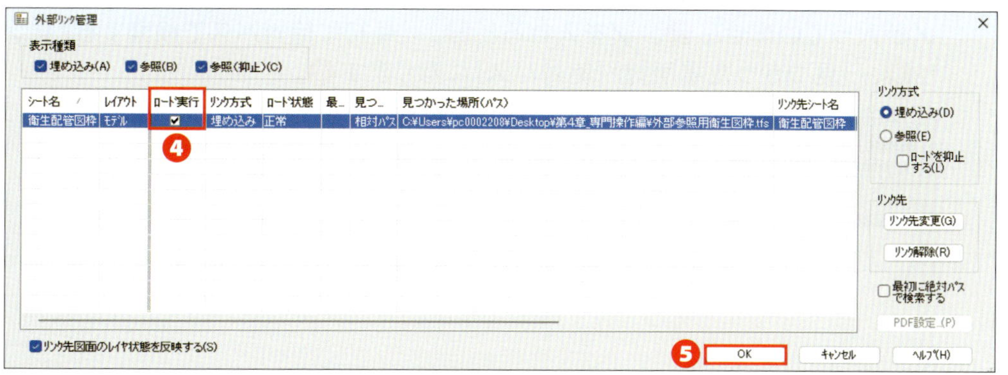

【衛生配管図枠】シートの図面名が［3階衛生配管図］に変更されています❻。

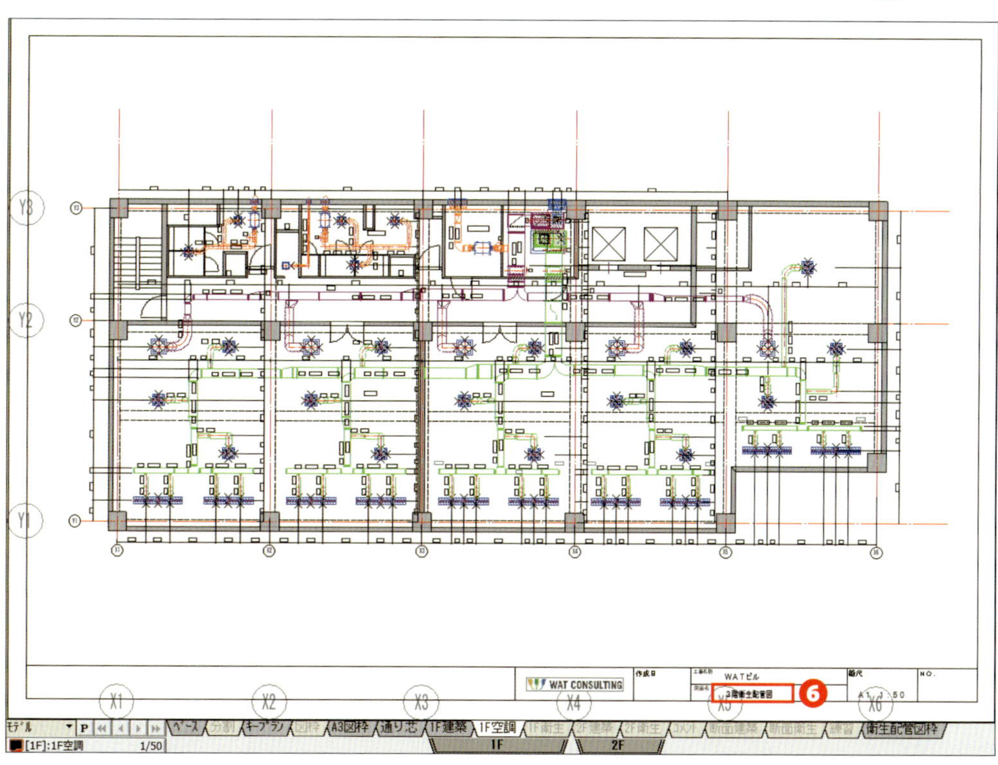

第1章 基本操作編
第2章 設備操作編
第3章 実践操作編
第4章 専門操作編

5 リンク元図面のパスの優先方法を変更します。
メニューバー［挿入］＞［外部リンク］＞［管理］を選択します。
［外部リンク管理］ダイアログが表示されます。

1（357P）で、［相対パス］に設定をしましたので、［最初に絶対パスで検索する］に✓が入っていません❶。✓を入れると❷、［最初に絶対パスで検索する］に✓が入り❸、［見つかった場所］が［絶対パス］になります❹。

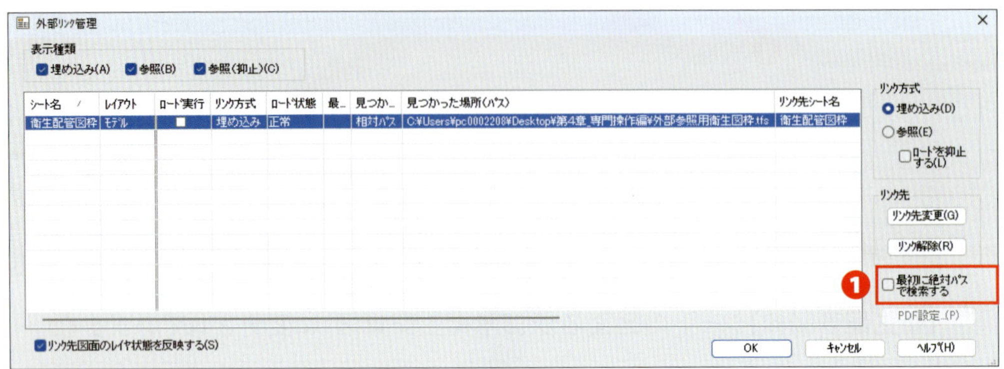

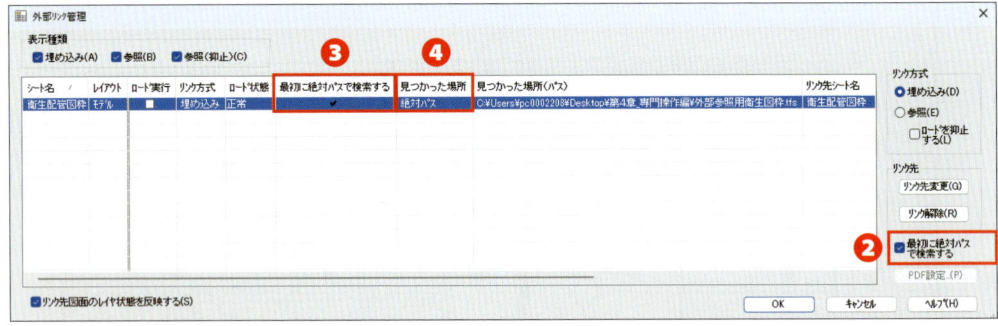

［最初に絶対パスで検索する］の場合、リンク先図面を、［絶対パス］→［相対パス］→［リンク元ファイルフォルダ］の順で探します。設定によって絶対パスを保存しない場合は、リンク先図面を、［相対パス］→［リンク元ファイルフォルダ］の順に探します。
［絶対パス］はアドレスで参照データを探すため、別フォルダで作図をしたり、フォルダを移動したときに更新されていない図面のままになってしまう場合があります。

6 図形のリンクを解除します。
メニューバー［挿入］＞［外部リンク］＞［管理］を選択します。
［外部リンク管理］ダイアログが表示されますので、［最初に絶対パスで検索する］の✓を外し❶、［リンク解除］をクリックします❷。

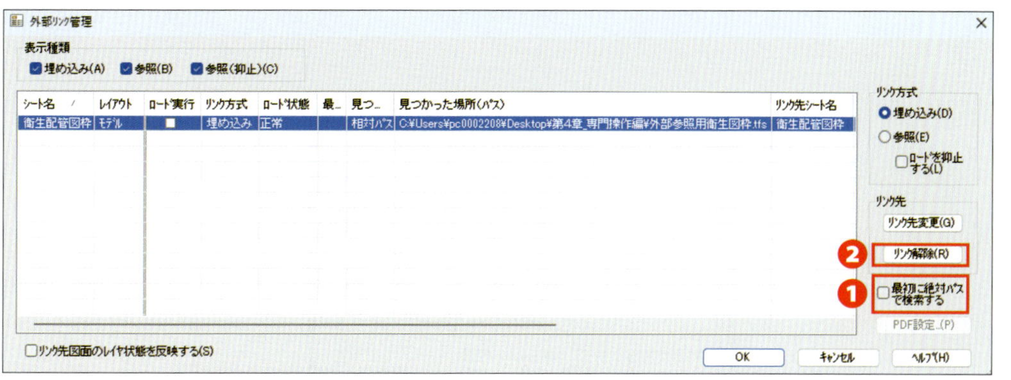

確認ダイアログが表示されますので、［はい］をクリックします❸。

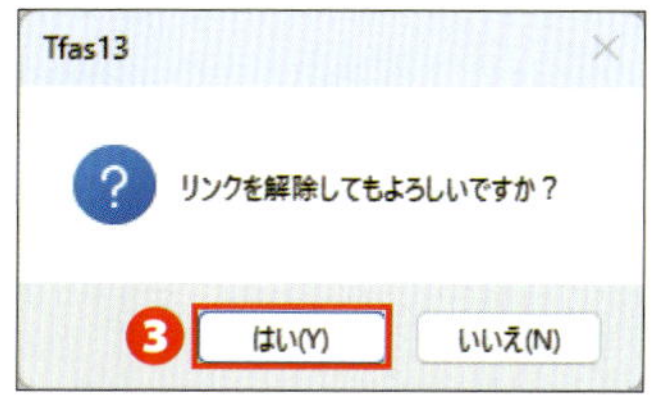

［外部リンク管理］に何も表示されなくなりますので、［OK］をクリックします❹。

リンクを解除し、リンク図形を複写した状態になります❺。

【衛生配管図枠】シートの上で右クリックメニュー＞［プロパティ］を選択しますと、［シート変更］ダイアログが表示されます。
［外部リンク］タブが表示されていないのが確認できます。

空調完成図

WAT CONSULTING

作成日

工事名称 WATビル

図面名 空調完成図

縮尺 A1 1:50

NO.

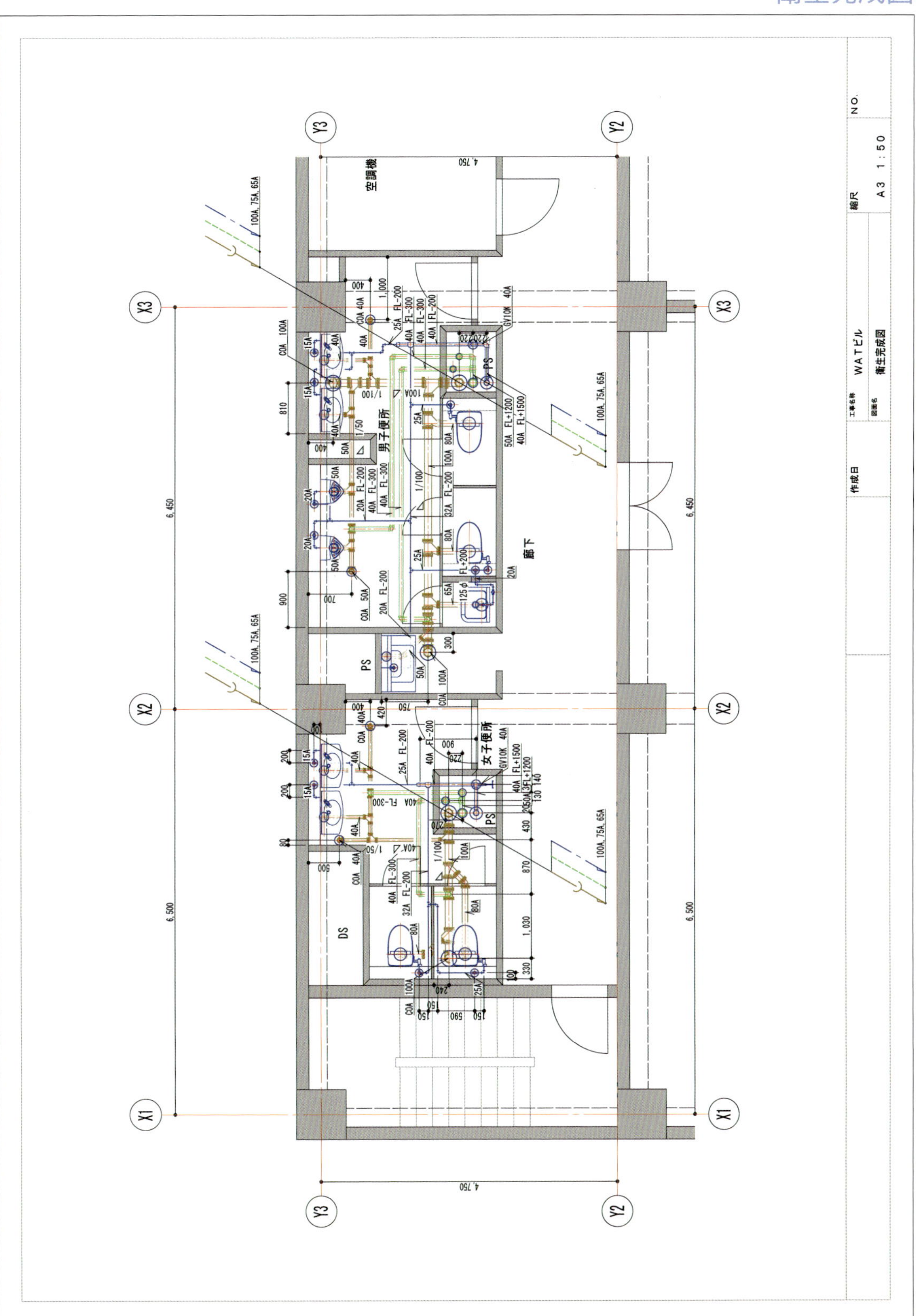

NO.
縮尺
A3 1:50
工事名称
WATビル
図面名
衛生完成図
作成日
空調機
男子便所
女子便所
廊下
PS
DS
X1
X2
X3
Y2
Y3
6,450
6,500
4,750

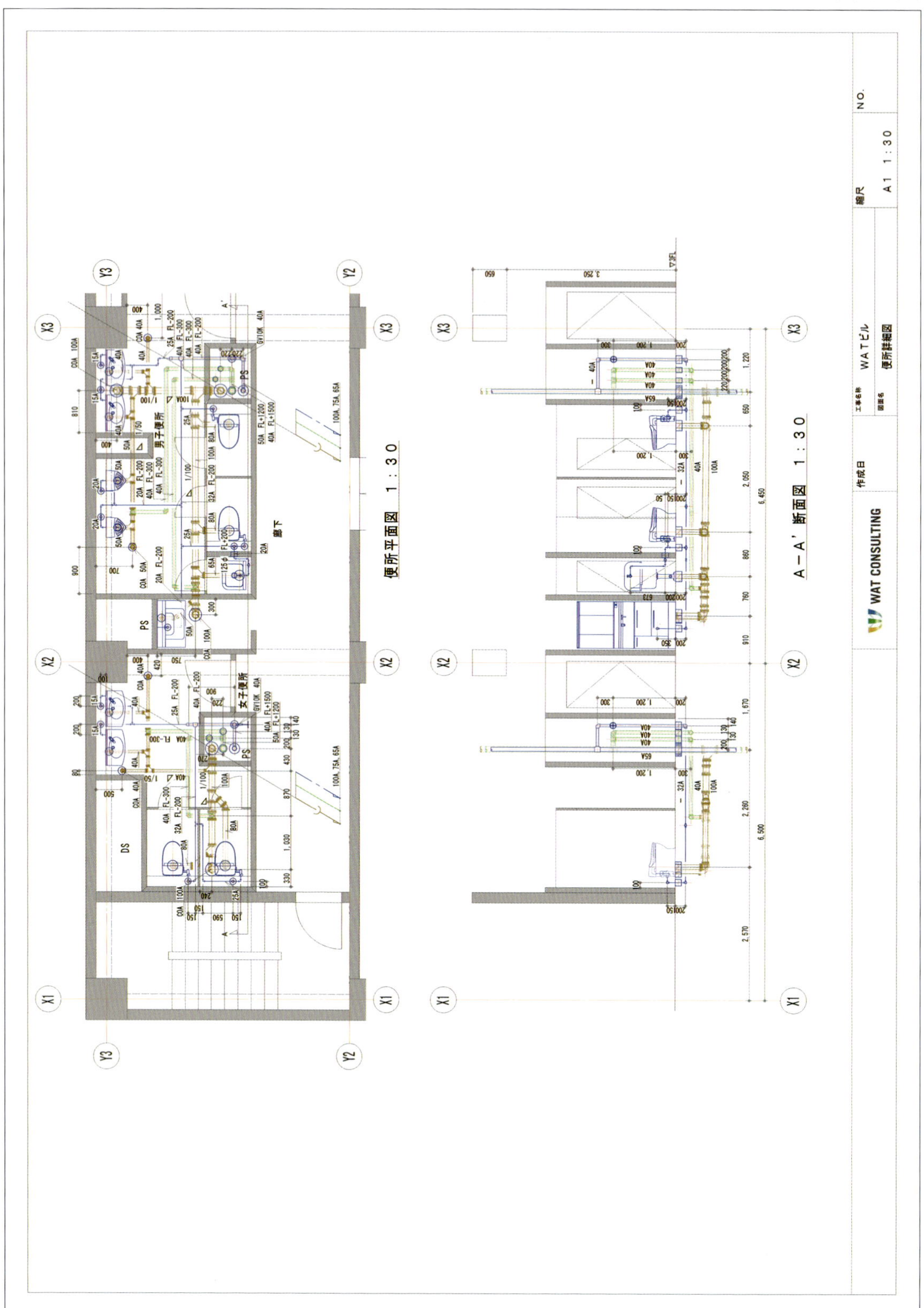

便所平面図　1：30
A－A' 断面図　1：30
男子便所
女子便所
廊下
PS
DS
WAT CONSULTING
作成日
工事名称　WATビル
図面名　便所詳細図
縮尺　A1　1：30
NO.

空調機械室
男子便所
女子便所
廊下
PS
DS
工事名称 WATビル
図面名 1階空調ダクト図ー1
作成日
縮尺 A3 1:50
NO.

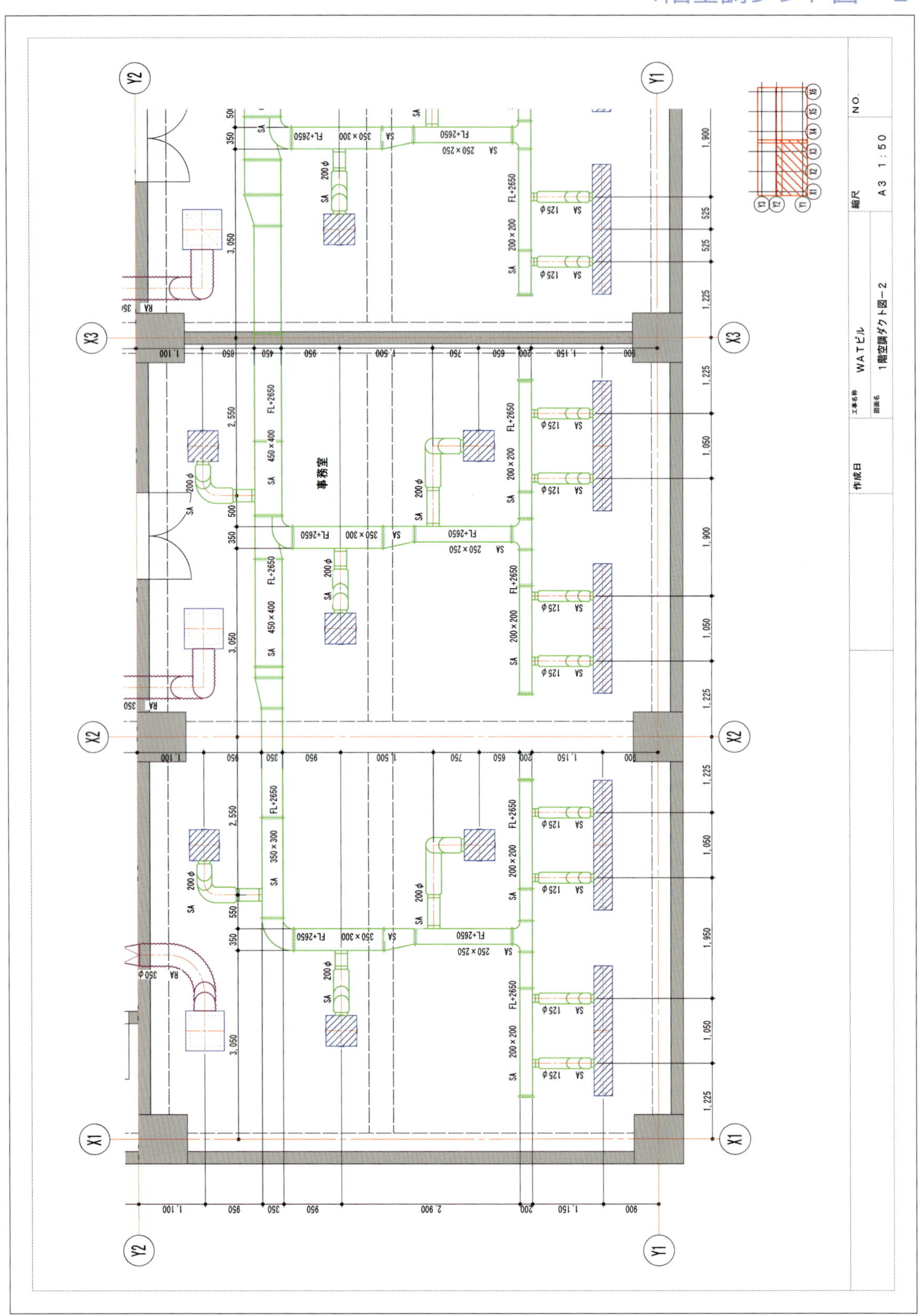

事務室
WATビル
1階空調ダクト図－2
A3 1:50
作成日
縮尺
NO.

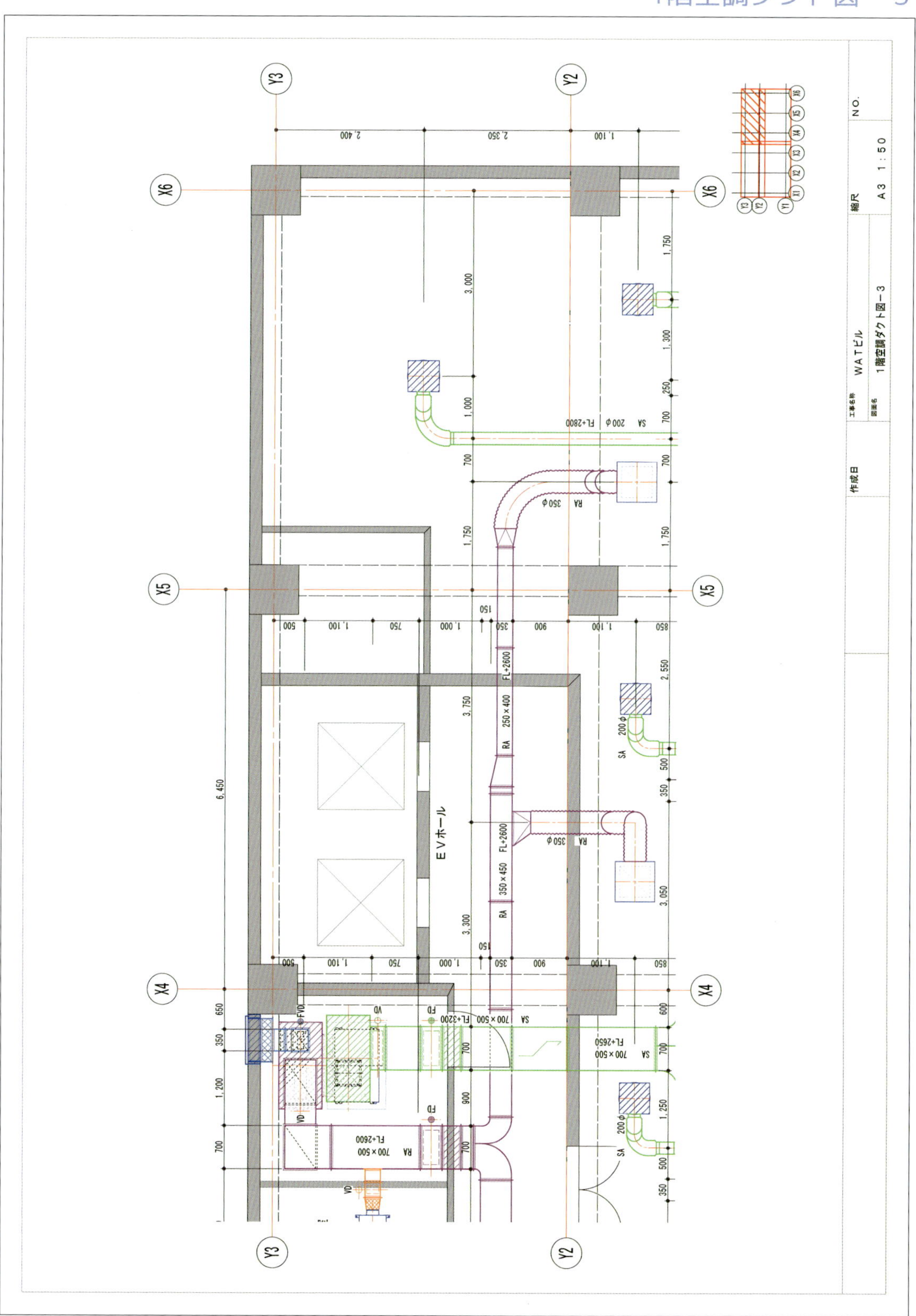
EVホール
工事名称 WATビル
図面名 1階空調ダクト図－3
作成日
縮尺 A3 1:50
NO.
SA 200φ FL+2800
RA 350φ
RA 250×400 FL+2600
RA 350×450 FL+2600
SA 700×500 FL+2650
RA 700×500 FL+2600
FL+3200
VD
FD
FVD
SA 200φ
X4
X5
X6
Y2
Y3

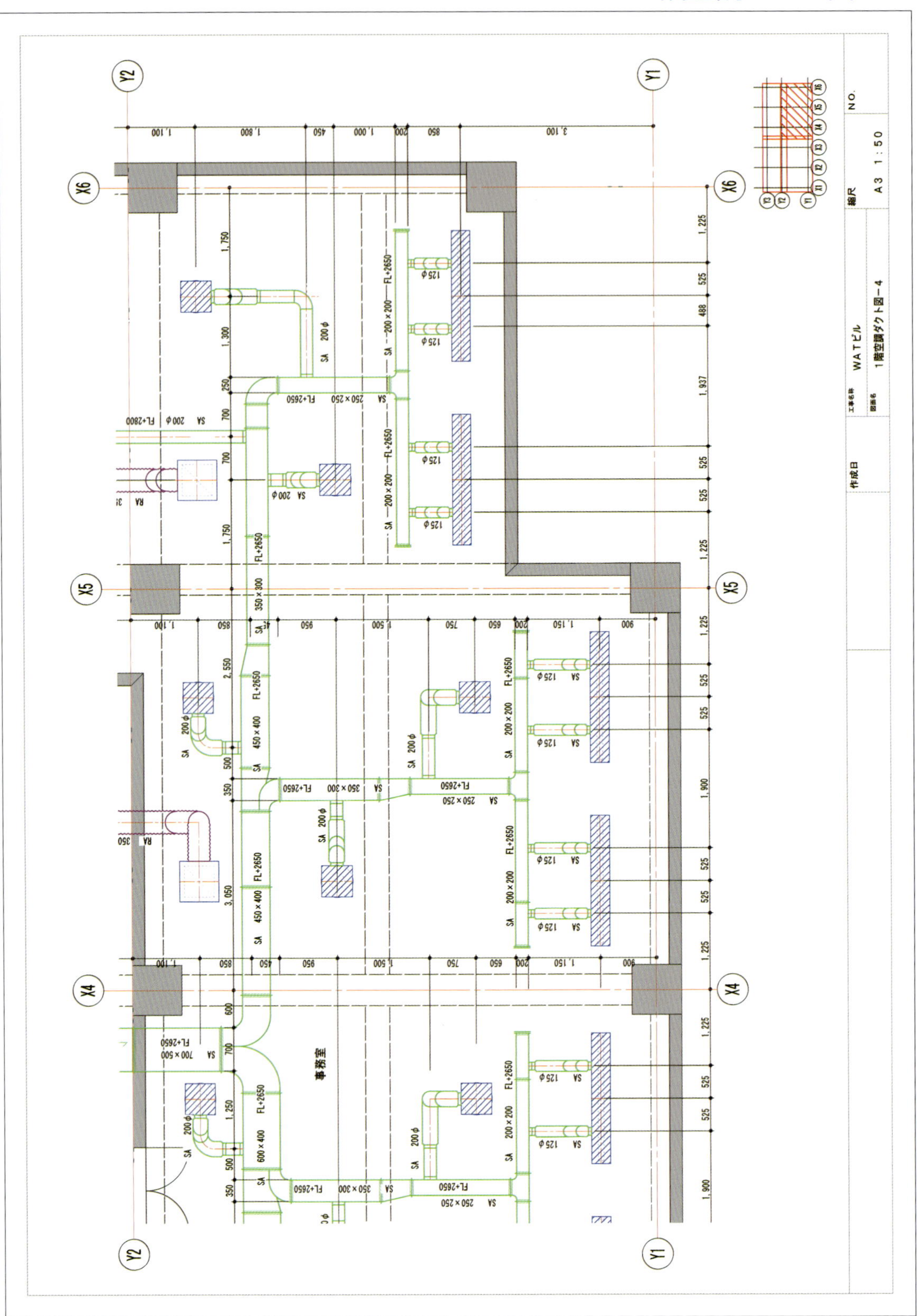
WATビル
1階空調ダクト図ー4
A3 1:50
作成日
NO.
事務室

索引

複数回登場する項目もありますが、主に項目名について
説明しているページを掲載しています。

項　目	掲載ページ
あ	
移動	63
色・線種変更	32
印刷	29
印刷用色幅指定	30
隠線	156
ExcelデータをCADデータに変換	91
円の作図	38
折れ線の作図	36
か	
ガイダンスバー	21
回転・ミラー反転	65
外部リンク	356
壁の作図	103
画面の操作	24
カレントシート	77
環境情報ファイルの設定	95
環境情報ファイルの保存	94
干渉検査	195
キープラン	316
機器・器具配置	268
機器登録	226
機器・部材削除	179
躯体	171
建築意匠図	204
勾配一括付加	165
勾配一括戻し	168
さ	
サイズ変更（区間指示）	123
サイズ・レベル表示	134

項　目	掲載ページ
さ	
再描画	68
作図設定	110
作図設定の読込み	202
シート	76
シート基準高さ	337
シートパターン	342
指定範囲表示	24
消音フレキシブルダクト	118
ショートカットキーカスタマイズ	93
新規作成	25
図形編集ハンドルの表示	87
スナップモード	33
図面上に写真データを読込む	92
図面データのコピー	89
図面の一時保存の設定	87
図面の復元	86
図面の保存	27
図面を開く	26
3D表示	138
スリーブ	149
寸法線	50
制気口配置	108
選択条件設定	69
線分の作図	35
た	
タイトルバー	19
多角形の作図	37
立上り・下り線作図	189
建具の作図	107

項　目	掲載ページ
た	
単線図	155
断面図	294
中点 座標	129
長方形の作図	36
ツールバー	20
ツールバーカスタマイズ	20
通り芯	98
トリム	62
は	
柱の作図	101
ハッチング	42
梁の作図	105
引出線	59
PDF データを図面に挿入	91
ビューポート	278
複写	64
複線図	155
部材移動	176
部材入替え	178
部材単体配置	126
部材の挿入	132
部材編集	174
部分詳細図	278
フレキ接続	113
分割図	310
閉止板	117
ペイント	45
部屋記号	217
防火区画	212

項　目	掲載ページ
は	
傍記設定	136
他アプリケーションデータを図面に挿入	90
補助線	47
ボックスの作図	37
ホールド	34
ま	
マウス操作	23
右クリックメニューカスタマイズ	23
メニューバー	20
文字記入	56
文字属性の一括変更	58
文字の編集	58
モデル	278
元に戻す	33
や	
やり直し	33
用紙範囲表示	24
用途・配管材設定	153
寄寸法変更	122
ら	
ルーティング	113
ルート移動	120
ルート接続	121
レイアウト	278
レイアウトプロパティ	281
レイヤ	70
レベル変更（区間指示）	123

コマンド一覧

Tfasで使用する主なコマンドをご紹介します。

ファイル

	[新規作成] 新規にファイルを作成
	**[開く]** 既存のファイルを開く
	**[上書き保存]** 作業中のファイルを保存
	**[名前を付けて保存]** 作業中のファイルに名前をつけて保存する
	**[印刷]** 図面の印刷

編集

	**[元に戻す]** 操作を戻す
	**[やり直し]** 操作を進める
	**[ｺﾋﾟｰ]** 選択図形をクリップボードへ出力
	**[貼り付け]** クリップボードの内容の貼り付け

表示

	**[図形情報]** 指定した図形の情報を表示する
	**[計測] - [距離]** 距離を計算する
	**[再描画]** 画面を再描画する
	**[ﾍﾟｲﾝﾄ非表示]** ペイントの表示・非表示の切り換え
	**[全体表示]** 図形が存在する領域全てを表示する

挿入

	[ｵﾌﾞｼﾞｪｸﾄ] - [ｵﾌﾞｼﾞｪｸﾄの作成と貼り付け] オブジェクトの作成と貼り付け
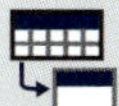	**[Excel 読込]** Excel ファイルのイメージ作図
	**[PDF 読込み]** PDF 読込ファイルのイメージ作図
	**[ｲﾒｰｼﾞ] - [読込み]** イメージをファイルから読込む
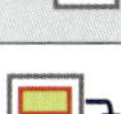	**[外部ﾘﾝｸ] - [参照]** 指定図面の指定領域にある図形を図面展開時に複写
	**[外部ﾘﾝｸ] - [管理]** 外部リンクの一括管理

基本図形

	**線分 - 始終点** 始点と終点による線分の作図
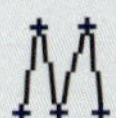	**折線 - 折線** 線分を連続して作図
	**折線 - ボックス** 基準点とサイズからボックスを作図
	**折線 - 長方形** 対角を指定した長方形の作図
	**円 - 中心と半径** 中心点と半径から円を作図
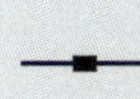	**補助線 - 水平** 水平補助線の作図
	**補助線 -2 点指定** 2 点を通る補助線の作図

	[補助線 - 等分割] 2 線の間を等分割する補助線の作図
	補助線 - 領域設定 補助線の作図
	補助線 - 削除 補助線を削除
	補助線 - 非表示 補助線の非表示の切り換え
	ハッチパターン - 配置 指定図形または指定領域にハッチパターンを配置
	ハッチパターン - 置換 指定ハッチパターン図形のパターンを置き換え
	ペイント - 図形 図形を指定色で塗りつぶす
	ペイント - 多角形領域 多角形で指定した領域を指定色で塗りつぶす
	[寸法線] - [指定点] 指定点の寄寸法作図
	[寸法線] - [設定] 寸法の属性設定
	[寸法線変更] - [変更] 作図済みの寸法線の属性変更
	[寸法線変更] - [削除] 寸法線の一部を削除、または 2 つの寸法値の合算
	[寸法線変更] - [追加] 寸法線の追加 (空調)
	[寸法線変更] - [寸法補助線揃え] 寸法補助線の足を揃える
	[引出線] - [引出線記入] 引出線の作図
ABC	**[文字] - [文字記入]** 文字を入力

ABC XYZ	**[文字] - [編集]** 文字列を編集
ABC	**[文字] - [一括変更]** 文字列の属性変更

図形編集

	[選択] - [条件設定] 選択条件の組み合わせを設定
	[移動] - [通常] 図形を平行移動
	[移動] - [回転] 図形を回転
	[移動] - [ﾐﾗｰ反転] 図形をミラー反転
	[複写] - [通常] 図形を並行複写
	[複写] - [回転] 図形を回転複写
	[複写] - [ﾐﾗｰ反転] 図形をミラー反転複写
	[変形] - [指定点] 図形の制御店を指定して図形を変形
	[ﾄﾘﾑ] - [伸縮] 図形の一部を伸縮

設定

	[色、線] - [設定] 色、線種、線幅、矢印の設定
	[色、線] - [変更] 色、線種、線幅、矢印の変更
	[レイヤ設定] レイヤ状態の設定

[ｼｰﾄ機能] - [移動複写]
選択図形を指定シートに移動または複写

[環境設定]
作図や操作環境の設定

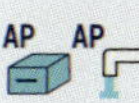

[設備切替え]- [空調] / [衛生]
ツールバーの切り換え

[補正条件] - [ｽﾅｯﾌﾟ有効／無効]
スナップの有効 / 無効の切り換え

[補正条件] - [有効無効]
ホールドの有効 / 無効の切り換え

[ｼｰﾄ機能] - [ﾚｲｱｳﾄ作成]
レイアウトの作成

[ｼｰﾄ機能] - [ﾚｲｱｳﾄ編集]
レイアウトの追加、解除、状態の設定

[ｼｰﾄ機能] - [ﾋﾞｭｰﾎﾟｰﾄ] - [枠　移動・拡縮]
ビューポート枠の移動・拡縮

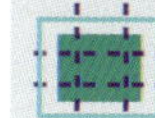
[ｼｰﾄ機能] - [ﾋﾞｭｰﾎﾟｰﾄ] - [通り芯配置]
ビューポートに通り芯を配置

ツール

[ｼｮｰﾄｶｯﾄｷｰｶｽﾀﾏｲｽﾞ]
コマンドのショートカットキーに追加、変更

ウィンドウ

上下に並べて表示
ウィンドウを上下に並べる

左右に並べて表示
ウィンドウを左右に並べる

建築

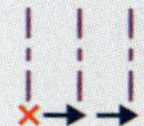
[通り芯] - [距離連続]
基準点、距離を指定して通り芯を作図

[通り芯] - [属性変更]
作図済みの通り芯の属性変更

[通り芯] - [ﾊﾞﾙｰﾝ付加]
通り芯用のバルーンの作図

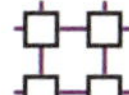
[柱] - [自動配置]
柱の自動配置

[柱] - [通常配置]
柱の通常配置

[壁] - [通常配置]
壁の自動配置

[梁] - [通常配置]
梁の自動配置

[建具] - [配置]
建具の配置

空調 / 衛生

[制気口] - [配置]
制気口の配置

[制気口] - [変更]
制気口の変更

[同一機器]- [部材選択]
指定機器・部材と同一の機器・部材を選択

[作図設定]
作図の設定

[ﾙｰﾃｨﾝｸﾞ] - [ﾙｰﾃｨﾝｸﾞ]- [空調]
ルーティング

[ﾙｰﾃｨﾝｸﾞ] - [ﾙｰﾃｨﾝｸﾞ]- [衛生]
ルーテイング

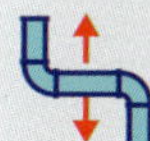
[ﾙｰﾃｨﾝｸﾞ] - [ﾙｰﾄ移動]- [空調]
ルートの移動

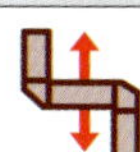
[ﾙｰﾃｨﾝｸﾞ] - [ﾙｰﾄ移動]- [衛生]
ルートの移動

アイコン	コマンド・機能
	[部材編集] - [挿入]- [空調] 機器・部材の挿入
	[ﾙｰﾃｨﾝｸﾞ] - [ﾙｰﾄ接続] ルートの接続
	[ｻｲｽﾞ･ﾚﾍﾞﾙ変更] - [ﾚﾍﾞﾙ変更 (区間指示)] - [空調]
	[ｻｲｽﾞ･ﾚﾍﾞﾙ変更] - [ﾚﾍﾞﾙ変更 (区間指示)] - [衛生]
	[ｻｲｽﾞ･ﾚﾍﾞﾙ変更] - [ｻｲｽﾞ変更 (部材選択)] サイズ変更（部材選択）
	[部材] - [配置] 部材単体配置
	[部材編集] - [角ﾀﾞｸﾄ変更] - [面揃え] 角ダクトの面揃え
	[ｻｲｽﾞ･ﾚﾍﾞﾙ表示] - [手動配置] サイズ・レベルの手動配置
	[3D] - [表示] 3D の表示
	[機器・器具] - [配置]- [空調] 機器配置
	[機器・器具] - [入れ替え]- [衛生] 機器入替え
	[機器・器具] - [配置]- [衛生] 機器・器具配置
	[機器・器具] - [移動]- [衛生] 機器・器具・部材の移動
	[部材] - [立て管配置]- [空調] 立て管の配置
	[部材] - [立て管配置]- [衛生] 立て管の配置
	[勾配] - [一括付加]- [空調] 勾配の一括付加

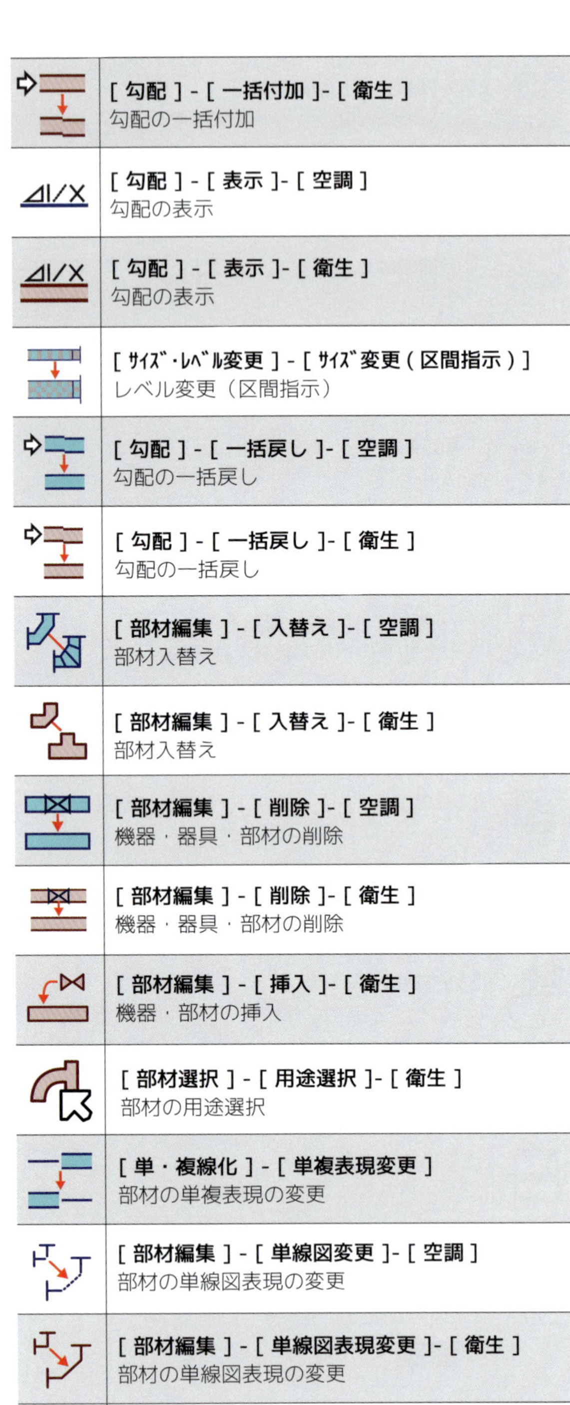

アイコン	コマンド・機能
	[勾配] - [一括付加]- [衛生] 勾配の一括付加
	[勾配] - [表示]- [空調] 勾配の表示
	[勾配] - [表示]- [衛生] 勾配の表示
	[ｻｲｽﾞ･ﾚﾍﾞﾙ変更] - [ｻｲｽﾞ変更 (区間指示)] レベル変更（区間指示）
	[勾配] - [一括戻し]- [空調] 勾配の一括戻し
	[勾配] - [一括戻し]- [衛生] 勾配の一括戻し
	[部材編集] - [入替え]- [空調] 部材入替え
	[部材編集] - [入替え]- [衛生] 部材入替え
	[部材編集] - [削除]- [空調] 機器・器具・部材の削除
	[部材編集] - [削除]- [衛生] 機器・器具・部材の削除
	[部材編集] - [挿入]- [衛生] 機器・部材の挿入
	[部材選択] - [用途選択]- [衛生] 部材の用途選択
	[単・複線化] - [単複表現変更] 部材の単複表現の変更
	[部材編集] - [単線図変更]- [空調] 部材の単線図表現の変更
	[部材編集] - [単線図表現変更]- [衛生] 部材の単線図表現の変更
	[その他作図] - [立上り･下り線] - [作図] 立上り・下り線の作図

●制作スタッフ

[原　稿] 岩田 直美
[組版・編集] 新保 宗近　榎本 梢　齋藤 美樹　菅野 雅之　田中 誠人
[校　正] 土井 愛加　田口 淳子　ヘイン・ティハ　矢沼 恵子　磯 航太郎
[装丁デザイン] 山本 晃代　出口 竜也

ジョブトレシリーズ
実務につなぐCADWe'll Tfasトレーニングブック

2024年9月30日　初版第1刷発行

著　者　株式会社ワット・コンサルティング 人財育成部 制作チーム
発行所　株式会社ワット・コンサルティング
〒104-0033
東京都中央区新川1-10-14　FORECAST茅場町3階
https://www.jp-wat.com/
発行人　水谷 辰雄
発売所　株式会社 出版文化社
〈東京カンパニー〉
〒104-0033
東京都中央区新川1-8-8　アクロス新川ビル4階
TEL：03-6822-9200　FAX：03-6822-9202
E-mail：book@shuppanbunka.com
〈埼玉オフィス〉
〒363-0001
埼玉県桶川市加納1764-5
〈大阪カンパニー〉
〒532-0011
大阪府大阪市淀川区西中島5-13-9　新大阪MTビル1号館9階
TEL：06-7777-9730㈹　FAX：06-7777-9737
〈名古屋支社〉
〒456-0016
愛知県名古屋市熱田区五本松町7-30　熱田メディアウイング3階
TEL：052-990-9090㈹　FAX：052-683-8880

印刷・製本　TOPPAN クロレ株式会社

ISBN 978-4-88338-722-9 C0004